国家哲学社会科学成果文库

NATIONAL ACHIEVEMENTS LIBRARY
OF PHILOSOPHY AND SOCIAL SCIENCES

中国古代国家的起源与王权的形成

王震中 著

中国社会科学出版社

王震中　　1957 年生于陕西榆林市，历史学博士。现任中国社会科学院历史研究所副所长、研究员、博士生导师、学位委员会主任、中国社会科学院研究生院历史系主任、教授委员会委员。兼任河南大学兼职博士生导师，山东师范大学、天津师范大学、榆林学院兼职教授；担任中国殷商文化学会会长、中华炎黄文化研究会副会长、中国社会科学院古代文明研究中心副主任、国家广播电影电视总局电影审查委员会委员等。

　　出版的著作有：《中国文明起源的比较研究》(1994 年初版、1997 年再版、2013 年增订本)、《中国古代文明的探索》(2005 年初版、2006 年再版)、《商代都邑》(2010 年)、《商族起源与先商社会变迁》(2010 年)、《中国古代文明与国家形成研究》(合著, 1997 年初版、1998 年二版、2007 年三版)、《国际汉学漫步》(合著, 1997 年)、《民族与文化》(合著, 1990 年)、《简明中国历史读本》(合著, 2012 年) 等著作。发表论文 90 余篇。

彩图 1-1　湖南道县玉蟾岩遗址外景

彩图 1-2　玉蟾岩遗址出土水稻

彩图 1-3　玉蟾岩遗址出土陶器

彩图1-4　浙江浦江县上山遗址 F1 房址

彩图1-5　北京东胡林遗址出土石磨盘、磨棒

彩图1-6　北京东胡林遗址出土骨柄石刃刀复合工具

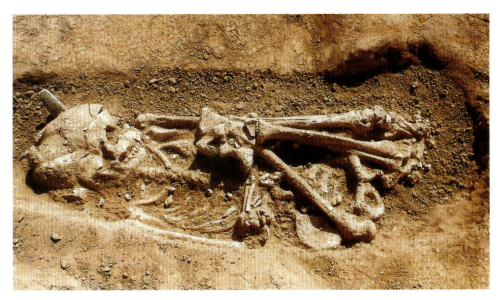

彩图1-7　北京东胡林遗址屈肢葬

彩图1-8　美丽的舞阳贾湖

彩图 1-9　河南舞阳贾湖遗址出土骨笛

彩图 1-10　舞阳贾湖 327 号墓出土龟甲和石子

彩图 1-11　舞阳贾湖 M344 出土龟甲及刻符

彩图 1-12　河南新郑裴李岗遗址出土石磨盘、石磨棒

彩图 1-13　浙江余姚河姆渡遗址出土骨耜

彩图 1-14　甘肃秦安大地湾第二期遗址出土　　　　彩图 1-15　大汶口遗址出土陶狗鬶
　　　　　　　人面彩陶瓶

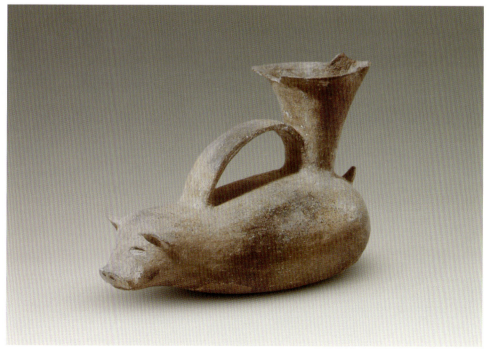

彩图 1-16　大汶口文化山东胶县三里河遗址出土陶猪鬶

彩图 2-1　灵宝西坡 106 号
　　　　房址平面图

彩图 2-2　灵宝西坡遗址 27 号墓

彩图 2-3　江苏张家港东山村遗址
　　　　90 号墓

彩图 2-4　凌家滩 87M4 号墓出土的玉龟

彩图 2-5　凌家滩 87M4 号墓出土的玉版

彩图 2-6　凌家滩 07M23 号墓随葬品

彩图 2-7　凌家滩 07M23 号墓内第二层随葬品分布情况

彩图 2-8　凌家滩 07M23 号墓内随葬的玉龟状扁圆形器

彩图 2-9　凌家滩 07M23 号墓出土玉龟内
　　　　占卜用的玉签

彩图 2-10　凌家滩 07M23 号墓出土玉钺

彩图 2-11　大汶口 26 号墓出土象牙梳

彩图 2-12　大汶口出土玉钺
　　　　　上：10 号墓出土
　　　　　下：117 号墓出土

彩图 2-13　大汶口 4 号墓出土骨雕筒

彩图 2-14　甘肃秦安大地湾第四期遗址 901 号殿堂

彩图 2-15　郑州西山城址版筑夯土城墙

彩图 2-16　郑州西山城址西墙局部板块排列情况

彩图 2-17　郑州西山城址中的祭祀兽坑

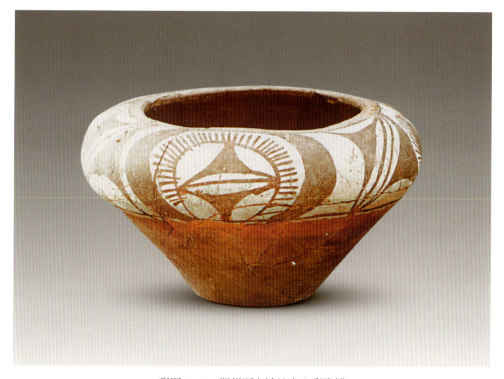

彩图 2-18　郑州西山城址出土彩陶罐

彩图 2-19　辽宁建平牛河梁遗址
出土红山文化泥塑女
神头像

彩图 2-20　辽宁喀左东山嘴遗址圆形祭坛

彩图 3-1　新沂花厅 M60 殉葬墓

彩图 3–2　山东莒县陵阳河遗址
　　　　出土陶文及其陶尊

彩图 3–3　安徽蒙城尉迟寺遗址出土陶文及其陶尊

彩图 3-4　凌家滩遗址 98M29 随葬的玉人　　　　彩图 3-5　凌家滩遗址 87M1 随葬的玉人

彩图 3-6　凌家滩遗址 98M29 随葬的玉鹰

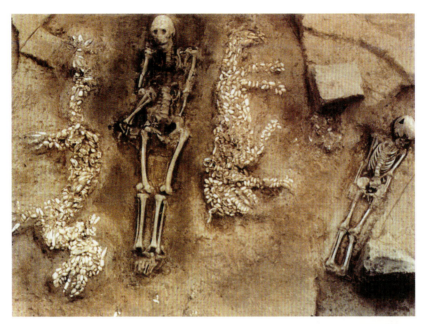

彩图 4-1　河南濮阳西水坡
　　　　　45 号墓蚌砌龙
　　　　　虎遗迹（第一组）

彩图 4-2　濮阳西水坡蚌壳图案
　　　　　（第二组）

彩图 4-3　濮阳西水坡蚌壳图案
　　　　　（第三组）

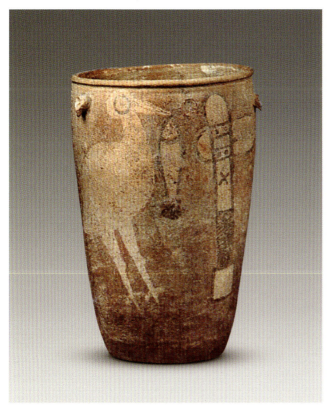

图4-4 河南临汝阎村遗址出
土鹳鱼石斧图彩陶缸

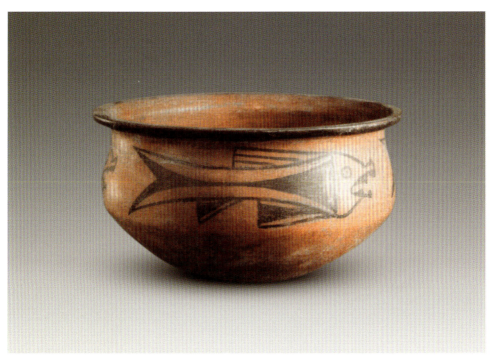

彩图4-5 西安半坡出土鱼纹彩陶盆

彩图 4-6 临潼姜寨出土几何形鱼纹彩陶盆

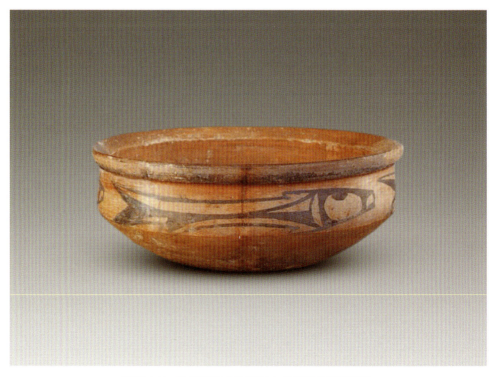

彩图 4-7 甘肃秦安大地湾出土几何形鱼纹彩陶盆

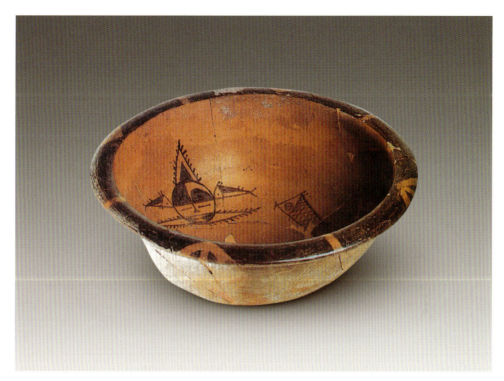

彩图4-8　西安半坡出土"人面鱼纹"彩陶盆

彩图4-9　临潼姜寨出土"人面鱼纹"彩陶盆

彩图 4-10　姜寨出土"人面鱼纹"彩陶盆

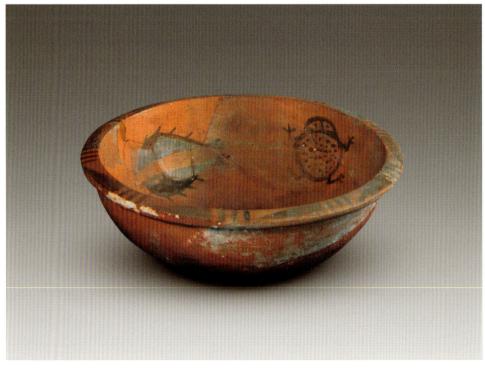

彩图 4-11　临潼姜寨出土蛙纹（鳖纹）彩陶盆

彩图 4-12　陕西华县泉护
村遗址出土仰
韶文化陶鹰鼎

彩图 4-13　山东茌平教场铺遗址出土鸟形足陶鼎

彩图 4-14　辽宁建平牛河梁女神庙遗址

彩图 4-15　辽宁建平牛河梁遗址积石冢

彩图 4-16　余杭反山 12 号
墓出土带有柄
冠饰和柄把饰
的玉钺

彩图 4-17　余杭瑶山 M7 出土玉钺

彩图 4-18　湖北荆州马山阴湘城址出土
漆木柄石钺

彩图 4-19　余杭反山 M12 出土刻有神徽的玉钺

彩图 4-20　金文王字与青铜钺

彩图 5-1　陶寺遗址宫殿基址Ⅰ FJT3 主殿

彩图 5-2　陶寺宫殿基址Ⅰ FJT3 主殿夯土基础中的奠基坑Ⅰ M14

彩图 5-3　陶寺宫殿区出土的铜容器口沿残片

彩图 5-4　陶寺宫殿区出土的石厨刀

彩图 5-5　陶寺 M3072 号墓出土彩绘龙盘

彩图 5-6　陶寺 M3012 号墓出土彩绘龙盘

彩图 5-7　陶寺 M22 墓出
土彩绘陶簋

彩图 5-8　陶寺 M22 出土玉器

彩图 5-9　陶寺 M22 出土玉、石钺

彩图 5-10　陶寺出土的红铜铃（M3296：1）

彩图 5-11　陶寺出土齿轮形铜器（M11）

彩图 5-12　玉铜手镯（M11）

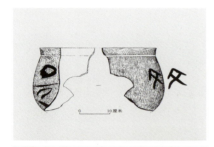

彩图 5-14　陶寺中期大墓 M22

彩图 5-13　陶寺遗址出土朱书文字
（JSH3403：1）

彩图 5-15　杞县鹿台岗天文建筑（1 号遗迹）

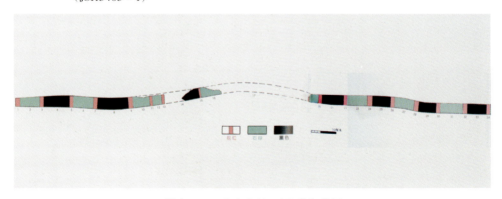

彩图 5-16　陶寺圭尺"中"彩色线图

彩图 5-17　古城寨城址全图

彩图 5-18　古城寨地上东城墙

彩图5-19　古城寨北城墙剖面

彩图5-20　古城寨南城墙夯窝

彩图 5-21　古城寨竹编的版筑横挡头痕迹

彩图 5-22　古城寨 F1 宫殿建筑基址

彩图 5-23　古城寨廊庑基址 F4 局部

彩图 5-24　古城寨宫殿廊庑基址内的奠基坑

彩图 5-25　莫角山古城城墙以石块铺垫的墙基

彩图 5-26　杭州余杭反山 12 号墓出土玉琮及刻纹

彩图 5-27　反山遗址 23 号墓葬

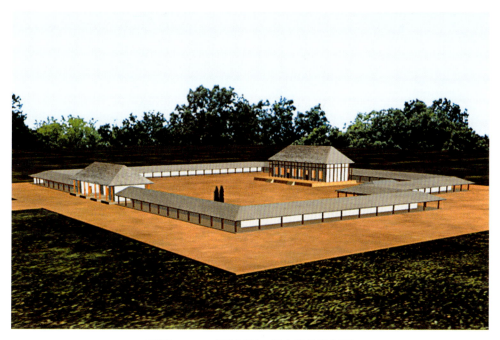

彩图 7-1　二里头遗址 1 号宫殿基址复原

彩图 7-2　二里头遗址出土青铜器（爵、斝）

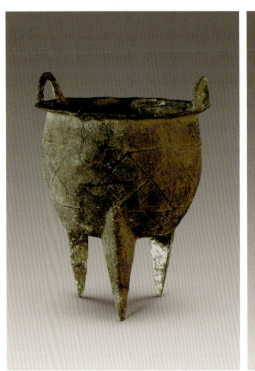

彩图7-3　二里头遗址出土青铜器（鼎、盉）

彩图7-4　二里头遗址出土镶嵌
绿松石铜牌饰

图 7–5　二里头遗址出土玉、石礼器

图 7-6　二里头遗址出土蛇形龙纹陶器

彩图 7-7　二里头贵族墓（02VM3）出土大型绿松石龙形器

《国家哲学社会科学成果文库》
出版说明

为充分发挥哲学社会科学研究优秀成果和优秀人才的示范带动作用，促进我国哲学社会科学繁荣发展，全国哲学社会科学规划领导小组决定自2010年始，设立《国家哲学社会科学成果文库》，每年评审一次。入选成果经过了同行专家严格评审，代表当前相关领域学术研究的前沿水平，体现我国哲学社会科学界的学术创造力，按照"统一标识、统一封面、统一版式、统一标准"的总体要求组织出版。

全国哲学社会科学规划办公室

2011 年 3 月

目　　录

上编　从村落到都邑邦国

下编　从邦国到王国和王朝国家

Contents

Part I From Village to City-state

Part II   From City-State to Kingdom and Dynastical State

插图目录

彩图目录

序

李学勤

王震中博士是中国社会科学院历史研究所的研究员，专门研究中国古代历史文化已有多年。他特别集中于文明起源问题的探索，做出了令人瞩目的成绩，早在 1994 年就出版了《中国文明起源的比较研究》一书，已为学术界所熟悉，以其独到的见解，引起了不少反响。《中国古代国家的起源与王权的形成》是他近期又一力作，得到国家社科基金的支持，也是中国社会科学院的重点项目，从内容性质来说，可以视为《中国文明起源的比较研究》的延续和发展。

《中国古代国家的起源与王权的形成》是一部约 60 万字的大书，今年初我看了其中一部分章节，已深感其论说专业而有创新性。及至春节过后，震中博士寄示全稿，得以了解这部书的整体构思，更对其观点的新颖特异之处有更进一步的认识。承他不弃，再三要我写一篇小序，由于付印在即，时间紧迫，只能随便谈一些绎读之余的感想，能否有当便在所不计了。

首先我想说，震中博士这部书论述的主题，即中国国家的起源问题，乃是探索中国文明起源这个重大学术课题的核心环节，具有非常重要的意义。大家都知道，中国有五千多年的文明史，然而辉煌灿烂的中国文明是在什么时间，什么地方，经历了什么样的历程产生形成的？回答这个疑问，关键要看国家。有了国家，才是进入了文明时代，这一点凡读过恩格斯《家庭、私有制和国家的起源》的人都会记得。考古学家夏鼐先生在《中国文明的起源》里便说，"文明"是"指一个社会已经由氏族制度解体而进入有了国家组织的阶级社会的阶段"。

许多学术界前辈曾探讨中国古代国家的起源问题。郭沫若先生在 1929 年撰著了《中国古代社会研究》，该书于 1930 年印行，其"自序"表明他认为这本书"可以说就是恩格斯的《家庭、私有制和国家的起源》的续篇。研究的方法便是以他为向导，而于他所知道了的美洲的印第安人、欧洲的古代希腊、罗马之外，提供出来了他未曾提及一字的中国的古代。"郭沫若先生是历史研究所首任所长，继他为第二任所长的侯外庐先生，在 1943 年出版过《中国古典社会史论》（后改名为《中国古代社会史论》），讨论了中国国家的形成途径及其早期形态的演变。再有长期担任历史所领导工作的尹达先生，1943 年在《中国原始社会》书中同样论说了氏族社会的崩溃和国家的初期形态。一直到 1983 年，他为《史前研究》创刊写题为《衷心的愿望》的代序，仍然涉及这方面的问题，而这已是他最后的学术文章了。从这些我们不难看到，历史研究所有重视古代文明和国家起源研究的传统，王震中博士正是继承了这个传统，做出了自己的创新。

王震中博士的这部《中国古代国家的起源与王权的形成》，采取了多学科交叉结合的研究方法，从大量考古学发现材料的整理分析开始，对传世典籍内的种种古史传说试做整合解释，提出了一系列富于新意的理论观点，构建了一个全新的体系。许多人知道，自 1925 年王国维先生倡导古史研究要实行古书记载与地下材料彼此印证的"二重证据法"以来，多数研究古代的学者都努力以历史学与考古学相互配合，相互补充，那种对古史传说一律抹杀，以为全不可信的看法，已被认为是不正确的。尹达先生的《中国原始社会》说得好："古代的传说并不是毫无史实凭借的谰言，并不是荒唐无稽的神话，其中一定会影射着不少的具体事实，一定会有其不可缺少的史实作为素地。这是我们对于中国古代传说的一个总的估计。"王震中博士书中属于这方面的不少见解，都足以引发大家深思。

我还想建议，这部《中国古代国家的起源与王权的形成》的读者，在打开书以后，不妨先读一下全书的"结语"。作者在"结语"开头讲道："国家与文明起源的研究，既是一个考古学实践问题，亦是一个理论问题，而且还需二者紧密地结合。"我觉得这说得很对，古代国家与文明的起源形成，归根到底是一个理论问题。对这样重大课题的研究，如果没有提高到理论的高度，就不能说有真正的成果。王震中博士的理论创新，在全书的"结语"中又有进一步的提炼和升华，在其夹叙夹议中展开了中国古代国家起源及其发展的历史画卷。

王震中博士在给我的一封信里，叙说了他写这部书时对"理论创新与实证研究相结合"的追求。我认为他的这部书做到了这一点。这部力作是对他近年来提出的"文明和国家起源路径的聚落三形态演进"说，进入国家社会之后所经过的"邦国—王国—帝国"说，以及"夏商周三代为复合制国家结构"说这些学术体系的系统展示和进一步深化、完善。在书中，他还对近年学术界流行的酋邦理论和社会分层理论等作了分析和批评，提出应"以聚落形态和社会形态为主，去整合酋邦理论和社会分层理论"。王震中博士的这些理论观点，是贯彻在他全书中的，希望读者能予注意。

2013 年 2 月 28 日

上　　编

从村落到都邑邦国

导　　论
国家起源研究的若干理论问题

一　国家概念与定义

国家起源的研究既是考古学实践问题，也是理论问题。研究国家的起源，首先需要明确国家的概念与定义。然而，由于100多年来，学术界对于国家的概念和定义并没有一个权威性的统一说法，所以本书首先需要对一些已有的主要观点予以梳理和说明，然后在此基础上，提出我自己有关古代国家的概念和定义。

我们知道，国家这一政治实体，若按照时代来区分，尚有古代国家与现代国家之别。也有人把古代国家称为"传统国家"，把现代国家称为"民族—国家"①。就一般意义上的国家特征而言，欧美学术界比较广泛认同马克斯·韦伯的定义。韦伯认为，国家是一种"在一个给定范围领土内合法垄断了武力（暴力）使用权的"组织②。对此，英国学者安东尼·吉登斯（Anthony Giddens）说："韦伯对'国家'的界定包括下述三个要件：（1）存在着固定的行政官员；（2）他们能坚持合法地垄断暴力工具这一要求；（3）他们还能在既定的地域内维持这种垄断。韦伯的定义已凸显出暴力（violence）和领土权（territoriality）这两个特征。"③ 安东尼·吉登斯自己则指出：

---

① ［英］安东尼·吉登斯：《民族—国家与暴力》，胡宗泽、赵力涛译，生活·读书·新知三联书店1998年版，第4—5页。

② 转引自易建平《文明与国家起源新解》，《中国社会科学报》2011年8月11日。

③ ［英］安东尼·吉登斯：《民族—国家与暴力》，胡宗泽、赵力涛译，生活·读书·新知三联书店1998年版，第19页。

日常用语中的"国家"具有双重含义……"国家"有时指政府机构或权力机器，有时却又指归这种政府或权力所支配的整个社会体系。尽管在绝大多数情况下这两种用法并不会产生混乱，但我们仍须探究此术语在这两种用法之中的差异。因而，当我指政府的行政机构时，我将用"国家机器"一词，而当我指环绕在我们周围的社会体系时，我则用"社会"或"文化"一语。不过，"社会"和"文化"本身也是模糊不清的。①

上述马克斯·韦伯和安东尼·吉登斯有关国家概念的这些论述，与西方政治学中较一般的界说是一致的。如最近出版的《西方哲学英汉对照辞典》对于国家是这样表述的：

在一拥有由它的公民或臣民构成大量人口的领土内运行的一套有组织的机构及其制度。它有一个法律体系控制社会的活动和调节属于它的个人和集团的冲突的要求，这一法律体系受到独占的合法强制的支援。就国家的消极功能而言，它保卫其领土完整而不受外来侵犯，维持秩序和维持它的公民的安全。一个国家承认其他国家的平等的主权，并加入受国际法约束的国与国的关系中。②

对于《西方哲学英汉对照辞典》中的这一国家概念，沈长云、张谓莲两位教授说它"谈到作为国家应具备的几个要素：较大量的人口、领土、主权、政治组织及相关法律制度"，但"这个概念却存在着一个根本缺陷，就像其他许多西方学者的政治解说一样，它没有谈到国家的阶级实质，即国家作为社会上占统治地位的阶级的镇压工具的实质"③。沈、张两位教授的这一指出是正确的。本来，国家就是与阶级的产生相伴随而出现的，国家社会也被称为阶级社会。阶级的存在是国家"社会体系"中一项重要特征，所以，在有关国家的概念中理应包含阶级这一要素。

----

① ［英］安东尼·吉登斯：《民族—国家与暴力》，胡宗泽、赵力涛译，生活·读书·新知三联书店1998年版，第18页。

② 《西方哲学英汉对照辞典》，人民出版社2001年版，第952页。

③ 沈长云、张谓莲：《中国古代国家起源与形成研究》，人民出版社2009年版，第46—47页。

关于国家要素中的"领土"概念，在现代国家中是有国界划分的，但古代国家却不完全这样。安东尼·吉登斯曾正确地指出：

> 在对传统国家的领土权和民族—国家的领土权进行区分时，很基本的一点是：我们应该看到，传统国家的"边陲"与民族—国家的"国界"两者之间具有显著的差异。政治地理学在使用"边陲"这一术语时具有双重含义。它或者指，两个或更多的国家之间具体类型的分界；或者指，单一国家中人口聚居区和无人居住区之间的分界……不管怎么说，"边陲"均指某国家的边远地区（不必然与另一国家毗邻），中心区的政治权威会波及或者只是脆弱地控制着这些地区。而另一方面，"国界"却是使两个或更多的国家得以区分开来和联合起来的众所周知地理上的分界线。尽管在国界地区生活的群体，可能会（经常确实如此）显示出"混合的"社会和政治特征，但仍可辨识出，这些群体是隶属于这一国家还是另一国家的行政管辖。在我看来，国界只是在民族—国家产生过程中才开始出现的。①

此外，作为国家要素的"政治组织和相关的法律制度"也有这样的情况，即古代国家与现代国家是有区别的。诚然，在国家的概念中，古代国家与现代国家之间的区别应当予以关注，但更重要的是国家与前国家社会之间的区别。

研究国家与前国家社会之间的区别，也就是研究国家的起源。在这个问题上第一次进行全面系统论述的是弗里德里希·恩格斯。1884 年，恩格斯出版了《家庭、私有制和国家的起源》一书。在该书的"野蛮时代和文明时代"一章中，有多处谈到国家的概念，恩格斯写道：

> 国家决不是从外部强加于社会的一种力量。国家也不是像黑格尔所断言的是"伦理观念的现实"，"理性的形象和现实"。确切说，国家是社会在一定发展阶段上的产物；国家是承认：这个社会陷入了不可解决的自我矛盾，分裂为不可调和的对立面而又无力摆脱这些对立面。而为了使这些对立面，这些经济利益互相冲突的阶级，不致在无谓的斗争中把自己和社

---

① ［英］安东尼·吉登斯：《民族—国家与暴力》，胡宗泽、赵力涛译，生活·读书·新知三联书店 1998 年版，第 60 页。

会消灭，就需要有一种表面上凌驾于社会之上的力量，这种力量应当缓和
冲突，把冲突保持在"秩序"的范围以内；这种从社会中产生但又自居于
社会之上并且日益同社会相异化的力量，就是国家。

　　国家和旧的氏族组织不同的地方，第一点就是它按地区来划分它的国
民……

　　第二个不同点，是公共权力的设立，这种公共权力已经不再直接就是
自己组织为武装力量的居民了……这种公共权力在每一国家里都存在。构
成这种权力的，不仅有武装的人，而且还有物质的附属物，如监狱和各种
强制设施，这些东西都是以前的氏族社会所没有的……

　　由于国家是从控制阶级对立的需要中产生的，由于它同时又是在这些
阶级的冲突中产生的，所以，它照例是最强大的、经济上占统治地位的阶
级的国家，这个阶级借助于国家而在政治上也成为占统治地位的阶级，因
而获得了镇压和剥削被压迫阶级的新手段。①

上述恩格斯所说的史前社会与国家的两个区别——"按地区划分它的国民"和
凌驾于全社会之上的"公共权力的设立"，是他提出的国家形成的两个标志，
对此我们在后面将进一步地分析它的得失。在恩格斯所论述的国家概念中，特
别强调了它的阶级性，强调了它属于阶级社会的特征，也强调了它的公共权力。
恩格斯的这些论述被后来的西方学者概括为"社会内部冲突论"。

　　事实上，在阶级和统治关系产生的途径上，恩格斯在《反杜林论》中曾提
出有两条道路。一条是从社会的公共事务的管理和社会职位的世袭中产生统治
阶级和公共权力的道路。恩格斯给我们描述了：在原始社会后期，在维护公共
利益，在对公共事务的管理和社会职务的担当中，"这些职位被赋予了某种全
权，这是国家权力的萌芽"；"社会职能对社会的这种独立化怎样逐渐上升为对
社会的统治；起先的公仆在情况有利时怎样逐步变为主人"；"最后，各个统治
人物怎样结合成一个统治阶级"②。在这里，恩格斯对这条道路的论述，显然是
后来一些西方学者中所主张的国家和阶级起源于"内部管理论"（也称为"融
合论"）的思想渊源。

---

① 《马克思恩格斯选集》第四卷，人民出版社1995年版，第170—172页。
② 《马克思恩格斯选集》第三卷，人民出版社1995年版，第522—523页。

　　恩格斯还提出另一种阶级形成过程，即在史前社会末期"已经达到的'经济状况'的水平上"时，"战俘获得了某种价值；因此人们就让他们活了下来，并且使用他们的劳动。这样……奴隶制被发现了"[1]。这是一条奴隶和奴隶主阶级形成的道路。奴隶主要来源于战俘，这应当是奴隶制中奴隶来源的主要形式。但根据对我国西南少数民族历史的调查，也有在一个家庭中把收养来的"养子"转化为奴隶的情形。有了一定数量的奴隶，自然也就形成了奴隶阶级和奴隶主阶级。

　　总之，在国家起源的研究上，恩格斯关于国家和阶级的一系列论述，对后世欧美学术界有广泛的影响。例如，提出著名的社会分层理论的弗里德（Morton H. Fried）在给国家下定义时说：国家是为了维护社会的分层而出现的，"是超越血缘关系之上的社会力量建立的复杂机构"[2]。他还说：

　　　　国家是一种由正式和非正式的专门机构和部门（specialized institutions and agencies）所组成的集合体，它的目的在于维护分层秩序。通常，国家的关键特征在于以下基本组织原则（Usually its point of concentration is on the basic principles of organization）：等级制，占有基本资源上的不平等，服从官吏，保卫所拥有的地域。国家既要对内维护自身，又要对外维护自身。它使用物质的手段，使用意识形态的手段，通过拥有军队，通过在其他相似部门确立认同感，来实现这一目标。[3]

　　弗里德所说的"社会分层"，类似于恩格斯说的阶级，也有学者将它翻译为"阶层"[4]。国家的"目的在于维护分层秩序"的看法，以及国家的"基本组织原则"有"等级制，占有基本资源上的不平等，服从官吏，保卫所拥有的地域"等，都与上文恩格斯所说的"为了使这些对立面，这些经济利益互相冲突

---

[1]　《马克思恩格斯选集》第三卷，人民出版社 1995 年版，第 523—524 页。

[2]　Morton H. Fried，*The Evolution of Political Society：An Essay in Political Anthropology*. New York：Random House，1967，p. 229.

[3]　Morton H. Fried，*The Evolution of Political Society：An Essay in Political Anthropology*，1967，p. 235. 转引自易建平《部落联盟与酋邦》，社会科学文献出版社 2004 年版，第 230 页。

[4]　陈淳：《文明与早期国家探索——中外理论、方法与研究之比较》，上海世纪出版集团 2007 年版，第 85 页。

的阶级，不致在无谓的斗争中把自己和社会消灭，就需要有一种表面上凌驾于
社会之上的力量，这种力量应当缓和冲突，把冲突保持在'秩序'的范围以
内"，是一致的。说国家"是在超越血缘关系基础上建立起来的社会政权"，也
与恩格斯所说的国家"按地区来划分它的国民"是一致的。说国家是由各种机
构和部门组织起来的"集合体"——"社会政权"，说它拥有"军队"等，也
与恩格斯所说的"这种公共权力在每一个国家里都存在。构成这种权力的，不
仅有武装的人，而且还有物质的附属物，如监狱和各种强制设施，这些东西都
是以前的氏族社会所没有的"①，是一致的。

　　运用系统论的动态过程来分析社会结构的分化和集中的肯特·弗兰纳利
（Kent V. Flannery）也主张国家社会是"高度分层"的、有合法的武力和在居
住上非血缘性。他对于国家与前国家社会作了如下的区分：

> 　　国家是一种非常强大，通常是高度中央集权的政府，具有一个职业化
> 的统制阶级，大致上与为较简单的各种社会之特征的亲属纽带分离开来。
> 它是高度的分层的，与在内部极端分化的，其居住型态常常基于职业分工
> 而非血缘或姻缘关系。国家企图维持武力的独占，并以真正的法律为特征；
> 几乎任何罪行都可以认为是叛违国家的罪行，其处罚依典章化的程序由国
> 家执行，而不再象较简单的社会中那样是被侵犯者或他的亲属的责任。国
> 民个人必须放弃用武，但国家则可以打仗，还可以抽兵、征税、索贡品。②

在弗兰纳利的看法中，国家的必要条件有三个：高度的社会分层（即阶级分
化）、血缘关系在国家组织上为地缘关系所取代，以及合法的武力（即公共权
力）。这些与恩格斯的观点基本上是一致的。

　　提出"游团—部落—酋邦—国家"这一酋邦理论的塞维斯（Elman
R. Service）认为，一个真正的国家，不管怎样发展，与酋邦以及其他更低阶段
的社会之区别，突出地表现在一种特殊的社会控制方式之中，也即武力合法地
掌握在社会的某一部分人手上，他们不断地使用武力或者威胁要使用武力，以

---

①　《马克思恩格斯选集》，人民出版社 1995 年版，第 171 页。

②　"The cultural evolution of civilizations", *Annual Review of Ecology and Systematics*, 3 （1972），
pp. 403 - 404. 转引自张光直：《中国青铜时代》，生活·读书·新知三联书店 1983 年版，第 53 页。

此作为维护社会秩序的基本手段。在国家社会中，这一部分人垄断了武力，或者说，在他们之外，不允许其他个人或者团体（非政府的个人或者组织）未经他们许可而使用武力，这是国家权力的最为简单也是最为突出的标志①。在这里，塞维斯所说的国家社会里那种制度化的强制性的约束力、垄断了的武力，就是恩格斯所说的"凌驾于全社会之上的公共权力"。塞维斯与弗里德不同，弗里德把分层社会看作是连接最复杂的阶等社会与最简单的国家社会之间的合乎逻辑的模式；而塞维斯则认为分层社会是国家产生以后才出现的社会，社会分层是国家形成的结果，而不是国家形成的原因。所以，塞维斯在探讨国家和文明起源时是不主张讨论经济意义上的阶级和阶级分化问题的，但他并不否认国家诞生以后社会出现政治阶级的分化，存在着由公民官僚（civic bureau-crats）、军事领袖和上层祭司等构成的贵族阶层。这也就是恩格斯所说的由对社会公共事务管理的"社会职能""逐渐上升为对社会的统治"。塞维斯的提法是"在集中领导的制度化过程中探讨政府的起源问题"，他说：

> 这种领导，为维持社会而发展它的管理职能，成长为一种世袭贵族政治。新生官僚政治在其服务、自主权和统治范围扩大时也发展了它们经济和宗教方面的职能。因此，最早的政府所保护的，并非社会上哪个阶级或阶层，而是它自己。它使自己所充当的整个社会保护者的合法化。②

欧美学者中，约翰逊（Allen W. Johnson）和厄尔（Timothy K. Earle）在塞维斯酋邦理论的基础上，又进一步划分出"简单酋邦"与"复杂酋邦"，他俩对古代国家的定义或基本特征的描述是：

> 国家与酋邦的区别主要在于，前者规模更大，总的人口更多，族群成分更复杂，分层更严格。随着地方的、阶级的和其他的特殊利益集团的增

---

①　Elman R. Service, *Primitive Social Organization: An Evolutionary Perspective*, New York: Random House, 1962, p. 163. 转引自易建平《部落联盟与酋邦》，社会科学文献出版社 2004 年版，第 198 页。

②　塞维斯：《国家和文明的起源》，1975 年纽约版，第 8 页（Elman R. Service, *Origins of the State and Civilization: The Process of Cultural Evolution*, New York: W. W. Norton & Company, 1975, p. 8.）。转引自乔纳森·哈斯《史前国家的演进》，罗林平等译，求实出版社 1988 年版，第 59 页。

加，规模与内部分化的整合遇到进一步的困难。这个层次上的整合已经不是世袭精英非正式的控制方式所能够满足的了。它要求国家官僚制度、国家宗教、司法制度和警察暴力。①

这里，与前国家的酋邦相比，不但在人口规模、族群复杂、社会等级阶级分化等方面国家要胜过酋邦，他俩也强调了"国家官僚制度、国家宗教、司法制度和警察暴力"这些都是前国家社会所没有的。

最早提出"早期国家"这一概念的荷兰学者克赖森（Henri Joannes Maria Claessen）② 对于早期国家的定义是：

> 早期国家是一种有三个层次（国家、地区与地方层次）的权力集中起来的社会政治组织。它的目的在于调控社会关系。它那复杂的分层社会，至少分成了两个基本阶层，或者说，两个新兴的社会阶级，也即统治者和被统治者。这两个阶层或阶级之间关系的特征是，前者实施政治控制，后者缴纳赋税。早期国家的合法性在于共同的意识形态，这又是以互惠为基本原则的。③

所谓早期国家，克赖森对此的表述是："介于非国家组织和成熟国家之间的社会形式，我们称之为早期国家。"④ A. M. 哈赞诺夫则说："早期国家是指最早的、真正原始类型的国家，是紧接着原始社会解体之后的国家。早期国家标志着人类历史发展的新阶段，它构成了这一地区或那一地区或长或短的国家发展链条的第一环。"⑤ 也就是说，早期国家属于古代国家的一种类型，也是古代国家的

---

① Allen W. Johnson and Timothy K. Earle, *The Evolution of Human Societies：From Foraging Group to Agrarian，State*, Standford University Press，pp. 318—319. 转引自易建平《部落联盟与酋邦》，第 268 页。

② 也有将 Claessen（克赖森）译为"克列逊"。见《古代世界城邦问题译文集》，时事出版社 1985 年版。

③ 克赖森：《关于早期国家的早期研究》，胡磊译，《中国社会科学院古代文明研究中心通讯》第 12 期，2006 年 8 月。

④ 同上。

⑤ A. M. 哈赞诺夫：《关于早期国家研究的一些理论问题》，载《古代世界城邦问题译文集》，时事出版社 1985 年版。

早期阶段。所以，克赖森上述对早期国家定义中所说的权力的集中、新兴的社会阶级——统治者与被统治者，等等，当然属于古代国家最基本的特征。

在古代国家的概念中，学者们说的最多的是国家有"公共权力"，或者称之为"强制性权力"、"合法的垄断的武力（暴力）"、"国家机器"、"政权机构"等。在这点上，除上面列举的恩格斯、韦伯、弗里德、塞维斯、弗兰纳利、吉登斯等人之外，桑德斯（William T. Sanders）也认为，社会等级分化和向国家社会的发展过程是一种强制机制的发展①。此外，提出一种"强制理论"，并把战争看作是国家起源的动因的美国考古学家卡内罗（Robert L. Carneiro）对于古代国家的定义是："国家是一种自治的政治实体，其领土由许多公社组成，有一个权力集中的政府（centralized government），它有权征募兵员或者劳动力，征集税收，颁布与强制实施法律。"② 还有，著有《史前国家的演进》一书的乔纳森·哈斯（Jonahan Haas），先是在该书的"导言"中说："我想用最普通的术语把国家定义为：具有实行中央集权的专门化政府的社会。"③ 而后，在该书第七章"研究国家演进的构架"中又说："我把国家定义为一个分层社会，在这个社会中，管理机构控制着基本生活资料的生产或谋取方式，从而必然对其余居民行使强权。"④ 哈斯的前一个定义过于一般，只强调了国家社会中"中央集权的专门化政府"；他的后一个定义，受弗里德的社会分层理论的影响，也主张国家是一个分层社会，但也指出"管理机构"对其居民行使着"强权"。与卡内罗相比，卡内罗把国家所具有的公共权力表述为"权力集中的政府"，而哈斯把它表述为"中央集权的专门化政府"或对居民行使强权的"管理机构"。

以上我们列举了欧美学术界关于国家概念的诸种说法。从诸说的差异性上看，不同的学者之间确实存在见仁见智的情况。这说明人们研究国家起源虽说为时久远，而作为古代国家概念本身却远不明确。尽管如此，在上述诸说中，也可以归纳出几项谈论得较多的古代国家的特征。其中，第一项是国家具有强制性权力（或称为"公共权力"，或称为"合法的垄断的武力"、"暴力"，或称为"国家机器"、"政权机构"等），这是诸说中每一说都论及的，也是国家区

---

① 陈淳：《文明与早期国家探索——中外理论、方法与研究之比较》，第181页。
② 易建平：《部落联盟与酋邦》，社会科学文献出版社2004年版，第242页。
③ 乔纳森·哈斯：《史前国家的演进》，罗林平等译，求实出版社1988年版，第3页。
④ 乔纳森·哈斯：《史前国家的演进》，第155页。

别于前国家社会的本质特征。第二项是说国家社会也是阶级社会，在国家里已有阶级或阶层分化（或称为"社会分层"）。第三项是说国家里的国民已超越了血缘关系而被地缘关系所替代。

对于这里所归纳的这三项古代国家的特征，究竟应如何评判和取舍呢？笔者以为检验真理的标准就在于理论联系实际。中国的古代国家和文明属于世界上第一批原生形态的国家与文明[①]，也是世界上唯一源远流长、连续至今的文明与国家。联系中国古代历史的实际来衡量以上三个方面的特征，问题就会有所深入。在中国古代，例如商代和周代都早已是建有国家的文明社会。在商周的国家社会中，具有强制性的权力和隶属于王、邦君的各种官吏，这是有甲骨文、青铜器铭文和历史文献记载的；在商周国家中存在着明显的阶级分化和社会不平等现象，也属于不争的事实。但在商周的国家社会里，地缘关系却并未完全取代血缘关系，虽说当时地缘的因素也在滋长，可是社会的基层组织主要是以血缘为基础，家族与宗族依旧是真正的政治经济实体，在政治上发挥着很大的作用。

当然，商周社会中的血缘关系已属转型了的血缘关系。以晚商王都殷墟为例，在36平方公里的殷墟范围内，除了宫殿区和王陵区外，大量的是散布在四面八方的其他族众居住的居址与手工业作坊遗址。而这些族众的居址和手工业作坊遗址则呈现出"大杂居小族居"的特点。所谓"大杂居"是说在整个殷墟（即王都）交错杂处居住着许多异姓的族人，呈现出一种杂居的状态；所谓"小族居"是说每一族在较小的范围内是以"家族"或"宗族"为单位族居族葬的。对"小族居"的族氏结构的进一步剖析则可发现，王都内的王族和一些强宗大族呈现出宗族结构；而王都内那些外来的、在朝为官的其他族属的族人，最初每每是以家族的形式出现的。如在王都出土的族氏铭文中的"丙"族、"息"族、"韦"（韦）族、"光"族、"长"族等族氏，对照甲骨文和全国各地发现的相关的墓地和墓葬资料来看，他们都是外来的族氏，其本家都在外地，却都是以家族为单位族居族葬于殷墟。这种在王权的作用下，以家族为单元而呈现出的大杂居小族居，反映出王都内亲族组织的政治性要较其他地方发达[②]，

---

① 王震中：《中国文明起源的比较研究》，陕西人民出版社1994年版，第8—9、13—14、378—442页。

② 王震中：《商代都鄙邑落结构与商王的统治方式》，《中国社会科学》2007年第4期。王震中：《商代都邑》，中国社会科学出版社2010年版，第318—359页。

这当然有助于王都内地缘性因素的滋长。在王都之外，《左传》定公四年在说到周初分封时，曾分给鲁公伯禽"殷民六族"，并"使帅其宗氏，辑其分族，将其丑类"。这里的"宗氏"和"分族"属于宗族与家族两级族组织。这说明，就一般而言，殷人的族氏结构是由若干个血亲家族组成宗族这样一种结构。此外，从商代到西周前期，青铜器和少数其他器物上常见的那些被称为"族徽"的族氏铭文，也表明"血缘的族氏组织在那时是非常普遍的"①。转了型的血缘关系还表现在：西周地域组织的"里"与血缘组织的"族"长期并存。这就是有学者所说的，"到西周，国中虽已出现了地域性的组织——里，但里与族又始终是并存的。有时一里含有数族，族包括在里中；有时一个大家族就可聚居为一里，里、族重合为一。由于地域组织给予家族的影响还很微弱，故家族依旧是真正的政治经济实体"②。

事实上，自侯外庐先生揭示出中国古代国家和文明社会的形成，走的是"保留氏族制度的维新的路径"之后，我国学术界多认为，夏、商、周三代，国家机器虽已建立，但社会的基层单位依旧是血缘性的家族乃至宗族，国家还没有彻底与血缘组织分离，家族—宗族组织与政治权利同层同构③，也就是说，在夏商周三代国家社会的政治经济中，"族氏血缘关系"依旧发挥着重要的作用，家族和宗族依旧是政治经济实体，这种以此为中国早期国家形态一重要特征的认识，已成为我国学术界的主流观点④。

既然，在地缘关系与血缘关系的问题上，中国古代在进入了国家社会以后相当长的时间内，国家还没有彻底与血缘组织分离，依旧保留着"血缘关系的

---

① 李学勤：《东周与秦代文明》，文物出版社 1984 年版，第 376 页。

② 赵世超：《西周为早期国家说》，《陕西师范大学学报》1992 年第 4 期。

③ 王震中：《中国文明起源的比较研究》，陕西人民出版社 1994 年版，第 435—436 页。

④ a. 李学勤：《东周与秦代文明》，文物出版社 1984 年版，第 376 页。

b. 张光直：《考古学专题六讲》，文物出版社 1986 年版，第 12 页。

c. 田昌五：《古代社会断代新论》，人民出版社 1982 年版，第 88—102 页。

d. 田昌五、臧知非：《周秦社会结构研究》，西北大学出版社 1996 年版，第 17—38 页。

e. 赵伯雄：《周代国家形态研究》，湖南教育出版社 1990 年版，第 323 页。

f. 朱凤瀚：《商周家族形态研究》，天津古籍出版社 1990 年版，第 2 页。

g. 赵世超：《西周为早期国家说》，《陕西师范大学学报》1992 年第 4 期。

h. 王震中：《中国文明起源的比较研究》，陕西人民出版社 1994 年版，第 347—250、434—436 页。

i. 沈长云、张渭莲：《中国古代国家起源与形成研究》，人民出版社 2009 年版，第 61、116—121 页。

外壳"，那种以地缘关系取代血缘关系为标准来衡量国家是否形成的做法，不适
用于中国，而古代中国又是世界古代国家分类中代表性之一种，那么我们就应
该放弃古代国家概念中强调地缘因素的这种说法。在这一问题上，当年张光直
先生在把酋邦理论介绍给中国学术界时即已感到困惑，并提出了解决问题的思
路。他在介绍了上面我们已引述的肯特·弗兰纳利的国家概念之后，接着分析
说：

> 照这种看法，国家的必要条件有两个：血缘关系在国家组织上为地缘
> 关系所取代，和合法的武力。从这上面看商代文明，前者不适用而后者适
> 用；商代是不是已达到国家的阶段？Sanders 在讨论中美文明史上酋邦向国
> 家的转变时……这样看来，商代社会岂不是酋邦而非国家了么？可是从其
> 他方面看（合法武力、分级统制、阶级）商代社会显然合乎国家的定义。
> 换言之，商代的社会型态使上举社会进化分类里酋邦与国家之间的分别产
> 生了定义上的问题。解决这个问题可有两种方式。一是把殷商社会认为是
> 常规以外的变态。如 Jonathan Friedman 把基政权分配于血缘关系的古代国
> 家归入特殊的一类，叫"亚细亚式的国家"（Asiatic State）。另一种方式是
> 在给国家下定义时把中国古代社会的事实考虑为分类基础的一部分，亦即
> 把血缘地缘关系的相对重要性作重新的安排。三代考古学在一般理论上的
> 重要性，自然是在采用后一途径之下才能显示出来的。[①]

张先生提出了试图解决问题的这两种方式，并有自己的倾向，但没有进一
步去实践它。笔者在最初研究文明和国家的起源时，也深感有必要对一般所说
的国家的概念和标志做出新的探讨，为此，笔者在 1990 年发表的《文明与国
家》[②] 一文中曾提出：

> 恩格斯《家庭、私有制和国家的起源》中所提出的国家形成的两个标
> 志——按地区来划分它的国民及凌驾于社会之上的公共权力的设立，对于
> 古希腊罗马来说是适用的，而对于其他更为古老的许多文明民族则有一定

---

① 张光直：《中国青铜时代》，生活·读书·新知三联书店 1983 年版，第 53—54 页。
② 《中国史研究》1990 年第 3 期。

的局限性。笔者认为，国家形成的标志应修正为：一是阶级的存在；二是凌驾于社会之上的公共权力的设立。阶级的出现是国家得以建立的社会基础，凌驾于全社会之上的公共权力的设立则是国家的社会职能，是国家机器的本质特征。

尽管农业民族与游牧民族在文明起源的具体途径上有着许多差异，然而，将国家形成的标志规定为阶级的存在与凌驾于全社会之上的公共权力的设立，无论对于农业民族还是游牧民族，无论对于东方还是西方，都是适用的。因而将此作为人类文明社会产生和形成的共同标志也是切实可行的。

今天看来，笔者二十多年前所做的这一理论思考①，尚未过时。在这里，我们以此为基础，并吸收上述诸说中合理成分而将古代国家定义为：拥有一定领土范围和独立主权、存在阶级、阶层和等级之类的社会分层，具有合法的、带有垄断特征的凌驾于全社会之上的强制性权力的政权组织与社会体系。

在笔者给出的这个定义中，所谓"拥有一定领土范围"，是说每一个国家都有自己的空间范围，这是指该国所能控制的区域。但诚如安东尼·吉登斯所言，古代国家的领土概念每每是有"边陲"而无"国界"，国界只是在所谓"民族—国家"产生过程中才开始出现的。在古代，国与国之间往往有一些属于无主地带或缓冲地带，而且随着国力的消长，国家所能控制的区域或者说国家的边陲往往处于动态变化之中，从而使得领土即国土，或者有所扩张，或者有所收缩。所谓"独立主权"，这并非只适用于现代国家，在古代国家也一样。例如，在夏商周三代，那些以时王为"天下共主"的"侯"、"伯"之国或纳入王朝体系之中的"庶邦"之国，就因为听命于中央王权，自己没有独立的主权（主权不完整）而成为"复合制国家结构"中的组成部分②；而那些与王朝敌对的方国，则属于有独立主权之国。这一定义中把阶级、阶层和等级的存在作为国家社会的基础，是因为国家社会也就是阶级社会，阶级、阶层、等级之类的划分，是国家社会中普遍存在的现象。强制性权力的合法性这一概念是由韦伯

① 见王震中《中国文明起源的比较研究》，陕西人民出版社1994年版，第345页。
② 王震中：《夏代"复合型"国家形态简论》，《文史哲》2010年第1期。王震中：《商代都邑》，中国社会科学出版社2010年版，第459、465—466、485—486页。

引入到国家定义中的。他认为合法性是建立在人民的信念基础之上的。如果一个统治者行事符合人民的信念，他就是用合法的方式来行事①。其实，在这之外，早期国家中强制性权力机制也是借助于一些具有极强的社会公众性事务发展起来的，全社会的公共利益、公共事务、公共工程，以及诸如《左传》成公十三年所讲的"国之大事，在祀与戎"等，都带有很强的社会公众性，国家的出现既是"对既成的阶级秩序和结构的维护"，"也是适应社会公众的需要而发展起来的"②。这种社会公众性就是合法性的体现。此外，在这一定义中，将"政权组织"与"社会体系"相并列，是因为笔者赞成吉登斯的说法："国家"具有双重含义，它有时指政府机构或权力机器，有时却又指归这种政府或权力所支配的整个社会体系。

二　古代国家形成的标志

论述了国家的概念与定义，再谈论古代国家形成的标志，理解起来应该更方便一些。如前所述，100 多年前，恩格斯在《家庭、私有制和国家的起源》中曾提出国家形成的两个标志，即按地区来划分它的国民和凌驾于社会之上的公共权力的设立。按地区来划分它的国民，是为了区别于原始社会的组织结构以血缘为特色而概括出的标志；凌驾于社会之上的公共权力的设立，说的是伴随着国家的出现而产生了强制性权力机构。对于恩格斯提出的这两个标志，我国学术界长期以来一直是这样使用的。但随着研究的深入，我们发现，按地区划分它的国民，并不适用于古代中国的历史实际，为此，笔者曾提出："国家形成的标志应修正为：一是阶级的存在；二是凌驾于社会之上的公共权力的设立。阶级或阶层的出现是国家这一管理机构得以建立的社会基础，凌驾于全社会之上的公共权力的设立则是国家的社会职能，是国家机器的本质特征。"③ 尽管在国家形成途径或机制的解释上有内部冲突论、外部冲突论、管理论、融合论、

---

① 克赖森：《关于早期国家的早期研究》，胡磊译，《中国社会科学院古代文明研究中心通讯》第 12 期，2006 年 8 月。

② 王震中：《中国文明起源的比较研究》，陕西人民出版社 1994 年版，第 349、374 页。

③ 王震中：《文明与国家——东夷民族的文明起源》，《中国史研究》1990 年第 3 期。王震中：《中国文明起源的比较研究》，陕西人民出版社 1994 年版，第 345 页。

贸易论等诸多理论观点的不同,但作为国家形成的结果,都有阶级或阶层、等级之类社会分化的存在,都有某种形式的强制性权力的设立,则是确凿无疑的。所以,即使各文明国家中阶层、阶级和强制性权力的形成途径和存在形式可有差异,但并不影响将二者(即阶级和强制性权力)的出现作为进入国家社会的标志。①

从研究上的可操作性来讲,关于远古社会中等级、阶级和阶层之类是否已形成,我们可以通过对考古发掘出土的墓葬资料和居住建筑物的规格等方面的资料来进行考察。在一个社会的墓地和墓葬资料中,那些随葬品十分丰富而且异常精美者,其在社会的阶层和等级中显然处于上层,可列入统治阶级或富有阶层的行列。而那些随葬品贫乏稀少,甚至一无所有者,则处于社会的下层,属于普通民众,甚至还是被奴役者;至于那些殉葬者和尸骨被丢弃在垃圾坑里的人,无论他们是由战俘转化为奴隶的人,还是因其他原因而沦为被奴役者,他们属于社会的最底层,都是明确的。作为社会下层的普通民众和由俘虏转化而来的奴隶,这二者在整体上都属于被统治阶级。从居住的环境、条件和规格来看,那些居住在宫殿中的人与居住在普通地上的建筑物里和居住在地穴式、半地穴式建筑物里的人,其身份地位和社会阶层的不同,也是十分明显的。所以,作为我们提出的国家形成的标志之一——等级、阶层、阶级的存在,在文明和国家起源的研究中,其可操作性和其所具有的物化形式是显而易见的。

关于凌驾于全社会之上的公共权力亦即强制性的权力,我们也可以找到它的物化形式或者称之为物化载体,可以通过考古发掘出土的都邑、都城和宫殿之类的建筑物来进行考察。我们知道,一个庞大的城垣,需要大规模地组织调动大量的劳动力,经过较长时间的劳动才能营建而成;而城垣之内宫殿宗庙之类的大型房屋建筑,也需要动员众多的人力物力之资源,这一切都显示出在其背后有完善的社会协调和支配机制来为其保障和运营。考古发现还表明,虽然修建了都邑城墙,但并非所有的族人都居住在城内,在城邑的周边还有一些村落亦即小的聚落,在远离都邑的一定范围内,也有该聚落群的一些聚落,而城内的宫殿也只是供统治阶层和贵族居住,也就是说,中国上古时代的城址及其城内的大型建筑并不是为该地域内整个聚落群的人口居住所修建,它是为贵族

---

① 王震中:《中国文明起源的比较研究》,陕西人民出版社1994年版,第3、346—350页。

中的上层及其附属人口的居住所营建，但统治阶层却有权调动和支配整个聚落群的劳动力，显然这种支配力具有某种程度的强制色彩。当然，我们并不主张一见城堡即断定国家已存在，如西亚巴勒斯坦的耶利哥，在距今 10000—9000 年前，尚处于前陶新石器时代，即由于军事和其他特殊的原因（如保卫宗教上的圣地圣物等）而修建了城堡。但是，当一个社会已存在阶层和阶级时，城邑的出现，则可视为国家构成的充分条件。也就是说，这种带有强制性的权力与当时社会划分为阶层或等级相结合所构成的社会形态，是不同于史前的"分层社会"或被称为"酋邦"的社会形态的。

　　对于上述笔者提出的国家形成的这两个标志，也有学者认为，阶级的出现只是"国家产生的前提条件之一"，把"前提条件之一作为主题事物本身的标志，十分不宜。任何的一种前提条件，都可以存在于主题事物出现之前很久，这是一个常识。并且，有了该前提条件，也难以断定，该主题事物一定会随之产生。比如，就社会发展来看，有了阶级，国家并未产生的情况，比比皆是。典型的例子有大家经常提到的中国凉山彝族"①。这样的讨论，显然使问题有所深入，但也不能不辨。我们说，尽管可以存在只有阶级分化而没有国家政权的社会实体，但不存在只有国家政权而没有阶级的社会；不论是阶级产生之后才有国家，还是国家是随同阶级的产生而一同出现，阶级是国家的社会基础，是国家社会的重要现象，所以，这一现象既可以是所谓"前提条件之一"，也可以同时是"主体事物本身"的标志之一，何况我们并非仅以阶级的产生作为国家形成的标志，而是把它与强制性的凌驾于全社会之上的公共权力一起作为国家形成的标志的，二者缺一不可，而且以阶级的存在作为国家形成的标志之一，有助于说明国家权力的强制性。

　　顺便需要指出的是，提出这一质疑的易建平在该文中比较赞成马克斯·韦伯的有关国家的定义，但他又认为韦伯的定义中的国家所"垄断了"的强制权力一直到近代也没有完全实现，若以此为标准，岂不是直至近代，中国也没有进入国家社会吗？既然"韦伯的'国家'定义本身存在着根本性的问题"，那么我们为何还要用这一定义来作为衡量是否已形成国家的标准呢？说韦伯的这一定义只适用于所谓"早期国家阶段"、"成熟国家阶段"、"标准国家"这三者

---

① 易建平：《文明与国家起源新解》，《中国社会科学报》2011 年 8 月 11 日第 5 版。

中的"标准国家"①，也是自相矛盾的。难道"早期国家"、"成熟国家"就不是国家了吗？

诚然，关于古代国家形成的标志问题，还不能说已形成定论，这一学术课题并没有完全解决，它一直被作为国家起源中的重要理论问题而受到学者们孜孜不倦的探索。20 世纪 70 年代以来，一部分西方人类学者和考古学者通过所谓四级聚落等级来区别酋邦与国家的做法，就很有代表性。

这种做法的起因是，20 世纪 50 年代，美国人类学家卡莱尔沃·奥博格（Kalervo Oberg）提出酋邦概念；60 年代，塞维斯（Elman R. Service）建立"游团（band）—部落（tribe）—酋邦（chiefdom）—国家（state）"这一演进模式之后，学者们又认识到酋邦之间在社会复杂程度上存在着巨大差异。厄尔（T. K. Earle）等人把酋邦划分为"简单酋邦"与"复杂酋邦"两种类型，并提出只有复杂酋邦才能演变为国家，而区别这两种类型的考古学依据之一，便是决策级别的多少。这是从系统论和信息论中发展出来的一种理论概念，其理论逻辑认为复杂社会发展中根本的变化首先是决策等级的增多，其次是信息加工的专业化。这一理论被亨利·瑞特（Henry T. Wright）、约翰逊（G. A. Johnson）、厄尔（Timothy K. Earle）等人应用到文化进化和国家起源的研究中，提出了区别酋邦与国家的所谓"四级聚落等级的国家论"的理论。例如，约翰逊提出部落和酋邦拥有一到二级行政管理机构，国家则至少拥有三级决策机构。②瑞特、厄尔等人则将这种决策等级（行政管理层次）与聚落等级相对应，进一步提出：四级聚落等级代表村社之上的三级决策等级，因而表示国家；三级聚落等级代表在村社之上的二级决策等级，因而表示复杂酋邦；二级聚落等级代表其上有一级决策等级，因而表示简单酋邦。③ 至于划分和衡量聚落等级的标准或方法，采用的是"第二大聚落（即二级）应是最大中心聚落规模的二分之一，第三大聚落（即三级）应是最大中心聚落规模的三分之一，以此类推"。④

---

① 易建平：《文明与国家起源新解》，《中国社会科学报》2011 年 8 月 11 日第 5 版。

② G. A. Johnson, Loca Exchange and Early State Development in Southwestern Iran. *Museum of Anthropology, University of Michigan Anthropological Papers* 51, pp. 4 – 12, 1973.

③ Henry T. Wright, Recent research on the origin of the state. *Annual Revieww of Anthropology* 6：379 – 397, p. 389, 1977. Timothy K. Earle, The evolution of chiefdom. *In Chiefdoms：Power, Economy, and Ideology*, edited, by T. Earle, Cambridge University Press, p. 3, 1991.

④ 刘莉：《中国新石器时代——迈向早期国家之路》，文物出版社 2007 年版，第 146 页。

为此，澳大利亚雷楚布大学的刘莉教授在其《中国新石器时代——迈向早期国家之路》一书中，将上述说法列表予以表示：[1]

表0—1　　　　　衡量社会复杂化程度的四种变量之间的大致对应关系

社会组织	聚落等级层次	管理等级层次	人口规模（人）＊
简单酋邦	2	1	数千
复杂酋邦	3	2	数万
国家	4	3	10000—100000 或更多

（＊简单和复杂酋邦的人口规模根据 Earle，国家的人口规模估计基于 Feinman）

我们说聚落等级若划分得科学且符合历史实际的话，在某种程度上，可以反映出当时政治隶属和等级机制，它属于社会复杂化的一个方面或物化形式，因而有其理论上的意义，但"四级聚落等级的国家论"是有局限性的。这种局限性表现为三个方面：其一是划分和衡量史前聚落等级的标准有研究者主观上的因素，因而所划分出的等级只是相对的，而不能视其为绝对；其二是所谓国家的产生是由四级聚落等级组成和其上有三级决策等级来表示的说法，过于绝对化，过于教条，用中国上古时期即虞、夏、商、周时代的情况来检验，似乎与古代中国的实际不符。其三作为区分酋邦与国家的衡量标准，问题的实质并不在于某个聚落群中聚落等级究竟是由三级还是四级而构成，而在于该政治实体是否存在较集中的强制性权力结构，社会中是否存在阶层或阶级的不平等。

首先，就划分聚落等级的具体情形而言，我们以《中国新石器时代——迈向早期国家之路》一书引用的资料为例，该书将中原、山东、陕西中部各地区和各亚地区的聚落群，大部分划分为三级，也有二级和四级，可是地区与地区之间的标准并不统一。同样作为龙山时代的第一级聚落，陶寺中期的城址规模是 280 万平方米，而伊洛地区王湾类型的一级聚落规模是 20 万—30 万平方米，豫北地区后岗类型的一级聚落是 30 万—56 万平方米，豫中地区的一级聚落是 20 万—50 万平方米，山东临沂地区的一级聚落是 75 万平方米，山东日照地区的一级聚落（两城镇）是 246.8 万平方米，鲁北地区一级聚落城子崖城址是 20

---

[1]　刘莉：《中国新石器时代——迈向早期国家之路》，第 146 页。

万平方米，等等。可见，虽然都被称为第一级聚落，但各地的悬殊是很大的。考古学者在依据聚落规模进行聚落等级的划分时，各地并没有统一的标准，也无法作出统一标准。即使同为第一级聚落，晋南 280 万平方米的陶寺城址与豫西、豫北、豫中三四十万平方米的第一等级聚落遗址，完全不是一个概念。此地被划分为第一等级的聚落，放在彼地就只能属于第二乃至第三等级的聚落。所划出的各个规模等级在本聚落群中有相对意义，但在各地之间却没有可比性。此外，对于城址的面积与遗址面积需要区别对待，这是因为从事过考古学调查的人都知道，在一个遗址中，由城垣圈起来的城内面积与整个遗址的面积不是一个概念，城址面积往往要小于一般意义上的遗址的面积。这样，对于某一聚落群来说，如果把 20 万平方米以上的遗址划为第一等级的话，那么作为城址，究竟多大规模的城址与之相当呢？是 10 万平方米以上还是 15 万平方米以上呢？其换算的依据是什么？总之，聚落规模等级的划分只是在各地聚落群内部具有相对性，而在各地的聚落群之间无法给它一个统一的量化标准，它含有研究者的主观因素是显而易见的。

　　其次，是否只有四级聚落等级才表示国家的产生，也是很难说的。若用已知推未知，我们用我国商周时期都鄙邑落的等级情况来检验这一说法，问题就看得比较清楚了。以商代为例，商的"内服"之地（亦即王邦之地，是商王直接支配的地区，相当于后世所谓"王畿"）的都鄙邑落的等级可分为三级：即王都为第一级（最高级），朝臣、贵族大臣的居邑或领地（类似于周代的采邑或公邑）为第二级，普通村邑或边鄙小邑为第三级；商的"外服"之地（即位于四土的侯伯等附属国之地，亦即主权不完全独立的诸邦国之地）的都鄙邑落的等级亦分为三级：即最高一级是侯伯之君所居住的中心性都邑，如甲骨文中"侯唐"（即唐侯）之"唐邑"、丙国之"丙邑"、"望乘"族邦之"望乘邑"等；第二级是该邦内其他贵族之邑或族长所居住的宗邑；第三级是该邦内的边鄙小邑或侯伯贵族领地内贫穷家族所居住的普通村邑，如"沚"伯领地的"东鄙二邑"、甲骨文中的"鄙二十邑"、"三十邑"之类用数字计量的小邑等。[①] 由

---

① 王震中：《商代都鄙邑落结构与商王的统治方式》，《中国社会科学》2007 年第 4 期。王震中：《商代都邑》，中国社会科学出版社 2010 年版，第 486—500 页。

于商代是"复合型国家结构"①，商代有些侯伯在臣服于商王之前是独立的邦国，在臣服或从属于商王之后，商王对侯伯之地的统治和支配也是间接性的支配，所以划分商代的聚落等级结构只能将作为内服的王邦与作为外服的侯伯分别区划，而且这些聚落等级之间的上下关系也只是有某种隶属关系而不是行政区划的分级管理关系。仅就聚落的等级分类而言，已经由邦国即初始国家发展为王国的商王朝，无论是商王直接统治的王邦还是由侯伯支配的各个族邦都看不到有所谓四级的聚落等级结构，这与瑞特、厄尔等人只有四级聚落等级才表示国家的理论是完全不同的。当然，若以商代复合制国家结构的角度而论，将商的王都与侯伯领地的三级聚落等级累加起来，就会有四级的聚落等级，但这已属于国家形态和结构都已大大发展了的情形，而不是作为独立的、早期国家的、单一制的邦的情形。所以，与"四级聚落等级的国家论"说的不是一回事。

聚落等级的划分往往与聚落考古调查的推进密不可分。在这种调查中，较有成效的做法是被称为考古学"区域系统调查"（Regional Systematic Survey）或"全覆盖式调查"（Full-Coverage Survey）②。自 20 世纪 90 年代中期以来，山东大学东方考古研究中心、中国社会科学院考古研究所的一些考古工作队等研究机构通过与外国同行合作，先后在山东日照③、河南安阳④、灵宝⑤、洛阳⑥、伊洛河地区⑦、河南偃师⑧等地开展了规模大小不一的区域系统调查，发表了一系列成果。其特点是所调查的对象，时间跨越几千年，面积有的超过千余平方公里，这对了解该地的聚落群的分布状况及其前后变化是大有裨益的，是聚落考古研究中必要的一环。当然，最为理想的状态是一个区域范围内典型遗址的

① 王震中：《商代的王畿与四土》，《殷都学刊》2007 年第 4 期。王震中：《商代都邑》，中国社会科学出版社 2010 年版，第 459、465—466、485—486 页。

② 方辉主编：《聚落与环境考古学的理论与实践》，山东大学出版社 2007 年版。

③ 中美两城地区联合考古队：《山东日照市两城地区的考古调查》，《考古》1997 年第 4 期。

④ 中美洹河流域考古队：《洹河流域考古研究初步报告》，《考古》1998 年第 10 期。

⑤ 中国社会科学院考古所河南一队等：《河南灵宝市北阳平遗址地调查》，《考古》1999 年第 12 期。

⑥ 中国社会科学院考古所二里头工作队：《河南洛阳盆地 2001—2003 年考古调查简报》，《考古》2005 年第 5 期。

⑦ 陈星灿、刘莉、李润权、华翰维、艾琳：《中国文明腹地的社会复杂化进程——伊洛河地区的聚落形态研究》，《考古学报》2003 年第 2 期。

⑧ 许宏等：《二里头遗址聚落形态的初步考察》，《考古》2004 年第 11 期。

发掘与区域系统调查以及调查中的试掘这三者的结合。典型遗址的大规模全面的发掘，可以解决聚落内的社会组织结构和关系；典型遗址所在地的区域系统调查及调查中的必要的试掘，则可以解决聚落与聚落之间即聚落群内与群外的关系。所以，以聚落形态研究为目的的发掘、调查、试掘，三位一体，学术目标明确，学术问题也容易得到解决或推进。在这里，限于篇幅，我们不准备对人类学中聚落等级与决策等级之间量变关系的理论做系统的验证，但我们可以利用商代王都所在地的洹河流域的考古调查资料，对所谓第一等级聚落（最高中心聚落）统辖若干第二等级聚落（次级中心聚落），第二等级聚落统辖若干第三等级聚落，第三等级聚落统辖若干第四等级聚落的层层递进的理论模式，进行个案式检验。

1997 年至 1998 年，中美洹河流域考古队曾对安阳殷墟外围的洹河流域进行了多学科的考古调查，调查的范围以殷墟为中心，向东西各约 20 公里，向南北各约 10 公里展开，总面积将近 800 平方公里。以这次调查为主，综合历次调查的结果，发现仰韶文化后岗时期的邑落遗址有 6 处，仰韶文化大司空村时期的邑落遗址有 8 处，龙山文化时期的邑落遗址有 30 处，下七垣文化时期的邑落遗址有 8 处，商文化殷墟阶段以前的邑落遗址有 19 处，殷墟时期的邑落遗址有 25 处，西周时期 22 处，东周时期 36 处。其中，商文化殷墟第一期晚段以前的阶段即商文化白家庄期至洹北花园庄晚期（亦即殷墟第一期早段）的 19 处邑落是：姬家屯、东麻水、大正集、柴库、洹北花园庄、西官园、东官园、聂村、大市庄、大定龙、大八里庄、袁小屯、郭村西南台、晋小屯、韩河固、东崇固、开信、将台、伯台。殷墟时期的 25 处邑落遗址是：北彰武、阳郡、北固现、姬家屯、蒋村、西麻水、大正集、安车、西梁村、柴库、范家庄、秋口、后张村、小八里庄、大八里庄、晃家村、南杨店、郭村、晋小屯、大寒屯、韩河固、东崇固、将台、蒋台屯。中商至晚商第一期早段的 19 处聚落，除洹北商城作为王都而规模庞大外，大多数属于规模较小的普通村邑。殷墟时期的 25 处聚落，调查者说其面积最大者不过 35000 平方米。为此，调查者的结论是："除殷墟外，洹河流域似不存在其他较大的中心聚落。这有可能说明当时分布于王畿附近的聚落都是由商王直接控制的，其间或许没有介于商王与族长之间的中层组织或机构。"[1] 安阳

---

① 中美洹河流域考古队：《洹河流域区域考古研究初步报告》，《考古》1998 年第 10 期。

殷都及其周边 800 平方公里的范围内的聚落等级只有两级，而且这两个等级之间悬殊又非常大。我们并非用它来说明商王国的聚落等级结构（即都鄙邑落结构）只有两级。如前所述，无论是商王直接统治的王邦之地还是由侯伯支配的族邦之地，其都鄙邑落结构（即聚落结构）都是由三级构成。① 洹河流域安阳殷都及其周边的聚落考古调查却可以说明：围绕在最高聚落等级（即第一等级）周边的聚落也可以是最基层的聚落（第三级或第四级聚落，即最基层的村邑），而不必是所谓次级聚落中心（第二等级聚落），王都与其周围被统治的最基层聚落之间可以没有中间结构。

周代的情况也是这样，既有两级聚落等级，也有三级和四级聚落等级。西周王邦之地（即后世所谓"王畿"的地方）实行公邑、采邑制和国野制。从"国"与"野"来看，是两级聚落等级，加上贵族所领有的采邑（封邑）和公邑可构成三级聚落等级。西周诸侯国后来也实行采邑制，但在被分封初期，不需要向公室弟子分出采邑（封邑），所以西周诸侯国最初是没有采邑的。西周诸侯国在被分封初期，直接控制的国土并不是很大，其都城及周边地域也当实行国野制，经过发展，有的诸侯国成为具有一定领土范围和几个城邑的贵族国家，有的则依旧是由单一城邑和其周围的村邑组成的贵族国家。其中，在具有几个城邑（公邑和采邑）和某种领土范围的诸侯国中，其国都的邦君与公邑之间有隶属关系；国都与分封给贵族的采邑之间作为不同等级的聚落层次，国都为一级，采邑只能是次一级，但二者绝非行政区划的分级管理关系。与商代的情况相类似，从复合制国家结构的角度来看，如果把周的王都与诸侯国内三级聚落等级（即诸侯的国都和诸侯国内贵族宗邑以及普通村邑）累加起来，自然可构成四级乃至更多级别的聚落等级，只是这种划分法与"四级聚落等级的国家论"者的划分法，完全不是一个概念。至于商周时期只有单一城邑和其周围村邑的贵族国家，有点像春秋时期的一些小诸侯国。如《左传》昭公十八年记载说："六月，鄅人籍稻，邾人袭鄅。鄅人将闭门，邾人羊罗摄其首焉，遂入之，尽俘以归。鄅子曰：'余无归矣。'从帑于邾，邾庄公反鄅夫人，而舍其女。"这段记载是说：鲁昭公十八年六月，鄅国国君巡视籍田，邾国军队袭击鄅国。鄅国人将要关上城门，邾国人羊罗把关城门人的脑袋砍下，用手提着，就

①　王震中：《商代都鄙邑落结构与商王的统治方式》，《中国社会科学》2007 年第 4 期。王震中：《商代都邑》，中国社会科学出版社 2010 年版，第 486—500 页。

此进入郿国，把百姓全都俘虏回去。郿子说："我没有地方可以回去了。"跟随他的妻子儿女到了邾国。邾庄公归还了他的夫人而留下了他的儿女。从这段记载中我们可以看到，郿国国小民少，邾人破城便灭其国，可见其统治的范围仅限于都城周围地区，显然属于一个以都城为中心的城邑国家，很难作出聚落形态上的三级或四级之类的等级划分。

这样，笔者认为，所谓二级、三级、四级聚落等级及其最高等级的聚落规模，反映的只是社会复杂化程度和这一政治实体所控制的领土范围，何况我们对于聚落等级的划分也只是相对的，而且即使聚落等级之间有隶属关系，也不能说这种隶属关系就是行政区划的行政管理关系。也就是说，在古代中国，在夏商周时期的上古社会，邦君与贵族领地或采邑之间的某种隶属关系并不等于秦汉以后郡县制下中央与地方的那种具有行政级别的行政管理关系。那种只有具有四级聚落等级形态才表示国家已形成的理论是有局限性的，它并不能说明国家是否产生这一问题的实质，因而也不应拿它作为衡量国家是否形成的标准。

我们将聚落考古学与社会形态学结合起来研究古代国家和文明的起源，固然要对聚落的等级做出划分，并由此来说明社会的复杂化，这只是问题的一个方面；与此同时，我们还必须对史前社会组织、等级、阶层、阶级的产生、权力性质的演变，乃至宗教意识形态领域的变化等，进行多方面的考察，方可说明早期国家与文明社会是如何产生的，其演进的机制和运动的轨迹是什么，早期国家的形态和特点是什么。仅就国家形成的标志而论，笔者依然主张阶级与阶层的出现和凌驾于全社会之上的强制性公共权力的设立是最具特征性的，而且在考古学上可以找到其依据和物化形式，因而是具有可操作性的。在本书的有关章节中，也将以此为依据而进行国家起源的考察。

三　"三次社会大分工理论"与中国历史实际

在谈到历史上最早的人类文明产生的过程及其物质基础和从分工的角度来看阶级产生的途径时，恩格斯在《家庭、私有制和国家的起源》中提出的三次社会大分工理论，是著名的，一度在我国学术界还比较流行。三次社会大分工的第一次分工讲的是亚洲上古时期牧畜业早于农业。恩格斯说："在东大陆，野蛮时代的中级阶段是从驯养供给乳和肉的动物开始的，而植物的种植，在这里似乎直到这一时期的晚期还不为人所知。"① 又说：由于牲畜的蓄养，"游牧部落从其余的野蛮人群中分离出来——这是第一次社会大分工"②。"从第一次社会大分工中，也就产生了第一次社会大分裂，分裂为两个阶级：主人和奴隶、剥削者和被剥削者。"③ 然而，根据20世纪50年代以来西亚和我国近几十年的考古成果，这一说法显然是需要修正的。考古学已证明，无论是西亚还是中国，农业的起源可以上溯到一万年前，农业的起源早于游牧，在农业中可以包含有家畜饲养，而以游牧经济为特色的游牧民族，则出现得较晚。至于游牧民族是否转变为农业民族，则视其本身的和外部的各种条件为转移，并不是人类文明产生和发展的必然规律。所以，农业的起源和农耕聚落形态的出现，才是世界各大文明古国最初走向文明社会的共同基础，共同起点④。为此，田昌五先生说，三次社会大分工说中的第一次社会大分工的理论，只能看作是当时的科学假说，并没有充分的事实根据⑤。

既然"三次社会大分工理论"中的"第一次社会大分工"的说法不能成立，那么，有些学者以此作为阶级产生的理论依据⑥，当然也就不符合历史实际。

三次大分工中的第二次分工说的是农业和手工业之间的分工；第三次分工，亦即恩格斯称之为最后的"有决定意义的重要分工"，说的是商业从上述产业中分离出来，产生了商人阶级。接着恩格斯概括说："由于分工而产生的手工业集团的利益，城市的对立于乡村的特殊需要，都要求有新的机关……氏族制度已经过时了。它被分工及其后果即社会之分裂为阶级所炸毁。它被国家代替了。"⑦ 第二次、第三次分工，在各民族进入文明社会的过程中曾不同程度地存在过，但恩格斯是把它与氏族组织的崩溃和"个体家庭"的出现联系在一起加以论述的。这一情况，对于古希腊、罗马也许是适用的，在古代中国，究竟是

---

① 《马克思恩格斯选集》第四卷，人民出版社1995年版，第21页。
② 同上书，第160页。
③ 同上书，第161页。
④ 王震中：《中国文明起源的比较研究》，陕西人民出版社1994年版，第13—14、53页。
⑤ 田昌五：《古代社会断代新论》，人民出版社1982年版，第7—11页。
⑥ 沈长云、张渭莲：《中国古代国家起源与形成研究》，人民出版社2009年版，第49—50页。
⑦ 《马克思恩格斯选集》第四卷，人民出版社1995年版，第168—169页。

在氏族制瓦解、个体家庭出现之后才进入国家和文明社会的？还是在保留氏族血缘因素的情况下进入文明时代的？这在学术界是有争议的。我国已故著名的马克思主义历史学家侯外庐先生曾提出中国古代国家和文明社会的形成，走的是"保留氏族制度的维新的路径"。裘锡圭先生在1983年发表的《关于商代的宗族组织与贵族和平民两个阶级的初步研究》的重要论文中，也强调了商周时期的宗法制度，"实质上就是以父家长大家族为基础的晚期父系氏族制度保留在古代社会贵族统治阶级内部的经过改造的形态"①。我国其他学者也多有这样的主张：在中国古代国家形成过程中，国家并没有与血缘组织完全分离，一直到国家形成之后的相当长的时期，社会的基层单位依旧是血缘性的家族乃至宗族②。

此外，这种分工和交换，在我国古代究竟是发生在个体家庭之间，还是发生在氏族部落之间？也是需要进一步研究的。童书业先生曾提出过上古时期的氏族分工实为后来"工官"制的先驱问题。在这一基础上，2001年5月8日，裘锡圭教授在历史研究所作题为《我国上古时代社会分工和对异族的役使中族的组织的保持》的学术报告时，援引《逸周书·程典篇》"工不族居，不足以给官"，以及"有虞氏尚陶"等传说材料，认为上古的氏族工业都是世袭的。甲骨文中已有"百工"一词，殷代的铜器铭文中亦有"木工"、"段金"之类的族氏名称，《左传》定公四年讲的分鲁公以"殷民六族"、分康叔以"殷民七族"等，都是以族为单位的手工业专业化分工。一直到战国时代，在临淄发现大量的齐国陶工的印章，印章中有陶工居住的地名和名字，陶工们这样集中地住在一起，说明他们是族居的。这些保留着族的形式的"百工"、"工官"的来源和身份，有些来自本部落，有些来自被征服的异族，也有属于依附的异族。而有些"百工"的内部也有使用奴隶的情形。社会分工以族为单位，而分工又是与商业交换联系在一起的。由此，裘先生认为上古早期的交换是由氏族酋长代表本氏族进行的。出现宗法制度后，通过贵族宗子的所有制形式，歪曲地表现宗人的利益。夏、商时期的商业和交易，是与赏赐和纳贡分不开的。这种赏赐（交易、交换）的权力，被酋长、君主所垄断。显然，这是中国古代社会历史较为独特的一面。

关于分工与阶级的关系，恩格斯三次社会大分工理论中的说法与他和马克

① 裘锡圭：《关于商代的宗族组织与贵族和平民两个阶级的初步研究》，《文史》第十七辑。

② 参见本章第一节有关学者的论述及其注释。

思共同认为的"阶级的存在是由分工引起的"观点是一致的①。其实，这只是问题的一个方面。笔者以为，阶级的产生既是经济分化的结果，也是权力和政治发展的产物。在古代，阶级的地位是由其身份地位来体现的，阶级产生的过程就是社会内部从"平等"到有"身份"划分的过程。而在这一过程中，父系家长权与父权家族的出现是其转变的契机，最初的奴隶也被包括在家族之中②。还有，我们若把上述裘锡圭先生所论述的社会的分工、交换乃至奴役的形式，都是以族为单位进行的情形一并加以考虑的话，那么，所谓等级、阶层、阶级和奴役关系，就既存在于族内，亦存在于族与族之间。这种族外、族与族之间的奴役关系，过去史学界有的称之为"种族奴隶制"，有的称之为"宗族奴隶制"③。最后要说的是，所谓由分工而产生的阶级，不仅仅是经济生产方面的分工，它也包括恩格斯在《反杜林论》中所说的：因对公共事务的管理和社会职务的担当，使得"社会的公仆"变为"社会的主人"，变为"统治人物"；"社会职能"，"上升为对社会的统治"；脑力劳动者（管理者、神职人员等）与体力劳动者（被统治的民众）之间的社会分工。可见，阶级产生的过程是复杂的，有多种形式，简单地套用经典作家的某一结论，难以解决问题，而必须结合中国历史具体实际，对此我们将列有专门的章节予以论述。

四　"军事民主制"、"部落联盟"说之得失

摩尔根的《古代社会》中描述了史前社会后期，即他所称的"野蛮时代"出现的"部落联盟"和"军事民主制"。恩格斯在《家庭、私有制和国家的起源》中，接受了摩尔根的这种说法，并在第九章《野蛮时代和文明时代》中进一步说：

　　　　亲属部落的联盟，到处都成为必要的了；不久，各亲属部落的融合，从而分开的各个部落领土融合为一个民族〔Volk〕的整个领土，也成为必

① 《马克思恩格斯全集》第4卷，人民出版社，第370页。
② 王震中：《中国文明起源的比较研究》，陕西人民出版社1994年版，第227—246页。
③ 田昌五：《古代社会形态研究》，天津人民出版社1980年版，第200—260页。田昌五：《古代社会断代新论》，人民出版社1982年版，第89—132页。

要的了。民族的军事首长——勒克赛，巴赛勒斯，狄乌丹斯，——成了不可缺少的常设的公职人员。还不存在人民大会的地方，也出现了人民大会。军事首长、议事会和人民大会构成了继续发展为军事民主制的氏族社会的各机关。其所以称为"军事"，是因为战争以及进行战争的组织现在已经成为民族生活的正常功能。邻人的财富刺激了各民族的贪欲，在这些民族那里，获取财富已成为最重要的生活目的之一。他们是野蛮人：掠夺在他们看来比劳动获得更容易甚至更光荣。以前打仗是为了对侵犯进行报复，或者是为了扩大已经感到不够的领土；现在打仗，则纯粹是为了掠夺，战争成了经常性的行当。在新的设防城市的周围屹立着高峻的墙壁并非无故：它们的深壕宽堑成了氏族制度的墓穴，而它们的城楼已经高耸入文明时代了。内部也发生了同样的情形。掠夺战争加强了最高军事首长以及下级军事首长的权力；习惯地由同一家庭选出他们的后继者的办法，特别是从父权制实行以来，就逐渐变为世袭制，他们最初是耐心等待，后来是要求，最后便僭取这种世袭制了；世袭王权和世袭贵族的基础奠定下来了。于是，氏族制度的机关就逐渐挣脱了自己在民族中，在氏族、胞族和部落中的根子，而整个氏族制度就转化为自己的对立物：它从一个自由处理自己事务的部落组织转变为掠夺和压迫邻近部落的组织，而它的各机关也相应地从人民意志的工具转变为独立的、压迫和统治自己人民的机关了。①

根据这些论述，国内外学者们在相当长的时期，一直是把"军事民主制"作为从原始社会向国家转变的过渡政体来对待的。用摩尔根的话说就是："在氏族制度下产生了一种军事民主政体。这种政体既不剥夺氏族的自由精神，也不削弱民主的原则，而是与之协调一致。"② 只是，学者们大多强调的是与部落联盟相伴随的军事民主制，而没有注意到摩尔根和恩格斯还说这种军事民主制也与向国家转变过程中出现的"民族"相伴随。这大概或者是因为学者们对民族形成的时间有不同的看法，而且摩尔根自己也说过一些自相矛盾的话，例如他说："在氏族制度下，民族尚未兴起"③；或者是考虑到摩尔根还说过部落联盟"是

---

① 《马克思恩格斯选集》第四卷，第164页。
② 摩尔根：《古代社会》（上册），商务印书馆1977年版，第212页。
③ 同上书，第102页。

美洲土著所达到的最高组织阶段"①。总之，长期以来，人们一直恪守摩尔根提出的"军事民主制"和"部落联盟"的模式，把它们作为从原始社会向国家转变的过渡政体和社会组织形式。在这一问题上，不但考古学者、人类学者是这样；研究古史传说的人，或者是运用古史传说材料的，也是这样。例如，人们总是把尧舜禹时期和尧舜禹的禅让传说描绘成军事民主制下的部落联盟，并由此来说明由尧舜禹到夏代的发展也就是由史前社会的部落联盟的军事民主制到国家社会的演进。

近来，有学者正确地指出，在摩尔根、恩格斯和马克思的著作中，"部落联盟并不是原始社会的最高组织形式"，"国家产生之前的原始社会最高组织形式是民族，而不是部落联盟"②。"部落联盟的时间范围涵盖着野蛮时代低级与中级两个阶段，以及民族形成之前的高级阶段。军事民主制的时间涵盖范围则要广于部落联盟，它不仅涵盖野蛮时代低级与中级两个阶段，而且还涵盖整整一个高级阶段，涵盖真正处于原始社会末期以及从这个末期开始向国家转变的过渡时期的民族阶段。"③

除了"部落联盟"与"军事民主制"涵盖的时间段落问题外，摩尔根有关军事民主制和部落联盟的论述本身就有一些问题，例如他说军事民主制下的军事首领这个"职位"：

> 上起易洛魁人的"大战士"，中经阿兹特克人的"土克特利"，下迄希腊部落的"巴赛勒斯"和罗马部落的"勒克斯"；在所有这些部落中，经历了文化发展的三个顺序相承的阶段，也就是说，始终是军事民主制下的一个将军。④

在这里，摩尔根把阿兹特克归为"野蛮时代中级阶段"的"军事民主制"，说其社会组织形式也是"部落联盟"⑤，就是一个错误。根据欧、美、日等国和地

---

① 摩尔根：《古代社会》（上册），商务印书馆 1977 年版，第 124 页。
② 易建平：《部落联盟与酋邦》，社会科学文献出版社 2004 年版，第 35 页。
③ 同上书，第 62 页。
④ 摩尔根：《古代社会》，商务印书馆 1977 年版，第 141 页。
⑤ 同上书，第 187—212 页。

区许多学者的研究，中美洲墨西哥的阿兹特克已属于国家社会，建有庞大的王
国，已进入文明时代①。其次，部落联盟作为一种军事攻防的权宜组织形式，
在历史上和民族学材料中都曾存在过，有些地区因军事等方面的需要，可以组
成部落联盟，但也有些并未组成部落联盟，部落联盟并不代表社会发展的必经
阶段；至于军事民主制，只是强调了战争和民主两个方面，其他方面什么问题
都不能说明。所以，摩尔根更大的问题在于他缺乏从原始社会向国家过渡时期
的社会结构类型的设计。在从史前社会走向国家社会这一演进过程中，他使人
们看到的是"两个极端的社会组织结构，即新石器时代的'平等主义'的部落
社会和文明时代的国家"②。为此，笔者曾指出，学术界长期以来恪守的摩尔根
的"军事民主制"和"部落联盟"这类概念：

> 对人类社会究竟如何由史前走向文明的，一直缺乏社会形态和结构特
> 征方面的说明。但是，无论是人类学的研究还是考古学的发现都一再表明，
> 史前社会发展到一定阶段，普遍存在着一种含有初步不平等的、比一般的
> 部落组织或普通的农耕村落更复杂、高度地被组织化了的、但又未进入文
> 明时代、未达到国家水平的社会。对于这样的社会，自（20世纪）60年代
> 以来，塞维斯（Elman R. Service）等人类学家提出了"酋邦"（chiefdom）
> 社会这样的结构类型，并按照社会进化的观点把民族学上的各种社会加以
> 分类，构想其演进程序为：游团（bands，地域性的狩猎采集集团）—部落
> （tribes，一般与农业经济相结合）—酋邦（chiefdoms，具有初步不平等的
> 分层社会）—国家（states，阶级社会）。到60年代末和70年代初，桑德
> 斯（William T. Sanders）与普莱斯（Barbara J. price）以及科林·伦弗鲁
> （Colin Renfrew）等学者又将酋邦制模式引入了考古学领域，以此探讨文明
> 和国家的起源。③

关于酋邦理论的贡献与局限的问题，我们放在下一节再作讨论。摩尔根之所以
把"军事民主制"作为从原始社会向国家转变的过渡政体，并强调所有氏族一

---

① 狩野千秋：《マヤとアステカ》（《玛雅与阿兹特克》），［日］近藤出版社1983年版。
② 王震中：《中国文明起源的比较研究》，陕西人民出版社1994年版，第5页。
③ 同上书，第5—6页。

律自由、平等、友爱，究其根源，诚如塞维斯所指出，是因为摩尔根没有看到在史前社会已存在不平等的氏族，而"将易洛魁的氏族（clan）与早期希腊和罗马的氏族（gens）等同了起来"，这是摩尔根氏族制度学说中很大的缺陷①。

当然，"军事民主制"和"部落联盟"说也指出了一个重要现象，即原始社会晚期或由原始社会向国家社会转变时期，战争和各级军事首长在国家形成过程中所发挥的作用。我们并不主张国家起源于战争，不属于国家起源的"战争论"者，但对于战争和祭祀在国家起源中的机制和促进作用，也应作充分的肯定②。

五　酋邦理论的贡献与局限

与"部落联盟"和"军事民主制"等概念相比，酋邦制概念的提出和对其特征的归纳，显然是人类学和民族学研究中的一项重要成就，它通过人类学中具体的民族学实例，给我们展现了阶级社会之前的不平等社会的一种具体情景，建立了由部落到国家之间的发展链环③。

酋邦理论虽以塞维斯 1962 年出版的《原始社会组织的演进》 （*Elman R. Service*，*Primitive Social Organization*：*An Evolutionary Perspective*，New York，Random House，1962）一书所建立起来的"游团—部落—酋邦—国家"这一演进模式最具有代表性，但在塞维斯之前，已有酋邦概念的提出；塞维斯之后，经更深入的考察和研究，酋邦形态的多样性和复杂性使得欧美的人类学家们对于酋邦的定义、特征等方面的归纳都有不同的界说④。这一方面说明酋邦理论前后是有发展变化的，另一方面在我们看来，酋邦理论也有它的局限性⑤。所以，酋邦模式对于说明由史前走向文明社会有其理论上的意义，但在应用时尚

---

① 易建平：《部落联盟与酋邦》，社会科学文献出版社 2004 年版，第 139、152 页。
② 王震中：《祭祀·战争与国家》，《中国史研究》1993 年第 3 期。王震中：《中国文明起源的比较研究》，陕西人民出版社 1994 年版，第 345—377 页。
③ 王震中：《中国文明起源的比较研究》，陕西人民出版社 1994 年版，第 6 页。
④ 易建平：《部落联盟与酋邦——民主·专制·国家：起源问题比较研究》，社会科学文献出版社 2004 年版；陈淳：《文明与早期国家探源——中外理论、方法与研究之比较》，上海世纪出版集团上海书店出版社 2007 年版。
⑤ 王震中：《中国文明起源的比较研究》，陕西人民出版社 1994 年版，第 6—7、167—173 页。

需加以分析，甚至在援引酋邦理论时还需要说明究竟采用的是谁的酋邦定义，并说明在这样定义下酋邦的主要特征是什么，只有这样才会在理论联系实际时，对理论、概念的本身和其建构的条件有一个清醒的认识，才会使研究引向深入，也才不会脱离其所研究对象的历史实际。

在易建平《部落联盟与酋邦》和陈淳《文明与早期国家探源》的书中都谈到，酋邦（chiefdom）这一概念最早是由美国人类学家卡莱尔沃·奥博格（Kalervo Oberg）在1955年写的一篇文章中首次提出的。在该文中，奥博格根据墨西哥南部低地哥伦布之前的印第安部落社会结构的特点，总结出六种类型的社会形态：（1）同缘部落（Homogeneous，或可译为"同族部落"），是指同一血缘群组成的部落，其栖居或聚落形态表现为分散家庭组成的松散游群、单一村落的部落和多村落的部落等。同族部落经济主要为狩猎采集和辅助性的栽培农业，存在大量从母居的社会形态。（2）异缘部落（Segmented tribes），是指由两个以上有名分的直系血缘群构成的部落（named unilinear kinship groups），即异缘部落是由不同世系的血缘群组成。（3）政治上组织起来的酋邦（Politically organized chiefdoms），这是在一个地域中由多村落组成的部落单位，由一名最高酋长统辖，在他的掌控之下是由次一级酋长所掌管的区域和村落。其政治结构的特点是酋长有法定权力来解决争端、惩罚违纪者。酋长可以为战争而动员民众和后勤供应，通过联盟来加强团结。政治权威基于部落对共同渊源的认同。酋邦没有常规军队、永久性的管理机构和税赋。财产和奴隶从战争中获得，酋长的亲属和武士构成了社会最高阶层，常被称为贵族，其下面大批的普通民众和奴隶构成了最低的社会阶层。酋长头衔繁多，妻妾成群，房屋很大，出行乘轿，身上挂满珍稀的装饰品，通常通过中间人与民众对话。哥伦比亚北部低地的许多部落形态就属于这种酋邦社会。（4）联邦型国家（Federal type states），这种社会结构存在一个强有力的统治者，一批世袭的贵族和一批专职的祭司。在分布着村落的地域上增加了两种新的建筑特点：宫殿和庙宇。刀耕火种和点种的农业经济可以支持这种社会，只要统治者能够控制大量的人口。哥伦比亚的契布查（Chibcha）已经达到了这个社会层次。（5）城邦国家（City states，或译为"城市国家"），其社会结构和下面的经济形态都发生了巨大的变化，手工业专门化出现，从而形成了专业阶层，进而导致日用品交换和贸易市场的出现，都市化造成农村生活和城市社会的分化，像秘鲁沿海的昌昌（Chan Chan）

就是城邦国家的例子。(6)神权帝国(The theocratic empire),通过将高地和沿海平原复杂程度不同的社会群体联合起来,并将广阔区域中的城市经济组织到一起,从而形成帝国。农业赋税养活了统治者、军队、官吏和工匠,征用劳力来建造庙宇、宫殿、道路和其他公共建筑。印加帝国就是这种社会类型的代表。显然,奥博格将酋邦确立为国家前的一种不同平等的社会类型,这为后来塞维斯确立四阶段社会进化模式奠定了基础①。

酋邦社会特征的另一发现者是保罗·基希霍夫(Paul Kirchhoff)。1955年,他将20年前的1935年就曾投稿给杂志的一篇论文于此时在自己执教的华盛顿大学的学生刊物《戴维森人类学周刊》(Davidson Journal of Anthropology)得到发表。在该文中,基希霍夫提出有两种类型的氏族,一种是"单面外婚制氏族",另一种是不平等的"圆锥形氏族"(又称为"尖锥体形氏族")。在这种圆锥形氏族—部落社会中,每个成员的地位取决于他和直系始祖之间血缘关系之远近,高血统的人与氏族—部落祖先的关系最近②。在这里,社会地位大部分依据其出身而定,所谓与直系始祖之间血缘关系的最近者,也就是与现实的最高酋长关系最近者,亦即在直系世系上和酋长最近者,可特殊地获得较高的地位,这是因为整个社会通常相信是自一个始祖传递下来的。所以,在酋邦社会里每一个人都依他与酋长的关系的远近而决定其等级,形成圆锥体形的分等级的社会系统③。基希霍夫发现了"圆锥形氏族"社会的等级特征,但他将这类等级制的氏族与平等的外婚制氏族作为社会演进过程中的同一发展阶段,是理论逻辑上的一个不足。其后的弗里德和塞维斯正是克服了这一不足而在理论上又前进了一步。

塞维斯正是在上述奥博格和基希霍夫二人研究成果以及人类学的其他进展的基础上,提出了他的酋邦理论模式。其做法是把世界上现存的,亦即共时性的横向存在的各类原始社会组织,逻辑地排列为历时性的纵向演变的关系,其演变的序列为:由"游团"(地域性的狩猎采集群体)发展为"部落"(一般与农业经济相结合),再发展为"酋邦"(具有初步不平等的社会),最后走向"国家"。酋邦之前的游团和部落属于平等的原始社会,酋邦是国家出现之前的

---

① 陈淳:《文明与早期国家探源》,上海世纪出版集团上海书店出版社2007年版,第78—80页。

② 易建平:《部落联盟与酋邦》,社会科学文献出版社2004年版,第145—146页。

③ 王震中:《中国文明起源的比较研究》,陕西人民出版社1994年版,第168页。

不平等的过渡阶段。塞维斯理论最具特色的地方：一是对酋邦的概括以及包含酋邦在内的四种社会类型演进框架的建立；二是酋邦的再分配机制模式。

在塞维斯的酋邦概念中，酋邦的特征可以概括为三个方面：第一是它广泛存在的不平等，它的等级制。这种不平等表现为上文保罗·基希霍夫所说的每一个人都依他与酋长的关系的远近而决定其阶层，形成圆锥体形的或者说金字塔形的分阶层的社会系统，这是传承自同一始祖的所有同时后裔的一种不平等的身份关系。第二是酋邦拥有固定的或者说常设的领导。第三是塞维斯提出酋邦具有再分配机制。为此，塞维斯甚至把酋邦定义为"具有一种永久性协调机制的再分配社会"。再分配机制在塞维斯的酋邦理论中，占有十分关键的地位。在塞维斯看来，酋邦兴起于特殊的自然生态环境中，由于资源的差异，出现地区分工和交换，在这种特殊的地方，进行生产分工与产品再分配的需求很大，容易导致控制中心的出现，使酋长成为再分配者，也就是说生产的地区分工以及由此而导致的再分配活动与领导权的兴起和巩固有很大的关系。所以，塞维斯说，不平等在酋邦社会里："是协调中心本身发展的一个结果，而不是其发展的原因。是酋长职位的出现产生了酋邦。"[①]

在塞维斯之后，酋邦理论又有所发展。首先是关于酋邦与再分配机制的关系问题。皮布尔斯（C. S. Peebles）等人根据夏威夷酋邦的特点对酋邦的再分配机制提出了不同的看法。他们发现，夏威夷的社群或聚落分布在多样性丰富和资源种类平均的环境里，所以各社群和部落的基本资源都可以自给自足，基本生产生活资料的互惠交换并不重要，也没有证据表明存在最高酋长控制基本资源再分配的网络。他们发现，夏威夷的酋长是通过修建和视察各地祭祀战争、农业和宗教之神的庙宇来获得贡品和实施控制的[②]。

美国考古学家厄尔也对塞维斯的酋邦再分配机制提出质疑。他也以夏威夷酋邦为例提出了四点理由：（1）各社群区域划分和内部人口结构可以维持自给自足的经济。（2）不同区域之间存在的环境和资源差异是通过采取不同生存方式而非通过互惠交换来解决。（3）不同区域之间一些特殊产品的交换一般采取社群内部亲属间的义务关系或区域间的物物直接交换形式。通过再分配等级网

<hr/>

① Elman R. Service, *Primitive Social Organization*: *An Evolutionary Perspective*, p. 140。译文见易建平《部落联盟与酋邦》，社会科学文献出版社2004年版，第176页。

② 陈淳：《文明与早期国家探源》，上海世纪出版集团上海书店出版社2007年版，第143页。

流通的物品一般用于由贵族直接主持的活动。（4）长时段中再分配动员的周期性和不规则性，不足以组织起当地专门化的生存经济。因此，他认为塞维斯将再分配机制作为酋邦发展动力的假设并不适用于夏威夷酋邦①。

其次是酋邦的多样性问题。厄尔就对酋邦的多样性进行了讨论。他认为酋邦并不能被视为一种相同的和直线演进的阶段，应该将酋邦按其多样性分成不同的结构类型，为此他提出了"简单酋邦"和"复杂酋邦"的概念，二者的人口规模和政治等级都可以有很大的不同。对于简单酋邦，厄尔和约翰逊（Allen W. Johnson）以特罗布里恩德酋邦为例，对于复杂酋邦他们举出夏威夷酋邦和伊朗的巴塞利（the Basseri）两例来进行了说明②。

由于对酋邦的划分和认识的不同，厄尔对酋邦的定义也不同于塞维斯。他认为酋邦最好被定义为一种区域性组织起来的社会，社会结构由一个酋长集中控制的等级制构成，它具有一种集中的决策机制以协调一批聚落社群的活动。在决策和协调功能上，厄尔认为酋长是中心决策者，而集中是酋邦最鲜明的特点。从聚落形态来看，在一个区域内形成有聚落等级，其中，中心聚落的规模较大，周边较小的聚落臣服于它。在等级分层上，厄尔认为可以从对经济控制所获得的各种物品予以衡量，例如墓葬的大小、随葬品的多寡以及居住房屋的规格、质量等，都可以反映出经济地位、财富和社会的不平等。在酋邦政治和经济的集中问题上，厄尔强调酋长通过控制剩余产品来获得权力和财富。厄尔认为，这种控制能力发展的最好的例子是那些依赖灌溉的酋邦，如在西班牙南部的干燥环境里，在铜器和青铜时代发展起来的灌溉促成了对高地灌溉土地实行控制的社会阶层的发展。而对资源拥有权的经济控制也有助于解释并不依赖灌溉的酋邦的发展，比如奥尔梅克酋长对高产土地的控制。此外，酋长还可以通过控制生产技术来行使权力，例如对石器、陶器和金属工具生产技术的控制。在基本经济活动之外的是对代表财富和权势物品的控制，例如有些专职工匠直接依附于酋长和贵族进行奢侈品和珍稀物品的生产，或者通过贸易和交换来控制一些体现权势舶来品的拥有。还有战争在酋邦的发展中的作用，领导战争是酋长的普通功能，他们通过战争进行征服、获得财产和俘虏。酋长的权力除了来自控制之外，也来自于管理。厄尔认为来自于管理的酋长权力强调的是酋长

---

① 陈淳：《文明与早期国家探源》，上海世纪出版集团上海书店出版社 2007 年版，第 146 页。

② 易建平：《部落联盟与酋邦》，社会科学文献出版社 2004 年版，第 281—293 页。

的服务功能，来自于控制的酋长权力强调的是酋长的剥削能力，而对这两者功能进行协调之后，他认为酋邦的生存会强化对领导和管理机制的需求，同时在管理机制形成中又会产生控制的机会。酋长在开始时可能行使一种协调和管理功能，但是随着社会分层的发展，酋长和贵族会操纵政治和经济关系来维护自己的利益，形成对剥削行为的控制。厄尔也强调意识形态对于酋邦的重要性，指出酋邦多具备神权的性质。总之，厄尔认为酋邦具有极大的多样性，其具体的演进过程也非常复杂。此外，厄尔认为，由于人类学确定的酋邦类型是根据同时性酋邦社会的观察，对酋邦演变过程的研究作用有限，因此从考古学来了解酋邦的发展是十分必要的①。

　　克利斯蒂安森也深入讨论过酋邦的多样性和复杂性，觉得酋邦的概念需要改进。克利斯蒂安森认为，人类社会组织最基本的区别在于部落社会与国家社会，酋邦只是部落社会的一种变体，或者说，酋邦是社会组织的一种部落形式。她在酋邦与充分发展的国家之间设制了一个弗里德的分层社会（阶层社会）。分层社会是国家组织的一种原始形式或者早期形式（an archaic form of state organization），可称之为原始国家，它具有国家组织的基本特征，比如说，显著的社会分化与经济分化，强调领土重于强调血缘关系，但是它缺乏发达的官僚制度。她按照伦弗鲁（Colin Renfrew）、厄尔和阿特罗伊（Terrence D. Altroy）等人的方法，把酋邦划分为集体性质的（collective）和个人主义性质的（individualizing）两种。前者建立在酋邦对维持生计产品经济财政（staple finance）和生计生产之控制的基础之上，后者建立在酋邦对贵重物品进行控制的奢侈品财政或者说财富财政（wealth finance）的基础之上。这两种制度并不相互排斥，也可以发现它们有的时候结合在各种不同形式的社会组织之中。只是在前国家社会里，维持生计产品经济财政制度大多数是与集体性质的、领土的、"农业的"社会（collective, territorial and "agricultural" societies）相联系，威望物品经济则主要是与个人主义性质的、分散的、"游牧的"社会（individualizing, segmentary, "pastoral" societies）相联系。在此基础上，克利斯蒂安森提出两条演化道路：基于维持生计产品经济财政或者对生计生产进行控制的酋邦，可以发展成为权力集中的原始国家，最后发展为帝国；基于奢侈品财政的酋邦，可以

---

① 陈淳：《文明与早期国家探源》，上海世纪出版集团上海书店出版社 2007 年版，第 146—150 页。

发展成为权力分散的原始国家，最后发展为城邦。前者的道路是：从领土部落发展到具有稳定的财政、集体性质的酋邦，再发展到权力集中的神权政治的原始国家（集中管理的分层社会），然后演进为官僚体制的国家道路；后者的道路是：从分散的（segmentary）部落发展到以财富财政或者奢侈品财政为基础的酋邦，然后演进为权力分散的世俗政治的原始国家，再发展到封建体制的国家道路①。

因酋邦的多样性、复杂性以及学者们对它认识上的差异，导致人类学家对酋邦定义也有所不同。除了上述厄尔等人有关酋邦的定义外，奥博格将酋邦定义为由一个最高酋长管辖下由次一级酋长控制的、以一种政治等级从属关系组织起来的多聚落的部落社会。受奥博格的启发，斯图尔德将酋邦定义为由许多小型聚落聚合而成的一个较大的政治单位，他进而将酋邦分为军事型和神权型两种。弗兰纳利认为酋邦是社会不平等世袭的开始，自此社会中不同血统是有等级的，血统和地位也与财产的拥有相联系，不管个人的能力如何，其地位的高贵和低贱与生俱来，为此他认为酋邦从考古学上辨认的诀窍是看是否有高等级的幼童和婴儿墓葬，可以说明权力和地位的世袭。皮布尔斯讨论了塞维斯所说的酋邦兴起的再分配机制，不赞成将再分配概念看作是定义酋邦的基本特点，他同意酋邦为一种不平等的社会体制，贵族和酋长具有实施控制的权力，这种权力多少依赖神权来取得合法地位，以便对社会进行管理和控制。卡内罗说酋邦是一种超聚落的政治结构，将它定义为一个最高酋邦永久控制下的由多聚落或多社群组成的自治政治单位。等等。也就是说，自奥博格提出酋邦概念以后，学术界认识到，所谓酋邦可以指差异极大的社会类型，可以根据其结构和复杂程度细分，比如神权型、军事型和热带雨林型酋邦；集团型和个体型酋邦；分层型（阶层型）和等级型酋邦；超级型、等级型和无等级型酋邦；简单酋邦和复杂酋邦，等等，它涵盖了从刚刚脱离原始部落的较为平等的状态一直到非常接近国家的复杂社会的各种不同类型的社会形态②。

综上所述，有关酋邦的理论，我们可以总结为：

第一，酋邦概念和定义的极不统一，酋邦类型的多样性，是由于原始社会后期或由史前向国家的转变时期不平等现象和形式本身就是多样的，形形色色

---

① 易建平：《部落联盟与酋邦》，社会科学文献出版社 2004 年版，第 295—307 页。
② 陈淳：《文明与早期国家探源》，上海世纪出版集团上海书店出版社 2007 年版，第 141—144 页。

的，也就是说，是社会的复杂性和不平等的多样性才使得学者们对于酋邦的定义和特征的归纳存在着诸多差异。如果我们一定要将那些各种不同类型的社会形态（即从刚刚脱离原始部落的较为平等的状态一直到非常接近国家的复杂社会的各种不同类型的社会形态）都冠名以酋邦的话，只能牺牲丰富性和具体性而上升抽象性，可将酋邦的主要特征概括为：原始社会中血缘身份与政治分级相结合的一种不平等的社会类型[①]；并用"简单酋邦"与"复杂酋邦"来表示酋邦社会中不平等的发展程度和酋邦演进中的前后两个阶段；而作为酋邦的发达形态或所谓"复杂酋邦"，其组织结构，应当是由最高酋长所在的中心聚落与许多处于从属或半从属地位的中小型聚落聚合而成的一个较大的政治单位；其复杂酋邦中的不平等，应当是既包括因血缘身份和职务所致的不平等，也包括其后发展出来的具有经济意义的社会分层。

　　第二，酋邦理论的主要贡献就在于"它通过人类学中具体的民族实例，给我们展现了阶级社会之前的分层社会的一种具体情景，建立了由部落到国家之间的发展链环"，它"启示我们，由部落到国家还应有一个相对独立的发展阶段，有相应的社会结构和体制特征，这一发展阶段是文明和国家起源研究中关键点之一"[②]。值得注意的是，这段论述虽然是笔者 19 年前写的，但对照形形色色的史前社会的不平等现象（即史前各种类型的不平等社会）和不同学者对酋邦的不同定义，这样的提法至今也还是有意义的。

　　第三，酋邦理论的建立虽说主要是依据人类学中具体的民族实例，但也有假说的成分。例如塞维斯把生产的地区分工与再分配机制作为酋邦兴起的模式就属于一个假说。依据这一模式，酋邦兴起于某种特殊的地理环境之中，即由于环境资源的不同，不同的村落之间出现生产的地区分工和交换的需求，从而产生相关的协调活动和再分配机制。如果酋邦只产生于这种特殊的地理环境之中，那么对于大部分属于自给自足的聚落群或社区来说，岂不就是无法由部落发展为酋邦，酋邦也就不具有普遍意义。塞维斯的"再分配机制"这一假说只可视为是对酋邦兴起原因的一种探讨。不赞成他这一说法的学者，在面对酋邦是如何产生的，以及酋邦演进过程的动力等课题时，都提出过自己的新说，诸

---

①　张光直在《古代世界的商文明》（《中原文物》1994 年第 4 期）一文中说："酋邦的主要特征是其政治分级与亲属制度相结合。"笔者对酋邦主要特征的概括与张光直先生的这一概括是一致的。

②　王震中：《中国文明起源的比较研究》，陕西人民出版社 1994 年版，第 6 页。

如人口增长压力说、战争说、对集体化生产活动的管理与对贵重物品的控制说，等等。应该说这些新说也含有假说的成分，也属于假说的范畴。理论需要联系实际，这些假说能否成立，关键在于它是否符合历史实际，这既是理论创新的魅力所在，也需要我们继续进行深入的研究。

　　第四，在塞维斯的酋邦概念中，酋邦社会的不平等只是由血缘身份地位造成的，是社会性的，"是酋长职位的出现产生了酋邦"，酋邦的社会地位与经济利益并无必然的联系，弗里德所说的具有经济意义的社会分层不属于酋邦社会。若用这样的标准来衡量某些不平等的史前社会类型，将会变得十分矛盾而难以处理。例如，菲律宾群岛的卡林伽（the Kalinga），塞维斯一度把它列入原始国家的行列，一度又把它列入酋邦行列，而最后又完全删除了卡林伽这个人类学的例子。塞维斯说，在卡林伽社会中人们分为四个等级，第一个等级 the Pangats，"作为最有权力的人，数量很少，但他们是在社会分层的顶端。在他们之下是'卡当延'（the Kadangyan），即亲属集团的富有的贵族领导人。中等或一般集团称为'巴克囊'（the Baknang），而贫穷的人称为'卡布斯'（the Kapus）"。上下等级之间贫富差别很大，许多卡布斯完全没有财产，沦为佃农，作物收成与主人对半分[①]。在塞维斯 1958 年出版的《原始文化概览》一书中，他把卡林伽列在了"原始国家"名下；而在他 1962 年出版的《原始社会组织的演进》一书中，把卡林伽列入了"酋邦"名下；到了 1978 年出版的《原始文化概览》，塞维斯整个就去掉了卡林伽这一例子，代之以卢瓦拉贝都因人（Rwala Bedouin）。有人说，这是由于卡林伽不好归类的原因。卡林伽有一些国家的特征，为此塞维斯最初是把它归入原始国家的，但是与同列于此名下的马雅和印加相比，却又十分缺乏国家的结构。卡林伽有法律的概念，有政治等级制度，这都与马雅和印加相似，然而在官僚结构、军事组织和亲属结构上却又与之大不相同。为此，延戈扬（Aram A. Yengoyan）认为，把卡林伽放在部落、酋邦和原始国家三类中哪一类里都不合适[②]。但我们推测，塞维斯一度把卡林伽作为他列举的酋邦的四个例子中的一个，后又将它拿掉，除了他拿不准之外，大概还有一个原因是在卡林伽社会中已存在具有经济意义的社会分层。在塞维斯的酋邦概念中，该社会是没有社会经济阶级的，而卡林伽却有这样的社会分

[①]　易建平：《部落联盟与酋邦》，社会科学文献出版社 2004 年版，第 122 页。

[②]　同上书，第 125 页。

层，塞维斯当然要把它从酋邦的行列中拿掉。但把它从酋邦的行列中拿掉，却又不能放入原始国家的行列之中，这只能说明塞维斯的酋邦概念、定义是有问题的。诚然，在史前社会中，先有血缘性的身份地位的分等，后有经济性的社会分层；可以从军事的、宗教的社会职能和职务中产生贵族、产生统治者，即分层起源有政治方面的途径或方式，但这不等于说在原始社会末期没有经济意义上的社会分层。在这方面，同样属于主张酋邦理论的厄尔和约翰逊就与塞维斯完全不同。厄尔和约翰逊认为酋邦与此前简单社会最为重要的区别就在于分层，在于社会成员掌握生产资料权力的差异，这当然是占有重要经济资源权力不平等的一种制度，也就是说，在厄尔和约翰逊看来，具有经济意义的社会分层并非在酋邦社会之后，而是始于酋邦社会之中。为此，我们认为塞维斯所谓具有经济意义的社会分层只出现于酋邦之后的国家社会之中的观点，也是他的酋邦理论的局限性之一。

第五，如我们一再指出的那样，塞维斯酋邦理论中"游团—部落—酋邦—国家"的模式，"是按照社会进化观点将民族学上可以观察到的各种类型的社会加以分类排列而成的，因而其逻辑色彩很强。对于史前社会的研究，若想达到逻辑与历史的统一，除了人类学或民族学之外，还必须借助于考古学，因为考古学可以依据遗迹的地层叠压关系确定其时代的早晚和先后顺序，从而观察到社会的发展和变化"①。也就是说，塞维斯的酋邦理论模式在把人类学上现存的共时性的各类原始社会组织，逻辑地排列为历时性的纵向演变的关系时，对于已经消失的远古社会是否果真是这样，也还是需要证明的。对此，易建平介绍说，后来塞维斯本人已经意识到了。据研究，在1958—1978年的20年间，塞维斯一直在重新审视有关自己进化类型的若干问题，比如首先是塞维斯感觉混合游团这种类型应该去掉，部分原因在于他认为，这种游团并非是一种原始的形态，而是可能为应付欧洲文化侵入而产生的一种适应的形态。由于受到弗里德等人的影响，塞维斯在他1971年的《文化演进论：实践中的理论》一书中甚至宣称，游团—部落—酋邦—原始国家四阶段划分法并不符合"事物的原生状态"，"它们也许可以用来进行现代民族志的分类，却难以用来从现存诸阶段推论已经消失的时代"。这实际上等于放弃了他原来的四阶段发展理论，取而代

---

①　王震中：《中国文明起源的比较研究》，陕西人民出版社1994年版，第7页。

之的是塞维斯认为，可能只有使用三个阶段来划分比较合适：（一）平等社会，和从中成长出来的（二）等级制社会——在世界上，其中只出现过少数为帝国—国家所代替的例子——以及（三）早期文明或者古典帝国①。也许有人认为塞维斯后来的三阶段发展理论，过于一般化，并未引起人们的重视。但是，它却是塞维斯本人针对他自己的酋邦理论的局限性而提出的，应该说"史前平等社会—史前等级制社会—早期文明或者原始国家"的演进框架，反映出了由史前社会向国家演变过程中三个发展阶段的本质特征，更具有普遍性。

第六，酋邦理论中"酋邦"（chiefdom）一词的翻译问题。张光直先生在将酋邦理论介绍给中国大陆时，把 chiefdom 译为"酋邦"，自此以后，学者们都使用酋邦一语。其实，正如我们后面将要谈到的，由于"邦"字的含义有国家的意思，而"酋"是"酋长"的意思，所以用"酋"与"邦"合成一词的"酋邦"，也即"酋长国"，就有点像有的学者曾使用过的"部落王国"或"部落国家"的味道，是一个不伦不类的概念。当然，使用"部落王国"概念的学者，是将它放在"国家"的范畴来使用的。而酋邦理论中的"酋邦"则是前国家即原始社会里的社会类型。正因为"酋邦"中使用了"邦"字，使得一部分学者认为中国古代的"族邦"就是"酋邦"②。我们知道，在日本是将 chiefdom 译为"首长制社会"。这是比较符合原意的。有鉴于此，笔者认为，若将 chiefdom（酋邦）一词译为"酋长制族落"或"酋长制社会"更贴近原意。诚然，"酋邦"一词译法非常简练，而且似有约定俗成之感，故而在本书中我们依旧使用这一译名。

六　社会分层理论的贡献与不足

说到社会分层理论，以弗里德的理论模式最为经典。弗里德根据社会等级差异标准将原始社会的政治演进划分成四个递进的社会类型：平等社会（egalitarian society）—阶等社会（rank society，或译为"等级社会"）—分层社会（stratified society，或译为"阶层社会"）—国家社会（state society）。这是一项与塞维斯的"酋邦说"既有联系，而又有区别的理论建树。

---

① 易建平：《部落联盟与酋邦》，社会科学文献出版社 2004 年版，第 156—157 页。

② 沈长云、张渭莲：《中国古代国家起源与形成研究》，人民出版社 2009 年版，第 92、98 页。

诚如易建平所指出的，弗里德的这四个演进阶段很容易被误划为与塞维斯的"游团—部落—酋邦—国家"四个阶段一一对应。其实，塞维斯认为弗里德的阶等社会相当于自己的酋邦，至于"分层社会"，弗里德自己是指介于阶等社会亦即塞维斯的酋邦与国家之间的一种社会，它先于国家而出现，或者说几乎与国家一同出现；阶等社会可以与分层现象完全没有关系。而塞维斯则认为，分层社会是国家产生以后才出现的社会。当然，还有的学者意见与弗里德和塞维斯两人都不同，如约翰逊和厄尔就认为，分层现象可以在酋邦或者阶等社会阶段出现①。若将塞维斯与弗里德两人的意见加以对比，则可列表作如下的表示：

表0—2　　　　　　　　塞维斯、弗里德的定义对比表

塞维斯	游团	部落	酋邦	国家
弗里德	平等社会		阶等社会	分层社会	国家

平等社会区分不同成员的标准基于年龄和性别，在年龄性别之外的等级制度尚未建立起来。弗里德给平等社会所下的定义是："大部分人都能胜任许多地位重要的职位。"也就是说，每个人获得较高地位的机会是均等的。

阶等社会是弗里德理论中的特色之一。这里的"rank"（阶等）一词，一般译为"等级"，但鉴于在欧洲中世纪等社会中的"等级"是与经济地位相关联的，而弗里德所说的"rank"本身与经济地位并无必然联系，故而易建平提出译为"阶等"，以示区别。这对于理解阶等社会的特点是有意义的。弗里德给阶等社会的定义是："并非所有具备能力的人能够获得少数较高的身份和地位。"阶等社会中的阶等与"酋邦"概念中将血缘身份与政治分级相结合而构成等级制的亲族制是一致的，即与基希霍夫圆锥形氏族结构是一致的，亦即在阶等社会中每个人都依他与最高酋长的血缘关系的远近而决定了其阶等，形成圆锥形的分阶等的社会系统，这也是人类学家把"阶等社会"与"酋邦"相对应的缘由所在。

阶等社会中区分阶等原则在于其血统和出身，这与我们研究中国上古社会的等级和阶级的起源时曾提出的"阶级的产生既是经济分化的结果，也是权力

---

① 易建平：《部落联盟与酋邦》，社会科学文献出版社2004年版，第210、226、264页。

和政治发展的产物，在古代，阶级地位是由其身份地位来体现的，所以，阶级的产生过程就是从'平等'到'身份'的过程，而在这一过程中，父权或父家长权及父权家族的出现是其转变的契机"① 的思路，是一致的。这种不谋而合的理论思维提示我们，与经济地位相关联的等级、阶级，亦即与经济地位相关联的社会分层，起源于它之前的尚未产生经济地位差别，而只是依据血缘出身来划分阶等的这一发展阶段，显然这在今后有关文明与国家起源的研究中，在理论上还有许多值得深入展开的用武之地。

分层社会在弗里德的理论模式中是继阶等社会而来的一种社会类型，弗里德对分层社会的定义是："相同年龄和性别的成员在获取基本生存资料的权利上存在差异。"这里的生存资料主要指维持生活的基本资源而不是日用消费物资，所以，这时的社会分层是具有经济意义的，它进一步走向就是"经济阶级"的形成。当然，我们认为，作为社会分化而出现的阶级与阶层，既是经济上的也是政治上的。

分层社会是弗里德广为人类学家所接受的一个概念，至于它主要与什么样的社会体制或者说与什么样的社会政治组织类型相关联，还需要进一步的探讨和研究。弗里德把分层社会看作是连接最复杂的阶等社会与最简单的国家社会之间的合乎逻辑的模式；而塞维斯认为分层社会是国家产生以后才出现的社会；克利斯蒂安森则在酋邦之后、官僚体制的国家或封建体制的国家之前，安置了一个"原始国家"，把分层社会称为原始国家组织，把酋邦称为一种部落形式的社会组织；厄尔和约翰逊认为酋邦与此前简单社会最为重要的区别就在于分层，在于社会成员掌握生产资料权力的差异之上，这当然是占有重要经济资源权力不平等的一种制度，也就是说，在厄尔和约翰逊看来，具有经济意义的社会分层并非在酋邦社会之后，而是始于酋邦社会之中，这也意味着弗里德把与塞维斯的酋邦相对应的他所说的阶等社会定义为与经济地位没有关系的"阶等"，在厄尔和约翰逊看来，充其量也只是存在于其"简单酋邦"之中。厄尔曾列了一个表，把他自己以及他与约翰逊的模式同比较有名的其他一些社会演进模式一一作过对应②：

---

① 王震中：《中国文明起源的比较研究》，陕西人民出版社 1994 年版，第 227 页。
② 易建平：《部落联盟与酋邦》，社会科学文献出版社 2004 年版，第 263 页。

表0—3　　　　　　　　　厄尔等人社会演进模式表

柴尔德（1936）	塞维斯（1962）约翰逊和厄尔（1987）	萨林斯（1963）厄尔（1978）	弗里德（1967）
狩猎者—采集者	游团（家庭层次）	头人	平等社会
农民	部落（地方性的团体）	大人	阶等社会
文明	酋邦	简单酋邦	
		复杂酋邦	分层社会
	国家	国家	国家

从厄尔的这个表中，我们可以看到，弗里德的分层社会相当于厄尔的复杂酋邦和塞维斯酋邦的后一阶段；弗里德的阶等社会相当于厄尔的简单酋邦及"大人社会"（萌芽的酋邦）阶段，也相当于塞维斯的部落阶段后期与酋邦的前一阶段。厄尔的这些看法与塞维斯、弗里德本人以及许多其他人类学家的看法都有所不同。这也说明，社会分类确实是一件十分复杂的工作；这也使得，在弗里德、塞维斯、约翰逊、厄尔和克利斯蒂安森等人有关分层社会与原始国家乃至分层社会与酋邦之间的区别问题上，人类学家一直在讨论，颇有争议，至今没有什么统一的意见①。

20世纪80年代以来我国古史学界也使用过"社会分层"这样的术语②，但并非是像弗里德那样把它作为继"阶等社会"而来的社会发展阶段，而似乎是把"阶等社会"与"分层社会"合并后，是在等级、阶层乃至阶级这类层面上加以使用的"社会分层"的一种概念。这一方面是因为从考古发掘出土的遗迹遗物很难看出哪些是与经济地位无关系的"阶等"现象，所能看到的每每是与经济地位相关的社会被分化为等级、阶层乃至阶级的现象，另一方面是受张光直先生的影响。

说到张光直先生的影响，可以举出张光直的《从夏商周三代考古论三代关

① 易建平：《部落联盟与酋邦》，社会科学文献出版社2004年版，第271页。
② 王震中：《中国文明起源的比较研究》，陕西人民出版社1994年版，第9、169页。

系与中国古代国家的形成》一文。在该文中，张光直先生在介绍塞维斯的酋邦理论时写道："酋邦（chiefdoms）：在酋邦这个阶段我们的对象已经是 Fried（弗里德——引者注）所称的'分层的社会'（ranked society）。地方群组织成为一个尖锥体形的分层的社会系统，在其中以阶层（rank）的差异（以及其伴有的特权和责任）为社会结合的主要技术。这个分层式的系统以一个地位的位置即酋长为中心。因为整个社会通常相信是自一个始祖传递下来的，而且酋长这个位置的占据者是在从这个假设的祖先传下来这个基础之上选出来的，所以在这个网内的每一个人都依他与酋长的关系的远近而决定其阶层。就像 Fried 所说的，'地位位置比合格的人员为少'，因此要把位置填充时要有一个选择的程序，通常是首子或幼子继承。……"① 在这段文字中，张光直先生在向我们介绍塞维斯所说的酋邦的特征时，却将弗里德（Fried）所说的"阶等社会"（rank society）一词译为"分层的社会（ranked society）"，或者把弗里德用来指称"阶等社会"的"阶等"（rank）一词译为"阶层（rank）"。这与我国后来的学者中把 rank society 译为"阶等社会"（或者译为"等级社会"），以及把 stratified society 译为"分层社会"（或者译为"阶层社会"），是不同的。此外，正如易建平所说，"与马克思主义的理论对照一下，可以发现，弗里德的分层社会有些相似于阶级社会；人剥削人也是弗里德分层社会的一种基本现象"②。所以，在谈论酋邦时，未加区别"阶等社会"与"分层社会"，在塞维斯的"酋邦"与一般意义上的等级、阶层、阶级这类层面上来使用"社会分层"这一概念，既反映了 20 世纪 80 年代到 90 年代我国学术界的研究状况，也与西方人类学界在这些问题上意见并非一致有关系。

关于等级、阶层、阶级的概念，它们既有联系又有区别。就一般意义而言，阶级是在一定的生产关系中由处于相同地位的人组成的。列宁说："阶级差别的基本标志，就是它们在社会生产中所处的地位，因而也就是它们对生产资料的关系。"③ 阶级的概念虽也含有政治上的考量，但更多的是以经济地位为基础的一种社会集团的划分，如平常所说的"地主阶级"、"农民阶级"、"工人阶级"等。阶层是在阶级范畴的基础上进一步的社会分层，是社会分层的细化与具体

---

① 张光直：《中国青铜时代》，生活·读书·新知三联书店 1983 年版，第 50—51 页。

② 易建平：《部落联盟与酋邦》，社会科学文献出版社 2004 年版，第 228 页。

③ 《列宁全集》第 6 卷，人民出版社 1959 年版，第 233 页。

化，其中既有经济上亦有政治上的考量，如"贵族阶层"、"平民阶层"、"祭司阶层"、"管理阶层"，等等。所以，阶层不仅是依据人们在社会中的经济关系，还有社会地位的高低、政治权力以及其他因素来区分的。所谓等级，就是社会成员在政治身份、经济地位等方面的分等分级。由于等级中含有经济权益上的分等，所以，列宁说："等级是以社会划分为阶级为前提。"①

弗里德提出的"平等社会—阶等社会—分层社会—国家社会"这一理论模式，其贡献主要在于：第一，它揭示了血缘身份地位上的不平等（社会阶等）与含有经济意义上的不平等（社会分层）之间的逻辑次序，并且用物质因素的变化来说明这种政治演进的特殊方式是如何进行的，是在唯物主义因果原则的基础上建立自己这一理论模式的。第二，社会分层这一概念，因其与经济权利和地位相关联，故而与阶级的概念相接近；但也可以在社会划分为阶层的意义上使用它，也具有阶层的意思，为此有人就将它直接译为阶层，所以这是一个连接阶级与阶层的模糊概念，这种模糊性有利于使它有较广的适用性。第三，弗里德的这一理论模式告诉我们，国家是随着社会不平等的加深、社会分层和剥削的出现而诞生的，这也说明国家的诞生有着财富积累与集中这一物质基础。

弗里德的社会分层理论，有其建树，但也有其不足。其第一个不足就是：他虽然建立了由"阶等社会"到"分层社会"这样的逻辑序列，但对于亲族间血缘身份上的"阶等"是如何发展为经济权利不同的"分层"，其演变的机制是什么？这个问题他并没有解决。这是一个理论上的难点，但也是问题的关键。

关于分层社会产生的原因，弗里德提出以下几点：人口增长的压力和婚后居住模式的变化，基本资源的缩减或急剧的自然变化，技术变化或者市场制度冲击所引起的生计经济模式的变化，以及作为社会与礼仪制度成熟表征的管理功能的发展。弗里德尤其反对把战争当作产生分层社会的直接原因②。笔者以为弗里德所说的这几点，并非问题的实质，它不属于从"阶等"到"分层"的演变机制。我们说，社会分层问题其实也就是阶级和阶层起源的问题，结合我国古代历史实际，我们认为父权家族即父家长权的出现是阶级和阶层起源的契机，这也是从亲族网络中的血缘性身份地位性质的"阶等"转变为含有经济权利性质的社会分层的关键所在。

① 《列宁全集》第2卷，人民出版社1959年版，第404页附注。
② 易建平：《部落联盟与酋邦》，社会科学文献出版社2004年版，第229页。

如前所述，恩格斯在《反杜林论》中曾提出阶级产生的两条道路：一条是从社会的公共事务的管理和社会职位的世袭中产生统治阶级的道路，另一条是通过战俘转化为奴隶而产生奴隶阶级的道路①。恩格斯的《家庭、私有制和国家的起源》在论述"三次社会大分工"时，还说："从第一次社会大分工中，也就产生了第一次社会大分裂，分裂为两个阶级：主人和奴隶、剥削者和被剥削者。"②《家庭、私有制和国家的起源》所说的"两个阶级：主人和奴隶、剥削者和被剥削者"，也就是《反杜林论》所说的由战俘转化为奴隶的道路，只不过《家庭、私有制和国家的起源》是从分工的角度来谈这个问题而已。提出因生产分工而产生阶级，或曰"阶级的存在是由分工引起的"③，这是马克思和恩格斯的一贯思想。其实，这只是问题的一个方面。我们以为，阶级的产生既是经济分化的结果，也是权力和政治发展的产物。恩格斯在《反杜林论》中提出的阶级产生的第一条道路，说的就是阶级起源与权力和政治发展的关系问题。在这两条道路之外，笔者认为，通过父权家族即父家长权而使得由亲族间血缘身份上的"阶等"转变为经济权力不同的"分层"，这可视为第三条道路。也就是说，由社会职能和职位而产生的统治者，是一条道路；将战俘转化为奴隶是另一条道路；通过父家长权而使社会内部，包括家族、宗族之类的亲族内部和亲族之间，出现政治经济上的分化和不平等，是第三条道路。

在国家起源过程所经历的"平等社会—阶等社会—分层社会"的诸阶段中，阶等社会中的等差属于身份地位方面的不平等，它不含有经济意义上的划分，当这种不平等进一步发展后，才出现含有经济意义上的社会分层，才有了阶级、阶层和等级起源的问题。在这里，我们发现阶级和阶层的产生经历了两个过程：即由"平等"到"身份"的过程和由"身份"中不含有经济分化到出现经济分化的过程。可见"身份"的出现及其进一步发展是问题的焦点所在，而这也与中国古代社会中阶级地位是由其身份地位来体现的相吻合。为此我们说，阶级、阶层和等级产生过程就是从"平等"到"身份"以及由血缘性"身份"到具有政治经济意义"身份"的过程。又由于我国上古时期家族和宗族组织的充分发展，所以上古中国，父权或父权家族的出现就成为这两种不同性质

---

① 《马克思恩格斯选集》第三卷，人民出版社 1995 年版，第 522—524 页。

② 《马克思恩格斯选集》第四卷，人民出版社 1995 年版，第 161 页。

③ 《马克思恩格斯全集》第四卷，人民出版社 1972 年版，第 370 页。

的"身份"演变的契机和社会基础。它改变了在简单酋邦中，例如在努克塔人（the Nootka）那里，就像有人指出过的那样："若有阶级，则每一个人自己即是一个阶级"① 这样一种状况。所以，父权或父权家族的出现是社会内部阶级起源的契机。最初的奴隶也是被包含在父权家族之中的，他们是父权家族中身份最低下者。对于古代中国，我们无论是从商周时期家族—宗族体制下的阶级关系向上逆推，还是从史前社会组织及人们的社会地位的演变来考察，都可以得出：含有奴役制的父权大家族的出现是氏族部落中血缘平等结构演变为阶级关系的关键。

弗里德社会分层理论第二个不足是：究竟应该怎样确定分层的非国家形态的社会与分层的国家社会之间的界限，弗里德对此没有做出答复。诚如乔纳森·哈斯所指出，分层社会的根本特征是一些社会成员对基本生活资料的获得权受到了限制，分层的这种基础与先前"阶等社会"的经济组织并没有结构上的相似性，因此在弗里德的理论中，分层的产生是演进过程中的质变。分层制度与国家相比，弗里德的理论显示出，从分层社会到国家产生的过程并不呈现一种质变。在弗里德的模式中，分层社会与国家这两种政治组织形式的组织基础是相同的，它们都基于社会成员对基本生活资料的不同权力而出现的经济上的分化。弗里德认为这两种形式之间的根本区别是，分层的但非国家形态的社会缺乏"管理机构"，而国家有强制性的管理机构。然而，只要一些社会成员对维持生存和再生产必需的基本资源的获得权受到了限制，就是因为该社会存在有强制性管理机构②。显然这是矛盾的。解决这一矛盾，要么认为国家与分层社会的出现是同步发展起来的；要么把分层放在"复杂酋邦"中，或者说在复杂酋邦中已有分层的萌芽或雏形。只是这样一来，弗里德所说的"分层社会"作为一种发展阶段的独立性就会受到质疑。

弗里德社会分层理论第三个不足是：他把氏族社会中作为组织原则的血缘关系的解体，看成是国家产生过程中的一个关键因素。他说："尽管没有国家但已出现社会分层的社会模式，能够在很大程度上与血缘关系模式一致，但血缘

---

① Elman R. Service, *Primitive Social Organization：An Evolutionary Perspective*，p，149. 转引自易建平《部落联盟与酋邦》，第188—189页。

② 乔纳森·哈斯：《史前国家的演进》，罗平林等译，求实出版社1988年版，第40—41页。

关系模式包含前一种模式的可能性很小。"① 他还说："运用在先的血缘关系形成的权力（存在于国家中的武力）是可能的，但使这种情况长久地存在则不可能。"② 在他的国家定义中，国家是为了维护社会的分层而出现的，是"超越血缘关系之上的社会力量建立的复杂机构"③。当然，以血缘关系是否解体来区分国家和前国家社会的做法，并非弗里德一人，其他一些学者也是这样做的。他们这样来定义国家，就把那些还保留有血缘关系的国家社会从国家的行列中排除了出去。如前所述，这与中国、中美洲的阿兹特克等古代国家的实际情形是不相符合的。

　　总之，美欧学术界广泛运用的酋邦理论、社会分层理论、社会复杂化理论等人类学理论、概念，对于国家和文明起源的研究，有贡献，有建树，但也有不足和局限性。指出其局限性，只不过是不想简单地套用某些理论概念而已。发现某些原有理论的局限性，其目的当然是要克服这种局限性而使研究有所推进，进而达到理论创新。那么，我们究竟应如何克服其局限性？笔者以为，一是要理论联系实际，考察它符合不符合古代中国的历史实际；另一个是要作理论上的整合性研究，将人类学理论与考古学、历史学相结合而进行整合。应该说，跨学科的理论和方法的整合，将是今后研究的趋势和发展的方向。这种整合，无论对于人类学，还是对于考古学、历史学，都能互补而互益。在整合中，特别是通过理论联系实际的整合，不但不会被原有理论中的某些局限性所束缚，而且还可以实现理论上的创新。

七　文明与国家起源途径的"聚落三形态演进"说

　　对于文明与国家起源的研究，最具魅力的是对起源的过程、路径和机制的研究。百余年来国内外学术界在这一领域所产生的一个个理论模式和学术观点，总是以"后来者居上"的姿态为这一课题的解决而进行着不懈的努力。近几十年来，文明起源的所谓"三要素"或"四要素"的文明史观以及"酋邦"等人

---

① 弗里德：《政治社会的演进》，1967 年纽约版，第 224 页。引自乔纳森·哈斯《史前国家的演进》，第 38 页。

② 同上书，第 226 页。引自乔纳森·哈斯《史前国家的演进》，第 38 页。

③ 同上书，第 229 页。引自乔纳森·哈斯《史前国家的演进》，第 38 页。

类学理论，代替了摩尔根的"部落联盟"说和"军事民主制"说，而显得甚为活跃。如前所述，它们有理论和学术上的建树，但也有其局限性和不足。那么，如何在整合和吸收诸种理论模式中合理的因素，并克服其不足的基础上，做出符合实际的理论创新，就成为推进文明与国家起源研究的关键所在。近二十年来，笔者采用聚落考古学与社会形态学相结合的方法，提出了文明与国家起源路径的"聚落三形态演进"说，其后又提出国家形态演进的"邦国—王国—帝国"说。这些都可视为在这一研究领域进行的一种尝试和努力。

文明与国家起源路径的"聚落三形态演进"说在处理文明起源的所谓"三要素"或"四要素"的方式时，是把所谓"三要素"或"四要素"看做是文明社会到来的一些现象和物化形式，因而是在阐述文明起源过程中来对待这些文明现象的。而这个"聚落三形态演进"说对于酋邦等理论的扬弃，则主要是通过考古学所发现的"中心聚落形态"来解决从史前向早期国家过渡阶段的社会不平等、阶级和阶层起源的途径、社会组织结构和权力特征等问题。之所以这样做，是因为对于史前社会的研究，若想达到逻辑与历史的统一，除了人类学或民族学之外，还必须借助于考古学。考古学可以依据遗迹的地层叠压关系确定其时代的早晚和先后顺序，从而观察到社会的发展和变化，因而我们若在借鉴酋邦、社会分层等理论模式的基础上，以考古学为素材和骨架来建立一个能反映由史前到文明的社会结构特征方面的演进模式，就可以达到历史与逻辑的统一[①]。

若从考古学角度着眼，在各种考古遗迹中，聚落遗址所能提供的有关社会形态的信息量是最大最复杂的。特别是那些保存较好、内涵丰富、发掘较科学较完整的聚落遗址，我们不但可以从聚落的选址、聚落内外动植物的遗留等方面看到人与自然的关系；而且可以从聚落内部的布局、结构、房屋及其储藏设施的组合、生产和生活用品等方面，看到聚落的社会组织结构、生产、分配、消费、对外交往，以及权力关系等方面的情况；还可以从聚落的分布、聚落群中聚落与聚落之间的关系，看到更大范围内的社会组织结构。考古发现表明，不同时期的聚落有不同的形态特征，这种聚落形态的演进，直接体现了社会生产、社会结构、社会形态的推移与发展。因而，将聚落考古学与社会形态学相

---

① 王震中：《中国文明起源的比较研究》，陕西人民出版社1994年版，第7页。

结合，通过对聚落形态演进阶段的划分可以建立社会形态的演进模式或发展阶段①。

基于上述考虑，笔者通过聚落形态的演进，把古代文明和国家的起源过程划分为三大阶段：即由大体平等的农耕聚落形态发展为含有初步不平等和社会分化的中心聚落形态，再发展为都邑国家形态②。对此，有学者称之为"中国文明起源途径的聚落'三形态演进'说"③。

作为第一阶段——大体平等的农耕聚落期，它包含了农业的起源和农业出现之后农耕聚落的发展时期。正如我们前面在谈到恩格斯的"三次社会大分工"理论时所说的那样，不是游牧早于农业，而是农业早于游牧，最早的家畜饲养是包括在农业之中的。农业的起源以及以农耕和家畜饲养为基础的定居聚落的出现，标志着一个崭新的历史阶段的开始。这一方面表现为农耕聚落的定居生活促进了人口的增长；另一方面表现为土地的集体所有制即聚落所有制得到了发展，从而以聚落为单位的经济、军事、宗教礼仪和对外关系等一系列的活动开始形成，社会一反过去的分散状态，将沿着区域与集中化的方向向前发展。因而可以说，农业的起源，是人类历史上的巨大进步；以农耕畜牧为基础的定居聚落的出现，是人类通向文明社会的共同起点。从此，由村落到都邑，由部落到国家，人类一步步由史前走向文明。

从农业的发明到农耕聚落有了初步的发展，人类经历了漫长时期。因为，并非农业一经发明，它立即就成为当时经济的主要部门。在旧石器时代晚期，人们在高级采集—狩猎经济中，依据自己对动植物生长规律的认识，开始尝试着谷物的栽培和牲畜的驯养，这种从采集植物过渡到培育植物，就是所谓农业的起源，由此，远古社会也由旧石器时代转为新石器时代。随着培育的农作物在食物中所占比重的增加，先民们就由以前只是从自然界直接获取食物的攫取经济发展到了生产经济。但是，种植的农作物在人们食物中比例的增长，是一个缓慢的发展过程，因而，采集、狩猎、捕鱼等经济生活中在最初依旧是重要的。

伴随着农业起源，在距今 12000—9000 年间，在中国的南方和北方都出现

---

① 王震中：《中国文明起源的比较研究》，陕西人民出版社 1994 年版，第 7—8 页。

② 同上书，第 8 页。

③ 杨升南、马季凡：《1997 年的先秦史研究》，《中国史研究动态》1998 年第 5 期。

一批新石器时代早期的遗址，如南方的湖南道县玉蟾岩、江西万年仙人洞，北方的河北徐水南庄头、北京门头沟区东胡林遗址等。这些遗址所在的聚落，都出土有陶器和谷物加工工具，过着定居生活；在南方已种植水稻，在北方种植粟类作物；已饲养猪等家畜，也伴有狩猎、采集、捕鱼等。此时的聚落规模较小，人口不多，物质尚不丰富，过着简单而平等的聚落生活。

距今9000—7000年间，是中国新石器时代中期。这是农业在起源之后第一个发展时期，也是农耕聚落扩展的第一个阶段。如南方的湖南澧县彭头山、河南舞阳贾湖、浙江萧山跨湖桥、浙江余姚河姆渡遗址，北方的河北武安磁山、河南新郑裴李岗、陕西宝鸡北首岭下层遗存、临潼白家村、山东滕县北辛、内蒙古东部敖汉旗的兴隆洼等遗址，它们的农业生产都较之前的新石器时代早前遗址有明显的发展。在聚落中有相当量的谷物储藏；聚落的人口，有的为100多人，有的为300多人。从墓葬和房屋中的出土物以及聚落与聚落间的关系来看，这时在聚落内虽可以划分出家族和核心家庭等，但无论是聚落内还是聚落外，都处于平等的状态，属于平等的农耕聚落社会类型。

到距今7000—6000年间，是新石器时代中晚期或晚期的前段，也是考古学文化中的仰韶文化早期，或称仰韶文化半坡期。这一时期不但农业和家畜饲养业得到很大的发展，这时期的聚落规划得很好，其中陕西临潼姜寨、西安半坡、宝鸡北首岭、甘肃秦安大地湾二期遗存的聚落，最具有典型性：在用壕沟围起来的村落中，有几十座至上百座的房屋被分成若干组群，各群房屋的门均朝向中央广场，形成一个圆形向心布局，从而使得聚落内部呈现出高度团结和内聚。聚落的公共墓地中，各个墓葬的随葬品不多，差别不大，说明当时社会还未产生贫富分化。综合聚落的各方面情况来看，此时的一个聚落似乎就是一个氏族，在聚落内即氏族内，又可划分出大家族和核心家庭。整个聚落的人们非常团结，很有凝聚力。他们既从事农业，也兼营狩猎、采集和陶器的制作。聚落在经济上是自给自足的，内部大小血缘集体之间以及个人之间，关系平等和睦。因而，这一阶段依旧属于大体平等的农耕聚落社会。

从距今12000年到6000年前，是我国农业起源后平等的农耕聚落形态时期，其社会类型大体相当于塞维斯酋邦模式中平等的"部落"社会，也相当于弗里德社会分层理论中的"平等社会"。在这里我们并非仅仅停留在"部落"或"平等"这些概念上，而是通过具体的村落遗址的材料来考察当时生产力水平、人与自然的关系和人们的生产关系，以及社会内部的组织结构等，而且还进行的是历时性的考察，因而我们所展示的史前平等社会的历史画卷，是丰富的、具体的，其社会形态向前推移的轨迹是清晰的、可信的。

作为第二阶段——含有初步不平等的中心聚落形态阶段，是指距今 6000—5000 年间的仰韶中期和后期、红山后期、大汶口中期和后期、屈家岭文化前期、崧泽文化和良渚早期等，它属于中国新石器时代晚期。这是一个由史前向国家转变的过渡期，相当于酋邦模式中"简单酋邦"和"复杂酋邦"两个时期，也相当于弗里德社会分层理论中"阶等社会"和"分层社会"两个时期。中心聚落形态的不平等表现为两个方面，一是在聚落内部出现贫富分化和贵族阶层；另一是在聚落与聚落之间，出现了中心聚落与普通聚落相结合的格局。所谓中心聚落，往往规模较大，有的还有规格很高的特殊建筑物，它集中了高级手工业生产和贵族阶层，与周围其他普通聚落，构成了聚落间初步的不平等关系。所以，不平等的中心聚落形态，是史前平等的氏族部落社会与文明时代阶级社会之间的过渡阶段，它是中国古代国家起源过程中一个重要的环节。

与酋邦和社会分层理论相比较，在中心聚落形态的聚落群的结构中，"中心聚落—普通聚落"这种两级相结合的形态或"中心聚落—次级中心聚落—普通聚落"这样三级相结合的形态，与最初提出酋邦概念的奥博格，以及后来的斯图尔德、卡内罗等人对酋邦的定义是一致的。如奥博格说，政治上组织起来的酋邦，是在一个地域中由多村落组成的部落单位，由一名最高酋长统辖，在他的掌控之下是由次一级酋长所掌管的区域和村落。斯图尔德对酋邦定义是由许多小型聚落聚合而成的一个较大的政治单位。卡内罗说酋邦的政治结构是由一个最高酋邦永久控制下的由多聚落或多社群组成的自治政治单位。

再就社会的不平等而论，随着中心聚落形态由初级阶段到发达阶段的发展，其不平等是逐步在加深。如河南灵宝市西坡村遗址属于中心聚落形态的初级阶段，该遗址 11 号墓内埋的是一个 4 岁的小孩，却随葬有 12 件器物，包括玉钺 3件、象牙镯 1 件、骨匕 4 件、骨锥 1 件、陶碗 1 件、陶钵 2 件。该墓的规模也较大。该墓主人年龄虽为小孩，而墓葬的规模和随葬品的质量与数量都与墓地中的成年人墓葬中的较大的墓葬属于同一等级，而与完全没有随葬品的不太大的墓葬形成对比。所以，11 号墓主人所具有的"阶等"是与生俱来的，是由其血缘身份规定的。灵宝西坡村中心聚落中的不平等应该属于基希霍夫所说的每一个人都依他与酋长的关系的远近而决定其阶等,形成圆锥体形的或者说金字塔形的分阶等的社会系统,这是传承自同一始祖的所有同时后裔的一种不平等的身份关系。这是一种血缘身份与政治分级相结合的初步的不平等,应当属于厄尔的酋邦分类中的简单酋邦。再如,安徽含山凌家滩遗址的墓葬资料和大汶口遗址大汶口文化中晚期的墓葬资料,所表现出的社会不平等要比灵宝西坡遗址突出得多,其大墓与小墓之间的显著的财富差别,呈现出贵族与平民之间的不平等。江苏新沂花厅北区墓地发掘出 62 座大汶口文化晚期墓葬,其中 10 座大型墓中有 8 座有人殉现象。由于这一时期家族、宗族组织以及父家长权的出现,所以这种不平等是政治经济权力的不平等,这是发达的中心聚落形态阶段的特点,相当于厄尔酋邦分类中的复杂酋邦,弗里德所说的史前分层社会也应当放在这一阶段,这种分层应该是在原有的血缘身份分等的基础上又含有经济权力不同的一种分层。

中心聚落形态时期的权力特征是民事与神职相结合以神权为主导的权力系统。以神权为例,西辽河流域与内蒙古东部地区的红山文化最为典型。在红山文化中,辽宁喀左县东山嘴祭祀遗址有大型的祭祀石社的方坛和祭天的圆形祭坛;辽宁西部凌源、建平两县交界处的牛河梁遗址有女神庙、积石冢。女神庙和积石冢相互关联。女神庙里供奉的是久远的祖先,积石冢中埋葬的是部落中刚刚死去的酋长,随着时间的推移,这些死去的著名酋长,也会逐渐列入被崇拜的祖先行列。红山文化以其女神庙、积石冢、大型祭坛和精美的玉器而被学术界誉为文明的曙光。红山文化的先民们,在远离村落的地方专门营建独立的庙宇和祭坛,形成规模宏大的祭祀中心场,这绝非一个氏族部落所能拥有,而是一个部落群或部族崇拜共同祖先的圣地。由于这些大型原始宗教祭祀活动代表着当时全社会的公共利益,具有全民性的社会功能,所以,在原始社会末期,各地方酋长正是通过对祖先崇拜和对天地社稷祭祀的主持,才使得自己已掌握的权力进一步上升和扩大,使其等级地位更加巩固和发展,并且还使这种权力本身变得神圣起来,从而披上了一层神圣的合法外衣。

这样,我们通过中心聚落形态的理论构架,将酋邦中的简单酋邦与复杂酋邦以及社会分层理论中的"阶等"与"分层"等理论概念予以整合,以考古发现为依据,来研究由史前向国家转变的这一过渡形态,既有方法论上的意义,也是学术体系创新上的一种探索。

　　作为第三阶段——都邑邦国阶段，主要指考古学上龙山时代早期国家的形成阶段。这一时期考古学上一个重要现象是发现了大批城邑，有的明显的属于国家的都城。当然，我们并非主张一见城邑即断定已进入国家。中国的史前城邑出现得很早。在南方，早在距今 6000 年前的大溪文化湖南澧县城头山遗址就修建有城邑；在北方，河南郑州西山遗址也发现过距今 5000 多年前的仰韶文化晚期城址。然而，这些城邑都不属于文明时代的国家都城。作为国家都城，城内应该有宫殿宗庙等高等级、高规格的建筑物，还应当伴有阶级和阶层的分化以及手工业的专业化分工等。而这在距今五六千年前的城邑中都是看不到的。只有到了距今 5000—4000 年前的龙山时代，特别是这一时代的后期，即距今 4500—4000 年，大批城邑才在阶级和阶层分化的背景下出现。所以，城邑从其产生到发展为国家之都城，有其演变发展的过程，我们判断它的性质究竟是中心聚落形态阶段的中心聚落还是早期国家时的都城，是需要附加一些其他条件进行分析的，而不能仅仅依据是否修建了城墙，是否出现了城。这里所说的附加条件，我们认为一是当时阶级产生和社会分层的情形；二是城邑的规模、城内建筑物的结构和性质，例如出现宫殿宗庙等特殊建制。这是因为，只有与阶层和阶级的产生结合在一起的城邑，才属于阶级社会里的城邑；而只有进入阶级社会，在等级分明、支配与被支配基本确立的情况下，城邑的规模和城内以宫殿宗庙为首的建制，才能显示出其权力系统是带有强制性质的。而凌驾于全社会之上的强制性权力和社会的阶级分化是我们设定的国家形成的两个重要标志。

　　依据先秦文献，我们可以看到，中国古代有国就有城，建城乃立国的标志。结合龙山时代纷纷崛起的城邑现象，笔者认为中国上古时期，作为国家的最简单的形态，每每是以都城为中心而与四域大小不等的各种邑落结合在一起的，而且是以都城的存在为标志的。为此，我们把这种类型的国家称为都邑邦国，把这一时代的文明称为邦国文明。其中，都城的规模有多大，由四域各种邑落所构成的领土范围有多大，以及在都城之外是否还存在第二级、第三级聚落中心，这将会因邦国的实力和其发展程度而有较大的悬殊，但有城就有一定范围的领土，则是一定的。

　　从考古发现来看，在中国文明起源的研究中，作为早期国家代表性的都邑遗址，位于山西省襄汾县的陶寺是非常典型的。陶寺遗址自 1978 年首次发掘以来，已经历三十多年的考古发掘，获得了一系列重要的考古发现①。例如，发现有规模宏大的 280 万平方米的陶寺中期城址和 56 万平方米的早期城址；在城内，发现面积约 6.7 万平方米的宫殿区，内有作为宫殿的大型夯土建筑物；在宫殿区西边，是面积约 1.6 万平方米的大贵族居住区和下层贵族居住区，已探出多座面积较大的夯土建筑；在城中还发现一个观象授时的天文建筑 ⅡFJT1，大概同时也兼有祭祀功能；此外，还发现 1300 多座等级分明的墓葬，呈现出金字塔式的等级结构和阶级关系。在陶寺遗址出土的器物中，除墓葬中出土的彩绘龙盘、彩绘陶簋等各种精美的彩绘陶器，以及玉琮、玉璧、玉钺、玉戚、玉兽面器等各种玉器和鼍鼓、特磬、石璇玑之外，还发现有 1 件红铜铃、1 件铜齿轮形器与玉瑗规整黏合在一起的铜玉合体的手镯。在彩绘陶器上还发现朱书的二个文字，其中一个可释为"文"；另一个有人释为"易"，也有人释为"尧"（尧），或释为"唐"、"邑"、"命"等②。陶寺发现的这两个文字的字形和结构，比大汶口文化中的图像文字又进了一步，应是中国最早文字之一。

　　在陶寺城邑的周边，由规模大小不等的遗址构成了陶寺聚落群。依据中国社会科学院考古研究所山西工作队和山西省考古研究所等单位最新的联合调查，以陶寺都邑为中心，在南北 70 公里，东西 25 公里，面积大约 1750 平方公里的

---

　　①　中国社会科学院考古研究所山西队等：《山西襄汾陶寺城址 2002 年发掘报告》，《考古学报》2005 年第 5 期。中国社会科学院考古研究所山西第二工作队等：《2002 年山西襄汾陶寺城址发掘》，《中国社会科学院古代文明研究中心通讯》2003 年第 5 期。中国社科院考古所山西工作队等：《山西襄汾县陶寺城址发现陶寺文化大型建筑基址》，《考古》2004 年第 2 期。中国社科院考古所山西工作队等：《山西襄汾县陶寺城址祭祀区大型建筑基址 2003 年发掘简报》，《考古》2004 年第 7 期。中国社科院考古所山西工作队：《山西襄汾县陶寺中期城址大型建筑 ⅡFJT1 基址 2004—2005 年发掘简报》，《考古》2007 年第 4 期。中国社科院考古所山西工作队等：《山西襄汾县陶寺城址发现陶寺文化中期大型夯土建筑基址》，《考古》2008 年第 3 期。中国社会科学院考古研究所山西工作队：《山西襄汾县陶寺遗址发掘简报》，《考古》1980 年第 1 期。中国社科院考古所山西工作队等：《1978—1980 年山西襄汾陶寺墓地发掘简报》，《考古》1983 年第 1 期。中国社科院考古所山西工作队等：《陶寺遗址 1983—1984 年Ⅲ区居住址发掘的主要收获》，《考古》1986 年第 9 期。中国社科院考古所山西工作队等：《山西襄汾县陶寺遗址Ⅱ区居住址 1999—2000 年发掘简报》，《考古》2003 年第 3 期。中国社科院考古所山西工作队等：《陶寺遗址发现陶寺文化中期墓葬》，《考古》2003 年第 9 期。

　　②　罗琨：《陶寺陶文考释》，《中国社会科学院古代文明研究中心通讯》第 2 期，2001 年 7 月。何驽：《陶寺遗址扁壶朱书"文字"新探》，《中国文物报》2003 年 11 月 28 日。冯时：《文字起源与夷夏东西》，《中国社会科学院古代文明研究中心通讯》第 3 期，2002 年 1 月。以上三文均收入解希恭主编《襄汾陶寺遗址研究》，科学出版社 2007 年版。

范围内，发现陶寺文化遗址 54 处，可划分出四五个聚落等级①。

综合陶寺遗址各种考古发现，可以看到这样一幅历史发展的画面：陶寺城邑乃都邑（都城），陶寺都邑和其周围村邑以及更大范围内聚落群的分布格局，已具有早期邦国的框架，即已出现邦君的都城、贵族的宗邑和普通的村邑这样的组合结构；墓葬的等级制表明社会存在着阶级和阶层的分化；陶寺的经济生产不但有发达的农业和畜牧业，而且制陶、制玉、冶金等手工业也已从农业中分离了出来；生产的专门化使产品空前丰富，但不断增多的社会财富却愈来愈集中在少数人手中；陶寺发现的两个朱书陶文已说明都邑内文字的出现和使用；从彩绘龙盘、彩绘陶簋等陶礼器，玉琮、玉璧、玉钺、玉戚、玉兽面器等玉礼器，文字的使用，以及观象授时的天文神职人员的存在，说明陶寺都邑内脑力劳动与体力劳动性质的社会职能分工是显著的，前者为智者圣者，亦即陶寺都邑内以邦君为首的管理兼统治的统治者，后者乃一般的族众。陶寺城址的规模很大，城内发掘出的土物非常丰富，陶寺文明是当时众多邦国文明的佼佼者。

从考古发掘上升到对社会的说明，这应当是考古与历史最基本的整合。此外，陶寺遗址得天独厚，它还是目前较有条件与古史传说相联系的遗址之一。陶寺遗址被分为早中晚三期，作为都邑的早期和中期遗址，碳十四测定的年代约为距今 4400—4000 年前，属于夏代之前的尧舜时代。而在地望上，陶寺文化和陶寺遗址与"尧都平阳"的古史传说相吻合。为此，包括笔者在内的一些学者多主张陶寺都邑乃帝尧陶唐氏的都城②。在条件具备的地方，谨

---

① 何驽：《2010 年陶寺遗址群聚落形态考古实践与理论收获》，《中国社会科学院古代文明研究中心通讯》第 21 期，2011 年 1 月。

② 主张陶寺乃帝尧陶唐氏的遗址者有：王文清：《陶寺文化可能是陶唐氏文化遗存》，田昌五主编《华夏文明》第一集，北京大学出版社 1987 年版。王震中：《略论"中原龙山文化"的统一性与多样性》，田昌五、石兴邦主编《中国原始文化论集》，文物出版社 1989 年版，收入王震中《中国古代文明的探索》，云南人民出版社 2005 年版。俞伟超：《陶寺遗存的族属》，俞伟超《古史的考古学探索》，文物出版社 2002 年版。解希恭、陶富海：《尧文化五题》，《临汾日报》2004 年 12 月 9 日。卫斯：《关于"尧都平阳"历史地望的再探讨》，《中国历史地理论丛》2005 年第 1 期。卫斯：《"陶寺遗址"与"尧都平阳"的考古学观察——关于中国古代文明起源问题的探讨》，解希恭主编《襄汾陶寺遗址研究》，科学出版社 2007 年版。

主张陶寺乃尧和舜的遗址者有：李民：《尧舜时代与陶寺遗址》，《史前研究》1985 年第 4 期。王克林：《陶寺文化与唐尧、虞舜——论华夏文明的起源》，《文物世界》2001 年第 1、2 期。张国硕、魏继印：《试论陶寺文化的性质与族属》，"中国古代文明与国家起源学术研讨会"论文，河北保定·清西陵行宫宾馆，2009 年 4 月。

慎地将考古学文化与古史传说中族团做些系统的整理与整合，也是研究深化所需要的。

陶寺遗址所处的尧舜时代的另一重要现象，就是邦国联盟，也是史书所称的"万邦"时代。这里的万邦之万字，只是极言其多，不必指实。不可否认，在"万邦"这些政治实体中，既有自炎黄时期以来仍处于原始社会发展程度的诸氏族、部落或酋邦，但也有一批政治实体已演进为早期国家的邦国。过去把这一时期的联盟称为"部落联盟"。而从事物的性质总是由其主要矛盾的主要方面予以规定的来看，既然尧舜禹时期已出现了一批属于早期国家的邦国，那么尧舜禹时期诸部族之间的关系，与其称为"部落联盟"，不如称之为"邦国联盟"或"族邦联盟"。唐尧、虞舜、夏禹之间的关系实为邦国与邦国之间的关系，只是当时随着势力的相互消长，唐尧、虞舜、夏禹都先后担任过"族邦联盟"的盟主而已。为此，笔者很赞成这样一种说法：尧舜禹他们的身份有一度曾是双重的，即首先是本国的邦君，其次是族邦联盟之盟主或霸主，这种盟主地位就是夏商周三代时"天下共主"之前身[①]。"邦国联盟"是国际关系而不是一种国家形态，其时的国家形态就是邦国；夏商周三代"家天下"之"天下"，则属于以时王（夏王、商王、周王）为天下共主的复合制国家。

八　"邦国—王国—帝国"说

以上我用聚落形态演进的三个阶段对中国古代国家起源的过程和路径作了概括，并与酋邦理论和社会分层理论进行了对比和整合。那么，进入国家社会之后，最初的国家是否如人们习惯上所说的一定是具有王权的王国，中国古代国家在早期的发展中其形态和结构又经历了什么样的变化？对此，笔者曾提出"邦国—王国—帝国"说，认为夏代之前的龙山时代的国家，是单一制的邦国，属于早期国家，也可称为初始国家或原始国家；夏商周三代属于多元一体的、以王国为"国上之国"的"复合制国家"体系，是发展了的国家；秦汉以后的国家则属于更加发展了的成熟国家，是一种郡县制下中央集权的结构稳定的国

---

① 王树民：《禅让说评议和古代历史的真相》，《曙庵文史续录》，中华书局 2005 年版，第 68—69 页。

家形态，是帝国体系①。

关于中国古代国家形态的演变，20 世纪 50 年代以来，日本的中国古史学界每每用"城市国家—领土国家—帝国"② 这样的模式来论述中国由先秦至秦汉的国家形态的演进。我国学术界讨论的主要是如何从奴隶制国家向封建制国家转变的问题。20 世纪 90 年代以来，也有一些学者不再采用"五种生产方式"的模式，提出用另外的框架来表述中国古代国家形态的演进，如田昌五先生提出用"洪荒时代"、"族邦时代"、"封建帝制时代或帝国时代"，把古代中国划分为三大段，洪荒时代主要讲人类起源的历史，属于史前社会，族邦时代主要讲中国文明起源和宗族城邦以及相应的宗族社会结构演变的历史，封建帝制或帝国时代主要讲两千多年来中国社会循环往复变迁的历史③。苏秉琦先生提出了"古国—方国—帝国"式的演进框架④。也有学者使用"早期国家"和"成熟的国家"来区别夏商周时期的国家与秦汉以后的国家⑤。上述有关中国古代国家形态演进的种种框架，虽说各自从各个不同的侧面概括了中国古代国家发展过程中的某些特征，但也并非没有问题。

说到"城市国家"与中国古代国家的早期形态及其演变，不能不提到侯外庐先生。在我国，"城市国家"这一概念最初的提出，以及以此为基本线索考察中国古代社会问题的，实始于侯外庐先生 1943 年出版的《中国古典社会史论》⑥。尽管今天看来，侯先生在该书中把中国古代文明和国家出现的时间定在殷末周初，很需要予以修正，但他以"城市国家"作为研究古代文明和国家起源的路径，以及力图探讨中国古代国家形成的独特途径的科学精神，至今都有它的启发意义。侯外庐先生之后，在日本，以宫崎市定和贝冢茂树先生为代表，50 年代初也开始用"城市国家"（日语为"都市国家"）这一概念来理解从商

① 王震中：《邦国、王国与帝国》，《河南大学学报》2003 年第 4 期；王震中：《夏代"复合型"国家形态简论》，《文史哲》2010 年第 1 期；王震中：《商代都邑》，中国社会科学出版社 2010 年版，第 485—486 页。

② 宫崎市定：《中国上代は封建制か都市国家か》，《史林》32 卷 2 号，1950 年。

③ 田昌五：《中国历史体系新论》，山东大学出版社 1995 年版；田昌五：《中国历史体系新论续编》，山东大学出版社 2002 年版。

④ 苏秉琦：《中国文明起源新探》，生活·读书·新知三联书店 1999 年版。

⑤ 谢维扬：《中国早期国家》，浙江人民出版社 1995 年版，第 459 页。

⑥ 1943 年侯外庐在重庆出版了《中国古典社会史论》；1948 年以《中国古代社会史》为题，由新知书局出版了初版的修订本；1955 年改题为《中国古代社会史论》，由人民出版社出版。

周到春秋初期的国家结构①，宫崎先生还把世界古代史的发展路径概括为：氏族制度——城市国家——领土国家——大帝国这样几种形态和阶段。当然，在这之前，20 年代，日本的中江丑吉先生就提出过"邑土国家"这样的概念，说"当时的国家"是"出自同一祖先的团体，以各个邑土为根据地形成社会生活"②。宫崎先生之后，也有一些日本学者提出"邑制国家"的概念，以此来置换"城市国家"的提法③。

对于用"从城市国家走向领土国家"这样的说法来表现"自殷周时代向春秋战国时代的变化"，日本的伊藤道治教授就提出过质疑。伊藤先生指出，最初使用"从城市国家到领土国家"这样的说法，并非用在中国史而是用在西亚近东中东文明史的研究中，中原与茂九郎先生在 1914 年执笔的《西南亚细亚之文化》（《岩波讲座东洋思潮》第五卷）就使用了这样的表述，但中原先生所说的城市国家是包含农村地域在内的。伊藤先生认为，所谓"城市国家"，中国与古希腊不同，不像希腊那样以单一城市为一自我完备的生活体，而是有点像西亚两河流域，城市在结合许多带有农耕地和牧场的村落后，才构成一个生活体。殷周时期的国，中心有城市，例如安阳、郑州商城即是，较小的则有盘龙城。城市周围称为鄙，意即郊外，大体上分成东西南北四方。鄙又有几个邑。当时"邑"这个用语，城市、乡村都共通使用，指居住区域，因而鄙中之邑或许应称为村落，那是一种在居住区域周围展开耕地的形式。大国除了中央的都市之外，在地方性的中心还有大邑，以大邑为中心再有鄙，构成几个层次。因而，这里的城市国家已把某种程度的较广范围的领域置于其支配之下，可见，"城市国家"与"领土国家"的差别，并非在于领域的有无，而在于对领域内的农民是如何进行支配统治，即国家对于农民的支配方式、国家与农民的关系问题④。

---

① 宫崎市定：《中国上代は封建制か都市国家か》《史林》32 卷 2 号，1950 年。贝冢茂树：《孔子》，岩波书店 1951 年版，第 23—31 页；贝冢茂树：《中国の古代国家》，弘文堂 1952 年版，第 38—53 页。

② 中江丑吉：《中国古代政治思想》，岩波书店 1950 年版，第 71—73 页。

③ 宇都宫清吉：《漢代社会经济史研究》，第 17 页，弘文堂，1955 年。增渊龙夫：《中国古代の社会と国家》，弘文堂，1960 年。西嶋定生：《中国古代帝国の形成と構造》，东京大学出版会 1961 年版，第 36—37 页。木村正雄：《中国古代帝国の形成》，不昧堂书店 1965 年版，第 60—80 页。松丸道雄：《殷周国家の構造》，《岩波講座世界歴史 4》，岩波书店 1970 年版。

④ 伊藤道治：《中国社会の成立》，讲谈社 1977 年版，第 7—12 页。

"邑制国家"的情况也是这样。我们且不说"邑制"之"邑",既可以指王都,也可以指王都之下的地方性中心聚落,还可以指一般村落,也用于指方国、诸侯之都邑,总之,在商周时期特别是商代,它是一个很宽泛的用语,更主要的是因"邑制国家"与"领土国家"或"地域国家"的差别,也不在于领域的有无,因而采用"由邑制国家走向领土国家或地域国家"这一模式,依然难以说明问题。

田昌五先生的由先秦"族邦"到秦汉"帝国"的发展模式,其族邦的概念,在反映先秦国家中宗族特性方面有其独到之处,但商周时期的国家结构,并非全处于族邦或邦国这一层面,在存在着邦国的同时,还存在中央王国与地方邦国、诸侯的关系问题,所以从族邦到帝国的框架,也有不尽人意之处。

苏秉琦先生"古国—方国—帝国"的模式框架,在反映先秦国家形态演变的阶段性上,有其合理性,但"古国"、"方国"词语本身却是不规范的,带有主观随意性。苏秉琦先生对"古国"和"方国"的定义是:"古国指高于部落以上的、稳定的、独立的政治实体","即早期城邦式的原始国家","红山文化在距今五千年以前,率先跨入古国阶段"。"古国时代以后是方国时代,古代中国发展到方国阶段大约在距今四千年前。与古国是原始的国家相比,方国已是比较成熟、比较发达、高级的国家,夏商周都是方国之君。……所以,方国时代是产生大国的时代。也为统一大帝国的出现做了准备。不过,方国最早出现是在夏以前。江南地区的良渚文化,北方的夏家店下层文化是最典型的实例。"[①] 苏先生的"古国""方国"的概念,似乎与通常人们所使用的"古国""方国"词语的意思有所不同,就约定俗成而言,"古国"一般是既可以指夏王朝之前古老的邦国,也可以指夏商以来古老的国家,所以,"古国"一词本身并不能特指最初的原始的国家。而"方国"一词,来自甲骨文中的"方",自1904年孙诒让在《契文举例》中提出"方国"以来,甲骨学界一般是用它来指商代与中央王国相对而言的各地方的国家,与周代文献中的"邦国"是同一个意思。甲骨文中的"多方"就是"多邦"的意思。在甲骨文中那些称"方"的国(方国),绝大多数与商王处于时服时叛的关系,而不称"方"的国(广义的方国)始终臣服商王者占绝大多数[②]。商在尚未取代夏之前,商对于夏王朝

---

① 苏秉琦:《中国文明起源新探》,生活·读书·新知三联书店1999年版,第7、131—145页。

② 孙亚冰、林欢:《商代地理与方国》,中国社会科学出版社2010年版,第254页。

来说是方国，但在灭夏以后，商就不能再称为方国了，而已成为取得正统地位的王朝以及王朝内的中央王国。周也是如此，灭商前的周是商王朝的方国，可称为"周方国"，灭商后，取代商的正统地位而成为王朝国家（大国家结构）内的中央王国。所以，苏先生的"方国"概念，与商周史学者们所使用的"方国"是很不同的，当然也不符合夏商周时期的实际情况。苏先生的"古国"、"方国"这些词汇，若不放在他的说明下来使用，是很难理解的，很容易同一般意义上的"古国"、"方国"的概念相混淆。此外，苏先生的说法自相矛盾，例如说"方国已是比较成熟、比较发达、高级的国家，夏商周都是方国之君"，说"方国"是大国。但又说"方国最早出现是在夏以前。江南地区的良渚文化，北方的夏家店下层文化是最典型的实例"。也就是说，在时间上，所谓"方国"阶段似乎是指夏商周以来文明成熟的阶段，但又不限于这一阶段，因为它"最早出现是在夏以前"；在级别上，它似乎以夏商周王国为代表，但又不限于此，因为江南地区的良渚文化，北方的夏家店下层文化也是"最典型的实例"。这样，我们就不知道所谓"成熟""发达""高级"的标志是什么？这显然是矛盾的，也有点概念上的模糊和主观随意性。

剔除上述诸说之不足而吸收其中合理的成分，笔者认为，中国古代进入文明与国家社会以后的政治实体的演进应更规范地表述为：邦国—王国—帝国三个阶段和三种形态，中国古代最早的国家是小国寡民式的单一制的邦国，在族共同体上也可以称为部族国家；邦国的进一步发展是以王国为"天下共主"的复合制国家结构的王朝国家，复合制王朝国家的族共同体是民族，即从夏代开始形成的华夏民族，当然，华夏民族起初在其内部是包含着诸部族的，在经过了一定的发展后，才逐步融化和消解了其内部的部族和部族界限；夏商周三代复合制的王朝国家以后，通过专制主义的中央集权，最后走向了以郡县制为统治结构的帝国。在上述更规范的表述中我们可以看到，"邦国—王国—帝国"说这一学术体系，与日本学术界提出的"城市国家—领土国家—帝国"说、我国学者提出的"族邦时代—封建帝制时代"说、"古国—方国—帝国"说，以及"早期国家—成熟的国家"说等理论模式的区别，不仅仅是名称概念的不同，而是涉及国家形态的问题。以"王国"问题为例，在"邦国—王国—帝国"说中，它包含了夏商周三代复合制国家结构和形态的问题，也包含着夏商周三代王朝国家中的王国（王邦）与邦国（属邦）的关系问题，还包含了由部

族国家走向民族的国家以及华夏民族形成过程中由"自在民族"发展为"自觉
民族"等问题，因而这是一个内涵较为丰富复杂、较为周全系统的学术体系。

在"邦国—邦国—帝国"说中，如前所述，我们把邦国也称为"都邑邦
国"，其中就"都邑"而言，这是因为中国古代有国就有城，建城乃立国的标
志，并形成"都鄙"结构。"都"是指国都、都城；"鄙"是指鄙邑，有的属于
都城周围的村邑，有的属于边陲地域的村邑。那些较大的邦国，在都城之外还
可以有二级、三级城邑或宗邑，构成二、三级邑落中心，在二、三级城邑或宗
邑的周边也有鄙邑存在。所以，都邑邦国是有城又有领土的，它不同于日本学
者的"城市国家—领土国家"中城市的概念。至于"邦国"一词，这是因为先
秦文献中就有"邦"、"国"、"邦国"、"庶邦"、"邦君"等词汇，并与"王国"
相区别①，"邦国"主要反映的是简单的早期国家的概念，既有夏代之前相互独
立的邦国，也有夏商周三代与王国并存的邦国。关于夏商周三代的邦国，我们
后面再作进一步的说明。但这里的"都邑邦国"或"都邑国家"的概念，不同
于古希腊"城邦"。诚如伊藤道治教授所言，古希腊的城邦以一单一城市即为
一自我完备的生活体，而且其政体属于奴隶制社会的民主政制，所以被称为民
主城邦。古希腊城邦与我国龙山时代的都邑邦国以及夏商周三代的王国均不相
同。

邦国较史前的"中心聚落形态"（或称为"酋邦"，包括简单酋邦与复杂酋
邦，或称为"史前分层社会"）其最显著的区别是凌驾于全社会之上的强制性
权力系统的出现。邦国与王国相比，一般来说邦国可以没有王权或仅有萌芽状
态的王权，但由于在商周时期有些边缘小国偶尔也称王，所以，邦国与王国的
区别不仅仅在于是否称王或王权的有无，更重要的是这种王权不但支配着王邦
（后世所谓"王畿"，王直接支配的地区），还支配着附属于或从属于王邦的属
邦，这就是《诗经》和《左传》中所说的"溥天之下，莫非王土；率土之滨，
莫非王臣"（《左传》昭公七年）。由于出现了可以支配其他族邦的这样一种王
权的存在，使得其他族邦的主权变得不完整，没有独立的主权，从而使得王国
时期统一的国家结构或者说国家形态是一种"复合型国家结构"。在这种结构

---

① 王震中：《先秦文献中的"邦""国""邦国"及"王国"——兼论最初的国家为"都邑"国
家》，载陈祖武主编《"从考古到史学研究"之路——尹达先生百年诞辰纪念文集》，云南人民出版社
2007 年版。

中，既有作为"天下共主"的"国上之国"的王邦，也有作为属邦的"国中之国"。例如商代"内服"与"外服"结构和周代的分封制结构都属于复合制国家结构，其中，商代作为外服的"侯、甸、男、卫、邦伯"，周代那些被分封的诸侯之国，它们都是臣服于王国的、主权不完整（不具有独立主权）的邦国——"国中之国"。我们可以将这种既含有王邦即王国在内，又含有诸侯国（臣服于时王的邦国）在内的"复合型国家结构"称之为王朝国家，以区别于王国即王邦之意。当然，夏商周三代王朝与秦汉以后的王朝是不同的，前者属于复合制国家结构中的王朝，后者属于高度中央集权的郡县制国家结构的王朝。此外，在夏商周三代还存在一些与王国敌对的邦国，如商代的土方、人方等方国。这些敌对的邦国，其主权是独立的，它们不能划入"复合型国家结构"之中。至于时服时叛的方国（邦国），在其"反叛"时，或者在其尚未臣服于王国之前，不能由王和王邦所调遣，当然也不属于"复合型国家结构"之中的"国中之国"，而为独立的方国（邦国）。

　　王国中的王权在本质上是邦国中凌驾于全社会之上的强制性的权力经过一个发展过程后，进一步集中的体现，但并非所有的邦国都能发展成为王国，只有取得了"天下共主"地位的邦国，才变成了真正意义上的王国，这就是夏商周三代的夏邦、殷邦和周邦。只有这样的王权才使得"天下"诸邦之间的权力系统真正呈金字塔式结构。在王国和作为复合制国家结构的王朝中，君王位于权力的顶点，王与臣下、王邦与属邦的差别是结构性的、制度化的。根据夏、商、周诸王朝的情况看，这种王权还是在家族或宗族的范围内世袭的，但王权又是可支配整个"天下"的，从而形成"天下共主"的传统理念。由于王权的世袭性、结构性和制度化，才形成了王朝或王权的"正统"意识和"正统"观。在相当长的一段时间内，这种正统观又是与中原地区这一独特的地理环境联系在一起的。

　　王国之后是帝制帝国，中国古代帝国阶段始于战国之后的秦王朝。帝国时期的政体实行的是专制主义的中央集权。这种专制主义的中央集权的成因，我们可以从各个方面各个角度进行探讨，笔者以为至少战国时期郡县制的推行和以授田制为特色的土地国有制的实行，以及先秦时期"溥天之下，莫非王土；率土之滨，莫非王臣"的政治理念的作用，都是秦汉专制主义中央集权国家得以形成的基础和条件。

在帝制国家结构中实行的郡县制，与先秦时期的采邑和分封制是完全不同的。采邑与分封都是世袭的，而郡县制中的各级官吏都是皇帝和中央直接任免的。王国与封国；王国内王与贵族的封地和采邑；诸侯国内邦君与贵族的封地和采邑，它们之间虽有上下隶属关系，但不是行政管理关系，因而无论是封国、封地还是采邑，都不属于地方行政机构，不能据此而划分出地方行政管理级别。这就是复合制的王朝与郡县制中央集权的帝国王朝在国家结构和统治方式上的差别。

九　余论

以上论述，一方面可以看作是对国家起源的诸种理论、概念进行的辨析与反思，另一方面也阐述了笔者在这一研究领域的学术观点和理论方法。写到这里，愿以此为基础，整理本书的构想与思路：

笔者认为，研究国家的起源和它的早期发展，其最主要的着眼点是社会形态的演进，而欲探讨中国上古社会形态的推移和发展，在尚无文字记载的情况下，当然主要依靠考古学。因而将聚落考古学与社会形态学相结合来研究国家与文明社会的起源，应该说是抓住了论题的主线。这样就产生了国家与文明起源途径的"聚落三形态演进"说和"邦国—王国—帝国"说。

在国家起源的过程中，阶级与凌驾于全社会之上的强制性权力又是问题的关键所在，这也是笔者提出的国家形成的缺一不可的两个标准。阶级的产生，虽然有诸种途径，如经过战俘转化为奴隶的途径，由原始社会公职转化为对社会的统治的途径，以及从不具有经济意义的社会"阶等"转化为具有经济权利的社会"分层"的过程，等等，但父权家族或父家长权却是社会内部阶级形成的普遍社会基础，也是问题的症结所在。为此，本书在用"聚落三形态演进说"论述社会的推移与发展，即论述国家的起源时，也将用专门一章，以父权家族为契机来讲阶级、阶层、等级等社会分层起源问题。

在国家权力的起源与发展的问题上，笔者将提出"权力的空间性与宗教的社会性"这样一个命题，来研究在国家起源的过程中，各个阶段各种类型的权力是如何突破其空间限制的。这是一个难点，极具挑战性，但也是需努力解决的课题。因此，本书将用"史前权力系统的演进"这样一章来阐述有关的问题。

在笔者以前的论著中，曾以《祭祀·战争与国家》为题论述过宗教祭祀和战争在国家起源中的机制作用以及"王权的三个来源与组成"①。本书将在此基础上，作进一步的探讨。在宗教祭祀方面，我们无论是从先秦时期"国之大事，在祀与戎"的传统观念、商代的神权政治的情形，还是从河南临汝阎村出土的鹳鱼石斧图、濮阳西水坡的龙虎人组合图、红山文化中规模庞大的宗教祭祀遗迹、陶寺遗址出土的龙盘等、良渚文化玉器上的神人神兽以及祭祀遗迹等，都可以说明宗教祭祀在上古社会生活中所具有的地位、对权力集中和神圣化的作用、对社会分层——宗祝卜史之类巫觋祭司阶层亦即管理阶层形成的作用。

关于战争与国家，笔者虽然不属于国家起源的战争论者，但战争无论是对于邦国中的邦君之权的形成，还是对于王国中王权的形成，都是有促进作用的。首先，战争使得征服者与被征服者之间建立了一种纳贡宾服关系，从而打破了原始社会中部落与部落之间原有的平等关系。其次，战争使战胜者内部产生一个军功贵族阶层，同时这也是奴隶的来源之一。特别是"人夷其宗庙，而火焚其彝器，子孙为隶"②的战争，它带来战俘奴隶是显而易见的。因而战争不但改变了原有的部族间的秩序，也改变了战胜者内部的阶级结构。再次，战争也促成了由邦国向王国的演变中王权的形成。过去形象地说战争是国家诞生的"催生婆"，是一点也不过分的。为此，关于战争和军事是如何巩固权力、发展权力的，宗教祭祀权是如何通过垄断而上升为国家权力的，也是本书所要关注的又一焦点。

依据笔者的学术体系，夏商周三代都属于以王国为天下共主的复合型国家结构，但它们也都经历了由邦国到王国的发展历程。为此，本书在讲夏、商王国时，也都从各自的邦国乃至从中心聚落形态讲起。先讲它们的邦国是如何诞生的，接着讲各自是如何由邦国发展为王国。在王国形态中讲王权，重点是复合制国家结构中王权的作用、特征、统治方式等。

此外，本书在研究邦国如何转变为复合制王朝国家时，也一并研究了华夏民族的起源问题，并提出一个新思路、新视角：即把民族划分为"古代民族"

---

①　王震中：《中国文明起源的比较研究》第九章"祭祀·战争与国家"，陕西人民出版社1994年版。

②　《国语·周语下》。

与"近代民族"两种类型，对它们的概念和属性分别予以界定；而在古代范畴中，对于那些比部落更高一层，但又带有血统或血缘特征的族共同体，我们称之为"部族"；然后通过考察古代国家形态和结构由"单一制的邦国"走向"复合制的多元一体的王朝"的发展过程，来阐述由部族走向民族的过程和早期华夏民族形成的时间上限。得出的结论是：华夏民族在夏代和商代属于"自在民族"，发展到两周时代已变为"自觉民族"；我们不能只承认她作为"自觉民族"的事实，而看不到她还有过"自在民族"的阶段。

总之，本书力求在材料占有上要齐全，要反映中国考古的新发现；在理论上有所创新，有所进展，把理论思维与具体的实证和扎实的推导过程有机地结合起来，以此对中国古代国家的起源与王权的形成做出新的、深入、系统的研究，而且本书也视为我在 20 世纪 90 年代初出版的《中国文明起源的比较研究》的姊妹篇，两书共同构筑了我在中国文明与国家的起源及其早期发展上的学术体系。当然，其研究究竟如何，敬请方家指正。

第 一 章
平等的农耕聚落社会

20 世纪 50 年代以来，西亚、中美洲、中国等地一系列考古的重大发现，使得我们深深认识到，农业的起源是人类走向文明与国家社会的起点和基础，也是新石器时代文化的开始。农业的起源改变了人类的文化和社会制度，我们对中国古代国家起源的探讨，当然也应从农业的起源和农耕聚落的出现谈起。

一 新石器时代早期:农业的起源与农耕聚落的出现

我们知道，农业畜牧的起源是由旧石器时代末期的高级采集—狩猎经济转变而来的[①]。最新的考古发现表明，中国新石器时代早期的年代大致在距今 12000—9000 年之间，经考古发掘的属于这一时代的遗址，在南方，有年代距今 1 万年以上的湖南道县寿雁镇白石寨村玉蟾岩遗址[②]、江西万年仙人洞和吊桶环遗址[③]，以及年代为距今 10000—8500 年间的浙江浦江县黄宅镇

---

① 王震中:《中国文明起源的比较研究》，陕西人民出版社 1994 年版，第 13—30、43—46 页。

② 袁家荣:《玉蟾岩遗址》，载于《中华人民共和国重大考古发现》，文物出版社 1999 年版。袁家荣:《湖南道县玉蟾岩 1 万年以前的稻谷和陶器》，载于《稻作、陶器和都市的起源》，文物出版社 2000 年版；张文绪、袁家荣:《湖南道县玉蟾岩古栽培稻的初步研究》，《作物学报》第 24 卷第 4 期（1998 年 7 月）。

③ 江西省文管会等:《江西万年大源仙人洞洞穴遗址试掘》，《考古学报》1963 年第 1 期；江西省博物馆:《江西万年大源仙人洞洞穴遗址第二次发掘报告》，《文物》1976 年第 12 期；严文明等:《仙人洞与吊桶环——华南史前考古的重大突破》，《中国文物报》2000 年 7 月 5 日；张池、刘诗中:《江西万年仙人洞与吊桶环遗址》，《历史学刊》（台北）1996 年 6 月；张池:《江西万年早期陶器和稻属植硅石遗存》，载于《稻作、陶器和都市的起源》，文物出版社 2000 年版。

上山遗址①等；在北方，有距今 9000—1100 年间的河北徐水县南庄头遗址②、河北阳原县于家沟遗址③、北京门头沟区东胡林遗址④、北京怀柔县转年遗址⑤等。

在南方的这些 1 万年以前的新石器时代早期遗址都有稻谷遗存和陶器的发现。在北方的徐水南庄头、阳原于家沟、北京东胡林、转年诸遗址中，目前虽然尚没有发现农作物，但都发现有谷物加工工具和陶器，也有明显的已定居生活的证据。例如，南庄头遗址发现有打制石器、谷物加工工具及早期陶器；于家沟及转年遗址发现有打制石器、细石器、谷物加工工具及早期陶器；东胡林遗址发现有打制石器、细石器、磨制石器、谷物加工工具、早期陶器以及火塘、墓葬等。南方和北方的这些新石器时代早期遗址，在时间上都甚早，属于农业的起源时间；在地点上分布于完全不同的地域，所以，时间和空间都说明中国农业的起源分为南北两个系统，无论是南方的稻作农业，还是北方粟黍旱作农业，都是多元分散式的起源，而绝非起源于某一中心地然后向外扩散传播⑥。与中国南方和北方多元分散式的农业起源相联系的是，中国新石器时代文化的起源既是本土的亦是多元的。

就一般而言，农业的起源、农耕聚落的出现同新石器文化的兴起，应该是一个问题的两个方面；以农耕畜牧为基础的定居聚落的出现，标志着一个崭新的历史阶段的开始。但历史的发展从来都不是一蹴而就的，而是有一个缓慢发展过程，并且还表现出一些不平衡性和多样性。截至今日的考古发现，距今大约 12000—9000 年，即中国新石器时代早期，在中国的南方和北方存在着五类遗址：一是洞穴遗址，二是贝丘遗址，三是盆地中平坦开阔的聚落遗址，四是丘陵地带或山区河谷阶地的聚落遗址，五是平原上的聚落遗址。这五类遗址又可归纳为三大类：洞穴类遗址、贝丘类遗址、盆地或坡地或平原上的聚落遗址。

---

① 浙江省文物考古研究所等：《浙江浦江县上山遗址发掘简报》，《考古》2007 年第 9 期。郑云飞、蒋乐平：《上山遗址出土的古稻遗存及其意义》，《考古》2007 年第 9 期。

② 保定地区文管所等：《河北徐水县南庄头遗址试掘简报》，《考古》1992 年第 11 期。

③ 泥河湾联合考古队：《泥河湾盆地考古发掘获重大成果》，《中国文物报》1998 年 11 月 15 日。

④ 北京大学考古文博学院等：《北京市门头沟区东胡林史前遗址》，《考古》2006 年第 7 期。

⑤ 郁金城等：《北京转年新石器时代早期遗址的发现》，《北京文博》1998 年第 3 期。

⑥ 王震中：《中国文明起源的比较研究》，陕西人民出版社 1994 年版，第 30—45 页。

1. 洞穴、贝丘聚落遗址

洞穴遗址中比较重要的有江西万年仙人洞、湖南道县玉蟾岩（彩图1—1）、广西柳州白莲洞、桂林甑皮岩等。洞穴遗址就其居住形态而言，它是承接旧石器文化而来，显得较为原始，但是，1万多年前的新石器时代早期的这些洞穴遗址的洞口下面的地势平坦开阔，站在洞口望平原，植物茂盛，资源丰富；对于1万年前的原始人来说，在沃野上采集食物固然不成问题，更重要的是此时的他们已开始对稻谷等一些可食性植物进行了有意识的栽培，因而这种洞穴内的经济生活与旧石器时代诸如北京猿人、山顶洞人的洞穴生活是不一样的。也就是说，由于在玉蟾岩、吊桶环等遗址中发现有稻作遗存的存在，这就预示着新石器时代之初江南经济类型的发展方向。当然，在农业起源之初，作为食物的来源，主要还不是依靠栽培的农作物，农作物所占食物的比例是较小的。以玉蟾岩遗址为例[①]，尽管当时已培育出一种兼有野生蹈、籼稻、粳稻综合特征的栽培稻（彩图1—2），发明了陶器（彩图1—3），但从出土的生产工具和大量的动植物化石来看，当时的经济类型还主要是广谱的取食经济，也就是说，1万余年前的这些洞穴居民，是在采集、捕鱼、狩猎和种植稻谷作物的多种经济共同作用下，过着定居生活。

贝丘遗址广泛分布于广东、广西、江西等地的沿海和河流转弯或大河与小河交汇处。这些居民，以采集贝类为主要食物来源，还兼有狩猎和捕鱼。这类贝丘遗址，文化堆积厚，但占地面积小，有的仅数百平方米，最大者1万—2万平方米不等。贝丘遗址所处的地理环境，虽说也过着定居的生活，但其经济类型决定了这些遗址的人口规模和洞穴遗址一样，都比较小，社会组织也比较简单。

洞穴、贝丘遗址的居民经历了最初的发展以后，若还不走出洞穴或进一步改变其经济类型，那么，与同时代的或稍晚于其的山前低岗或河旁阶地的稻作农耕遗址相比较，这些洞穴贝丘遗址的发展是相当缓慢的。在通往文明社会的

---

① 袁家荣：《玉蟾岩遗址》，载于《中华人民共和国重大考古发现》，文物出版社1999年版。张文绪、袁家荣：《湖南道县玉蟾岩古栽培稻的初步研究》，《作物学报》第24卷第4期（1998年7月）。

道路上，洞穴、贝丘之类的聚落形态将会愈来愈成为时代的落伍者，不代表时代发展的潮流。这也反映了中国各地自然生态环境复杂多变，文化发展多种多样，极不平衡。

2. 河谷、盆地、丘陵、平原的农耕聚落遗址

新石器时代早期，作为盆地中河谷地带比较开阔平坦的农耕聚落遗址，近年发现的浙江浦江县上山遗址是著名的①。而北京东胡林遗址，则属于丘陵或山区河谷阶地的早期聚落遗址。至于平原上的聚落遗址，时间较早的，有距今1万年前的河北徐水南庄头遗址；时间略晚一点，有距今八千多年前、属于新石器时代早期与中期之间的湖南澧县彭头山遗址。

位于浙江浦江县黄宅镇的上山遗址，地处浦阳江上游河谷盆地。遗址周围地势相对平坦，海拔约50米，间布一些或连或断、多平整为耕地的小山丘。上山遗址旷野性的环境条件，显然不同于同时代的华南的洞穴遗址。

上山遗址的面积为2万多平方米，出土的遗迹有"灰坑"，有房址。所谓灰坑，从其形状和包含物来看，有的可能与祭祀等原始宗教行为或墓葬有关，有的则属于储藏坑。房址从其结构和建筑布局看，属于干栏式建筑物（彩图1—4，图1—1）。出土的遗物有石器（图1—2，图1—3）和陶器（图1—4，图1—5）。也出土有石磨盘和石磨棒之类的谷物脱壳加工工具。上山遗址的夹炭陶片中普遍发现有意识掺和进去的稻壳、稻叶等，联系该遗址出土有石磨盘和石磨棒之类的谷物加工工具，应该说它所加工脱壳的当是稻谷。经对掺和到陶片内稻的颖壳形态、小穗轴的特征的观察鉴定以及对陶片进行植物硅酸体分析，研究者认为上山遗址出土的古稻可能是处于驯化初级阶段的原始栽培稻，并指出当时上山遗址周围的池塘、低洼地以及河流沿岸很可能分布着野生稻群体，居民们采集野生稻作为部分食物的来源，随着人们对食物需求量的增加，以及对稻米食性、储藏、加工等方面认识的加深，上山遗址的居民开始尝试人工栽培②。

---

① 浙江省文物考古研究所等：《浙江浦江县上山遗址发掘简报》，《考古》2007年第9期。
② 同上。

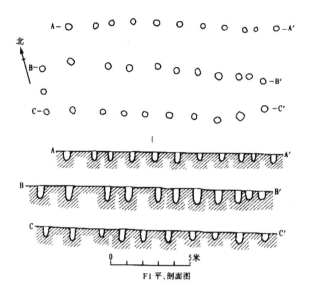

图1—1　上山遗址 F1 房址平、剖面图

（采自《考古》2007 年第 9 期）

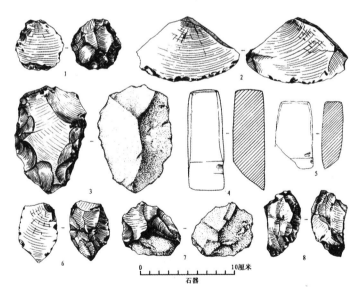

图1—2　上山遗址出土的石器（一）

1、2、6、8. 石片石器（T0912⑤：6，H129：5、H178：13、T1708⑧：4）

3. 砾石石器（H443：1）　4. 凿（H196：5）　5. 锛（T3⑤：2）　7. 石核石器（T0808⑥：11）

（采自《考古》2007 年第 9 期）

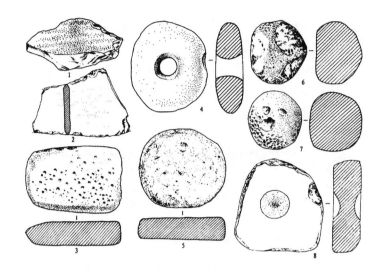

图1—3　上山遗址出土的石器（二）

1. 磨盘（T3⑤：5）　2. 镰形刀（T3⑥：6）　3、5. 磨石（T3⑦：1、T0710⑤：4）　4、8. 穿孔器
（T2⑤：10、T2⑥：1）6、7. 石球（T3⑥：16、T3⑥：3）（1. 约1/12，2. 约1/5，余约1/3）

（采自《考古》2007年第9期）

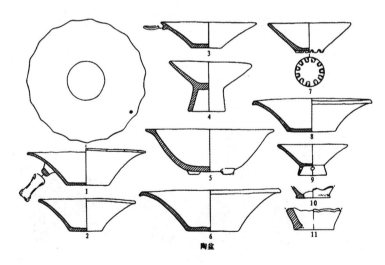

图1—4　上山遗址出土的陶器（一）

1. Ab型（H301：1）　2. AaⅡ式（H121：2）　3. AaⅢ式（H225：1）　4、9. BⅡ式
（H193：1、H196：1）　5. D型（H391：1）　6、8. AaⅠ式（H302：1、H360：1）

7. C型（T0912⑤：1）　10、11. BⅠ式（H30：1、H25：4）（4、5、11. 约1/5，余约1/10）

（采自《考古》2007年第9期）

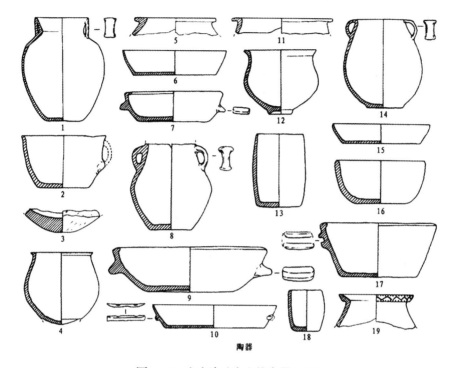

图 1—5　上山遗址出土的陶器（二）

1. A Ⅲ式罐（H226：5）　　2、17. B 型钵（H428：1、H278：2）　　3. 圜底器（T3⑦：19）

4、12. C 型罐（H184②：1、H174：1）　　5、19. Bb 型罐（H443③：3、H221：4）

6、15. A 型盘（H226：6、H168：1）　　7、9. A 型钵（H278：1、H202：1）　　8. A Ⅱ式罐（H318：3）

10. B 型盘（H226：5）　　11. Ba 型罐（H421.4）　　13、18. 杯（H226：2、H226：4）

14. A Ⅰ式罐（H184：2）　　16. C 型钵（H168：2）（1、6、10、14、15. 约1/10，余约1/5）

（采自《考古》2007 年第 9 期）

由 6 个标本测定的上山遗址的年代在距今 11400—8600 年间，去掉其中一个年代最早并且偏离数据群体的测年标本，上山遗址下层的年代确定为距今 10000—8500 年间，也就是说，上山遗址是距今 9000 年左右的新石器时代早期聚落遗址，它代表了由浙西南山区向浙东平原地区过渡的盆地内开阔平坦的河谷地带的聚落形态。

东胡林遗址位于北京市门头沟区东胡林村西侧的清水河北岸三级阶地上，距北京城区约 78 公里。遗址区海拔高度为 390—400 米，高出现在的河床 25 米以上。遗址处在黄土高原和华北平原的过渡地带。

东胡林遗址先后发掘出三座墓葬、十余座火塘和房址、灰坑等遗迹，出土的遗物有打制石器、细石器、小型磨制石器、陶器、骨器、蚌器、赤铁矿颜料和石研磨器，以及数量较多的鹿、猪等动物骨骼（包括烧骨）和大型蚌壳等。打制石器包括砍砸器、刮削器、尖状器等；细石器有石核、石片、石叶等；磨制石器有小型斧、锛，以及十多件琢磨而成的石磨盘和石磨棒（彩图 1—5）等；还出土骨柄上安装石刃片的复合制成的骨柄石刃刀（彩图 1—6）。墓葬均为土坑竖穴墓，葬式分仰身直肢和仰身屈肢两种（彩图 1—7）①。

东胡林遗址碳十四测定的年代，经树轮校正后为距今 11000—9000 年前，属于新石器时代早期。这个时期由于冰期气候的逝去，全球气候显著变暖。环境的变化，促使人类的经济方式由完全以采集、狩猎为主转变为开始经营农业并饲养家畜，我们也正是在这个意义上主张中国的农耕是多元分散式起源的。东胡林遗址虽然尚未发现栽培的，发掘出土的猪骨也不知究竟是家猪还是野猪，但东胡林遗址出土有给谷物脱壳的石磨盘和石磨棒，还出土了作为收割谷物的骨柄石刃刀这样的收割工具，并有陶器、墓葬、火塘等发现，过着定居的生活，因而我们有理由推测，东胡林遗址的居民当时收割、加工的谷物，有可能是既有野生的，也应出现少量人工栽培的谷物，东胡林人的狩猎经济依旧占有重要的地位，但其也有可能进行着猪的驯化，家畜饲养经济也许已萌芽。

南庄头遗址位于河北省徐水县高林乡南庄头村东北 2 公里处，地处太行山东麓前沿，华北冲积大平原的西部边缘，坐落于萍河和鸡爪河之间，海拔 21.4 米。经 1986 年和 1987 年两次试掘，出土有少量的陶片、石器、骨器、角器，以及大量的兽骨、禽骨、畜骨等动物骨头和螺、蚌壳，并获得了大量的植物孢粉标本。动物骨骸经鉴定，有鸡、鹤、狼、狗、家猪、麝、马鹿、麋鹿、斑鹿、鹰、鳖等十余种动物，除狗和猪有可能为家畜，其余均为野生动物，多数属于鹿科动物。

南庄头遗址碳十四测定的年代为距今 10510—9700 年之间，所以这是一个距今 1 万年左右的新石器时代早期的平原聚落遗址。南庄头遗址出土的陶片，也属于较原始的陶器。南庄头遗址虽然目前尚未有驯化谷物出现的鉴定报告，但南庄头遗址还是有一些农业出现的迹象，如据孢粉分析，禾本科花粉较多，

---

①　北京大学考古文博学院等：《北京市门头沟区东胡林史前遗址》，《考古》2006 年第 7 期。

遗址出土有作为谷物脱壳加工工具的石磨盘和石磨棒。

南庄头遗址的年代与东胡林遗址的年代相近，又都位于北方，气候条件是相同的。据南庄头遗址的孢粉分析，与旧石器时代末期相比，当时的气候已逐渐好转，特别是在第 5 至第 6 文化堆积层，亦即南庄头遗址中期，针叶树与阔叶树乔木花粉形成小的峰值，气候环境相对更好一些，从耐旱的半灌木麻黄、菊科、蒿属、禾本科花粉同时出现较多看，距今 1 万年左右的南庄头一带气候总体上较凉并且偏干燥，这有利于原始人摆脱对阴冷潮湿的洞穴的依赖，走出山洞，定居于平原，建造房屋，培育谷物，饲养家畜，烧陶纺织，由纯粹的攫取经济开始转向从事某种程度的生产经济，开始早期新石器文化的生活。

上述距今 12000—9000 年前的中国新石器时代早期聚落遗址，其规模大多比较小。洞穴和贝丘遗址的规模很小，毋庸赘言。作为山区河谷地带的东胡林遗址，现存面积只有 3000 平方米。上山遗址的面积有 2 万多平方米。遗址的面积小，说明其人口少。一个总的趋势是随着时间的推移，聚落的规模和人口都在缓慢地增长，特别是平原地带的聚落，更是如此。当然由于考古学界对中国新石器时代早期遗址发掘和报道的资料都很有限，目前我们还不能对这类聚落的人口规模、内部结构以及与其他聚落的关系和交互作用等作出应有的分析和判断。大体说来，这时的聚落，在采集、捕鱼、狩猎和种植谷物的广谱的取食经济中，虽说农作物比例在逐步增大，农业技术也在逐渐发展，可是生产力水平十分低下，人口不多，物质也不丰富，人们过着平等但又贫乏的聚落生活，所以这是一种原始的极简单的平等社会类型，然而通向文明社会的步伐却从此迈出。

对因农业的发明而进入定居农耕聚落社会所带来的社会进步，是逐渐显现的：例如，由此社会的人口将会逐渐获得较为明显的增长，较大的地域集团也将开始形成；农业可以提供稳定的食物储备，使得一些社会成员有可能脱离食物生产，转而从事其他行业，社会生产出现专业化分工，社会的经济、政治、艺术文化也将随之向前发展；稳定的农业经济，还有助于促进财富积累、所有制意识的萌发，以及贸易和交换的发展；对于农业民族来说，农业的发生和发展，将会使社会性、政治性组织变得愈来愈复杂；农耕礼仪、宗教祭祀等观念形态得到充分发展；社会不平等、阶层和阶级分化的经济基础更加巩固。当然，这一切发展都是逐步展开、逐步实现的。总之，农业的起源，是人类历史上的巨大进步，以农耕畜牧为基础的定居聚落的出现，是人类通向文明社会的共同起点。包括中华文明在内的世界上几个最古老的人类文明，都发生在最早出现农业经济的地方，就足以说明这一点。

二　新石器时代中期平等的农耕聚落社会

中国的农业起源和农耕聚落出现之后，在距今9000—7000年的中国新石器时代中期，迎来了农业第一个发展时期，也是农耕聚落扩展的第一个阶段。属于这一时代考古学文化的代表性遗址：在南方，有澧县彭头山遗址，浙江萧山跨湖桥遗址，浙江余姚河姆渡遗址等，还有南北交界处的河南舞阳县贾湖遗址；在北方，有河北武安磁山遗址、河南新郑裴李岗遗址、陕西宝鸡北首岭下层遗址、陕西临潼白家村遗址、山东滕县北辛遗址、内蒙古东部敖汉旗的兴隆洼遗址等。

1. 新石器时代中期聚落的环境、生产和精神文化生活

在聚落的自然环境上，当时黄河和长江流域的人们大都生活活动在依山傍水、周围有大片较平坦地面的地理环境中。我们知道，聚落是人与自然关系的焦点。聚落所在的地形地貌以及聚落周围一定范围内居民从事农耕、狩猎采集和渔捞等生产活动的场所，是聚落得以维系和发展的生存空间，是向聚落居民提供各种必需的物质生活资料的来源地，因此聚落的选址即居址的选择可以说明对自然资源利用的程度和层次。八千多年前的这些农耕聚落，选择在依山傍水、周围又有大片较为平坦地面的环境中，正说明它不是农耕起源阶段所要求的环境条件，而是以农业生产技术水平有了一定发展为背景的，并与这一时期的人口发展相适应。陕西临潼白家村、河南漯河翟庄、舞阳贾湖村等聚落遗址都表明，凡是周围有大片平坦沃野的聚落，其占地面积也大，人口也多。

以贾湖遗址为例[①]，贾湖遗址位于河南省中部偏南（图1—6），地处黄淮海大平原的西南部边缘，是现代自然区划的北亚热带向北暖温带的过渡地带。在气候上，贾湖先民生存时期，正是全新世大暖期的前期，气候温暖湿润，雨量

---

① 河南省文物考古研究所编著：《舞阳贾湖》，科学出版社1999年版。

充沛。在地貌上，贾湖所在的地区，处在河间泛滥平原上，东为大片洼地，北、西、南三面均为一望无际的平原，仅个别地方有隆起的小土冈。遗址及其周围河流纵横，交通便利（彩图1—8）。

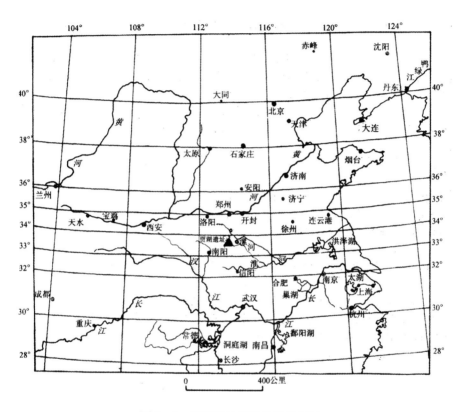

图1—6 贾湖遗址地理位置示意图

贾湖遗址被划分为三期。贾湖第一期树轮校正后的年代为距今9000—8600年，其中属于木碳的3个标本测定的年代都是距今9000年前；贾湖第二期树轮校正后的年代为距今8600—6200年；贾湖第三期树轮校正后的年代为距今8200—7800年。这样，贾湖遗址第一期的年代属于我们所论定的新石器时代早期与中期之间的遗存，与彭头山文化早期即彭头山遗址第一期的年代相近，贾湖第二期和第三期则属于中国新石器时代中期。

贾湖遗址面积为55000多平方米，在分属于早期、中期和晚期三个时期中，共出土45座房子、370座窖穴灰坑、9座陶窑、349座墓葬，以及大量的陶器、石器、骨器、龟甲、骨笛；此外，贾湖遗址还发现大量的水稻遗迹。这些水稻遗迹除见于房基或窖穴中出土的烧土碎块内的稻壳印痕外，还有许多是由水洗法从灰坑和窖穴填土中筛选出来的炭化稻米。经鉴定，贾湖先民种植的稻种是一种尚处于籼、粳分化过程中的、以粳稻型特征为主的栽培稻。

在贾湖遗址中，还出土大量鹿科动物骨骼以及与狩猎有关的箭头等工具。遗址周围低缓的岗地，应是广阔的疏林草原，是人们狩猎、畜牧的场所。此外，从遗址中随处可见的大量鱼骨、蚌类、龟鳖、扬子鳄、丹顶鹤以及菱角、水蕨、莲等水生、沼生动植物群落看，遗址周围海拔高度在65米以下的那些有100多平方公里的大片洼地，应是人们从事捕捞活动的广阔空间。而遗址东约1公里范围内，地势比较平坦，坡度较小，落差大约在0.5—1米之间，应当是贾湖先民的主要农耕区。因而，根据江淮地区的自然环境、水生物资源、出土的稻谷遗存和各类生产工具等判断，当时贾湖聚落的生业类型，是以农耕、渔猎为主，采集为辅的广谱生业模式。贾湖聚落的自然环境和经济向我们展现了丰富的精神生活和一派鱼米之乡的景象。

贾湖遗址发现的45座房屋，多数为单室，也有双室。房址平面形状以椭圆形为主，有26座，也有圆形、方形和不规则形。结构以半地穴式为主，有36座，也有干阑式和平地起建的。面积最大的F1，约40平方米；最小的F7，约2平方米。一般为十多平方米。如F5（图1—7）为双室椭圆形，是半地穴式建筑。房屋一周残留有支撑房屋的柱子的柱洞，两室中间有一隔梁，门朝东。该房屋使用过的居住面有两层，各层堆积中出土了大量陶片、兽骨、石块等。从这些陶片复原或可辨的陶器有角把罐、双耳罐、罐形壶、方口盆、深腹盆、釜、钵、支脚等。还出土有骨制的镞、针、锥、管等；砺石、石杵、石锤等；动物骨骼有貉、猫豹等。由于聚落整体房屋布局不清楚，因而仅从单室或双室说明不了当时的家庭结构有何特殊之处，但是它似乎预示着其后南阳下王岗仰韶文化中出现的长排房屋的建筑传统。

在贾湖先民的精神文化生活中，特别引人注目的是出土25支骨笛和许多用于占卜的龟甲。贾湖遗址出土的25支骨笛分三个时期。第一期即贾湖早期，年代距今约9000—8600年，这一时期的骨笛开有五孔、六孔，能吹奏出四声音阶和完备的五声音阶。第二期即贾湖中期，距今约8600—8200年，骨笛上开有七孔，能吹奏出六声和七声音阶。第三期即贾湖晚期，距今约8200—7800年，骨

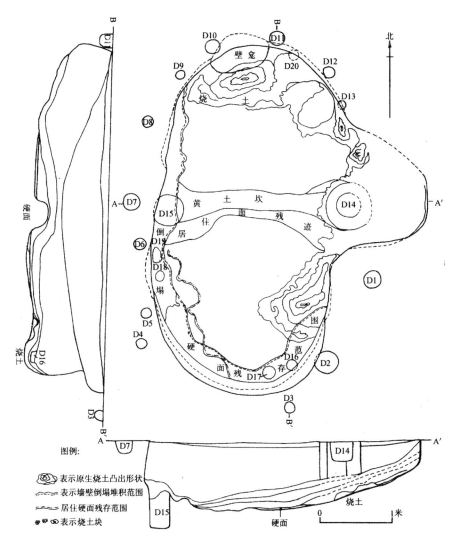

图1—7　贾湖遗址房址 F5 平、剖面图

（采自河南省文物考古研究所《舞阳贾湖》）

笛能吹奏出完整的七声音阶以及七声音阶以外的一些变化音。贾湖骨笛在距今9000 年前已经产生，延续存在了一千多年。这些骨笛都是用丹顶鹤的腿骨制作的。骨笛制成之后，如果某一孔的发音偏高或偏低而不成音列，就需要在某个不准的音孔旁边钻一个小孔来进行调音。从出土情况看，骨笛在贾湖人心目中的地位颇不寻常，为防止骨笛破损，常常在两音孔之间缠裹某种物质进行加固，一旦骨笛断裂，常见采用打缀合孔的方式来缀合残器，再在笛身缠裹某些物质加固，使其继续使用。可见贾湖人制作一件骨笛并不容易，当然也不是人人都拥有吹奏骨笛的技艺。但骨笛的音阶已有四声、五声、六声及七声多种类型，拥有骨笛的人用它能演奏出完备的五声音阶、六声音阶和七声音阶，其准确度令今人叹服。这些珍贵的骨笛，是目前世界上发现的年代最早、出土数量最多、保存最为完整，而且现在还能演奏的乐器，这在中国音乐史和乐器史上都是了不起的发明，是 20 世纪音乐史上最大的考古发现之一（彩图 1—9）。

在舞阳贾湖发掘的 349 座墓葬中，有 23 座墓随葬龟甲，大多数龟甲均伴出有石子（彩图 1—10）。经研究，这些龟甲和龟腹石子都是用来占卜的，反映出八千多年前舞阳贾湖先民们的原始宗教意识形态。有人认为，贾湖墓葬中出土的"龟腹石子"是一种数字占卜，即用龟腹中石子的数字组合变化的或然性来预测吉凶的一种象数体系。龟腹中的石子可分为深色和白色两种，贾湖人已有某种程度的数字思维，已懂得数之奇偶，并将此应用于占卜之中[1]。也许贾湖人的占卜方法是把若干石子装入龟甲之中，通过手握龟甲加以反复摇动，利用晃动之力，振出若干石子，然后查验振出石子（或留于龟壳内的石子）数目，据其奇偶数目以断吉凶。在民族学资料中，台湾流行一种"文王龟卜法"，用铜钱三枚放于龟壳之中，摇振一番后振出，按其振出的先后次序，由下而上排于桌上，铜钱正面表阳，背面表阴，排列六次后，可得一个六爻卦，以断吉凶[2]。贾湖"龟腹石子"的数字占卜的这种传统后来被江苏邳县刘林、大墩子、山东邹县野店、大汶口墓地等大汶口文化遗址的人们所继承，在这些遗址中都发现有"龟腹石子"。另外，在山东兖州西吴寺龙山文化遗址出土腹中有石子的龟甲，在安徽含山凌家滩出土的玉龟腹中夹着一个刻有表示方位的玉版。从舞阳贾湖到大汶口文化等遗址中的"龟腹石子"，其占卜原理一脉相承，这也是商周时期甲骨金文中的数字卦和易卦筮法的来源之一。

贾湖遗址出土有 16 例刻划符号，分别刻在龟甲、骨器、石器、陶器等不同的器物上。龟甲上的刻符有 9 例，其中 1 例类似于甲骨文中的"目"字（彩图 1—11），其他的刻划为："_"、"="、"八"、"川"、"／"、"夂"、"曰"等。骨

---

① 河南省文物考古研究所编著：《舞阳贾湖》，科学出版社 1999 年版，第 966—983 页。

② 凌纯声：《中国与海洋洲的龟祭文化》，《中央研究院民族学研究所专刊》之二十，1972 年，台湾南港。

器刻符中，"∕"、"—"形直道很多，主要刻在骨笛上，作为制笛时设计孔位用；有一例刻于一牛肋骨上，应具有记事的功能，在另一牛肋骨上刻有"∠"，也当有其意义。陶器刻符中，在一个罐的上腹部刻有一个光芒四射的太阳纹"☼"（图1—8），在一个陶坠上刻有"十"形纹，等等。

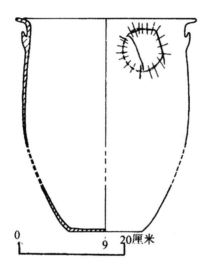

图1—8　贾湖遗址陶罐上的刻划符号

（采自河南省文物考古研究所《舞阳贾湖》）

贾湖遗址中出土的骨笛、龟甲石子占卜以及龟甲、陶器、骨器、石器上的刻划符号，向我们展现出：在舞阳贾湖人的农耕聚落生活中，人们在栽培稻谷、狩猎、捕捞、蓄养等经济活动之余，还用精心制作的骨笛，吹奏出一曲曲美妙的音乐，可谓笛声悠扬稻米香；当时已用龟腹石子占卜，并在龟甲上刻划符号，表现出复杂的精神生活和巫术能力。八千多年前舞阳贾湖先民们精神生活所以能够得到多方面的发展，都依赖于稳定的聚落生活和农业生产力的提高以及粮食等食物有着基本保障的缘故。

包括贾湖遗址在内的在七八千年前的农耕聚落，不但选择了优越的地理环境，有多方面的食物资源和丰富的精神文化生活，而且其农业生产技术水平也已进入了一个新阶段，这就是所谓"锄耕"或"初级耜耕"农业阶段。当时整个黄河流域及其东北地区，已出现了包括翻土工具在内的成套农具。从砍伐林木和加工木器用的石斧、松土或翻土用的石铲、收割用的石镰或石刀，到加工用的石磨盘、石磨棒（彩图1—12），一应俱全，而且制作精致。南方地区，除上述石器外，因经营的是以稻作为主的水田农业，开挖排灌渠道和翻土整地是主要农活，因此导致了诸如河姆渡之类遗址的骨耜木铲很发达（彩图1—13）。在这些遗址中，石斧出土数量多反映了田野的垦辟比以前扩大了；石铲、骨耜的出土说明当时人们在农业上已懂得并普遍实行翻土，也就是说当时的农业已进入初级耜耕阶段。

在初级耜耕农业阶段，我国长江流域平原地区的水稻农业，在距今六七千年前，其农耕发展的一个显著现象是在湖南澧县城头山遗址发现了稻田和原始灌溉系统遗迹。1997—1998年，在澧县城头山发掘出稻田、田埂，以及与水稻田配套的原始灌溉系统即高出稻田的用于灌溉的水坑和水沟，并从稻田的土样中选出有稻梗和根须以及炭化稻谷、竹叶、田螺等动植物的标本①。稻田及其配套的原始灌溉系统的发现，说明原始的稻作农业又有很大的发展。

初级耜耕农业较农业起源阶段，农业生产力和粮食产量有很大的提高。考古学工作者在河北武安磁山聚落遗址发现88个用来储存粮食的窖穴，根据其内粮食遗迹堆积体计算，粮食储量达13余万斤②。在江南鱼米之乡的浙江余姚河姆渡聚落，其储存的稻谷也有10万公斤以上③。这样多的粮食储存，再加上家畜饲养、狩猎、捕捞、采集等所补充的食物来源，足以保证一个300多人口聚落的全年需求。

2. 新石器时代中期聚落的社会组织结构

在聚落形态的研究中，聚落内部的结构和社会组织关系，始终是研究的核心问题。遗憾的是虽然属于这一时期的聚落遗址发掘的不少，但或者是由于遗址保存状态不好，或者是由于发掘面积所限，使得我们对于多数遗址的整体布局不甚清楚，现仅以位于内蒙古东部敖汉旗的兴隆洼遗址④为代表来说明此时

---

① 湖南省文物考古研究所：《澧县城头山城址 1997—1998 年度发掘简报》，《文物》1999 年第 6 期。

② 佟伟华：《磁山遗址的原始农业遗存及其相关问题》，《农业考古》1984 年第 1 期。

③ 严文明：《中国稻作农业的起源》，《农业考古》1982 年第 1 期。

④ 中国社会科学院考古研究所内蒙古工作队：《内蒙古敖汉旗兴隆洼遗址发掘简报》，《考古》1985 年第 10 期；中国社会科学院考古研究所内蒙古工作队：《内蒙古敖汉旗兴隆洼遗址 1992 年发掘简报》，《考古》1997 年第 1 期。

的聚落内的组织结构。

兴隆洼遗址是由壕沟围起来的略呈椭圆形的聚落，东北—西南长 183 米，东南—西北宽 166 米。遗址内的房子为半地穴式，大体呈东南—西北方向排列，计十一二排，每排十个左右。这些房屋排列整齐，井然有序，显然是经过周密规划、精心设计、统一营建的聚落。这些房屋的面积有一些是 30—40 平方米，也有许多是 50—80 平方米，面积比较大。房子大小虽有不同，但结构和室内布置都没有什么差别，一般中间有一圆坑形火塘，周围放置有石锄、石铲、骨锥、骨鱼镖等生产工具，陶钵、陶罐等生活用具，有的还有一些兽骨，当是食肉的遗存。这些房屋中既有生活用具，又有生产工具，并都配有火塘，说明生活在其中的应是一个家庭，它构成了聚落里基本的生活和消费单位，同时也从事着生产劳动，是一种相对稳定的家庭结构，其人数依据房屋的大小不同，可能有 3 至 5 人不等，而房屋的分排则应与家族组织有关。至于位于聚落中心部位的那两间 100 多平方米的大房子，诚如发掘者所言，有其特殊的使用功能，应是当时集会、议事、举行某些仪式的公共场所。两间大房子，似乎表明当时聚落是由两个大的共同体组成。整个聚落可能是一两个氏族集团，其总人数在 300 人以上。

这样，兴隆洼聚落所呈现的社会组织结构是：若干个核心家庭组成一个家族（即一排房屋），再由若干家族（若干排房屋）组成一个氏族，最后由一两个氏族构成聚落共同体。这样的结构，应当是这一时期较为普遍的社会结构。

在聚落的区划与功能上，我们看到就多数遗址而言，当时氏族公共墓地已形成，生前人们聚族而居，死后也聚集而葬；聚落内家族的划分以及家族内小家庭的存在，既告诉我们家族和家庭的历史之久远，也说明聚落组织内部的多层次性，从而也就具备了其后发展的多样性；无论是北方的磁山还是南方的河姆渡，都呈现出储藏设施相对独立，成区或成群的存在，而不归属于单个的住宅，说明消费领域中实行的是平均和共产的原则。至于这种原则主要是体现在各家族内部，还是体现在整个聚落之中，因各遗址发掘范围所限，目前尚不得而知。而兴隆洼发现的环壕聚落的壕沟既是当时的一种设防措施，也是聚落共同体外在的表现形式之一。在这一聚落共同体中，诸如聚落中心大房子之类公共建筑的设立，则表明此时的聚落中已存在一个聚落成员所认可的、具有一定权威意义的文化中心，它是聚落内婚姻嫁娶、生产活动、农耕巫术礼仪等大小事务的管理与协商的中心，是聚落内一个个核心家庭和家族等单元和个体行为内聚与辐辏的标志性建筑物。总之，中国七八千年前的聚落是农耕确立后已经历了一定发展的内外皆平等的内聚式的聚落形态，它固然有若干原始性，但它所具备的种种设施、区划与功能，已为它之后的仰韶时代的聚落形态开拓了先河①。

三 新石器时代中晚期农耕聚落的平等与内聚

在中国考古学分期中，距今 7000—6000 年这段时间，属于新石器时代晚期的前段，这里称之为新石器时代中晚期。这一时期的聚落遗址几乎遍及全国，其中在黄河流域者主要属仰韶文化的半坡期和大汶口文化早期即王因期，在长江流域者主要属大溪文化前期和马家浜文化，在辽河流域主要属红山文化前期等。这一时期中国考古发现与研究所取得的成就是多方面的，而其中仰韶文化半坡类型中一系列完整且典型的聚落形态的揭露，对于社会形态演进史的研究更具有重要的学术价值，通过对它的剖析，可以在相当典型意义上获得一幅清晰的社会发展的画面。

1. 聚落内的社会结构：家庭—家族—氏族

距今 7000—6000 年聚落的发展，不仅体现在聚落的数量大增，更体现在聚落的布局、规划以及聚落内社会组织的发展上。以仰韶文化半坡时期的聚落为例，聚落在修建时把居住区、手工业生产区和墓葬区既紧密地结合在一起，又在范围上有明确的区划。如陕西西安半坡、临潼姜寨、甘肃秦安大地湾等聚落，都是居住区居中，并围以壕沟。在半坡，壕沟外的北面是墓葬区，东北为陶窑生产区。在姜寨，壕沟外的东边和南边是墓地，西南是烧陶器的窑场。

姜寨、北首岭和大地湾等聚落的壕沟内，其房屋排列多呈现出圆形向心的布局，是这一时期一个显著特色。如陕西临潼姜寨一期遗存，同时存在的 100 座左右的房屋被分成五个大的群落，由这五个群落的房屋围出一个 1400 多平方米的广场，构成一个共同活动的神圣的空间，各群房屋的门均朝向中央广场，

---

① 王震中：《中国文明起源的比较研究》，陕西人民出版社 1994 年版，第 71 页。

形成一个典型的圆形向心布局（图1—9）①。

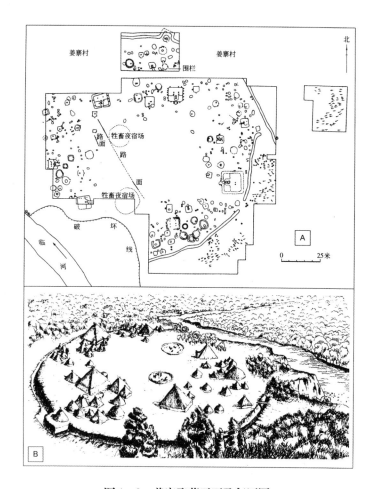

图1—9 姜寨聚落平面及复原图

A. 姜寨遗址平面图 B. 复原图

（采自半坡博物馆等《姜寨》）

---

① 严文明先生在20世纪80年代发表论文中，对包括姜寨在内的仰韶文化半坡类型聚落的向心布局有很精彩的论述，见严文明《仰韶文化研究》，文物出版社1989年版。后来，严先生在一篇文章中指出：姜寨聚落的中心有墓葬，这似乎五组房屋面对的不是广场而是坟墓。对此，严先生的学生赵春青研究员等人进一步考察，发现在中心广场位置埋的墓葬的年代要比聚落内五组房屋的年代稍微晚一些，不属于同一时期的，这样五组房屋群向心的中心依旧是一个广场。只是，中心广场和围绕它的房屋究竟使用了多长时间，还有待进一步研究。

　　甘肃秦安大地湾遗址和陕西宝鸡北首岭遗址的情况也是这样。大地湾仰韶文化遗址分为四个时期，大地湾二期遗存属于仰韶文化早期，与半坡类型（半坡期）同时。大地湾第二期时，在由壕沟围起来的椭圆形聚落中，发现 156 座房屋、15 座成人墓、6 座儿童瓮棺葬、14 座烧制陶器的陶窑、72 个灰坑和窖穴。大地湾第二期又被分为三个时段，其Ⅰ段时的房屋，向心性最强。100 多座房子均背向壕沟，面朝中心而围出一个广场，其格局与姜寨的布局十分接近（图 1—10）。Ⅱ、Ⅲ段时，聚落规模逐渐有所扩大，聚落内的中心也由一个中心变为多个中心。

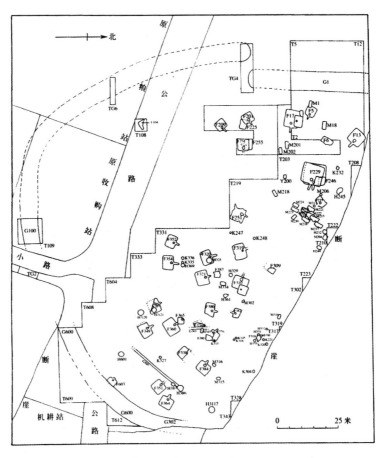

图 1—10　甘肃秦安大地湾遗址第二期Ⅰ段聚落遗迹分布图

（采自甘肃省文物考古研究所《秦安大地湾》）

北首岭聚落东临金陵河，以东边的金陵河为一方，北边、西边、南边的房屋群各为一方，三组房屋群围起来的中间部分构成了一个南北长 100 米，东西宽 60 米左右的公共广场。广场北边屋群的门绝大部分朝南，广场之东屋群的门都朝西，广场之东南屋群的门，都朝向北和西北，形成一个向心的椭圆形的布局。

聚落中，居地、墓葬、生产用地相区分反映出的规划观念，显然是聚落形态发展到成熟、完善阶段的产物。将窑场设在壕沟的外面，大概也有防火上的考虑。而墓葬区与居住区以壕沟隔开，但又相距不远，表现出生与死、现实世界与鬼魂世界既区别又有联系。鬼魂观念的进一步发展就是祖先崇拜观念的出现。从这一时期墓地安排的考虑来看，中国人的祖先崇拜和鬼魂崇拜的观念，源远流长，于此可见一斑。

在聚落的布局中，以房屋为主体的居住区是聚落最核心的部分，这一时期普遍在房屋外围挖壕沟，把整个村子包围起来，这既是一种防卫的需要，也使整个聚落构成一个整体，形成了聚落共同体，而壕沟内房屋的排列多呈现出以广场为中心的圆形向心分布，更显示出这一时期聚落的本质结构与功能，它是聚落内的团结和内聚力极强的标志。

聚落的规划、各类房屋的分布、排列与组合，除了出于上述因素的考虑外，它往往还体现了人与人之间的社会关系和聚落内的社会结构。因此，聚落内房屋的组合与结构也就成了研究史前社会组织关系的重要线索。

以姜寨遗址为例，聚落内五组房屋实为五个大家族。在同一时期，每组房屋内都有一座面积 100 平方米左右的大房子和一座面积约 30 平方米的中等房子，其余则是面积约为 15 平方米的小型房子。其中，小型房子（图 1—11），可供一个三四口人之家住宿和生活。从保存较完整的房子内物品看，从小型房屋内设有灶坑、陶罐中备有少量的粮食、生活用品齐全等情况看，这种三四口人之家，是一个实实在在的基本的消费单位。再从屋内放置着全套的农业生产工具（从砍伐树木的石斧、翻地用的石铲，到加工粮食的石磨棒等）以及狩猎和捕鱼工具看，住在屋内的男女都是参加生产的。所以，可以认为这种三四口人的小家庭，既是一个生活单位，也是一个生产单位。至于这种生活与生产是否完全是独立进行的，光靠单个小型房屋的材料还不足以说明，还必须联系其他情况，把它放在更大的系统中予以解释。

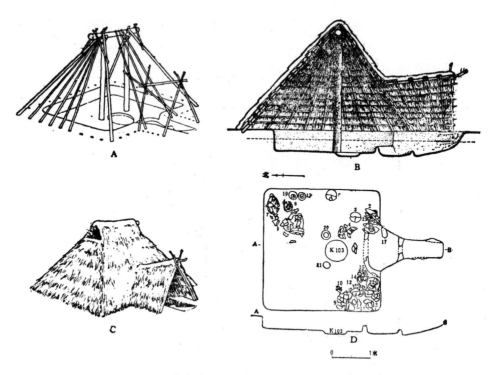

图1—11　姜寨遗址小型房屋 F46 平、剖面及复原图

A. F46 结构示意图　B. F46 结构透视图　C. F46 复原图　D. F46 平、剖面图

1、2、7. 尖底陶瓶　3、4、5、10. 陶钵　6、11—15. 陶罐　9. 陶盆　8、16. 陶瓮　17. 石块

18、19. 泥圈土墩　20—23. 柱洞

（引自半坡博物馆等《姜寨》）

　　姜寨的中型房子（图 1—12），同样有灶坑，屋内放有许多器物，既有生活用具，也有生产工具，所以也是一种既住宿又做饭的生活住房。中型房屋和小型房屋的主要区别就在于房子面积较大，大概是为了适应家内较多的人口生活而建。如果说，姜寨聚落的小型房屋是供三四口人的小家庭使用的房子，那么，中型房子似乎是家族长及其家庭所在的住宅，但由于各组房屋中同一时期的中型房屋只有一座，这样姜寨各组房屋群中的每一组也就只能是一个大家族。

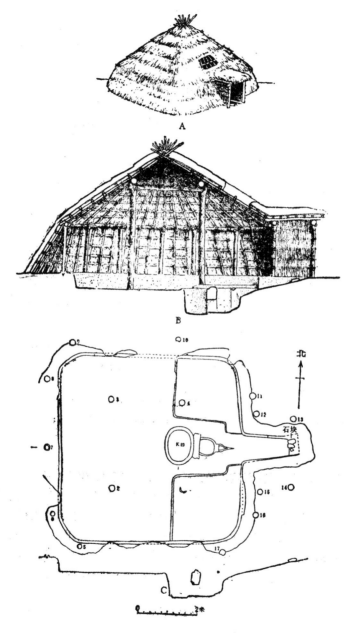

图 1—12　姜寨遗址中型房屋 F36 平、剖面图及复原图

A. F36 复原图　B. F36 结构透视图　C. F36 平、剖面图

（引自半坡博物馆等《姜寨》）

关于大型房子（图1—13，图1—14）的性质和用途，一般认为是氏族举行集会议事等集体活动的公房或兼作氏族酋长的住宅。但是，我们认为它应该是姜寨聚落内各个大家族的公房。其主要理由是姜寨聚落五组房屋群中每一组同时存在只有一座大型房子、一座中型房子和若干座小型房子，而中型房屋是家族长及其家庭的住宅，若干座小型房屋结合一座中型房屋可构成一个大家族，我们总不能认为一个家族即可构成一个氏族，若是这样，其"氏族"亦即家族。所以，同一时期的五座大房子是五个大家族各自的公房。

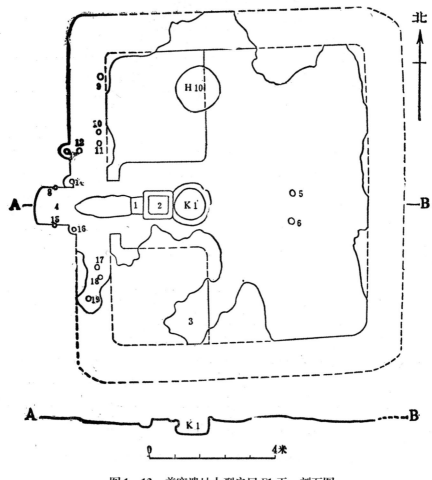

图1—13　姜寨遗址大型房屋 F1 平、剖面图

（采自半坡博物馆等《姜寨》）

图1—14 半坡遗址大型房屋F1复原图

（采自中国科学院考古研究所等《西安半坡》）

在姜寨的大型房子里却既无生产工具也没有生活用具，这说明大房子不是作为家族长及其所在的家庭的生活和消费单位的。大房子里都有大型连通灶，说明在举行集体活动时也进行共食共餐，这大概是某种程度的集体经济的一个组成部分，但从小型和中型房子已是基本的消费单位来看，这种共食活动只能是临时性的。连通灶之大说明一时可容纳的共食者很多，这种灶显然不适合家族长所在的家庭来使用。大型房子中在进门灶坑的两旁有低平而对称的10—18平方米不等的土床，这大概是为未婚的青年男女提供的谈情说爱和夜宿的固定地方。我国傈僳族的许多家族，在过去就有家族公房。习惯上规定，子女满10岁后，便不能在家与父母共宿，而是到专供青年男女夜宿的公房中去住①。所以我们认为姜寨的大型房子可以解释为专供大家族集体活动、大家族内未婚青年谈情说爱和夜宿的家族公房。在公房里经常定期（如节庆日和祭日等）或不定期地举行集体共食，这既是大家族内集体活动的内容之一，也是大家族经济的组成部分。

姜寨聚落的大房子是大家族内举行集会议事等活动的家族公房，中型房子是供家族长使用的，而小型房子则可供家族内三四口人的小家庭使用。这样，姜寨聚落的社会组织结构为：若干小家庭组成一个大家族，五个大家族组成一

① 《傈僳族社会历史调查》，云南人民出版社1981年版，第53、54、20页。

个氏族。姜寨聚落就是一个氏族公社，其人口为300人至500人。

　　姜寨之外，西安半坡、宝鸡北首岭、秦安大地湾等遗址中，虽然也可以把房屋划分为大中小型三类，但是看不到若干小型房子围绕一座中型房子的组合情况，特别是在大地湾遗址中，被划分为中型房子的 F251、F310、F319、F321、F360、F383 等房屋是紧靠在一起的，而且大地湾的大型房子的面积只有五六十平方米，发现的两座大型房子 F229 和 F246 是在同一位置上相互叠压在一起，在房屋内既出土有生活用具，亦出土有生产工具，这些都说明，在这些聚落里，小型—中型—大型房屋三级结构的组合并不明显，也就是说，在这些聚落中形成对照的是大型房屋与中小型房子的对比。这里所谓大型、中型和小型只是面积的较大与较小而已，没有功能上的明显区分，即房子较大与较小主要是为了适应家内人口多寡而建，所体现的是小家庭人口的自然状况而与社会组织结构无关。同姜寨聚落一样，这些聚落中由大房子率领的各组房屋群是各个大家族族居屋群，这些大家族构成一个氏族—聚落共同体。

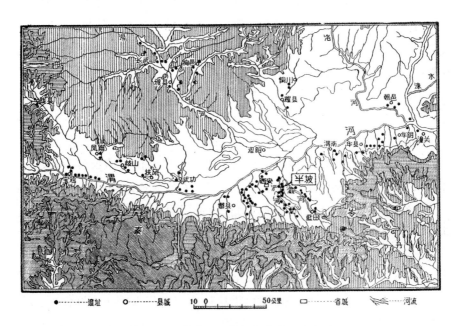

图1—15　关中地区仰韶文化遗址分布图

（采自中国科学院考古研究所等《西安半坡》）

姜寨、半坡、北首岭、大地湾诸聚落遗址，都是由若干大家族组成的氏族居住地。据调查，仰韶时期分布在河流两岸的遗址，往往是对称的（图1—15）[1]。聚落对称分布在河流两岸，并非同一氏族的人们因刀耕火种、地力用尽而从河的一岸迁到对岸的缘故，因为对于一个三五百人的村落来说，没有方圆二三十平方公里的山林土地是无法进行轮休耕作的，而从河的一岸迁到对岸，是解决不了轮休耕作所需要土地的。所以河流两岸每每对称的分布有聚落遗址的特点，可以解释为同一部落中的两个不同的氏族因联姻而毗邻相居，这时实行的是氏族外婚制。这种氏族外婚制同先秦时期同姓不婚的文化传统是有渊源关系的。

2. 聚落内的生产、分配与消费关系

我国距今六七千年前的聚落，一般而言，其社会结构为家庭—家族—氏族。那么，聚落内的这三级组织之间是如何生产、分配和消费的呢？这显然涉及政治经济学中生产资料所有制以及劳动者与生产资料相结合的形式问题，对此，我们作一简单的考察[2]。

这一时期每个聚落的生产主要包括农业、畜牧业（家畜饲养）、渔猎、采集和手工业，而其中的农业、畜牧业和手工业三大类生产，又是最主要的。这里所说的生产，又分为两个方面，一是生产的技术水平，另一是生产的管理组织形式。

首先，就当时生产的技术水平而论，在农业方面，出土的生产工具不仅数量多，而且种类齐全，有斧、铲、锄、锛、石刀、陶刀、磨盘、磨棒等。表明从开辟耕地、疏松土壤到播种、收割、加工，已经形成一整套的生产程序。从各地出土的农作物标本看，当时北方种植的主要是粟和黍，南方主要是稻。农业是当时经济中最主要的产业，而畜牧业即饲养只是农业的副业。

在姜寨聚落居住区的大房子F47附近发现两个饲养家畜的圈栏，在大房子F74和F53的门前发现两处牲畜夜宿场。在半坡也发现两个牲畜圈栏。从姜寨牲畜夜宿场的面积看，一处可同时集中数百只畜类，其放牧规模是相当可观的。

---

① 中国科学院考古研究所、陕西省西安半坡博物馆：《西安半坡》，文物出版社1963年版，第4页。

② 王震中：《中国文明起源的比较研究》，陕西人民出版社1994年版，第92—99页。

根据动物的骨骼鉴定情况来看，在姜寨，猪骨和鹿骨占有很大的比重，狗、羊也有一定的数量；在半坡、宝鸡北首岭，以及大汶口文化、马家浜文化、大溪文化、屈家岭文化等遗址中，也都是以猪骨为主。所以，家畜饲养中以猪为大宗是当时南北方各聚落的共同特点。半坡、姜寨等遗址，都出土相当数量的捕鱼和狩猎工具，并发现有采集而来的野果，在兽骨中有较多的鹿骨等，都说明当时的捕鱼和狩猎也是重要的产业，采集是经济生活的补充。

当时的手工业可分为制陶、纺织、皮革、石器制造等。其中纺织、制革之类应属家庭手工业，制陶等则属集体手工业。在仰韶时代，我国南北方原始制陶业臻于成熟，不但烧制技术有长足的进步，经济上的重要性亦日益加强。陶器纹饰多种多样，并出现彩绘。仰韶文化的彩陶纹饰，以人面鱼纹和动物（鱼、蛙或鳖、鹿等）、植物花卉形象为多，也有各种几何图案纹饰，共计30余种图案（图1—16）。构图生动，色彩艳丽。也有图案与人头雕塑相结合的情况（彩图1—14）。

图1—16　仰韶文化半坡类型彩陶纹样

（采自中国社会科学院考古研究所《考古中华》）

　　大汶口文化中的陶器，除有自己的彩绘风格和彩陶器外，史前海岱地区的人们，似乎更喜欢用陶器的造型来表达自己美的情趣和崇拜习俗，使得这里的陶器，型与式数量繁多，别具特色，在后来还出现了诸如狗鬶（彩图1—15）、猪鬶（彩图1—16）、龟鬶等兽形陶器。总之，陶器的发达既是制陶业成熟和发展的标志，又反映了定居农业生活对制陶业发展的巨大推动作用。

　　关于生产的组织与管理，从政治经济学的角度看，是生产决定分配、消费和流通。但史前考古学所能提供的多半为储藏设施和其他经济性设施的归属和所有的一些情况。这样就只好用逆定理来表达这种逻辑关系，即产品储藏设施的性质取决于分配制度，而分配制度乃取决于生产关系中劳动的方式和性质。

　　在半坡类型时期，各聚落中作为储藏设施的窖穴，一是成组成群地穿插在诸房屋之间，无法将它们与单个的住宅一一对应起来；二是也有许多窖穴单个地分布在各个房屋的附近。这一现象在半坡聚落中存在，通过对姜寨聚落遗址的大面积发掘，使我们对这一问题有了更清楚的认识。这些成组成群的窖穴显然不属于各房屋群中的某一特定的住宅，而应属于各大家族集体所有。大家族集体所有的另一点是：在大房子的前后左右分布有较多的窖穴。此外，值得注意的是，在大家族所有之外，也存在着家庭所有。其中又分两类：一是家族长所在的大家庭所有，例如在姜寨聚落内北组房屋群的中型房子F86、东组的中型房子F17的门前方都有三四座窖穴；另一类是一般的小家庭所有，它以单个或一二座的形式分布在各小型房屋的附近，而且这一现象是普遍存在的。

　　考古发掘表明：这些窖穴最初主要是用来储藏粮食和其他食物的，形制也比较规整，后因窖穴口和窖壁坍塌，才被用作垃圾坑。这些储藏粮食用的窖穴既然分属两级所有，说明当时在农业的生产、分配和消费方面都是分两个层次进行的。大概在土地的开垦、春耕翻地这一类生产环节上是以大家族集体的形式进行的，而在播种、田间管理、收割方面主要是以家庭为单位进行的。在农产品的分配和储藏上，一部分作为家族公有而集中储存，一部分分散到各个小家庭，由各个家庭自己储存和分配。这样，在消费方面，主要是以各个小家庭为单位进行，但也存在集体消费，如在大房子里以共食的形式举行的节日宴会和其他的集体开支。同时，集体储存的粮食还可以为那些消费不足的家庭提供必要的补充和帮助。

　　在家畜饲养方面，半坡曾发现两个豢养牲畜的圈栏，分属于两个大家族的房屋群之中，说明对于牲畜的饲养、管理和分配，是属于整个大家族的，并未分散到各个家庭中去。姜寨有两个牲畜圈栏和两处牲畜夜宿场，也都分别安排在各组大房子的附近，可推知姜寨家畜的饲养也是各家族集体的事业，既不归小家庭所有，也不是全聚落人所共有。

在烧陶手工业方面，半坡的陶窑集中分布在居住区的东北，其间隔着一条围沟。对此可以有两种解释：一种是出于防火的考虑，各个大家族的陶窑被集中安排在壕沟之外的东北部；另一种解释是这些陶窑属于全聚落所有，陶器的烧制是全氏族的公共事业。联系姜寨和北首岭的情况，似乎前一种解释较为合乎实际。姜寨的陶窑比较分散，有两座在居住区内，其中一座（Y2）在东组房屋群的东北角，一座（Y3）在西组房屋的北边。有些陶窑可能考虑到防火的需要，而设在居住区外，其中一座（Y1）设在东北寨门外不远的地方，另有几座设在村落西头的临河岸边。北首岭共发现陶窑4座，其中Y1属于前仰韶文化时期，其余在西组房屋中1座、南组房屋中1座、墓区1座。姜寨和北首岭的陶窑都比较分散，其中有的设置在大家族房屋群中，有的设置在村外，可知陶器是分家族进行烧制的。

由上述我们看到，这一时期生产的组织管理及分配关系方面至少存在两个层次，即以大家族为单位的生产与分配和以家庭为单位的生产与分配。前者在农业、家畜饲养业、制陶手工业各方面都有体现，后者主要指农业生产的部分环节和农产物的分配与消费。由于农业是当时经济的基础，因此在农业中首先出现生产、分配和储藏方面家族与家庭并举的格局，将会带动整个社会脱离氏族的束缚和限制，走向家庭—家族经济以及家庭—家族—宗族经济结构。

家畜饲养业在当时无疑也是重要的，它是给人们提供动物蛋白和营养所必需的氨基酸的有效来源，但与农业能使定居生活得到最基本的保证相比，确已处于从属的第二位的地位，是农业的副业。同时，也由于饲养空间和其他条件的限制，它仍然保持着大家族饲养和全家族平均分配的传统。如果我们将当时饲养的猪羊等家畜家禽作为动产的话，那么这一财产在这一时期尚处于家族所共有的发展阶段，而与仰韶时代后期大汶口等文化中普遍出现随葬猪下颌骨之类的私有现象，形成了鲜明的对比。

在当时纺织、石器、陶器等众多手工业生产活动中，只有陶器一项尚有迹象表明它是分家族烧制、按需分配的。而当时的纺织业很可能是以家庭为单位进行生产和使用的。

这一时期的消费显然是以小家庭为单位进行的。一个个小型房屋内既有火塘，又有生活用具和生产工具，还有少量口粮储放在陶罐内，就是极生动的写照。但这种消费又是同更大一级的组织——大家族结合在一起进行的。也就是说，这种包括着一个个小家庭在内的大家族内部，实行的是平均分配的原则。

在上述相当于仰韶文化早期的聚落中，存在着小家庭—大家族—氏族之类的社会组织，聚落周围的土地等资源，当呈现出聚落（氏族）所有，家族占有使用等特点；当时的陶器烧制和家畜饲养业也明显地表现为家族集体的公共事业，其产品也是在家族范围内平均分配；而粮食则采取大家族集体储存和家庭储存相结合，消费也采取大家族集体性开支和日常生活以小家庭为单位进行消费的两个层次。从小型房屋内既有火塘、炊器饮器食器等生活用具，又有成套的农业生产工具，说明这种家庭的完整性。随着时间的推移，生产力的提高，这种小家庭就可能从经营小块园地开始，逐渐经营一部分土地，从而形成既有自己经营的土地，又有同整个家族的亲属集体耕种的土地——这样一种双重局面。

家庭与家族是仰韶早期社会的最基本的二级单位。家族内的共有共耕关系和平均分配制度，是家族共产制的保证，也是这一时期各个墓葬之间看不出贫富悬殊的原因所在。

仰韶时代早期各聚落都有氏族公共墓地。墓地内各个墓葬的随葬品不多，差别不大。这其中既无男女两性间的随葬品的优劣问题，也看不出各个家庭或家族之间贫富悬殊的问题。这说明当时社会还未产生贫富分化，男女两性之间也基本上是平等的，社会还未产生分等与分层这样的社会分化。综合仰韶早期各聚落的各方面情况来看，此时氏族公社的人们非常团结，很有凝聚力。他们既从事农业，也兼营狩猎、采集和陶器的制作。整个聚落在经济上自给自足，内部大小血缘群体之间以及个人之间，关系平等和睦。

关于此时的氏族究竟是母系还是父系的问题，截至目前的考古发现和研究，是说不清楚的。为此，我们可否作这样一种考虑：在我们拿不出它一定是父系的材料的情况下，考虑到中国古史中尚有"只知其母，不知其父"的传说，那么，仰韶文化早期（半坡时期）在聚落内外大体平等的情况下，该社会属于母系氏族社会的可能性还是应该有的。只是，此时在氏族内已产生了大家族，预示着自此以后的社会变革，将沿着家族的变化与父权家族的出现而展开。

第　二　章

不平等的中心聚落与原始宗邑
和酋邦社会

　　人类社会由平等走向不平等的复杂化过程，也就是国家起源的过程。大致从距今 6000 年开始到 5000 年前（有的地方到距今 4500 年前后），中国的史前聚落进入了含有不平等的社会发展阶段，我们把这样的社会称为中心聚落形态。所谓中心聚落，就是在具有亲缘关系的聚落群中，出现一个权力相对集中、有能力统辖其他聚落、集中了高级手工业生产和贵族阶层的聚落。这种聚落往往规模较大，有的还有规格很高的特殊建筑物，它与周围其他普通聚落，构成了中心聚落与普通聚落相结合的格局①。因此，这一时期的不平等表现为两个方面：一是在聚落内部出现贫富分化和贵族阶层；二是在聚落与聚落之间出现了初步的不平等关系。通过对中心聚落时期考古学遗址的进一步分类，将会发现整个中心聚落又可分为两个阶段：即初级阶段（或称雏形阶段）的中心聚落与典型的中心聚落，前者在距今 6000—5500 年前，后者在距今 5500—5000 年前或 4500 年前。若将聚落形态理论与酋邦和社会分层理论相比较的话，笔者以为，中国史前社会的中心聚落形态，相当于人类学中的酋邦，它包括简单酋邦和复杂酋邦两个阶段；也相当于弗里德社会分层理论中的阶等社会和分层社会两个阶段。此外，若使用我国周代作为宗庙所在地的"宗邑"这样的概念的话，典型的中心聚落形态或复杂酋邦则相当于原始宗邑。

---

　　①　严文明：《中国新石器时代聚落形态的考察》，《庆祝苏秉琦考古五十五年论文集》，文物出版社 1989 年版。

一 雏形阶段的中心聚落与社会初步不平等

1. 仰韶文化庙底沟时期雏形阶段的中心聚落

最近发现的河南灵宝市西坡村仰韶文化庙底沟期的遗址、江苏张家港市金港镇东山村的崧泽文化遗址，就是公元前4000—前3500年间的中心聚落形态的初级阶段的遗址；大汶口文化的刘林期的遗址也属于初级阶段的中心聚落。

西坡遗址位于河南省灵宝市阳平镇西坡村西北，遗址现存面积约40万平方米。在2000年至2006年的六次发掘中，发掘出仰韶文化中期即庙底沟期的特大型房址，以及大、中、小型的墓葬、灰坑、窑址等重要遗迹遗物[①]。西坡遗址的特大型房屋有两座，一座是F105，另一座是F106。F105（图2—1）以半地穴式主室为中心，四周设置回廊，东侧有一斜坡式门道。室内面积约204平方米。主室地面非常讲究，自上而下分为5层，最下的第5层是草拌泥层，其上的第4、第3、第2层是料礓层，最上的第1层是灰白色的细泥层。各层均非常硬密，除第2层外，每层表面均刷抹泥浆，并用辰砂涂成朱红色，似有特殊含义。围绕着主室的四周有一回廊，留有一圈柱洞和柱础坑，有的柱础坑底部发现有辰砂。F106（彩图2—1）也是半地穴式，室内居住面积约240平方米。居住面加工考究，有7层，最上一层为含大量料礓石的坚硬地面，表面亦涂朱。F105和F106的室内都没有发现用作生活和生产的工具之类，说明该房屋不是用来作为某一家庭或家族的普通生活之用，而有可能是用于集体议事的公房。

---

① 中国社会科学院考古研究所河南一队等：《河南灵宝市西坡遗址试掘简报》，《考古》2001年第11期。《河南灵宝市西坡遗址2001年春发掘简报》，《华夏考古》2002年第2期。《河南灵宝西坡遗址105号仰韶文化房址》，《文物》2003年第8期。《河南灵宝市西坡遗址发现一座仰韶文化中期特大房址》，《考古》2005年第3期。《河南灵宝市西坡遗址2006年发现的仰韶文化中期大型墓葬》，《考古》2007年第2期。《河南灵宝市西坡遗址墓地2005年发掘简报》，《考古》2008年第1期。中国社会科学院考古研究所、河南省文物考古研究所：《灵宝西坡墓地》，文物出版社2010年版。

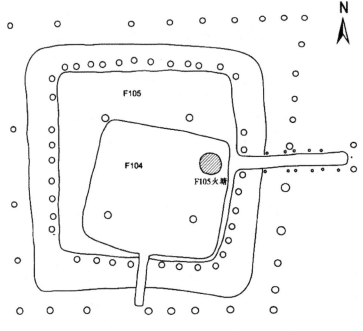

图 2—1　灵宝西坡遗址 F105 号房址平面图

（采自《文物》2003 年第 8 期）

　　西坡聚落遗址中 F106、F105 这两座特大型房屋，考古学者将它视为仰韶文化中期即庙底沟时期社会结构开始复杂化的重要证据之一，但笔者以为它所反映出的社会复杂化程度是非常有限的。这两座特大型房屋同处遗址的中心部位，间隔约 50 米，两相对应，显示出该聚落有两个公共议事的公房，聚落的结构由两大单元组成。而聚落的墓葬材料又告诉我们，此时聚落内部已出现初步的等级分化。

　　在西坡遗址的六次发掘中，发掘出庙底沟时期的墓葬 34 座。已发掘出的这 34 座墓葬的墓地位于遗址南壕沟以南 130—150 米处。发掘者根据墓穴的大小等因素，将这些墓葬分为大、中、小型三种：大型墓长 3.05—5 米，宽 2.25—3.6 米；中型墓长 2.5—2.9 米，宽 1.4—2.3 米；小型墓长 1.8—2.5 米，宽 0.6—1.2 米。一般说来，规模较大的墓葬都有随葬品，也有一些不太大的墓葬没有随葬品。较大的墓中，M8（图 2—2），墓口长 3.95 米，宽 3.09 米，墓深 2.35 米，方向 295 度。墓主为 30—35 岁的男性，葬式为单人仰身直肢葬，头向西略偏北。随葬品计有 10 件（套），包括玉钺 1 件、骨束发器 1 件、陶瓶 1 件、陶钵 2 件、陶釜灶 1 套、陶簋形器 2 件、陶大口缸 2 件。M11，墓口长 2.1 米，宽 1.87 米，墓深 0.69 米，方向 280 度。墓主性别不明，年龄大约 4 岁，葬式为单人仰身直肢葬。随葬品共计 12 件，包括玉钺 3 件、象牙镯 1 件、骨匕 4 件、骨锥 1 件、陶碗 1 件、陶钵 2 件。M27（彩图 2—2），墓口长约 5 米，宽约 3.4 米，方向 296 度。墓圹内用草拌泥封填，墓室和脚坑上用木板铺盖，墓室部分的木盖板上发现有覆盖类似麻布和草编物之类编织物的痕迹。墓主人为一成年男性，葬式为单人仰身直肢葬，脚坑中放置 9 件陶器，包括一对大口缸、一套釜灶及壶、钵、杯各一件。2 件大口缸上腹部均有彩绘图案，是红色彩带上加一周黑点。其中 1 件唇部有朱砂痕迹，缸内填土中有涂抹朱砂的细麻布碎块，推测缸口原来可能用涂朱的麻布覆盖。中型墓 M14，墓口长 2.88 米，宽 2 米，方向 270 度。墓主人为 30—35 岁的女性，葬式为单人仰身直肢葬，头向西。随葬品 9 件（套），包括骨簪 1 件、骨锥 1 件、石块 1 件、陶小口瓶 1 件、陶釜灶 1 套、陶带盖簋形器 2 套、陶钵 1 件、陶碗 1 件。小型墓 M1，墓口长 2.05 米，宽 0.95 米，方向 275 度。墓主为 40—45 岁男性，葬式为单人仰身直肢葬，头向西，墓内无随葬品。

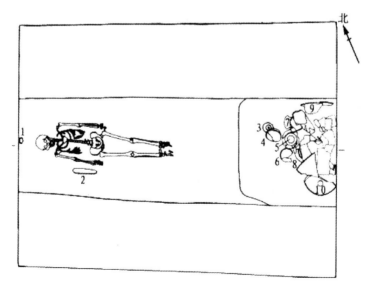

图 2—2 灵宝西坡遗址 8 号墓

　　虽然目前对于西坡遗址还未达到全面性的发掘，对于该聚落的全貌及其结构布局不是很清楚，但是从已有的发现可以看到，位于聚落中心、作为公共活动和议事场所的、两两相对的两座特大型房屋，一方面似乎显示出该聚落内部是由两大单元组成，至于这两个单元究竟是氏族共同体还是家族或宗族共同体，限于目前的资料还无法进一步分析认定。另一方面，这两座特大型房屋的规模之大、做工之讲究以及该聚落现存面积已达 40 万平方米，这似乎表明它是周边众多遗址的政治和文化的中心，在当时的聚落群中有其特殊地位。确切地说，若把西坡聚落内 F105 和 F106 这两座大房子的功能，理解为半坡时期半坡、姜寨之类大房子的进一步发展，似乎更合乎实际。西坡遗址发掘出的 34 座墓葬资料，发掘者虽然将其划分为大型墓、中型墓和小型墓三种类型，但应该说这里的大型墓、中型墓其随葬品的数量和墓葬富裕的程度还不能与大汶口文化中晚期的同类墓葬相比拟，也不能与后面将要论述的崧泽文化江苏张家港市金港镇东山村遗址墓葬材料所反映的社会复杂化程度相比拟，但它毕竟显现出聚落内部初步的不平等和差异。其中，在随葬品较丰富的墓主人中，M11 是一位年仅 4 岁的小孩，随葬有 12 件器物，包括 3 件玉钺、1 件象牙镯等，而玉钺无论是作为武器或者是作为斧类工具的象征物，都不是一个 4 岁小孩所真正能从事的工作，这似乎告诉我们这位 4 岁的小孩原本是要成为巫师的，但却不幸夭折身亡，故而其死后随葬的器物不但在数量上与那些被划分为大型墓者相比有过之而无不及，而且在种类上竟有 3 件玉钺。因此，如果说西坡遗址各类墓葬的墓坑规模大小以及随葬品的多寡，反映出的是所谓社会地位等级与初步的不平等的话，那么这种等级与不平等并非完全是由其生前的个人能力之类的因素决定的，而是由其血缘"身份"之类的因素决定的，当然也是世袭的，因而一个 4 岁的小孩就可随葬含有 3 件玉钺在内的与其他所谓大型墓一样多的随葬品。这一情形与酋邦模式中的尖锥体氏族按照人们和酋长血缘关系的远近来确定其身份地位的原则，以及人类学者弗里德（Morton H. Fried）所说的"等级社会"（rank society）中的"等级"（或译作"阶等"）的产生，有相似之处。这样，作为仰韶文化中期亦即庙底沟时期的西坡遗址，应为该地当时聚落群中初级阶段的中心聚落形态；包括西坡遗址在内的种种迹象表明，由内外平等的聚落形态向中心聚落形态的过渡，即聚落形态的第一次演变就发生在这个时期。也就在这一时期，中国北方和南方诸多考古学文化表现出了许多新气象。

依据上述分析，作为初级阶段中心聚落的河南灵宝西坡遗址，相当于酋邦中的简单酋邦，此时的社会不平等主要是因人们与聚落中酋长血缘关系的远近不同而产生的，不具有经济意义，尚未形成经济上的等差，不属于经济权力的问题，这也正是弗里德社会分层理论中"阶等社会"的特征。

2. 崧泽文化东山村遗址的社会复杂化与中心聚落形态

东山村遗址位于江苏张家港市金港镇东山村内。2008 年、2009 年南京博物院联合张家港市博物馆等单位对该遗址进行了两次抢救性考古发掘，主要揭露出一处崧泽文化时期的聚落，包括房址和墓地。此外，还清理了 10 座马家浜文化时期的墓葬[①]。

东山村聚落遗址现存面积约 2.5 万平方米，两次发掘总面积为 2000 多平方米。位于聚落中心部位的是房屋，已发现房屋基址 5 座。遗址中的崧泽文化的墓葬分为东、西两区，分布在房屋的东、西两边。东区埋葬的 27 座墓葬均为小型墓，分属早、中、晚三期，墓坑长约 2.2 米，宽约 0.8 米，墓内随葬品一般有 10 件左右，多的达 26 件，少的为 2—3 件。西区发现的 10 座埋葬中有 8 座是大型墓，有早期的，也有中期的。大型墓坑一般长约 3 米，宽约 1.6 米，随葬品多在 30 件以上，其中玉器即有十多件。如属于早期的 M90（彩图 2—3），墓坑长 3.05 米，宽 1.7—1.8 米，随葬品有 56 件，其中包括大型石钺 5 件，大型石锛 2 件，玉器 19 件，陶器 26 件；属于早期的 M92，墓坑长 3.3 米，宽 1.26 米，有 44 件随葬品，其中随葬的玉璜是崧泽文化中最长的玉璜，最大径 16.7 厘米，外围弧度长 21.5 厘米，器身上钻有五个系孔。再如属于中期的 M91，墓坑长 3.15 米，宽 1.76 米，随葬品有 38 件，其中有石钺等石器 2 件，玉钺等玉器 13 件，陶器 23 件；属于中期的 M93，其随葬品中玉器也有 15 件之多。这些墓葬都是单人一次葬，从早期的 M95 发现有棺痕来看，有的墓葬是先放置木棺，在棺外摆放器物，然后填一层细黄土，最后再填埋黄褐土，下葬和埋葬都是有讲究的。

东山村遗址发掘收获告诉我们，在江南地区的崧泽文化早期即距今五千七

---

① 周润垦：《张家港市东山村遗址抢救性考古发掘取得重大收获》，《中国文物报》2010 年 1 月 29 日；周润垦：《江苏张家港市东山村新石器时代遗址》，"中国社会科学院考古学论坛——2009 年中国考古新发现"报告，2010 年 1 月 13 日。

八百年前，这里已出现明显的社会分化，进入了中心聚落形态阶段。这与属于仰韶文化中期即仰韶文化庙底沟期的河南灵宝西坡遗址，在年代上是大体相近的，但在社会贫富分化和社会复杂化的程度上，东山村遗址显然要比灵宝西坡遗址明显得多。在这里，东区墓地属于贫穷者墓葬，西区墓地属于富贵者墓葬（发掘者称为高等级显贵墓群）。这种平民墓地与贵族墓地相分离的情形，在后来的良渚文化中有进一步的体现。这些富贵墓葬都随葬一定数量的玉器，其中有的是玉钺，也有的随葬多件石钺。而我们知道在后世钺是军事权力的象征，后世作为王权的来源和重要组成部分的军事权力即以此为标志①。此外，90 号墓葬（M90）不但出土 5 件大型石钺和 19 件玉器，还出土两件大型石锛、一件石锥（质地为含铁量较高的矿石）、一件砺石、一堆石英砂等，发掘者认为这可能是一套制玉工具，表明墓主人生前握有生产玉器的大权。这说明 90 号墓主人的显贵地位有可能是由两个方面决定的，即既握有某种程度的军权亦掌握着生产玉器之权，这也是他既作战英勇又从事着玉器这一特殊领域的手工业生产的一种体现。此外，东山村聚落无论是东区小型墓墓地还是西区大型墓墓地，在同一时期其墓葬都是三四座靠得更紧密，成组分布，而每三四座似乎可构成一个小家族，这就告诉我们，在这里虽然显贵与平民是分开埋葬在不同的墓地，但二者都有其家族组织。东山村遗址崧泽文化早期和中期显贵墓群的发现，以及与小型墓葬区域的严格分离，有力地改变了学术界以往对崧泽文化尤其是崧泽文化早期社会文明化进程的认识，东山村遗址属于这一时期环太湖流域的一个中心聚落。

在北方的仰韶文化中期（庙底沟期）的河南灵宝西坡遗址和江南的崧泽文化早中期的江苏张家港东山村遗址出土的玉器中都有玉钺，这说明从中心聚落形态初级阶段起，无论是南方还是北方，战争和军事在社会复杂化过程中都发挥着明显的作用。这一情形一直持续到仰韶文化晚期、大汶口文化中晚期、龙山时期乃至后来的夏商时期。但在远比仰韶文化中期和崧泽文化早中期要晚得多的良渚文化中，其贵族墓葬除玉钺之外，还大量随葬玉琮和玉璧，特别是玉琮每每刻有繁缛或简化的人面兽面纹（也被称为神人兽面纹），形成独特的良渚文化玉器风格和时尚，这属于因宗教和玉礼器与礼制的繁缛而出现的文明化

---

① 参见本书第四章"史前权力系统的演进"。

过程中的特化现象，对此我们在有关龙山时代的章节中将有进一步论述。其实，作为中心聚落形态，在促使社会复杂化方面，除了战争和军事的因素外，原始宗教和祭祀的相对集中和提升更发挥着巨大的作用。这一点在我们后面所论述的北方的红山文化和南方的凌家滩文化中将有更完整的说明。

3. 刘林墓地的家族—宗族组织结构

作为中心聚落形态初级阶段的社会组织，我们通过大汶口文化刘林类型墓葬资料，可以看到当时父系的家族—宗族结构。

江苏邳县刘林遗址前后经过两次发掘共获得167座大汶口文化刘林期（或称刘林类型）的墓葬。根据墓葬分布的疏密和墓地间的空隙，在有限的发掘内大体可分为五个墓群，每一墓群内的墓葬大多可分出横排的行列，有的相当整齐，显系当时人们有意的安排（图2—3）。发掘者认为，这种分群埋葬和分行排列，在一定程度上反映了当时的社会组织形式及死者之间的血缘亲属关系。经过我们的分析可以看出，各个墓群中的每一排或每一组似乎代表了一个家族，由三四个这样的近亲家族组成一个墓群代表了一个近亲家族联合体。在人类学

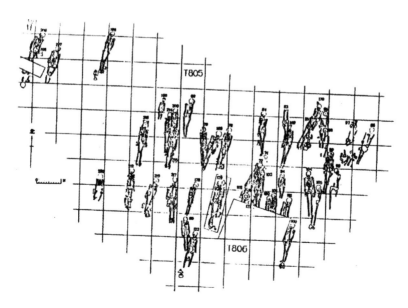

图2—3　刘林墓地第五群早期墓分布图

中，这种近亲家族联合体就是宗族组织，而刘林的整个墓地则是由若干这样的墓群即若干宗族茔地所构成。这样，刘林聚落内的社会组织形式应当是由若干小家庭组成一个家族，又由若干近亲家族组成一个宗族，再由若干宗族构成一个聚落共同体①。

二　中心聚落形态时期诸种社会现象

如果说，距今 6000—5500 年间的河南灵宝西坡、江苏张家港市东山、邳县刘林等遗址，还都只是中心聚落形态初级阶段的遗址，那么，到距今 5500—5000 年间，在聚落形态进一步发展中，黄河流域、长江流域以及辽河流域等地都出现典型、发达的中心聚落形态。在考古学分期上，有学者把距今 5500—5000 年间称为铜石并用时代，因为这一时期已开始懂得冶炼和制造铜器②。

在中国铜石并用时期，即公元前 3500—前 3000 年，聚落形态的演变进入了一个新的发展阶段，各地明显地出现了典型的中心性的聚落和神庙文化的特色。属于这个时期的考古学文化，除了中原及关中地区为仰韶文化后期外，在甘肃、青海为马家窑文化，在内蒙古东部和辽宁西部为红山文化后期，在山东和江苏北部为大汶口文化后期，在长江中游为大溪文化后期和屈家岭文化，在长江下游有薛家岗文化、崧泽文化和良渚文化早期等。

作为典型的中心聚落形态，其显著的特征表现为：一是聚落的规模显著扩大；二是聚落内、外的显著不平等；三是神权发达并表现为祭祀礼仪中心或原始宗教圣地和原始宗邑出现。

作为中心聚落形态，在聚落内部，有贫富分化的问题，有社会分等乃至分层的情形，而且聚落内部布局也有些改变，父系家族相对独立性有所提高；在聚落外部即聚落与聚落之间，有聚落的大小和功能上的显著变化，构成中心聚落与半从属聚落这样不同的等级。中心聚落在含有亲属关系的聚落群中具有政

---

①　王震中：《中国文明起源的比较研究》，陕西人民出版社 1994 年版，第 130—140 页。

②　严文明：《论中国的铜石并用时代》，《史前研究》1984 年第 1 期；严文明：《中国新石器时代聚落形态的考察》，《庆祝苏秉琦考古五十五年论文集》，文物出版社 1989 年版。这一时期，在甘肃东乡林马家窑类型的地层中发现有用单范铸成的青铜刀及其他铜器碎块，在山西榆次源涡镇仰韶文化晚期的陶片上附有铜渣，在河北武安赵窑仰韶文化中发现将军盔残片和铜炼渣，在山东泰安大汶口文化晚期一号墓随葬的一件小骨凿上附着铜绿，含铜率为 9.9%，也许是铜器加工的遗迹。

治、军事、文化和宗教等中心的地位和作用，同时也是贵族的聚集地；半从属聚落，多为一般的居民点，有的是聚落群中的经济专业点①。

这一时期的聚落文化，类似于西亚的神庙文化和中美洲的形成期文化，与人类学中"复杂酋邦"阶段相平行。这是一个由原始社会向文明社会的重要转变时期。

在我国，这时期较著名的大型聚落有甘肃秦安大地湾第四期遗址②、河南郑州大河村③、山东泰安大汶口④、莒县陵阳河、大朱村、江苏新沂花厅⑤、湖北京山屈家岭⑥、安徽含山凌家滩⑦等处。其中，大地湾第四期聚落主体部分面积达 50 万平方米，大河村 40 多万平方米，花厅 50 万平方米，屈家岭 50 多万平方米，大汶口 80 多万平方米，凌家滩 160 万平方米。而同期的普通遗址一般只有几万平方米。单就聚落面积所反映的人口集结的规模来说，中心聚落与普通聚落的差别就很显著。这些大型聚落遗址，因发掘所获得的内容各有特点，下面我们综合各个聚落的考古发现，可以描述出这时期中心聚落形态的各个侧面。例如，聚落内的不平等和贫富悬殊分化，家庭组织结构的变化，作为权力中心的殿堂式建筑物的出现以及由此而形成的原始宗邑性质的中心聚落，聚落群内圣地和大型宗教建筑的出现，等等。

1. 凌家滩聚落内的不平等与宗教神权现象

在典型的中心聚落遗址中，作为聚落内的不平等和贫富分化，安徽含山凌家滩遗址和山东泰安大汶口遗址的墓葬资料是突出的。从中可以看到聚落内贵

---

① 严文明：《中国新石器时代聚落形态的考察》，《庆祝苏秉琦考古五十五年论文集》，文物出版社1989 年版。

② 甘肃省博物馆文物工作队：《秦安大地湾 405 号新石器时代房屋遗址》，《文物》1983 年第 11期；甘肃省文物工作队：《甘肃大地湾 901 号房址发掘简报》，《文物》1986 年第 2 期；郎树德：《甘肃秦安大地湾遗址聚落形态及其演变》，《考古》2003 年第 6 期；甘肃省文物考古研究所：《秦安大地湾——新石器时代遗址发掘报告》，文物出版社 2006 年版。

③ 《郑州大河村遗址发掘报告》，《考古学报》1979 年第 3 期；郑州市文物考古研究所：《郑州大河村》（上），科学出版社 2001 年版。

④ 《大汶口》，文物出版社 1974 年版。

⑤ 南京博物院：《花厅——新石器时代墓地发掘报告》，文物出版社 2003 年版。

⑥ 《京山屈家岭》，文物出版社 1965 年版。

⑦ 安徽省文物考古研究所：《凌家滩——田野考古发掘报告之一》，文物出版社 2006 年版。

族与普通族众之间明显的身份地位不平等和财富悬殊，也可以看到原始宗教神权和军事对于财富的集中所起的作用，还可以看到聚落中家族与宗族的结构及其它们在原始宗邑中所发挥的作用。

凌家滩遗址位于安徽省内长江北岸、巢湖以东约 20 公里，遗址的面积约 160 万平方米。自 1987 年至 2007 年的五次发掘中，发现了凌家滩文化的墓葬、祭坛、祭祀坑、积石圈、房址等重要遗迹。其中以墓葬内随葬有大量精美的玉器，特别是与占卜有关的玉龟、玉版，以及石器、陶器等器物而引起学术界的广泛关注①。

在凌家滩聚落墓地中（图 2—4），各墓可明显地分为身份地位甚高的显贵墓葬与身份地位不高的平民墓葬乃至穷人墓葬。假如我们以随葬器物 80 件以上的为最高等级的富贵墓葬，以随葬 50—80 件者为次一等级的富贵墓葬的话，那么处于墓地南部正中央、1987 年发掘的 87M4、87M15；2007 年发掘的 07M23；以及位于墓地西南部、1998 年发掘的 98M29；位于西部、1987 年发掘的 87M9、1998 年发掘的 98M20，就属于最高等级的富贵墓葬。随葬品为 70 件的 87M6、64 件的 87M8、56 件的 87M17、53 件的 87M14、51 件的 87M12 等墓葬，则属于次一等级的富贵墓葬。而随葬品仅为 1—3 件的 07M12、98M26、98M3、98M4、98M6、87M3 的这几座墓葬，则是身份地位很低的穷人墓葬。至于随葬几件至十几件，而且没有什么特殊物品的墓葬，也当属于次贫的平民墓葬。

富人墓与穷人墓之间所形成的鲜明对比和反差是显而易见的。这些最富有的墓葬，它们不但随葬品最为丰富，而且随葬玉器也很多。例如，1987 年发掘的 87M4 号墓葬，出土玉器 103 件，石器 30 件，陶器 12 件，合计 145 件。其中最引人注目的是出土一副玉龟（彩图 2—4）以及在玉龟的背甲和腹甲之间夹的一块玉版（彩图 2—5）。玉版上琢刻出表示"天圆地方"、"四极八方"宇宙观等观念的图案，研究者多认为 87M4 号墓葬出土的玉龟与玉版是用于八卦占卜的法器②。

---

① 安徽省文物考古研究所：《凌家滩——田野考古发掘报告之一》，文物出版社 2006 年版。安徽省文物考古研究所：《安徽含山县凌家滩遗址第五次发掘的新发现》，《考古》2008 年第 3 期。张敬国主编：《凌家滩文化研究》，文物出版社 2006 年版。

② 如张敬国主编《凌家滩文化研究》所收入的俞伟超、饶宗颐、李学勤、张忠培、张敬国、钱伯泉、王育成等先生的论文。

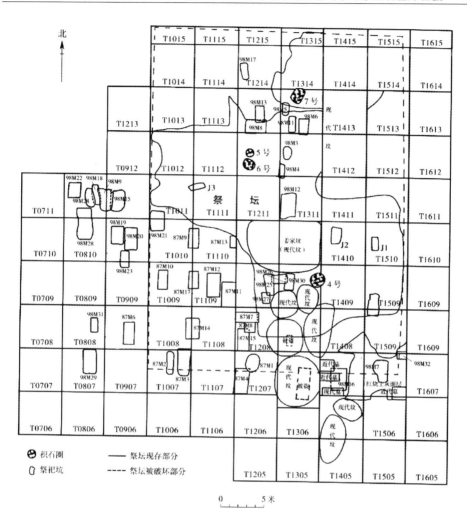

图2—4　凌家滩聚落墓地内墓葬、祭坛、积石圈、祭祀坑分布平面图

（采自安徽省文物考古研究所《凌家滩》）

2007年发掘出土的07M23号墓葬，属于凌家滩墓地历年发掘中随葬品最多、最精美的大墓（图2—5，图2—6，彩图2—6，彩图2—7）。墓内共出土器物330件，包括玉器200件、石器97件、陶器31件，另有碎骨和绿松石各1件。玉器中的1件玉龟、2件玉龟状扁圆形器（彩图2—8）以及内置的玉签（彩图2—9）都是作为整套占卜工具来使用的。它与87M4号墓中随葬的玉龟具有相同的功能。07M23号墓出土的玉钺（彩图2—10）也甚为精美。

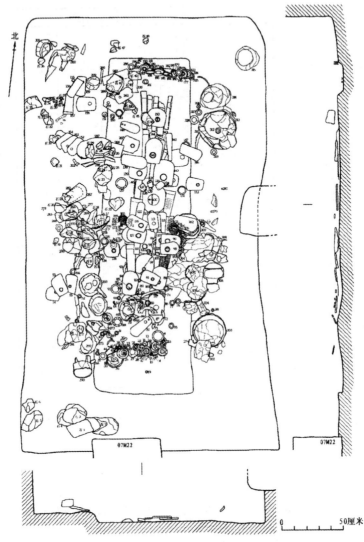

1～7、9～12、14、17～19、21、22、24～26、30～32、34～38、40～46、48、49、51、52、64、78、90、100、101、147、175～182、184、185、187～
192、194、195、285、288、323～328. 玉环　8、15、23、33、47、56、57、59、65、68、69、76、77、79、80、82、83、133～135、150、151、161、164、
193、317、319、320. 玉玦　13、16、20、28、91、98、99、103～112、131、137、149、163、165～174、194、276、286、318、329. 玉镯　27、
186. 玉璧　29、279、280. 玉料　39. 陶器　50、81. 玉钺　53～55、67、71、84、86、88、89、94～97、102、113、116、117、119、120、132、
136、139、141、142、152、154、158、160、183、263～271、274、275、282～284. 石钺　58、60～63、66、70、72～75、93. 玉璜　85.
玉管　87、272、273、287. 石锛　92. 碎骨　114、289. 石凿　115、122、138、143～146、148、162. 玉斧　118. 玉锛　121、156、
157. 石斧　123. 玉龟　125、127. 玉龟状扁圆形器　124、126、128、129、140. 玉签　130. 玉饰　155. 玉芯　278. 绿松石饰
281. 铃形玉饰　290、302、309、312. 玉鼎　291、305. 陶罐　292、294、295、297～299、301、304、307、308、311、314. 陶豆　293.陶
鬶　296. 陶器　300、306. 陶壶　303. 陶盆　310、313. 陶器盖　315. 陶缸　316、321、322. 陶鼎足　330.陶觚形杯

图2—5　凌家滩07M23号墓随葬品第一层平面及剖面图

（采自《考古》2008年第3期）

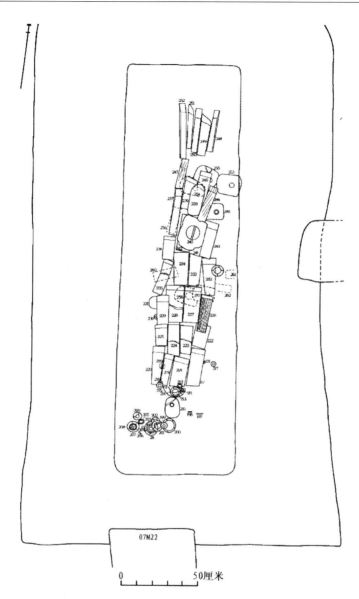

197～199、201、202、205～208、216、217、221、230.玉环　200、213.玉镯
203、209、211、212、215、259.玉玦　204.圆形玉饰　210、231、240、245、
253～255、257、258.石钺　214.玉璜　218～220、222～229、232～236、
239、241～244、246、256、260～262.石锛　237、247～252.石凿　238.玉斧

图2—6　凌家滩07M23号墓随葬品第二层平面及剖面图

（采自《考古》2008年第3期）

　　此外，1987年发掘出土的87M15号墓随葬玉器94件、石器17件、陶器17件，合计128件。1998年发掘出土的98M29号墓随葬玉器52件、石器18件、陶器16件，合计86件。其中有3件玉人（图2—7）、1件玉鹰（图2—8）也很引人注目。

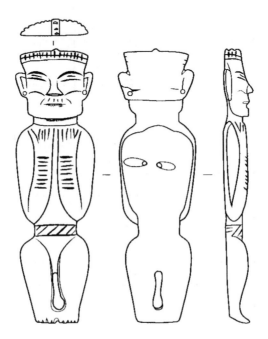

图2—7　凌家滩98M29号墓出土玉人

（采自安徽省文物考古研究所《凌家滩》）

图2—8　凌家滩98M29号墓出土玉鹰

（采自安徽省文物考古研究所《凌家滩》）

对凌家滩墓地各墓主人身份地位，除可做出贫富贵贱的分析外，还可以根据随葬品种类特别是特殊物品进行具体身份职业的判断。例如，从87M4号墓随葬的玉龟和表示"天圆地方"、"四维八方"的玉版来看，该墓主人是执掌着占卜、祭祀的重要人物之一；墓中出土的所谓"玉簪"，其形制与07M23出土的置于玉龟及玉龟状扁圆形器内的玉签是一致的，故它也是与玉龟配套作占卜使用的。墓中随葬玉制的斧钺8件、石钺18件，说明他也执掌着军事方面的事务。墓内还出土6件颇为精致的石锛、5件精致的石凿，似乎象征着其人对手工业的重视，并未完全脱离一定的生产劳动。墓中的玉璜达19件之多，还随葬4件玉镯、3件玉璧、1件玉勺、1件人头冠形饰、1件三角形饰，都可说明其社会地位甚高。所以，随葬品达145件的87M4号墓主人的富贵就在于他是一位以执掌着宗教占卜祭祀为主，也兼有军事之权，并对手工业生产相当重视的人物。

2007年发掘的07M23号墓葬[①]，随葬有330件器物。其中，1件玉龟和2件玉龟状扁圆形器及其内置的玉签，都属于占卜工具，说明他与87M4号墓主人一样都属于宗教领袖一类的人物。墓内出土2件玉钺和53件石钺又说明他也执掌着军事之权。墓中还随葬1件玉锛、10件玉斧、30件石锛、9件石凿等工具，显示出对生产的重视。随葬玉环84件，其中在墓主头部位置密集放置了20多件玉环，而且是大环套小环，这大概是墓主佩戴的项饰。墓内出土玉玦34件。墓内共出土玉镯38件，其中在墓主双臂位置，左右各有一组10件玉镯对称放置，是套在手臂上的臂镯，其情形与98M29号墓出土的三件玉人手臂上刻的臂镯是一样的（图2—7），显示了他作为宗教领袖人物的形象。

87M4号墓与07M23号墓距离靠得很近，似为同一个家族之人，只是因07M23号墓发掘的材料有限，不清楚这两座墓的层位及其出土陶器形制样式上的关系而无法判定这两座墓主人在生前是同时存在的还是有先有后。总之，我们从07M23和87M4这两座墓主人所随葬器物可以看出，当时社会身份地位最高的人应该是既掌握着最高占卜祭祀之权，也握有军事指挥之权和生产管理之权，这也说明当时的宗教祭祀与军事战争和生产管理是三位一体、合而为一的。

98M29也是比较大的一座墓，共出土器物86件，有52件是玉器，其中有3

---

① 07M23因是后来发掘的，所以在图2—6中没有标出。该墓位于T1308与T1307之间，墓坑大部分位于T1308内西南部，其西侧即为87M15、87M1。

件是玉人。87M1 随葬品共 15 件，在其中的 11 件玉器中，也有 3 件玉人（图 2—9）。87M1 出土的 3 件玉人与 98M29 出土的 3 件玉人，在体态特征上基本相同，区别仅在于前者是站立的而后者则是坐立的。此外，在 98M29 号墓中还出土了 1 件玉鹰、5 件玉璜、4 件玉玦、6 件玉镯、4 件玉璧和 12 件精美的石钺、2 件石戈等。98M29 和 87M1 出土的玉人等特殊器物表明这两座墓主人可能都是专职的巫师，但 98M29 号墓主人显然要比 87M1 墓主人富有得多。从 98M29 号墓也出土 12 件精美的石钺、2 件精致的石戈来看，98M29 号墓主人的富有应该与他兼管军事有关。

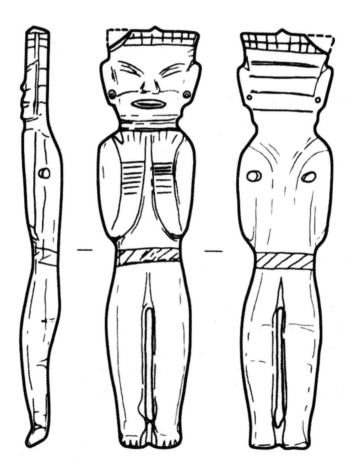

图 2—9　凌家滩 87M1 号墓出土玉人

有一些墓葬因随葬一定数量的玉芯、玉料或相当数量的石锛而被推定其墓主人是玉匠、石匠或木匠[①]。如98M30号墓出土玉器5件，石器41件，其中石锛有39件。该墓主人有可能是石匠或木匠。87M6号墓出土器物以石器最为突出，有石锛22件、石钺32件，另有玉器11件，陶器5件，合计70件。石锛中有几件甚大，最大的一件长达42.6厘米，宽10.8厘米，是目前所发现的新石器时代最大的石锛。该墓主人被认为是一个专职的石匠。98M20号墓随葬玉器12件，石器45件，陶器4件。玉器中有玉钺6件，玉璜4件，玉镯1件，玉料1件。石器中有石锛24件、石钺16件。另外还有111个玉芯和4块磨刀石。该墓主人被认为是一个颇为富有的专职玉匠。还有三座墓——98M18、98M9、98M15，也因出土玉芯和玉料，其墓主人也被推断是玉匠。如98M18号墓出土器物21件，其中玉器12件，石器2件，陶器7件；12件玉器中除1件玉璧、1件牙形饰外，有9件玉芯，1件碎玉料。98M9和98M15除出土玉器和石钺外，还有若干玉芯、玉料。98M23出土有石钻和石芯。这些墓主人都因此被认为是玉匠或玉石匠。又因98M9、98M15、98M18、98M20、98M23这五座墓集中在墓地的一个区域，连同另几座墓（98M19、98M21、98M22、98M24、98M28）一起，严文明先生认为"本区死者生前应是一个以玉石制作为主要职业的家族"[②]。

若对凌家滩遗址1987年到1998年三次发掘所获得的44座墓葬随葬品种类数量加以统计的话，可以看出凌家滩墓地各墓最流行亦即最时尚的随葬品是钺、璜、锛。例如，在44座墓葬中，随葬玉璜的墓有27座，占总墓数的61%。随葬玉钺的墓有11座，占总墓数的25%；随葬石钺的墓有30座，占总墓数的68%；玉钺和石钺二者合起来，占总墓数的93%。随葬石锛的墓有21座，占总墓数的47%。27座随葬玉璜的墓共出土玉璜115件；11座随葬玉钺的墓共出土玉钺26件，30座随葬石钺的墓共出土石钺186件，玉钺与石钺相加，40座随葬玉钺和石钺的墓共出土玉、石钺212件；21座随葬石锛的墓共出土石锛153件。大量随葬钺（包括玉钺和石钺）是尚武的表现。就连被认为是专职石匠的87M6号墓主人，在随葬22件石锛的同时也随葬32件石钺；被认为是专职玉匠的98M20号墓主人，在随葬24件石锛、111个玉芯和4块磨刀石的同时，也随

① 严文明：《凌家滩·序》，文物出版社2006年版。
② 同上。

葬有 6 件玉钺、16 件石钺。如果说随葬数量较多的石锛和玉芯、石芯表明其为玉石匠的身份，随葬众多玉璜含有其他身份地位，那么因大量随葬石钺玉钺而表达的身份地位显然与军事和军功有关。如前所述，出土玉龟、玉版的 87M4 号墓也随葬 5 件玉钺、18 件石钺；出土玉龟、玉龟状扁圆形器的 07M23 号墓随葬 2 件玉钺和 44 件石钺，反映出这两位墓主人既在宗教上亦在军事上居于首领地位，即集宗教权力与军事权力于一身，这也正是古人所说的"国之大事，在祀与戎"① 的一种初期表现。

凌家滩遗址墓葬资料的另一重要收获是反映出原始宗教、占卜以及当时宇宙观的一些情形。与占卜有关的是 87M4 出土的一副玉龟、玉版、玉签以及 07M23 出土的 1 件玉龟和 2 件玉龟状扁圆形器及其内置的玉签。87M4 出土这副玉龟的玉材是透闪石玉，灰白色（见彩图 2—4：1），由背甲（彩图 2—4：2 左）和腹甲（彩图 2—4：2 右）组成。背甲长 9.4 厘米，高 4.6 厘米，宽 7.5 厘米，厚 0.6—0.7 厘米；腹甲长 7.9 厘米，宽 7.6 厘米，厚 0.5—0.6 厘米。背甲和腹甲的两边各对钻 2 个相对应的圆孔；背甲尾部对钻 4 个圆孔，腹甲尾部钻有 1 个圆孔，这些上下对应的圆孔都是用来拴绳固定背甲和腹甲的，背甲两边的两圆孔之间琢磨凹槽，也是在拴绳时用的。在玉龟旁边出土的 1 件玉签②，是与玉龟配套使用的。07M23 出土的 1 件玉龟的玉材是绿灰色阳起石玉，玉龟内腔中空，上腹甲呈半圆弧形，下腹甲雕刻呈龟甲状（图 2—10）。

上腹甲长 6.5 厘米，下腹甲长 4.8 厘米，宽 6 厘米，高 4.2 厘米。上腹甲尾部两边各对钻一圆孔，下腹甲尾部中间对钻一圆孔。腹腔内放置两枚玉签（彩图 2—9）。07M23 还出土了 2 件玉龟状扁圆形器（图 2—11），均为绿灰色阳起石玉（彩图 2—8），也是内腔中空，一件腹腔内放置 1 枚玉签，另一件腹腔内放置有 2 枚玉签。这些玉龟和玉龟状扁圆形器及其内置的玉签都是用来占卜的。与距今八九千年前的河南舞阳贾湖遗址、距今五千多年前的江苏邳县刘林、大墩子、山东邹县野店、泰安大汶口墓地等大汶口文化遗址以及距今四千多年前的山东兖州西吴寺龙山文化遗址出现的利用龟甲及龟甲中的石子来占卜的现

---

① 《左传·成公十三年》。
② 在《凌家滩——田野考古发掘报告之一》（第 58 页图三四：3）中称之为"玉簪"，因与第五次发掘出土的、放置于玉龟和玉龟状扁圆形器内的玉签的形制是一样的，故 87M4 这件所谓"玉簪"也应命名为"玉签"。

象相比较，距今 5600—5300 年前的凌家滩聚落遗址先民们的玉龟占卜，似乎是将原始宗教占卜与玉礼文化结合在了一起，构成了自己独特的文化特色。

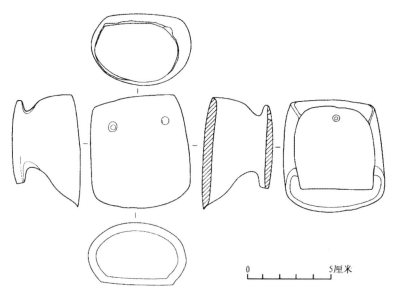

图 2—10　凌家滩 07M23 号墓出土的玉龟

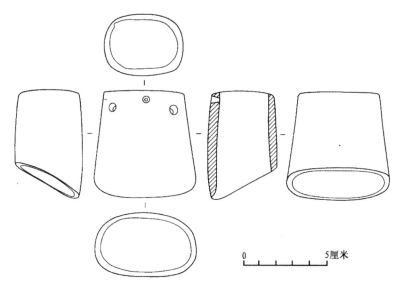

图 2—11　凌家滩 07M23 号墓出土的玉龟状扁圆形器

就宗教神权与天地宇宙观而论，特别值得关注的是，在87M4号墓中，在玉龟的背甲和腹甲之间夹有一块玉版，其玉材是透闪石玉，牙黄色（见彩图2—5），长11厘米，宽8.2厘米，厚0.2—0.4l厘米。玉版中央的小圆中刻八角星纹；小圆外的大圆被等分为八格，每格中刻一圭形纹指向八方；大圆外刻四个圭形纹指向玉版的四角（图2—12）。这样，玉版整体上的内圆外方即可象征"天圆地方"；大圆内、外圭形纹所指向的四隅八方可代表四维八方或四极八方[①]；而玉版又是夹在玉龟的背、腹甲之间，所以玉版既与占卜密不可分，又表示着"天圆地方"宇宙观等观念。

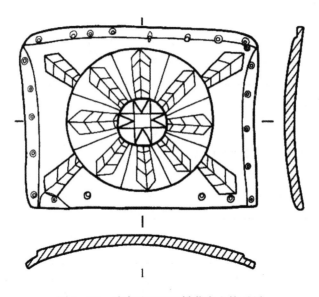

图2—12　凌家滩87M4号墓出土的玉版

此外，对于玉版四边上边有9个圆孔、下边有4个圆孔、左右各为5个圆孔这一现象，有的学者认为玉版四边的"上9下4，而左右各5，说明它很重视9、4、5这三个数字"，其中"9是成数之极数，4是生数之极数。五五相对，

① 陈久金、张敬国：《凌家滩出土玉版图形试考》，《文物》1989年第4期。俞伟超：《含山凌家滩玉器反映的信仰状况》，《文物研究》第五辑，黄山书社1989年版。饶宗颐：《未有文字以前表示"方位"与"数理关系"的玉版——含山出土玉版小论》，《文物研究》第六辑，黄山书社1990年版。李学勤：《论含山凌家滩玉龟、玉版》，《中国文化》1992年第6期。

则表示'天数五，地数五'"①。有的学者认为玉版四周的"四、五、九、五的数字"表示的是"太一下行八卦之宫"②或"太一下行九宫之数"③。也有学者认为玉版上四、五、九的圆孔数及其排列次序，"即是房、心（包括钩衿二星）、尾的星数与天象排列顺序"。其中，玉版上边的9个圆孔与大辰或大火中的尾宿有关系。《史记·天官书》说"尾为九子"，即尾宿是由9颗星点组成。在排列上，九星中的第1、2星的距离大于第2、3、4星的间距；第5星最为明亮，居九星之中颇为突出；第8、9星并肩而存，距离甚近（图2—13：1）。而玉版上边9个圆孔的位置恰恰也是第1、2孔（孔数从左至右计）的间距，明显超过2、3和3、4孔间的距离；第5孔居中，钻得很小，很是突出；最后两孔，即第8、9孔的距离颇近，几乎挤在一起（图2—13：2）。而从玉版中双圆分割为八等分来看，当时的先民是能够大致匀称分配诸物间距的，所以玉版上边九孔分布的间距，并非工艺问题，而是另有含义，这就是它们大体与尾宿各星间的距离、特点相应，特别是第8、9孔相距极近并非误钻，实为象征尾宿之尾也。之所以排列成一列，是因其所处边地狭长，因地宜而为之。玉版下边的4个圆孔，则是大辰或大火的另一组成部分——房宿。在古代天文典籍中，房宿星数为四，四星间有三道，日、月、五星在中道中运行才是天下太平之象。玉版表示房星的四孔正体现了这一中道观念，它以中为准，左右两孔各向两边分移，构成正当中间的一条宽广地带，这大概是原始的"日行中道"宗教观念的图示。玉版两边上的五孔，它所代表的应该是心宿三星与钩衿二星。在古文献记载中，心宿仅为三星，但在它与房宿之间还有二星。如《史记·天官书》云："房为府，曰天驷，其阴左骖，旁有两星曰衿。"至于玉版两边皆刻五孔，当系为使玉版构图匀称④。对于上述诸说，王育成提出的后一说似更有说服力，它不但解读出玉版周边上的九、四、五这些圆孔有可能表示远古星宿，而且还解释了这些圆孔分布间隔距离的含义。

---

① 饶宗颐：《未有文字以前表示"方位"与"数理关系"的玉版——含山出土玉版小论》，《文物研究》第六辑，黄山书社1990年版。

② 陈久金、张敬国：《凌家滩出土玉版图形试考》，《文物》1989年第4期。

③ 冯时：《中国古代的天文与人文》，中国社会科学出版社2006年版，第47、58页。

④ 王育成：《含山玉龟玉片补考》，《文物研究》第八辑。

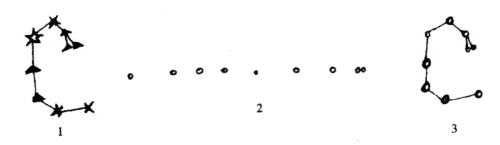

图 2—13　星宿星象示意图与玉版九孔示意图之比较

1. 星宿星象示意　2. 玉版九孔示意　3. 玉版九孔变曲示意

（采自王育成《含山玉龟玉片补考》）

　　含山凌家滩墓葬出土的玉龟、玉版、玉签、玉龟状扁圆形器以及玉人等原始宗教占卜、祭祀之器具，表明在中心聚落的社会复杂化过程中，社会的不平等与原始宗教的发展是同步进行的，而出土玉龟、玉版的两座顶级富有的大墓，也都随葬数量很多的石钺和玉钺，还有几件石锛，这说明当时的宗教祭祀与军事战争和生产管理是三位一体、合而为一的，当时的聚落统帅的世俗之权与神权是密不可分的。

　　通过上述分析可以看到，在凌家滩贫富悬殊的墓葬中，有些墓主人的富有是因为他在军事和战争中发挥着重要作用的缘故，也有的因是玉石匠或掌管着玉、石等手工业的生产，而最富有者则属于身兼原始宗教权力和军事权力于一身者。这就是说，社会职能和职业分工是产生贫富分化的重要原因。此外，如我们在下一章将要谈到的那样，凌家滩遗址的这种贫富分化既体现在家族之内，也体现在各个家族之间，家族之内的贫富分化则与父家长权的出现分不开。

　　2006 年出版的《凌家滩——田野考古发掘报告之一》[①] 提供给我们的主要是墓葬等材料，没有涉及聚落的其他情况。但是，当地的考古工作者从 2008 年开始，已有计划地开展了对凌家滩的聚落考古工作，经过钻探和试掘，发现凌家滩是一个环壕聚落，周边也有一些小的同一时期的聚落，构成了一个聚落群，

---

① 文物出版社 2006 年版。

这就从聚落的分布上有力地说明了凌家滩作为中心聚落的地位和它所起的作用①，当然进一步的分析还有待于这方面的资料的积累和正式发表。

2. 大汶口文化聚落的不平等与家族—宗族结构

对财富的占有体现了人们在聚落中的政治经济地位。大汶口文化中晚期遗址的墓葬材料所呈现的贫富分化，是十分显著的。山东泰安大汶口遗址的墓地1959年发掘的133座墓葬②，在整体上属于大汶口文化中晚期，其中又可划分为早、中、晚三段，发掘者称之为早中晚三期。发掘者按照墓葬规模大小和随葬品多寡等情况，把它们划分为大、中、小型三种类型。三种类型墓葬大体上反映了大汶口聚落内贵族与平民之间的贫富差别和社会地位。一些富有的大墓，墓穴规模宏大，使用木椁葬具，有大量精美的陶器和石骨器，有些多达一百多件，而且还有精美的玉器和象牙器等。在这里我们列举几座富有大墓的基本情况。

大汶口遗址的13号墓（图2—14），属于该墓地早期的大型墓，是一对成年男女合葬墓。墓坑长3.4米，宽1.9米，深1.47米。有大型葬具，四壁用原木卧叠构成。随葬器物40余件，包括鼎、豆、壶、罐、尊、盉、鬶、盔形器等陶制生活器皿和石铲、骨镖、骨镞、牙镰以及象牙琮、象牙骨雕和猪头等。这些器物主要摆放在葬具内、外的头部方位，而一件盔形器和十四个猪头骨则自东而西排列在葬具外的北壁。13号墓是随葬猪头最多的墓葬。

大汶口遗址26号墓（图2—15），也是该墓地早期的大型墓。随葬品有六十余件，有精致的象牙梳（彩图2—11），较多的石、骨、牙制工具，还有豆、罐、盉、壶、尊、杯等陶器，以及猪头、象牙琮、骨雕筒和装饰品等；腰部放置一副龟甲，两手也握有獐牙。26号墓出土的象牙梳在大汶口文化乃至整个史前文化都甚为著名，墓中出土的彩陶盉、彩陶壶等也很是精美。

---

① 吴卫红：《凌家滩遗址2012年的钻探与发掘》，"2012年度中国聚落考古新进展——中国社会科学院考古研究所聚落考古中心专家座谈会"吴卫红的演讲，2013年1月28日。

② 山东省文物管理处等：《大汶口——新石器时代墓葬发掘报告》，文物出版社1974年版。

图2—14　大汶口13号墓平面图及出土器物组合

（采自山东省文物管理处等《大汶口——新石器时代墓葬发掘报告》）

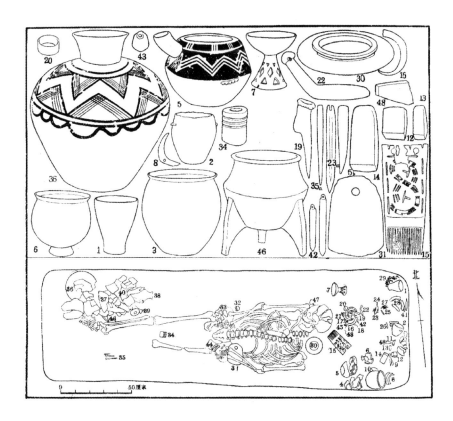

图2—15　大汶口 26 号墓平面图及出土器物

（采自山东省文物管理处等《大汶口——新石器时代墓葬发掘报告》）

大汶口遗址 9 号墓（图2—16），属于该墓地中期的大型墓。墓主是一成年男性，双手握有獐牙，随葬 70 余件器物。有成组的鼎、罐，一件红陶兽形器（彩图1—16）及尊、壶、盉、豆、杯等陶器；还有石钺、石锛、石刀、砺石、骨锥、骨凿、骨匕、成堆的牙刀及骨、牙料等。

大汶口 25 号墓（图2—17），是该墓地晚期的大型墓。墓坑长 3.44 米，宽 2.12 米，深 0.7 米，有两层台。有葬具（图2—18），四框清楚，顶部木灰纵横，并放有零星器物。随葬器物达 75 件，包括薄而亮的黑陶高柄杯、黑陶单把杯、白陶高柄杯、白陶鬶、鼎、豆、背壶、一件玉笄、五个骨雕筒、六件石钺，以及骨匕、指环、骨镞、砺石、猪头、猪下颌骨等。

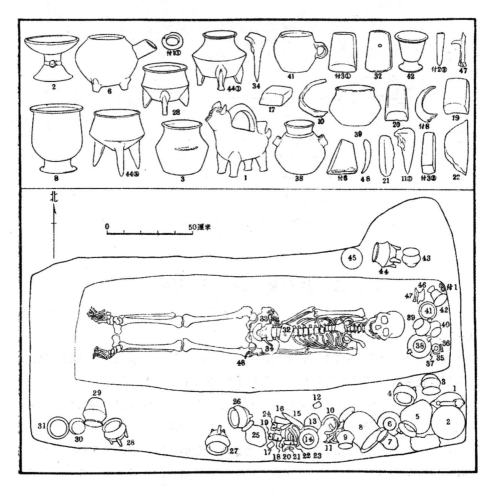

图2—16 大汶口9号墓平面图及出土器物

（采自山东省文物管理处等《大汶口——新石器时代墓葬发掘报告》）

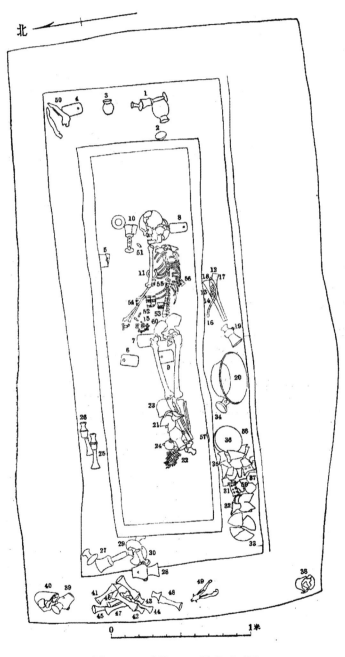

图 2—17　大汶口 25 号墓平面图

（采自山东省文物管理处等《大汶口——新石器时代墓葬发掘报告》）

图2—18　大汶口25号墓出土情形

（采自山东省文物管理处等《大汶口——新石器时代墓葬发掘报告》）

　　大汶口遗址10号墓（图2—19，图2—20），属于该墓地晚期的大墓。墓坑长4.2米，宽3.2米，深0.36米。有木椁葬具。死者是年龄50—55岁之间的老年女性，双手握有獐牙，头上有一把精美的象牙梳，头部佩戴着由77个单件组成的三串石质装饰品，颈部戴一串管状石珠，腰部有一把精美的玉钺（彩图2—12上）①，周身覆有一层厚约2厘米的黑灰，疑为衣着。在随葬的105件器物中（另有84块鳄鱼鳞版、15块猪骨未计入），除了有大型的象牙雕筒、精美的象牙梳、玉钺、绿松石串饰、管状石珠串饰外，有83件陶器，其中珍贵的白

① 《大汶口——新石器时代墓葬发掘报告》（文物出版社1974年版）所称的玉铲。

陶就有24件，也有许多乌亮的黑陶和精美的彩陶，还随葬两个猪头、一堆鳄鱼鳞版等。

图2—19　大汶口晚期10号墓平面图

（采自山东省文物管理处等《大汶口——新石器时代墓葬发掘报告》）

图 2—20　大汶口 10 号墓出土器物图
（采自山东省文物管理处等《大汶口——新石器时代墓葬发掘报告》）

作为中型墓，这里仅以该墓地晚期的 4 号墓为例（图 2—21），墓坑长 2.76 米，宽 0.67 米，深 0.48 米。随葬器物有 50 余件，其中陶器有鼎、豆、壶、尊、杯等；石器有锛、凿、刀、砺石；骨角牙器有锥、凿、镞、钩形器、雕筒、牙刀、牙料等，4 号墓出土的这件骨雕筒，镶嵌有绿松石，非常精美（彩图 2—13）；此外，还随葬两个龟甲，墓主人双手握有獐牙。

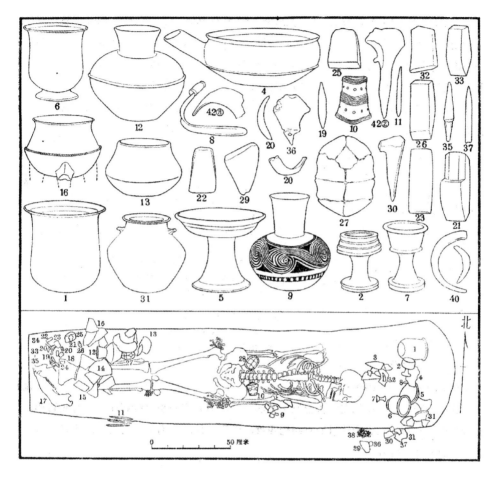

图2—21　大汶口4号墓平面图及器物组合
（采自山东省文物管理处等《大汶口——新石器时代墓葬发掘报告》）

大汶口墓地中第三类墓葬是十分简陋的小墓，墓穴仅容一具尸骨，随葬品只有一两件豆、罐之类的陶器，有的甚至一无所有。例如，62号墓只有一枚獐牙，70号墓只有一件石铲，61号墓随葬一鼎、一砺石，71号墓有一匜、一獐牙，85号墓有一纺轮、一蚌镰，114号墓有一鼎、一壶。

上述大汶口墓地所呈现出的明显的贫富差别，应当属于财富观念和私有观念的反映。诸如10号墓有83件陶器，其中白陶就有24件，117号墓有白陶33件，这些都超出了一个氏族成员生活的基本需要，而成为剩余物品的堆积。而且制造白陶的原料并不是到处都有，精美的白陶是当时较为贵重的陶器。玉器和象牙器材料难得，制作不易，也是贵重的豪华奢侈品。因此，大汶口墓地中这些富有的大墓的墓主应当属于原始社会末期产生的贵族阶层。

大汶口墓地另一重要现象就是它所呈现出的家族—宗族结构。1959 年在5400 平方米内发掘出的大汶口文化晚期的这 133 座墓葬，如前所述，分为早中晚三段，所以同时存在的墓数量并不多。其中属于早段的墓最多，有 74 座。这74 座同期墓葬，由南向北可分为 4 个墓群，其最南的一群墓数较多，大约有 30座，最北的一群墓数最少，有 8 座。根据 4 个墓群的划分和各群内人口规模，以及这 4 个墓群相互毗连而靠拢的较集中的情形，可以认为这 4 个墓群应该是 4个近亲家族，它们相连合而形成一个宗族共同体[①]。也许在 80 多万平方米的大汶口聚落还有其他宗族的存在，但 1959 年发掘的这 133 座墓葬所构成的宗族，由于有 7 座大型墓、15 座中型墓，显然属于强宗大族。这种强宗大族所在的中心聚落，实际上就属于原始宗邑。

大汶口遗址之外，山东莒县陵阳河、大朱村、临沂大范庄、茌平尚庄、邹县野店，以及江苏新沂花厅等遗址的大汶口文化中晚期的墓葬中，都可以看到大墓与小墓在墓穴大小、有无棺椁葬具、随葬品的数量、种类和质量等方面存在着不同程度的悬殊和差别。

莒县陵阳河遗址共发现大汶口文化中晚期墓葬45 座，这些墓葬在该墓地中共分为四组，也称为四个埋葬区，每区的墓葬又可划分为早中晚三段。值得注意的是，出现贫富墓葬异域埋葬的现象，大、中型墓葬主要集中于河滩旁的第一墓区，而小墓一律埋葬于其他三个墓区，表明在宗族内家族间的贫富分化已经相当严重[②]。

陵阳河遗址富有的大墓，不仅有大量随葬品，也有木椁。如 1979 年发掘的17 号（79M17）大型墓（图 2—22），墓室巨大，墓坑长 4.6 米，宽 3.23 米，有"井"字形木椁，是二次迁葬墓，未作性别鉴定，出土随葬品192 件。其中，猪下颌骨 33 件；陶器 157 件，有 1 件是刻有陶文的大口尊；石器 2 件。猪下颌骨一律放于北椁壁外边，其余器物皆放于椁室之内。1979 年发掘的 6 号

---

① 王震中：《中国文明起源的比较研究》，陕西人民出版社 1994 年版，第 151 页。

② 山东省考古所、山东省博物馆、莒县文管所：《山东莒县陵阳河大汶口文化墓葬发掘简报》，《史前研究》1987 年第 3 期。

（79M6）大型墓，墓主为一成年男性，也有"井"字形木椁，墓室长4.55米，宽3.8米，随葬器物180余件，其中猪下颌骨21件，陶器160件，骨雕筒1件。陵阳河的中型墓，墓室略小于大型墓，随葬器物几十件不等。如1979年发掘的25号墓（79M25），墓室长3.4米，宽1.45米，有木椁。随葬器物84件：猪下颌骨7件，陶器73件，石器4件。其中一件大口尊上刻有图像文字。与这些大、中型墓形成鲜明对比的是小型墓，一般只随葬几件器物，如63M6是与上述79M17、79M6同一时期的小型墓，没有椁，墓坑长2米，宽0.5米，随葬5件陶器、1件管状石质装饰品。

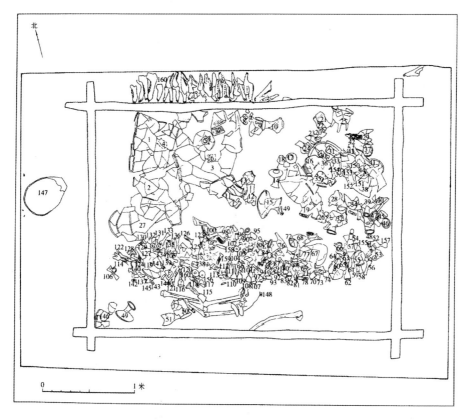

图2—22　陵阳河遗址79M17墓葬

（采自《史前研究》1987年第3期）

在陵阳河的这些大型墓中，79M17号墓和79M6号墓各出土了一套酿酒器，由滤酒漏缸、瓮、尊和盆组成。同时出土的还有大量高柄杯、鬹形壶等酒具。陵阳河墓地的大墓中酒具占随葬品总数的30%以上。它一方面反映出我国用谷物酿酒技术在5000年前就早已开始，另一方面说明大量饮酒是当时中心聚落内贵族生活的一大特征。

大汶口文化中晚期的这些材料表明，其聚落内的居民已出现十分显著的财富和地位上的分化。作为中心聚落，与同时期的周围的那些普通聚落相比，大汶口、陵阳河、大朱家村、花厅等中心聚落的居民无论在财富上还是社会地位上都比那些普通聚落为高。而这样的中心聚落又是与当时已出现的家族—宗族结构联系在一起的。如前所述，泰安大汶口遗址1959年发掘的133座墓葬的墓地就是由南向北的四个近亲家族茔地组成的宗族墓地；莒县陵阳河遗址发掘出的45座墓葬的墓地是由四片家族茔地组成的宗族墓地；江苏邳县刘林遗址发掘出的167座墓葬的墓地也是由五个墓群即五个家族组成的宗族墓地。

若聚落内的社会组织结构是"家族—宗族"，那么在这种聚落群中的中心聚落就应当属于原始宗邑，对此我们在后面一节将进一步予以论述。因宗庙是宗邑的特征之一，因此作为原始宗邑的中心聚落，也应该有宗教祭祀中心或庙堂之类的建筑。但由于考古发掘的局限性所致，在大汶口文化中尚未发现较高规格的宗教祭祀遗迹或像甘肃秦安大地湾F901那样的殿堂之类的建筑物，但在大汶口遗址的中心区发现有许多较大的柱洞，也应有大型建筑的存在，承担着中心聚落中祭政合一场所的功能。

3. 陵阳河、大朱家村遗址中的"⊙"、"⊕"等图像文字

陵阳河、大朱家村、诸城前寨等山东地区的大汶口文化遗址的一个重要现象是出土了一批图像文字，刻写的有17例9种，绘写的有1例1种，共达18例10种（图2—23，图2—24）。其中，陵阳河遗址出土有8种类型14例，有"⊙"（炅）、"⊕"（朝）、"戉"（钺）、"斤"等。这些图像文字符号有一部分属于采集，另一部分主要见于一些高等级的大、中型墓葬，是与该聚落中的贵族联系在一起的。

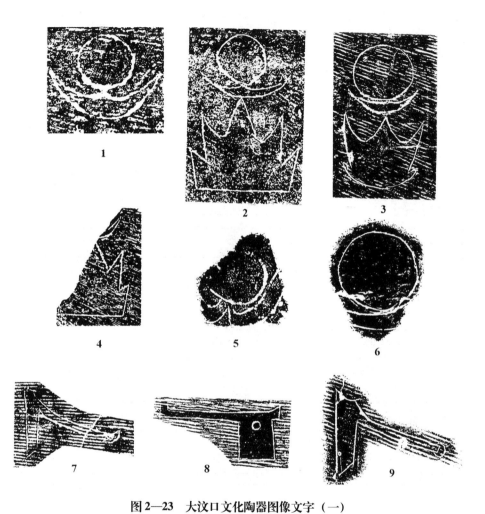

图2—23　大汶口文化陶器图像文字（一）

1、2、5、8、9. 陵阳河遗址采集　3. 大朱家村遗址采集　4. 前寨遗址采集

6. 陵阳河 M17　7. 杭头遗址 M8

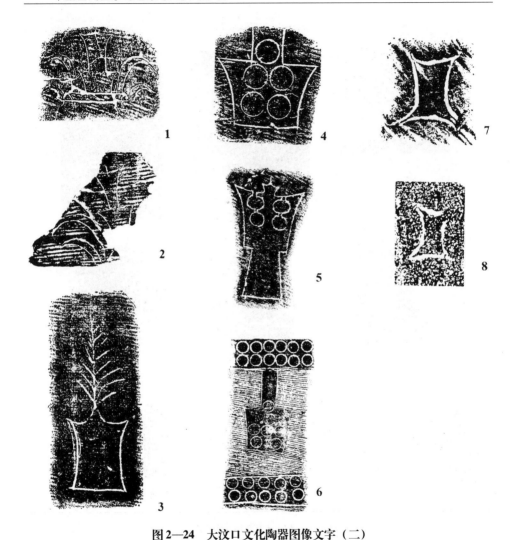

图2—24　大汶口文化陶器图像文字（二）
1. 陵阳河遗址 M17　2、6. 陵阳河遗址采集　3. 陵阳河遗址 M25　4. 大朱家村遗址采集
5. 大朱家村遗址 M17　7. 陵阳河遗址 M19　8. 大朱家村遗址 M26

　　在这里，我们首先需对这些图像文字的含义加以讨论并予以明确，然后再论述它们在当地的社会复杂化过程中所具有的意义。这些图像文字中最引人注目的是"⚇"与"⚉"，它们在多个地方都有发现。关于"⚉"和"⚇"，于省吾先生把"⚉"释为"旦"字，认为是由日形、云气和五峰的山形这"三个偏

旁构成的会意字"①。唐兰先生则将"🗻"释为"叠"，将"🌄"释为"昃"，认为后者是前者的简体，并提出"叠"字音"热"，"反映出在烈日下山上起火的情形"②。李学勤和李孝定两位先生基本肯定了唐兰先生的释读，也将它们隶定为"叠"、"昃"，赞同它们为简繁体的关系③，只是李孝定先生认为"叠"字读"热""有待商榷"。而田昌五和饶宗颐两先生则先后将"🗻"释为"日月山"，认为是太昊族或太皞、少皞族的族徽④。也有人认为，"叠"表现的是由"日"、"火"和陵阳河遗址东面寺堌山五个山峰组成的"依山头纪历的图画文字"，释为"炟"，表示二、八月；对"昃"的解释是太阳离开了山，表示炽热的季节或夏季⑤。

上述诸说，把"🗻"释为"旦"者，将"日"与"山"中间像火形的部分视为云气，可是这部分却与甲骨文从火的字中的火偏旁十分接近，释"旦"似乎不妥。释为太昊、少昊族徽者，将"日"与"山"之间的部分视为月形，然而甲骨文中的月或夕字，中间绝不起脊即不凸起，故不像是月形。至于释为"炟"和"昃"者，若认为仅仅是莒县陵阳河的先民，依据对正东五华里的寺堌山方向太阳升起的观察而创作的"依山头纪历的图画文字"的话，那么它就不可能在莒县陵阳河之外的许多地方一再出现，甚至远至安徽蒙城尉迟寺遗址。此外，无论是夏日的太阳，还是冬、秋、春的太阳，都要离开东升的山头而悬照于高空的，所以认为"昃"表示夏季也是难以成立的。唐兰先生将"🗻"和"🌄"隶定为"叠"和"昃"，并认为它们是繁简体的关系，就图形的直观而言，是合理的，但将其含义解释成"在烈日下山上起火的情形"，似亦未达真谛。

笔者赞同图形"🗻"与"🌄"为繁简体关系。在这种繁简体关系中，"山"

---

① 于省吾：《关于古文字研究的若干问题》，《文物》1973 年第 2 期。

② 唐兰：《关于江西吴城文化遗址与文字的初步探索》，《文物》1975 年第 7 期；《中国有六千多年的文明史——论大汶口文化是少昊文化》，《大公报在港复刊 30 周年纪念文集》，1978 年。《从大汶口文化的陶器文字看我国最早文化的年代》，《光明日报》1977 年 7 月 14 日。

③ 李孝定：《再论史前陶文和汉字起源问题》，《中央研究院历史语言研究所集刊》第 50 本，1979 年版；李学勤：《论新出土大汶口文化陶器符号》，《文物》1987 年第 12 期。

④ 田昌五：《古代社会形态研究》，天津人民出版社 1980 年版，第 162 页；饶宗颐：《中国古代东方鸟俗的传说——兼论大皞少皞》，《中国神话与传说学术研究会论文集》（上册），（台北）汉学研究中心 1996 年版。

⑤ 王树明：《谈陵阳河与大朱家村出土的陶尊"文字"》，《山东史前文化论文集》，齐鲁书社 1986 年版。

可以被省去，可知"○"与"火"才是问题的关键。而在"○"与"火"的构图中，还有资料表明，当时的人们在表达这一概念时，也有将"○"隐藏于"火"之下，构成了"○"落"火"升的图形，如良渚文化上海青浦福泉山遗址出土的一件陶壶上的刻符（图2—25：1）①，"火"符在上，"○"符在下，而且"○"符被刻得若隐若现，突出的是"火"。还有一种是只刻出"火"形，只强调"火"，如上海博物馆收藏的一件玉琮上就有这样的刻符（图2—25：3）②。良渚文化玉琮上的这个"火"形刻符，与大汶口文化莒县陵阳河遗址采集的一个被释为"炅"字（图2—23：5）中的火符相同，可以视为"炅"符的进一步省体。笔者认为，良渚文化陶器和玉器上的这两个刻符，为解读"炅"和"炅"这类图形提供了重要线索，即在这类图形中，"火"才是其所要表达的核心概念。那么，时而独立，时而与"○"相连；时而又表现为"○"落"火"升之"火"，究竟是什么样的火呢？笔者以为它是天象中大火星之火，而非山上或地上燃烧的柴火。依据这一思路，图形中的"○"可作两种解释。一是根据图形的直观形象将其释为"日"即太阳，整个图形可依据唐兰先生隶定为"曷"和"炅"。在这里，"日"代表天象，"火"代表与天象有关的火即大火星（心宿二，西方称为天蝎座α）。另一是将图形中的"○"释为星星之星③，整个图形意指大火星。这样，整个图形就可以与星宿大火相关联进行解释，即整个图形表达了当时的"火正"对于大火星的观察、祭祀和观象授时。大概当时已经开始了以大火的昏升（太阳落山不久，大火星出现在东方地平线上）、昏中（日落时大火星处于南天中部）等现象来指导农事和人们的生活，大火星是当时观象授时的主要对象。这也是这类图形何以会在山东、安徽、湖北、浙江等地广泛出现的原因所在。顺着这一思路，仰韶文化庙底沟类型中火形纹样的彩陶（图2—26），也是"火正"、"火师"之类对于大火星观察、祭祀和观象授时的表现④，只是由于时间、地区和文化系统的不同，其表达形式也与大汶口文化中的陶符不同而已。

---

① 张明华、王惠菊：《太湖地区新石器时代的陶文》，《考古》1990年第10期。
② 林巳奈夫：《良渚文化和大汶口文化中的图像记号》，《东南文化》1991年第3、4期。
③ 王育成：《曾侯乙漆箱图案与史前宗教文化研究》，《中国历史博物馆馆刊》1994年第1期。
④ 王震中：《炎帝族对于"大火历"的贡献》，《炎黄文化研究》第五辑，大象出版社2007年版。

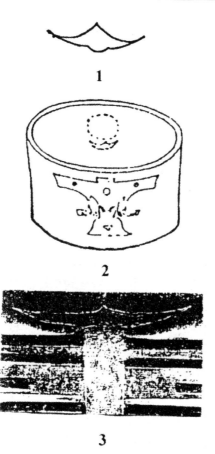

图 2—25 良渚文化中的火形符号

1. 上海青浦福泉山陶壶上的刻符 2. 华盛顿弗利尔博物馆藏 3. 上海博物馆所藏玉琮上的刻符

图 2—26 仰韶文化陕县庙底沟遗址出土火形纹样彩陶

（采自中国科学院考古研究所《庙底沟与三里桥》）

古人对于天或天象的观察和祭祀是与他们的生产和生活密不可分的。世界上许多古老的文明民族，在其远古时代，最初都没有像后世所通行的那种较为精确较为复杂的历法，而每每是通过直接观察日月星辰的出没来确定农事活动的安排。在我国上古相当长的时期内，大火（心宿二）就曾是人们观象授时的主要对象。对此，国内外的一些学者曾提出，中国古代在以冬至的建子或雨水的建寅等为岁首的历法之前，还有过以大火昏见之时为岁首的较为疏阔的历法，他们称之为"火历"①或"大火历"②。

对于上举"昌"、"炅"之外的其他图形文字，学者们也进行了释读。唐兰先生将本书图2—23中的7（包括9）与8分别释读为："斤"、"戊"（钺），已得到多数学者的认同。李学勤先生对图2—24中1—8的释读是：7和8乃人名或族名；3为"封"字；1像一种饰有羽毛的冠，或许就是原始的"皇"字；4、5、6是1的同种符号的变异，是不加羽饰的冠③。王树明先生把图2—24中的4、5、6释读为"享"，说是酒神形象；把1释读为"滤酒图像"④。笔者则将图2—24中的5释读为"豊"（礼），将4和6释读为"享"⑤。笔者认为，陶文5的构形可以看作是在圈足的杯、尊、豆之类的器皿中挂有两串玉，为盛玉以奉神祇之象形，即最早的"礼"字。甲骨文中的"豊"（礼）字就是在高圈足的器皿之上盛有两串玉，为从玨，在∪中，从豆。《说文》："豊，行礼之器也。从豆，象形。"从豆应是文字定型以后的造型，最初从豆与从杯或从尊应无大的区别。至于玉是用串起来的玉来表示，《说文》有解释，其曰："玉，象三玉之连，丨其贯也。"甲骨文中的玉即写作"丰"，正像以丨贯玉使之相系形，如卜辞曰："其贞用三丰（玉）犬羊……"（《佚》783）。早期的"豊"（礼），本意应为盛玉以奉神之祭礼和行礼之器，后引申为奉神祇之酒醴之醴。甲骨文中的"豊"即用作酒醴之义。陶文4和6与甲骨文中的"亯"（享）字接近，可释为享。有人将甲骨文中的"享"与建筑物的"享堂"相联系。甲骨文中"亯"字的用例有二，一是用作祭享之义，二是用作地名。《说文》："亯，献也。从高省，曰象进熟物形。《孝经》曰：'祭则鬼享之'。"陶文4和6的构形

---

① 庞朴：《"火历"初探》，《社会科学战线》1978年第4期。

② 成家彻郎：《大火历——从新石器时代晚期到西周时代使用的历法》，"中国南方青铜器暨殷商文明国际研讨会"论文（中国·南昌，1993年）。

③ 李学勤：《论新出大汶口文化陶器符号》，《文物》1987年第12期。

④ 王树明：《谈陵阳河与大朱村出土的陶尊"文字"》，《山东史前文化论文集》，齐鲁书社1986年版。

⑤ 王震中：《从符号到文字——关于文字起源的探讨》，《考古文物研究》，三秦出版社1996年版。

中那五个或七个小圆圈，不正可以视为祭祀时所进献的"熟物"？陶文4和6大概就是《易经》、《尚书》、《左传》等古典中用作祭享之享的最早的图像文字。当然，上述这些解释也只是试释，有待于进一步的讨论。

莒县陵阳河遗址陶器上的这些图像文字，图2—23中的1、5、6，即陶文"☉"，有两例是采集的，一例出自7号墓；图2—23中的2即陶文"☒"，是采集的；图2—23中的9即陶文"斤"字，以及图2—23中的8即"戉"（钺）字，都是采集的。图2—24中的6，出自19号墓；图2—24中的3，出自25号墓；图2—24中的4，也是采集的；图2—24中的1，出自17号墓。

依据发掘简报，7号墓是1963年发掘的墓葬，但简报对它未作具体的介绍，不知它究竟是发掘者所划分的大型墓、中型墓和小型墓这三类墓葬中的哪一类，也不知它随葬器物的数量，随葬了哪些器物，因而无法对这位墓主人的身份地位做出判断。

17号墓如前所述，墓室巨大，是座大型墓，随葬品达192件，其中猪下颌骨33件，各种精美陶器157件。在该墓1件大口尊上刻有图2—24中的1。该陶文，王树明释读为"滤酒图像"。考虑到该墓出土了一套酿酒器，由滤酒漏缸、瓮、尊和盆组成，同时出土的还有大量高柄杯、觯形壶等酒具，将陶文1释读"滤酒图像"，有其合理性。这样，我们就可以作出这样的判断：17号墓的这位贵族生前主持该聚落的酿酒礼仪和礼神（即祭神）的祭祀活动，因而死后随葬的大口尊上刻写有祭祀酒神的所谓"滤酒图像"文字。

25号墓是一座中型墓葬，墓主是一男性，有木椁葬具，随葬品有84件，有7件是猪下颌骨。在随葬的大口尊上刻写"封"（丰）这样的图像文字（图2—24：3）。该陶文像封土成堆，植木其上之形。它或者是表示对社稷之神的祭礼，或者如《周礼·地官·封人》："封人掌诏王之社壝，为畿封而树之。"这是说古代植树于土堆之上以为封域。笔者以为在大汶口文化中晚期，即使像陵阳河这样的中心聚落大概也不会出现划分疆域的事情，因而被释读为"封"的这个陶文似更应释为"丰"。甲骨文、金文中有与25号墓大口尊上这一陶文几乎完全一样的写法①，有些学者即释为"丰"。为此，笔者主张这一陶文表示的应该是对社稷之神或对丰收的祭礼。

---

① 见《甲骨文合集》32287、20576，《小屯南地甲骨》2964，《殷墟花园庄东地甲骨》071，商代铜器《丁丰卣》。

出土人名或族名陶文（图2—24：7）的19号墓，是一座中型墓葬。随葬器物75件，有4件猪下颌骨，66件陶器，5件骨雕筒等器物。

根据已报道的这些材料来看，出土图像文字的17号墓、19号墓、25号墓都是大中型墓葬，随葬器物都在70件以上，所以似乎可以说随葬刻有图像文字的大口尊主要是大中型墓葬，但也不排除小型墓葬也随葬刻有图像文字的大口尊。因在简报中未对7号墓作介绍，有可能这座墓是小墓的缘故，何况还有多例图像文字是采集的。17号墓是陵阳河墓地中规模最大、随葬品最多的一座墓，恰巧该墓出土1例图像文字，为"滤酒图像"或者是用饰有羽毛的冠来表示的"皇"字。这一现象说明，在陵阳河聚落中，这些图像文字所表示的祭祀礼仪主要是由聚落中的显贵主持和掌控的。可见这个中心聚落中，某些家族的富有、社会中的不平等和社会的复杂化，是与担任某些社会职务这样的社会分工有密切关系的。

三　中心聚落时期的殿堂与家族分间房屋

1. 大地湾遗址 F901 殿堂式建筑

中心聚落形态不但聚落的规模较大，而且每每出现作为权力中心的殿堂式建筑物，使得这样的中心聚落发挥着原始宗邑的作用。

以大地湾第四期聚落为例，我们可以看到有的中心聚落在建筑物的规格和特征上似有原始宗邑的特色。大地湾第四期聚落主体坐落在背山面河的山坡上，两侧分别以阎家沟、冯家沟为天然屏障，整个聚落随地形变化而分为若干小区。每一小区中似乎都有面积颇大、建筑技术甚高的大型房屋，从而构成一区即为一单位的格局，而其901号、405号两座特大型房子位于山体南北中轴线上，特别是901号特大房子由其规模和特殊的结构，在整个聚落中具有核心的地位。

901号特大房子（彩图2—14，图2—27）是多间式的，前有辉煌的殿堂（主室），后有居室（后室），左右各有厢房（东、西侧室），在房前还有一个广场，广场上，距前堂4米左右，立有两排柱子，柱子前面有一排青石板。901号建筑占地面积有420平方米，作为殿堂的主室面积131平方米，再加上近千平方米范围的广阔的广场，是迄今所见这一时期规模甚大、规格最高、结构最为复杂的建筑。

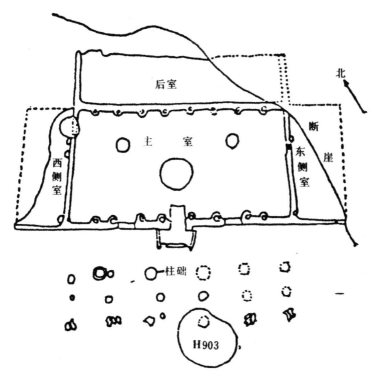

图2—27　甘肃秦安大地湾遗址 F901 平面图

（采自甘肃省文物考古研究所《秦安大地湾》）

　　王国维曾经推测中国宫室建筑格局发展的大致趋势是，从简单之室扩其外而为堂，于是有前后之分；扩其旁为房或扩堂之左右而为厢，于是有左右之别[①]。从结构上看，901号特大房子前有殿堂后有居室，左右有厢房，显然是后世前堂后室、前朝后寝、左右有房之类庙堂宫室建筑的滥觞。再从其规模、尊卑等级、宗教色彩上看，它和后世作为国家祭祀、议政、册命、筹谋即祭政合一的"大室"、"明堂"、"宗庙"的作用是一样的。戴震《明堂考》说："王者而后有明堂，其制盖起于远古。夏曰世室，殷曰重屋，周曰明堂。三代相因，异名同实。"所谓"世室"即"大室"，如《谷梁传·文公十三年》说："大室犹世室也"。关于明堂的政治与宗教的功能，《孟子·梁惠王下》："夫明堂者，

---

① 王国维：《明堂庙寝通考》，《观堂集林》卷三。

王者之堂也。王欲行王政则勿毁之矣。"《礼记·明堂位》："朝诸侯于明堂。"《淮南子·本经训》："堂大足以周旋理文，静洁足以享上帝，礼鬼神。"高诱注："明堂，王者布政之宫。"

大地湾901号特大房子中位于中央的前堂（主室），其面积达131平方米，以其面积而言，显然可谓之为"大室"；以其后有居室而且坐南朝北、含有3个正门而言，又可谓之"明堂"；其地面经过多层特殊处理，坚硬光亮，做工考究，自然合乎"静洁足以享上帝，礼鬼神"的特殊要求。因而，从行政角度讲，它是当时酋长首领们集会议事、布政之宫；从宗教祭祀角度论，它又是人们举行宗教祭祀活动的中心庙堂。房前的两排柱子，有可能是代表各氏族部落的图腾柱，也有可能是挂设各宗系旌旗的立柱，而两排柱子前面的那排青石，则可能是贡献牺牲的祭台。至于以901号庙堂大室为中心而形成的广场，当然也是举行重大的集体活动时使用的神圣的空间①。

大地湾901号大房子有可能是"明堂"的滥觞的同时，也是经济活动的中心。从901号房内发现一些大型陶器，形制与同时期一般村落遗址出土陶器不同，包括1件四足鼎、1件长方形盒、一大一小2件抄、1件四耳罐和1件漏斗形器盖（图2—28）。对盒、抄、鼎的形状、小大和容积的研究分析表明，它们可能是一套量器；后室中发现3件大陶瓮，可能用于储存谷物②。这样，我们认为901号殿堂兼有经济上再分配机制的功能，它既是政治、宗教中心，也是经济中心。

依据考古发掘报告，大地湾第四期时的聚落中可划分为若干小区，有的区就发现有面积颇大、建筑技术甚高的大型房屋。例如，位于第Ⅴ发掘区西部405号特大房子，室外带有檐廊，占地面积约230平方米，室内面积约150平方米。据我们分析，这种大房子在距今六七千年前的姜寨是大家族的公房，在有些聚落有可能是全聚落即全氏族共有的公房。到了仰韶中期和后期，由于家族—宗族结构的出现，这种大房子则似乎是宗族的公房即后世宗族祠堂的滥觞，大地湾聚落既然是由这样的几个小区组成，那么也就是由几个宗族构成，也就是说整个大地湾就有可能是一个以某一强大的宗族为中心的众多同姓和同盟宗

---

① 王震中：《中国文明起源的比较研究》，陕西人民出版社1994年版，第144页。

② 赵建龙：《从高寺头大房基看大地湾大型房基的含义》，《西北史地》1990年第3期。刘莉：《中国新石器时代——迈向早期国家之路》，陈星灿等译，文物出版社2007年版，第79—80页。

图2—28　大地湾遗址 F901 出土的陶器

包括1个陶瓮和一套量器（采自刘莉《中国新石器时代》）

族相聚的宗邑所在地。这样，位于中心区 901 号庙堂式的大房子，首先是一个强大宗族的中心，同时也是具有亲属关系共居于一地的宗族同盟的中心，最后还是以这些宗族同盟为首的一个部落或部落群（即酋邦的中心）的中心。这是因为，在由史前向文明的转变中，不但出现个人间的尊卑等级，而且在具有亲属关系的氏族部落内也萌发类似于后世的大小宗的差别，最初的强宗即宗族结构中的主支，它以其强大的军事和经济的实力为后盾，以部落神的直系后裔为依据，掌握了整个部落的军事指挥权、宗教祭祀权和"族权"，从而它的所在地即成为这一部落的政治、军事、经济、宗教和文化的中心。这种政治、经济中心和宗庙的所在地，在周代的文献中称为"宗邑"。根据以上分析，我们以为在史前的"家族—宗族"结构中，诸如秦安大地湾以 901 号特大房子为核心的中心聚落以及大汶口文化中晚期的中心聚落等，都可视为"原始宗邑"，它们在各自的聚落群（即所谓酋邦）中担当了祭祀中心、管理中心、军事指挥和防护中心等中心聚落亦即原始宗邑特有的功能。

2. 大河村、黄楝树等遗址中的家庭和家族建筑物组合结构

在中心聚落形态时期，各地无论是中心聚落还是普通聚落，其聚落内房屋组合结构都已较前大有不同。由于中心聚落即原始宗邑的出现，使得普通聚落即一般的村邑改变了每个聚落自成一体的环壕向心内聚式的布局，以前在单个聚落内所设立的中心广场的功能和作用已被中心聚落内的大庙堂及其广场所取代，也就是说在以往大体平等的农耕聚落形态阶段，一个聚落群内的各个向心内聚的环壕聚落之间，既属联合的关系，又是平等和相对独立的关系，各个聚落面对中心广场所构成的独自形成的管理中心、独自形成的宗教祭祀与文化中心等功能，现在都被"收拢集中"到了中心性的聚落①，从而在中心聚落形态阶段的聚落群内，形成中心性聚落与依附性聚落的分野。在这样的改变过程中，在中心聚落形态阶段，无论是中心性的聚落还是普通聚落，聚落内部的房屋组合结构，也出现新的格局，即出现了相对独立的家庭与扩展型家庭和家族相结合的房屋组合结构，当然，这样的结构又因各地各文化类型所处的地形不同以及文化传统和生活习惯的差异而呈现出多样化的态势。

（1）大河村遗址的房屋组合结构

河南郑州大河村遗址第三期和第四期的遗迹遗物最丰富、文化层堆积最厚，遗址的面积达40多万平方米②，因此以往一般是将它列为中心聚落③。但有学者指出：

> 所谓中心性聚落是对聚落的功能与地位认定，而不是简单的规模认定，因为一些中心性聚落未必是其所在的聚落群中规模最大的聚落。如郑州西山仰韶文化晚期古城聚落遗址，面积为10余万平方米，在郑洛地区同期聚落中只能算是中等，大致与之同期的郑州大河村聚落遗址面积即有近30万平方米。但西山遗址可能是一处中心性聚落，而大河村聚落遗址却可能是普通聚落。

---

① 马新、齐涛：《中国远古社会史论》，科学出版社2003年版，第242页。
② 郑州市文物考古研究所：《郑州大河村》（上册），科学出版社2001年版，第25页。
③ 严文明：《中国新石器时代聚落形态的考察》，《庆祝苏秉琦考古五十五年论文集》，文物出版社1989年版。

与上一时期的聚落相比，这一时期聚落发展的最大特点，是聚落功能的重新整合与集中，以往几乎所有聚落都具有的祭祀功能、管理功能、军事防护功能等，现在渐渐从多数聚落中剥离，成为中心性聚落的特有功能……

根据上述现象，我们可以认为，目前发现的同期大部分聚落遗址，凡缺少大房子、中心广场和祭坛者，均可视为普通聚落，即如面积达 30 万平方米的大河村遗址，鉴于目前尚未发现类似遗址，我们也只能认定为普通聚落。①

关于中心聚落的特点与功能，上述定位与我们以前的定位是一致的。20 世纪 90 年代初，笔者指出：

聚落形态的发展体现了社会形态的演进，与前一时期内外平等、自主、内聚式的聚落形态相比，这一时期的聚落已明显地出现了分化。这种分化，表现在聚落之间，是聚落的大小和功能上的显著变化，出现了中心聚落与半从属聚落这样不同的等级。中心聚落在含有亲属关系的聚落群中具有政治、军事、文化和宗教等中心的地位和作用，同时也是贵族的聚集地；半从属聚落，多为一般的居民点，也有一些为聚落群中经济专业点。分化的另一种表现，是聚落内部布局的改变和父系家族相对独立性的增长。②

对照大河村遗址，遗址的面积达 40 多万平方米，还出土一些与天文天象有关的彩陶图案看（图 2—29），这说明该遗址并不简单。而我们知道，对于天文历法的掌握不是普通聚落所能具备的。但该遗址中没有发现贵族之类的墓葬，也缺乏能显示政治和宗教祭祀中心的遗迹现象，因而马新、齐涛两位先生不把大河村遗址视为中心聚落遗址，也不无道理。对于大河村聚落的功能和地位的确定，还需要今后带着这一学术课题进行补充发掘来加以解决。

---

① 马新、齐涛：《中国远古社会史论》，科学出版社 2003 年版，第 234—240 页。
② 王震中：《中国文明起源的比较研究》，陕西人民出版社 1994 年版，第 141 页。

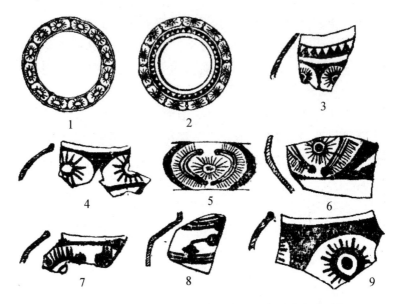

图2—29　大河村遗址第三期出土与天文有关的彩陶图案

1—4、9　太阳纹　5—7　日晕纹　8　星座图

1、2、5　复原图（采自许顺湛《中原远古文化》图26）

3、4、6—9　采自郑州市文物考古研究所《郑州大河村》

以目前的发现，大河村聚落中的房屋组合结构，反映了这一时期聚落内家庭的扩展以及父系家族相对独立性的增长的情形。

大河村遗址，既发现两组两间相连的房屋、一组四间相连的房屋，也存在单个的独立住宅[①]。大河村第三期的F1—F4号房址（图2—30），是四间相连组合的组房屋。分析其结构和建筑过程，是很能说明这一时期家庭扩展情形的。这四间相连、东西并列的房屋分三次建成。最初是同时修建了1号房（F1）与2号房（F2），并在1号房内隔出了一个套间，1号房与2号房共用一堵隔墙，1号房向北和向东各开一门，2号房向南开有一门。后来，在1号房之旁扩建了3号房（F3），1号房的东壁与3号房也共用一墙，同时封堵了1号房原来开的东门。最后，又在3号房之旁扩建了4号房（F4），4号房是一个附属建筑。房屋内的遗迹遗物分布的情况是：1号房、2号房、3号房和1号房内的套间中都发

① 郑州市文物考古研究所：《郑州大河村》（上册），科学出版社2001年版，第162—179页。

现有火塘，但3号房和1号房的套间内不见有炊煮饮食等生活用具，炊煮器和饮食器都集中在1号房的外间和2号房内，在1号房外间出土的鼎、壶、钵、瓮、罐、豆、瓶等陶器达20多件，2号房出土有四五件，在2号房东北角的火塘旁边还有一罐碳化的粮食。

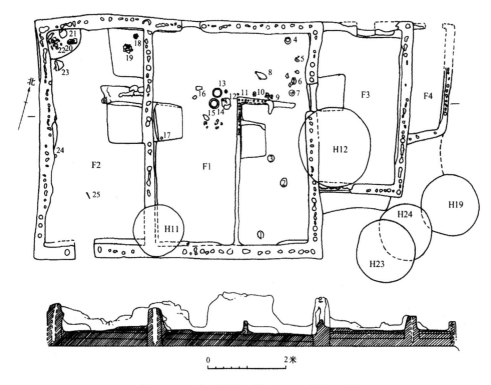

图2—30　大河村第三期F1—F4号房屋图

（采自郑州市文物考古研究所《郑州大河村》）

对于这组四间相连房屋所对应的家庭结构的解释有两种意见。一种认为这是一组父系大家庭的房屋[1]。这一父系大家庭最初只建了两个房间，同时也在两个房间的火塘分开煮饭用餐，其中1号房间的面积比2号房间大（1号房间为20.8平方米，2号房间为14.2平方米），1号房间的炊煮炊饮器也远多于2号房间，1号房间还设有套间，所以，1号房间及其套间是家长和他们的未婚子女的住所，2 号房是已婚子女的住所和煮饭用餐之地。随着时间的推移，又有一子女长大成人，或娶妻或招婿，于是另建 3 号房供其居住。或许是因为父母的偏爱，或许是因独立生活能力有限，3 号房内年轻的夫妇，与他们的兄嫂不同，在经济上还未形成一个单位，他们收成的粮食要加入到父母即家长的火塘中炊煮，与父母一起用餐。4 号房是一个库房，它的门与紧靠它的 3 号房及 1 号房一样，都开在北墙上，构成一排 3 个房门的格局，而与 2 号房门开在南墙上形成明显的对照，所以有理由认为这个库房是属于 1 号房和 3 号房的①。

　　另一种意见认为，大河村遗址 F1—F4 号房址中，F1 与 F2 的门相反，说明是相对独立的家庭单元，F1 与 F2 是兄弟关系，是两兄弟独立的住宅；后来，F1 家庭在发展中，随着子女的成人，又自行构筑了室内隔间和 F3。F1 和 F3 是新的一个父系大家庭，而 F2 则是独立的小家庭，当然又与 F1、F3 共同形成了新的家族关系②。从 F1 与 F2 的门向相反而论，说 F1 与 F2 是相对独立的兄弟关系也是有可能的。

　　上述两种意见的共识是 F1 与 F3 是父子关系的父系大家庭。无论 F1 与 F2 是父子关系还是兄弟关系，F1、F2、F3 同属于一个家族，是没有疑问的，这一家族是由既相对独立而又连为一体的小家庭组成。

　　在大河村遗址中，F19 和 F20（图 2—31）也是同时修建的东西并列的两间一组的房屋。F19 面积较小，为 7.59 平方米，门向东，火塘在房内的西北角，房内出土陶器、纺轮等 22 件生活器物。F20 面积比 F19 大一倍，为 15.28 平方米，门向南，火塘在房屋的中部偏东北隅，房内出土陶器 30 多件。这也可视为由两个并列的家庭而组成的一个家族。

---

　　① 《郑州大河村》发掘报告的作者认为，4 号房内无遗物，仅发现墙壁上有两处烟熏痕迹和大量灰烬，"故此，推测该房基是用来保留火种用的"（见郑州市文物考古研究所《郑州大河村》（上），第 170 页）。笔者认为 4 号房内墙壁上的烟熏痕迹和大量灰烬，可能是该房屋毁于火灾的缘故，大量灰烬应该是储存的粮食之类被烧毁所致。距今五千多年前的先民早已掌握人工取火的技术，不需要专门造一个小房来保留火种。何况在 4 号房未建之前，该家族的人就已解决了生火的问题，1 号、2 号、3 号房都是有火塘的。

　　② 马新、齐涛：《中国远古社会史论》，科学出版社 2003 年版，第 259 页。

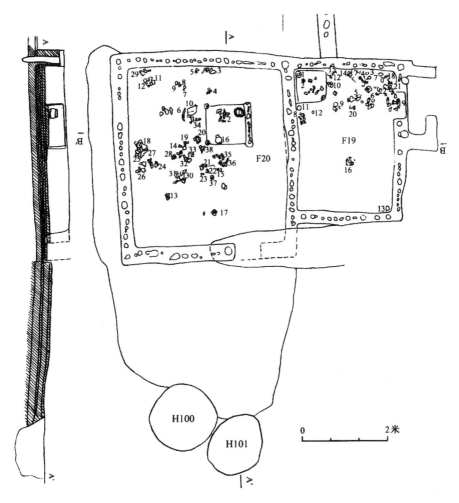

图2—31　大河村第三期 F19—F20 房屋平、剖面图

（采自郑州市文物考古研究所《郑州大河村》）

　　大河村遗址第三期也发现一些个体家庭独居的房屋，如 F16、F46、F33。F17 和 F18 虽然为一两间套房，但 F17 只有一个向西的门与 F18 相通而没有独自向外开门，所以 F17 与 F18 实为一个家庭（图2—32）。F17 的面积只有 5.51 平方米，没有火塘。F18 的面积为 17.5 平方米，估计房内应该有火塘，但由于被 F19 和汉墓所打破，在清理的范围内未发现火塘，门向也不详，推测应该向南或向西。

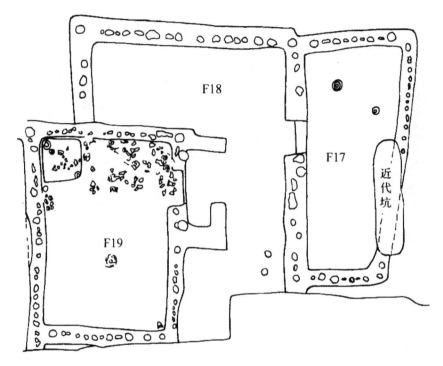

图2—32　大河村第三期F17—F18号房屋平面图

（采自郑州市文物考古研究所《郑州大河村》）

大河村聚落中的这些不同类型的房屋组合结构，可以作这样的解释：在这一时期，聚落内的社会组织结构中，有相对独立的家庭，也有由这些家庭扩展的家族和由这些家庭相组合的家族。尽管考古发掘出土的只是残留的一少部分房屋建筑情况，但它还是向我们展现了当时小家庭、大家庭、家族的生活状况以及在整个聚落中父系家族相对独立性的增长。

（2）黄楝树遗址院落式的宗族房屋

河南淅川黄楝树遗址在900平方米的范围内发现由残存的25座房屋组成的庭院（图2—33）。黄楝树聚落内发现的这个庭院，因其西部和西南部已被雨水冲毁，房屋总数不可确知。院子北排东头的5座房址和东排房的17座房址都保存较为完整，院子的东北角和东南角的房址清晰可见，因此可窥见整个院落的粗略轮廓。在25座房屋中，28号房子独立地建于院中，10号和31号房子构成庭院的东北角和东南角，其余的22座房子分别组成庭院的北和东的两排房。这些房屋分单间和双间两种。单间面积多为 12.3—13.5 平方米，个别小的仅 6.36 平方米，大的 16.8 平方米。双间房屋的面积从十几平方米到几十平方米不等。各间都在墙角或靠近墙壁出设一火塘，个别还有三个火塘。[1]

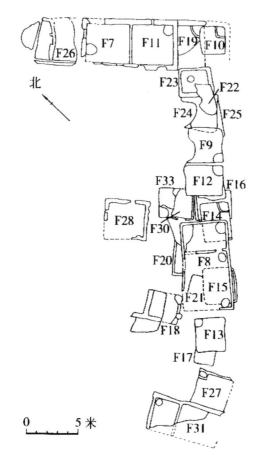

图 2—33　黄楝树连间排房院落平面图

（采自《华夏考古》1990 年第 3 期）

黄楝树遗址这一院落现存房屋 25 座，若庭院的三边或四边都建有排房，则原有房屋的总数将在三四十座，其人口也将在百人以上，因此这应是一个宗族。

---

[1]　长江流域规划办公室考古队河南分队：《河南淅川黄楝树遗址发掘报告》，《华夏考古》1990 年第 3 期。

在中心聚落阶段，无论是中心聚落还是普通聚落，聚落内家族的相对独立性都有所增长，但黄楝树聚落却显示出各个家族以排房的形式紧密地居住在一个院落中。排房是南方地域的一个特点和文化传统，如屈家岭文化中的湖北应城门板湾遗址就有排房建筑①；安徽蒙城尉迟寺聚落内也是由排房组成的各个家族所构成②；淅川下王岗仰韶文化三期由单间和双间组成的达 32 室的长屋排房③，更显示出黄楝树遗址院落中的排房，渊源于当地文化的传统和住宅习惯。

四　蒙城尉迟寺环壕聚落的社会形态

1. 尉迟寺遗址排房与墓葬年代关系刍议

安徽蒙城尉迟寺环壕聚落遗址是近年来我国考古发现的重要成果，引起学术界的注目。在尉迟寺环壕聚落内发现大汶口文化晚期的 14 排、18 组、73 间同一时期的房子④，289 座大汶口文化晚期墓葬，2 例 "⚘"、8 例 "♕" 和其他形状的图像文字，还有祭祀广场、祭祀坑和大量的灰坑等遗址⑤。据《蒙城尉迟寺》发掘报告，这 73 间房子与 289 座墓葬以及 "⚘" 和 "♕" 等图像文字不是同一时期的。关于 "住房人的墓葬区问题"，《蒙城尉迟寺》（第二部）发掘报告说：

---

① A. 湖北省文物考古研究所：《湖北应城门板湾新石器时代遗址》，《1999 年中国重要考古发现》，文物出版社 2001 年版。

B. 王红星：《从门板湾城壕聚落看长江中游地区城壕聚落的起源与功用》，《考古》2003 年第 9 期。

C. 李桃元：《应城门板湾遗址大型房屋建筑》，《江汉考古》2000 年第 1 期。

② 中国社会科学院考古研究所：《蒙城尉迟寺——皖北新石器时代聚落遗存的发掘与研究》，科学出版社 2001 年版。中国社会科学院考古研究所、安徽省蒙城县文化局：《蒙城尉迟寺》（第二部），科学出版社 2007 年版。

③ 《淅川下王岗》，文物出版社 1989 年版。

④ 另外，在比这 73 间房子年代还早的地层中发现 2 座房子（F2 和 F6）、9 座灰坑、6 座墓葬。见中国社会科学院考古研究所《蒙城尉迟寺——皖北新石器时代聚落遗存的发掘与研究》，科学出版社 2001 年版，第 278 页。

⑤ 中国社会科学院考古研究所：《蒙城尉迟寺——皖北新石器时代聚落遗存的发掘与研究》，科学出版社 2001 年版。中国社会科学院考古研究所、安徽省蒙城县文化局：《蒙城尉迟寺》（第二部），科学出版社 2007 年版。

在与建筑同期的地层中，尚未发现与建筑共存的其他遗迹，如生活作坊、烧陶遗址、墓葬等。就是说，居住在围壕内的这些居民，除在室内的正常日常生活外，与其相关的其他活动如制作石器、骨器、蚌器，烧制陶器等场所尚未发现，尤其作为居住者的墓地，更是不得而知。所发现的墓葬均晚于建筑遗存，即使最早的墓葬也打破了红烧土堆积层。这批人死后埋于什么地方，我们在发掘的同时曾对围壕之外进行过详细的钻探，发现在相当的范围内都有文化层存在，有的厚20—30厘米，有的厚50厘米以上，可见房子的居住者其活动区域覆盖了围壕之外相当大的范围，因此判断，与房子同期的墓葬区可能分布于围壕之外。①

关于"墓葬主人的住房问题"，《蒙城尉迟寺》（第二部）发掘报告说：

在围壕与墓葬同期的地层中始终没有发现与建筑有关的遗迹，应是在这个时段中一处单纯的墓葬区，那么，这批墓葬的主人生前住在什么地方，这至今还是未解之谜。根据上层龙山文化建筑的迹象来看，仍是沿用着大汶口时期的住房风格，那么，早于龙山文化时期又晚于下层红烧排房的这批人，居住的也应该是红烧土建筑，这个谜也只能在围壕之外去破解。②

依据遗址中各单位的地层打破关系来确定相互之间的年代关系，这是考古学最基本的方法手段。在尉迟寺环壕聚落中，有一部分墓葬比房子的建造要晚一些，还有一部分墓葬比房子的建造要晚许多，这都是事实。但这些下葬年代晚于房子建造年代的墓主人们却不一定与曾居住在该聚落里的人们不是一伙人。依据尉迟寺遗址第一部发掘报告《蒙城尉迟寺——皖北新石器时代聚落遗存的发掘与研究》，有40多座墓葬是与排房同期的。如发掘报告说：

以地层关系为主，归纳各层遗迹关系和主要器物组合、特点及变化，尉迟寺大汶口文化晚期遗存可划分为三个前后衔接的发展阶段。

---

① 中国社会科学院考古研究所、安徽省蒙城县文化局：《蒙城尉迟寺》（第二部），科学出版社2007年版，第293—294页。

② 同上书，第294页。

一段：主要是排房建筑基址下的堆积……与地层相对应的遗迹有房址 F2 和 F6；灰坑中包括 H15、H16…共 9 座；墓葬包括 M47、M51……共 6 座。

……

二段：包括Ⅰ区和Ⅱ区的第 7 层、第 8 层、Ⅲ区和Ⅳ区的第 6 层、第 7 层、这些地层下开口的灰坑墓葬以及开口在第Ⅰ区第 1 层下、Ⅲ区和Ⅳ区第 6 层下的排房建筑基址。这些灰坑是：H03、H04……共 13 座；墓葬包括：M1—M7、M13……等 38 座。

二段揭露出来的遗迹形象丰富，其中包括 33 个灰坑和 40 座墓葬，最主要的遗迹形象是揭露的大面积的排房建造基址……在上述 40 座墓葬中，竖穴土坑墓共 16 座，除 M5、M6 和 M138 以外，其余 13 座墓葬均有随葬品，最多的可达 10 余件，最少也有 1 件。其余均是瓮棺葬，在随葬品的数量是有多少之分，但悬殊不大。随葬品的多少还反映不出墓主人社会地位上的区别，这种特点与排房建筑中出土器物的特点有极大的相似之处。[①]

依据第一部发掘报告，在第二段中，有 40 座墓葬、13 座灰坑与排房处于同一时期。此外，那些被划分在第三段的墓葬相对于房屋建造的年代虽说要晚一些，但其中的一部分墓主人也可以是排房的建造者，也就是说，先有房屋的建造，建造房屋者在其中生活了若干年之后才死去，然后埋葬在环壕聚落内房屋外的空闲之地，这样虽然这些墓葬打破了聚落内的文化层，但并不能排除其墓葬主人与房屋建造者是一伙人，也有可能第三段的墓葬主人是最初建房者的子孙。

还有一个重要现象不能不考虑，这就是 14 排、18 组、73 间同一时期的房子是在一次性的整体规划中建筑的，而埋葬在环壕聚落内的 289 座墓葬，其数量不可谓不多，但却只有 10 座墓葬与房屋发生打破关系，而且有打破关系的这些房屋主要位于靠近围壕边缘的东西两头，如 7 号基址中的 F33，10 号基址中的 F42，11 号基址中的 F44、F46、F47。其中 F44 房屋内的 M215 号墓葬，是用

---

① 中国社会科学院考古研究所：《蒙城尉迟寺——皖北新石器时代聚落遗存的发掘与研究》，科学出版社 2001 年版，第 278—279 页。

刻划着"⿰⿱𠂇𠂇"的大口尊作葬具的瓮棺葬，很难说它不是有意识埋在该房屋之内的。在 F44 旁边的 F46 房间中的 M217 号墓葬，也没有破坏房子的结构。假设第三段的墓葬是该聚落被废弃之后，聚落之外的人们作为自己的墓地而使用的，那么它就完全不用考虑是否大面积地打破和毁坏这些排房的问题，当然也就不会出现 14 排、18 组、73 间房子与 289 座墓葬之间，只有零星的几组打破关系，而在整体上排房与其周围墓葬的分布却井然有序。

最后值得一提的是，尉迟寺环壕遗址内包括房屋、灰坑、祭祀坑和墓葬在内所有大汶口文化遗存，都属于大汶口文化晚期，虽然其中又被划分为一至三段，但三段之间陶器形制变化差别却很小。差别这么小，很难说这是房屋被废弃、居住在围壕内排房里的居民走了之后，围壕外的其他人们来到这里，作为墓地造成的。

以上分析若有一些道理的话，那么尉迟寺聚落内的排房与墓葬的关系就有另一种可能，即在该聚落内至少有 40 座墓葬与排房大体上是同一时段的，另有许多墓葬虽说略晚于排房建筑年代，但墓葬主人也应是曾经居住过排房的人以及他们的子孙。这些子孙与排房的建造者为祖孙关系，是同一族氏的人。

基于以上的认识，笔者以为可以把尉迟寺聚落遗址内的房屋、墓葬、灰坑、祭祀坑等材料放在一个大时间段内，综合利用，统一考虑。此外，即使我们上述的推导有误，尉迟寺聚落内的房屋与墓葬原本属于两个不同的时期，但从发掘报告来看，排房与墓葬所反映的社会不平等即社会复杂化程度却是一致的，因此我们在论述尉迟寺聚落的社会类型时，把房屋和墓葬这两个方面的材料进行统一使用，也是可以的。

2. 尉迟寺聚落的组织结构与社会类型

尉迟寺遗址是截至目前大汶口文化发现和发掘所获得的聚落布局最清楚、发掘最完整的珍贵资料。如图 2—34 所示，在该遗址的围壕内分布有 14 排 18 组 73 间同一时期的房子，其中有 12 排 13 组计 52 间为西北—东南向，2 排 5 组计 8 间是西南—东北向。排房中最多的房间可达 13 连间（5 号基址 F37—F63），也有 2 连间、3 连间、4 连间、5 连间、6 连间等。

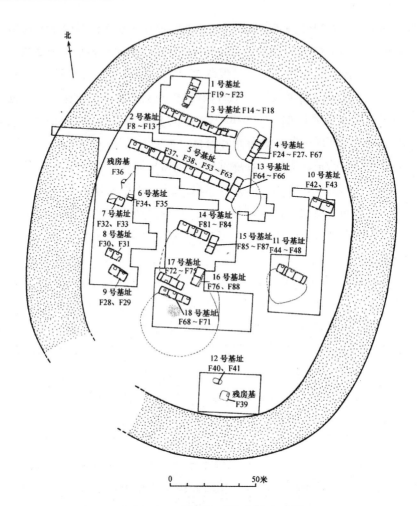

图 2—34　尉迟寺环壕聚落平面图

（采自《蒙城尉迟寺》第二部）

　　若对这 14 排 18 组排房的组合进一步划分，则又可划分出几种不同层次的单元。其中，最基本的是由排房中有灶的单间房屋所表示的核心家庭。

　　尉迟寺聚落中的房屋，按照面积的大小和有无灶可分为两种。有灶的这种，房屋的使用面积一般在 10 平方米以上，全聚落内约有 58 间①。这种房屋每间都

① 中国社会科学院考古研究所、安徽省蒙城县文化局：《蒙城尉迟寺》（第二部），科学出版社 2007 年版，第 408 页。

有单独的门，房内出土器物一般都在 20 件至 30 件，最多的可达 80 余件（如 F33），少者也有 10 余件（如 F10）。可以说，屋内日常陶器包括炊煮器、饮食器和容器，种类齐全，每屋几乎都有生产工具。这类房屋的面积大小虽有一些差别，但根据其结构、设施以及出土器物推测，这样的房屋中最有可能居住的是一个生产和消费相对独立的核心家庭，其核心家庭的人口为 3—4 人[①]。

尉迟寺聚落中无灶的房屋，面积一般只有 4—5 平方米的小房间。这种小房间虽然有独立的门，但房内无灶，地面加工也较粗糙，房内遗物相对少得多，日用陶器较少，少见或不见生产工具。有的小房间（如 1 号基址的 F19 和 F22，见图 2—34）居住面上还发现长方形的浅窖。发掘者认为这类无灶的小房间是作为储藏室使用的，并指出："每一排由几间房址组成的基址中几乎都有用于贮存性质的小房址，其内出土的器物极少，也未发现有关的粮食遗存，可能是该排房基址的公用储藏用房。"[②] 笔者以为这一认识是有道理的。

在上述核心家庭之上的房屋组合单元，又可划分出几个层次。其一是由两个并列的房屋即由两个并列的家庭而组成的"兄弟家庭"。如 F28 与 F29（图 2—35），F30 与 F31，F32 与 F33，F42 与 F43，F85 与 F87，F76 与 F88 等。

其二是一排中 3 间以上房屋为一组可组成一个大家庭（或也可称为小家族）。如 1 号建筑基址的 F19—F23（图 2—36，图 2—37），2 号基址的 F8—F13，3 号基址的 F14—F18，4 号基址的 F24—F27、F67，5 号基址的 F37、F38、F53、F54、F55；5 号基址的 F56—F63，11 号基址的 F44—F48，13 号基址的 F64—F66，14 号基址的 F81—F84，17 号基址的 F72—F75，18 号基址的 F68—F71 等。此外，在那些"兄弟家庭"中，靠得比较近的两组"兄弟家庭"也可构成一个大家庭（小家族），如 9 号基址的 F28、F29 与 8 号基址的 F30、F31 这四个家庭就有可能是一个大家庭（小家族），7 号基址的 F32、F33 与 6 号基址的 F34、F35、F36 也有可能是一个大家庭（小家族）。

---

①　发掘报告指出："房址的使用面积一般在 10 平方米以上，如果扣除房址内设施及器物所占的空间（按 4 平方米左右计算），房址中实际可利用使用面积一般在 5 平方米—6 平方米左右，最多可供 4 人居住。"见中国社会科学院考古研究所《蒙城尉迟寺——皖北新石器时代聚落遗存的发掘与研究》，科学出版社 2001 年版，第 326 页。

②　中国社会科学院考古研究所：《蒙城尉迟寺——皖北新石器时代聚落遗存的发掘与研究》，科学出版社 2001 年版，第 326 页。

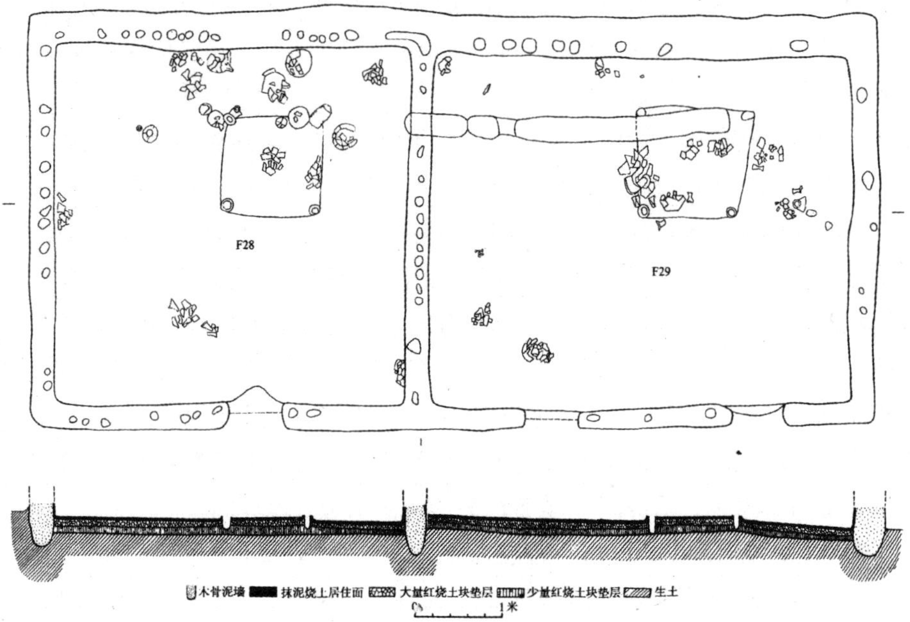

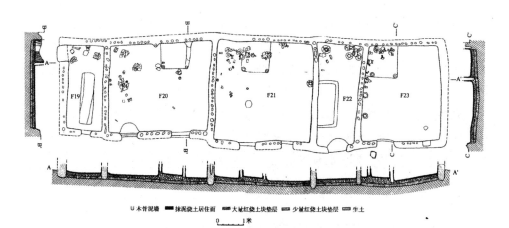

图2—35　尉迟寺F28—F29房屋基址平、剖面图

（采自《蒙城尉迟寺》）

图2—36　尉迟寺F19—F23房屋基址平、剖面图

（采自《蒙城尉迟寺》）

图 2—37　尉迟寺 F19—F23 房屋基址复原图

（采自《蒙城尉迟寺》）

　　其三是由若干大家庭（小家族）组成的大家族。例如，2 号基址的 F8—F13 这一大家庭（小家族），与同排 3 号基址的 F14—F18 这一大家庭（小家族），可组成一个大家族；5 号基址中的 F37—F55 这一大家庭（小家族），与同排的 F53—F63 这一大家庭（小家族），也可组成另一个大家族（图 2—38）。

　　其四是由若干大家庭和大家族构成的宗族单元。例如，图 2—34 中，位于聚落内最北部的 1 号、2 号、3 号、4 号、5 号和 13 号建筑基址即可构成一个相对独立的宗族单元，笔者称之为北边宗族；6 号、7 号、8 号、9 号、14 号、15 号、16 号、17 号和 18 号建筑基址则可构成另一个相对独立的宗族单元，笔者称之为南边宗族。整个聚落很可能是由这两个南北宗族所构成。在这两个宗族单元之外，位于东部 10 号基址（F42—F43）、11 号基址（F44—48），以及位于最南部的 12 号基址（F39—F41），因其房屋间数太少，很难将它们也视为相对独立的宗族单元。它们在亲属关系上很可能分别隶属于两个南北宗族，只是由于某种原因与本宗族分开居住而已。

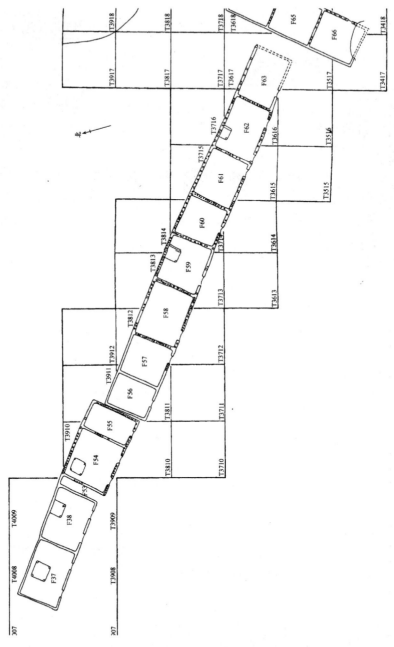

图 2—38　5 号建筑基址 13 间房屋组成的大家族排房

（采自《蒙城尉迟寺》第二部）

依据以上的分析，我们对于尉迟寺聚落内的家庭和社会组织结构就可做出这样的描述：最基层的是核心家庭；在核心家庭之外，虽说存在由两个房间组成的兄弟家庭，但这种由两个家庭组成的兄弟家庭尚不构成一级社会组织；在核心家庭之上是大家庭（小家族）和大家族；在家族之上则是由若干个近亲家族联合为一个宗族，整个尉迟寺聚落至少有两个宗族。

尉迟寺聚落的社会组织结构是清楚的，那么它的社会复杂化发展程度又是怎样的呢？对此，我们可以从房屋建筑的大小、规格和屋内物品的情况与墓葬随葬品等情况两个方面进行考察。

首先，关于尉迟寺聚落的人口数量。尉迟寺聚落内同时存在的房子有 73 间房子，如前所述，除去其中既没有火塘，并且空间也很小，只是作为储藏室使用的小房间，其余在 10 平方米以上的、作为核心家庭使用的房屋，约有 58 间。据发掘者研究，一个 10 平方米的房间，每间的人口为 3—4 人，58 间共计人口为 174—232 人。考虑到一些较大房间内住的人口应在 4 人以上，而一些 10 平方米以下的小房子也有可能住人，并且有些房屋已经被破坏，全聚落同一时期原有房屋总数应超过 73 间，因此尉迟寺聚落实际的人口可能会达到 300 多人①。

我们知道，考察聚落内各个核心家庭之间以及各家族乃至两个宗族之间是否已出现社会分化，需要对各个房屋的面积大小和出土器物的多寡进行比较。虽说尉迟寺聚落排房中各个核心家庭住房的规格和面积，差别不是很大，但房内摆放的陶器等生活用品，已有多寡的不同。如 F33（图 2—39）是一间较大的房子，房屋面积为 17.43 平方米，房间内摆放的器物达 83 件（图 2—40），包括 18 件鼎、10 件罐、14 件陶杯、2 件鬶、1 件大口尊、5 件陶纺轮、4 件陶拍、1 件石钺和 1 件石锛。这是聚落内核心家庭出土器物最多的房屋。F37 也是一间较大的房屋，面积为 17.71 平方米，居住面上有遗物 67 件，包括 5 件鼎、8 件罐、21 件陶杯、1 件大口尊、2 件陶拍、5 件陶纺轮、1 件石钺、1 件石斧和 5 件石锛。F31 面积为 14.78 平方米，出土器物 43 件，包括 9 件鼎、7 件罐、8 件杯。然而，也有一些房子，只出土了几件器物。如 F10 面积为 12.74 平方米，屋内出土器物 10 件，主要集中于灶台上，计有 3 件鼎、1 件罐、1 件壶、1 件盆、1 件钵、2 件石锛。F11（图 2—41）面积为 11.02 平方米，屋内出土器物 8

---

① 中国社会科学院考古研究所、安徽省蒙城县文化局：《蒙城尉迟寺》（第二部），科学出版社 2007 年版，第 410 页。

件，也主要集中在灶台附近，计有 1 件鼎、1 件壶、1 件瓶、2 件器盖、1 件陶纺轮、1 件骨簪、1 件蚌刀。将屋内居住面上分布器物很少的 F11 与分布器物较多的 F33、F37、F31 相比，二者的差异一目了然。

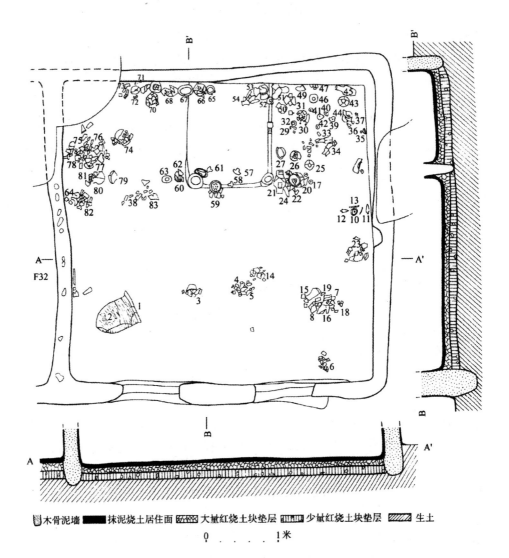

木骨泥墙　抹泥烧土居住面　大量红烧土块垫层　少量红烧土块垫层　生土

0 . . . . 1米

图 2—39　尉迟寺 F33 号房屋平、剖面图及出土物状况

（采自《蒙城尉迟寺》）

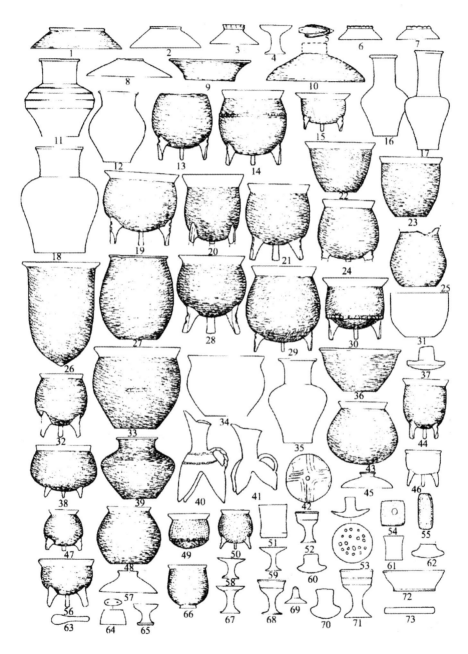

图2—40　尉迟寺 F33 号房屋内主要出土器物

（采自《蒙城尉迟寺》）

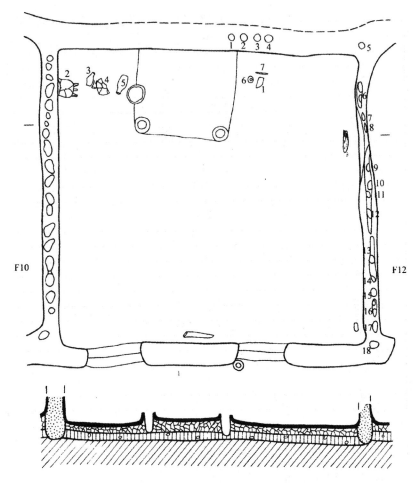

图 2—41　尉迟寺 F11 号房屋平、剖面图及出土物状况

（采自《蒙城尉迟寺》）

对于尉迟寺遗址各个房屋陶器数量的分布，发掘者运用地理信息系统曾进行了统计和分析，如图 2—42 所示，按照 0—11、12—33、34—79 三个数量级别，可以看到每一排房内部各屋之间的差别，也可以看到每一个宗族内各物的差别，甚至还可以看到南北两个不同的宗族之间的微略区别。如出土 34—79 件器物的房屋，在南边的宗族有三间，北边的宗族有一间；而只出土 0—11 件器物的房间，除去储藏室之外，南边宗族有 6 间，北边宗族 15 间。那么，对于聚落各房屋内摆放器物的这种差别，究竟如何看待，差别的背后究竟反映了什么样的观念和现实？在这里我们试做一些分析。

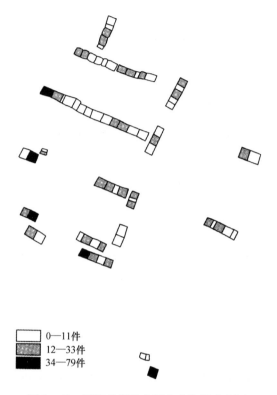

图2—42　尉迟寺遗址房屋出土陶器分布图

（采自《蒙城尉迟寺》第二部）

　　房屋内为何能够遗留这么多器物，这与房屋是在什么情况下废弃是有关联的。尉迟寺第一部发掘报告曾提出，尉迟寺房址中的陶器、骨器和蚌器多有火烧痕迹，房屋废弃的直接原因可能是火灾造成的①。尉迟寺第二部发掘报告提出最新的观点认为：

　　　　尉迟寺房屋是被人为毁坏的。因为"每一排（组）房屋倒塌后的红烧土堆积，都非常规整，而且这种现象在每排房基清理之前都是一样的平整，就

_____

　　①　中国社会科学院考古研究所：《蒙城尉迟寺——皖北新石器时代聚落遗存的发掘与研究》，科学出版社2001年版，第95—98页。

是说，房子在毁坏过程中只有经过了有意识的掩埋，才会出现平整和有规律的堆积，如果是自然过程中的倒塌，其堆积表面应该出现高低不平的现象，倒塌的范围也不会如此规整。"……若真发生了火灾，居民也应该有时间把器物抢运出来，不会留下如此大量的遗物。因此，如果房屋废弃时确实发生过火烧，那么有意放火焚烧的可能性很大，火烧是废弃仪式的一部分……

　　尉迟寺遗址房址 F33 和 F37 中遗物非常丰富。F33 面积 17.43 平方米，居住面上有遗物 83 件，包括 18 件鼎和 14 件杯；F37 面积 17.71 平方米，居住面上有遗物 67 件，包括 21 件杯。两座房屋都是有灶的居室，应该不是储藏间，而其中的遗物数量都明显超出屋内居住人口的日常所需，这些物品显然是在废弃时因为某种原因被放置在屋内的。①

发掘者上述分析和结论，笔者是认可的。像 F33 等房间几乎摆满了器物，已没有多少空余地方供人睡觉，因此不是一个核心家庭真实的生活情境。

　　无论是有意放火焚烧房屋，还是废弃时在房间内有意摆放一些器物，不论其背后的用意如何，在所摆放器物的数量上，各房屋之间是有差别的。这种差别应该与房屋主人在聚落中的地位及其经济状况有相应关系。如果说各个房屋居住面上的陶器总数为 948 件，以 58 间有灶的房间来计算，平均每间拥有陶器约 16 件（948/58）②，那么 F33（83 件）、F37（67 件）、F31（43 件）、F68（39 件）、F39（38 件）房间内的器物数量都大大超过 16 件这个平均数。这说明当时的人们在废弃聚落和聚落内的房屋时，作为废弃仪式需要把他们使用过的器物摆放在房屋内，而留在各个房屋器物的数量有多有少，则是对各个家庭原有的社会和经济地位略有区别的一种展示。通过这种展示我们可以看到，各个核心家庭通过拥有器物的数量的多寡而在社会地位或经济地位上相互已有一些差别，但宗族内各个家族之间的贫富差距不大，南北两个宗族之间的贫富区别也不大。这样，通过房屋内器物数量的这种区别，可以判断尉迟寺聚落内已出现初步的社会分化和社会复杂化，但其分化和复杂化的程度却较大汶口、陵阳河、大朱家村、花厅等遗址要低许多。

---

① 中国社会科学院考古研究所、安徽省蒙城县文化局：《蒙城尉迟寺》（第二部），科学出版社 2007 年版，第 407—408 页。

② 同上书，第 408 页。

　　我们说尉迟寺聚落社会复杂化的程度不高，还因为在尉迟寺聚落中，既无法区别出排房中的哪一间是家族长的住房，也没有发现殿堂之类的建筑物或供整个聚落使用的公房，因为这个时候的聚落公房是掌握在强大宗族的族长手中的。而各家庭之间经济实力的略微差别，又说明其富裕程度是有区别的，这可视为一种初步的不平等。社会的分化（包括社会组织的衍生变化和贫富分化）和不平等是史前社会复杂化的重要指标，尉迟寺聚落排房所呈现的社会复杂化程度较低的这一情况，与该遗址墓葬所反映出的该社会复杂化程度是完全一致的。

　　在尉迟寺环壕聚落内，共发掘出289座大汶口文化晚期墓葬，其中170座是埋葬儿童和婴儿的瓮棺葬。瓮棺葬看不出随葬品的多寡，在这里可以略而不论。在119座土坑墓葬中，存在着随葬品多寡的差别。在第一阶段的发掘中，成人墓葬中有随葬品的墓38座，占成人土坑墓总数的58%，没有随葬品的墓28座，占成人土坑墓总数的42%。随葬品多者有十多件到二十多件，例如，M136（图2—43）随葬品有27件，包括18件陶器、1件玉器、5件獐牙、1件猪下颌骨等（图2—44）。M141随葬陶器14件，獐牙、猪下颌骨、纺轮、兽骨各1件。也有随葬七八件、四五件、一两件者，但有28座墓葬没有随葬品。第二阶段发掘的21座成人墓中，M317随葬精美陶器25件，M218号墓葬随葬陶器5件，M262随葬石钺1件，而M219、M263、M246、M296、M312、M239、M278、M275、M274、M273、M242、M218等十多座墓都没有随葬品。

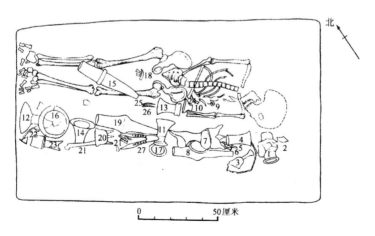

图2—43　尉迟寺M136号墓葬平面图

（采自《蒙城尉迟寺》）

图2—44 尉迟寺 M136 号出土器物

（采自《蒙城尉迟寺》）

尉迟寺遗址两个阶段发掘的墓葬，虽说存在着有随葬品和无随葬品的区别，在有随葬品的墓中也存在随葬品多寡的区别，这些都说明墓主人之间的社会地位和贫富是有差异的。但即使随葬品最多的也只有二十多件，这样的墓葬与山东莒县陵阳河遗址大汶口文化墓葬相比，都属于小型墓。从墓葬的规模和随葬品的数量来看，尉迟寺聚落尚未产生贵族，其社会已有分化，但社会复杂化程度与大汶口、陵阳河、大朱家村等大汶口文化晚期的中心聚落相比，要低许多。

在尉迟寺聚落中有不同单位的活动广场。这些活动广场是人工用红烧土粒铺垫而成，表面光滑、坚硬、平整，厚度一般为0.1米。从空间分布来分类，这些活动广场有三种情形，第一种是在某一排房前的活动广场，例如13号基 F64—F66 前面有残存 200 平方米的活动广场，4 号基址 F24—F27 前面有残存 150 平方米的活动广场，11 号基址 F44—F48 前面有残存 320 平方米的活动广场。由于这些活动广场位于各个排房之前，它有可能是各个家族房屋前的活动广场。

第二种是宗族单元内的活动广场，例如由 14、15、16、17 号基址围起来的发掘报告称之为"2 号红烧土广场"（图 2—45），面积有 500 多平方米。如前所述，围绕该广场四周的房屋构成了笔者称之为"南边宗族"的单元，因此该活动广场属于南边宗族的活动广场。

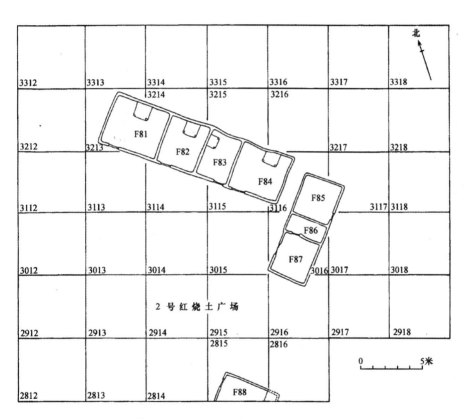

图 2—45　尉迟寺聚落内 2 号红烧土广场

（采自《蒙城尉迟寺》第二部）

第三种是全聚落共同的活动广场，发掘者称之为"1 号红烧土广场"（图 2—46）。它位于聚落中心偏南部，主要分布在 18 号基址（F68—F71）以南和以东位置，面积为 1300 平方米。该广场也是人工用红烧土粒铺垫而成，表面光滑、坚硬、平整，厚度为 0.1 米。值得强调的是，在这个最大的广场的中部位

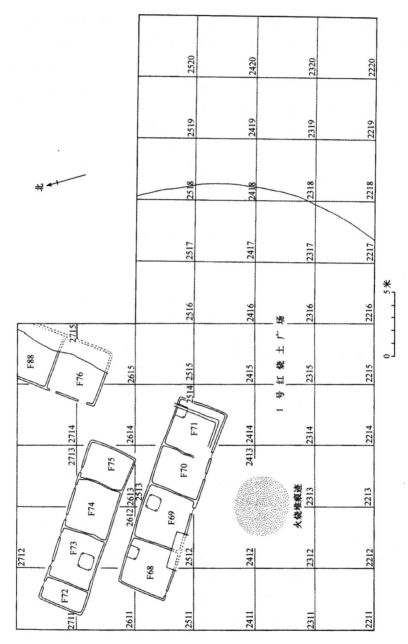

图2—46　尉迟寺聚落活动广场及火烧堆痕迹

（采自《蒙城尉迟寺》第二部）

置，有一处圆形的火烧痕迹，直径为4米，界限十分明显，由于经常烧火，已使原来的红烧土面变成了灰黑色。发掘判断，这是当时在广场中央经常烧火而留下的痕迹，这里应该是氏族成员聚会、举行篝火晚会或经常举行祭祀活动的场所，也是当时的公共活动场所①。

　　尉迟寺遗址 T2318 探方内出土了一件被称为"鸟形'神器'"的陶器（图2—47），其地点恰好位于"1号红烧土广场"东边范围内。1号红烧土广场是全聚落最大的活动广场，鸟形"神器"应该与该广场有密切关系。鸟形"神器"表现出对鸟的强烈崇拜，这说明在该广场举行的各种活动中，有些是与鸟崇拜有关的宗教祭祀活动。我们知道，安徽蒙城尉迟寺的大汶口文化是从山东大汶口文化迁徙而至的，而据笔者研究，山东大汶口文化和山东龙山文化中的鸟崇拜主要与史前东夷族中的少皞氏集团有关②，因此来到尉迟寺的东夷人很可能是少皞氏的一支。

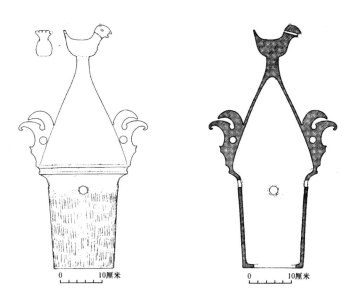

图2—47　鸟形"神器"平面、剖面图

（采自《蒙城尉迟寺》第二部）

---

　　① 中国社会科学院考古研究所、安徽省蒙城县文化局：《蒙城尉迟寺》（第二部），科学出版社2007年版，第90—91页。

　　② 王震中：《东夷的史前史及其灿烂的文化》，《中国史研究》1988年第1期。

在尉迟寺遗址前后两个阶段的发掘中，共发现 10 个祭祀坑（编号为 JS1—JS10），其中有的祭祀坑与墓葬有关，如 JS8 祭祀坑位于由 M218、M219、M220、M233、M248 等墓葬组成的墓葬群的旁边，JS9 祭祀坑所在的 T3715 探方位于另一处更为密集的墓葬群之中[①]。也有的祭祀坑与活动广场有关，例如 JS10 祭祀坑（图 2—48）位于"2 号红烧土广场"东部边缘的 T2916 探方内（见图 2—42）。JS10 祭祀坑内出土有 12 件大口尊，其中一件刻划有"🐚"（图 2—49：5），还有一件刻划有"🐚"（图 2—49：8）。笔者推测该祭祀坑的祭祀活动当与祭祀辰星大火有关（见前面的论述），这次祭祀活动是由南边这个宗族所主持。

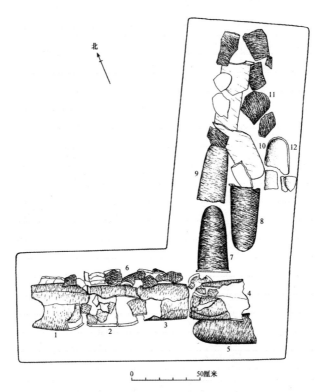

图 2—48　尉迟寺 JS10 祭祀坑平面图

（采自《蒙城尉迟寺》第二部）

---

① 参见中国社会科学院考古研究所、安徽省蒙城县文化局《蒙城尉迟寺》（第二部），科学出版社 2007 年版，第 171 页，"图 119 2001 年度发掘大汶口文化墓葬、灰坑、祭祀坑、兽坑分布图"。

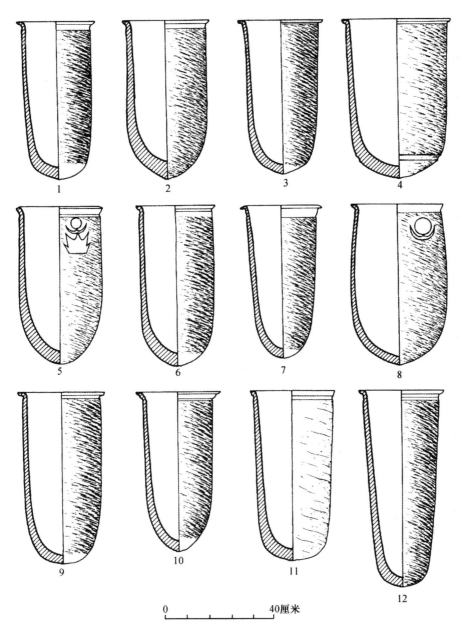

0 　　　　　　　　40厘米

图2—49　JS10 祭祀坑出土大口尊及其刻划的"🙂"、"👑"符号

（采自《蒙城尉迟寺》第二部）

综上所述，尉迟寺聚落的社会组织层级可分为：核心家庭、大家庭（小家族）、大家族和宗族。尉迟寺聚落的宗族是由若干个近亲家族联合而成，每一宗族在房屋布局上构成一个四边围起来的单元，整个尉迟寺聚落大概有两个宗族。家族有家族的活动广场，宗族有宗族的活动广场，聚落作为一个整体也有聚落的公共活动广场。尉迟寺遗址的发掘者在发掘和研究该遗址的过程中，还调查了尉迟寺遗址周围的一批同期遗址，"发现在尉迟寺遗址周围还分布着比它规模小的二级和三级聚落，呈现出'金字塔式'的分级组合"①，因此，位于聚落中心偏南部的留有篝火遗迹的那个最大的活动广场，既是全聚落的活动和祭祀中心，也应该是以尉迟寺这个中心聚落为核心的聚落群（即所谓酋邦）的政治和宗教祭祀的中心。而在其宗教祭祀活动中，有的活动就是该聚落群对本族图腾和保护神——鸟，举行的祭祀与崇拜。

关于尉迟寺聚落的社会类型及其发展阶段，与同属大汶口文化晚期的山东莒县陵阳河、泰安大汶口等聚落相比，尉迟寺聚落内的社会不平等、贫富分化和财富集中的程度，要低许多。在尉迟寺还看不到明显的贵族，其社会复杂化是极其初步的。因此，虽然同属中心聚落形态，尉迟寺属于中心聚落的初级阶段，类似于"简单酋邦"，而莒县陵阳河、泰安大汶口则属于中心聚落的高级阶段，类似于"复杂酋邦"。

3. 尉迟寺婴儿瓮棺上刻画"🦅"、"🦅"图像文字的社会机制

尉迟寺聚落出土有8例"🦅"、2例"🦅"图像文字（图2—50：1—9），也出土有其他图像或图像文字（图2—50：10—12），只是数量很少，各为一例而已。因"🦅"和"🦅"与山东大汶口文化中莒县陵阳河、大朱家村、诸城前寨等遗址基本一致，故而颇为引人注目。

关于陵阳河、大朱家村和诸城前寨遗址出土的"🦅"、"🦅"等图像文字的释读，以及它们所反映的社会职务的分工和社会复杂化的情形，前面章节已有论述，不再赘述。在山东大汶口文化中，"🦅"、"🦅"等图像文字的出现是与其社会不平等、贫富分化悬殊、社会复杂化程度较高联系在一起的。然而，尉迟寺遗址的情况却很不相同。

---

① 中国社会科学院考古研究所：《蒙城尉迟寺——皖北新石器时代聚落遗存的发掘与研究》，科学出版社2001年版，第328页。

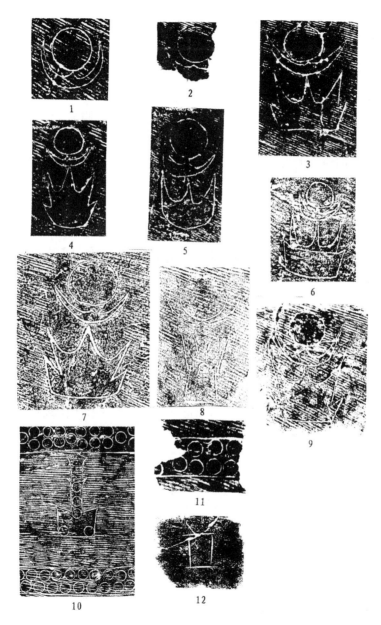

图2—50 尉迟寺遗址出土的图像文字符号

1. JS10 2. T3114 3. M289 4. M321 5. T2812 6. M215 7. M96 8. M177

9. JS4 10. T3828⑤ 11. T2426④ 12. M129

（采自中国社会科学院考古研究所《蒙城尉迟寺》）

　　第一，在尉迟寺，它不是出现在成人墓葬中，而主要是出土在婴儿或儿童的瓮棺葬，是刻划在作为瓮棺的葬具上，如 M96、M177、M215、M289、M321五座作为瓮棺的大口尊上都刻划有"🔥"或"🔥"（图2—50：3、4、6、7、8）；也有 3 例是出土于祭祀坑中（JS4 一例，图 2—50：9；JS10 两例，图 2—50：1）；还有几例出土于地层中（图 2—50：2、5、10、11）。

　　第二，尉迟寺聚落的贫富分化，无论从住房上还是从墓葬中来看，都远不如山东莒县陵阳河、大朱家村那么明显。这说明尉迟寺聚落中"🔥"、"🔥"等图像文字的出现，不是像陵阳河、大朱家村那样以明显的社会复杂化发展为背景。

　　既然尉迟寺聚落在社会复杂化刚刚起步的情况下，就已出现"🔥"、"🔥"等图像文字，而"🔥"和"🔥"图像文字的背后却有着专门负责观察和祭祀大火星的"火正"之类的神职人员的存在[①]，那么"火正"、巫祝之类宗教神职人员以及与之有关的"🔥"、"🔥"图像文字，究竟是什么样的机制下产生的，就需要作出新的解释。其实，答案就在尉迟寺的瓮棺葬上。

　　瓮棺葬是用来埋葬婴儿或儿童的，在尉迟寺刻划有"🔥"和"🔥"图像文字的大口尊主要见于瓮棺葬（图 2—51）和祭祀坑中，而没有一件出自成人的墓葬中，这说明担任对大火星进行观察和祭祀的所谓"火正"职务是与生俱来的，是在一个特殊家族或宗族中传承和世袭的。此外，有 3 例刻划有"🔥"或"🔥"图像文字的大口尊摆放在两个祭祀坑中，这也有助于说明"🔥"和"🔥"这样图像文字的神圣性。也就是说，瓮棺葬 M96、M177、M215、M289、M321五位死者原本在其成长过程中通过该家族和宗族中长辈的传授，来掌握对大火星的观察和观象授时的本领，然后继承"火正"一职；然而他们尚未长大成人，就不幸夭折死亡，聚落的人们（也许是他的家族）为了纪念他，就在他的瓮棺葬具上刻划了"🔥"或"🔥"这样的图画文字。

　　在弗里德的社会分层理论中，仅仅由出身和血缘决定其身份地位的这种社会，属于"分层社会"之前的"阶等社会"，它相当于厄尔所说的"简单酋邦"，其社会复杂化程度较低。尉迟寺聚落就属于这样的社会类型。尉迟寺聚落的个案告诉我们，由于农业生产和生活的需要，作为一种社会分工，产生了专

---

　　① 对此的论证，参见本章"陵阳河、大朱家村遗址中的'🔥'、'🔥'等图像文字"一节。也参见王震中《试论陶文"🔥""🔥"与大火星及火正》，《考古与文物》1997 年第 6 期。

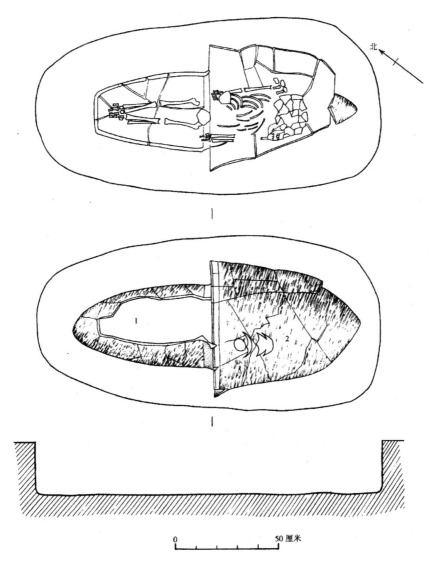

图2—51　尉迟寺刻画"🔥"图像文字的瓮棺葬平、剖面图
（采自中国社会科学院考古研究所《蒙城尉迟寺》）

门的负责对大火星观察和祭祀，即观象授时的"火正"人员，"🔥"和"🌙"
这样图像文字就是其标志；这样的社会分工可以促进该聚落和聚落群沿着社会
复杂化方向发展，但它并非以社会明显的不平等为前提，也就是说，并非先有
明显的社会不平等然后才有"火正"之类社会分工，而是社会职务的分工早于

社会不平等的产生。由此，我们还可以进一步推测，尉迟寺聚落的人们是在阶等社会阶段，即社会复杂化程度较低的阶段，离开山东大汶口文化地区而来到了安徽蒙城尉迟寺，而且到了尉迟寺之后，其社会不平等的发展也较为缓慢，远不如他们的老家——山东地区那样迅速。所以，虽然在年代上和考古学文化上同属于大汶口文化晚期，但与山东泰安大汶口、莒县陵阳河、大朱家村等遗址相比，尉迟寺聚落的社会复杂化程度要低许多。

五　中心聚落时期的城邑：澧县城头山与郑州西山

1. 大溪文化和屈家岭文化时期的城头山城邑

笔者在以前的研究中曾经提出这样一个观点：在新石器时代末期，城邑的普遍出现，使得聚落形态的面貌为之一变，但我们并不主张一见城邑或城堡即断定国家已存在，只有与阶层和阶级的产生结合在一起的城邑才能显示出权力系统的强制性质①，而强制性的公共权力则是国家的重要特征，是国家形成的两大标志之一②。湖南澧县城头山大溪文化和屈家岭文化时期的城邑遗址就是国家形成之前的中心聚落时期的城址。

城头上遗址位于澧水二级阶地一处低矮的丘岗，南边不远即是澹水故道。该遗址在大溪文化之前是汤家岗文化时期，聚落形态为环壕聚落。所谓环壕聚落，就是像仰韶文化的西安半坡、临潼姜寨一样，聚落是由一道环绕它的壕沟围起来的（图2—52）③。关于汤家岗文化的年代，其上限，有的学者主张不早于公元前4800年④，也有学者主张为公元前5000年⑤；其下限，为公元前4300年⑥。在汤家岗文化时期，城头山环壕聚落的社会类型相当于仰韶文化半坡时

---

①　李学勤主编：《中国古代文明与国家形成研究》，云南人民出版社1997年版，第59页。

②　王震中：《中国文明起源的比较研究》，陕西人民出版社1994年版，第345页。

③　湖南省文物考古研究所：《澧县城头山——新石器时代遗址发掘报告》（上），文物出版社2007年版，第162页。郭伟民：《新石器时代澧阳平原与汉东地区的文化和社会》，文物出版社2010年版，第142页。

④　何介钧：《长江中游新石器时代文化》，湖北教育出版社2004年版，第109页。

⑤　郭伟民：《新石器时代澧阳平原与汉东地区的文化和社会》，文物出版社2010年版，第36页。

⑥　同上书，第36页。

期，属于大体平等的农耕聚落社会，只是很难说其聚落内房屋布局是否为向心凝聚式而已。

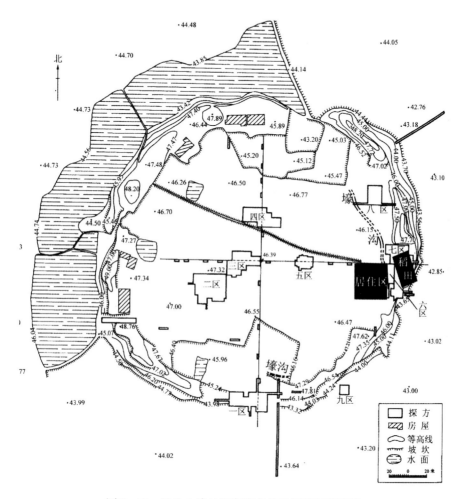

图2—52　城头山遗址汤家岗文化时期的环壕聚落

（采自郭伟民《新石器时代澧阳平原与汉东地区的文化和社会》）

到了大溪文化（公元前4300—前3500年）和屈家岭文化（公元前3500—前2500年）时期[①]，城头山由环壕聚落改变为筑有城墙的聚落。城头山聚落修

---

① 郭伟民：《新石器时代澧阳平原与汉东地区的文化和社会》，文物出版社2010年版，第36页。

筑城墙始建于大溪文化时期，这是在汤家岗时期的壕沟外 7—8 米处挖掘新的壕沟，并利用挖壕沟出土在壕沟内侧堆筑土墙。对于堆筑的土墙，现一般称为"城墙"，也有学者称之为"土围墙"。城头山遗址大溪文化时期的城墙分为两个时期，现存 I 期城墙顶宽 5.2 米，底宽 8 米，高 1.6 米。在 I 期城墙外有 I 期壕沟，发掘者称之为护城河。经发掘，南部的壕沟口宽 9.7 米，底宽 6.15 米，深 0.7 米，沟内侧有护坡木柱残留。在城墙的建造过程中举行过奠基仪式，如在 I 期城墙第 1 层筑土下发现的 M706，埋的是一个成年男子，无任何随葬品，就是一处奠基的牺牲。 I 期城壕东西长 311 米，南北宽 211 米，周长约 819.54 米，面积约 65000 平方米。发掘报告指出，"一期城墙筑造年代超过 6000 年"，即距今 6000 年前。 II 期城墙在紧挨着 I 期壕沟的外坡上的地面起建，现存的顶宽 5 米，底宽 8.9 米，高 1.65 米，是用黄色黏土垒筑而成。在 II 期城墙的外坡之外是 II 期壕沟即 II 期护城河，与 I 期护城河相比，向外推进了 3 米。 II 期城墙的筑造年代"为大溪文化中晚期，即距今 5600—5300 年之间"①。在屈家岭文化时期，城头山又修筑了两次城墙和护城河，发掘者称之为 III、IV 期城墙和护城河②。这两期城墙的整体宽度在 20 米以上，高度达 2—4 米，其内坡被石家河文化地层所叠压，外坡之下是近 40 米宽的护城河③。城头山聚落屈家岭文化时期的城圈，不但向外扩展，而且城墙的宽度（厚度）和高度都有很大的增加（图 2—53）。

城头山在大溪文化时期开始修筑城墙，到屈家岭文化时期又将城墙向外扩展。城墙并配有护城河当然具有防御的作用。但我们也要考虑到，这里修筑城墙是用堆土筑城的办法，而不像北方那样是版筑夯土城墙，这种堆土筑起来的城墙，基部宽厚，有利于防洪防水，这也大概是新石器时代南方筑城时普遍使用这种方法的缘由所在。因此，长江中游地区的城邑既用于防御外敌，也用于

---

① 湖南省文物考古研究所：《澧县城头山——新石器时代遗址发掘报告》（上），文物出版社 2007 年版，第 87 页。

② 最近，郭伟民先生在大溪文化与屈家岭文化之间，提出"油子岭文化"新命名，并将城头上第 III 期包括城墙和护城河在内的文化遗迹归为油子岭文化。参见郭伟民《新石器时代澧阳平原和汉东地区的文化和社会》，文物出版社 2010 年版，第 167 页。本书依旧采用发掘报告中的提法，把包括城头山 III、IV 期城墙和护城河在内的这一时期的文化遗迹还是称为屈家岭文化。

③ 郭伟民：《新石器时代澧阳平原和汉东地区的文化和社会》，文物出版社 2010 年版，第 149、167 页。

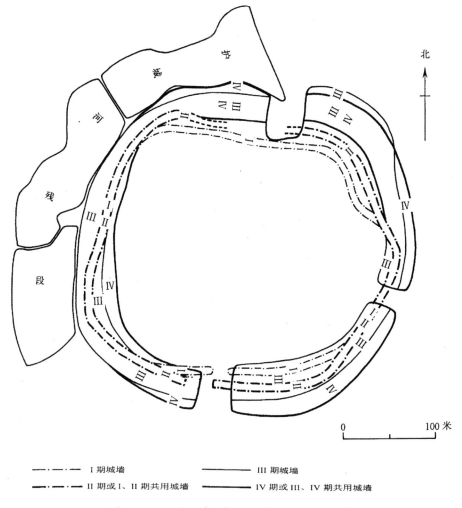

图2—53　城头山遗址各期城墙平面分布示意图

（采自湖南省文物考古研究所《澧县城头山》）

抵御水灾。

在城内布局上，大溪文化一期即Ⅰ期城墙使用期，与Ⅰ期城墙的营建过程同时或稍晚建有祭坛。祭坛的南部是一批祭祀坑，大多数坑内放置器物，有的坑内放置数层陶器，有的坑内有不少兽骨，也有的在陶器中填放稻米和稻叶，都属于当时进行的祭祀活动的遗留物（图2—54）。在祭坛西侧是墓地，可分出A、B、C三个墓区（图2—55）。墓地的西南是生活居住区。在这里发掘出了一座长条形排房 F77，已经发掘的部分至少被分隔出 4 个房间（图 2—56）[①]。

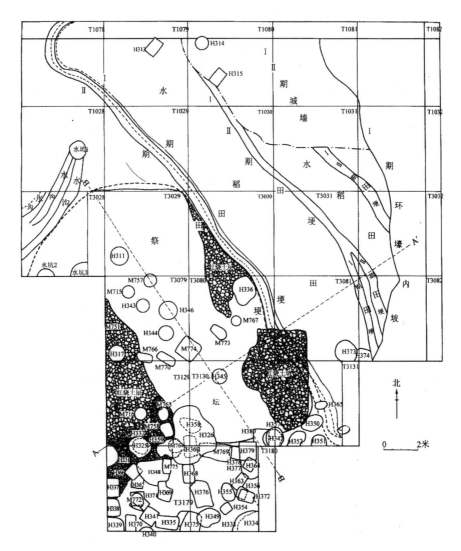

图 2—54　城头山遗址大溪文化一期祭坛、祭祀坑平面图

（采自湖南省文物考古研究所《澧县城头山》）

[①]　郭伟民：《新石器时代澧阳平原和汉东地区的文化和社会》，文物出版社 2010 年版，第 152—154 页。

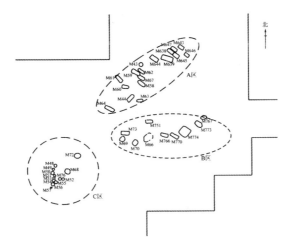

图 2—55　城头山遗址大溪文化一期墓地空间布局

（采自郭伟民《新石器时代澧阳平原与汉东地区的文化和社会》）

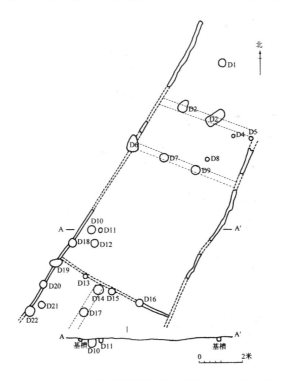

图 2—56　城头山遗址大溪文化一期房址 F77 平、剖面图

（采自湖南省文物考古研究所《澧县城头山》）

　　大溪文化二期即Ⅱ期城墙使用期，城头山城址内的空间布局有改变，原来由祭祀区、墓地和生活区所构成的功能区划被墓地和窑场所取代（图2—57）。墓地位于窑场南部，也分三个墓区，在C墓区发现一处圆形祭坛。大溪文化三期也是Ⅱ期城墙使用期，这个阶段的居住区可能朝城内东北方向位移，而墓葬则移向西南的第二发掘区。这说明城头山聚落布局在大溪文化第三期又有改变。

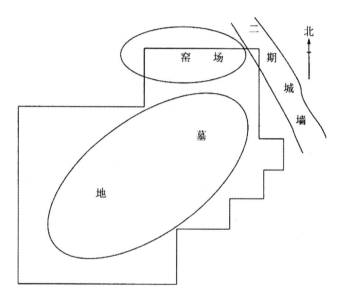

图2—57　城头山遗址大溪文化二期聚落总体布局

（采自郭伟民《新石器时代澧阳平原与汉东地区的文化和社会》）

　　城头山聚落的布局在屈家岭文化时期又有重大变化（图2—58）。大溪文化时期，城头山聚落中心集中于东部；而到屈家岭文化时期，聚落的重心移至中西部。此时的墓地位于中部偏北，居住区位于西部。屈家岭文化时期布局上的这些变化，再联系此时扩建的Ⅲ、Ⅳ期城墙和护城河等现象，郭伟民先生认为这"显示了一个与大溪文化时期完全不同的社会集团的存在"[1]，笔者以为他的这些认识是合理的。

---

① 　郭伟民：《新石器时代澧阳平原和汉东地区的文化和社会》，文物出版社2010年版，第172页。

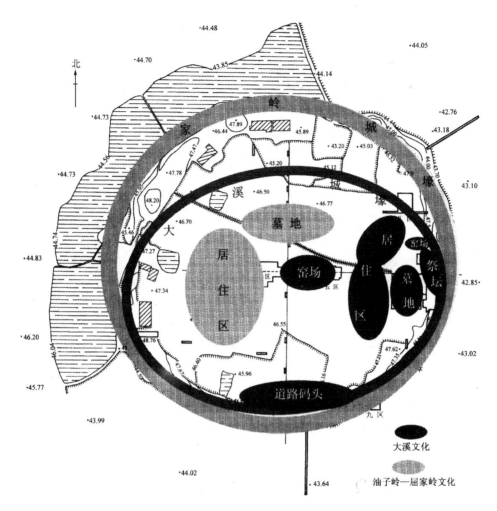

图2—58　城头山遗址大溪—屈家岭文化时期聚落布局的空间变化
（采自郭伟民《新石器时代澧阳平原与汉东地区的文化和社会》）

　　屈家岭文化时期，在居住区发现许多房屋建筑，其中 F88 是同一时期的三组建筑，由五个房间组成（图2—59），也许反映了一种家族组合的建筑结构。

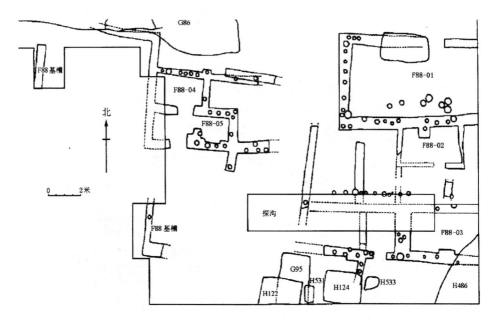

图 2—59　城头山遗址屈家岭文化时期房址 F88 平面图

（采自湖南省文物考古研究所《澧县城头山》）

屈家岭文化一期房址 F87 是一座较为特殊的房屋（图 2—60），它平面呈方形，室内面积 63 平方米。这是一座建在台基上的较特别的房屋，台基高 50 厘米。屋外四周设有廊檐。占室内面积约三分之一左右的后部，有宽 2.6 米、用红烧土筑造的土台。在后部土台两端向南拐角，沿东、西墙各有一宽 1 米和 1.5 米的红烧土筑造土台，均高 0.8 米。东、西两段南墙内，也各有一红烧土台，宽 0.7—0.9 米，高 0.8 米。室内其余部分为低一级的平地。后部土台上有 9 个柱洞，其中 D1 和 D3 直径达 40—45 厘米，其余柱洞直径为 20 厘米左右。在西边土台上有 1 个柱洞，在低一级空间的后部有 3 个柱洞。这样，室内共计有 13 个柱洞。

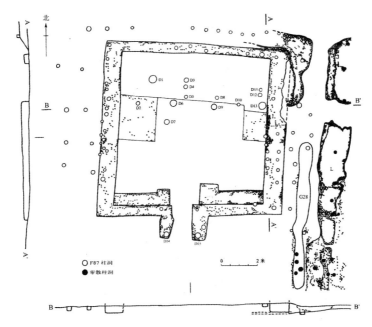

图 2—60 城头山遗址屈家岭文化 I 期房址 F87 平、剖面图

（采自湖南省文物考古研究所《澧县城头山》）

F87 房屋内没有火塘或灶台，室内的红烧土土台筑造紧密，发掘者推测这可能是放置具有特殊意义物品的处所。其南的凸字形空间，面积约 35 平方米。综合 F87 宽大的墙体规模、单独的封闭建筑风格、外有廊檐的特殊设置、东西高度对称性和室内大面积无隔墙等一系列特征，发掘者推断其应是一处"礼仪"性质的建筑①。笔者以为这也许是一种原始宗庙，是宗族宗庙的滥觞；室内大小不等的 13 个柱子也许在其上原本悬挂有宗族祖先或氏族图腾的木质雕像之类的物件。

城头山城邑从大溪文化时期开始就是一个中心聚落，到屈家岭文化时期也是如此，只是屈家岭文化时期的城头山，城邑内的社会复杂化程度较之前又有显著的发展而已。在大溪文化时期，城内的祭坛显示出对于宗教祭祀的重视；墓地中分区分群聚集埋葬则说明聚落中是按家族组织的，而大溪文化 F77 长条

---

① 湖南省文物考古研究所：《澧县城头山——新石器时代遗址发掘报告》（上），文物出版社 2007年版，第 196—198 页。

排房和屈家岭文化 F88 由 5 个房间组成的三组建筑又告诉我们在大家族之下还应有大家庭或小家族，但在城头山城邑内还看不到专供统治者居住的宫殿之类的建筑物。

通过墓葬中随葬品多寡差别来考察社会不平等乃至阶级和阶层的形成，是聚落考古学组成部分之一。城头山聚落大溪文化时期的 215 座土坑墓中 168 座墓有随葬品，47 座墓没有随葬品。在有随葬品的墓中，其随葬品也是多寡悬殊，多的达三十余件，少的仅一两件。如 M678（图 2—61）墓坑长 2.5 米，宽110 米。坑底分布有零星朱砂，墓主是一位成年男性。随葬品共 27 件，其中有陶豆 7 件、圈足盘 4 件、器盖 10 件、鼎 1 件、釜 1 件、碗 2 件、玉璜 2 件；此外，在墓主人骨架左侧有一小孩头骨。然而像 M671 只随葬陶釜 1 件，M73 仅随葬陶釜、碗、器盖各 1 件，更有 40 多座墓一无所有。可见，有无随葬品以及随葬品的多与寡，在城头山聚落的大溪文化墓葬中是显著的。到了屈家岭文化，这样的差别还在扩大。例如，M425 随葬品达 103 件，布满了整个墓坑（图 2—62）。但也有许多一无所有的墓葬。据统计，在 183 座墓中，随葬品在 10 件以下的有 146 座，10—20 件的 18 座，20—30 件的 16 座，30 件以上的 3 座[①]。通过墓葬材料可以看到在屈家岭文化时期，城头山中心聚落的社会分化和社会复杂化都在进一步发展，它是一种处于文明社会前夕或者说是迈入邦国文明（早期国家）门槛之前的社会类型。

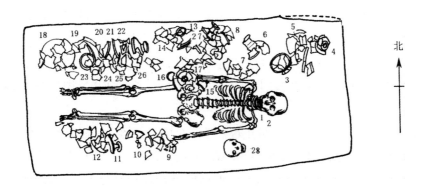

北

图 2—61　城头山遗址大溪文化二期墓葬 M678 平面图

（采自湖南省文物考古研究所《澧县城头山》）

---

① 郭伟民：《新石器时代澧阳平原和汉东地区的文化和社会》，文物出版社 2010 年版，第 184 页。

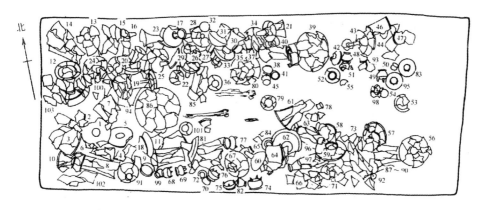

图2—62 城头山遗址屈家岭文化三期墓葬M425平面图
(采自湖南省文物考古研究所《澧县城头山》)

2. 大溪—屈家岭文化时期澧阳平原的中心聚落与聚落分布

城头山城邑作为中心聚落是与其周围普通聚落密切结合在一起的。据郭伟民统计和研究，大溪文化时期，澧阳平原的聚落遗址的数量有50处，大致分布在两个"聚落带"上（图2—63）[①]。所谓聚落带就是聚落沿河流两岸分布而呈带状分布，在澧阳平原的聚落带集中在澹水与涔水两岸。在澹水上游，从蓝田寺到城头山，沿平原西部山前岗地呈带状分布有20余处聚落，相邻聚落之间不到2000米，每个聚落所占据的空间不到1000米，这说明聚落分布在这里是相当密集的，城头山是这个聚落带的中心。在涔水流域的这条聚落带上，似乎有两处聚落中心，一处是位于涔水下游、涔水南岸的丁家岗遗址，在该遗址发现27座大溪文化时期的墓葬和大型建筑遗迹，包括大型基槽和柱础；另一处是位于涔水北岸三元宫遗址，距离丁家岗遗址7000米，是一个环壕聚落，环壕以内聚落直径约284米，面积6.3万平方米。在这三个中心聚落中，城头山是拥有城墙和护城河的聚落，其聚落的等级在另两个中心聚落之上，所以大溪文化时期的城头山不但是澹水上游聚落带中的聚落群的中心聚落，而且也是澹水和涔水两个聚落带即这一地区的中心聚落。

---

① 郭伟民：《新石器时代澧阳平原和汉东地区的文化和社会》，文物出版社2010年版，第162页。

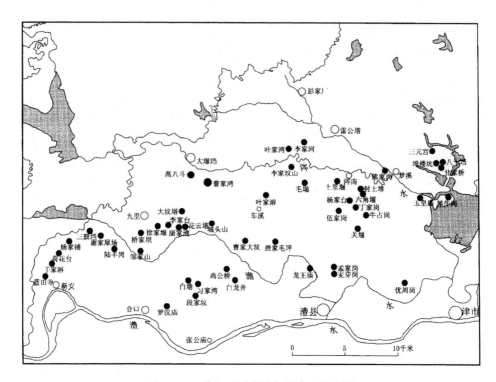

图2—63　澧阳平原大溪文化遗址分布图

（采自郭伟民《新石器时代澧阳平原与汉东地区的文化和社会》）

　　到了屈家岭文化时期，澧阳平原的聚落遗址约63处（图2—64）。此时期的聚落景观与大溪文化时期相比，既有因袭，也有变化。因袭是说这些聚落还是沿澹水与涔水两岸分布在平原的丘岗上；变化在于西部围绕着城头山、东部围绕着鸡叫城这两个城邑而在其周围出现聚落群式的集聚分布。如城头山遗址的北部护城河以外，是壕沟遗址，南边有南岳遗址，西边有窑场、花云塔、王家湾、谭家坟山、李家台等遗址。鸡叫城聚落是从屈家岭文化时期开始兴建规模庞大的城墙和护城河的中心聚落。从图2—64可以看出，在鸡叫城周围也聚集了众多的聚落，形成了一个聚落集群。大量的聚落密聚在城池周围，是屈家岭文化时期澧阳平原上一道显著的人文景观[①]。这样，我们就可以说，屈家岭

----

　　①　郭伟民：《新石器时代澧阳平原和汉东地区的文化和社会》，文物出版社2010年版，第180—181页。

文化时期的澧阳平原有两个一级中心聚落——城头山与鸡叫城，在其下还有二级中心聚落和普通聚落。这种由最高等级的中心聚落统领着一个聚落集群的格局，相当于美国人类学家奥博格对酋邦的描述和定义。奥博格将酋邦定义为：在一个地域中由多村落组成的部落单位，由一名最高酋长统辖，在他的掌控之下是由次一级酋长所掌管的区域和村落。就澧阳平原而言，大溪文化时期的聚落群的分布以散居的带状或线状分布为特征，这种分布虽然与澹水和涔水流域自然资源的均衡性相一致，但普通聚落与中心聚落特别是最高等级的中心聚落之间的联系，较为松散，远不如屈家岭文化时期最高等级的中心聚落与其周围其他聚落具有那样紧密的关系。这种联系说明同样作为中心聚落，后者在聚落群中的凝聚力远比前者强得多，它反映了聚落与聚落之间的社会关系，也是社会复杂化发展程度的重要指标和特征。

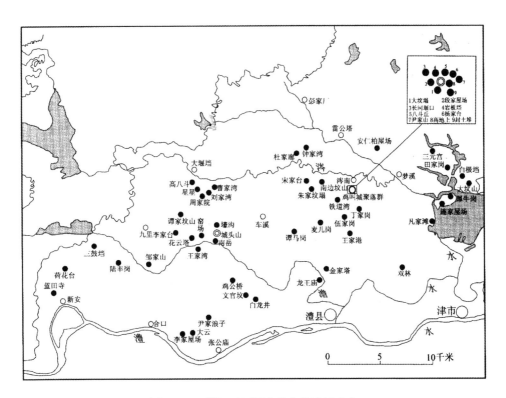

图2—64　澧阳平原屈家岭文化遗址分布

（采自郭伟民《新石器时代澧阳平原与汉东地区的文化和社会》）

3. 仰韶文化中晚期的郑州西山城邑及其聚落群

西山遗址位于郑州市北郊 20 公里西山村西南约 300 米处，坐落在邙山余脉、枯河北岸的二级阶地边缘，北距黄河 4 公里，向西是绵延不断的黄土丘陵，东望则是平坦辽阔的黄淮平原。城址高出河床约 15 米，依山傍水，土地肥沃。遗址面积 20 万平方米。1984 年调查发现①，1993—1996 年进行了几次发掘②。

西山遗址发现有城址，城址平面近圆形（图 2—65），南半部被洪水冲毁，西城墙现存 70 米，北城墙现存 180 米，推算该城址面积约 3 万平方米。城墙现存最好的一段高度约 3 米，在此平面上的城墙宽 5—6 米，西北城墙拐角处加宽至 7—8 米，其城墙基底宽约 11 米。城外有壕沟宽 5—7.5 米，深 4 米。城墙采用夯土版筑法，其建筑方式是先在拟建城墙区段开挖呈倒梯形的沟槽，在槽的内侧分段逐层逐块夯筑建墙。而槽的外侧即成为壕沟，并与城墙一起构成一个防御体系（图 2—66）。

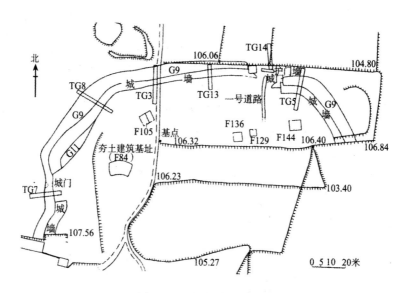

图 2—65　西山城址平面图

（采自《文物》1999 年第 7 期）

---

① 刘东亚：《郑州市西山村新石器时代遗址调查报告》，《中原文物》1986 年第 2 期。
② 国家文物局考古领队培训班：《郑州西山仰韶时代城址的发掘》，《文物》1999 年第 7 期。

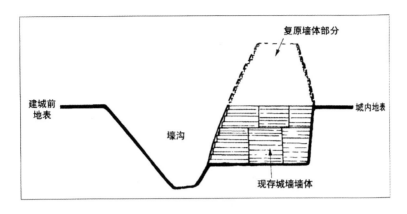

图 2—66 西山遗址城墙、壕沟剖面示意图

（采自河南省文物考古研究所《启封中原文明——20 世纪河南考古大发现》）

在城墙的修建上，西山城址采用先进的版筑法。它是以立柱固定夹板，四面板块同时夯筑；然后依序逐块排列筑起（彩图 2—15）。现存城墙平面一般排列三版，西北城角因加宽需要横排 5 版（彩图 2—16）。城墙夯层的厚度一般为 4—5 厘米，也有的为 8—10 厘米。夯窝为圆形，窝径约 3 厘米，从多呈"品"字形分布的夯窝痕迹看，夯具是三根一组的集束夯棍。这种集束夯棍、分块版筑技术是我国建筑史上一大创造，至今在一些落后的农村地区还可见到使用版筑法筑墙、建房。

西山城址残存的城墙上有两座城门，为北门和西门。西门宽 17.5 米，门上有望楼一类建筑。北门设在城址东北角，宽约 10 米，平面呈"八"字形，门道东西两侧有城台，北门外侧正中横筑一道护门墙，增强了城门的防御能力。护门墙以南 2 米正对北门处有一条南北向的道路 L1，纵贯城址东北部。

城内发掘出 200 余座房基，一些位于道路 L1 东西两侧，门皆朝向北城门，另一些门向城内中心方向。西门内东侧有一座大型夯土建筑基址，东西长约 14 米，南北宽约 8 米，周围还有数座房基环绕，在此建筑的北侧是一个面积达数百平方米的广场。发现近 2000 座窖穴和灰坑，其中大的储物类的窖穴多分布在城内西北地势高亢区。城内西北部发现一处墓地，城外西部也有一处与城址使用年代同时的墓地，两处墓地的墓葬共计 200 余座。这两处成人墓地均为东西向，头向西偏南者居绝大多数。墓圹均为长方形竖穴土坑墓，大多数单人仰身直肢，极少见随葬品。城内西北部墓地有少数男女一次合葬、一次葬与二次葬合葬等现象。两处墓地均见有头骨枕骨人工变形、人工拔牙习俗，这在中原地区尚属少见，而同东部大汶口文化的史前东夷民族较为接近，可能是受其影响或者是有大汶口文化的人来到了此地。另外，在房基和城墙基础中发现有奠基和祭祀遗迹（彩图2—17），甚至是杀婴祭祀。

西山城址始建于仰韶文化中期晚段，延续使用至仰韶文化晚期，城内出土许多仰韶文化大河村类型的彩陶（彩图2—18），碳十四测定的城邑使用的年代距今5300—4800年。作为仰韶文化中、晚期的西山城邑，其社会类型属于中心聚落形态。这个中心聚落的城邑，在组织修筑夯土城墙时，不但需要勘察、规划和设计，还需要动员相当力量的人力、物力资源。西城门内侧有一座大型夯土建筑和广场，也应为中心聚落集中政治、军事、宗教诸种功能所需要。但由于没有发现贵族或显贵的墓葬，或者是因为葬俗致使墓葬内普遍不放置随葬品的缘故，使得这里的社会分化和不平等不是很突出，也看不到强制性权力的存在，因此西山城邑社会复杂化的程度尚未达到早期国家水平。

中心聚落是与其周围的普通聚落相结合而存在的。在西山城邑所在的索河、须水河、枯河流域分布着较多数量的仰韶文化遗址，截至目前的发现，只有西山聚落修筑有城墙。据统计，在西山遗址周围20公里的范围内分布着20处同时期的遗址（图2—67，表2—1）[1]，其中，西山遗址面积20万平方米，西山遗址中的城邑面积3万多平方米；大河村遗址面积40万平方米；陈庄遗址面积10万平方米；其余的都在10万平方米以下，有两处8万平方米，3处是6万平方米，其他的多为1万—2万平方米，或3万—4万平方米。面积40万平方米的大河村遗址，处于这一聚落群的东部边缘，离其他聚落和西山聚落较远，因此笔者赞同高江涛博士的意见，大河村聚落相对独立[2]。这样，西山属于郑州市郊西部与荥阳市之间所分布的聚落群的中心聚落，而大河村则有可能归属于郑州市郊东部范围的聚落群。

---

① 高江涛：《中原地区文明化进程的考古学研究》，社会科学文献出版社2009年版，第162—164页。

② 同上书，第165页。

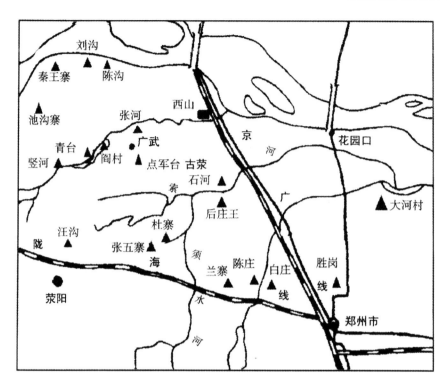

图2—67 仰韶文化时期西山遗址周围聚落遗址分布示意图

（采自高江涛《中原地区文明化进程的考古学研究》）

表2—1　　　　　　　　**仰韶文化时期西山聚落群诸遗址统计表**[*]

面积单位：万平方米

文化层厚度单位：米

序号	遗址名称	位　置	面积	文化层厚度	时代	资料出处
1	西　山	郑州市古荥镇孙庄村西	20	3	仰韶	《中原》1986年第4期《文物地图集》《文物》1999年第7期
2	大河村	郑州市柳林镇大河村西南	40	7—12.5	仰韶	郑州大河村
3	陈　庄	郑州市石佛乡陈庄村	10	2	仰韶	《中原》1986年第2期《文物地图集》
4	后庄王	郑州市沟赵乡后庄王村东北	5.6	3	仰韶	《华夏》1988年第1期《文物地图集》

续表

序号	遗址名称	位　置	面积	文化层厚度	时代	资料出处
5	点军台	荥阳市广武乡城南村南	6	4—6	仰韶	《中原》1982 年第 4 期 《文物地图集》
6	青　台	荥阳市广武乡广武村东	8	3—5	仰韶	《中原》1987 年第 1 期 《文物地图集》
7	秦王寨	荥阳市北邙乡秦王寨村	3	3—4	仰韶	《中原》1981 年第 3 期 《文物地图集》
8	刘　沟	荥阳市北邙乡刘沟村西北	1	2	仰韶	《文物地图集》
9	陈　沟	荥阳市广武乡陈沟村东北	4	1—2	仰韶	《文物地图集》
10	池沟寨	荥阳市高山乡池沟寨村西	3	2—3	仰韶	《文物地图集》
11	张　河	荥阳市广武乡张河村南	2	1—2	仰韶	《文物地图集》
12	阎　村	荥阳市广武乡阎村西	6	2	仰韶	《文物地图集》
13	竖　河	荥阳市高村乡池沟寨村南	4	2	仰韶	《文物地图集》 《考古学集刊》
14	白　庄	郑州市须水镇白庄村东南	3	1	仰韶	《文物地图集》
15	汪　沟	荥阳市城关乡汪沟村南	3	1—3	仰韶	《文物地图集》
16	兰　寨	郑州市石佛乡兰寨村东	6	1	仰韶	《文物地图集》 《中原》1986 年第 4 期
17	张五寨	郑州市沟赵乡张五寨村西	0.2	不详	仰韶	《文物地图集》
18	杜　寨	郑州市沟照乡杜寨村南	0.3	1	仰韶	《文物地图集》
19	胜　岗	郑州市区胜岗村	5	1.5	仰韶	《文物地图集》
20	石　河	郑州市古荥乡石河村南	8	1	仰韶	《文物地图集》

注：中原指《中原文物》，文物指《文物》，文物地图集指《中国文物地图集·河南分册》，考古学集刊指《考古学集刊》第 10 集。

＊该表采自高江涛《中原地区文明化进程的考古学研究》"表 3—8"。

在西山及其周围近 20 个遗址的聚落群中，若按照现在国内考古学界通行的做法，都是以聚落面积的大小来划分聚落等级，那么，也许 20 万平方米以上的遗址为一级（西山），19 万—10 万平方米的遗址为二级（陈庄），9 万—5 万平方米的遗址为三级，5 万平方米以下的遗址为四级，这样就可划分出四个聚落等级；也许修筑城邑的西山为一级，10 万平方米的陈庄为二级，10 万平方米以下的都为三级，这样则为三个聚落等级。这种仅仅以聚落的面积规模来划分聚落等级存在着许多问题，而且对于各种等级的面积指标的设立，研究者"因地制宜"的主观人为因素甚为浓厚，也是显而易见的，所以，这样划分出来的聚落等级是否符合历史实际，是很难说的①。因此，在确定某一地区的中心聚落与普通聚落的区别以及在划定某一聚落群中的聚落等级时，聚落面积的只能是重要因素之一，聚落的规格和功能更是一项重要因素。无论仰韶文化时期西山聚落群中的聚落等级究竟是二级还是三级或者是有更多的级别，西山城邑以其版筑夯土城墙所具有的防御功能和所反映出的社会动员与组织的力量；以其城内大型建筑基址所代表的建筑物规格以及数百平方米的广场所发挥的宗教政治文化的功能，都说明它是其所在的那个聚落群中最高一级的中心聚落，是该聚落群内的社会集团的政治组织中心或控制中心。

六　中心聚落时期的原始宗教圣地
——神庙和大型祭坛

一般来说，一个聚落群内的中心聚落，既为权力和经济的中心，亦为宗教祭祀的中心，但是我国辽西与内蒙古东部地区的红山文化后期所发现的神庙、积石冢和原始天坛、社坛等遗迹则给我们提供了另一类型的宗教中心——宗教圣地。

1. 红山文化中的女神庙与积石冢

在红山文化的原始宗教圣地中，首先需要介绍的是辽宁省凌源市牛河梁遗址群中的女神庙。牛河梁地处辽西与内蒙古东部努鲁儿虎山丘陵地带，在约50平方公里的范围内，分布有40多个遗址点，在布局上以女神庙为中心，在女神庙北部有用石砌的墙相围的巨大平台，在女神庙西南关山的地方有大型的祭坛，在女神庙两侧附近分布着许许多多的积石冢，这样以女神庙为中心形成了一个方圆50平方公里的宗教圣地②。

---

① 对此，在本书的"导论"中"古代国家形成的标志"一节已有论述。

② 辽宁省文物考古研究所：《辽宁牛河梁红山文化"女神庙"与积石冢发掘简报》，《文物》1986年第8期；《辽宁牛河梁第五地点一号冢中心大墓（M1）发掘简报》，《文物》1997年第8期；《辽宁牛河梁第二地点四号冢筒形器墓的发掘》，《文物》1997年第8期；《辽宁凌源市牛河梁第五地点1998—1999年度的发掘》，《考古》2001年第8期。

　　所谓女神庙是一个多室结构的半地穴建筑，长 18.4 米，宽 2.5 米，中间向左右各分出一侧室。庙内墙壁绘有黄底红色几何形的壁画。庙内发现许多泥塑像残块，包括人物的头、肩、臂、手和乳房等部分，已发现的分属五六个个体，大的超过真人的一倍以上，小的接近真人大小（彩图 2—19）。它们形体各异，其中有的乳房凸出、肌肤圆润，当为女性。被编为 1 号的女神头像，相当人体原大，被置于主室偏西一侧，而在主室中心部位，则出土了相当于真人器官三倍的大鼻、大耳。可见这是一个围绕主神、众神并列的多室布局的神庙。与人像同出的还有动物形象，一为龙形，一为猛禽爪，后者亦远大于真个体。在庙北 18 米处，还有一个人工修筑的 200 米×200 米的巨大平台，平台四周有石头砌的墙，中间对着神庙有通道。这平台上遗址已毁，地表散见许多陶片及红烧土，显然是一处与神庙和周围的积石冢相配合的大型宗教活动场所。

　　牛河梁的积石冢规模甚大，一般为方形，每边长约 18 米，用加工的石头砌边（图 2—68）。中间有较大的石椁，墓主人以随葬玉器为主，有玉龙、玉箍、玉环、玉璧、方形玉饰、玉棒和钩形玉饰等。椁外常有一排或一周专门用作祭祀的彩陶筒形器。在大型积石冢外侧常有许多小型石椁墓，有的也有少量玉器。这些小型石椁墓应当是中间大石椁墓的陪葬墓，它们与中间大石椁墓主人是等级分明的，它们很可能与中间大石椁墓属于同一家族或宗族，但又有着尊卑和主从的关系，构成一个巨大的积石冢群。

　　牛河梁女神庙和积石冢的发掘者认为，神庙中的女神及共出的塑像，应是与祖先崇拜有关的偶像。在远离住地专门营建独立的庙宇和祭坛，形成一个规模宏大的祭祀中心场，这绝非一个氏族甚至一个部落所能拥有，而是一个更大的文化共同体崇拜共同祖先的圣地。笔者以为，距今 5000 多年前的红山文化，已经从图腾崇拜阶段，进入祖先崇拜阶段。牛河梁的女神庙和积石冢是相互有关联的。祖先崇拜是由对死者的鬼魂崇拜并与英雄崇拜相结合而发展起来的，女神庙里供奉的是久远的祖先，大积石冢中隆重埋葬的是部落中刚刚死去的酋长，随着时间的推移，这些死去的著名酋长，也会逐渐列入被崇拜的祖先的行列。

2. 红山文化中的社坛和天坛

　　红山文化中，在女神庙和积石冢之外，另一个重要的宗教活动场所则是距

北

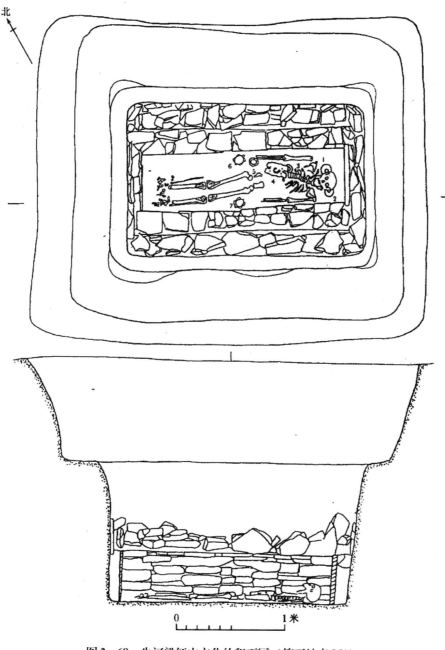

图2—68　牛河梁红山文化的积石冢（第五地点M1）

（采自《文物》1997年第8期）

牛河梁东南50余公里的辽宁喀左县东山嘴祭祀遗址（图2—69）①。东山嘴遗址的北部，是一个巨石砌成的平面作长方形的方框，简报称之为"大型方形基址"。方形基址东西长11.8米，南北宽9.5米，中间竖立了一大堆长条石头，长条石头高0.85米左右，多加工成顶端尖、底部平的锥状（图2—70）。在这方形基址外，又套一个东西约24米长的更大的石头方框，形成不太高的石垣墙。

图2—69　辽宁喀左县东山嘴祭坛遗址

1. 方形基址　2. 东翼墙基　3. 西翼墙基　4. 东侧石堆　5. 西侧石堆　6. 东边铺石　7. 西边铺石
8. 石圈形台址　9. 多圆形基址　10. 人骨　11. 房址　12. 未掘部分　13. 方形基址内成组立石
（采自《文物》1984年第11期）

遗址的南部，是一些石头砌的圆形台子，也称为石圆圈（彩图2—20）。依据考古学上相互打破关系判断，这些圆形台子并非同时多个并存，而是先有一个，后来遭到损坏，再砌一个。最后使用的那个圆形台子，保留得比较完整，直径2.5米，处于这些圆形台子的北头，距北部方形基址南墙约15米。从南端

---

① 郭大顺、张克举：《辽宁省喀左县东山嘴红山文化建筑群址发掘简报》，《文物》1984年第11期。

图2—70　东山嘴方形祭坛内成组长条立石

（采自《文物》1984 年第 11 期）

的圆形台子到北端的方形基址之间，是一片空地。无论北部的方形基址里，还是南部的圆形台子周围，都未见到柱础、柱洞痕迹，所以可以认为它不是有房屋的建筑物，而是方形和圆形两类平台式祭坛，整个山嘴是一个公共活动的宗教场所。

关于东山嘴原始祭坛的性质，依据方形基址和圆形基址的形制、方形基址内竖立的由人工加工过的锥状长条石头，以及在这个宗教活动场所发现的一些大肚子裸体妇女塑像等遗迹，结合我国古代文献的一些记载，我们认为方形基址是祭社遗址①，圆形台子是祭天遗址②。

"社"在先秦时期是一个包含颇广、内容极丰的崇拜实体，从动态发展上可分出原生形态与次生形态等，而其最原始最基本的内涵则是由土地崇拜与生殖崇拜相结合而构成。《说文》云："社，地主也。从示土。"许慎《五经异义》和《白虎通》都说社乃"土地之主，土地广博不可遍敬"，"故封土以为社"。所以，社祀中是以社主来代表广大的土地。作为社主一般以"封土为社"，但在我国古代因地区和民族的不同，社主有着不同的形制类别，有"土社"、"树

①　王震中：《东山嘴原始祭坛与中国古代的社崇拜》，《世界宗教研究》1988 年第 4 期。
②　魏建震：《先秦社祀研究》，人民出版社 2008 年版，第 77 页。

社"、"石社"之别。土社者，《管子·轻重篇戊》："有虞氏之王……封土为社。"树社者，《论语·八佾》："哀公问社于宰我，宰我对曰：夏后氏以松，殷人以柏，周人以栗。"石社者，《淮南子·齐俗训》："有虞氏之祀，其社用土……夏后氏其社用松……殷人之礼，其社用石。"社主用石也见于《周礼》等文献典籍。《周礼·春官·小宗伯》及其注疏、《吕氏春秋·贵直篇》、《汉书·郊祀志》等都曾提到汉代山阳（今山东曹县至邹县、兖州一带）、春秋时期的卫曹之地以及临朐、临淄等地都有以石为社的习俗。东山嘴遗址那些置立于方形祭坛之中被人们顶礼膜拜的长条石头，就是以石为社主的"石社"。东山嘴遗址的方形祭坛只有石砌的矮垣墙而不建屋顶的建构，也与文献记载相一致。如《礼记·郊特牲》说："社祭土而主阴气也。君南向于北墉下，答阴之气也。日用甲，用日之始也。天子大社，必受霜露风雨，以达天地之气也。"郑注："北墉，社内北墙"，"大社，王为群姓所立。"可见"受霜露风雨"的社，有垣无屋顶，不是有房屋的建筑物。《后汉书·祭祀志》社稷条记载："建武二年立社稷于雒阳，在宗庙之右，方坛无屋，有墙门而已。"《五经通义》也说："天子大社王社，诸侯国社侯社，制度若何？曰皆有垣无屋。"由这些记载可以看出，从先秦到汉代，社坛的建筑，恪守传统，并无多大变化，大体是，中间社有方坛，立有社主，四周砌有不太高的垣墙，不设屋顶，"受霜露风雨，以达天地之气"。这一建筑形制，是我们判断某一古代建筑遗迹是否为社坛的重要依据。而它恰与东山嘴祭坛中心的建筑格局相吻合。东山嘴北部用巨石砌成的方形基址及其内立的平底锥状的长条石头，可以看作文献中说的方形社坛及其社主；方形基址外套的矮围墙，可以看作社坛的垣墙。

"社祭土"实际上是祭祀土地的生殖功能，所以《礼记·郊特牲》在说"社祭土"、"社所以神地之道"时还说道："土载万物，天垂象，取财于地，取法于天，是以尊天而亲地也。故教民美报焉。"这样，社祀就属于土地崇拜和生殖崇拜的结合，这恰与东山嘴祭坛中发现的许多大肚子裸体妇女陶塑想所象征的意义相一致。为此，我们说东山嘴方形祭坛和其中的所立的长条石头属于原始的社坛和石质的社主，所谓"大型方形基址"，是以石为社主的社坛遗迹。

在东山嘴，与方形祭坛相对的是圆形祭坛，这些圆形祭坛相互有一些打破关系，是先有一个，后来遭到损坏，再砌一个，所以在一段时间内使用的只是一个。根据天圆地方的观念，北边的方形社坛若祭祀的是土地，那么南边的圆形祭坛祭祀的就应该是天，而整个山嘴构成另一特色的公共活动的宗教场所。

将东山嘴的方形祭坛和圆形祭坛判定为原始社会末期的祭社和祭天之祭坛以及将牛河梁的神庙确定为祖先崇拜的产物都是很有意义的。我们知道，在中国古代，"国之大事，在祀与戎"。而这里的祀，一是指宗庙之祀，另一是指天地社稷之祀。宗庙之祭代表着祖先崇拜，同时亦表明社会中已存在血缘、世系方面的亲疏关系，这是家族和宗族组织中尊卑等级关系的基础。社稷之祭则更具有社会性，所反映的是人们的地域关系和社会关系。充分利用这一点，就可以在神圣的宗教名义下，将血缘和非血缘关系的人们都维系在一起。因而在原始社会末期迈向文明的过程中，各部落群或地方酋长宗族长等通过祖先崇拜和天地社稷之祭祀的主持，不但会使已掌握的权力逐渐上升和扩大，使其等级地位更加巩固和发展，而且还会使这种权力本身变得神圣起来，从而披上了一种神圣的合法的外衣。这一切都因为大型的宗教祭祀活动代表着当时全社会的公共利益，具有全民性的社会功能。而辽西女神庙、原始社坛、原始天坛、积石冢的发现，既为我们提供了中国古代宗庙社稷型国家形态与史前社会的联系，亦为我们展现了由后者转变为前者的一个途径。

七　中心聚落、原始宗邑和酋邦社会的一般特征

以上诸节我们通过对中心聚落形态典型遗址的分析，具体展现了这一社会发展阶段诸多的侧面及其在各地具体表象和个性特征，并在一些夹叙夹议中联系社会分层理论和酋邦社会的某些特征进行了论述，有的地方还使用了"原始宗邑"等词汇概念。那么，在本节中，我们将对中心聚落与原始宗邑和酋邦的关系进行说明，并通过对中心聚落、原始宗邑和酋邦社会最一般特征的概括而对本章加以总结，当然，这也是对聚落考古学和社会形态学中的中心聚落形态理论与人类学中的酋邦理论、社会分层理论以及社会复杂化理论所进行的一种整合。

1. "宗邑"与"原始宗邑"及其与中心聚落和酋邦的关系

"中心聚落"与"酋邦"和"原始宗邑"是笔者用来描述中国上古时代由原始社会向国家社会过渡阶段所使用的三个概念。关于这三个概念之间的长处

与不足，特别是酋邦理论的贡献与不足，在本书的"导论"中已有所分析。笔者在指出酋邦等理论概念的不足时，也提出需要将人类学中的酋邦理论、社会分层理论、社会复杂化理论与聚落考古学和社会形态学以及中国古代史中的一些概念进行整合，从而达到"互补互益"① 的效应。事实上，中心聚落形态、酋邦和原始宗邑这三个概念，既各有特色，亦有共同性。它们的共同性就在于它们所表达的都是史前社会中的不平等的社会类型，是由原始社会向国家社会的过渡阶段。

如本章开头所言，所谓中心聚落，就是在具有亲缘关系的聚落群中出现一个权力相对集中、有能力统辖其他聚落、集中了贵族阶层或者高级手工业生产的聚落。这里所说的中心聚落是从聚落考古学和人类学的视角提出的一个一般性概念。由于世界各民族的历史总是具体的，并时时展现出自己的个性特色，为此，笔者曾联系我国商周时期的历史特点而把中国史前社会的中心聚落称为"原始宗邑"②，也就是说，"原始宗邑"是笔者把周代的"宗邑"概念引申到史前社会而提出的一个新概念，或者说原始宗邑是中心聚落形态在中国史前社会的具体表现形式。

周代的宗邑即宗庙所在之邑。《左传·哀公十四年》说："魋（桓魋）先谋公，请以鞶易薄，公曰：'不可。薄，宗邑也。'"杜预注："宗庙所在。"这是说宋国的桓魋先欲图谋宋公，请求用鞶邑交换薄邑。宋公断然拒绝说："不行。薄是宋国的宗邑。"杜预注说它是"宗庙所在"地。可见宗邑的标志之一即宗庙所在地。在春秋时期，对于有先君宗庙之邑又名为"都"。如《左传·庄公二十八年》在讲到卿大夫普通的邑与都的区别时曾明确地说："凡邑有先君宗庙之主曰都，无曰邑。邑曰筑，都曰城。"

周代宗邑的另一特征在于它乃宗族宗主权力的政治和经济基础，是宗族统治的基地。《左传·襄公二十七年》曰："崔，宗邑也，必在宗族。"这是说崔地乃齐国崔杼一族的宗邑，因此一定要掌握在宗主手中。这是宗邑的又一特点，即宗邑是与宗族及其宗主联系在一起的。《左传·庄公二十八年》记载：骊姬使人对晋献公说："曲沃，君之宗也；蒲与二屈，君之疆也；不可以无主。宗邑无主，则民不威；疆场无主，则启戎心。"这一记载也见于《国语·晋语一》。

---

① 王震中：《中国文明起源的比较研究》，陕西人民出版社 1994 年版，第 7、169—170 页。

② 同上书，第 125、133—137、140—154 页。

曲沃为晋桓叔之封地，桓叔是晋献公之始祖，其封地曲沃是晋宗庙所在，故为宗邑；宗邑必有宗主。在采集出土的文物中有一件战国时期秦的《宗邑瓦书》，为陶制，其刻铭有"子子孙孙以为宗邑"。对于宗主来说，若能世世代代保持宗邑，就会使得自己的后裔既能一直以本族社稷宗庙的代理人自居，又可一直获得宗邑的成批收入，使得宗族统治有一个世袭稳定的基础。

周文化传统中的宗邑并非始自周代。《诗·大雅·公刘》在描写周人祖先公刘带领族人由邰迁徙到豳地后举行宴饮时曾写道："食之饮之，君之宗之"。这里的"君之宗之"，毛传曰："为之君，为之大宗也。"朱熹《诗经集传》解释说："宗，尊也；主也；嫡子孙主祭祀而族人尊之以为主也……以饮食劳其群臣而又为之君为之宗焉。"因此，"君之宗之"说的是君统与宗统的统一，也就是说，在公刘时代，周人就出现了最高酋长与大宗宗主合一的组织结构。"宗之"是从宗法和族长的角度，统一在宗族和宗主的旗帜下；"君之"是从部族和聚落群的社会权力的角度，统一在最高酋长及其中心聚落的周围。这是当时宗族组织及其权力关系的反映。有趣的是，史诗《大雅·公刘》第四节文字所描写的那种盛大而有秩序的宴会场面，完全可以与人类学著作中经常提到的酋邦的酋长们所举行的盛大宴会相比拟，它体现了财富的相对集中，也是酋长及其家族对其所占据的社会地位的炫耀，再现了当时的社会分层和权力的相对集中的情景①。既然周人的宗族组织以及宗权与君权的合一可以上溯到周族史前社会的中心聚落形态或酋邦阶段，那么周代宗邑的原始形态难道不就是史前社会的中心聚落或人类学上的酋邦吗？为此，从宗邑入手而引申出原始宗邑这一概念，当然就有了文献和逻辑的依据，原始宗邑是中国史前社会中心聚落形态的具体表现形式这样的命题，显然是逻辑与历史的统一。

2. 中心聚落、原始宗邑与酋邦社会的一般特征

我们如果将中心聚落、酋邦与原始宗邑加以对比，可以看到许多共同之处。

第一，这三者在外在特征和内在功能上都是一致的。例如，最早提出酋邦这一概念的美国人类学家卡莱尔沃·奥博格（Kalervo Oberg）就将酋邦定义为：在一个地域中由多村落组成的部落单位，由一名最高酋长统辖，在他的掌控之

---

① 王震中：《西周城邑国家文明的起源》，原载于《西周史论文集》（上），陕西人民教育出版社1993年版。收于王震中《中国古代文明的探索》，云南人民出版社2005年版，第254—264页。

下是由次一级酋长所掌管的区域和村落。对酋邦理论有所发展，并提出"简单酋邦"和"复杂酋邦"概念的美国考古学家厄尔也认为：酋邦最好被定义为一种区域性组织起来的社会，社会结构由一个酋长集中控制的等级制构成，它具有一种集中的决策机制以协调一批聚落社群的活动①。而我们知道，史前社会的中心聚落的外在特征就是在一个聚落群或一组聚落中处于统领地位的大型聚落，所以就一般而言，中心聚落的规模面积要远大于其他的普通聚落；而其内在特征则是它在聚落群中所具有的政治、军事、文化和宗教等方面的中心地位与作用，处于聚落群等级的顶端。

就聚落的规模而言，如前所述，作为中心聚落，甘肃秦安大地湾遗址第四期聚落主体部分面积达 50 万平方米，河南灵宝西坡村遗址现存面积约 40 万平方米，江苏新沂花厅遗址 50 万平方米，湖北京山屈家岭遗址 50 多万平方米，山东泰安大汶口遗址 80 多万平方米，安徽含山凌家滩 160 万平方米。聚落的规模大，在聚落群中统领着其周围从属于或半从属于它的其他普通聚落，在聚落等级中处于较高的地位，这些也都是周代宗邑的基本属性，当然也是原始宗邑所应具备的。

中心聚落的内在特征表现为聚落功能的几个集中性，即宗教祭祀功能、管理协调功能和军事调度功能的集中，亦即所谓政治、军事、文化和宗教等方面的中心地位与作用。如前所述，甘肃秦安大地湾 901 号殿堂及其广场，以及湖南澧县城头山、河南郑州西山等中心聚落时期的城邑，就强烈地表现出管理协调、军事防御与指挥以及宗教祭祀等方面的中心地位的功能；红山文化中牛河梁的女神庙、积石冢、祭坛以及东山嘴的祭地（社神）的祭坛和祭天的祭坛遗址，则把这种宗教祭祀中心的功能发挥到了极致——宗教祭祀文化的圣地；安徽含山凌家滩墓地、山东大汶口文化中晚期的墓葬，以及这一时期其他遗址的墓地中，那些非常富有的贵族大墓所表现出的集军事与宗教于一身的特质，同样也强有力地说明中心聚落所具有的政治、军事、祭祀诸多方面的集中性和中心地位。而我们前面已讲到，宗邑一方面是宗庙所在地即宗教祭祀的中心，另一方面也是宗主权力的基础，是宗族政治和宗教祭祀的中心。因此，无论是外在特征和内在功能，中心聚落、酋邦与原始宗邑都是高度一致的。

---

① 参见本书"导论"中"酋邦理论的贡献与局限"一节。

第二，中心聚落、酋邦与原始宗邑中共同的权力特征主要是神权政治，也有的表现为神权与军权并重，可视为古代中国"国之大事，在祀与戎"① 的前身和雏形。

如前所述，在中心聚落诸项集中性的功能中，其为宗教祭祀的中心是突出的。甘肃秦安大地湾第四期聚落中901号多间式的大房子，前有辉煌的殿堂（主室），后有居室（后室），左右各有厢房（东、西侧室），在房前还有一个广场，广场上，距前堂4米左右，立有两排柱子，柱子前面有一排青石板。其殿堂，从行政角度讲，它是当时酋长首领们集会议事、布政之宫；从宗教祭祀角度论，它又是人们举行宗教祭祀活动的中心庙堂。房前的两排柱子，有可能是代表各氏族部落的图腾柱，也有可能是挂设各宗系旌旗的立柱，而两排柱子前面的那排青石，则可能是贡献牺牲的祭台。至于以901号庙堂大室为中心而形成的广场，当然也是举行重大的集体活动时使用的神圣的空间。在这里，"殿堂—族氏的旌旗立柱（或图腾柱）—广场"这一组合设施，突显的就是一种神权政治。就连社会复杂化发展程度并不高的安徽蒙城尉迟寺聚落遗址中，在聚落中心偏南部的18号建筑基址（F68—F71）以南和以东位置，也有一处面积为1300平方米广场，广场的中央有一处因经常举行祭祀活动或篝火晚会留下的圆形的火烧遗迹，在广场的边缘还出土有被发掘者称为鸟形"神器"的特殊器物，也显示出宗教祭祀是该聚落突出的政治生活。

神权政治最突出的是红山文化中宗教圣地的出现。红山文化中有两处大型祭祀中心，一处是位于辽宁省凌源市牛河梁遗址群，在约50平方公里的范围内，分布有40多个遗址点，在布局上以女神庙为中心，在女神庙北部有用石砌的墙相围的巨大平台，在女神庙西南关山的地方有大型的祭坛，在女神庙两侧附近分布着许许多多的积石冢，这样以女神庙为中心形成了一个方圆50平方公里的宗教圣地。另一处是辽宁喀左县东山嘴祭祀遗址。

如前所述，红山文化的女神庙和积石冢相互关联，女神庙里供奉的是久远的祖先，积石冢中埋葬的是部落中刚刚死去的酋长，随着时间的推移，这些死去的著名酋长，也会逐渐列入被崇拜的祖先行列。所以，红山文化中的女神庙和积石冢表现出隆重的祖先崇拜。而喀左县东山嘴祭祀遗址呈现出的则是自然

① 《左传》成公十三年。

崇拜，其中，该遗址北部的"大型方形基址"是以石为社主的社坛遗迹，该遗址南部用石头砌成的圆形台子是祭天的祭坛。

红山文化的先民们，在远离村落的地方专门营建独立的庙宇和祭坛，形成规模宏大的祭祀中心场，这绝非一个氏族部落所能拥有。而对其宗教祭祀规模和文化所达到的高度，苏秉琦先生主张它所代表的政治实体是"古国"，"即早期城邦式的原始国家"①。笔者则认为红山文化所表现出的宗教祭祀规模和社会复杂化程度恰好是中心聚落形态或酋邦社会的神权特征，因而从凌源到喀左横跨几十公里的神庙、祭坛和积石冢等遗迹是一个部族或部落群崇拜共同祖先和祭祀天与地的圣地。由于这些大型原始宗教祭祀活动代表着当时全社会的公共利益，具有全民性的社会功能，所以，在原始社会末期，各地方酋长正是通过对祖先崇拜和对天地社稷祭祀的主持，才使得自己已掌握的权力进一步上升和扩大，使其等级地位更加巩固和发展，神权政治在这里得到极好的说明。

中心聚落中神权与军权并重，可以安徽含山凌家滩墓葬为例。在凌家滩墓地中，87M4 和 07M23 是两座墓葬规模最大、随葬品最多的贵族大墓。87M4 随葬 145 件器物，其中有玉器 103 件；07M23 随葬器物 330 件，其中有玉器 200件。两座大墓主人的富有程度在整个墓地首屈一指。需要指出的是这两座大墓都随葬有用来占卜的玉龟，也都随葬大量玉钺和石钺。其中，87M4 号墓葬不但随葬一副玉龟（彩图 2—4），而且还在玉龟的背甲和腹甲之间夹的一块表示"天圆地方"和"四极八方"等宇宙观的玉版（彩图 2—5）。07M23 号墓葬则随葬 1 件玉龟、2 件玉龟状扁圆形器（彩图 2—8）。在石钺、玉钺方面，87M4随葬玉钺 8 件、石钺 18 件；07M23 随葬玉钺 32 件、石钺 44 件。这两座大墓也随葬一些生产工具，表现出其对生产领域的重视。但这两座大墓主人的富贵主要在于他俩都是一位以执掌着宗教占卜祭祀为主，也兼有军事之权的酋长之类的人物。这种最高酋长集宗教与军事两种公务于一身的情形，体现的就是"国之大事，在祀与戎"的政治性格和权力特征。

凌家滩聚落对原始宗教的重视，并非孤立地只体现于 87M4 和 07M23 两座大墓。例如在 98M29 墓中随葬有 3 件玉人，在 87M1 墓中也随葬有 3 件玉人，这些玉人有学者认为是原始宗教法器，这两座墓主人是专职巫师。笔者认为这

---

① 苏秉琦：《中国文明起源新探》，生活·读书·新知三联书店 1999 年版，第 130—138 页。

些玉人有可能表现的是祖先崇拜。从图 2—7 和图 2—9 可以看到，每件玉人手臂上都刻着七八条臂镯纹样；而在 07M23 墓主人双臂位置，左右各有一组 10 件玉镯对称放置，是套在手臂上的臂镯，其情形与 98M29 和 87M1 墓出土的三件玉人手臂上刻的臂镯是一样的。对此，笔者推测 07M23 墓主人为刚死去不久的有作为的酋长，他是可列入祖先行列的重要人物；而玉人则是"高祖"或"远祖"之类的祖先形象，由此才使得 07M23 墓主人双臂各有一组 10 件玉镯与玉人双臂刻的七八条臂镯纹样高度一致。双臂上套有众多的臂镯，这大概是作为宗教领袖人物的一种装饰或身上法器的部件。如果说玉人是祖先崇拜的反映，那么凌家滩 98M29 号墓出土玉鹰则属于动物崇拜，再从 87M4 号墓出土表示"天圆地方"、"四维八方"宇宙观的玉版，以及 87M4 和 07M23 两座大墓都随葬有用来占卜的玉龟和玉龟状扁圆形器等特殊器物来看，凌家滩中心聚落的原始宗教和祭祀是十分发达的，其神权政治也是突出的。

在凌家滩聚落墓地中，表现出极明显的尚武风气。如前所述，在 1987 年到 1998 年三次发掘所获得的 44 座墓葬中，随葬玉钺的墓有 11 座，占总墓数的 25%；随葬石钺的墓有 30 座，占总墓数的 68%；玉钺和石钺二者合起来，占总墓数的 93%。11 座随葬玉钺的墓共出土玉钺 26 件，30 座随葬石钺的墓共出土石钺 186 件，玉钺与石钺相加，40 座随葬玉钺和石钺的墓共出土玉、石钺 212 件。大量随葬玉钺和石钺是尚武的表现，在这样的风气中，87M6 号墓主人原本是专职石匠，但他在随葬 22 件石锛的同时也随葬 32 件石钺；98M20 号墓主人被认为是专职玉匠，他在随葬 24 件石锛、111 个玉芯和 4 块磨刀石的同时，也随葬有 6 件玉钺、16 件石钺。大量随葬石钺玉钺所表达的身份地位显然与军事和军功有关，在当时的贵族行列中，有些贵族应当是军功贵族。

在人类学的实例中，摩尔根曾指出易洛魁人的"大战士"就属于军事酋长[1]；恩格斯则把这一时期称为"英雄时代"，他说：

> 民族的军事首长——勒克赛，巴赛勒斯，狄乌丹斯——成了不可缺少的常设的公职人员……其所以称为"军事"，是因为战争以及进行战争的组织现在已经成为民族生活的正常功能。邻人的财富刺激了各民族的贪欲，

---

[1] ［美］摩尔根：《古代社会》，商务印书馆 1977 年版，第 141 页。

在这些民族那里，获取财富已成为最重要的生活目的之一。他们是野蛮人：掠夺在他们看来比劳动获得更容易甚至更光荣。以前打仗是为了对侵犯进行报复，或者是为了扩大已经感到不够的领土；现在打仗，则纯粹是为了掠夺，战争成了经常性的行当。在新的设防城市的周围屹立着高峻的墙壁并非无故：它们的深壕宽堑成了氏族制度的墓穴，而它们的城楼已经高耸入文明时代了。内部也发生了同样的情形。掠夺战争加强了最高军事首长以及下级军事首长的权力；习惯地由同一家庭选出他们的后继者的办法，特别是从父权制实行以来，就逐渐变为世袭制，他们最初是耐心等待，后来是要求，最后便僭取这种世袭制了；世袭王权和世袭贵族的基础奠定下来了。①

此外，在卡内罗（Robert L. Carneiro）所举例的哥伦比亚 the Cauca Valley 酋邦社会中，其贵族有三种，即血缘贵族（nobleza de sangre），军事贵族（nobleza de cargo），如战争首领，以及基于财富的贵族（nobleza de riqueza）。诚然，这三种贵族之间，并非截然不同，贵族的身份原则上靠继承获得，然而实际上更多的是直接靠战功获得②。这些军事贵族当然包括恩格斯所说的"最高军事首长"和"下级军事首长"。由于当时正处于由原始社会向国家社会转变的途中，部族与部族或部落与部落之间的冲撞和战争普遍存在于世界各地的许多地区，因而当时神权政治的权力系统中必然含有军事首领的权力，并成为这一时代的社会特征。

除了军事和战争的因素外，中心聚落形态阶段即酋邦阶段的权力因素既是血缘性的亦为宗教性的这一特征，这是人类学家们经常强调的。如卡莱尔沃·奥博格在提出酋邦概念时即认为，酋邦的政治权威基于部落对共同渊源的认同。这是把祖先崇拜与血缘关系合为一体的一种认知。保罗·基希霍夫（Paul Kirchhoff）在描述酋邦的"圆锥形氏族"特征时，也强调该社会中每个成员的

---

① 《马克思恩格斯选集》第四卷，人民出版社 1995 年版，第 164 页。

② Robert L. Carneiro，"The Nature of the Chiefdom as Revealed by Evidence from the Cauca Valley of Colombia"，in A. Terry Rambo and Kathleen Gillogly，eds. *Profiles in Cultural Evolution*：*Papers from a Conference in Honor of Elman R. Service*，pp. 175，177. 易建平：《部落联盟与酋邦》，社会科学文献出版社 2004 年版，第 246 页。

地位取决于他和氏族—部落祖先之间血缘关系之远近。而所谓氏族部落之祖先已属于神化了的范畴，是与祖先崇拜和宗教祭祀联系在一起的。因而，英国考古学家科林·伦弗鲁（Colin Renfrew）提出：马耳他诸岛屿的神庙和巨石墓文化、复活节岛的"阿符"祭坛和巨石雕像、塔西提岛金字塔式的高坛等，都是酋邦社会中祖先崇拜的一种表现形式，有许多是为了纪念酋长之死而建造的；这些祭坛、浮雕和雕像的存在，既说明在酋长支配下的雕刻神像的神官和工匠之类的专职人员的出现，也说明酋长本身就是一个兼职的祭司，具有一定的神圣性和权威性[①]。

第三，中心聚落、酋邦和原始宗邑的另一个共同特征是其氏族部落社会中的不平等。其中，作为社会内部的不平等，在不同的土著民族或集团中各有差异。有的表现为保罗·基希霍夫所说的"圆锥形氏族"（又称为"尖锥体形氏族"）。在这种圆锥形氏族—部落社会中，整个社会通常相信是自一个始祖传递下来的，每个成员的地位取决于他和直系始祖之间血缘关系之远近，高血统的人与氏族—部落祖先的关系最近。在这里，社会地位大部分依据其出身而定，所谓与直系始祖之间血缘关系的最近者，也就是与现实的最高酋长关系最近者，亦即在直系世系上和酋长最近者，可特殊地获得较高的地位，从而形成圆锥体形的分阶等的社会系统。如果这种不平等（即阶等）只是以其出生而定，并不具有经济意义，那么笔者认为，这样的酋邦在社会发展序列中就处于"简单酋邦"的位置，也就是弗里德（Morton H. Fried）所说的"阶等社会"（rank society）。在考古学上，河南灵宝市西坡村仰韶文化庙底沟时期的墓葬就有这种现象。在该墓地所划分的大型墓中，那座随葬有3件玉钺的11号墓主人是一位年仅4岁的小孩，而玉钺无论是作为武器或者是作为斧类工具的象征物，都不是一个4岁小孩所真正能从事的工作，这似乎告诉我们这位4岁的小孩原本是要成为巫师的，但却不幸夭折身亡，故而其死后随葬的器物不但在数量上与那些被划分为大型墓者相比有过之而无不及，而且在品质上有玉钺等玉器。由此可见，该墓地中的不平等并非完全是由其生前的个人能力之类的因素决定的，而是由其血缘"身份"之类的因素决定的，当然也是世袭的。这一情形与酋邦模

---

① 科林·伦弗鲁（Colin Renfrew）：《文明的诞生——放射性碳素革命与史前欧洲》（*Before—The Radiocarbon Revolution and Prehistoric Europe*），First Published by Jonathan Cape，1973。王震中：《中国文明起源的比较研究》，陕西人民出版社 1994 年版，第 162—167 页。

式中的尖锥体氏族按照人们和酋长血缘关系的远近来确定其身份地位的原则，以及人类学者弗里德所说的"等级社会"中的"等级"（或译作"阶等"）的产生，有相似之处。对于这样的中心聚落，笔者将之列为中心聚落形态的雏形阶段。

酋邦社会的不平等，也有的表现为弗里德所划分的"分层社会"。这种社会分层具有经济上的意义，弗里德说是"相同年龄和性别的成员在获取基本生存资料的权利上存在差异"。对于史前的社会分层，欧美人类学者之间尚有分歧。除弗里德提出史前已出现社会分层之外，塞维斯不认为社会分层属于酋邦阶段，而厄尔等人则认为分层存在于酋邦之中。史前社会即国家形成之前，有社会分层，这无论是人类学上还是考古学上都是有资料证明的。例如，在安徽含山凌家滩遗址、山东泰安大汶口遗址、莒县陵阳河遗址、大朱家村遗址、江苏新沂花厅以及红山文化富有的积石冢墓所表现出的颇为悬殊的贫富分化，就属于具有经济意义的社会分层。因而，若比较没有社会分层的酋邦与含有社会分层的酋邦，笔者主张前者可归为"简单酋邦"而后者则可归为"复杂酋邦"；而若将中心聚落形态也与之相对应的话，则前者属于初级阶段的中心聚落，后者属于发达的中心聚落。前者的社会复杂化程度要低于后者。换言之，初级阶段的中心聚落相当于简单酋邦，亦即"阶等社会"；发达的中心聚落相当于复杂酋邦，属于"分层社会"。

由于在中国史前社会，中心聚落与普通聚落相结合的社会形态，也就是原始宗邑与普通村邑相结合的社会形态，而其中的"家族—宗族"这样的结构是非常重要的，因此，这一阶段的社会不平等就可划分为：既有聚落内部的不平等，也有聚落与聚落之间的不平等；在聚落内部又可分为家族与家族之间的不平等和家族内部父权家族长与其他家族成员间的不平等。例如我们一再指出的山东泰安大汶口、莒县陵阳河、大朱家村、临沂大范庄、茌平尚庄、邹县野店、江苏新沂花厅等遗址的大汶口文化中晚期的墓葬，以及安徽含山凌家滩的墓葬中，都可以看到大墓与小墓在墓穴大小、有无棺椁葬具、随葬品的数量、种类和质量等方面存在着不同程度的悬殊和差别。这种差别，若从家族墓群和家族组织内部的视角看，当然可以划分出父权家族长与其他家族成员之间的不平等；若从宗族墓地内诸家族茔地的划分来看，有些家族富有的大墓较多，有的较少，这就属于宗族内部家族与家族之间的不平等。尤其是在莒县陵阳河，大型墓和中型墓葬主要集中于河滩旁的第一墓区，而小墓一律埋葬于其他三个墓区，宗族内家族间的贫富分化已经相当严重。而宗族与宗族之间，在某种意义上可以说是聚落与聚落之间，中心聚落即原始宗邑与其周围普通聚落相比，大汶口、陵阳河、大朱家村、花厅、凌家滩等中心聚落的居民无论在财富上还是社会地位上都比那些普通聚落为高，表现出普通聚落从属或半从属于中心聚落，普通聚落被中心聚落所支配的情形，这当然属于聚落与聚落之间的不平等，亦即原始宗邑与从属于它的普通村邑之间的不平等。

第四，在酋邦的血缘性问题上，中国史前社会中心聚落阶段表现出的则是"家族—宗族"组织结构。正如本书"导论"所言，酋邦是原始社会中血缘身份与政治分级相结合的一种不平等的社会类型，用张光直先生的话来说，"酋邦的主要特征是其政治分级与亲属制度相结合"①。当然，无论是酋邦，还是中心聚落形态或原始宗邑形态，其血缘性的结构形式应该说是形形色色的，它既可以表现为保罗·基希霍夫所说的"圆锥形氏族"（又称为"尖锥体形氏族"）形态，亦可以是中国上古社会所表现出的"家族—宗族"形态，而依据笔者的研究，中国史前社会中心聚落形态的不平等是与"家族—宗族"组织结构结合在一起的，这也正是原始宗邑社会中族共同体的组织结构和政治基础。

正像周人的宗族组织出现于先周时期一样，史前社会的原始宗邑即中心聚落，也是以家族与宗族组织结构为基础的。在本章中，我们先后列举了大汶口文化刘林墓地、大汶口墓地、陵阳河墓地中的"家族—宗族"墓地所反映出的社会组织结构；也论述了大河村、黄楝树、尉迟寺等遗址中房屋建筑所反映出的"核心家庭—大家庭—父系家族—宗族"的社会组织结构。对于这种以家族和宗族为社会组织结构，并处于最高级别的中心聚落，我们称之为原始宗邑，这应该说是揭示了中国史前社会中心聚落的特点。

说到宗族这样的社会组织结构，笔者认为，从史前社会后期到西周春秋时代，族组织结构不断重复着从家族到宗族的繁衍分合的衍生模式。在周代的宗法中有大、小宗之分，这是宗族组织长期发展的结果。史前社会也许没有周代那样的宗法，但史前社会后期宗族组织中有强大宗族（强宗）与弱小宗族（弱宗）的分化，从而必然要导致"主支"与"分支"的出现。与大体平等的氏族

---

① 张光直：《古代世界的商文明》，《中原文物》1994 年第 4 期。

部落结构相比，史前社会后期的父权家族和宗族的形态使得宗氏谱系变得清晰而有连贯性。在这里，每个宗族的祖宗是明确而实际存在过的，各个家族及个人与祖宗的关系和在宗族谱系中的位置都是确定和有序的。这样，各家族及其成员在宗族中的地位也是一定的。而在同姓的宗族与宗族之间，那些人口兴旺、经济繁荣、军事实力雄厚的强大宗族，很容易被视为与传说中的氏族部落始祖或部落神有直系的血缘渊源，即直系后裔，从而确立其主支（即后来的大宗）在部落乃至部族中的领导地位，其宗族长即为最高部落酋长或部族酋长。我国历史上颛顼、帝喾、唐、虞、夏、商、周、秦八代国族的谱系就与其部族始祖或部族神直接相联系。这样，在宗族内部，依据与宗族祖宗的血缘亲疏关系而确立各家族及其成员的社会政治上的和宗教祭祀上的等次性；在宗族与宗族间，也因和现任部族酋长即居于统帅地位的强宗族长间亲疏关系的不同，而形成主支与分支之间的等次性。这就必然使得聚落与聚落间出现中心聚落与半从属聚落即原始宗邑与村邑的组合关系。特别是在当时伴随有战争的情况下，中心聚落与普通聚落之间的主从和不平等关系，将会越来越被加强和发展。残酷的战争使父权家族和宗族所具有的独立性受到限制，人们不得不团结在居于统帅地位的强大宗族的周围，联合本部族众多宗族的力量共同对敌。这样，只能使强宗即现任部落或部族酋长所在宗族的地位不断巩固，而它所在的聚落也得以膨胀和发展。强宗一旦被视为是部落乃至部族始祖或部族神的直系后裔，就握有本部落或部族的最高祭祀权，在其所在地建立太庙，主持祭祀大典，也就顺理成章了。这样一来，随着时间的推移，握有部落或部族最高祭祀权和军事指挥权的主支宗族，在行政上的发号施令就披上了一层神圣的外衣，其族谱的正统性、其所在地的宗邑性，也就不可动摇了。总之，中心聚落与从属或半从属聚落相结合的形态，亦即原始宗邑与从属于它的普通村邑相结合的形态，在史前的出现，既是聚落内外都发生不平等的结果，也是中国父权家族—宗族形态的产物，它是中国由史前社会走向文明社会的重要途径。

　　总之，中国史前社会中心聚落（即原始宗邑）形态中的贫富分化、不平等以及社会上的权力关系和祖先崇拜的意识形态，都是与"家族—宗族"组织结构联系在一起的，由于家族和宗族都属于血缘组织，因而这样的不平等当然也是一种血缘身份与政治分级相结合而产生的不平等。在中国上古，这种带有身份特征的不平等，始现于简单酋邦，也延续、滞留于复杂酋邦之中，只不过是在简单酋邦时期也即中心聚落形态的初级阶段，它还不具有弗里德所说的社会分层的意义，而到了复杂酋邦阶段，即典型发达的中心聚落阶段，其社会不平等在进一步加深，已萌生属于经济权力不平等的阶级和阶层，亦即已进入弗里德所说的社会分层。也就是说，上古中国，典型、发达的中心聚落形态，它所呈现出的社会不平等和社会复杂化的演进，以及在聚落群或部族中中心聚落所具有的政治、经济、军事、宗教和文化的中心地位与作用、原始宗邑的个性特征和神权政治等方面，都是十分突出的，这些社会现象共同构成了由原始社会向国家社会转变的时代特征。

第 三 章
阶级产生的三种途径

在社会复杂化的过程中，阶级、阶层和等级的产生是其一个重要现象。弗里德即把"分层社会"作为由史前的"阶等社会"向国家社会转变的过渡阶段。进入国家之后的社会也是阶级社会。为此，在探讨国家起源时，不能不探讨阶级的起源。

关于阶级的起源，恩格斯在《反杜林论》中曾提出，阶级"是经过两条道路产生的"，其中，第一条道路，亦即统治阶级产生的道路，是从社会的公共事务的管理和社会职位的世袭中产生统治阶级和公共权力的道路；第二条道路，即奴隶阶级产生的道路，这是由战俘转化为奴隶的道路①。有研究者根据恩格斯说的这两条阶级产生的道路，提出中国古代国家产生的路径走的是第一条道路，古希腊罗马国家的产生走的是第二条道路②。其实，殊不知，这种阶级产生的两条不同的道路是可以在一个社会并存的，而且阶级产生的道路与国家产生的道路是既有联系又有区别的，因此对于古代中国与古希腊罗马国家形成的不同道路，还需要另寻他途③。对于国家起源的道路，本章暂且不论。而关于阶级产生的道路，据笔者的研究，在恩格斯所说的两条道路之外，还存在第三条道路，这就是通过父权家族而产生阶级的道路，这是阶级产生的广泛基础，也是一条主要道路。在上古社会，阶级产生的这三种道路即三种途

---

① 《马克思恩格斯选集》第 3 卷，人民出版社 1995 年版，第 522—524 页。

② 沈长云、张渭莲：《中国古代国家起源与形成研究》，人民出版社 2009 年版，第 5、66—69、71—73、107 页。

③ 笔者提出的中国文明与国家起源的"聚落三形态演进"说、"邦国—王国—帝国"说以及王国时期的"夏商周三代复合制国家结构"说，就是对中国历史发展道路特点的一种探索。

径，实际上是可以并存于同一国家、同一社会的，中国古代国家形成的历史就是如此。在这里我们为了论述的方便，才分三个方面分别进行阐述，然后再加以统合。

一　阶级产生的广泛基础与主要途径——父权家族

如前章所述，中心聚落形态在其出现之初就是与社会的不平等联系在一起的。这种不平等最初表现为身份地位上的等差，即弗里德社会分层理论中的rank 和 rank society，由于它不含有经济上的划分，因此有学者认为不应该把它译为"等级"、"等级社会"，而主张译为"阶等"、"阶等社会"①。这种身份地位的不同和等差，每每与血统世系联系在一起，从而发展出一种等级制的亲族制度，使得社会的每个成员与某个祖先的关系远近，成为阶等的重要衡量因素。在现实中，酋长之所以具有特殊的身份地位，也是因其与祖先即神灵之间具有某种特殊关系的缘故。酋长往往是神灵特别是祖先神与该社会其他成员之间的中介，作为始祖嫡系后裔的酋长，因为其祖先的崇高地位，而往往获得特殊待遇，本身被视为神圣，死后灵魂归化为神。

阶等社会的进一步发展就进入了弗里德所说的分层社会（stratified society），指的是相同性别与相同年龄的社会成员，在占有和使用那些维持生活的基本资源上却是不平等的，也就是说这种不平等已具有经济意义上的划分，它与经典作家们所说的阶级和阶级社会中的阶层之类的概念有相通之处。那么，在原始社会末期，是如何由阶等社会转为分层社会，其演变的机制是什么，也就是说阶级和阶层是如何产生的呢？这一点弗里德并没有解决②，但却是研究社会复杂化过程的关键所在。

依据前面的论述，在文明起源过程所经历的"平等社会—阶等社会—分层社会"诸阶段中，阶等社会中的等差属于身份地位方面的不平等，它不含有经

---

① 易建平：《酋邦与专制政治》，载《历史研究》2001 年第 5 期；易建平：《约翰逊和厄尔的人类社会演进学说》，载《世界历史》2003 年第 2 期。在日本语中曾将之译为"地位社会"，概括了其特征。参见增田義郎《政治社会の諸形態—特に首長制社会・地位社会の概念について》，《思想》535 号，1969 年 1 月号。

② 参见本书"导论：国家起源研究的若干理论问题"。

济意义上的划分，当这种不平等进一步发展后，才出现含有经济意义上的社会分层，我们可称为阶层。在这里，我们将会发现阶级和阶层的产生经历了两个过程，即由"平等"到"身份"的过程与由"身份"（即身份地位）中不含有经济分化到出现经济分化的过程。可见"身份"的出现是问题的焦点所在，而这与中国古代社会中阶级地位是由其身份地位来体现是相吻合的。因此，我们说，阶级的产生过程就是从"平等"到"身份"的过程。又由于我国上古时期家族和宗族组织的充分发展，使得父权或父权家族的出现成为阶级起源的契机。最初的奴隶也是被包含在家族之中的，他们是家族中身份最低下者。对于古代中国，我们无论是从商周时期家族—宗族体制下的阶级关系向上逆推，还是从史前社会组织及人们的社会地位的演变来考察，都可以得出：含有奴役制的父权大家族的出现是氏族部落中血缘平等结构演变为阶级关系的关键[1]，是从"阶等"到"分层"的演变机制。我们在论述中心聚落初级阶段的社会组织时，已经指出，在一些地区形成父系的家族—宗族结构情况。到了中心聚落发达阶段，这种家族—宗族组织结构，在典型发达的中心聚落形态的墓葬资料中有大量的反映。以大汶口聚落墓地为例（图3—1），1959年在5400平方米内发掘出大汶口文化晚期墓葬133座[2]，分为早中晚三段，其中属于早段的有74座，这74座同期墓葬，由南向北可分为4个墓群，其最南的一群墓数较多，大约有30座，最北的一群墓数最少，有8座。根据4个墓群的划分和各群内人口规模，以及这4个墓群相互毗连而靠拢的较集中的情形，可以认为这4个墓群应该是4个近亲家族，它们相联合而形成一个宗族共同体。虽然，我们无法知道大汶口聚落墓地原本有多少个这样的宗族，但是，由这一聚落遗址占地80多万平方米看，这样的宗族共同体绝非两三个。第二章所论述的大汶口墓地富有的大墓与贫穷的小墓之间的差别，就存在于各个家族之中，即家族内已出现比较悬殊的贫富分化。家族墓内大型墓的死者，生前显然是家长，中型墓是地位次于家长的家族成员，小型墓则为家族中身份地位最低的家族成员。

---

[1]　王震中：《中国文明起源的比较研究》，陕西人民出版社1994年版，第227页。
[2]　山东省文管处等：《大汶口》，文物出版社1974年版。

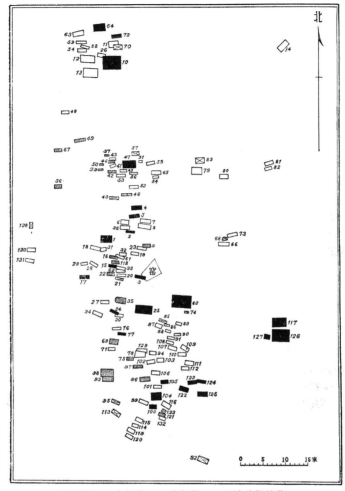

□ 早期墓 ▨ 中期墓 ■ 晚期墓 ⊠ 无法分期的墓

图3—1 大汶口墓地墓葬分布图

（采自山东省文管处等《大汶口》）

　　大汶口墓地有6座合葬墓，4座鉴定为男女合葬墓，2座没有性别鉴定。其中，M1男女合葬墓（图3—2），男性处于墓坑的中央，女性位于墓坑北壁向外扩出的小坑，随葬的57件器物几乎都摆放在男性的一侧。M35合葬墓（图3—3），有两具成人骨架、一具小孩骨架。成人为一男一女，男左女右。小孩为女性，紧倚在成年女性右侧，下肢斜搭在大人的股上。随葬的26件器物绝大多数

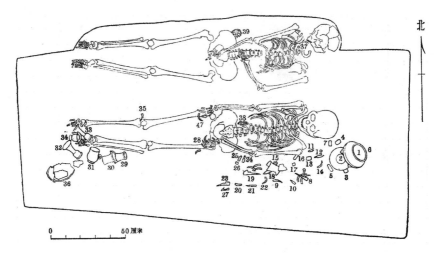

图3—2　大汶口1号墓男女合葬平面图

（采自山东省文管处等《大汶口》）

图3—3　大汶口35号合葬墓及出土器物

（采自山东省文管处等《大汶口》）

都放置在男性一侧。这两座男女合葬墓说明，在这一时期的大汶口居民中，有的家族中的女性已处于从属的地位。父权是以夫权为基础的。女性在家庭中处于从属地位，有助于说明父权的确立。此外，大汶口各家族的大墓，除10号墓外，其他经性别鉴定者均为男性。综合考虑这些现象，可以得出这样一个结论：大汶口中心聚落各家族中的家长应当是男性，是一种父权家族。

大汶口文化之外，安徽含山凌家滩遗址的墓葬材料也很能说明问题。在本书第二章已论述了凌家滩墓地各墓葬之间所存在的严重贫富分化。实际上，这种财富上的贫富分化既体现在家族之内，也体现在各个家族之间。对此，严文明先生曾依据凌家滩墓地1987—1998年三次发掘所得44座墓葬的分布情况对墓地进行了家族划分，并对各家族的贫富状况进行的分析[1]。加上2007年第五次发掘所获得4座墓葬资料[2]，严先生的划分和分析应该是符合实际的。

从墓地中各个墓葬分布的情况看（见图2—7），南区正中央所在地的这个家族是最富有的。07M23、87M4、87M15这三座顶级大墓都集中位于墓地南区正中央，和它们紧挨在一起的87M8、87M7、87M1也属于比较富有的墓或特殊墓。如87M8虽遭破坏仍出土了64件器物，其中有玉器43件，石器18件，陶器3件。87M7出土玉器28件，石器11件，陶器5件。87M1出土物不多，有15件，但很特别。主要有三个形状几乎完全相同的玉人（见图2—9）。玉人头戴介形帽，双耳似戴玉玦。双臂弯曲紧贴胸部，各佩5—6个玉镯。腰系宽带，双腿并拢，赤脚站立。人体扁平，后背有一对隧孔，可作穿缀之用。玉人应是巫师作法的器具，墓主人可能是专职的巫师。再加上07M23、87M4出土有玉龟（见彩图2—8）、玉版（见彩图2—9）、玉龟状扁圆形器（见彩图2—14）、玉签（见彩图2—15）等占卜器具和数量众多的石钺玉钺等，可以看出埋葬在南区正中央的这个家族在整个墓地中是最富有的，而且掌握有全聚落的宗教、军事之权。

南区之北有4座墓葬（98M25、98M26、98M27、98M30），严先生把它们划分为中区。实际上，这4座墓与它南边的87M7、87M8、87M15、07M23、87M1、87M4相距很近（见图2—7），所以二者究竟应划分为一区还是二区，

---

[1] 严文明：《凌家滩·序》，文物出版社2006年版。

[2] 安徽省文物考古研究所：《安徽含山县凌家滩遗址第五次发掘的新发现》，《考古》2008年第3期。

还可进一步斟酌。这里暂且把二者划为一区。该区北边的 4 座墓中，98M26 和 98M27 墓主人都较贫穷。前者仅出一件陶钵，后者也只有 4 件小玉环和 2 件陶豆。98M30 出土器物 46 件，其中玉器 5 件，石器 41 件，是一座中等墓。又因其石器中有 39 件是石锛，如本书第二章所述，墓主人也许是石匠或木匠。98M25 出土器物 24 件，有玉璜、玉钺、玉璧、玉镯、玉环、石钺和陶鬶等，其富有程度也属中等偏下。如果将这 4 座墓（98M25、98M26、98M27、98M30）与它南边的 6 座墓（87M1、87M4、87M7、87M8、87M15、07M23）划为一区，视为一个家族的话，那么在这个大家族中，既有掌管全聚落宗教、军事之权者（如 07M23、87M4），也有等级低于他们的专职巫师（如 87M1）和石木匠（如 98M30），还有地位低下、没有什么财产的家族成员（如 98M26、98M27）。

南区、中区之北称为北区，有 8 座墓，即 98M3、98M4、98M5、98M6、98M8、98M11、98M13 和 98M17。这些墓葬中，98M3、98M4、98M6 都只随葬两三件器物。98M5 随葬 3 件石锛、1 件石凿和 2 件陶器的残片，98M13 随葬 1 件石锛和几件陶器，98M17 随葬 1 件玉璜、2 件石钺和 2 件陶器。98M8 和 98M11 随葬的器物稍多，98M11 有 6 件陶豆、1 件陶罐和 2 件石钺、1 件石锛；98M8 有 3 件玉镯、5 件石器和 6 件陶器。从这些情况来看，诚如严文明先生所言，"北区是一个贫穷的墓区"。在北区与中区之间有一座 98M12 号墓葬，严先生说不知该划分到哪一区。98M12 号墓出土玉环 1 件、石钺 1 件、陶器 17 件，合计 19 件。若把该墓划分到北区，也只为北区增加了一座中等偏小的墓葬。若北区的 8 座墓加上 98M12 这 9 座墓属于一个家族的话，98M12 号墓主人有可能是其家族长。

西南区的墓葬可分为两组，一组是 98M29、98M31、87M6，另一组是 87M2、87M3、87M14。前一组的 98M29 随葬 86 件器物，并有 3 件是玉人，是一座比较大的墓葬。87M6 随葬 70 件器物，其中有石钺 32 件，石锛 22 件，也是一座比较大的墓。98M31 则是只随葬 9 件器物的较小的墓。后一组 87M14 随葬 53 件器物，在中等墓中属于偏上者。87M2 随葬 24 件器物，在中等墓中属于偏下者。87M3 则是贫穷者的墓，只随葬 3 件器物。西南区的这两组墓不论属于一个家族还是两个家族，都是有穷有富，有人从事原始宗教方面的事务，也有人是石匠，只是这个家族中最富有者的财富和社会身份地位也比不上位于墓地南区正中央的 07M23 和 87M4。

位于墓地西区①的墓葬可分为三组，一组是 98M9、98M15、98M18、98M22、98M24、98M28；一组是 98M19、98M20、98M21、98M23；还有一组是 87M9、87M10、87M11、87M12、87M13、87M17。这三组墓葬的前两组中，98M9、98M15、98M18、98M20 和 98M23 都随葬有玉芯、玉料或石料等，特别是 98M20 竟随葬 111 个玉芯，因此严文明先生说这两组墓主人生前是以玉石制作为主要职业的家族。另一组中，87M9 随葬器物 82 件，87M12 随葬器物 51 件，87M17 随葬器物 56 件，属于较富有的墓葬；87M10 随葬器物 29 件，87M11 随葬器物 30 件，属于中等偏下者；87M13 随葬器物 8 件，属于贫穷者的墓葬。西区墓葬也是有穷有富，整体上还是较富有的，但同西南区一样，西区墓葬中随葬品最多者也是不如南区 07M23 和 87M4 富有。

在墓地的西北区，2007 年发掘出 3 座墓，即 07M12、07M19、07M20②。这 3 座墓都为东西向，与 1987 年发掘的 87M7 的方向是一致的。07M12 号墓只随葬了 1 件陶碗，属于贫穷的小墓。07M19 和 07M20 随葬的器物以玉器为主，其次是石器，还有少量陶器。其中，玉钺和石钺的形体较大，经发掘者仔细观察没有发现刃口有使用痕迹，说明它们属于礼仪性用品，并非实用的生产工具。这两座墓最显著的特点是随葬品中有许多较小的玉饰（如环、玦）和大量残碎小玉料和加工后的边角料。玉边角料有不同的形状，每件玉料的各个面遗留有不同的切割痕迹，包括线切割、砣切割、片切割等。这说明 07M19 和 07M20 两座墓主人也是玉匠。由此可以判断墓地西北部 07M12、07M19、07M20 等墓葬的家族也应属于制玉的家族，或者是在这个家族中至少有两位是玉匠。这样，我们就会看到，不但在墓地西区有一个以玉石制作为主要职业的家族，在墓地西北区也有一个这样的家族。

墓地东区目前发现的只有 4 座墓葬，即 98M7、98M14、98M16 和 98M32。这 4 座墓中，98M16 和 98M7 是两座中等规模等级的墓葬。98M16 随葬器物有 42 件，其中玉器中有身体蜷曲成圆形的玉龙，也有玉坠、玉管、玉玦等；有 1

---

① 严文明先生称该区为西北区。因 2007 年发掘的 07M4、07M19、07M20 等墓位于发掘探方的 T0618—T0620 的范围内，这一带在整个墓葬中处于西北方位，为此笔者称此地为西北区，故而把严先生称西北区的改称为西区。

② 安徽省文物考古研究所：《安徽含山县凌家滩遗址第五次发掘的新发现》，《考古》2008 年第 3 期。

件石钺；还有鼎、壶、盆、钵、杯、豆等 22 件陶器。98M7 随葬器物 49 件，其中玉器有 21 件；石器 6 件，有 3 件是石钺；陶器也是 22 件。仅以随葬陶器而论，98M7 和 98M16 是整个墓地中随葬陶器最多的两座墓。另外两座墓的随葬品较少一些。98M14 随葬器物 24 件，有玉器 11 件，陶器 13 件。98M32 随葬器物只有 9 件，都是陶器。所以，我们若把东区的这 4 座墓葬也视为一个家族的话，其贫富程度似低于西区和西南区，而略高于北区。

以上对凌家滩墓地诸墓葬的分析是初步的。这是因为目前已发掘和报道的这 48 座凌家滩文化的墓葬不可能是凌家滩聚落遗址中的全部墓葬，因而据此而作出的诸家族茔域的划分，其准确性究竟有多大，还很难说。随着今后发掘工作进一步地进行，也许对诸家族墓群的划分还会作出一些调整。根据对上述家族茔域的划分和随葬品情况的分析，可以看出：一方面是在家族内已有贫富上的悬殊；另一方面是各个家族之间的贫富和在社会上的地位也是互有差别的。虽说各个家族中都有相对富有和贫穷者，但位于南区中央的这个家族在全聚落中是最富有的，其社会地位和身份也是最高的。包括南区正中央在内的诸家族茔地中的诸墓葬在埋葬时间上都有先后早晚的关系，而通过相互之间的时间关系则可以判断出诸家族实力消长的一些情况。其中可以看到，在南区中央的几座顶级大墓中，87M15 被第四层叠压，又被 87M8 所打破，是本区最早的墓；87M4 被第三层叠压，打破第四层，年代上略晚于 87M15。由于第五次发掘报告中没有报道 07M23 与 87M4 和 87M15 的层位关系，因而目前我们无法判断它们三者之间的时间关系，仅以 87M15 和 87M4 而论，位于墓地南部中央的这个最富有、社会地位最高的家族，在整个墓地中的中心地位，前后相续，没有多大变化，这似乎反映出该家族长在聚落中身份地位是世袭的。

大汶口、凌家滩等墓地的墓葬材料告诉我们：当时，社会经济、政治的不平等、人们不同身份地位的产生，社会分层的出现，都与父权家族或父家长权（patria podesta）的出现相关联。它是社会分化出阶级的过程中不可缺少的一环，是阶级、私有制和国家起源的起点。到了龙山文化时期，在黄河和长江流域，以父权家族结构为基础的阶级分化和对立的现象，将变得更为普遍。

龙山文化时期社会分层现象较为突出的可以山西临汾盆地的襄汾陶寺遗址为例。陶寺遗址文化分为早中晚三期，其碳十四测定的年代，若排除偏早和偏晚的部分数据，陶寺文化早期的年代在公元前 2400—前 2200 年，中期的年代为公元前2200—前2100年，晚期的年代为公元前2100—前2000年①。陶寺遗址发现大量的陶寺文化墓葬和多处墓地。1978—1985年在陶寺遗址东南陶寺小城即陶寺早期城址外发现一处占地面积4万平方米以上的陶寺文化墓地，在近5000平方米范围内发掘出1309座墓②，大多数墓属陶寺文化早期。2002年在陶寺中期小城内西北部钻探出一片墓地，面积约1万平方米，在发掘面积仅67平方米的范围内清理出22座陶寺文化中晚期墓③。陶寺遗址的发掘者将陶寺墓葬类型划分为大型墓（包括甲、乙两种）、中型墓（包括甲、乙、丙三种或四种）和小型墓三大类七八种等级阶梯，也就是说，从陶寺文化早期即公元前2400年开始，这里即已形成金字塔式的等级结构和阶级关系④。处于金字塔顶端的是甲种大墓的墓主人。这类大型墓使用木棺，棺内撒朱砂。随葬品数量多而精美，可达一二百件。例如，M3015（图3—4）墓坑为长方形竖穴，墓底残存板灰，当为葬具遗迹。死者骨架不完整，葬式应为仰身直肢。随葬品十分丰富，包括陶器14件，木器23件，玉、石器130件（其中石镞111件），骨器11件，另有30件随葬品被扰于灰坑中，随葬品总数达200件以上。在几座甲级大型墓中，随葬龙盘、鼍鼓、特磬、土鼓、玉钺等象征特权的一套重要礼器，说明这类大墓主人执掌着当时最重要的社会职能——祭祀与征伐。据发掘者研究，陶寺早期大墓中，使用成套礼器不是个别现象，而已形成一定规制即礼制⑤。特别是早期几座甲种大墓中出土的龙盘有特别意义，它有可能是最高级的礼器，也应为族权和神权的象征⑥。还有，鼍鼓、特磬，与安阳殷墟1217号王陵随葬

　① 中国社会科学院考古研究所：《中国考古学中碳十四年代数据集（1965—1991）》，文物出版社1991年版，第33—38页。将陶寺文化早期至晚期的年代划分在公元前2400—前2000年的理由，参见本书第五章"陶寺都邑与邦国"一节中的注释。

　② 高炜等：《关于陶寺墓地的几个问题》，《考古》1983年第6期；高炜：《中原龙山文化葬制研究》，《中国考古学论丛》，科学出版社1993年版，第90—105页。

　③ 中国社会科学院考古研究所山西工作队等：《陶寺城址发现陶寺文化中期墓葬》，《考古》2003年第9期；中国社会科学院考古研究所山西第二工作队等：《2002年山西襄汾陶寺城址发掘》，《中国社会科学院古代文明研究中心通讯》2003年第5期。

　④ 高炜、高天麟、张岱海：《关于陶寺墓地的几个问题》，《考古》1983年第6期。

　⑤ 高炜：《龙山时代的礼制》，载于《庆祝苏秉琦考古五十五年论文集》，文物出版社1998年版。

　⑥ 关于陶寺遗址族属的问题，特别是陶寺彩绘蟠龙纹陶盘的族属问题，王文清的《陶寺遗存可能是陶唐氏文化遗存》（刊载于《华夏文明》第一集，北京大学出版社1987年版）一文做了很好的研究，笔者甚为赞同。对此，在本书第五章中将有较详细的论述。

成组的鼍鼓和磬如出一辙。鼍鼓、特磬既然在商王朝中是王室或诸侯专用的重器，是统治者权威的象征，那么陶寺早期甲种大墓中鼍鼓、特磬的存在，也为我们判断墓主人为当时最高统治者即邦君之身份提供了佐证。大量精美的彩绘木器、彩绘陶器、玉器、石器与装饰品，则是他们依仗权势攫取社会财富据为己有的结果。而大墓两旁分布着使用彩绘木棺与华丽装饰品的女性中型墓的特殊安排，又表现出他们占有着两个或多个妻、妾。

不同等级的中型墓的主人，生前依次拥有不同的权力与财富。甲种中型墓墓主，地位低于大墓主人，但从其随葬的二三十件器物，包括彩绘案、俎、成组陶器、大型石钺和其他一些礼器，以及多分布于大型墓附近等现象来看，他们应是与大墓墓主关系甚近的贵族；乙种和丙种中型墓，地位低于甲种中型墓，并依次递减。但从甲、乙、丙三种中型墓都随葬玉钺或石钺及其他一些礼器来看，他们似乎都握有不同程度的领兵之权，或是因英勇善战而获得高于一般平民的地位。

小型墓，数量最多，占总墓数的80%以上。墓主有的只有骨笄之类的小件随葬品1—3件，而更多的则一无所有。小墓中个别的尸骨缺失手、足，或头骨被砍伤。究其原因，若非战争中受伤，便是受刑所致。

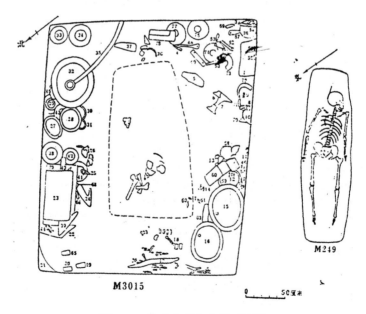

图3—4 陶寺大墓与小墓对比图

陶寺墓地所反映的金字塔式的等级结构和阶级、阶层分化是一目了然的。然而，这种等级和阶级又是被纳入家族—宗族结构之中的，因此它也是以父家长权的存在为基础的。目前，在陶寺早期城邑外发现的1309座墓葬的这片早期墓地，可以分两大区，即北部墓区和中部墓区。北部墓区位于墓地北部，以原第Ⅰ发掘区北部为代表；中部墓区位于墓地中部，以原第Ⅱ、第Ⅲ发掘区中部为代表。在每个墓区中，按墓葬分布和排列情况，又可大致分出若干小片（区），或可称为墓群，每个墓群又有多个墓排组成①。墓地、墓区、墓群、墓排也许可以对应三四级社会组织，因尚未进行人骨材料基础上的人种学、遗传学等相关研究，各层次单位间的具体血缘关系还不得而知，但其中应该包括宗族墓地和家族墓地这样的划分。在第Ⅲ区中部，M3015、M3016、M3002、M3072、M3073这5座随葬龙盘、鼍鼓、特磬的甲种大墓集中在一片（图3—5），前后距离各1米上下，从墓地布局和排列看，可以认为是宗族乃至同一家族的茔域。发掘者根据这几座墓葬随葬品的细

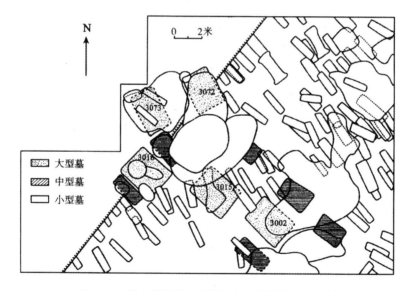

图3—5　陶寺墓地第Ⅲ发掘区部分墓葬布局平面图

（采自高江涛《中原地区文明化进程的考古学研究》）

微变化而显示出的埋葬时间早晚的不同，认为这是在"部落中执掌大权的"，

---

①　高炜、高天麟、张岱海：《关于陶寺墓地的几个问题》，《考古》1983年第6期。

"同一家族中的几辈人"①，"从而提供了当时部落首领已经实行世袭制的证据"②。将陶寺社会类型视为部落是远远不够的，但认为在社会中"执掌大权的"是由"同一家族中的几辈人"世袭的，则是颇有见地的。

二　由战俘转化而来的奴隶阶级

在史前社会末期，阶级产生的另一途径是由战俘转化而来的奴隶。对此，恩格斯在《反杜林论》中说：

> 农业家族内的自发的分工，达到一定的富裕程度时，就有可能吸收一个或几个外面的劳动力到家族里来。在旧的土地公有制已经崩溃或者至少是旧的土地共同耕作已经让位于各个家族分得地块单独耕作的那些地方，上述情形尤为常见。生产已经发展到这样一种程度：现在人的劳动力所能生产的东西超过了单纯维持劳动力所需要的数量；维持更多的劳动力的资料已经具备了；使用这些劳动力的资料也已经具备了；劳动力获得了某种价值。但是公社本身和公社所属的集团还不能够提供多余的可供自由支配的劳动力。战争却提供了这种劳动力，而战争和相邻的几个公社集团同时并存的现象一样，是十分古老的。在这以前人们不知道怎样处理战俘，因此就简单地把他们杀掉，在更早的时候甚至把他们吃掉。但是在这时已经达到的"经济状况"的水平上，战俘获得了某种价值；因此人们就让他们活下来，并且使用他们的劳动。这样，不是暴力支配经济情况，而是相反暴力被迫为经济状况服务。奴隶制被发现了。③

奴隶主要来源于战俘，这应当是奴隶来源的主要形式。那么，我们如何在考古发现中来证实这种奴隶的存在呢？对此笔者以为，可以通过对考古发掘出土的人殉、人祭、人牲奠基等现象的分析而得到说明。

---

① 高炜、高天麟、张岱海：《关于陶寺墓地的几个问题》，《考古》1983 年第 6 期。
② 高炜：《陶寺考古发现对探讨中国古代文明起源的意义》，载于田昌五、石兴邦主编《中国原始文化论集》，文物出版社 1989 年版。
③ 《马克思恩格斯选集》第 3 卷，人民出版社 1995 年版，第 523—524 页。

江苏新沂花厅遗址发现 87 座大汶口文化晚期墓葬①,其中北区的 10 座大墓大多有上百件的随葬品,有的随葬玉器达二三十件之多。这 10 座大墓中除去无墓主人骨和人骨无法鉴定者,有 5 座大墓主人为男性,1 座为女性。北区墓地 10 座大型墓中有 8 座有人殉现象。其中,有 3 座墓葬(M20、M34、M50)都是在墓主脚后横置两少年或幼儿。如 20 号墓(图 3—6),墓坑长 4.98 米,宽 2.98 米,是一座随葬有陶器、玉器等 66 件器物的大墓。墓主人是一位成年男性,随葬品摆放在他的周围。在墓主脚下,横向并列埋葬 2 具少年的人骨架,这两具人骨架应是墓主的殉葬者。有 1 座墓葬(M35)在墓主脚后横置一幼儿。

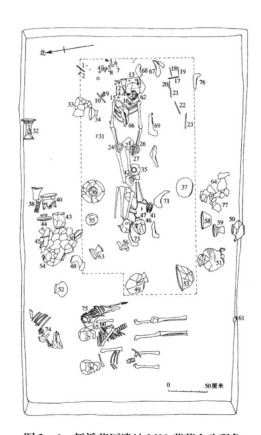

图 3—6 新沂花厅遗址 M20 墓葬人殉现象

(采自南京博物院《花厅——新石器时代墓地发掘报告》)

① 南京博物院:《花厅——新石器时代墓地发掘报告》,文物出版社 2003 年版。

　　另有 3 座大墓（M16、M60、M61）中的殉人情况，与上述有所区别，它们没有一定的方向和葬式，大人和小孩混杂，殉人数 2—5 人不等，有的同猪、狗埋在一起。如 60 号墓（图 3—7，彩图 3—1），墓坑长 4.35 米，宽 3 米，墓主人是一位 30 岁左右的男子，随葬有陶器、玉器等 149 件器物。该墓有 5 人殉葬：在随葬品左外侧，殉葬着中年男女骨架各一具，在女体的身旁依偎着一个 10—12 岁的儿童骨架，在他们的头上方还有一具 6—7 岁幼儿骨架，在墓的南侧还有一具少儿骨架，骨架被挤压成扁薄状，紧贴在坑壁上。墓主脚后还殉葬着一头猪骨架和一条狗骨架。

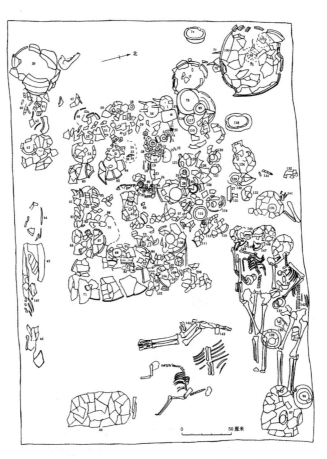

图 3—7　新沂花厅遗址 M60 殉葬墓平面图

（采自南京博物院《花厅——新石器时代墓地发掘报告》）

16 号墓（图 3—8）主人的骨架不存，在其左侧下方陪葬一 17 岁以下男性少年，在墓主脚后横置一俯身少女和 1 条狗及一堆猪头骨。在 16 号墓坑外东侧（墓主头上方）有 3 个并排排列的幼童墓（M14 等），在 16 号墓坑外南侧（左边）也有 1 个小孩墓（M11）。发掘者认为 M11 与 M14 等应是 16 号墓的"人牲"或"祭殉墓"[①]。

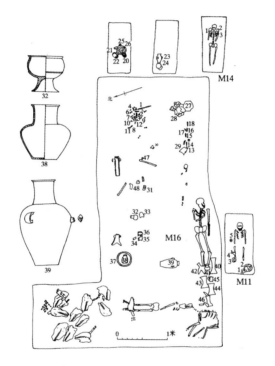

图 3—8 新沂花厅 M16 殉葬墓

1. 玉锥 2、3、7. 玉管 4、8、12、26. 玉饰片 5. 项饰 6、9. 玉珠 10、11、13—18、47. 玉坠 19、29、40、43、44、46. 陶豆 20、22. 陶环 21、24、33、35. 陶罐 23、27、28、38、39、41. 陶壶 25. 玉环 30、32、45. 陶杯 31. 残骨筒 34. 有段石锛 36、42. 陶鼎 37. 陶钵 48. 石刀

M11：1. 残陶器 2. 陶罐 3. 陶钵 4. 陶杯 5. 玉镯

M14：1. 陶鼎 2. 陶杯 3. 陶钵

（采自南京博物院《花厅——新石器时代墓地发掘报告》）

---

① 南京博物院：《花厅——新石器时代墓地发掘报告》，文物出版社 2003 年版，第 45、54 页。

　　此外，还有一种是合葬墓。如 18 号墓（图 3—10）的墓主人为男性青壮年（A），在其右边有陪葬的呈侧身的成年女性骨架（B），右胸上有一婴幼儿骨架（C），脚后又有一婴幼儿骨架（D）。此墓的特点是除墓主有大量随葬品外，在墓主右边的成年女子头上方和脚后，也随葬较多精美玉器和陶器，手上戴着玉镯，显然不是一般身份。墓主脚后的婴幼儿旁，也放置着六七件精美陶器。依据这些情况，花厅墓地发掘者认为 18 号墓并非一般意义上的人殉，有可能是"男女合葬"、"妻妾从葬"之类的墓葬①。由于 18 号墓内这 4 具人骨架是同时埋入墓坑内，其一种可能是，一个家庭或家族的 4 位成员因某种原因同时死亡，才使得 4 人同时埋入一个墓坑，这样，M18 就不能称为人殉墓而应称为家族合葬墓，其中在男性右边的应是他的妻妾，右胸上的幼儿和脚下的幼儿应是其子女；另一种可能是，在埋葬男性墓主人时，其成年女性是自愿殉葬的妻妾，两个幼儿也是殉葬者。

　　新沂花厅北区墓地的这些殉葬者，当来自异族的俘虏。但不可能是花厅聚落的某位贵族死亡时临时才突然捕获来的，而是在以前的战争中掠夺的。他（她）们在被杀殉之前，应当是作为奴隶对待的。在新沂花厅的北区墓地中，也可以看到分片埋葬的特点，每片之间留有一定的空白地带。对此，也可以解释成是以家族为单位而进行的埋葬。在墓地中，属于一个家族的墓葬相互靠得更近更紧密一些，其中 10 座大型墓比较集中分布在北区中靠北边的那片墓群之中，这说明贫富分化也体现在家族与家族之间，北片墓群的家族在整体上属于显贵家族，当然其中有一些小墓存在，说明在显贵家族中也有贫穷者和身份地位低下者。至于这些大墓的殉葬者，则是通过战争虏获而来的贵族的家内奴隶及其子女。

　　墓葬和墓地中的人殉之类遗迹，新沂花厅之外，良渚文化的昆山赵陵山、吴县张陵山、上海福泉山等墓地，也都有发现。其中，有的是在墓主葬具外边发现单放一个少年头骨或埋有蜷曲状的人骨架，有的是在墓坑口部填土中埋入一具人骨架，还有的是在主人墓坑外的下端另挖不到 1 平方米的小坑内挤塞两人②。可见，这种将虏获而来的异族人转化为家内奴隶，在我国东部地区的大

---

　　① 南京博物院：《花厅——新石器时代墓地发掘报告》，文物出版社 2003 年版，第 45 页。

　　② 任式楠：《中国新石器文化总体考察和文明探讨》，《任式楠文集》，上海辞书出版社 2005 年版，第 130 页。

汶口文化和良渚文化中有一定的普遍性。

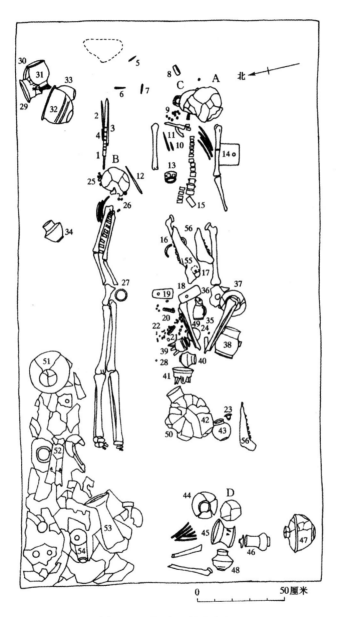

图3—9　花厅18号合葬墓

（采自南京博物院《花厅——新石器时代墓地发掘报告》）

　　在新石器时代晚期的城墙和房屋建筑中可以看到许多作为奠基的人牲遗存，这些人也应当是从异族掠夺而来的奴隶。例如，寿光边线王城墙基槽夯土层中，埋入完整人骨架和猪、狗骨架用以奠基。在安阳后冈、汤阴白营、永城王油坊、茌平教场铺、泗水尹家城、临潼康家等地的普通房址发现奠基人牲，大多数为5岁以下幼童，每座房子埋置1—4人。埋放具体位置主要包括房基居住面下的垫土里、室外散水下、墙基下、土墙中、柱洞下等处，人牲骨骸往往被砸压得变形或粉碎。如后冈39座房子中有15座埋置幼童共26人。登封王城岗发现了专门的埋人夯土坑13座，可能原为夯土建筑基址下面的人牲奠基坑遗迹，成人男女和儿童均有，埋人最多的一座奠基坑共埋7人。邹平丁公城址内的大型建筑基址也用小孩和成人奠基。

　　从永城王油坊的房子奠基人牲中还发现有截取头盖骨的特殊现象[1]。房子F20的墙角外侧埋置一个儿童，又在居住面下垫土地基中埋放3具成年男尸，成人头骨自额骨以上皆被去掉。这应是先专意截取了头盖骨以作他用，后把整个躯体埋入房基作为奠基人牲。在邯郸涧沟两座半地穴式窝棚里共发现有4具人头盖骨，为成年的男女，断口都留有砍痕，有的头盖骨上还有因剥头皮所遗留下来的刀割槽痕。涧沟经过加工的头盖骨标本是属于一种作为饮器的头盖杯[2]。王油坊和涧沟这两地的龙山遗存年代都在公元前2400—前2300年，当时社会组织内外斗争激烈，被截取头骨或被剥头皮者很可能是战俘，而拥有头盖杯者或以此炫耀胜利、勇武，或用头盖骨为饮器是以为能吸取敌对首领之神力为己用。中原地区约由龙山时代中期开始的头盖杯风俗，在商周时期尚有实物和记载可见。

　　由战俘转化而为奴隶的第三种证据，就是考古学所称的"乱葬坑"现象。龙山时代各种聚落的居住区，普遍发现被称为"乱葬坑"、"灰坑葬"的遗存。如汝州煤山、洛阳王湾和矬李、孟津小潘沟、禹县瓦店、郑州大河村、淮阳平粮台、淅川下王岗、邯郸涧沟、西安客省庄、襄汾陶寺等遗址，都发现有"乱葬坑"。坑内人骨少者1具，多者10具，葬式杂乱，相互枕压，有的作挣扎状，也有的肢体不全或身首异处，无随葬器物，而有些还与猪狗之类兽骨伴存。这

----

　　① 中国社会科学院考古研究所河南二队、河南商丘地区文管会：《河南永城王油坊遗址发掘报告》，《考古学集刊》第5集，1987年。

　　② 严文明：《涧沟的头盖杯和剥头皮风俗》，《考古与文物》1982年第2期。

些乱葬坑内的人骨，既有因凶死等原因而被掩埋者，也有许多属于祭祀人牲的遗迹。根据人类学材料，作为祭祀的人牲都来自异族，或是战争的俘虏，或是一种捕获。对于虏获的异族之人，可以立即作为人牲进行祭祀；也可以暂且作为奴隶，等到需要祭祀时再加以杀戮。因此，被掩埋在"乱葬坑"里那些人，有些曾做过一段时间的奴隶，应当是很正常的。特别是陶寺 I T5026 的垃圾灰沟 HG8 出土 6 层人头骨，属于 40—50 人骨个体①，这种集中掩埋这么多的人头骨的现象，充分反映出社会阶层的分化和阶级矛盾的尖锐。

三　由社会职务而产生的统治阶级

由社会职务转化为统治阶级，这是恩格斯在《反杜林论》中提出的另一条阶级产生的道路。恩格斯说"在开化得比较晚的民族的原始农业公社中"：

> 一开始就存在着一定的共同利益，维护这种利益的工作，虽然是在全体的监督之下，却不能不由个别成员来担当：如解决争端；制止别人越权；监督用水，特别是在炎热的地方；最后，在非常原始的状态下执行宗教职能……这些职位被赋予了某些全权，这是国家的萌芽。生产力逐渐提高；较密的人口在一些场合形成了各个公社之间的共同利益，在另一些场合又形成了各个公社之间的相抵触的利益，而这些公社集合为更大的整体又引起新的分工，建立保护共同利益和防止相抵触的利益的机构。这些机构，作为整个集体的共同利益的代表，在对每个单个的公社的关系上已经处于特别的、在一定情况下甚至是对立的地位，它们很快就变成为更加独立的了，这种情况的造成部分地是由于职位的世袭（这种世袭在一切事情都是自发地进行的世界里差不多是自然而然地形成的），部分地是由于同别的集团的冲突的增多，使得这种机构越来越必不可少了。在这里我们没有必要来深入研究：社会职能对社会的这种独立化怎样逐渐上升为对社会的统治；起先的公仆在情况有利时怎样逐步变为主人；这种主人怎样分别成为东方的暴君，希腊的部落首领，克尔特人的族长等等；在这种转变中，这种主

---

① 何驽：《陶寺城址南墙夯土层中人骨说明的问题》，《中国文物报》2002 年 3 月 8 日第 7 版；何驽等：《襄汾陶寺城址发掘显现暴力色彩》，《中国文物报》2003 年 1 月 31 日第 1、2 版。

人在什么样的程度上终究也使用了暴力；最后，各个统治人物怎样结合成了一个统治阶级。①

　　恩格斯所描述的是一条从社会的公共事务的管理和社会职位的世袭中产生统治阶级和公共权力的道路：在原始社会后期，"社会职能"的担当者从维护公共利益出发，通过对公共事务的管理而逐渐上升为对社会的统治；起先是社会的"公仆"而后逐步变为社会的"主人"；最后各级统治人物结合成一个统治阶级。恩格斯的这一思想对后来的西方学者有深远的影响。如20世纪60年代，塞维斯在主张阶级是社会分化与官僚分化的产物时，也强调为了维持社会而需发展它的管理职能，从而成长为一种世袭贵族政治。而"贵族在国家中成为民政官僚、军事领袖与上层祭司。其他的人则'劳作'"②。

　　在中心聚落形态阶段，祭司或半专职的神职人员就是一种社会职务。在这方面，刻划在陶尊（大口瓮）上的史前陶文"⊗"、"⊙"，即可说明当时负责观测和祭祀辰星大火的"火正"这一职务已出现。

　　"⊗"和"⊙"，自20世纪60年代在山东的大汶口文化诸遗址被发现以来，迄今发现有28例以上，分布在山东（彩图3—2）、安徽（彩图3—3）、湖北、浙江、上海等地的黄河下游和长江下游、中游地区的大汶口文化、良渚文化等文化之中，应该带有某种普遍而固定的含义。对于"⊗"和"⊙"的含义，我们在第二章论述山东莒县陵阳河、大朱家村等遗址中的这类图像文字时，已指出该图形文字表达了当时聚落或聚落群中专职或半专职的主管天象和历法的人员对于大火星的观察、祭祀和观象授时。

　　在上古时代，主管大火的观察和祭祀并以此来定季节的就是所谓的"火正"。依据古史传说，这种火正设立的上限，可以追溯到虞舜之前的颛顼、高辛、唐尧时期。如《左传》襄公九年说："古之火正，或食于心，或食于咮，以出内火。是故咮为鹑火，心为大火。陶唐氏之火正阏伯居商丘，祀大火，而火纪时焉。相土因之，故商主大火。"在这里，"食于心"，"祀大火"，当然是以观察和祭祀大火为己任。其中"出内火"中的"出火"是春耕时的火始昏见（大火星开始昏见）；"内火"是深秋时的火伏即与太阳同没，也就是《左传》

_____

①　《马克思恩格斯选集》第3卷，人民出版社1995年版，第522—523页。
②　易建平：《部落联盟与酋邦》，社会科学文献出版社2004年版，第192页。

哀公十二年所谓"火伏而后蛰者毕"。在上古，无论春季的"出火"，还是深秋的"内火"，都要由火正负责举行一定的仪式。襄公九年的这段话还指出，有时随着时日推移，由于岁差的作用使得大火星昏升越来越晚，已不能由此确定播种季节，这时就改为观察鹑火，即味，也就是宿了。

关于阏伯居商丘，祀大火的传说也见于《左传》昭公元年。其记载曰："昔高辛氏有二子，伯曰阏伯，季曰实沈，居于旷林，不相能也，日寻干戈，以相征讨。后帝不臧，迁阏伯于商丘，主辰，商人是因。迁实沈于大夏，主参，唐人是因，以服事夏商……及成王灭唐而封大叔焉，故参为晋星。"这里"主辰"、"主参"就是主管大火星和参宿的祭祀。大概高辛氏时期的山西一带，在春分前后，当太阳落山不久，参宿正出现在西方地平线上，故这里的人们选择了观测参宿作为春耕生产来临时刻的标志；而商丘①一带的人们，则以春分前后，太阳下山不久，闪耀在东方地平线上的大火即辰星为观测的对象，并以此来确定播种季节。这就是当时"主辰"、"主参"的实际含义②。只是在这些传说中，昭公元年郑国子产说阏伯是高辛氏之子，而襄公九年晋国士弱说阏伯是陶唐氏之火正，两则传说略有差异。据《世本》："黄帝生玄嚣，玄嚣生侨极，侨极生高辛，是为帝喾。帝喾生尧。"《史记·五帝本纪》中也将帝喾高辛氏和帝尧陶唐氏列为父子关系。这种血统上的父子关系，今日学者多数已不再相信，但也不能不对此做出新的解释。假若我们将颛顼高阳氏、帝喾高辛氏、帝尧陶唐氏之类都视为被神化了的方国或部落的领袖，那么五帝谱系中五帝间的承接，实为方国间盟主权或霸权的嬗递，其中当然也有文化上的影响和承袭。从而作为帝喾高辛氏之子的阏伯，大概到了唐尧时期仍然以主管大火星的祭祀而闻名于世。

阏伯及高辛氏之外，作为火正更为闻名的是祝融。如《左传》昭公二十九年说："火正曰祝融。"《国语·郑语》说："黎为高辛氏火正，以淳耀敦大，天明地德，光照四海，故命之曰祝融。"这里的黎，就是《国语·楚语》中颛顼属下之黎。《楚语下》说："颛顼受之，乃命南正重司天以属神，命火正黎司地以属民……是谓绝地天通。"讲的就是以南正和火正为首的专职上层巫觋的出

---

① 关于"商丘"在何地，主要有两说：一说主张在今河南商丘；一说商丘即帝丘，主张在今河南濮阳。参见王震中《商族起源与先商社会变迁》，中国社会科学出版社 2010 年版。

② 郑文光：《中国天文学源流》，科学出版社 1979 年版，第 29—31 页。

现。由于早期的历术每每都是通过观察恒星的出没以确定四时的观象授时之历，而大火又是当时观象授时的主要对象，故《史记·天官书》在讲到天文历法之始时明言："昔之传天数者，高辛之前重、黎；于唐、虞、羲、和。"《国语·楚语下》也说："重、黎氏世叙天地，而别分主者也。"

总之，我们把"🝓"和"🝔"释读为与火正对于大火星的观察、祭祀和观象授时有关的象形兼会意文字，是非常有意义的。"🝓"和"🝔"不仅发现于山东，也发现于安徽、浙江等地，似乎已约定俗成。五千多年前，通过观察辰星大火出没以定农时的历法，在山东、安徽、浙江等广大地区已被普遍采用，而这些又与帝颛顼时，发生了著名的重和黎"绝地天通"① 的宗教变革相联系在一起。当时设置这些分管天地的神职人员，是与全社会的生产和管理密不可分的，也意味着一个祭司兼管理阶层的形成。这也是一种社会分工，即脑力劳动与体力劳动的分工。也就是说，祭祀与管理相关联，贵族阶层的产生，其来源和途径可以是多方面的，而神职人员的设立应该是重要的途径之一。诸如"火正"这样的上层巫觋、祭司的形成，这正是恩格斯所说的"社会职能对社会的这种独立化怎样逐渐上升为对社会的统治"的具体实例。

当然，比较安徽蒙城尉迟寺遗址与山东莒县陵阳河、大朱家村等遗址，我们发现虽然都出土刻有"🝓"和"🝔"图像文字的大口尊，但尉迟寺聚落的贫富分化和社会复杂化程度远低于陵阳河、大朱家村，而且尉迟寺聚落刻有"🝓"和"🝔"图像文字的大口尊除了出现在祭祀坑和地层中的几例外，主要是作为婴儿和儿童的瓮棺葬的葬具。尉迟寺的情况告诉我们：一是担任对大火星进行观察和祭祀的所谓"火正"职务在该聚落是与生俱来的，是在一个特殊家族中传承和世袭的；二是在一个聚落社会中，并非先有明显的社会不平等然后才有"火正"之类社会分工，而是社会职务的分工早于社会不平等的产生。这与恩格斯所说的从社会的公共事务的管理和社会职位的世袭中产生统治阶级和公共权力是一致的。

作为专职的神职人员，除上举的陵阳河、大朱家村、尉迟寺等遗址的情况以及文献中颛顼命重和黎"绝地天通"之外，安徽含山凌家滩遗址出土三件玉人的 29 号墓（98M29）和 1 号墓（87M1）的墓主人，也属于神职人员。当然，

---

① 《尚书·吕刑》；《国语·楚语下》。

29 号墓和 1 号墓虽都随葬 3 件玉人（彩图 3—4，彩图 3—5），但两墓主人的地位和财富是有差别的。29 号墓是比较大的一座墓，共出土器物 86 件，有 52 件是玉器。除 3 件玉人之外，还出土了 1 件玉鹰（彩图 3—6）、5 件玉璜、4 件玉玦、6 件玉镯、4 件玉璧和 12 件精美的石钺、2 件石戈等。1 号墓随葬品共 15 件，有 11 件玉器，其中的 3 件玉人，在体态上与 29 号墓的基本相同，只是 29 号墓的玉人是坐立的，1 号墓的玉人是站立的。29 号墓和 1 号墓虽说都因随葬玉人等特殊器物而表明这两座墓主人应该都是专职的巫师，但 29 号墓显然要比 1 号墓富有得多。从 29 号墓还出土 12 件精美的石钺、2 件精致的石戈来看，29 号墓主人的富有应该与他兼管军事有关。

在史前社会的中心聚落以及由中心聚落形态走向都邑邦国形态的过程中，那种从社会的公共事务的管理和社会职位的世袭中产生统治阶级、世袭贵族和公共权力的现象，还可以举出其他一些例子。诸如，凌家滩遗址 1987 年发掘的 87M4 和 2007 年发掘的 07M23 这两座大墓，就是集中了神权、军权、生产管理和富有于一身。87M4 随葬品为 145 件，其中 103 件是玉器；07M23 随葬品为 330 件，其中 200 件是玉器，两墓呈现出极大的富有。87M4 随葬 1 件用于占卜的玉龟，并在玉龟的背甲和腹甲之间夹的一块玉版上琢刻出表示"天圆地方"和"四极八方"等宇宙观的图案；07M23 也随葬 1 件玉龟和 2 件玉龟状扁圆形器，在玉龟和玉龟状扁圆形器内都放置作占卜用的玉签。这些都属于原始宗教法器，以它们为随葬品说明其墓主人掌握着最高的祭祀和占卜之权。87M4 还随葬玉制的斧钺 8 件、石钺 18 件，说明他还执掌着军事方面的事务；墓内还出土 6 件颇为精致的石锛、5 件精致的石凿，似乎象征着其人对手工业的重视，这可视为我们所说的生产管理；07M23 内随葬还有 2 件玉钺和 44 件石钺，说明他也执掌着军事之权。可见，两位墓主人既掌握着最高占卜祭祀之权，也握有军事指挥之权和生产管理之权，集宗教祭祀、军事战争与生产管理于一身，属于该聚落和聚落群中社会身份地位最高的人。这样的人物应是当时部族的最高酋长。而 87M4 墓葬与 07M23 墓葬又挨得很近，属于一个家族，如果两墓的埋葬时间有前后差别的话，则可以说明这里的管理公共事务的社会职位和由此而产生的贵族是世袭的。

中心聚落形态阶段聚落群中的最高酋长，到了龙山时代的陶寺、良渚之类的都邑邦国，就成了邦国中的邦君，最高的统治阶层由此而产生。例如，陶寺都邑的 5 座甲种大墓集中于一区，按时序自西北向东南安排穴位，并在 M3015、M3016 和 M3002 三座大墓的两侧出现似属陪葬墓性质的中小型墓①，大墓两侧的中型墓曾被推测为大墓墓主的妻、妾②；在大墓大量的随葬品中有象征神权、族权的彩绘蟠龙纹陶盘、鼍鼓、特磬；象征军权的玉、石钺，是集族权、神权、军权于一身者。需强调的是这里的族权也即君权，是都邑邦国的邦君之权。这 5 座大墓时间略有早晚，规划有序的大墓墓主均为男性，发掘者认为是同一家族中的几代人，这表明邦君之位和最高统治阶层已有可能是世袭的。

　　总括本章所述，关于阶级、统治、压迫和社会不平等的产生，我们在恩格斯所揭示的两个途径的基础上，又增加了父家长权和父权家族这一机制。正如我们在本章开头所言，阶级产生的这三种途径，在上古中国是存在于同一社会的。例如在陶寺都邑，公共墓地中所呈现出的按家族、宗族等区分的情形，以及家族、宗族内贫富分化和等级阶层的存在，都与父家长和父权家族密不可分，它构成了阶级产生的广泛的基础和主要途径；陶寺遗址发现的许多乱葬墓，死者或弃于灰坑，或被作为人牲，或被夯筑于城墙中，特别是 HG8 垃圾灰沟出土 40—50 个人头骨的情形，反映的都是由战俘转化来的奴隶所受的待遇和遭遇，所以奴隶阶级产生的途径在这里也是存在的；至于陶寺都邑内的国君（邦君）以及由劳心者、巫祝等神职人员组成的统治阶层，当然是从中心聚落阶段社会公共事务的管理者和社会职位的世袭中演变而来的，统治阶级产生的这一途径，在陶寺也同样存在。对于阶级产生的这三种途径，笔者特别强调的是父权家族和公共事务管理这两个机制，因为这两条途径一个构成广泛的阶级基础，一个产生的是统治阶层。至于奴隶，从陶寺的情况来看，与 1309 座正常墓葬相比，那些乱葬墓所占的比例极低，大概还不到 1%，即使考虑到一些家族中还有家内奴隶，整个社会中奴隶的数量也不太多。因此，在中国上古早期国家这样的阶级社会中，应该是多种所有制并存，尽管有奴隶，也有奴隶制的机制，但奴隶和奴隶制不是主要的，奴隶主阶级与奴隶阶级构不成社会的主要矛盾，无论是奴隶主还是奴隶都不能成为社会主要矛盾的主要方面，当时的社会不属于奴隶社会。

---

　　①　高炜：《晋西南与中国古代文明的形成》，《汾河湾——丁村文化与晋文化考古学术研讨会文集》，山西高校联合出版社 1996 年版，第 111—118 页。

　　②　高炜、高天麟、张岱海：《关于陶寺墓地的几个问题》，《考古》1983 年第 6 期。

　　虽然考古发现具有很大的偶然性和局限性，但现有的材料表明：公元前3000—前2000年间，在黄河流域和长江流域，都由此前的程度不同的贫富分化、财产占有不均，走向了阶级分化和对立。在阶级阶层产生的途径以及财富积累与集中的方式上，我们发现无论是大汶口、凌家滩的墓地材料，还是龙山时代的山东泗水尹家城、诸城呈子或山西襄汾陶寺的墓葬材料表明，当初全聚落乃至全社会的贫富差别是由父权家族内财富占有的悬殊来体现的；阶级的产生，除了外来的奴隶和世袭的职务因素外，作为社会内部最基础的一个环节，是与父权组织结构以及父权的上升有着密不可分的关系。当时，还不存在土地的个人或家庭所有制，而为宗族和家族所有，因而社会的财富只能通过家族来积累，而家族则是由父权家长控制和掌握的。随着父权的上升，家族内的等级地位和财富占有不均现象的发生和发展，也就势所必然。根据经典作家们的研究和民族学资料，这种父权家族还包括非自由人在内①，但如前所述，这种非自由人在家族和宗族中数量并不多。在当时的家族结构中，除了含有支配家族经济的家长外，也包含着虽说是自由的但又处于无权地位的其他家族成员及家族中少量奴隶。考古学上发现的人殉、人牲、人祭，他们在被杀戮之前，是被组合在家族之中的，属于家内奴隶，中国上古社会不存在奴隶集中营。在当时的社会中，那些自由民和少量的非自由民，以耕种土地和照料牲畜及从事手工业为目的，而在父权下组成了家族。英国学者梅因（Henry Sumner Maine）在其名著《古代法》一书中亦曾指出："'家族'首先包括因血缘关系而属于它的人们，其次包括因收养接纳的人们；但是还有一种第三类的人，他们只是因为共同从属于族长而参加'家族'的，这些人就是'奴隶'。"所谓'奴隶'原来就包括在'家族'之内……'奴隶制'的基础无疑是出于这种简单的愿望，就是利用他人的体力以为图谋自己舒适或安乐的一种手段。"② 所以，这种父权家族结构代表了一种新的社会机制，即不平等和奴役，也标志着最初的阶级结构和等级的出现。

---

　　① 恩格斯：《家庭、私有制和国家的起源》，《马克思恩格斯选集》第四卷，第52页；马克思：《摩尔根〈古代社会〉一书择要》，人民出版社1978年版，第36页。

　　② ［英］梅英：《古代法》，沈景一译，商务印书馆1984年版，第94、93页。

第　四　章
史前权力系统的演进

一　权力的空间性与宗教的社会性

　　早期国家权力是如何产生的，这是国家起源研究中必须面对的课题。其中最关键的问题是：在由村落首领之权威上升到国家君主之权力的过程中，权力是如何突破其空间限制的？所谓权力的空间性，是说各种各样的权力都有各自的行使范围，这个范围就是空间，权力是有空间限制的。例如，家族与家族长之权，宗族与宗族长之权，聚落与聚落首领之权，其权力特征是与行使的空间范围关联在一起的。在某种意义上，权力的发展就在于对空间范围的突破。在史前平等的聚落社会中，各聚落之间是相互独立的，甲聚落首领所赋予的权力原本就限于甲聚落范围内，他是无权干涉乙聚落内部事务的。但考古发现表明，某些宗教行为和宗教活动却可以不受聚落界限的限制。这就是笔者提出的权力的空间性与宗教的社会性命题所要解决的第一个问题。

　　当史前社会由平等的农耕聚落发展为不平等的中心聚落形态时，各种等级的中心聚落对于从属于或半从属于它的普通聚落来说，有某种程度的权力支配的问题。这时最高酋长的权力显然突破了本聚落的空间范围，这种突破是如何实现的，它与宗教的社会性有何关联，这是权力的空间性与宗教的社会性这一命题所要解决的又一课题。随着由中心聚落形态演进为都邑邦国形态，邦君之权覆盖了邦国领地，其权力空间获得了根本性的突破，其突破的契机是什么，这些都是需要我们认真思索的。

1. 仰韶早期的权力特征

仰韶文化半坡时期的聚落，一个显著的特征是聚落内所有房屋的门向都朝向中心广场。聚落用壕沟围起来，既有安全上的考虑，也是聚落自我意识、自成一体的展现。在环壕聚落内，各组房屋的门向都朝向中央广场，一方面说明了聚落的团结、向心和内聚；另一方面也说明了中央广场是该聚落的权力中心。这种权力中心主要是一种宗教礼仪中心，也是生产管理的中心——对聚落土地等自然资源的统筹管理和对生产季节的合理安排。根据我国云南基诺族的情况，这种宗教礼仪的主要内容是一种贯穿于全年农业生产全过程的农耕礼仪，它具有组织各重要生产环节的功能，因而聚落的宗教礼仪与生产管理和协调是合二而一的。

在仰韶文化的半坡期，河南濮阳西水坡遗址发现的三组用蚌壳摆成的龙虎与人图像、河南临汝阎村出土的鹳鱼石斧图彩陶缸，表达了聚落首领的宗教巫术权力和军事权力。这种权力是走向祭祀的独占和军权集中化的起点。

濮阳西水坡三组"蚌图"所处的文化为仰韶文化后岗类型，距今约6000多年前，是与半坡类型属于同一时期的不同地方类型的文化。三组"蚌图"的第一组也被称为45号墓（M45），是人与蚌壳摆成龙虎相组合图（彩图4—1）。墓主人骨架在中，是一位老年男性，年龄在56岁以上，身高1.78米，仰身直肢，头向为南偏西；在墓主人骨的右边和左边用蚌壳摆成一龙一虎相夹，龙虎的头向为北偏东。在45号墓主人与龙虎的两侧以及墓主人骨脚部方向分别有1人埋葬，埋于墓室东、西、北三面小龛内，这三人年龄较小，能做出鉴定的西面龛内的人骨为10岁左右的小孩。第二组蚌图在M45南面20米处，没有人骨架，是在龙虎的结合体上又一种小动物，有人主张是鹿，有人认为是兔，也有人认为是熊（彩图4—2）。第三组蚌图在第二组的南面25米处，据说是用蚌壳摆成一人骑于龙背的图像（彩图4—3）。三组蚌图的周围，仅有少数几个同期灰坑，第一组北面有一个墓葬，总之三组蚌图周围较空阔①。

濮阳西水坡45号墓墓主人身边左龙右虎的现象，有可能是我国古代最早的"左青龙右白虎"观念的展现，蚌图中的左龙右虎，同时也是东侧为龙西侧为

---

① 河南省文物考古研究所等：《濮阳西水坡》，中州古籍出版社、文物出版社2012年版。濮阳市文物管理委员会等：《河南濮阳西水坡遗址发掘简报》，《文物》1988年第3期。

虎。联系湖北随县曾侯乙墓漆箱上画着的东方苍龙、西方白虎、周围有二十八宿的图形，这种左龙右虎即东方青龙西方白虎的摆置，绝非随意摆放，而与当时的天象观念有关①，也是巫术礼仪的一种要求，因而45号墓墓主人，至少是身兼巫师的聚落首领之类人物。45号墓内东、西、北三面龛中埋的三个年龄较小的人有可能是作为殉葬者埋入的，只是此时的殉葬不是由于社会不平等和阶级的缘故，而是出于巫术礼仪的要求，当然殉葬者也可以是捕获而来的其他部落的人。

对于农耕聚落来说，社会中的公共权力，不仅通过宗教祭祀得到发展，而且也通过战争，以军事权力的形式趋于集中。河南临汝阎村出土的一件彩陶缸②，似乎表明仰韶文化前期已存在固定的军事酋长。

临汝阎村出土的彩陶缸上画着一只白鹳衔着一条鱼，旁边竖立一把斧子。此画被命名为《鹳鱼石斧图》（彩图4—4）。对此，严文明先生有一段精彩的论述：

> 环绕嵩山分布的仰韶文化伊洛—郑州类型假如代表一个确定的人类共同体，则其规模至少够得上一个部落联盟，那么，阎村遗址正好在它的中心区域，很有可能是这个联盟的中心部落的居址，而那个画《鹳鱼石斧图》的陶缸就应当是该部落的酋长——多半是对建立联盟有功的第一任酋长的葬具了。在酋长的葬具上画一只白鹳衔一尾鱼，绝不单是为了好看，也不是为了给酋长在天国玩赏，依我们看，这两种动物应该都是氏族图腾，白鹳是死者本人所属氏族的图腾，也是所属部落联盟中许多有相同名号的兄弟氏族的图腾，鲢鱼则是敌对联盟中支配氏族的图腾。这位酋长生前必定是英武善战的，他曾高举那作为权力标志的大斧，率领白鹳氏族和本联盟的人民，同鲢鱼氏族进行殊死的战斗，取得了决定性的胜利。在他去世之后，为了纪念他的功勋，专门给他烧制了一个最大最好的陶缸，并且打破不在葬具上作画的惯例，用画笔把他的业绩记录在上面。当时的画师极尽渲染之能事，把画幅设计得尽可能的大，选用了最强的对比颜色。他把鲢鱼画得奄奄一息，俯首就擒，用来形容对方的惨败。为了强调这场战斗

---

① 冯时：《河南濮阳西水坡45号墓的天文学研究》，《文物》1990年第3期。

② 临汝县文化馆：《临汝阎村新石器时代遗址调查》，《中原文物》1981年第1期。

的组织者和领导者的作用，他加意描绘了最能代表其身份和权威的大石斧，从而给我们留下了这样一幅具有历史意义的图画。①

我们知道，斧是钺的前身，钺在中国古代是军权乃至王权的象征，而王权也有来源于军事酋长统帅之权的一面②，所以《鹳鱼石斧图》中的大斧就是农耕聚落中军事酋长的权力标志物。图中的鹳和鱼，也许是两个不同部族中主要氏族或聚落的图腾，也许是两个聚落各自的保护神。人类学的研究表明，在原始民族的头脑中，部落与部落之战，实际上是部落神与部落神之战。古埃及的战争调色板的画面，也证明了这一点。在甲骨文中也是这样。诚如伊藤道治教授所指出："各个族有各自独有的神，人群与人群之间的战争，不仅是人群之间的战争，也是人们所敬奉的诸神的战争。"③ 因而《鹳鱼石斧图》中，在军事权力的标志物——大斧的旁边画着雄壮有力的白鹳衔着奄奄一息的鲢鱼，显然象征着白鹳聚落乃至部族对鲢鱼聚落和部族的战争和胜利。画有《鹳鱼石斧图》的大缸，作为一种成人葬具，当然是用来埋葬在战胜鲢鱼聚落或部落的战争中英勇善战、立有大功的那位军事酋长的特制瓮棺。而这里的大斧，同仰韶时代后期和龙山时代在黄河、长江流域都出现的石钺、玉钺以及铜器时代的青铜钺是一脉相承、连续有序的。这种军事统帅之权的标志物在仰韶时代前期的出现，说明这一时期已存在固定的军事酋帅这一职务。这一职务所具有的军事权力以及前述濮阳西水坡45号墓所表现出的聚落酋长兼巫师所具有的宗教上的祭祀之权，都属于仰韶前期大体平等的社会中所产生的权力萌芽，而这些都将在下一聚落形态——中心聚落形态中获得进一步的发展。

2. 仰韶早期的图腾崇拜对聚落空间的突破

上述濮阳西水坡45号墓蚌砌龙虎遗迹和临汝阎村鹳鱼石斧图彩陶缸，所表现出的巫师兼酋长和军事首领兼酋长，其权力范围究竟是仅限于本聚落，还是

---

① 严文明：《鹳鱼石斧图跋》，《文物》1981年第12期。

② 参见王震中《中国文明起源的比较研究》第九章"祭祀·战争与国家"，陕西人民出版社1994年版。

③ 伊藤道治：《中国古代王朝的形成——以出土资料为主的殷周史研究》，江蓝生译，中华书局2002年版，第44页。

已扩展到部落乃至部落联盟或部族？对此，我们试作考察。

如前所述，严文明先生认为环绕嵩山分布的仰韶文化伊洛—郑州类型所代表的族共同体可视为一个部落联盟，阎村遗址正好在它的中心区域，应是这个联盟的中心部落所在地，因此画《鹳鱼石斧图》的陶缸就应当是该部落的酋长——多半是对建立联盟有功的第一任酋长的葬具。严先生的这一推论是合乎逻辑的。这里，我们尝试从早期仰韶文化的原始宗教对聚落空间的突破进一步论证这一问题。

在仰韶文化早期即半坡类型时期，一个显著的特点就是彩陶中对鱼的纹样的充分表现。有大量写实的鱼纹（彩图4—5），也有大量几何化的抽象的鱼纹（彩图4—6），还有著名的"人面鱼纹"。就分布面之广而论，凡是半坡类型有彩陶的遗址几乎都有写实鱼纹或几何化鱼纹，特别是以渭河流域为中心，西到甘肃秦安大地湾遗址（彩图4—7），中经陕西宝鸡北首岭、临潼姜寨、西安半坡，东到豫西的遗址，都出土有非常丰富的写实鱼纹和几何化鱼纹。其中，西安半坡（彩图4—8）、临潼姜寨（彩图4—9，彩图4—10）、宝鸡北首岭还出土了形象生动的"人面鱼纹"。

在分布如此之广的范围内，鱼纹和人面鱼纹竟然如此一致，甚至还经历了相同的演变过程（图4—1）。那么，仰韶文化半坡类型的鱼纹和人面鱼纹，是否具有原始宗教崇拜的含义，它所具有的广泛的社会性是否就是原始崇拜所具有的社会性，这种社会性对于突破各聚落间界限，对于原始神权的扩张所具有的意义，又都是怎样的呢？

关于仰韶文化半坡类型中鱼纹的意义，因它绘在陶器上，是彩陶，当然有其审美和装饰作用，这是不言而喻的。但我们认为它不仅仅是因美观和装饰的要求而出现的，它还反映了当时仰韶人的某些崇拜理念，特别是"人面鱼纹"所透露出的宗教性和神秘性，是需要特别关注的。

在学术界，早就有学者提出仰韶文化中的鱼纹是一种图腾标识[①]。所谓图腾，有人认为图腾崇拜是"自然崇拜和祖先崇拜结合在一起的一种原始宗教"[②]。有人认为图腾是因原始人对其族团的分类和划分而产生的。也有人试图

---

① 陆思贤：《神话考古》，文物出版社1995年版，第128页。曹定云：《炎帝部落早期图腾初探》，霍彦儒主编《炎帝·姜炎文化与和谐社会》，三秦出版社2007年版，第2—4页。

② 朱天顺：《原始宗教》，上海人民出版社1978年版，第57页。

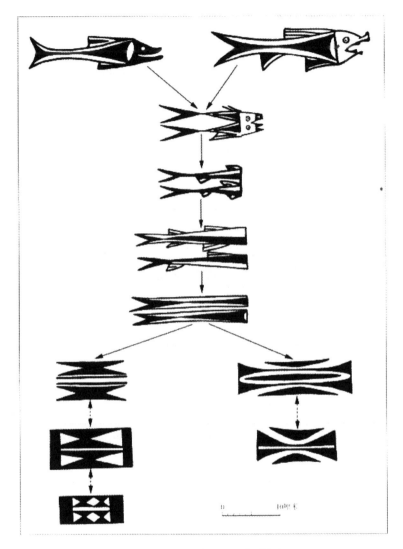

图 4—1　仰韶文化鱼纹演变图

（采自中国科学院考古研究所等《西安半坡》）

从经济的角度解释图腾崇拜的发生与发展，提出图腾团体就是猎（获）取某种动物、植物的生产团体①。在图腾的起源问题上，可谓见仁见智。笔者认为

---

① 岑家梧：《图腾艺术史》，学林出版社 1986 年版，第 3 页。

"图腾起源于原始社会的妇女对其怀孕生育现象的解释"①。这一观点是依据图腾崇拜的核心内涵而得出的。

　　"图腾"（Totem）一词来自北美奥杰拜人（Ojibways），意为"我的血亲"。图腾一词已经表达出图腾崇拜的核心内涵：它将自然界中动物、植物或其他自然物、自然现象引为自己的血缘"亲族"，深信其崇拜对象或者是本族成员生育和生命的根源之所在，或者是本族的祖先，或者与本族祖先有过血缘交流。因而这其中既包含了该族团对于本族来源的一种解释，也包含了对本族现有成员一个个生命来源的解释。在现实中，本族成员都由本族妇女怀孕生育，是谁也无法否认的事实，但关于性交与生育即男性在生育方面的作用，人类最初是不清楚的。也就是说，由动物进化而来的人类，其最初只是在本能上有性交方面的生理要求和感情冲动，而并不知道这类行为所带来的怀孕的结果。甚至到了旧石器时代中晚期氏族制度还处于萌芽阶段的时候，人类也还是不具备关于性交与怀孕关系方面的知识。这一方面是男女性交这一受孕行为与怀胎的象征（初次明显的胎动等）距离太远；另一方面，他们性交关系十分随便，而且性交未必皆生子。因此认为性交与怀孕生子没有关系是很自然的事。然而，人类的求知欲又促使他们力图对怀孕生育现象做出自认为合乎道理的解释。在当时那种"原逻辑"的"互渗思维"机制的作用下（即世界上可见的和不可见的所有事物都是相互联系、相互渗透、相互感应、相互转化的）②，妇女们很自然地会将母体胎儿明显的胎动与当时所看见、所接触或所吃的东西联系起来，构成原始人的因果推理，从而认为怀孕和生育是这一动植物进入母体的结果。例如，居住在澳大利亚中部的阿兰达人（Aranda）即认为，怀孕与性交及父亲的作用没有任何关系，而只是"图腾精灵进入母体的结果"。因此，"当一个阿兰达人的妻子为他生了一个混血儿的时候，他并不感到任何惊异或忧虑，而可能认为这仅仅是由于她吃了由欧洲人那里获得的面粉的缘故"③。反映我国远古社会的那些图腾神话，诸如夏族的鲧妻修己"见流星贯昂，梦接意感，既而吞神珠"

---

　　①　王震中：《图腾与龙》，原载于赵光远主编《民族与文化》，广西人民出版社 1990 年版；收入王震中《中国古代文明的探索》，云南人民出版社 2005 年版。

　　②　［法］列维·布留尔：《原始思维》，丁由译，商务印书馆 1986 年版。

　　③　乔治·彼得·穆达克：《我们当代的原始民族》，四川省民族研究所 1981 年版，第 28 页。

而生禹①，商族的简狄吞玄鸟卵而生契②，周族的姜原履大人迹而生弃③，嬴秦的女脩吞玄鸟卵而生大业④，等等，也是通过某些想象中的女祖先对其怀孕生育现象的解释来说明本族的来源。所以应该说，图腾崇拜起源于原始社会的妇女对其怀孕生育现象的解释，也是原始人在不了解性交与怀孕有何关系的情况下对人类自身来源的一种解释，它受原始思维中人与自然、自然物与自然物之间都可以互渗感应转化这样一种思维机制的支配，它在原始人祈求人丁兴旺、绵绵不绝的要求下得到了充分的发展，形成独具一格的崇拜形式⑤。

由于图腾崇拜的核心内涵是把一种动物、植物或其他自然物认作自己的亲族或族团祖先而加崇拜，有的还形成了神话，因而图腾物既是崇拜对象，又可以作为该族及其个人的名称、徽号或标志，同时也是本族的保护神。人们在村落前立图腾柱，在房屋、生活用具上绘制图腾，甚至纹身以为标志，都是为了表现图腾神灵经常和本族在一起，庇佑着大家，并因此而发展出发达的图腾艺术。仰韶文化早期诸遗址彩陶上普遍发现的鱼纹、"人面鱼纹"、大鳖纹（也称为蛙纹）等图形纹样，也同世界上其他原始民族的图腾艺术一样，既是一种艺术的表现，也有崇拜的内涵。

在"人面鱼纹彩陶盆"里，我们看到一边绘有"人面鱼纹"，一边绘有单纯的鱼纹，所以"人面鱼纹"和鱼纹是密不可分的。"人面鱼纹"的核心也是人与鱼的结合：在人面嘴部的两侧绘有两条鱼纹，在耳部的两侧绘有两条鱼纹，人面的上部头顶戴有鱼尾状的三角形的冠。有学者将仰韶文化人面鱼纹释成是一个头顶戴有道具的巫人嘴衔两鱼的形象。人面鱼纹的"人面"无论是否为嘴衔两鱼的巫觋之人面，我们认为人与鱼的结合，凸显的是寓人于鱼的含义，显然有鱼生人的寓意。仰韶文化半坡类型的先民通过"人面鱼纹"形象地告诉世

---

① 《竹书纪年》。

② 《史记·殷本纪》云："殷契，母曰简狄，有娀氏之女，为帝喾次妃。三人行浴，见玄鸟坠其卵，简狄取吞之，因孕生契。"《吕氏春秋·音初》："有娀氏有二佚女，为之九成之台，饮食必以鼓。帝令燕往视之，鸣若谥隘，二女爱而争博之，覆以玉筐，少选，发而视之，燕遗二卵北飞，遂不反。"《楚辞·天问》也说："简狄在台，喾何宜？玄鸟致贻，女何喜？"

③ 《史记·周本纪》："姜原出野，见巨人迹，心忻然说，欲践之，践之而身动如孕者。"

④ 《史记·秦本纪》："秦之先，帝颛顼之苗裔，孙曰女脩。女脩织，玄鸟陨卵，女脩吞之，生子大业。"

⑤ 王震中：《中国古代文明的探索》，云南人民出版社2005年版，第371—373页。

人：他们来自鱼，是由鱼而生的。这种鱼生人的观念最初就是一种图腾观念。

　　既然"人面鱼纹"表达的是人来自鱼、由鱼而生这样的图腾观念，那么彩陶中大量存在的鱼的纹样，也当然是以图腾崇拜为基础的。据闻一多先生的研究，鱼在我国古代语言中象征着生殖和婚配①，我国古代还有通过烹鱼吃鱼即可生儿育女的"隐语"，说的也是寓人于鱼中的意思。因鱼是本族的图腾，所以它直接象征着本族的生殖与繁衍。为了本族人丁的旺盛，在举行过一定的巫术礼仪后，可以吃掉作为图腾的动植物，澳大利亚的阿兰达人中的"英迪修马仪式"就是如此。

　　指出仰韶文化半坡类型中的鱼纹和"人面鱼纹"是图腾崇拜的反映，这是就一般人类学意义而言的。也有学者进一步提出"人面鱼纹"是古史传说中炎帝族的图腾。其依据是：《山海经·海内南经》云："氐人国在建木西。其为人，人面而鱼身，无足。"而同书《大荒西经》云："有互人之国。炎帝之孙，名曰灵恝，灵恝生互人，是能上下于天。"经清代学者王念孙、孙星衍之研究，氐人国就是互人国。氐人是炎帝部落后裔，而氐人是"人面而鱼身"。这种"人面而鱼身"同半坡类型仰韶文化"人面鱼纹"图有本质上的相似之处，有深厚的渊源关系，《山海经》中氐人之"人面鱼身"图应是半坡类型仰韶文化"人面鱼纹"图的继承和发展。由此可以推断：半坡类型仰韶文化先民应属于古代的炎帝部落②。我们认为炎帝族中"炎帝"的称呼是民族融合的结果，炎帝族中有北方的姜姓族团，也有南方被称为连山氏（也称烈山氏、厉山氏）的族团③。其中，姜姓族团发祥于陕西宝鸡的姜水，迁徙分布于渭水流域、豫西、晋南乃至山东地区，并以渭水、豫西、晋南为其大部④，而这也正是仰韶文化半坡类型和庙底沟类型分布的核心区域。从这个意义上讲，说仰韶文化中的鱼纹、人面鱼纹是姜姓炎帝族图腾，应当是可能的。

　　鱼纹之外，在仰韶文化中，另一重要的纹样是鲵纹或称为蛙纹。它在陕西

---

　　① 闻一多：《说鱼》，《神话与诗》，古籍出版社1956年版。

　　② 曹定云：《炎帝部落早期图腾初探》，载于霍彦儒主编《炎帝·姜炎文化与和谐社会》，三秦出版社2007年版。曹定云：《宝鸡北首岭仰韶文化"人面鱼纹"图腾与炎帝彤鱼氏——兼论炎帝名号来由》，《炎黄文化研究》第十一辑，大象出版社2010年版。

　　③ 王震中：《南北"炎帝"的由来与民族文化融合》，《炎黄文化研究》第十辑，大象出版社2009年版。

　　④ 徐旭生：《中国古史的传说时代》，科学出版社1960年版，第40—48页。

地区的仰韶文化（彩图4—11）、河南地区的仰韶文化（图4—2），以及甘肃、青海地区马家窑文化（图4—3）中都曾流行。因此，它也是一个很特别，并有一定分布区域的彩陶纹样。

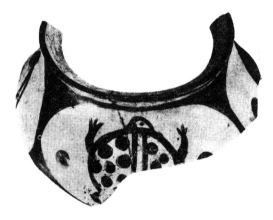

图4—2　仰韶文化河南陕县庙底沟遗址出土蛙纹（鳖纹）彩陶罐

（采自中国科学院考古研究所《庙底沟与三里桥》）

图4—3　马家窑文化师赵村遗址出土彩陶钵

（采自中国社会科学院考古研究所《中国考古学·新石器时代卷》）

　　关于鼍纹，在商代和周代的青铜器铭文中经常发现以此为族氏徽号即族徽的纹样。郭沫若和邹衡都将此解释为《国语·周语上》所说的"我姬氏出自天鼋"之天鼋（图4—4），并说它就是传统中的"轩辕"和"轩辕黄帝氏"①。青铜器铭文中的"天鼋"可以单写成"天"，也可以写成"鼋"，都起着族徽的作用。还可以在"天"下画出某种兽形，诸如熊罴虎之类，构成"天兽"式的族徽（图4—5），邹衡先生认为这就是《史记·五帝本纪》和《大戴礼记·五帝德》记载黄帝与炎帝在阪泉之野作战时，曾用了以兽为名的六支不同图腾的军队：熊、罴、貔、貅、豹、虎等②。可见，天兽族徽是黄帝族另一支——有熊氏——在青铜器铭文中的表现。因此，笔者认为，"天"这样的族徽可能是由尊称发展而来的总称，而"鼋"和熊、罴、虎之类则是黄帝族中重要的分支徽号。黄帝族之"黄帝"一名与先秦文献中的皇天上帝之"皇帝"相通假，"黄帝"的得名就来自古老的族徽"天"以及"天鼋"、"天兽"族徽之"天"。《国语·晋语》说"黄帝之子二十五宗"、"十二姓"，黄帝族是一个庞大的部族集团，它是由轩辕氏（天鼋氏）、有熊氏（有熊氏为代表的熊、罴、貔、貅、豹、虎等"天兽族"）等相组成、相融合的部族融合的产物③。

　　青铜器铭文中的"天鼋"族徽与新石器时代仰韶文化、马家窑文化中的大鼋图像颇为相似，不能不使人得出：夏商周三代中的姬姓天鼋氏也即轩辕氏有可能是史前大鼋部落群的后裔。恰巧在地理上，无论是姬姓的轩辕黄帝族，还是《国语·周语上》所说的周人祖先姬姓天鼋氏所居住过的黄河上、中游地区，都是仰韶文化和马家窑文化分布的中心区。这也可证明史前的大鼋部落群就是传说中的轩辕（天鼋）氏。

---

　　①　郭沫若：《殷周青铜铭文研究》卷一，人民出版社1954年版，第7页；郭沫若：《两周金文辞大系图录考释》（下），上海书店出版社1999年版，第31页。邹衡：《夏商周考古学论文集》（第二版），科学出版社2001年版，第310—313页。

　　②　邹衡：《夏商周考古学论文集》（第二版），科学出版社2001年版，第312—313页。

　　③　王震中：《黄帝时代的部族融合与和谐文化——兼论"黄帝"的得名》，《炎黄文化研究》第七辑，大象出版社2008年版。

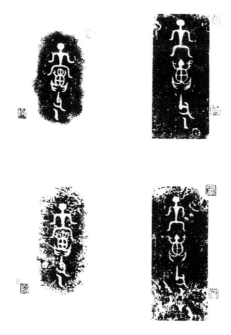

图4—4 天鼋族徽铭文

（采自罗振玉《三代吉金文存》）

图4—5 "天鼋"与"天兽"族徽铭文

（采自邹衡《夏商周考古学论文集》）

以上述论证为基础，我们将仰韶文化和马家窑文化中连续有序的大鳖图像同历史上轩辕黄帝族的族氏徽号相联系，似乎有助于说明我国新石器时代的彩陶图案就是图腾标志。此外，把考古发现的鱼纹、人面鱼纹、鳖纹与黄帝族和炎帝族相联系后，我们还会得出仰韶文化，包括半坡类型和庙底沟类型，不仅仅是炎帝族人们的遗存，也是黄帝族人们的遗存。很有可能在渭水流域、豫西、豫中、晋南这些地方，炎帝族与黄帝族是相互通婚的，就像先周时期姬姓的周人与姜姓相互通婚一样。因通婚并生活在一起，所以在他们的聚落中，鱼纹、人面鱼纹与蛙纹（鳖纹）等纹样并存。

　　总之，仰韶文化早期的鱼纹、人面鱼纹、鳖纹都具有图腾崇拜的含义，而这些图腾纹样分布之广泛，则说明在仰韶文化早期即距今六七千年时期的图腾崇拜已完全突破了聚落与聚落之间的限制，原始宗教崇拜的社会性在这里得到了充分的展现。

　　这一时期属于大体平等的农耕聚落阶段，这时的聚落首领要想将自己的权力（准确地说是权威）拓展到其他聚落的范围内，无非有两种情况：一是在因军事的需要而组成的部落联盟中设立最高军事首领；二是因宗教崇拜的扩展、升华而突破了聚落界限。在部落联盟中设立最高军事首领，起初是通过推举而产生，如美洲印第安人中易洛魁人的部落联盟，设立两名常设的军事酋帅，并授以名号，这两个职位都委给塞内卡部。其一由狼氏族世袭，另一由龟氏族世袭。"其所以将这两个职位都委给塞内卡部，是由于该部落领土的西端受敌攻击的威胁较大。这两名酋帅的选举方式与首领相同，他们也要由联盟大会推举，他们彼此的级别和权力是平等的。"[1] 临汝阎村鹳鱼石斧图彩陶缸所反映的如果是部落联盟中军事酋帅的战功的话，那么就属于上述第一种情况。鹳鱼石斧图彩陶大缸中所葬的主人，有可能在联盟中担任军事酋帅，而在聚落中则为聚落首领。即使如此，在这里也有图腾这样的原始宗教崇拜对于突破权力的空间限制上所起的作用问题。因为在这些分析中我们是以"白鹳是死者本人所属氏族的图腾，也是所属部落联盟中许多有相同名号的兄弟氏族的图腾，鲢鱼则是敌对联盟中支配氏族的图腾"为前提的。至于濮阳西水坡 45 号墓蚌砌龙虎遗迹所表现出的则是巫师兼酋长，他的这种宗教权威对于聚落界限的突破，就应属于原始宗教崇拜所具有的社会性在空间上的拓展。这种巫师兼酋长的宗教权威对

---

① 摩尔根：《古代社会》（上册），商务印书馆 1977 年版，第 142 页。

于权力空间限制上的突破，也与我们上面所论述的图腾崇拜的社会性对于聚落界限的突破是一致的。除此之外，被视为"血亲"的图腾物之所以能够突破氏族血缘的界限，还在于图腾的转型。

3. 图腾的转型与神权的拓展

虽说仰韶文化中鱼纹、人面鱼纹、鳖纹等纹样都具有图腾崇拜的含义，但须指出的是，它们已不属于起源阶段的图腾崇拜，而是转型了的图腾崇拜。所谓图腾的转型，指的是发生于旧石器时代的氏族制之前的图腾崇拜，等到社会进入氏族制后，原有的图腾崇拜为了适应社会制度的需要，所做的相应的转型演变：其一是在原有的个人图腾的基础上出现了与氏族集体相联系的氏族图腾，作为想象中的全氏族部落共同的女祖先与图腾交感受孕的神话也即应运而生；其二是随着氏族制度的发展，某一动植物，对于早期以此为图腾的某一氏族团体来说，尚具有图腾祖先的含义，依旧同氏族徽号、标志、氏族团体相联系，但作为其保护神的另一重要作用，也获得了独立的发展，并随着这一氏族部落在本部族集团中地位的上升，渊源于这一氏族部落的图腾保护神，将会升华为本部族集团的保护神，其他氏族部落将会自觉地引之为崇拜物，从而呈现出一种所谓"时代风尚"。不过，这种崇拜对于别的氏族部落来说，不是作为"图腾祖先"对待的，而是取其保护神的意义。久而久之，这一崇拜物就具有维系本部族集团团结的功能，成为这一部族集团区别于其他部族或部落集团的标志物①。我们前面所说的仰韶文化中的鱼纹、人面鱼纹、蛙纹（鳖纹）都有这样的情况。由这些图案分布之广来看：蛙纹（鳖纹）对于轩辕氏而言，它固然含有图腾标志的意义，而对于黄帝族内其他氏族部落乃至部族来说，只是因轩辕氏所居统帅地位决定了其图腾物上升为全部族的保护神而已；鱼纹、人面鱼纹也是这样，对于《山海经》所说的"互人国（氏人国）"的炎帝族而言，鱼纹和人面鱼纹依旧具有图腾标志的含义，而对于炎帝族内其他氏族部落乃至部族而言，也是因鱼氏族部落地位的上升使得其图腾称为全部族的保护神。这样，也就决定了这些纹样在如此广大地区的流行。

依据上述认识，图腾的转型可以解释两个方面的问题：其一是我国新石器

---

① 王震中：《图腾与龙》，收入王震中《中国古代文明的探索》，云南人民出版社 2005 年版。

时代陶器上的绘画、雕刻、造型，在种类和数量上毕竟有限；而文化人类学的材料告诉我们，在现代原始民族中，其图腾物是十分繁多的，如澳大利亚中部的阿兰达等部落的图腾有 740 个之多，其中有 648 个为动物图腾。用图腾的转型可以将我国新石器时代数量不多的图腾形象解释为它们只是一些最重要的、代表性的图腾。其二是可以解释我国新石器时代陶器艺术风格和内容时代性变迁即时尚变化的问题。

具体来说，仰韶文化中的鱼纹分布之广泛、演变步调之一致，以及仰韶文化和甘肃、青海、宁夏的马家窑文化中都有的蛙纹，就属于图腾转型的表现。这是用重要的、代表性的图腾物作为彩陶艺术形象的主题。此外，在仰韶文化中，随着时间的推移，由仰韶早期（半坡时期，距今 6900—5900 年）进入仰韶中期（庙底沟时期，距今 5900—5600 年①）后，鸟纹取代了鱼纹，又新出现了火纹，形成新的时代风尚，这也是图腾转型所致。这种时尚变迁，主要是因该族中某些氏族地位的变化而造成了某种图腾纹样的流行或衰落。其中庙底沟时期的鸟纹和火纹实际上也都是炎帝族内的图腾，这是炎帝族内部鱼图腾的衰落与鸟图腾、火图腾的上升的一种表现。

关于仰韶文化中的鸟纹（图 4—6，图 4—7，彩图 4—12）与炎帝族的关系，神话传说中的精卫给我们提供了一些线索。相传精卫是炎帝的女儿，《山海经·北山经》曰："又北二百里，曰发鸠之山，其上多柘木。有鸟焉，其状如乌、文首、白喙、赤足，名曰精卫，其鸣自詨。是炎帝之少女曰女娃，女娃游于东海，溺而不返，故为精卫，常衔西山之木石，以堙于东海。"精卫是炎帝之女，其形象是鸟，可见炎帝族中也有鸟图腾。

至于炎帝与火的关系，在先秦文献中多有反映。《左传·昭公十七年》说："炎帝以火纪，故为火师而火名。"哀公九年也说："炎帝为火师，姜姓其后也。"这里的"火纪"、"火师"、"火名"，不能理解为燃烧的自然之火，"火师"就是火正，"以火纪"就是"火纪时焉"，亦即实行的是大火历——通过观察大火星的出没以定农时。因此，炎帝族是以祭祀心宿大火并以此观象授时而得名的部族，炎帝族的火图腾也由此产生。

在仰韶文化中期即庙底沟时期，河南陕县庙底沟遗址出土的彩陶盆上绘有

---

① 中国社会科学院考古研究所：《中国考古学·新石器时代卷》，中国社会科学出版社 2010 年版，第 226—227 页。

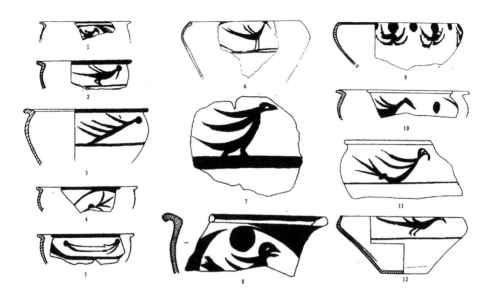

图4—6　华县泉护村遗址仰韶文化庙底沟类型鸟纹图

图4—7　仰韶文化庙底沟遗址出土鸟纹彩陶

（采自中国科学院考古研究所《庙底沟与三里桥》）

火焰形图形，在火焰上有一圆点（图4—8）①。对于这种由火焰与圆点相构成的

---

①　中国科学院考古研究所：《庙底沟与三里桥》，科学出版社1959年版，第34页，图二十一中的
H59：29；图版贰肆：3。

图形，笔者的解释是：这里的圆点表示的是星辰，星辰放置在火中，表示的是大火星，所以笔者称之为"星火"彩陶纹样。庙底沟遗址出土的这类纹样图案，与大汶口文化等出土的"炅"（⊗）、"昃"（㠱）陶文，有异曲同工的意义，都与心宿大火有关，只是所属的部族不同而已[①]。庙底沟遗址位于河南省西部的陕县，庙底沟类型的影响很大，其中心地区在豫陕一带，而这一地区恰处于炎帝族中姜姓一支从陕西宝鸡发祥之后向东发展所经过的途中[②]。姜姓的炎帝族发展到中原地区后，以豫西至豫中为其活动中心，而仰韶文化庙底沟类型的中心区域也正是豫西至豫中地区，因此将庙底沟遗址出土的火形纹样彩陶盆所反映的辰星大火与炎帝族中姜姓这一支相联系，应该说是有根据的。当然，由于炎帝族与黄帝族有长期联姻和联盟的历史，因此在豫西豫中地区应该不仅仅只是炎帝族居住，也有黄帝族居住。如位于河南灵宝的荆山，《史记·封禅书》就说："黄帝采首山铜，铸鼎于荆山下。"还有河南新郑，《帝王世纪》说："新郑，古有熊国，黄帝之所都，受国于有熊，居轩辕之丘，故因以为名，又以为号。"对于陕西宝鸡，《水经注·渭水》："渭水东过陈仓县西。"注曰："黄帝都陈仓在此。"《路史》也有黄帝都陈仓的说法。也就是说，从仰韶文化半坡时期到庙底沟时期，西起甘肃、陇西，中经豫西、晋南，东到豫中地区，都是姜姓的炎帝族与黄帝族共同活动的历史舞台。

---

① 王震中：《试论陶文"㠱""⊗"与大火星及火正》，《考古与文物》1997 年第 6 期。

② 《国语·晋语四》说："昔少典氏娶于有蟜氏，生黄帝、炎帝。黄帝以姬水成，炎帝以姜水成。成而异德，故黄帝为姬，炎帝为姜。"姜水在何地，据徐旭生《中国古史的传说时代》考证，在宝鸡县城南门外渭水南一二里的地方，叫作清姜河，这里还有一个姜城堡，《宝鸡县志》说它就是《水经注》所说的姜氏城。为此，可以说姜姓的炎帝族的发祥地就在今渭水上游的宝鸡一带。

姜姓的炎帝族发祥于陕西境内的渭水上游以后，很快就沿着渭河东下，再顺黄河南岸向东发展，到豫西时，发展的势力很大，其最有代表性的就是共工氏。

共工氏从渭河上游一带来到中原后的中心地区，而其前后的活动范围，西起渭河上游，东至豫中嵩山脚下，北达豫北辉县及山西境内，南至熊耳山乃至南阳地区（王震中：《共工氏主要活动地区考辨》，《人文杂志》1985 年第 2 期。收入王震中《中国古代文明的探索》）。作为共工氏后裔的四岳及其齐许申吕四伯，也分布于豫西南至豫中一带。申在南阳县北二十里；吕在南阳县西三十里；许在河南中部的许昌县；齐后来在今山东北部建国，时为西周初年，最初也在河南西南地区。炎帝族中的其他支系也发展到了山东地区，如作为齐国之前居住于齐的逢伯陵为姜姓，《山海经·海内经》还说它为"炎帝之孙"；在山东建国的纪国、向国、州国，也都是姜姓国，为炎帝之后。

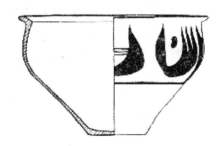

图4—8　庙底沟遗址火形纹样彩陶盆

（采自中国科学院考古研究所《庙底沟与三里桥》）

　　图腾的转型在黄河下游的大汶口文化和龙山文化中也有表现。大汶口文化中出土了大量的鸟状陶器造型，也有太阳纹饰和蛇形纹样的发现，其中既有形态逼真的蛇的浮雕①，也有图案画、几何化的蛇形纹样②。大量的鸟状陶器（图4—9）似乎可与史前东夷人中普遍存在的鸟图腾相联系；而蛇形图案也似乎可与史书所载"以龙纪，故为龙师而龙名"③的大皞氏及以蛇为徽号的蚩尤部落相一致④。从大汶口文化发展为山东龙山文化后，时代风尚明显地有变化：首先是蛇图腾的表象不见了；其次是流行"鸷鸟形足"⑤的鼎（彩图4—13），形成一种新的时代风貌。

　　史前东夷族在大汶口文化中所表现出来的鸟、蛇等崇拜，对于原来即以此为图腾祖先的氏族部落来说，当然具有图腾崇拜的含义。然而，从这种崇拜物随着大汶口文化的分布所表现出的普遍性来看，又说明它们至少是当时众多氏族部落中由几个具有举足轻重的核心部落所代表的代表性崇拜物。既然可以作为整个部落群乃至整个东夷族的代表物，当然不能仅仅同具有专一性的图腾物相联系，而应当看到它的引申意义。由大汶口而龙山，崇拜风尚为之一变，蛇

①　山东省博物馆等：《山东茌平县尚庄遗址第一次发掘简报》，图一：4，《文物》1978年第4期。

②　山东省文管处、济南市博物馆：《大汶口》，图四二：4；图四二：1、3；图四五：3；图四六：1；图四七：2；图六二：2。

③　《左传·昭公十七年》。

④　郑注《周礼·春官·肆师》蚩尤作"蚩蚘"。《鱼鼎匕铭》有"蠢蚘"，于省吾《双剑誃尚书新证》说它就是"蚩尤"，可知蚩尤二字皆以虫、以蛇为徽号。

⑤　俗称"鸟头形足"或"鬼脸形足"。

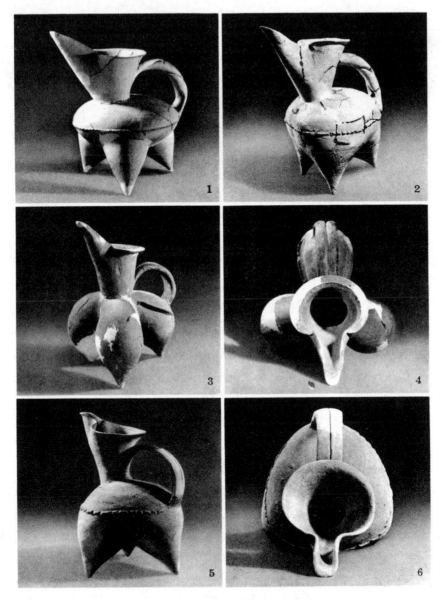

图4—9　大汶口遗址出土鸟状陶鬶

（采自山东省文物管理处等《大汶口》）

图腾表象消失，崇拜鸷鸟的现象突出。这种时代风尚的不同，从一定意义上讲，应是各个部落或部族势力盈虚消长的反映。

在史前东夷族的发展史上，与大汶口文化时期相当的，大致是大皞—蚩尤时代；与山东龙山文化时期相当的，有可能是少皞—有虞舜时代。前者同我国西部及中原地区的"炎黄时代"相对应；后者与中原的"颛顼—大禹时代"相一致①。当然少皞应当是跨黄帝与颛顼两大时代。据《逸周书·尝麦解》说，炎黄联合执杀蚩尤后，"乃命少昊清司马鸟师，以正五帝之官，故名曰质"，此后，"天用大成，至于今不乱"，东夷内部再未更换统帅者。少昊质，《左传·昭公十七年》写作"少皞挚"，而挚与鸷相通，既然其属性是"纪于鸟，为鸟师而鸟名"，则其本字应作"鸷"，而非"挚"，更不是"质"。质与挚是后来同音假借。

史前东夷族进入少皞鸷时代的后期，少皞鸷及其部落在整个东夷族居于统帅地位，《左传·昭公十七年》所说的少皞部落群的祖神——鸷鸟，也会上升为全族的保护神而受到别的部落的崇拜。与之同时，东夷族共同体在社会发展过程中，也将会得到进一步的发展，东夷族自我意识逐渐增强，故这一渊源于少皞部落的鸷鸟祖神，随着少皞鸷所代表的少皞部落群地位的上升，不但会成为全东夷族的保护神，而且也将会升华为团结、维系本族的象征物，成为区别于其他部落集团的徽号。是故这种并非实用的"鸷鸟形"鼎足，在整个龙山时代风靡一时，时代特征、时代风尚如此显著，其历史背景即在这里。

图腾的转型使得某一种或某一些图腾崇拜物被赋予更多的内涵后在空间范围上得到扩大，这种空间范围的扩大就是神权的拓展，它已不受聚落的限制，而成为维系部落集团或部族内精神文化的重要方式。神权是史前权力系统的重要组成部分，受原始宗教的社会性所赐，随着史前原始宗教的演变，史前神权的空间范围也在不断地扩张，这是史前权力系统演进的一个重要方面。

4. 红山文化中神权对聚落空间的突破

在中国史前社会，特别是中心聚落形态阶段，原始宗教神权对聚落空间范围的突破，其最明显的例子就是红山文化中宗教圣地的建设。

如第二章所述，红山文化中有两个大的祭祀中心：一是辽宁省凌源市牛河

---

① 王震中：《东夷的史前史及其灿烂文化》，《中国史研究》1988 年第 1 期。

梁遗址群，二是辽宁喀左县东山嘴祭祀遗址。辽宁省凌源市牛河梁遗址群是最著名的，它地处辽西与内蒙古东部努鲁儿虎山丘陵地带，在约 50 平方公里的范围内，分布有 40 多个遗址点都与宗教有关。这些宗教祭祀和墓葬遗址，在布局上以女神庙（彩图 4—14）为中心，在女神庙北部有用石砌的墙相围的巨大平台，在女神庙西南关山的地方有大型的祭坛，在女神庙两侧附近分布着许许多多的积石冢（彩图 4—15）。这样，以女神庙为中心形成了一个方圆 50 平方公里的宗教圣地。红山文化另一个重要的宗教活动场所——辽宁喀左县东山嘴祭祀遗址分为两部分：在该遗址北部，中间竖有一大堆长条石头的用巨石砌成的"大型方形基址"是以石为社主的社坛遗迹；在该遗址南部，用石头砌成的圆形台子，则是祭天的祭坛。而整个山嘴构成另一特色的公共活动的宗教场所。

从这两大祭祀中心的规模上看，在远离住地专门营建独立的庙宇和祭坛，形成规模如此宏大的祭祀中心，绝非某一聚落或氏族所能拥有所建，也超出一个部落的范围，而应是部族的宗教祭祀中心。因此，两大祭祀中心的规模和占地范围已告诉我们：这里的原始宗教神权大大突破了聚落和氏族空间范围的限制。这也说明红山文化的原始宗教神权是强大的，正因为神权的强大，神的力量的强有力，才促使红山文化中的玉器发达。

从两大祭祀中心所展现的宗教体系上看，红山文化中有发达的祖先崇拜，也有对社神（土地之神）、天神以及龙蛇、熊兽、鸟禽等动物神的崇拜。这里的祖先崇拜是由女神庙和积石冢两部分组成的。女神庙中泥塑的女神像，无论是超过真人一两倍的塑像还是接近真人大小的塑像，都应当属于远古的祖先的形象，我们可称之为远祖。而积石冢中的墓主人则是近世死去的酋长，我们可称之为近祖。远古祖先是女性，近世祖先主要是男性。早在简单酋邦社会，即弗里德所说的"阶等社会"，也就是被保罗·基希霍夫（Paul Kirchhoff）称为"圆锥形氏族"氏族—部落社会中，每个成员的地位取决于他和直系始祖之间血缘关系之远近，高血统的人与氏族—部落祖先的关系最近，这样划分出的所谓阶等，显然是以祖先崇拜为前提的。其后，随着父权的加强和不平等的发展，在血缘身份地位上又加进去了经济上的不平等，社会出现了真正的分层，社会复杂化在加深，社会也由简单酋邦发展为复杂酋邦，而在这样的发展过程中，祖先崇拜也在发展。这一阶段的祖先崇拜应当朝着两个方面发展：一是对远祖和始祖祭祀逐渐走向集中，从而形成最高级别的中心聚落和最高酋长宗教祭祀的权威性及其对始祖和远祖祭祀权的独占；二是祭祀的规模和场面变大，并会形成一些典礼和仪式。距今5500—5000年的红山文化晚期的东山嘴、牛河梁遗址群的社会发展阶段即社会复杂化程度，相当于复杂酋邦，全体部族对于始祖和远古祖先隆重的祭祀，集中在女神庙进行；从各个聚落来看，过去各个聚落分散的对始祖和远祖的祭祀在这里已有相当程度的集中；从最高酋长及其所在的最高级别的中心聚落来看，宗教神权已完全突破聚落空间的限制，宗教的社会性与祭祀的集中性在这里得到高度的统一。这种辩证的统一体现了事物发展的辩证法。

东山嘴的社坛和天坛是自然崇拜。社坛是石砌的大型方形建筑基址，在方形基址的中间竖立了一大堆被加工成顶端尖、底部平的锥状长条石头，此为以石为社主的石社。方形基址外又套一个更大的石头方框，形成不太高的石垣墙，没有屋顶。这个中间有长条立石的方形祭坛为社坛，在第二章已有论述。与周代次生形态的社崇拜相比，东山嘴的社坛属于原生形态，此时的"社祭土"是祭祀土地的生殖能力，社神除了土地与生殖的自然属性外，还不具备像周代那样与农业生产无关的许多社会属性。但在宗教祭祀的社会性方面，中心聚落形态阶段的东山嘴的社坛与商周社会的社坛却是一脉相承的。如周代有王社和侯社，王社也称为大社，用郑玄的话说就是"王为群姓所立"的社，这是王国内的国社；侯社就是诸侯国内的国社。如果说，与祖先崇拜反映的是血缘关系不同，那么，社崇拜反映的是人们的地域关系和社会关系，社神的宗教权威更能体现宗教的社会性。祭天的天坛也是这样，也具有广泛的社会性。由此我们说，在远离住地专门营建大型的社坛和天坛，当然是为全体部族祈求风调雨顺、五谷丰收，它具有很大的社会公众性，这样的神权突破聚落空间上的限制也是在所必然。红山文化后期神权的集中和对聚落空间的突破，应当与它的社会复杂化和发达的中心聚落形态（相当于复杂酋邦的社会形态）相一致，而且也是这种社会类型的权力特征。

二　战争对史前权力生长的促进

战争在国家形成过程中的作用，国内外许多学者都有过论述，笔者也做过一些研究①。笔者虽然并不赞成罗伯特·卡内罗、马尔科姆·韦布、戴维·韦伯斯特等人所主张的国家起源于战争这一单一因素②，但在史前权力生长的过程中，战争确实是一个重要的机制，发挥了强有力的促进作用。这里我们首先从中国史前社会战争的证据讲起。

1. 史前战争的考古学证据

作为史前社会战争的证据，既有考古学材料，也有古史传说材料。考古发现的史前城址，其高大宽厚城墙的修筑就出于军事防御的目的。其中，年代较早的古城，在南方有始建于距今6000—5500年的大溪文化时期的湖南澧县城头山城址③；在北方中原地区有始建于距今5300年的仰韶文化中晚期的河南郑州西山城址④；在山东地区有属于大汶口文化晚期即距今5000年左右的滕州西康留城址⑤、五莲丹土城址⑥；近来在安徽固镇县濠城镇垓下遗址也发现大汶口文化晚期城址⑦。这些都属于中心聚落形态时期的城址。其后，到了距今5000—4700年的屈家岭文化时期，有新建的古城，如湖南澧县鸡叫城城址⑧、湖北江陵阴湘城址⑨、

---

① 王震中：《祭祀·战争与国家》，《中国史研究》1993年第3期；王震中：《中国文明起源的比较研究》第六章，陕西人民出版社1994年版。

② ［美］乔纳森·哈斯：《史前国家的演进》，罗林平等译，求实出版社1988年版，第117—123页。

③ 湖南省文物考古研究所：《澧县城头山古城址1997—1998年度发掘简报》，《文物》1999年第6期。湖南省文物考古研究所：《澧县城头山——新石器时代遗址发掘报告》（上、中、下），文物出版社2007年版。

④ 国家文物局考古领队培训班：《郑州西山仰韶时代城址的发掘》，《文物》1999年第7期。杨肇清：《试论郑州西山仰韶文化晚期古城址的性质》，《华夏考古》1997年第1期。

⑤ 山东省文物考古所等：《山东滕州市西康留遗址调查发掘简报》，《考古》1995年第3期。

⑥ 王学良：《五莲县史前考古获重大发现》，《日照日报》1995年7月8日。转引自《考古》1997年第4期，第3页。

⑦ 安徽省文物考古研究所：《安徽固镇县垓下发现大汶口文化晚期城址》，《中国文物报》2010年2月5日。

⑧ 湖南省文物考古研究所：《澧县鸡叫城古城址试掘简报》，《文物》2002年第5期。

⑨ 江陵县文物局：《江陵阴湘城的调查与探索》，《江汉考古》1986年第1期。荆州博物馆等：《湖北荆州市阴湘城遗址东城墙发掘简报》，《考古》1997年第5期。荆州博物馆：《湖北荆州市阴湘城遗址1995年发掘简报》，《考古》1998年第1期。

石首走马岭城址①、荆门马家垸（院）城址②、公安鸡鸣城城址③等；也有在大溪文化时期所建古城基础上，经过几次修筑继续使用的，如澧县城头山城址就是在大溪文化时建成之后，到屈家岭文化时期，城墙被加宽加高，壕沟也被加宽加深，得到继续使用。在距今5000—4000年广义的龙山时代，特别是到了距今4600—4000年的狭义的龙山时代④，在黄河中、下游地区和长江中、下游地区以及内蒙古中南部河套地区，都普遍修筑有城邑。总之，中国史前古城的总数约70余座，其中南方石家河文化时期的古城，有的是在屈家岭文化时期建筑的基础上继续扩建使用，也有相当多是新修建的。在狭义的龙山文化时代即公元前2600—前2000年，山西襄汾陶寺⑤、河南登封市告成镇王城岗⑥、新密市古城寨⑦、辉县孟庄⑧、淮阳大朱庄平粮台⑨、山东章丘城子崖⑩、日照两城镇⑪、湖

①　荆州博物馆等：《湖北石首市走马岭新石器时代遗址发掘简报》，《考古》1998年第4期。

②　河北省荆门市博物馆：《荆门马家垸屈家岭文化城址调查》，《文物》1997年第7期。

③　贾汉卿：《湖北公安鸡鸣城遗址的调查》，《文物》1998年第6期。

④　关于龙山文化时代即龙山时代的广义与狭义概念之区分，可参考本书第五章中"龙山时代的都邑与国家"一节的有关论述和注释。广义的龙山文化是包括庙底沟二期文化的，它把庙底沟二期文化视为龙山文化的早期，庙底沟二期文化的年代约是公元前2900年—前2600年。关于庙底沟二期文化的年代，可参见《中国考古学·新石器时代卷》，中国社会科学出版社2010年版，第519页。

⑤　中国社会科学院考古研究所山西队等：《山西襄汾陶寺城址2002年发掘报告》，《考古学报》2005年第5期。中国社会科学院考古研究所山西第二工作队等：《2002年山西襄汾陶寺城址发掘》，《中国社会科学院古代文明研究中心通讯》2003年第5期。

⑥　河南省文物研究所、中国历史博物馆考古部：《登封王城岗遗址的发掘》，《文物》1983年第3期。河南省文物研究所、中国历史博物馆考古部：《登封王城岗与阳城》，文物出版社1992年版。北京大学考古文博学院、河南省文物考古研究所：《登封王城岗考古发现与研究》（上、下），大象出版社2007年版。

⑦　河南省文物考古研究所等：《河南新密市古城寨龙山文化城址发掘简报》，《华夏考古》2002年第2期。

⑧　河南省文物考古研究所：《辉县孟庄》，中州古籍出版社2003年版。

⑨　河南省文物考古研究所等：《河南淮阳平粮台龙山文化城址试掘简报》，《文物》1983年第3期。

⑩　李济等：《城子崖——山东历城县龙山镇之黑陶文化遗址》，1934年；山东省文物考古研究所：《城子崖遗址又有重大发现，龙山岳石周代城址重见天日》，《中国文物报》1990年7月26日。

⑪　栾丰实：《1998—2001年两城镇遗址考古发掘的主要收获》，《东方考古学研究通讯》第5期，2005年12月。

北天门石家河①、四川新津宝墩②、浙江杭州余杭莫角山③等古城，都是著名的。

城邑之外，考古发现中还有因战争而死去的人骨。例如，在江苏邳县大墩子墓地发现有带箭伤的骨架，箭头镶嵌在腿骨上。在山西绛县遗址中也发现了这种带有箭头的人骨。在陕西宝鸡北首岭、湖北房县七里河、青海民和县阳山与贵南县尕马台等遗址都发现有无人头骨的墓葬。宝鸡北首岭属于仰韶早期，该墓编号77M17，墓主失去头骨，而用一尖底陶罐代替④。尕马台是一处齐家文化的墓地，墓地内发现六座被砍去头颅的无头墓葬，其中成人男女合葬墓2座、成人女性合葬墓1座、成人女性单人葬墓2座、成人女性与小孩合葬墓1座。各墓主随身带有装饰品骨珠、小石片等。全部葬于墓地东北角边缘。有学者指出，这是敌对部落在战争中把这一部落成员的头砍去，为与本村落的正常死亡者相区别，便将这些砍头者的身躯埋葬在本族墓地的东北角边缘⑤。此外，在尹家城龙山文化一期的部分房屋内，发现有数量不一的人骨，同时还存在有较多的陶器、石器等遗物。不同房屋内出土的同类器物形态完全或基本相同，说明这些房屋的毁坏或遗弃是在同一个较短时间之内。9座房屋内有4座发现人骨，共有6人。对其中5人进行了鉴定：老人1名，13岁以下的儿童4名，最小的只有5岁左右。5具人骨身首异处，如205号房屋内的老年人骨，头在房屋中部、身体位于西壁的南部之下，缺下肢。又如204号房屋的儿童骨骸，头在北侧中部，而身体在其东北，相距0.6米。发掘者认为，造成这些现象的直接原因应是部落战争，有可能在成年人外出之际，有人乘机对村落进行袭击的结果⑥。

在第三章"阶级产生的三种途径"中已指出：考古发掘出土的人殉、人祭、奠基的人牲、乱葬坑中人骨等都是"由战俘转化而来的奴隶"。特别是在修筑城墙和房屋时用作奠基的人牲，有的还被截取了头盖骨；在邯郸涧沟两座半地穴式窝棚里发现的4具人头盖骨，都被剥取了头皮；在"乱葬坑"中，那

---

① 北京大学考古系等：《石家河遗址群调查报告》，《南方民族考古》第5辑，1992年。

② 成都市文物考古队：《四川新津县宝墩遗址调查与试掘》，《考古》1997年第1期。

③ 浙江省文物考古研究所：《杭州市余杭区良渚古城遗址2006—2007年的发掘》，《考古》2008年第7期。

④ 中国社会科学院考古研究所：《宝鸡北首岭》，文物出版社1983年版，第84—86页。

⑤ 李仰松：《试论中国古代的军事民主制》，《考古》1984年第5期。

⑥ 山东大学历史系考古教研室：《泗水尹家城》，文物出版社1990年版，第305—306页。

些被俘获者的肢体往往不全或身首异处，有的与猪狗之类兽骨相伴。这些都显示出战争的残酷和对待战俘的残忍。

2. 史前战争的文献证据

从古史传说来看，以黄帝为开端的五帝时期就充满着族群间的冲撞和战争。《史记·五帝本纪》说："轩辕之时，神农氏世衰。诸侯相侵伐，暴虐百姓，而神农氏弗能征。于是轩辕乃习用干戈，以征不享，诸侯咸来宾从。而蚩尤最为暴，莫能伐。炎帝欲侵陵诸侯，诸侯咸归轩辕。轩辕乃修德振兵……教熊、罴、貔、貅、貙、虎，以与炎帝战于阪泉之野。三战，然后得其志。蚩尤作乱，不用帝命。于是黄帝乃征师诸侯，与蚩尤战于涿鹿之野，遂擒杀蚩尤。而诸侯咸尊轩辕为天子。"

在这里，既记载了炎帝与黄帝的阪泉之战，亦记载了蚩尤与黄帝的涿鹿之战。这是传说时期广为流传的两次战争，因而也见于其他文献记载。如《国语·晋语四》说："昔少典氏娶于有蟜氏，生黄帝、炎帝。黄帝以姬水成，炎帝以姜水成。成而异德，故黄帝为姬，炎帝为姜。二帝用师以相济也，异德之故也。"韦昭注："济当为挤。挤，灭也。《传》曰：黄帝战于阪泉。"《左传·僖公二十五年》也有"遇黄帝战于阪泉之兆"的说法。黄帝与炎帝在阪泉"三战，然后得其志"，说明黄帝得胜之不易。

涿鹿之战，《逸周书·尝麦》的记载更清楚："昔天之初，诞作二后，乃设建典，命赤帝分正二卿，命蚩尤于宇少昊，以临四方，司□□上天未成之庆。蚩尤乃逐帝，争于涿鹿之阿，九隅无遗。赤帝大慑，乃说于黄帝，执蚩尤，杀之于中冀，以甲兵释怒。用大正顺天思序，纪于大帝。用名之曰绝辔之野。乃命少昊清司马鸟师，以正五帝之官，故名曰质。天用大成，至于今不乱。"这里的赤帝即炎帝。从这段记载可以看出，涿鹿之战，蚩尤入侵的首先是炎帝族活动地区，致使炎帝族"九隅无遗"，只得求救于黄帝，引起了黄帝与蚩尤大战。据《山海经·大荒北经》，这次战争持续的时间很长而且打得也很艰苦。《大荒北经》说："有人衣青衣，名曰黄帝女魃。蚩尤作兵伐黄帝，黄帝乃令应龙攻之冀州之野。应龙畜水，蚩尤请风伯雨师，纵大风雨。黄帝乃下天女曰魃，雨止，遂杀蚩尤。魃不得复上，所居不雨。"在上古时期人的思维中，人与人之战、族与族之战，也是神与神之战。如殷墟卜辞中有这样的占卜："乙亥卜，殸贞，雀有作祸。乙亥卜，㲋贞，雀亡作祸。"(《甲骨文合集》6577)"惟乎令㳄虫（害）羌方。七月。"(《甲骨文合集》6623)卜辞中的"雀"和"㳄"都是商王朝的属国，雀据说是在河南省温县①，㳄在商的西北方向。前一条卜辞是卜问雀是否降祸，但缺少宾语，不知是对谁降祸。后一条卜辞是卜问是否让㳄作祟羌方的记录。这些祸害当然是由各族的神发起的，是各族的神给敌人以致祸②。因此，在《大荒北经》中，应龙和女魃虽都是天神，黄帝却能命令他们而为己所用。在古人的观念里，他们的首领黄帝有与神相通的威力，蚩尤也有请风伯雨师纵大风雨的能力。涿鹿之战规模大，时间也长。大概战争的最初是雨季，黄帝本想用"应龙畜水"的法术来淹没蚩尤族，而蚩尤族不但不害怕，还很善于在大风雨中作战。后来，雨止，进入旱季，黄帝战胜了蚩尤，但华北地区长期处于干旱，古人认为这是由于"魃不得复上，所居不雨"的缘故。

阪泉、涿鹿大战后，炎帝族系统的共工氏与颛顼族发生过激烈的冲突。《淮南子·天文训》说："昔者共工与颛顼争为帝，怒而触不周之山，天柱折，地维绝。天倾西北，故日月星辰移焉；地不满东南，故水潦尘埃归焉。"在这一神话式的思维中，借助于共工氏的故事，来解释天空日月星辰的移动，以及中国地势西北高而东南低所致的水系的流向。但故事的核心是共工与颛顼争为帝而发生的战争冲突。《兵略训》也说："颛顼尝与共工争矣……共工为水害，故颛顼诛之。"《楚辞·天问》："康回冯怒，地何故以东南倾？"说的也是这一故事。颛顼之外，共工与帝喾高辛氏、唐尧和禹也发生过冲突。《史记·楚世家》说："共工氏作乱，帝喾使重黎诛之而不尽。"《淮南子·原道训》也说共工"与高辛争为帝，遂潜于渊，宗族残灭，断嗣绝祀"。《逸周书·史记篇》说："久空重位者危。昔有共工自贤，自以无臣，久空大官，下官交乱，民无所附，唐氏伐之，共工以亡。"《荀子·议兵篇》言："是以尧伐驩兜，舜伐有苗，禹伐共工，汤伐有夏，文王伐崇，武王伐纣。此四帝两王，皆以仁义之兵行于天下

---

① 白川静：《殷代雄族考·雀》（白川静：《甲骨金文学论丛》第六集）。
② 为此，日本学者伊藤道治提出："在当时，各族都有自己的族神，族间的战争也就是神之战争。从而，被战败的神，在神格体系化之际，它便处于从属于胜利之神的地位。"而且随着殷王朝渐渐把许多族或方国收纳在自己的统治之下，殷也开始祭祀起了这些神，其中诸如"河"、"岳"等，还被编进了殷的先公行列中，这是殷维持对异族支配的手段和纽带。

也。"《成相篇》也提道："禹……逐共工"。

从颛顼到尧舜禹时期，共工族为争盟主地位始终都在同其他较强的族邦抗争着。其实，共工氏在当时也是一个大族、强族。《国语·鲁语》说："共工氏伯九有也，其子曰后土，能平九土，故祀以为社。"《山海经·大荒北经》也说："共工之臣名曰相繇，九首，蛇身，自环，食于九土。"（《海外北经》亦有同样的记载，"九土"作"九山"）这些不同来源的先秦古籍，一致说共工氏伯（霸）九有，平九土，活动于九山之域。这个九土、九山，《礼记·祭法》的作者认为就是"九州"。他说："共工氏之霸九州也，其子曰后土，能平九州，故祀以为社。"只是这个"九州"并非战国、秦汉大一统思想和大一统疆域出现以后逐步形成的泛指全中国的"九州"，它在春秋时期及春秋以前，只是一个特定的区域。其核心地区大概西自陕西之秦岭，北至晋南，东到河南中部之嵩山，南达豫西南①。尽管如此，共工氏一度为"九州"之霸主，后来的"四岳国"及其分支齐、吕、申、许四姜姓国即为其后裔②。

尧时期，尧不但与共工相战，而且和驩兜、苗蛮、猰貐、凿齿、九婴、大风、封豨、修蛇等部族也有过战争。《荀子·议兵篇》、《战国策·秦策》皆言："尧伐驩兜。"驩兜又称为"谨头"、"驩朱"等，多认为是南方部落。《山海经·海外南经》也说："谨头国在其南，其为人人面有翼，鸟啄，方捕鱼。一曰在毕东。或曰驩朱国。"郭璞注云："谨兜，尧臣，有罪，自投南海而死。帝怜之，使其子居南海而祠之。"其实，驩兜族原本是北方部族，是从北方到南方的。如《大荒北经》即言："颛顼生驩头，驩头生苗民，苗民釐姓。"就是说驩头部落是从颛顼族派生出来的，驩头部落到了南方之后，融合于南方的苗民之中，使得一部分苗民又出自于驩头部落。自清邹汉勋以来，童书业等学者认为驩兜或谨头就是被尧所诛的不肖之子丹朱③。尧伐丹朱是与伐南蛮联系在一起的。《庄子·盗跖篇》云："尧杀长子。"《韩非子·说疑》："其在记曰：尧有丹朱，而舜有商均，启有五观，商有太甲，武王有管蔡。五王之所诛者，皆父兄子弟之亲也。"《竹书纪年》说："放帝子朱于丹水。"《论衡·儒增篇》："尧伐

---

① 王震中：《共工氏主要活动地区考辨》，《人文杂志》1984 年第 2 期。
② 同上。
③ 童书业：《丹朱与驩兜》，《浙江图书馆馆刊》第四卷第五期；杨宽：《中国上古史导论》，《古史辨》第七册（上），第 302—307 页。

丹水，舜征有苗。"《恢国篇》："黄帝有涿鹿之战，尧有丹水之师，舜时有苗不服，夏启有扈叛逆……"而《吕氏春秋·召类篇》则言："尧战于丹水之浦，以服南蛮。"（《淮南子·兵略训》同）此丹水，即今丹江，为汉水北支流，是联系南北交通的重要枢纽。《吕氏春秋·召类篇》和《淮南子·兵略训》的说法是可信的，尧在伐丹朱之时，是连同苗蛮一起征伐的。尧与凿齿等的战争，见于《淮南子·本经训》，曰："尧之时，十日并出，焦禾稼，杀草木，而民无所食。猰貐、凿齿、九婴、大风、封豨、修蛇，皆为民害。尧乃使羿诛凿齿于畴华之野，杀九婴于凶水之上，缴大风于青丘之泽，上射十日而下杀猰貐，断修蛇于洞庭，禽猰貐于桑林，万民皆喜，置尧以为天子，于是天下广狭险易远近，始有道里。"这里讲的"十日并出"，有学者认为"就是十来个部落首领同时称王"①。凿齿，《坠形训》有"凿齿民"，《山海经·大荒南经》说"有人曰凿齿，羿杀之"，说的是流行拔牙习俗的民族，大汶口文化中就流行这一风俗，在湖北的屈家岭文化和石家河文化中也有拔牙的风俗，在广东、福建，乃至台湾的遗址中也都发现过拔牙的人骨标本，从大的族系上来划分，"除了以大汶口文化居民为代表的古夷人族系以外，至少还有三个族系流行拔牙风俗，那就是长江中游的古荆蛮族系及其部分后裔、东南地区的古越人族系及其部分后裔，以及云南边境大约属于孟高棉语族的濮人"，而尧使夷羿诛的凿齿民，则属于"古夷人族系"②。此外，据说大风可能就是风夷，修蛇为三苗，封豨当是有仍氏，或作封豕，即野猪③，猰貐、九婴也是一些以野兽为图腾的部落④。

舜之时，《孟子·万章上》说："舜流共工于幽州，放驩兜于崇山，杀三苗于三危，殛鲧于羽山，四罪而天下咸服，诛不仁也。"其中，舜伐三苗，也见于《战国策·秦策》⑤、《左传·昭公元年》⑥、《论衡·儒增篇》⑦ 等。《吕氏春秋·

①   田昌五：《古代社会形态研究》，天津人民出版社1980年版，第152页。
②   严文明：《大汶口文化居民的拔牙风俗和族属问题》，《大汶口文化讨论文集》，齐鲁书社1979年版，第260页。
③   田昌五：《古代社会形态研究》，天津人民出版社1980年版，第152页。
④   严文明：《大汶口文化居民的拔牙风俗和族属问题》，《大汶口文化讨论文集》，齐鲁书社1979年版，第254页。
⑤   《战国策·秦策》："舜伐有苗。"
⑥   《左传·昭公元年》："虞有三苗。"
⑦   《论衡·儒增篇》："舜征有苗。"

召类》："舜却苗民，更易其俗。"可见舜通过对三苗的战争，甚至还欲改变三苗的风俗。据说舜因深入苗蛮腹地而战死沙场，葬身异乡。《淮南子·修务训》："舜……南征三苗道死苍梧。"《国语·鲁语上》称为"野死"，《礼记·檀弓上》和《山海经·大荒南经》也都说舜葬于"苍梧之野"。《史记·秦始皇本纪》说秦始皇三十七年出游，"行至云梦，望祀虞舜于九疑山"。就是因为舜葬于南方苍梧之野。《山海经·海内经》即言："南方有苍梧之丘，苍梧之渊，其中有九嶷山，舜之所葬，在长沙零陵界中。"《离骚》："济沅湘以南征兮，就重华而陈词。"重华乃舜名，这里说的也是舜南征之事。舜南征之事在江南流传之广，于此可见一斑。

到了禹时，中原的华夏族对三苗的战争更为激烈。《墨子·兼爱下》引《禹誓》："禹曰：济济有众，咸听朕言，非惟小子，敢行称乱，蠢兹有苗，用天之罚，若予既率尔群对诸群，以征有苗。"《墨子·非攻下》言："昔者三苗大乱，天命殛之，日妖宵出，雨血三朝，龙生于庙，犬哭乎市，夏冰，地坼及泉，五谷变化，民乃大振（震）。高阳乃命（禹于）玄宫。禹亲把天之瑞令，以征有苗。四电诱祇。有神人面鸟身，若瑾以侍。搤矢有苗之祥（将），苗师大乱，后乃遂几。禹既已克有三苗，焉磨（历）为山川，别物上下，卿制大极（乡制四极），而神民不违，天下乃静。"这也是在气象异常、发生灾害性气候时，发动的对三苗的战争。战前进行了声势浩大的誓师动员，禹亲自挂帅，并在玄宫举行了接受天之瑞令等宗教仪式。当时还有以鸟为图腾、代表东方之神句芒的"人面鸟身"者，奉珪以侍。在神的佑护下，战争大获全胜。

从炎、黄两部族登上历史舞台开始，一直到颛顼、尧、舜、禹时期，中国的文明形成史简直就是一部战争史。古史传说的五帝时代的这一特征，可以得到考古学上的印证。从史前的仰韶时代到邦国林立的龙山时代，战争连绵不绝，有时规模还很大。中国早期国家就是在社会出现阶级分化时，在最高祭祀的独占、战争的环境、公共管理事务等社会职能的进一步强化这些因素的共同作用下，在诸中心聚落形态社会之间或酋邦、部族之类的族共同体之间的冲撞中诞生的。

3. 战争对内、外关系的改变：征服与奴隶

战争对于社会形态演变和国家产生影响，可分为三个方面：在外部，战

争加剧了地区与地区、部族与部族、聚落与聚落之间的不平等，使邦国部落
之间出现了臣服纳贡式的关系，这就是由战争产生的征服与纳贡的外部关系；
在内部，战争为战胜者中的统治阶层提供了新的财富和奴隶的来源，这就是
战争为阶级的产生提供了一个新途径，它使内部关系的某些方面发生了变化；
在权力系统方面，战争促进了权力的集中，由原始社会的酋长之权走向邦国
的邦君之权，以及由早期国家的邦君之权走向王国的王权，战争都发挥了重
要作用。

　　史前战争对外部关系的改变属于战争与征服的范畴。自中心聚落形态以来，
特别是早期国家产生前夕，战争已经不像以前那样只停留在血族复仇的层面，
而是通过战争使征服者与被征服者之间开始建立一种纳贡臣服关系，从而打破
了原始社会中部落与部落之间或部族与部族之间原有的平等关系。《左传·哀公
七年》记载："禹合诸侯于涂山，执玉帛者万国。"这里的"万国"，有的是邦
国，有的则是部落和酋邦，它们须执礼来见大禹，已处于不平等的地位。而据
《国语·鲁语下》："禹致群神于会稽之山，防风氏后至，禹杀而戮之。"禹杀迟
到的防风氏，禹开始有了生杀专断之权，禹与诸族间的不平等是显而易见的。
由此我们对于《尧典》中的"蛮夷事服"也就不难理解了。《史记·五帝本纪》
"轩辕乃习用干戈，以征不享，诸侯咸来宾从……而诸侯咸尊轩辕为天子"。描
述的也是因征服战争而产生的不平等和纳贡宾服的关系。《韩非子·十过篇》
说："昔者黄帝合鬼神于西泰山之上……蚩尤居前，风伯进扫，雨师洒道……"
对此，徐旭生先生的解释是：蚩尤个人虽被杀，蚩尤的族人仍可称蚩尤，当黄
帝战胜蚩尤后进兵入东夷的境内，走到西泰山脚下，会合各氏族的首长时，因
为蚩尤战败，所以能使蚩尤的族人"居前"，也能使蚩尤部落联盟中的首
领——风伯、雨师，"进扫"、"洒道"，为战胜者前后奔走①。战败臣服于战胜
者，这说明当时的战争已不是简单的血族复仇性质。在军事征服下的联合，已
属于不平等的联合，在迫使战败部落纳贡的同时，也建立了族邦间不平等的外
部关系。

　　史前战争在对内关系上，主要是由战俘转化而来的奴隶使得社会内部阶级
结构发生变化，从而也促进了社会内部剥削和奴役的发展。我们在第三章"阶

---

　　① 徐旭生：《中国古史的传说时代》，科学出版社 1960 年版，第 98 页。

级产生的三种途径"中，运用考古学材料，论述了在聚落或都邑中，奴隶被杀殉、被奠基、被作为人牲杀害、被埋于乱葬坑中等悲惨的遭遇。其实这种情况在文献中也有记载，例如《国语·周语下》说："黎、苗之王，下及夏、商之季，上不象天，而下不仪地，中不和民，而方不顺时，不共神祇，而篾弃五则，是以人夷其宗庙，而火焚其彝器，子孙为隶，下夷于民。"韦昭注释曰："黎，九黎。苗，三苗。少暤氏衰，九黎乱德，颛顼灭之。高辛氏衰，三苗又乱，尧诛之。夏、商之季，谓桀、纣，汤、武灭之也。"又注曰："篾，灭也。则，法也。谓象天、仪地、和民、顺时、共神。夷，灭也。彝，尊彝，宗庙之器也。"《国语·周语》是说从唐虞时期到夏商，由于九黎、三苗、夏桀、商纣等不能做到天时地利人和以及供奉神祇，因而遭到颛顼、尧舜和商汤、周武王的征伐，结果那些被征伐族邦，宗庙被毁灭，宗庙中彝器被火焚，子孙为隶。也就是说，史前社会后期的战争能带来战俘奴隶，因而它不但改变了原有的部族间的秩序，也改变了战胜者内部的阶级结构，最初的奴隶阶级主要由此而产生，也可以得到文献上的证据。因中国上古不存在所谓奴隶集中营，这些奴隶大多是被纳入战胜部族内各个家族和宗族中了，成了父权家族长、宗族长和贵族们的财产，包括其人身自由都受他们的支配。

4. 战争与军功贵族和军事首领的产生

在史前权力系统与战争的关系上，史前社会出现的军功贵族和聚落中的军事酋长和族群中最高军事酋长都与此有关。

如前所述，河南临汝阎村遗址出土的"鹳鱼石斧图"彩陶缸的画面，表现出以鹳图腾为首的部落联盟对以鱼图腾为首的部落的战争胜利。图中的大斧发展到后来就是钺。考古发现了很多新石器时代的石钺和玉钺，有的还可以看到安柄使用的方式。如良渚文化余杭反山 12 号墓（彩图 4—16）和瑶山 7 号墓（彩图 4—17）不但出土了玉钺，还出土了钺柄的冠饰和端饰等部件。这说明当时的玉钺是非常讲究的。湖北荆州马山阴湘城址中出土漆木质钺柄（彩图 4—18）。这样的钺与大汶口文化中的钺字陶文十分相似（图 4—10）。余杭反山 M12 出土的一件玉钺刻有人兽结合的神徽（彩图 4—19，图 4—11），更显示出玉钺的礼仪性、神秘性和权威性。

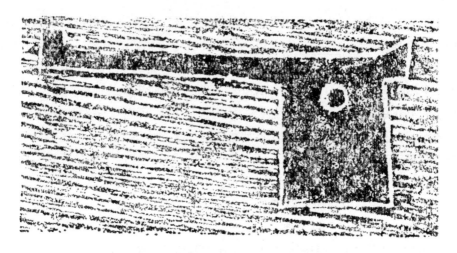

图4—10　莒县陵阳河遗址出土钺字形图像文字

（采自山东省文物管理处等《大汶口》）

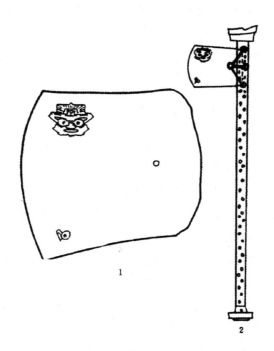

1. 玉钺　2. 玉钺权杖复原图

图4—11　余杭反山 M12 刻有神徽玉钺复原示意图

在中国上古文化传统中，钺象征着征伐和军事上的权力。如《尚书·牧誓》说周武王伐纣，誓师时："王左杖黄钺，右秉白旄以麾。"在出土青铜器铭文中，有许多记载了周代的册命即赐命礼，这是王权集中的体现。在举行册命仪式时，周王位于太室阶上，户牖之间，斧扆之前，面向南；接受册命者，立于中庭，面向北。仪式中特别强调王位于画有大斧的屏风前，是有特殊意义的。如《周礼·司几筵》："凡封国，命诸侯，王位设黼依，依前向南。"郑注曰："斧谓之黼，其绣白黑采，以降帛为质。依，其制如屏风然。"这是说黼依的形制如屏风，用绛色（大红色）的帛制成，上面绣有黑白两色的斧形图案。《仪礼·觐礼》："天子设斧扆于户牖之间，左右几，天子衮冕，负斧扆。"《逸周书·明堂》："天子之位，负斧扆，南面位。"朱右曾校释云："天子，成王也。负，背也。扆，在太室户外，状如屏，画斧焉。"举行册命仪式时，王一定要即位于画有大斧的屏风前，是有象征意义的，它象征着王权中含有征伐之权。因此，西周时代的虢季子白盘铭文说："赐用弓，彤矢其央；赐用钺，用征蛮方。"《左传·昭公十五年》："镮钺、秬鬯、虎贲、文公受之……抚征东夏。"《史记·殷本纪》："赐（周文王）弓矢斧钺，使得征伐，为西伯。"在这里，"弓矢是用于作战的，而斧钺则主要是用于治军的，因为斧钺不仅是武器，而且是砍头的刑具"[1]。就连"王"字的字形也与斧钺（戉）有关，从青铜钺的形状可以窥视王字的起源（彩图4—20）。在有关王字起源的诸说中，吴其昌曾提出"王字之本义，斧也"，其字亦斧之象形[2]。林沄在《说王》一文中，进一步申述了此说，指出斧钺在古代本是一种兵器，也是主要用于治军的刑具，曾长期作为军事统帅权的象征物，王的前身是军事首长[3]。罗琨举出加拿大安大略博物馆藏甲骨拓片中一王字作"𤴯"，并说这一装秘安镈的斧钺象形，告诉我们王字是由刃部朝下、秘镈横置、正在执行砍伐功能的斧钺象形来表示的，即"只有执行砍伐功能时的钺，才能表示'王'"，这亦即《韩非子》所谓"王者，能攻人者也"[4]。笔者曾在论述王权的三个来源时，也提出王权的来源之一为军事

①　林沄：《说王》，《考古》1965 年第 6 期。
②　吴其昌：《金文名家疏证》（一），《武大文史哲季刊》第五卷第三期，1936 年。
③　林沄：《说王》，《考古》1965 年第 6 期。
④　李学勤主编：《中国古代文明与国家形成研究》，云南人民出版社 1997 年版，第 242 页。

指挥权①。

　　由已知推未知，夏商周三代钺有象征军事统帅权的意味，那么新石器时代的墓葬中大量随葬的石钺、玉钺也当与此有关。新石器时代墓葬随葬玉钺和石钺具体可分为四种情况：第一种是既随葬大量的钺，也随葬大量的其他玉礼器等器物，为该墓地中最富有的大墓，处于阶级和阶层的最高层，握有征伐、祭祀、行政诸项大权者；第二种是以随葬钺为主，而其他玉礼器则较少，墓葬的规模和规格要次于第一种大墓，这是单纯的军事首领或因军功而上升为贵族者；第三种是随葬品也较多，即随葬祭祀用的礼器，也随葬玉钺或石钺者，此为一般的贵族或上层贵族，也有领兵治军之权，他们大概是拥有家族、宗族之"族兵"的族长；第四种是随葬品较少，但随葬有钺，这些人大概属于军中的卒长之类，是一些英勇作战者，随葬石钺兼有尚武的含义。

　　作为上述第一种墓葬，可以举出安徽含山凌家滩墓地中的 87M4 号墓、07M23 号墓，良渚文化福泉山 T22M5 号墓、T15M3 号墓、草鞋山 M198 号墓、反山 M12 号墓、M20 号墓、瑶山 M7 号墓，以及陶寺墓地的甲种大墓等。凌家滩 87M4 墓中出土的 145 件器物中，19 件玉璜、14 件玉玦、4 件玉镯、3 件玉璧、1 件玉勺以及人头冠饰等佩饰，可表身份之尊贵；墓中随葬的玉龟、玉签和玉龟中夹着的刻有"天圆地方"、"四极八方"的玉版，则说明该墓主人是执掌占卜、祭祀的重要人物；墓中随葬玉钺 8 件、石钺 18 件，说明他也执掌着军事方面的事务；墓内还有 6 件颇为精致的石锛、5 件精致的石凿，似乎象征着其人对于手工业的重视。因此，这是一位执掌着以宗教占卜祭祀为主，兼有军事之权，并对手工业生产相当重视的人物，是氏族部落乃至部族中的最高酋长。凌家滩 07M23 随葬器物 330 件。其中，1 件玉龟和 2 件玉龟状扁圆形器及内置的玉签，都属于占卜工具，说明他与 87M4 墓主人一样都属于宗教领袖一类人物；墓内出土 2 件玉钺和 44 件石钺，又说明他也执掌着军事大权；在墓主人头部密集放置了 20 多件玉环，而且是大环套小环，大概是墓主佩戴的项饰；在墓主双臂位置，左右各有一组 10 件玉镯对称放置，是套在手臂上的臂镯，显示出墓主身份的高贵；此外还随葬 1 件玉锛、10 件玉斧、30 件石锛、9 件石凿等，显示出对生产的重视。87M4 与 07M23 两墓距离很近，似为同一家族之人。这

---

　　① 王震中：《祭祀·战争与国家》，《中国史研究》1993 年第 3 期；《中国文明起源的比较研究》，陕西人民出版社 1994 年版，第 369—371 页。

样，我们从 07M23 和 87M4 这两座墓主人所随葬的器物可以看出，当时社会身份地位最高的人应该是既掌握着最高占卜祭祀之权，也握有军事指挥之权和生产管理之权，这说明当时的宗教祭祀与军事战争和生产管理是三位一体、合而为一的，而且这种最高酋长一职很可能是在同一个家族内世袭的。良渚文化中的这类大墓，除墓葬规模大、随葬品丰富外，还大量随葬玉琮、玉璧和玉钺等，用于表示多种身份集于一身。陶寺的甲种大墓使用木棺，棺内撒朱砂，随葬品多而精美，可达一二百件。其中龙盘、鼍鼓、特磬、"土鼓"、玉钺等象征特权的一套重要礼器，说明这类大墓主人多种身份集于一身，执掌着当时最重要的社会职能——祭祀与征伐。需要指出的是，良渚和陶寺这种集神权、军权与族权和行政于一身者，与凌家滩这三者集于一身者的区别在于：因前者所属的社会已进入早期国家，故前者属于都邑邦国的邦君即国君；而后者处于中心聚落形态阶段，故后者属于史前社会的最高酋长。关于良渚、陶寺等都邑遗址已属于早期国家——邦国的论证，我们将在第五章进行。

作为第二种墓葬，可以福泉山 T27M2 为例。该墓随葬品颇丰，达 170 件。其中随葬 4 件玉钺和其他玉器而不见琮和璧。大汶口墓地中的 M25 号墓也是一座随葬品丰富的大墓，在 85 件随葬品中，有黑陶高柄杯、白陶高柄杯、骨雕筒等珍贵器物，还随葬 6 件玉钺。这些墓主虽不属于最高贵族阶层，但很可能属于因军功而上升为贵族者或为单纯的军事首领。

第三种墓葬也属于贵族墓。如凌家滩 87M15 号墓，随葬品达 128 件。其中有 30 件玉璜，1 件玉钺，7 件石钺，8 件石锛，2 件砺石，17 件陶器等。凌家滩 98M29 号墓，随葬品为 86 件。其中有玉璜 5 件，玉镯 6 件，玉环 6 件，玉人 3 件，玉鹰 1 件，石钺 12 件，石戈 2 件，还随葬陶器 16 件。这些贵族墓主，至少是家族长，也有领兵治军之权。

第四种墓葬随葬品较少，但随葬有钺。如果这样的墓葬在墓地中数量较多，则属于尚武的表现。如凌家滩在 1987—1998 年三次发掘所获得 44 座墓葬中，随葬玉钺的墓有 11 座，占总数的 25%；随葬石钺的墓有 30 座，占总数的 68%；玉钺和石钺二者合计，占总墓数的 93%。就连被认为是专职石匠的 87M6 号墓主人，在随葬 22 件石锛的同时也随葬 32 件石钺；被认为是专职玉匠的 98M20 号墓主人，在随葬 24 件石锛、111 个玉芯和 4 块磨刀石的同时，也随葬 6 件玉钺、16 件石钺。普遍随葬钺（包括玉钺和石钺）是尚武的表现。

在上述第二、第三、第四种墓葬中，虽然都是大小不等的军功贵族，但良渚文化中的这类贵族属于国家社会中的贵族，而大汶口、凌家滩等遗址中的这类军功贵族则属于中心聚落形态社会产生的贵族。他们之所以成为贵族，都与战争和军事有关。

三　权力的集中性与社会职能

1. 社会职能与职官的起源

恩格斯说得好："政治统治到处都是以执行某种社会职能为基础，而且政治统治只有在它执行了它的这种社会职能时才能持续下去。"① 这种社会职能在史前社会主要体现在祭祀、管理、公共工程等公众事务之中，由此而产生了上层巫师之类神职人员、军事首领和各种酋长首领等。因此，在史前权力演进的过程中，权力所体现的集中性和阶层性是与它执行某种社会职能分不开的。这也正是我们在第三章中已论述的：阶级产生的途径之一就在于"社会职能"的担当者从对公共事务的管理而上升为对社会统治的问题。

上层巫师之类的神职人员的产生，每每与祭祀独占和神权垄断有着密切的关系。这一点可通过古史传说中颛顼进行的"宗教变革"得到说明。如《国语·楚语下》说：

> 昭王问于观射父，曰："《周书》所谓重、黎寔使天地不通者，何也？若无然，民将能登天乎？"对曰："非此之谓也。古者民神不杂。民之精爽不携贰者，而又能齐肃衷正，其智能上下比义，其圣能光远宣朗，其明能光照之，其聪能听彻之，如是则明神降之，在男曰觋，在女曰巫。是使制神之处位次主，而为之牲器时服，而后使先圣之后之有光烈，而能知山川之号、高祖之主、宗庙之事、昭穆之世、齐敬之勤、礼节之宜、威仪之则、容貌之崇、忠信之质、禋絜之服，而敬恭明神者，以为之祝。使名姓之后，能知四时之生、牺牲之物、玉帛之类、采服之仪、彝器之量、次主之度、屏摄之位、坛场之所、上下之神、氏姓之出，而心率旧典者为之宗。于是

---

① 《马克思恩格斯选集》第三卷，人民出版社 1995 年版，第 523 页。

乎，有天地神明类物之官，是谓五官，各司其序，不相乱也。民是以能有忠信，神是以能有明德，民神异业，敬而不渎，故神降之嘉生，民以物享，祸灾不至，求用不匮。及少暤之衰也，九黎乱德，民神杂糅，不可方物。夫人作享，家为巫史，无有要质。民匮于祀，而不知其福。蒸享无度，民神同位。民渎齐盟，无有严威，神狎民则，不蠲其为。嘉生不降，无物以享。祸灾荐臻，莫尽其气。颛顼受之，乃命南正重司天以属神，命火正黎司地以属民，使服旧常，无相侵渎，是谓绝地天通。其后，三苗复九黎之德，尧复育重、黎之后，不忘旧典。以至于夏、商，故重、黎氏世叙天地，而别其分主者也。"

上文《楚语》提到的《周书》指的是《尚书·吕刑》所说的"乃命重、黎绝地天通"。颛顼命重、黎"绝地天通"，徐旭生先生称为宗教改革，他说：在颛顼之前，"民神杂糅，不可方物；夫人作享，家为巫史"，说的就是人人祭神，家家有巫史；帝颛顼时，让南正重"司天以属神"，是说只有帝颛顼和南正重才管得天上的事情，把群神的命令汇集起来、传达下来；又使"火正黎司地以属民"，就是说使他管理地上的群巫，把宗教的事业变成了限于少数人的事业，这是一种进步的现象①。

颛顼的这种所谓的宗教改革，应称为宗教变革。这实际上是社会中出现了诸如"南正"、"火正"、巫觋之类的神职人员。这里"南正"、"火正"之"正"，韦昭注："正，长也。"即各种职官，是职掌各种事务的神职人员和管理人员，因上古的宗祝巫史，包括天文历法都属神职人员的职能范围，祭祀与管理相关联，因而民事类的职掌每每也由神职人员统辖之。这种专职的神职人员的出现，意味着一个祭司兼管理阶层的形成，这是社会复杂化的诸现象之一。

颛顼的"绝地天通"，张光直先生曾强调这是巫师职务中对天地的贯通②。笔者以为"火正"一职的出现，是很值得研究的。"火正"的设立在当时具有一定的普遍性。如《左传·襄公九年》在讲到"古之火正"时，说"陶唐氏之

---

① 徐旭生：《中国古史的传说时代》，科学出版社 1960 年版，第 76—84 页。
② 张光直：《中国青铜器时代》（二集），生活·读书·新知三联书店 1990 年版。

火正阏伯居商丘，祀大火，而火纪时焉"①。这是说由陶唐氏的火正祭祀辰星大火，并以大火星来纪时——观象授时。《左传》昭公二十九年说："火正曰祝融。"《国语·郑语》又说："黎为高辛氏火正，以淳耀惇大，天明地德，光照四海，故命之曰祝融。"这种"火正"也被称为"火师"，《左传·昭公十七年》说："炎帝氏以火纪，故为火师而火名。"哀公九年也说："炎帝为火师，姜姓其后也。"火正祀大火，并以"火纪时"，就是每年在大火星出现时举行隆重的祭祀，并以大火星的出现来纪年，一年农事的开始也由此决定，这也是后世的司徒（金文中的"司土"）所掌管的一些事情，所以《国语·楚语》说"火正黎司地以属民"。

正如我们在第二章和第三章中所述的那样，火正祀大火，不但被文献所记载，也见于新石器时代的陶文、陶器、玉器上的纹样。"☼"或"☽"这样的陶文就表现的是辰星大火，而这样的陶文在山东莒县陵阳河、大朱家村、诸城前寨、安徽蒙城尉迟寺等大汶口文化遗址的陶器上，在良渚文化的玉器上，一再出现，就说明对于大火星的祭祀、崇拜以及"火正"一职的设立是普遍的。河南陕县庙底沟遗址出土的彩陶盆上绘有由火焰与圆点相构成的图形，与"☼"和"☽"有异曲同工的作用，也是对辰星大火的一种表现。因此，从文献和考古都可证明当时诸部族中都设有"火正"一职。

火正负责对辰星大火的观象授时，这与当时历法的制定和农业生产的安排都有密切的关系。通过对火正一职执掌内容的分析，我们可以看到，当时设置这些神职人员，有些与全社会的生产和管理是密不可分的。也就是说，祭祀与管理相关联，作为贵族阶层的产生，其来源和途径可以是多方面的，而神职人员的设立应该是重要的途径之一。另一方面，政治统治总是要求这些职能走向权力的集中，走向最高神权的独占，诸如颛顼"乃命重、黎绝地天通"，让南正重"司天以属神"，又让"火正黎司地以属民"，就是使宗教祭祀变成了少数人的独占，而这种祭祀的独占将会逐渐走向神权的垄断。

祭祀独占与神权垄断终将会使上层巫师之类神职人员成为统治阶级中的上层人员。但从出土陶文"☼"和"☽"的安徽蒙城尉迟寺遗址的情况看，这种

---

① 《左传昭公元年》则说："昔高辛氏有二子，伯曰阏伯，季曰实沈，居于旷林，不相能也，日寻干戈，以相征讨。后帝不臧，迁阏伯于商丘，主辰，商人是因，故辰为商星。迁实沈于大夏，主参，唐人是因，以服事夏商。……及成王灭唐而封大叔焉，故参为晋星。"

与生产密切相关的祭司和管理等职务的设置，其最初也可以出现在尚处于中心聚落形态的初级阶段、社会分化和复杂化程度较低的中心聚落之中。

如第二章所述，安徽蒙城尉迟寺遗址的年代为大汶口文化晚期，文化特征也属于大汶口文化，但它与山东等地的大汶口文化晚期的中心聚落遗址又有所不同。其最大的不同就在于尉迟寺聚落的社会分化和不平等只是初步的，无论从该遗址的墓葬还是从排房建筑等情况看，聚落内不存在明显的贵族。尉迟寺中心聚落与山东莒县陵阳河、大朱家村等中心聚落另一个不同是，在尉迟寺刻划有"🈺"和"🈺"图像文字的大口尊主要见于儿童或婴儿的瓮棺葬和祭祀坑中，而没有一件出自成人的墓葬中。为此，笔者认为，在尉迟寺聚落担任对大火星的观察和祭祀即所谓"火正"职务是与生俱来的，是在一个特殊家族或宗族中传承和世袭的①。从尉迟寺到陵阳河、大朱家村，不是时间上的推移而是社会类型上的不同，使得"火正"这一职掌所体现的社会职能终将会与社会权力联系在一起。

在史前社会中，为了社会的共同利益和公共事务而设置的一些职务，起初都是在平等、民主的条件下出现的。但后来因这些职位而产生社会阶层，社会职能逐渐上升为对社会的统治，起先的社会公仆逐步变为社会主人，都应当与父权家族的出现、阶级的萌生所造成的社会不平等的加深有密切关系。也就是说，在史前权力系统的演进过程中，只有进入中心聚落形态并经过一定的发展之后，社会职位才有其相应的权力，并形成相应的社会阶层。真正的权力是有其阶级基础的，是有阶层性的。

在史前社会也会因生产技术、技能等产生分工，出现各种工匠。如前所述，安徽含山凌家滩墓地中的 98M9、98M15、98M18、98M20、98M23、07M19 和 07M20 等墓的主人就属于玉、石匠。这些墓葬都随葬有玉芯、玉料或石料等，特别是 98M20 竟随葬 111 个玉，07M19 和 07M20 随葬的玉边角料有不同的形状，每件玉料的各个面遗留有不同的切割痕迹，包括线切割、砣切割、片切割等，这些都是作为玉、石匠人加工玉器和石器所特有的遗留物。这些墓葬中有的也随葬有石钺或玉钺，如 98M20 号墓主人，在随葬 24 件石锛、111 个玉芯和 4 块磨刀石的同时，也随葬有 6 件玉钺、16 件石钺。这是当时尚钺即尚武的一

_____

① 参见本书第二章中"蒙城尉迟寺环壕聚落的社会形态"一节。

种表现，整个墓地的大多数墓葬都有这种情况。这些玉、石匠人的墓葬在整个墓地中不属于穷人墓，但也不是特别富有者的墓葬。虽说在商周时期的官制中有"百工"一职，但在史前社会，这种因生产技能的分工而产生的各种工匠，并不从事整个生产的管理工作，不属于管理阶层，因而它与史前权力系统的演进没有多少关系。

在史前的各种社会职能中还有一种就是我们一再说到的各种级别的军事酋长。史前的军事酋长发展到商周时期就是甲骨文、金文和文献中称作"亚"①、"旅"、"师"、"师长"、"大师"、"师氏"等各类军官、武官。军事管理和指挥、军务也是上古社会的公共事务，这就是所谓"国之大事，在祀与戎"② 中的"戎"。关于因战争而产生的军功贵族和军事首领，我们在第三章和本章的上一节已有论述，在这里我们只需指出，史前的这种军务和军事权力最终也将成为公共权力的重要组成部分，成为邦国的邦君之权（即国君的君权）和王国时代王权的重要来源和重要组成。

2. 族权的分级与集中

族权是古代社会很重要的一项权力。从史前社会后期开始，由于有不同层级的族共同体，如家族、宗族、氏族、胞族、部落、部族等，所以族权是分级的。例如进入父权家族以后，在家族范围内，父家长权就属于最基本的一种权利。而几个近亲家族联合为一个宗族，宗族长又具有宗族一级的诸项权力。

从聚落的角度着眼，有的一个聚落就是一个宗族，也有的是由几个宗族组成一个聚落，由几个宗族推举出聚落首领。这种由几个宗族组成的聚落，无论是否属于一个氏族，抑或属于一个胞族，其聚落首领肩负着聚落的生产管理、

---

① 《尚书·酒诰》在讲到商代的"内服"（即王邦之地）之官时曾举出"百僚、庶尹、惟亚、惟服、宗工、百姓里居（君）"，这里的"亚"是亚旅之亚，即内服之官中的武官。在青铜器铭文中时常看到"亚"与其他族徽铭文合成的复合型族徽铭文，如近年发现的殷墟花园庄 54 号墓出土的"亚长"族徽铭文，是"亚"形徽记与"长"形徽记组合成复合型族徽铭文。这里的"亚"为武官，"长"为甲骨文中"长"族之长。《左传·隐公八年》众仲在说到"赐姓"、"命氏"时说："官有世功，则有官族，邑亦如之。""亚"与"长"相结合的这种带有"亚"符号的族氏徽记，就属于因官有世功而形成官族后将其族氏徽号铸在铜器上，以显示自己身世尊荣的一个例证。"亚"原本为武职官名，这与墓内随葬大量青铜兵器也是相符的。

② 《左传》成公十三年。

各种公共利益和公众事务等，所以聚落首领具有比本聚落中各宗族长都要大的权力。而在中心聚落形态的社会中，各聚落间出现等级分化，有最高一级的中心聚落，也有次级中心聚落，还有普通聚落。依据人类学中酋邦的实例，最高酋长与次级酋长和最低级聚落的首领（也可称为村长）之间联系及其权力等级划分，表面上是依据他们与部族始祖之间的血缘关系的远近来划分的，而实际在现实中是由与最高酋长血缘的亲疏关系决定的，这是各级酋长、各级贵族的权力基础。最高酋长、次级中心聚落的酋长和普通聚落的首领（村长），都有其职位所限定的权力范围，所以这些权力也是分层级的。这种分级是中心聚落形态或酋邦社会中聚落与聚落间不平等的重要表现。

权力有分级的一面，也有集中的需求。中心聚落和酋邦的特点之一就在于管理、宗教祭祀、军事指挥等诸功能的集中性，所以从中心聚落形态开始，也即从酋邦开始，权力的分级与集中处于一个统一体之中。也就是说，族权是分层级的，当社会出现不平等后，这种权力也是逐层逐级向上集中的。这种权力的分级与集中，不但是中心聚落形态阶段族权的特征，也延续至早期国家社会中。

族权的另一个特点是其综合性，即它职掌的不是某一项社会职能，而是诸项社会职能的集合。例如，我们前面说到的安徽含山凌家滩 87M4 和 07M23 这两座最富有的大墓主人，集中了宗教祭祀、军事战争和生产管理这三项权力于一身，就体现出族权的这一特性。再如，我们以宗族为例，无论是新石器时代父权社会中的宗族，还是商周社会中的宗族，其宗族权都是诸项职能权力的集合，其中，包括经济权、宗族祖宗祭祀权和对宗族武装（族军）的掌控等。

宗族的经济权与宗族财富的积累和集中密不可分。在宗族制度发生和发展的早期，宗族在经济上每每是同宗共财。以土地的所有和使用为例，当宗族与村落等同或聚落里最大的社会组织为宗族时，每每出现宗族土地所有制。新中国成立以前云南独龙族的土地形态就属于"克恩"（宗族）所有。在"克恩"里尽管耕地的占有和使用已演变为家族和个体耕种，但其所有权仍归"克恩"所有。在每个"克恩"的公有土地上还有公共的猎场。怒族的"提康"也有公共的土地。基诺族村寨的耕地一般归宗姓所有，宗姓每年一次重新将土地分配给各家各户耕种，但留一块公田，由宗姓内各家出人集体耕种；其收获用于宗姓的集体活动，也用来照顾同姓之间的困难户，各宗姓公有地的地界上用石头、木料作标记，不使相混。这种情形同《仪礼·丧服子夏传》所说的"异居而同财，有余，则归之宗。不足，则资之宗"，显然是相同的。

宗族都有对其祖宗的特定祭祀，这种祭祀在有宗庙的地方在宗庙中进行，其祭品和祭祀等活动的费用，当然要由宗族成员和宗族中公有地的收入来提供。宗主既然握有宗族祭祀的大权并以本族宗庙社稷的代表自居，自然可以直接获得宗邑和宗族公有地上的大批收入，从而在经济上和政治上都处于支配的地位。所以，宗族祭祀既体现了宗主的宗族神权，也体现了宗主对财富积累和集中的宗族经济权。

宗族财富既可以通过生产而产出，也可以通过战争而获得。在原始社会的末期，由于剩余劳动的产生和奴役的出现，使新兴的父权大家族及其所在的酋邦或部族具有一种政治上的扩张性和经济上的掠夺性，人们把征战当作一种光荣，把征服和掠夺当作一种经济需求。所以，此时的战争为财富的集中提供了又一途径，尽管是一条非正常的途径。在战争中，那些被掠夺的氏族部落或酋邦，往往被"人夷其宗庙，而火焚其彝器，子孙为隶"[1]。

说到族权中的军权，大概从中心聚落形态开始一直到两周时期，在常备军之外，还有一些军队都是由宗族组成的族军来承担的。例如，周初的一件铜器铭文《明公殷》记载："唯王令（命）明公遣三族，伐东或（国）。"另一件铜器铭文《班殷》也说："以乃族从父征。"[2] 春秋时的晋楚之战中，一次晋知罃被俘，其父"知庄子以其族反之"[3]。"以其族反之"就是率领其宗族部队转了回来。又一次晋国的"栾、范以其族夹公行"[4]，即栾、范率领着他们的宗族部队左右夹持保护着晋侯前进。这些都是宗族武装的证明。由宗族组成的族军是被宗主掌握的，它的下一级军官每每也是父权大家族的家长。在中心聚落时期，聚落和部族中的宗族武装也是由宗族长率领，它的下一级军事头目也应当是各个父权大家族的家长。由于族军中的军权在握，通过战争掠夺来的财富、奴隶当然要归宗族长和家族长所有，战争为他们提供了一个获得财富的新途径，加速了家族和宗族内的贫富分化和父权家长财富的集中。

---

① 《国语·周语下》。
② 郭沫若：《两周金文辞大系》。
③ 《左传》宣公十二年。
④ 《左传》成公十六年。

族权职能的综合性和族权逐层逐级向上的集中性，必将使得史前各个聚落群或各个区域中那些统领众多聚落的最高酋长的权力愈来愈强有力，并最终演变为邦国国君之君权；早期国家——邦国中的最高统治集团也是由史前部族中的最高酋长及其所在的氏族、宗族、家族演变而来的；最高酋长所在的中心聚落里的祭司巫祝专业阶层，也将成为邦国都邑中职掌宗教祭祀之类的神职职官，成为统治阶层的一个组成部分；这样，史前中心聚落形态、酋邦和原始宗邑社会，也就会演变为以都邑为国家的政治、经济、军事、文化诸中心的文明社会。

3. "最高酋长—邦君—王权"三者的联系与区别

在权力的演进中，从史前社会最高酋长的权力，到早期国家的邦国君权，再到夏商周三代王朝国家中的王权，是三种社会形态中的三种最高权力。权力的发展体现了社会政治的发展。史前社会，从尚无酋长制到出现酋长制，是其社会政治从平等到不平等的一个重要转变；在酋长制社会（即酋邦）中，又逐步发展出最高酋长与次一级酋长乃至更次一级酋长之间的等级差别，使得同属酋长制社会（酋邦社会）也出现类型上的差异。进入了国家社会之后，邦国的简单性——小国寡民（领土不大、族群较为单一）和职官分类不够等，决定了邦君即邦国的化身。对于王权，一般的理解是国君即王，王权即国君之权，因而最初出现的国家就是王国。在这样的认识中，使得考古学界在探索国家起源中总要努力寻找最早的王墓，把国家的诞生与王、王墓的存在紧紧地联系在了一起。然而，笔者却认为，由于中国古代社会（如夏商周三代），在横向上所存在着的王国与邦国的区别，是由纵向发展而来的，邦国代表了国家形态中的简单的原始的形态；当时的邦国，有的是从王国中殖民或分封出去的，也有的是前一王朝或前一时代留存下来的，还有的是在本朝中新演进发展而成的；邦国与王国的地位是严重不平等的，更主要的是三代王朝是以各自的王国为核心而组成多元一体的王朝国家的，在王朝国家中王国为"国上之国"。因而，就像王国有别于邦国一样，王权是有别于邦国君权的。最初的国家，其最高权力应称为邦国君权而不是王权。

最高酋长、邦君、王三者的联系，除了它们之间的递进关系之外，还表现在权力的构成上有相同方面，即三者的权力都是综合性的，都由族权、军权和神权相构成。笔者以前论述过的"王权的三个来源与组成"①，对于史前的最高酋长和早期国家的邦君都是适用的。

　　史前社会最高酋长，我们曾以凌家滩墓地中的 87M4 和 07M23 两座墓葬为例，说这两位墓主人既在宗教上亦在军事和生产管理上都居于首领地位，即集宗教权力与军事权力和族权于一身，当时包括军权的聚落统帅的世俗之权是与神权是密不可分的。甚至在大体平等的部落社会中，河南临汝阎村出土的彩陶缸上画着《鹳鱼石斧图》告诉我们：这位部落酋长生前的英勇善战和对鲢鱼部落的军事胜利是人们为他作画的一个原因；而画面中大斧的旁边画着雄壮有力的白鹳衔着奄奄一息的鲢鱼，把部落与部落之战表现为部落神与部落神之战，则透露出军事与宗教是密不可分的。在史前先民的思维中，神灵无处不在，就如《国语·楚语》观射父所说，在颛顼没有命令重、黎断绝天地相通之前，人人祭神，家家有巫史。因而最初在人的能力中，无论是酋长还是普通人，巫术与人的其他生产和生活技能是并存的，只是随着社会复杂化的进展，才在人们的观念中滋生出酋长的管理能力和与神灵相同的能力也是超常的，同时也会出现一些半专业的巫觋人员，属于神职人员的萌芽，但他们的巫术力都应在酋长的巫术力之下，否则的话，也就会从他们当中产生出新的酋长。从河南濮阳西水坡遗址发现的三组用蚌壳摆成的人与龙虎图像，到红山文化中女神庙、积石冢和原始社坛、天坛等遗迹则给我们提供的宗教祭祀中心的情形，都一再说明：酋长具有神权是最普遍的现象，也是史前社会权力的特色。

　　酋长具有宗教巫术的能力和权力，也与祖先崇拜和神灵观念的发展有关。在人类学的一些事例中，通常相信整个酋邦社会的成员都是自一个始祖传递下来的，最高酋长被说成是神的直系后裔，被认为是与祖先神灵关系最近者，不但社会的分等是与始祖的血缘关系亦即与现实中的酋长的血缘关系的远近有关，而更主要的是，最高酋长及其所在的家族和宗族，必然在全社会的公共祭祀活动中拥有主持仪式和统领群巫的当然资格。有的地方，人们通常以为最高酋长本人就是神或神的象征。夏威夷岛的统治者就被认为是神的直系子孙。萨摩亚的统治者也是如此，至今有些酋长尚有伟大的神纳劳亚的称号。新西兰的毛利人，在家族中相当于长兄血统者，对于家族分支而言就是爸爸（父亲），而且

---

①　王震中：《中国文明起源的比较研究》，陕西人民出版社 1994 年版，第 366—371 页。

本家的长子为"雅利基"，雅利基是全家族之主，他的身体体现着所有祖先之灵，能够和祖先随意对话。霍恩岛居于高位的酋长被称为"萨巫"，相传过去神和萨巫住在一起，向萨巫启示所发生的事情。波利尼西亚人把酋长称呼为"拉尼"（等于"天"），而且用"麻拉埃"这样的词语同时表现神坛和酋长之墓。斐济西北部的酋长自称为"我是神"、"我是精灵"，过去，只有酋长才被坚信为神，他是人间之神。斐济本岛的一位贤明酋长，自称他拥有全部部落神的名字。在斐济岛山地民中间相传，最初的祖先卡劳吾布死后进入神的领域而成为始祖神，同时他的灵魂则进入后继者的身体之中，成了神灵附体者。①

　　笔者曾指出，最高酋长所具有的神性也是一种凝聚力，其权威性也是不容置疑的。这样，在各地区或各聚落群中经常举行大型的宗教祭祀活动，对于普通成员来讲，不但会使他们感到可以得到神的庇佑，而且可以获得或加强以最高酋长为中心的族的认同感；而对于最高酋长来说，通过大型宗教祭祀活动，既可以使其统辖的全社会在精神上得到统合，又可以把世俗要求变为神圣的要求，使服从变为宗教需求，使他的世俗强权合法化。这一时期各地所出现的殿堂、神庙、大型祭坛之类的建筑物，以及特殊的宗教法器、权杖等，就是因这样的社会需求应运而生的②。

　　最高酋长所具有的神性和神权，是一种凝聚力，其权威性被社会普遍认同；最高酋长所具有的军权，是部族中各种族共同体首领的军事指挥权逐级向上的集中的结果，这种集中性还会因社会的外部环境的紧张或外部冲突的加大而得以强化。这两种权力都是因社会需求应运而生，都是部族应面对的大事，所以，《左传》所说的古代国家的"国之大事，在祀与戎"③，在史前中心聚落形态的社会中或酋邦社会中就已出现，最高酋长权力只能是由族权、军权和神权所组成。

　　早期国家的邦君（国君）既然是由最高酋长发展而来的，那么早期国家的君权也由族权、军权和神权所组成，是完全合乎逻辑的。事实也正是这样。对于早期国家君权的这三个来源与组成，我们可以通过山西襄汾陶寺都邑邦国中的最高统治者的墓葬随葬品的特色而得到说明。在陶寺墓地中，年代为陶寺文

---

　　① A. M. 郝长特（Hocart）：《王权》（日文版），人文书院1986年版，第22—23页。
　　② 王震中：《中国文明起源的比较研究》，陕西人民出版社1994年版，第360页。
　　③ 《左传》成公十三年。

化早期的 M3015、M3016、M3002、M3072、M3073 这 5 座规格最高的甲种大墓，以及年代为陶寺文化中期的 M22 这座大墓，都属于国君一类大墓，已得到许多学者的认同①。其中前五座大墓，集中于一区，按时序自西北向东南安排墓穴，五座大墓时间略有早晚，墓主人均为男性，被认为是同一家族中的几代人，显示了此时已可能实行了世袭制②。在这类大墓中，随葬带彩绘柄的玉钺、众多的石镞、骨镞等兵器，是墓主拥有军事权的一种表现；随葬彩绘陶器、木器、鼍鼓、特磬、玉琮、玉璧、玉兽面，这类器物有的既是礼器也是族徽，如彩绘的龙盘中的蟠龙就与唐尧的族徽有关③；有的器物主要用于宗教礼仪和祭祀，如彩绘陶篮、鼍鼓、特磬、玉琮、玉璧、玉兽面等，由此可见大墓墓主既拥有神权和军权，也拥有最高的族权，也属于三者集于一身。

良渚文化也已进入邦国文明④，在良渚文明的最高统治阶层中，也是"集祭祀与征伐之权于一身"⑤。正如我们在本书第五章所论述的那样，由于良渚文明玉器超常的发达以及各类玉器上每每刻有生动的或抽象化的神的形象（或称为神徽纹样），它反映出：在良渚都邑邦国的君权所含有的神权、军权和族权这三项中，神权居于更突出的位置，这也是良渚文明和良渚都邑邦国的特点之所在。

在古史传说中，颛顼、帝喾、尧、舜、禹等传说人物都是神气十足，充满神力和神性。对此，顾颉刚先生当年曾指出："打破民族出于一元的观念；打破地域向来一统的观念；打破古史人化的观念；打破古代为黄金世界的观念。"其

---

①　王震中：《中国文明起源的比较研究》，陕西人民出版社 1994 年版，第 239 页。李学勤主编：《中国古代文明与国家形成研究》，云南人民出版社 1997 年版，第 49—50 页。高炜：《晋西南与中国古代文明的形成》，《汾河湾——丁村文化与晋文化考古学术研讨会文集》，山西高校联合出版社 1996 年版，第 111—118 页。严文明：《中国王墓的出现》，《考古与文物》1996 年第 1 期。杨锡章：《殷商与龙山时代墓地制度的比较》，《中国商文化国际学术讨论会论文集》，中国大百科全书出版社 1998 年版。罗琨：《陶寺中期大墓 M22 随葬公猪下颌骨义浅析》，《中国文物报》2004 年 6 月 4 日第 7 版。吴耀利：《中国王权的产生》，《史前研究（2002 年）》，三秦出版社 2004 年版，第 171—177 页。

②　高炜：《陶寺考古发现对探讨中国古代文明起源的意义》，田昌五、石兴邦主编：《中国原始文化论集——纪念尹达八十诞辰》，文物出版社 1989 年版。

③　参见本章第五小节"陶寺都邑与唐尧关系的研究"。

④　王震中：《良渚文明研究》，《浙江学刊》2003 年增刊，收入王震中《中国古代文明的探索》，云南人民出版社 2005 年版。

⑤　王震中：《中国文明起源的比较研究》，陕西人民出版社 1994 年版，第 243 页。

中，"打破古史人化的观念"就是指神话传说中的"人物"实际上是由纯粹的"神"而人格化、历史化为"人"的。今天看来，一方面，在古史和神话传说中，确实存在由纯粹的"神"而人格化、历史化为"人"，即古史人化的问题。但另一方面，在远古人"原逻辑"的思维和思想意识中，那些强有力的部落酋长或邦国的邦君，在其活着的时候就可能被视为具有神力或神性，成为半人半神者，其死后变为部族或邦国之神，其神性被不断地加以强化，并在部族和邦国中广泛流传，这都是有可能的。这样，在神话传说的历史化、文献化过程中，有一部分看起来像是半人半神的所谓"神"，原本可能就是远古部族中的酋长或英雄或邦国的邦君，他们有可能经历了：远古时为活着的部落酋长或邦君（系人，但具有神力、神性，乃至被视为半人半神者）；死后为部族或邦国之神；在进入有文字记载的历史以后，又被历史化、人化为人或具有神力的人。所以，所谓"古史人化"或"神化"的问题，是极其复杂的，由神到人的现象是有的，但并非仅仅是由神到人，还有由人到神的情况。这样，我们来考虑颛顼、帝喾、尧、舜、禹等传说人物——邦君的神力、神性问题时，就会发现原本在古人的观念中，邦君的君权中就含有神权，无论他们是活着的时候就被视为具有神力或神性，还是死后上升为部族宗神，都与君权中含有神权分不开。此外，在古史传说中，无论是颛顼、帝喾、唐尧、大禹与共工之战，还是尧伐驩兜、舜征三苗、禹征有苗，这些传说人物中的邦君都是亲自统军作战，甚至是统率族邦联盟之军，君权中含有军权是不言而喻的。当时的邦国都是部族国家，君权与族权是合为一体的。所以，古史传说也反映了神权、军权和族权是邦国君权的三大支柱。

王权由军权、神权和族权三个方面组成，这在20世纪90年代初，笔者已做过论证①。其中，王权的神圣性和宗教性是世界古老文明和民族中的通例。这里略需补充的是，在中国的夏商周诸王中，都有"王权神授"的光环。例如，《尚书·甘誓》中说夏启讨伐有扈氏时，就打着"今予惟恭行天之罚"的旗号。《尚书·汤誓》记载，成汤在伐夏时所作的战争动员令也是："有夏多罪，天命殛之……予畏上帝，不敢不正。"《尚书·牧誓》记载周武王伐纣，在商郊牧野的誓师中，历数了商纣王的种种罪状之后，也说："今予发（武王）

---

① 王震中：《祭祀、战争与国家》，《中国史研究》1993年第3期；《中国文明起源的比较研究》，陕西人民出版社1994年版，第366—372页。

惟恭行天之罚。"这些说法如出一辙，也许是后人对《尚书》进行整理时略有文字上的修饰，但绝非伪作。因为对于商和周而言，前王朝的王权原本就是神授的，自己在推翻它时，若不打着奉上帝之命，替天行道的旗号，其征伐在天理上就失去了依据。他们这样做，意在说明王权的获得是天命。所以，三代的君王在改朝换代时都得这样做，这就是《甘誓》、《汤誓》、《牧誓》的誓词口吻如此一致的缘故。

王权依托军权，这在本书第四章对金文和甲骨文中"王"字构形的意义进行叙述时，已有所解说。这只是一种外在的说明。实际上，王权若脱离了军权，这种王权就只变成了宗教之权，而随着人们宗教观念的改变，这样的王权很容易夭折和消失。此外，若王的军事实力较弱或变弱时，王权也是虚弱的，甚至很容易名存实亡。所以，王权的强大与其军事实力、军事力量的强大和王邦国力的强盛，是息息相关的。我国春秋时期周天子的王权的衰落就是显证。

王权中的族权与邦国邦君的族权不太一样。最初的邦国都是部族国家，邦内的绝大多数国人与邦君都是同一部族的人，故君权中的族权与民众的部族属性是一致的。而在王朝中，部族之上还有民族，如夏商周三代王朝国家与华夏民族就有同一性（详见第六章），华夏民族在其形成的早期，在民族内部包含有诸部族，这就使得王权中的族权主要是指王朝中的王邦的部族和与王邦为同一姓族的部族，而与其他部族没有关系。只有当华夏民族在其发展的过程中，完全融化和消解了其内部的部族和部族界线，这时的王权中的族权才与整个民族是一致的。

最高酋长、邦君、王权三者的联系，可作如上的阐述。关于这三者的区别，简述如下。首先，最高酋长与邦君的权力差别主要在于酋长的权力不具有强制性，它不是凌驾于全社会之上的强制性权力；而邦国君主的权力是凌驾于全社会之上的强制性权力。这也是邦国与酋邦的主要区别。邦国君权与王权都是强制性的，二者的区别在于：邦君的君权只行使在本邦的范围内，它是对本邦民众的支配力；而中国古代的王权则行使在王朝国家的范围内，它不但支配着本邦，也支配着其他属邦（王朝国家内从属于王的其他邦国），所以，中国夏商周三代的王权是与夏商周三代复合制的大国家结构联系在一起的，这样的王权不仅仅是王邦内的最高权力，而且是整个王朝的最高权力。

第　五　章

中国早期国家——龙山时代的都邑邦国

一　龙山时代的都城与国家

中国古代国家的起源过程也是社会复杂化发展过程，在这一过程中，既伴随有阶级、阶层、等级之类的社会分层的产生，亦使聚落的社会形态由中心聚落走向了都邑国家。所谓都邑国家，笔者也称为都邑邦国，它以都城的出现为特色，并在"邦国—王国—帝国"演变历程中，处于邦国形态的阶段。为此，有必要对龙山时代所涌现的城邑及其所代表的社会形态加以考察，并以此来分析中国早期国家时期邦国林立的个性与共性。

1. 城邑的涌现

（1）龙山时代之前的城邑

中国最早的城址的出现，远在龙山时代之前。如第二章所述，目前在我国发现的最早的城址是湖南澧县城头山古城。城垣平面呈圆形，城内面积约7.6 万平方米。城内堆积包括大溪、屈家岭、石家河文化的遗存，城墙约从公元前 4300 年的大溪文化早期到公元前 2800 年左右的屈家岭文化中期经过数次筑造。其中作为大溪文化时的城址年代为公元前 4300—前 3500 年，这是我国目前所知最早的史前城址[①]。在长江中游地区，紧接大溪文化而来的是

[①]　湖南省文物考古研究所：《澧县城头山古城址 1997—1998 年度发掘简报》，《文物》1999 年第 6 期；湖南省文物考古研究所：《澧县城头山——新石器时代遗址发掘报告》（上、中、下），文物出版社 2007 年版。郭伟民：《新石器时代澧阳平原与汉东地区的文化和社会》，文物出版社 2010 年版，第 36 页。

屈家岭文化时期的城址。城头山城址就是在大溪文化时建成，之后到屈家岭文化时期，城墙被加宽加高，壕沟也被加宽加深，得到继续使用。再如澧县鸡叫城古城址[①]，始建于屈家岭文化时期，城垣略呈圆角方形，城址面积约 20 万平方米，年代约在公元前 3000—前 2700 年。湖北江陵阴湘城，现存南半部面积约 12 万平方米，建于屈家岭文化时期[②]。湖北石首走马岭城址[③]，为不规则椭圆形，面积约 7.8 万平方米，其城墙的构筑和使用属于屈家岭文化时期。湖北荆门马家垸（院）城[④]，平面呈梯形，面积约 24 万平方米，城墙是屈家岭文化晚期所建；湖北公安鸡鸣城也始建于屈家岭文化时期[⑤]。

在黄河中游地区较早的城址是河南郑州西山遗址的仰韶文化晚期的城址[⑥]，城内面积约 3 万平方米，年代约在公元前 3300—前 2800 年。在黄河下游地区山东滕州西康留[⑦]，发现属于大汶口文化晚期公元前 3000 年左右的城址，呈圆角方形，面积约 3.5 万平方米；在山东五莲丹土也发现大汶口文化晚期城址[⑧]，呈不规则椭圆形，面积约 25 万平方米。近来在安徽固镇县濠城镇垓下遗址发现大汶口文化晚期城址[⑨]，平面呈不太规则的圆角长方形，城内面积约 15 万平方米。

---

① 湖南省文物考古研究所：《澧县鸡叫城古城址试掘简报》，《文物》2002 年第 5 期。

② 江陵县文物局：《江陵阴湘城的调查与探索》，《江汉考古》1986 年第 1 期；荆州博物馆等：《湖北荆州市阴湘城遗址东城墙发掘简报》，《考古》1997 年第 5 期；荆州博物馆：《湖北荆州市阴湘城遗址 1995 年发掘简报》，《考古》1998 年第 1 期。

③ 荆州博物馆等：《湖北石首市走马岭新石器时代遗址发掘简报》，《考古》1998 年第 4 期。

④ 河北省荆门市博物馆：《荆门马家院屈家岭文化城址调查》，《文物》1997 年第 7 期。

⑤ 贾汉卿：《湖北公安鸡鸣城遗址的调查》，《文物》1998 年第 6 期。

⑥ 国家文物局考古领队培训班：《郑州西山仰韶时代城址的发掘》，《文物》1999 年第 7 期；杨肇清：《试论郑州西山仰韶文化晚期古城址的性质》，《华夏考古》1997 年第 1 期。

⑦ 山东省文物考古所等：《山东滕州市西康留遗址调查发掘简报》，《考古》1995 年第 3 期。

⑧ 王学良：《五莲县史前考古获重大发现》，《日照日报》1995 年 7 月 8 日。转引自《考古》1997 年第 4 期，第 3 页。

⑨ 安徽省文物考古研究所：《安徽固镇县垓下发现大汶口文化晚期城址》，《中国文物报》2010 年 2 月 5 日。

（2）龙山时代的城邑

到了公元前 3000—前 2000 年广义的龙山时代[①]，特别是龙山时代的中后期，黄河中、下游地区和长江中、下游地区普遍修筑城邑，使史前城址总数增至 70 余座（图5—1）。其中，在中原龙山文化[②]中发现八九处城址。位于山西

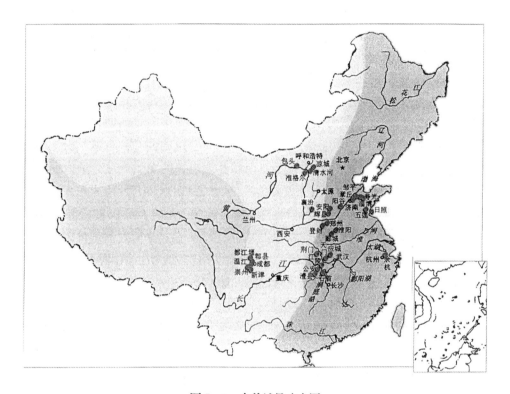

图5—1　史前城邑分布图

（采自科技部、国家文物局《早期中国》而略有增加）

---

① 笔者认为，所谓"龙山时代"可分为广义的龙山时代与狭义的龙山时代两个概念。广义的龙山时代是指公元前 3000—前 2000 年。在中原地区，它包括庙底沟二期文化时期，庙底沟二期为龙山时代的早期。狭义的龙山时代是以山东龙山文化（即所谓"典型龙山文化"）的出现为开始的时代，是指公元前 2600—前 2000 年。本书所说的龙山时代，使用的是广义的龙山时代。参见王震中《中国文明起源的比较研究》，陕西人民出版社 1994 年版，第 178、209 页注释（1）；李学勤主编，王宇信、王震中等著《中国古代文明与国家形成研究》，中国社会科学出版社 2007 年版，第 35 页注释①。

② 王震中：《略论"中原龙山文化"的统一性与多样性》，田昌五、石兴邦主编《中国原始文化论集》，文物出版社 1989 年版，收入王震中《中国古代文明的探索》，云南人民出版社 2005 年版。

襄汾陶寺的龙山城址的规模最大，分为早期和中期两个时期，陶寺早期城址面积约 56 万平方米；陶寺中期城址面积约为 280 万平方米①。位于河南登封市告成镇王城岗的龙山城址，1977 年发现的是两座东西相连的小城，西城面积近 1 万平方米，东城城垣大都被五渡河河水冲毁，面积不详。2002—2005 年发掘出一座河南龙山文化的大型城址，被称为大城②，大城将小城包括在里面，大城城内面积约为 34.8 万平方米。大城与小城的关系，有人认为大城存在的时代为王城岗龙山文化第二期至第三期，大小城的建筑年代是同时的，小城是大城的一部分③。也有人认为大城略晚于小城，王城岗大城和小城是前后相继的，关系十分密切，最先修筑的是王城岗小城之东城，随后修建的是王城岗小城之西城，最后修筑的是王城岗大城，小城修建于王城岗龙山文化前期，大城修建于王城岗龙山文化后期④。位于河南新密市东南 35 公里的曲梁乡古城寨村的龙山城址，面积为 17.65 万平方米。位于河南辉县孟庄镇的龙山城址，城内面积约 12.7 万平方米。位于河南淮阳县大朱庄平粮台的龙山城址，城内面积 3.4 万平方米。位于河南漯河市郾城县石槽赵村郝家台的龙山城址，面积 32856 平方米。位于河南安阳后岗的龙山城址，发现于 1931—1934 年，当时在遗址外围西、南两面发现长约 70 余米的夯土城墙，城址面积不详。此外，在河南方城县平高台、平顶山蒲城店也发现龙山文化时期的城址⑤。

在山东龙山文化中发现 14 座城址。其中，有面积约为 20 万平方米的章丘城子崖城址⑥、面积 16 万平方米的邹平丁公城址⑦、面积 15 万平方米的淄博田

① 中国社会科学院考古研究所山西队等：《山西襄汾陶寺城址 2002 年发掘报告》，《考古学报》2005 年第 5 期。中国社会科学院考古研究所山西第二工作队等：《2002 年山西襄汾陶寺城址发掘》，《中国社会科学院古代文明研究中心通讯》2003 年第 5 期。

② 北京大学考古文博学院、河南省文物考古研究所：《登封王城岗考古发现与研究》（上）（下），大象出版社 2007 年版。

③ 杨肇清：《略论登封王城岗遗址大城与小城的关系及其性质》，《中原文物》2005 年第 2 期。

④ 北京大学考古文博学院、河南省文物考古研究所：《登封王城岗考古发现与研究》（下），大象出版社 2007 年版，第 785—788 页；方燕明：《登封王城岗城址的年代及其相关问题探讨》，《考古》2006 年第 9 期。

⑤ 魏兴涛等：《河南平顶山蒲城店发现龙山文化与二里头文化城址》，《中国文物报》2006 年 3 月 3 日；高江涛：《中原地区文明化进程的考古学研究》，社会科学文献出版社 2009 年版，第 208 页。

⑥ 李济等：《城子崖——山东历城县龙山镇之黑陶文化遗址》，1934 年；山东省文物考古研究所：《城子崖遗址又有重大发现，龙山岳石周代城址重见天日》，《中国文物报》1990 年 7 月 26 日。

⑦ 山东大学历史系考古专业：《山东邹平丁公遗址第四、五次发掘简报》，《考古》1993 年第 4 期。

旺（桐林）城址①、面积5.7万平方米的寿光边线王城址②、面积5万平方米的
茌平教场铺城址③。还有几座城址的面积多为地面调查所知，如阳谷县景阳冈
城址的面积可能是35万平方米④，阳谷皇姑冢城址的面积6万平方米，阳谷王
家庄城址的面积为4万平方米，茌平尚庄、乐平铺、大尉和东阿县王集这4座
城址的面积为3万—3.8万平方米⑤。此外，在日照两城镇和日照尧王城也发现
龙山文化城墙遗迹，只是尚未探明城址的范围和面积，然而从两城镇遗址总面
积为256万平方米和尧王城遗址面积超过300万平方米来看⑥，两城镇和尧王城
的龙山城址的规模应该很大。

　　长江中游龙山时代的城址以湖北天门石家河城及其遗址群规模最大⑦。城
垣大体呈圆角长方形，面积约120万平方米。该城始建于屈家岭文化中晚期，
主要使用和繁盛期在石家河文化早、中期。此外，前面所说的湖南澧县城头山、
鸡叫城、湖北江陵阴湘城、石首走马岭、荆门马家垸、公安鸡鸣城等城址，以
及湖北应城门板湾城址⑧，也都是在屈家岭文化时期就已经营建环壕土城，到
了石家河文化早、中期，其环壕土城均被沿用，为此有学者认为可以将这一地
区的"屈家岭文化时期和石家河文化早、中期划入同一个聚落稳定时期"⑨。

　　长江下游太湖地区，以前一直没有发现构筑有城垣的史前城址，但这里良
渚文化数处中心聚落的文化内涵以及它作为文明发祥点的核心区之一，与同时

---

　　①　魏成敏：《临淄区田旺龙山文化城址》，《中国考古学年鉴（1993年）》，文物出版社1995年版；
张学海：《试论山东地区的龙山文化城》，《文物》1996年第12期。

　　②　杜在忠：《边线王龙山文化城堡的发现及其意义》，《中国文物报》1988年7月15日；张学海：
《泰沂山北侧的龙山文化城》，《中国文物报》1993年5月23日。

　　③　中国社会科学院考古研究所山东队等：《山东茌平教场铺遗址龙山文化城墙的发现与发掘》，
《考古》2005年第1期。

　　④　山东省文物考古研究所等：《鲁西发现两组八座龙山文化城址》，《中国文物报》1995年1月22
日；山东省文物考古研究所等：《山东阳谷县景阳岗龙山文化城址调查与试掘》，《考古》1997年第5期。

　　⑤　山东省文物考古研究所等：《鲁西发现两组八座龙山文化城址》，《中国文物报》1995年1月22
日；张学海：《鲁西两组龙山文化城址的发现及对几个古史问题的思考》，《华夏考古》1995年第4期。

　　⑥　栾丰实：《1998—2001年两城镇遗址考古发掘的主要收获》，《东方考古学研究通讯》第5期，
2005年12月；方辉等：《1995—2004年日照地区系统考古调查的新收获》，《东方考古学研究通讯》第5
期，2005年12月；方辉、文德安等：《鲁东南沿海地区聚落形态变迁与社会复杂化进程研究》，《东方考
古》第4集，科学出版社2008年版。

　　⑦　北京大学考古系等：《石家河遗址群调查报告》，《南方民族考古》第5辑，1992年。

　　⑧　陈树祥等：《应城门板湾遗址发掘获重要成果》，《中国文物报》1999年4月4日第1版。

　　⑨　张弛：《长江中下游地区史前聚落研究》，文物出版社2003年版，第140页。

期的华北和长江中游地区相比，实属平分秋色，各领风骚①。近来在杭州市余杭区发现良渚古城遗迹②，该城址的范围南北长 1800—1900 米，东西宽 1500—1700 米，总面积约 290 余万平方米。这既是在长江下游地区首次发现的良渚文化时期城址，也是中国目前所发现的同时代较大的城址之一。我们相信随着田野考古工作的深入，今后在良渚文化的其他中心聚落区域也会有良渚文化城址的发现。

在长江上游四川成都平原，20 世纪 90 年代末也新发现一批史前城址③，其中新津宝墩城面积为 60 多万平方米，温江鱼凫城面积约为 32 万平方米，郫县梓路古城面积约 12 万平方米，都江堰市芒城面积约 12 万平方米，崇州双河古城面积约 15 万平方米。这 5 座城址均建在台地上，城内地面普遍高于城外地面，城外侧虽未发现壕沟，但城址方向多与附近的河流相平行，5 座城址的年代初步认为是在公元前 2600—前 1700 年范围内④。

内蒙古中南部河套地区出现另一种城址类型，即用石头围筑成石墙的石城⑤。这些石城主要分布在三个地区：一是包头市东大青山西段南麓，在东西长近 30 公里的范围内，从西向东依次有阿善（2 座）⑥、西园、莎木佳（2 座）、黑麻板、威俊（3 座）⑦ 等计 5 处遗址 9 座石城⑧。二是凉城岱海西北岸地区，在蛮汗山东南坡上，发现西白玉、老虎山⑨、板城、大庙坡 4 座石城。三是在准

---

① 王震中：《中国文明起源的比较研究》，陕西人民出版社 1994 年版，第 256 页；任式楠：《中国史前城址考察》，《考古》1998 年第 1 期。

② 浙江省文物考古研究所：《杭州市余杭区良渚古城遗址 2006—2007 年的发掘》，《考古》2008 年第 7 期。

③ 《成都平原发现一批史前城址》，《中国文物报》1996 年 8 月 18 日；《成都史前城址发掘又获重大成果》，《中国文物报》1997 年 1 月 19 日；成都市文物考古队等：《四川新津县宝墩遗址调查与试掘》，《考古》1997 年第 1 期。

④ 任式楠：《中国史前城址考察》，《考古》1998 年第 1 期。

⑤ 田广金：《内蒙古长城地带石城聚落址及相关诸问题》，《纪念城子崖遗址发掘 60 周年国际学术讨论会文集》，齐鲁书社 1993 年版。

⑥ 内蒙古社科院蒙古史研究所等：《内蒙古包头市阿善遗址发掘简报》，《考古》1984 年第 2 期。

⑦ 刘幻真：《内蒙古包头威俊新石器时代建筑群址》，《史前研究》（辑刊），1988 年。

⑧ 包头市文管所：《内蒙古大青山西段新石器时代遗址》，《考古》1986 年第 6 期。

⑨ 田广金：《凉城县老虎山遗址 1982—1983 年发掘简报》，《内蒙古文物考古》1986 年第 4 期。

格尔旗与清水河县之间黄河两岸，有准格尔寨子塔[①]、寨子上（2 座）、清水河马路塔、后城嘴等共 5 座。

内蒙古中南部的这些石城聚落群，其包头和岱海两地所处地理环境，均位居山麓向阳坡台地上，高出山下平地数十米，背山面水。在遗址边缘，依山坡岗梁自然地形围筑石墙，墙外即为陡险沟壑，因而石城的平面形状多不规整。有些遗址在北边上方部分因山梁较高便不再垒墙。老虎山、西白玉两处石墙直上小山顶并与顶部的小方城相连。准格尔—清水河间的地貌与上述两地区不同，是在黄河两岸边陡峭的高台地上建造石城[②]。

最近在陕西北部神木县石峁遗址发现一处内城面积约 235 万平方米、外城面积约 425 万平方米的石砌城墙的城邑，年代为龙山晚期至夏代早期，这是目前所知我国规模最大的新石器时代晚期城址[③]。

以上 70 余座史前城址的发现，显示出聚落形态的演变，普遍地经历了由环壕聚落向环壕土城聚落的发展。至于内蒙古中南部和陕西北部的石城，多数是利用当地特殊的地理环境，或者是在山坡台地的陡险沟壑之边缘，或者是黄河两岸边陡峭的高台地上，围筑石墙，建造石城。所以，在新石器时代晚期所谓"城"的出现，无论是南方还是北方，最初的原因主要是出于聚落设防防卫上的需要。

2. 国家形成的标志与都邑邦国的特征

（1）都城与国家形成的标志

城邑的普遍出现，使聚落形态的面貌为之一变。然而，我们并不主张一见城邑或城堡即断定国家已存在。如西亚巴勒斯坦的耶利哥，在距今 10000—9000 年前，尚处于前陶新石器时代，就由于军事或其他特殊的原因（如保卫宗教上的圣地圣物等）而修筑了城堡。我国的城头山也是在距今 6300 年前的大溪文化早期，尚属于中心聚落形态的发展阶段，就修筑了环壕土城。距今 5300 年前的

---

① 魏坚：《准格尔旗寨子塔二里半考古主要收获》，《内蒙古中南部原始文化研究文集》，海洋出版社 1991 年版。

② 任式楠：《中国史前城址考察》，《考古》1998 年第 1 期。

③ 李政：《令人震撼的中国史前时期规模最大的城址——专家高度评价陕西神木石峁遗址》，《中国文物报》2012 年 10 月 26 日第 7 版。

仰韶文化中晚期的郑州西山城址和 5000 年前的大汶口文化的一些城址，也都是这样的情况。所以，城邑从其产生到发展为国家之都城，有其演变发展的过程，我们判断它的性质究竟是中心聚落形态阶段的中心聚落还是早期国家时的都城，是需要附加一些其他条件进行分析的，而不能仅仅依据是否修建了城墙，是否出现了城。

这里所说的附加条件，我们认为一是当时阶级产生和社会分层的情形；二是城邑的规模、城内建筑物的结构和性质，例如出现宫殿宗庙等特殊建制。这是因为，只有与阶层和阶级的产生结合在一起的城邑，才属于阶级社会里的城邑；而只有进入阶级社会，在等级分明、支配与被支配基本确立的情况下，城邑的规模和城内以宫殿宗庙为首的建制，才能显示出其权力系统是带有强制性质的。而权力的强制性则是国家形成的重要标志之一。

关于古代国家的概念和国家形成的标志，在本书的"导论"中已作了论述。在吸收诸说中合理因素的基础上，笔者认为古代国家可定义为：拥有一定领土范围和独立主权、存在阶级、阶层和等级之类的社会分层，具有合法的、带有垄断特征的凌驾于全社会之上的强制性权力的政权组织与社会体系。至于古代国家形成的标志，笔者依然主张：一是阶级和阶层的存在；二是凌驾于全社会之上的强制性公共权力的设立。所谓"凌驾于全社会之上的公共权力"，当然包含着国家的最高权力的集中和垄断，但它并不排除基层也有自己的权力，甚至是暴力行为；而所谓"强制性"是与史前社会中心聚落形态阶段（相当于酋邦阶段）最高酋长所具有的"非强制性"即"非暴力性"的权力相对而言的。

从研究中的可操作性来讲，关于远古社会中等级、阶级和阶层之类是否已形成，我们可以通过对考古发掘出土的墓葬资料和居住建筑物的规格等方面的资料来进行考察。在一个社会的墓地和墓葬资料中，那些随葬品十分丰富而且异常精美者，其在社会的阶层和等级中当然处于上层，可列入统治阶层或富有阶层的行列。而那些随葬品非常贫乏稀少、甚至一无所有者，则处于社会的下层，属于普通民众，甚至还是被奴役者。至于那些殉葬者、奠基的人牲和尸骨被丢弃在垃圾坑里的人，无论他们是由战俘转化而来奴隶的人，还是因其他原因而沦为被奴役者，他们属于社会的最底层都是明确的。从居住的环境、条件和规格上来看，那些居住在宫殿中的人与居住在普通地上建筑物里和居住在地穴式、半地穴式建筑物里的人，其身份地位和社会阶层的不同，也是十分明显的。所以，在文明和国家起源的研究中，我们以墓葬等材料作为等级、阶层、阶级分化的物化形态，其可操作性是显而易见的。

只有明确了阶级阶层是否存在的情况下，我们才能判断作为公共权力的物化形式或物化载体的城邑，究竟是不是强制性权力的体现。我们知道，一个庞大的城垣，需要大规模地组织调动大量的劳动力，经过较长时间的劳动才能营建而成；而城垣之内宫殿宗庙之类的大型房屋建筑，也需要动员众多的人力物力之资源，这一切都显示出在其背后有完善的社会协调和支配机制来为其保障和运营。这就是通过修建城垣和城内的宫殿宗庙之类建筑所显示出来的公共权力。然而，考古发现还表明，当一个社会出现了社会分层时，虽然修建了都邑城墙，但并非所有的族人都居住在城内，在城邑的周边还有一些村落亦即小的聚落，而城内的宫殿也只是供统治阶层和贵族居住，也就说，中国上古时代的城址及其城内的大型建筑并不是为该地域内整个聚落群的人口居住而修建，它是为贵族中的上层及其附属人口的居住而营建，但统治阶层却有权调动和支配整个聚落群的劳动力，显然这种支配力具有某种程度的强制色彩。为此，我们认为只有当一个社会已存在阶层和阶级时，城邑以及城内宫殿的出现，才可视为国家构成的充分条件，也就是说，这种带有强制性和垄断特征的权力与当时的社会分层或等级相结合而构成的社会形态，完全不同于史前"中心聚落形态"，当然也不同于所谓"酋邦"，而属于早期国家。

（2）都邑国家的一般特征

中国早期国家——都邑国家（即都邑邦国）具有两大特征：都城与邦国林立。对于早期国家中都城的普遍性，我们可以概括为：中国古代有国就有城，建城乃立国的标志。在先秦文献中，"国"字泛指一般的都城。"国"的繁体字"國"，《说文》云："國，邦也，从口从或。""或，邦也，从口，戈以守其一。一，地也。"周初何尊铭文中的"國"字即写作"或"。金文中，"國"字更原始字形作"或"，其中，戈是该字读音的声符，也兼有执戈守城之义；口表示城邑，而四周的短画则表示国之疆界。也就是说，在中国上古时期，作为国家的最简单的形态，每每是以都城为中心而与四域的族落村邑结合在一起的，当然其中有的四域族落还包括属于次级中心聚落的贵族居邑，但它们都是以都城的存在为国家标志的。为了与夏商周时期的王国和王朝国家相区别，对于早于王国的这种早期国家，我们也可以称为"邦国"。所谓"邦国"之"邦"，在先秦文献中，原与"国"同义，均由原指国都（即都邑、大都邑之类）发展为今之国家之义①。究其缘由，即在于当时的国都是其国家的核心，国家是由其国都来代表。这也就是《周礼·地官》所说的"惟王建国，辨方正位，体国经野"。可见最初和最原始的国家都是小国寡民，其核心区域，每每是由一个都城和其周围大片的田野和众多的村邑所构成。我们若以都城为标志，则可称为"都邑国家"或"城邑国家"。当然，在核心区域之外，因各邦国政治、经济、军事和文化的实力的不同，其所统治或支配的范围也不同。在其所统治的范围内，也存在一些次级中心聚落和围绕次级中心的普通聚落，而身处邦国都城内的邦君，则是通过这些次级中心来间接支配那些较远距离的普通聚落的。

追溯夏商周三代的历史，我们将会发现一直到西周，一些新分封的诸侯国在其刚建国时都只是先建有一个城邑，并控制周边的一些村野而已。如齐国始建之时仅有营丘一地，其余如晋、楚、燕、鲁等国开始时也都是一些点，到后来才通过兼并征伐和经济发展演变为拥有多个城邑的国家。在新石器时代末期的龙山时代，我们看到在山西襄汾陶寺、河南登封王城岗、新密古城寨、山东章丘城子崖、邹平丁公、寿光边线王、日照两城镇、尧王城、湖北天门石家河、浙江余杭莫角山等都邑遗址的周边，虽然都形成密集程度不等的聚落群，并在每一地域的聚落群中，都可以相对地划分出两三级乃至四级的聚落等级，但城邑只有一个，这就是笔者称为都邑的遗址，它构成了该地的区域中心，从而形成了这样一个格局：每一个这样的都邑再结合周边的聚落群即可构成一个简单的邦国或邦国的核心区，其中对于实力较大的邦国而言，在核心区之外，还有一些围绕次级中心而分布的聚落群。而文献中所讲的万邦林立，就是以这些众多的城邑的出现为标志的。

都邑邦国在其早期阶段还有另一大特征，这就是邦国文明的多中心与万邦林立。上述70余座史前城址中，虽然有的尚属中心聚落形态或酋邦，但也有相当数量的城邑已属于早期国家的邦国之都城，当时的黄河流域和长江流域处于邦国林立的格局。

在中国古史中，"万邦"这一概念在青铜器铭文、《尚书》、《诗经》等早期

---

① 王震中：《先秦文献中的"邦""国""邦国"及"王国"——兼论最初的国家为"都邑"国家》，《"从考古到史学研究"之路——尹达先生百年诞辰纪念文集》，云南人民出版社2007年版。

文献中是比较流行的。如《墙盘》铭文："曰古文王……匍有上下，迨受万邦。""匍"字，杨树达说当读为"抚"，"迨"即会字，"迨受万邦"意为文王为万邦所拥戴。《尚书·洛诰》说："曰其字时中乂，万邦咸休，惟王有成绩。"文中的"时"，是也；"乂"，治也。这是周公说的话，大意为周王如果能够在这天下之中的洛邑治理天下，那就会"万邦咸休"，大功告成。《诗经·小雅·六月》："文武吉甫，万邦为宪。"这是西周末叶的诗，称颂尹吉甫可以作为万邦的榜样。这些"万邦"是从远古遗留到周代还存在的万邦，正像我们在后面要详细论述的那样，由于夏商周时期是多元一体的复合制国家结构，所以虽说"万邦"依旧，但这时的"万邦"在复合制国家结构中的地位与夏代以前主权独立的邦国是完全不同的。

夏商周三代之外，"万邦"这样的政治实体可以上溯到夏代之前的颛顼尧舜禹时期。如《尚书·尧典》说帝尧能"协和万邦"。《汉书·地理志》说尧舜时期"协和万国"，到周初还有一千八百国。《左传》哀公七年说"禹合诸侯于涂山，执玉帛者万国"。《战国策·齐策四》颜斶云："大禹之时，诸侯万国……及汤之时，诸侯三千。当今之世，南面称寡者，乃二十四。"《荀子·富国》篇也说："古有万国，今有十数焉。"按照先秦文献中邦字、国字的含义，"万邦"、"万国"当然指的都是国家。例如在《尚书》中周人称商为"大邦殷"（《顾命》）、"殷邦"（《无逸》），周人自称为"周邦"、"小邦周"（《大诰》）。金文中周人也常常说到"周邦"（《大克鼎》、《逨盘》）。文献中还有把鲁国等国称为"鲁邦"等。这些"邦"指的是国家是不言自明的。当然，夏代之前的这些"万邦"、"万国"，是将这一时期的所有独立的政治实体都称为"邦"或"国"。它们之中，应该是既有属于早期国家的政治实体，也有只是氏族、部落、酋长制族落（即现一般所谓的"酋邦"，亦即我们所说的"中心聚落形态"）的政治实体。我们当然不能因"万邦"一词的使用即认为当时所有的氏族部落都转化成了国家，然而它也暗示出当时出现的国家绝非一个，而为一批，所以，依旧可以称为邦国林立。这种情形就像甲骨文中的"邑"，它表示某种居住点，其中既有"大邑商"、"商邑"这样的王都之邑，也有诸如唐国之都邑的"唐邑"、丙国之都邑的"丙邑"这种侯伯都城之"邑"，还有像"鄙二十邑"这样的边鄙小邑，在这里，我们当然不能因为"邑"中有属于村落的小邑，就否定它也表示着王和侯伯之都邑的事实。至于在颛顼尧舜禹时期，究竟有哪些属于早期国家，哪些属于氏族部落，哪些属于由部落正走向国家的酋长制族落，则需要通过对具体的考古学聚落遗址的考察、分析和论证才能作出判断和确认。

在文献上，帝尧所代表的陶唐氏、鲧禹所代表的夏后氏、帝舜所代表的有虞氏，以及太暤、少暤、苗蛮族中的某些族落就属于已转变成为早期国家的邦国，而其他的，有的还属于一般的农耕聚落，有的属于中心聚落，也有的处于从中心聚落形态正走向初始国家的途中，等等。

文献中所记载夏王朝之前即已形成邦国林立的局面，恰恰与考古学上龙山时代城邑纷纷崛起、散处各地、互不统属的格局相吻合。如前所述，如果我们承认在阶级产生的同时所出现的城邑和城内的宫殿等大型建筑，可视为国家构成的充分条件的话，那么龙山时代的河南、山西、陕北、山东、湖北、湖南、四川、浙江等地较大规模的城邑，足以说明中国文明和国家的起源既是本土的，亦是多中心的；当时出现的是具有交互作用的一批国家而非一个国家，邦国林立是早期国家形态的一大特点。

二　陶寺都邑与邦国：个案研究之一

依据上述标准来考察中国的史前城址，龙山时代的城邑中，有一些已属早期都邑国家，也有一些则属于前国家的中心聚落。在这里，我们选取陶寺、古城寨、莫角山三个遗址作为龙山时代都邑邦国的个案，进行单独论述。而对于王城岗、城子崖、两城镇、尧王城、石家河、宝墩、石峁等城邑遗址，从城邑的规模和已经发掘出土的各种现象来看，笔者也主张它们属于龙山时代都邑国家的都城，只是限于资料的不完整性等原因，在这里暂不做专门的论述。

1. 陶寺的城邑和宫殿及其诸文明现象

以陶寺遗址为代表的陶寺文化也曾被称为中原龙山文化陶寺类型，属于中原龙山文化的范畴①，这是因为在考古学文化的谱系划分上，从苏秉琦先生开

---

① 王震中：《略论"中原龙山文化"的统一性与多样性》，《中国原始文化论文集》，文物出版社1989年版。

始，晋南是被包括在中原在内的①。现在，学者们多数直接称之为陶寺文化。陶寺文化可分为早期、中期和晚期。碳十四测定的年代，若排除偏早和偏晚的部分数据，陶寺早期的年代约为公元前2400—前2200年；中期的年代约为公元前2200—2100年；晚期的年代约为公元前2100—前2000年②。

　　陶寺城址（图5—2）是龙山时代典型的都邑遗址。陶寺遗址位于山西省襄汾县汾河东岸的塔儿山西麓，分布在陶寺村、李庄、中梁村、东坡沟村四个自然村之间。陶寺城址分早期和中期两个时期。早期小城南北长约1000米，东西宽约560米，面积约56万平方米。中期城址的总面积则为280万平方米。早期城址中，南部分布有宫殿建筑区，面积约6.7万平方米，发现有大型夯土建筑；在宫殿区的西边是大贵族居住区和下层贵族居住区，统称为高级居住区，面积约1.6万平方米，已探出面积较大的夯土建筑多座，多为正方形或长方形。在小城外东南，钻探发现一些较为集中的窖穴，面积近1000平方米，已发掘了6座，根据窖穴的形制和周围有生土隔离带相对封闭的情况看，很可能是仓储区。小城外东南近600米处是陶寺文化早期墓地，20世纪70—80年代在大约5000平方米的范围内发掘了1309座墓葬，大多数为早期墓，等级分化十分明显。陶寺中期的城址又分中期大城和中期小城，中期大城面积270万平方米，中期小城面积10万平方米，中期城址的总面积为280万平方米。陶寺文化中期时早期小城已废弃，但宫殿区仍继续使用，仓储区也在继续使用。陶寺中期小城的功能比较特殊，一是在其西北角发现中期墓地，面积约1万平方米，迄今共清理了22座墓葬，其中M22为大型墓，M8为中型墓，还有一些小型墓，等级分明；二是在中期小城中发现一个观象授时的天文建筑ⅡFJT1，大概同时也兼有祭祀功能。由中期小城内的墓地和特殊建筑ⅡFJT1（天文建筑）等情况来看，

　　①　苏秉琦：《关于考古学文化的区系类型问题》，《文物》1981年第5期。
　　②　中国社会科学院考古研究所：《中国考古学中碳十四年代数据集（1965—1991）》，文物出版社1991年版，第33—38页。此外，何驽《陶寺文化谱系研究综论》（《古代文明》第3卷，文物出版社2004年版）一文考虑到庙底沟二期文化的分期与年代而提出：陶寺早期的年代为公元前2300—前2100年；中期的年代为公元前2100—2000年；晚期的年代为公元前2000—前1900年。诚如高江涛博士指出：鉴于这里整合的年代并"不是建立在陶寺遗址本身系列地层和碳十四年代数据系列样品的基础上的，因而仍存在较大的疑问，正如何驽所言，仅是'无奈的权宜之计'"（高江涛：《中原地区文明化进程的考古学研究》，社会科学文献出版社2009年版，第64页）。为此，本书仍然采用碳十四测定的原始数据，只是如一般学者通常那样，排除了偏早和偏晚的部分数据。

陶寺中期小城很可能是陶寺中城邑内的观象授时与宗教祭祀区，简称为祭祀区。

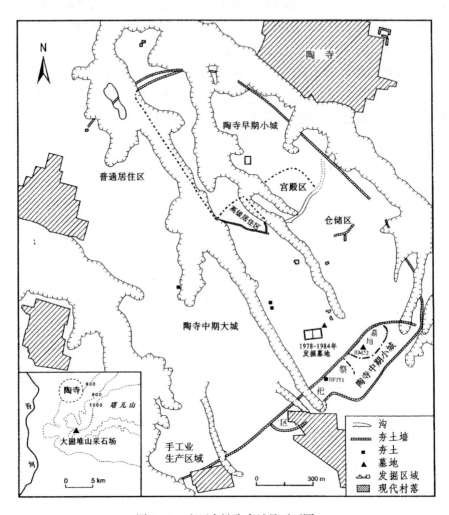

图5—2 山西襄汾陶寺城邑平面图

在陶寺已发现的数座宫殿中，位于宫殿区内的ⅠFJT3是陶寺中期的一座大型夯土建筑基址①，可称为宫殿。ⅠFJT3基址底部是基坑，大致呈方形，边长

---

① 中国社会科学院考古研究所山西队等：《山西襄汾县陶寺城址发现陶寺文化中期大型夯土建筑基址》，《考古》2008年第3期。

约100米，总面积约1万余平方米（图5—3），方向约225度。基坑由夯土版筑而成。ⅠFJT3基址上的主体殿堂（主殿）残留一周柱洞，殿堂中央也有两个柱洞，由这些柱洞所围起来的范围，东西长23.5米，南北宽12.2米，面积为286.7平方米（彩图5—1）。柱洞的直径一般为0.5米，是粗大的柱子所留下的柱洞。在ⅠFJT3主体殿堂柱网分布区内的夯土基础中，发现5处奠基性的人骨遗存，均被夯打在夯土板块里。多数都是肢体残缺或散乱的人骨（彩图5—2）。在主殿柱网北侧约16米处，另外发现两个柱坑和柱础石，它不属于主殿的柱洞，这说明ⅠFJT3在主殿之外还有其他建筑单元，也许应有成组的建筑。

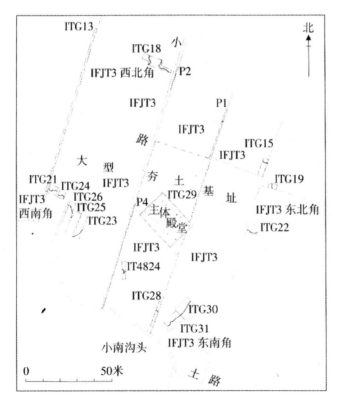

图5—3　陶寺遗址宫殿基址ⅠFJT3平面图

（采自《考古》2008年第3期）

在ⅠFJT3主殿基础内发现一些重要遗物，例如一件含砷铜容器（盆）口沿残片（彩图5—3）、石厨刀（彩图5—4）、奠基坑ⅠM14人骨左臂的玉璧、黑皮陶填朱砂圆圈纹大盘的圈足、厚胎黑皮红彩绘陶豆的圈足底口等。还发现一个编号为ⅠTG9H64∶5的朱书陶扁壶残片、一件梯形玉片、有一处墙的拐角留有白灰墙皮和一块厚2厘米的白灰地坪。

发掘者在寻找ⅠFJT3四至时，还在ⅠFJT3东南侧、西侧发现各有一片夯土基址，面积有1000—2000平方米，时代属陶寺文化中期。在ⅠFJT3西北部有一片陶寺文化晚期的夯土基址，面积约2000平方米。这些都属于宫殿区内的夯土建筑。

除了宫殿建筑外，陶寺遗址还有许多文明社会的现象值得我们关注。例如，在墓葬中出土有彩绘龙盘（彩图5—5、彩图5—6）、彩绘陶簋（彩图5—7）等各种精美的彩绘陶器，以及玉琮、玉璧、玉钺、玉戚、玉兽面器等各种玉器（彩图5—8，彩图5—9）和鼍鼓、特磬、石璇玑等。还发现有1件红铜铃（彩图5—10）、1件铜齿轮形器（彩图5—11）与玉瑗规整黏合在一起的铜玉合体的手镯（彩图5—12）。这两件铜器与前述的那件含砷铜容器（盆）口沿残片，都能说明一些陶寺都邑对于铜器的使用情况。此外，在一件陶扁壶（JSH3403∶1）上发现朱书的两个文字（彩图5—13），其中一个可释为"文"；另一个有人释为"易"，也有人释为"堯"（尧），或释为"唐"、"邑"、"命"等①。陶寺发现的这两个文字的字形和结构，比大汶口文化中的图像文字又进了一步，应是中国最早文字之一。这两个文字与另外一件朱书扁壶残片（ⅠTG9H64∶5）上的文字可以共同说明陶寺遗址使用朱书文字，绝非孤例。

陶寺遗址发现的早期和中期的城邑规模都很大，城内宫殿区、贵族居住区、普通居住区仓储区、手工业作坊区、天文建筑和祭祀区等不同功能区域的区分，反映出社会复杂化程度已经很高。大规模筑城和大型宫殿的修建，同时伴有严重的社会不平等，说明陶寺城邑内的社会权力，既具有公众性，也具有某种程度的集中性和强制性。陶寺城邑还展现出制陶、制玉、铜器冶炼等手工业技术水平和分工，也可以看到文字的使用。这些以及下面还将进一步论述的金字塔式的阶级结构和观象授时的天文历法的发展水平，都强有力地说明陶寺城邑是

---

① 罗琨：《陶寺陶文考释》，《中国社会科学院古代文明研究中心通讯》第2期，2001年7月。何驽：《陶寺遗址扁壶朱书"文字"新探》，《中国文物报》2003年11月28日。冯时：《文字起源与夷夏东西》，《中国社会科学院古代文明研究中心通讯》第3期，2002年1月。以上三文均收入解希恭主编《襄汾陶寺遗址研究》，科学出版社2007年版。

阶级社会的都城,它体现了中国早期国家——都邑邦国的文明发展水平。

2. 陶寺墓地金字塔式的等级结构和阶级关系

我们在第三章论述阶级如何产生时,从父权家族机制对于阶级产生的作用,论述了陶寺墓葬材料所反映的阶级、阶层的分化情况,并赞成陶寺遗址发掘者所作的概括:陶寺已形成金字塔式的等级结构和阶级关系[①]。陶寺的阶级和阶层的分化是显著的,甚至毫不逊色于作为夏代王都的二里头遗址[②]。陶寺墓地的这种金字塔式的等级结构和阶级关系,发掘者在发掘不久所做的划分是分为大、中、小三形、七种[③],随着陶寺材料的整理和研究的深入,1996 年高炜先生据其最新统计和研究,将 1978—1985 年在陶寺早期小城外东南墓地发掘的1309 座分为六类,并将其中能分辨类型的 752 座墓进行了具体分析[④](图5—4,表5—1)。

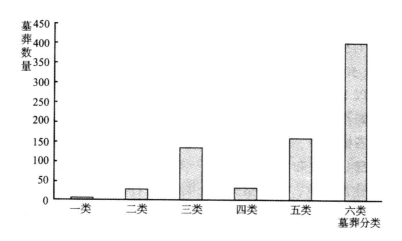

图5—4 陶寺墓葬分类与等级示意图

(采自高江涛《中原地区文明化进程的考古学研究》)

---

① 高炜、高天麟、张岱海:《关于陶寺墓地的几个问题》,《考古》1983 年第 6 期。

② 也许由于二里头遗址尚未发现王墓和大贵族之墓,所以陶寺墓葬材料所呈现出的金字塔式的阶级结构,所表现出的邦君与贫穷下层之间的差别,在二里头遗址并不那么明显。

③ 高炜、高天麟、张岱海:《关于陶寺墓地的几个问题》,《考古》1983 年第 6 期。

④ 高炜:《晋西南与中国古代文明的形成》,《汾河湾——丁村文化与晋文化考古学术研讨会文集》,山西高校联合出版社 1996 年版,第 111—118 页。

表 5—1　　　　　　　　　　陶寺墓葬（752 座）分类与等级统计表

墓类	一类	二类	三类	四类	五类	六类
数量	6	28	133	31	156	398
百分比（%）	0.80	3.7	17.69	4.1	20.7	52.9
身份	"王"者	贵族		平民富有者	平民	

（采自高江涛：《中原地区文明化进程的考古学研究》）

　　由图 5—4 和表 5—1 可以看到，在陶寺墓地，墓葬等级越高，数量越少；等级越低，数量越多，再一次证实陶寺墓葬所反映出的金字塔式的等级结构。其中，贫穷的平民即贫穷的族众（民众）占 73.6%，若加上 4% 的"平民富有者"，则处于社会低层的普通民众占 77.6%；属于邦国君主之类的最高统治阶层有 6 座墓，仅占 0.8%；大小贵族占 21.39%。可见，陶寺都邑从其早期开始，社会不仅出现阶级和阶层的分化，而且这种分化已经达到相当复杂的程度①。

　　对于陶寺的大墓，我们在第二章曾举出陶寺早期墓葬 M3015 作了说明。2002 年发掘的中期大墓 M22（彩图 5—14）也属于最高统治阶层的墓葬。该墓为竖穴土坑墓，墓圹为圆角长方形，开口长 5 米，宽 3.65 米，深约 7 米。墓壁陡直，墓底平坦，墓室四周共发现 11 个壁龛，用于放置随葬品。墓圹填土中发现 1 具被腰斩的青年男子人牲骨架。墓内的木棺为船形棺，由整木一次挖凿成形。墓中随葬品颇为丰富，棺内残留 46 件，扰坑出土 20 件，墓室未扰动部分出土 72 件（套），包括彩绘陶器 8 件、玉器 18 件套、骨镞 8 组、漆木器 25 件、红彩草编物 2 件，以及猪 10 头、公猪下颌 1 件。玉器中，我们前面在"陶寺的城邑和宫殿及其诸文明现象"一节中举出的玉兽面、玉琮、玉璧、璜形玉佩、玉戚、玉钺等照片都出自 M22。

　　在随葬品的摆放方面，M22 在棺南侧与南壁之间排列青石大厨刀 4 柄、素面木案板 7 块。厨刀下均有猪骨以及皮肉块朽灰。棺西侧置多阁木盒 1 件。墓室西部摆放着一劈两半的猪肉共计 20 扇，合计 10 头诸。墓室西北边还放置带漆木架的彩绘陶盆 1 件。墓室东北角墓壁底部摆着 1 件红彩漆筒形器。墓室东壁中央立着一完整公猪下颌骨。东壁南北两侧各倒置 3 件彩漆柄玉石兵器，其

———————

① 高江涛：《中原地区文明化进程的考古学研究》，社会科学文献出版社 2009 年版，第 320 页。

中玉（石）钺 5 件、玉戚 1 件。南壁东半部摆放漆杆 1 根、装在红色箙内的骨镞 7 组、木弓 2 张。壁龛内放置随葬品多寡不一，其中南壁第 2 龛、第 4 龛和西壁第 2 龛空无一物，有可能是内置的有机物已分解所致；西壁第 1 龛放置猪肉；南壁第 3 龛有骨镞 1 枚；北壁第 4 龛残留红彩草编物和漆器各 1 件；北壁第 3 龛放置彩绘陶簋 1 件；东壁第 1 龛有漆豆 2 件、红彩草编蓝 1 件；南壁第 1 龛有漆木盒 1 件，内盛玉戚 2 件、玉琮 1 件；北壁第 1 龛内置彩漆大箱 1 件，内置彩绘漆觚形器 3 件，箱顶放置玉璜 3 组、玉兽面 1 组；北壁第 2 龛主要放置彩绘陶器，有大圈足盆 1 件、折肩罐 1 对、小口圆肩罐 1 对、双耳罐 1 件①。

　　关于 M3015、M22 这类大型墓墓主身份，笔者曾提出是阶级社会里早期国家的统治者②。也有学者起初认为是部落首领一类的人物③，后来认为是具有"王"者地位的首领人物④，还有学者认为是最初的"国王"⑤。结合龙山时代早期国家的形态，笔者认为 M3015、M22 这类大墓墓主的身份应该是邦国的国君即邦君。这是因为龙山时代特别是它的中、晚期，虽已形成了国家，但还不是像夏商周三代那样形成的是多元一体的"王朝国家"，既然出现的不是王国而是邦国，那么称之为邦国的国君、邦国的君主、邦君之类似乎更准确一些。

　　M3015、M22 这类大墓随葬带彩绘柄的玉钺、众多的石镞、骨镞等兵器，是墓主拥有军事权的一种表现。墓中随葬彩绘陶器、木器、鼍鼓、特磬、玉琮、玉璧、玉兽面，这类器物有的既是礼器也是族徽，如彩绘的龙盘中的蟠龙就与唐尧的族徽有关⑥；有的器物主要用于宗教礼仪和祭祀，如彩绘陶簋、鼍鼓、特磬、玉琮、玉璧、玉兽面等，由此可见墓主既拥有神权，也拥有最高的族权。笔者以前曾论证过王权的三个来源与组成——军权、神权和族权⑦，现尚需指

　　① 中国社会科学院考古研究所山西队等：《陶寺城址发现陶寺文化中期墓葬》，《考古》2003 年第 9 期。

　　② 王震中：《中国文明起源的比较研究》，陕西人民出版社 1994 年版，第 239 页。

　　③ 高炜、高天麟、张岱海：《关于陶寺墓地的几个问题》，《考古》1983 年第 6 期。

　　④ 高炜：《中原龙山文化葬制研究》，《中国考古学论丛》，科学出版社 1996 年版，第 90—105 页；高炜：《晋西南与中国古代文明的形成》，《汾河湾——丁村文化与晋文化考古学术研讨会文集》，山西高校联合出版社 1996 年版，第 111—118 页。

　　⑤ 严文明：《中国王墓的出现》，《考古与文物》1996 年第 1 期。罗明：《陶寺中期大墓 M22 随葬公猪下颌骨意义浅析》，《中国文物报》2004 年 6 月 4 日第 7 版。

　　⑥ 参见本章第五小节"陶寺都邑与唐尧关系的研究"。

　　⑦ 王震中：《中国文明起源的比较研究》，陕西人民出版社 1994 年版，第 366—372 页。

出的是，这也是邦国国君（邦君）之权的三个来源和组成。至于邦君之权与王权的联系与区别的问题，我们在后面还会进一步论述。

M22墓中有的随葬品也反映了宫殿中的生活，如墓中排列4柄青石大厨刀、7块木案板，厨刀下有肉、骨，墓室西部摆放10头猪，壁龛中也放置猪肉；而在宫殿区的烧土面上就出土了石厨刀，M22大墓中厨刀等相关的随葬品与宫殿中的厨刀所透露出的信息，可以联系起来考虑。随葬厨刀、案板、10多头猪的猪肉、彩漆大箱等，显然是为了让墓主死后也继续保有生前宫殿中的生活。而这样的生活与都邑中普通民众的生活有着天壤之别，阶级分化和社会不平等是显而易见的。

陶寺都邑的墓葬中，最高统治阶层所占的比例不到1％，邦君之外的大小贵族约占21％，普通民众（族众）约占78％。这些正常死亡的人之外，那些被弃于灰坑或乱葬坑中的人，都没有被算在总人口的比例中。他们或被作为人牲祭祀，或被夯筑于城墙中进行奠基，或被砍头而把头颅丛葬，如ⅠT5026的垃圾灰沟HG8出土6层人头骨，就有40—50人骨个体。如第三章所述，这些被弃于灰坑和乱葬坑中的人原本是由战俘转换而来的奴隶，只是数量较少，在陶寺遗址中以目前的发现看，还占不到1％。在陶寺都邑，笔者所论述的阶级产生的三种途径都是存在的，其中阶级产生的最广泛基础与主要途径是父权家族；陶寺都邑的最高统治阶层也是从社会的公共事务的管理和社会职位的世袭中产生出来的；陶寺都邑里虽然有奴隶和奴隶阶级，但他们与统治阶层和贵族之间的矛盾构不成社会的主要矛盾，也不成为矛盾的主要方面，因而无论从所有制方面还是主要矛盾和矛盾的主要方面来看，陶寺都邑社会都应该不属于奴隶社会。

3. 陶寺的天文建筑与龙山时代的历法水平

陶寺遗址发现的天文建筑遗迹也属于陶寺都邑邦国文明的现象之一，只因问题既重要也较特别，故作专门的论述。

在陶寺遗址发掘出的大型建筑ⅡFJT1基址（图5—5），结构十分奇特，主要由大半圆形的三层夯土台基、第三层台基上的半环形夯土列柱和柱缝、作为观测点的夯土基础等组成，经研究和实地模拟观测实验，发掘者认为第三层台基上的半环形夯土列柱是用于构建观测缝，而观测缝的主要功能之一是观日出定节气①。站在台基芯上的观测点部位，可于5月20日经东11号缝、6月21日经东12号缝、7月2日经东11号缝迎接日出；站在该夯土遗迹东部边缘，可透过 D1 柱与 E2 之间 1.8 米宽的空当迎接 12 月 22 日（东至）至 4 月 26 日、8 月 14 日至 12 月 22 日的日出②。这样，从冬至、春分、秋分，到夏至都可观察得到（图5—6、图5—7）。因此，这一基址被认为是具有天文观测功能和祭祀功能的特殊建筑物，被发掘者称为观象台。

图5—5　陶寺遗址天文建筑遗迹ⅡFJT1

（采自《考古》2007 年第 4 期）

①　山西省考古研究所、临汾市文物局：《山西襄汾县陶寺城址祭祀区大型建筑基址 2003 年发掘简报》，《考古》2004 年第 7 期。

②　中国社会科学院考古研究所山西队等：《山西襄汾县陶寺中期城址大型建筑ⅡFJT1 基址 2004—2005 年发掘简报》，《考古》2007 年第 4 期。

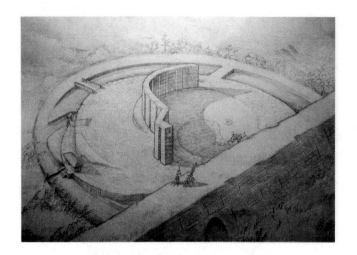

图5—6 陶寺遗址观象台复原示意图

（采自中国社会科学院考古研究所《考古中华》）

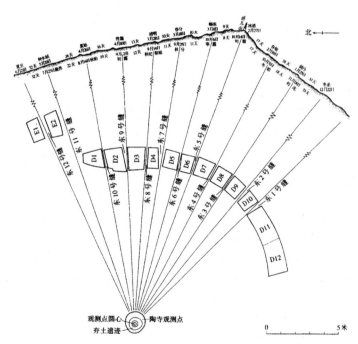

注：观测点至崇山距离为示意。E1、E2、D1～D11为夯土柱基础。

图5—7 陶寺遗址观象台复原观测系统平面示意图

（采自中国社会科学院考古研究所《考古中华》）

在陶寺 22 号墓（ⅡM22）室内东南角发现一个"漆木圭尺'中'"（彩图 5—16），残长 171.8 厘米，复原长 180 厘米。通身漆彩绘绿黑相间的色段刻度，第 1—11 号色段总长 39.9 厘米，约 40 厘米，合 1.6 尺，发掘者认为此长度乃《周髀算经》记载的"地中"夏至影长。圭尺"中"与立杆（表）组合使用，正午时分测日影，以判定节令，制定历法①。

陶寺遗址中的观象台和圭尺的发现，表明都邑内天文历法已有较高水平。推测当时的天文观察者既可能站在观象台的观测点上，透过观测逢中线观测对面塔尔山脊日出来判定节令，制定太阳历；还可能通过圭表测定日影，以判定节令，或者是将二者相互验证，配合使用。陶寺遗址作为都邑的年代为公元前 2400—前 2100 年或公元前 2300—前 2000 年②，大致与夏代之前的尧、舜、禹时期相当，因此陶寺都邑观象台和圭尺的发现，表明《尚书·尧典》说尧时"历象日月星辰，敬授人时"是有事实依据的。而陶寺发现的"漆木圭尺"是 22 号墓的随葬品，22 号墓是陶寺中期的一座大型墓葬，属于统治阶级上层乃至邦国君主的墓葬，这说明对历法的颁布，如周代的"告朔"，在陶寺都邑应该是掌握在最高统治者手中的，这也是当时邦国中君权的一部分。

龙山时代对"四时"的测定和天文历法的水平，还可以通过河南杞县鹿台岗遗址中一处观象授时建筑的发现得到说明。杞县鹿台岗遗址发现的这处建筑遗迹，发掘者称为Ⅰ号的建筑遗迹（图 5—8，彩图 5—15）。因其形制颇为特殊，学者们对它的功用不甚清楚。笔者认为它是专供观象授时使用的建筑物③。该遗迹高出当时周围地面近 1 米，系一内墙呈圆形、外墙为方形、外室包围内室（圆室）的特殊建筑。圆室内有一呈东西—南北向的十字形所谓"通道"，宽约 0.6 米，土质坚硬，土色为花黄色，与室内地面呈灰褐色土迥然不同。在这个十字形交叉点上还有一柱洞，原是立柱。方形外室和圆形内室的北部已毁，外室西墙缺口即外室西门恰与内室西门及十字形"通道"的西端呈直线相通，三者宽度相同。同样，外室南缺口又与内室南门及十字形"通道"南端在一条

---

① 中国社会科学院考古研究所：《考古中华》，科学出版社 2010 年版，第 95—96 页。

② 因有的学者主张陶寺的年代为公元前 2300—前 1900 年，这样陶寺遗址的早期和中期即为公元前 2300—前 2000 年。

③ 王震中：《早商王都研究》，《中国社会科学院历史研究所学刊》第四集，商务印书馆 2007 年版，第 42—43 页。又见王震中《古史传说中的"虚"与"实"》，《赵光贤先生百年诞辰纪念文集》，中国社会科学出版社 2010 年版。

直线上，三者的宽度也相同①。西墙和南墙通过所谓"门"与十字形"通道"直线相连，而北面和东面则可以通过开一个和十字形"通道"等宽的"窗户"或孔洞与十字形"通道"直线相连。

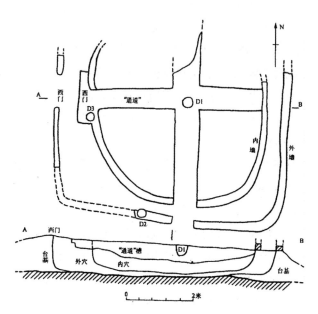

图5—8 杞县鹿台岗1号建筑遗迹平、剖面图

（采自郑州大学文博学院等《豫东杞县发掘报告》）

　　鹿台岗遗址中内圆外方的十字形建筑物可与《考工记》记载的测定方位的方法相联系。《考工记·匠人》曰："置槷以县，视以景。为规，识日出之景与日入之景。昼参诸日中之景，夜考之极星，以正朝夕。"文中的"槷"，郑玄谓："古文臬假借字"；"为规"即以所竖之臬为圆心画出圆形；"朝夕"也是东西方位的意思，这段文字的意思是：依据日出与日入时的投影以确定东向和西向，并参照正午时的日影和夜间的北极星，以校正东西南北的方位，其测定时，以臬为中心画出一圆，过圆心连接日出与日入即朝与夕时日影的联机，即构成东西向的横线，横线两端正指东西，过圆心与东西横线垂直相交的另一直线，

_____

　　① 郑州大学文博学院、开封市文物工作队：《豫东杞县发掘报告》，科学出版社2000年版，第37—39页，图二〇，彩版一：1、2。

正指南北，对于这样测出的东西南北，还可以经过正午时的日影以及夜间的极星，加以确认和校正。类似的记载也见于《诗经》，《诗·墉风》云："定之方中，作于楚宫，揆之以日，作于楚室。"朱熹《诗集传》谓"揆之以日"，是"树八尺之臬，而度日出入之景，以定东西，又参日中之景，以正南北。"朱熹完全是参照上引《考工记》，对此作的注。鹿台岗Ⅰ号的建筑遗迹中的十字形交叉点上的柱洞原是立有柱子的，它可以起着《考工记》所说的"臬"即臬的作用。而这个Ⅰ号建筑物无论是方形外室，还是圆形内室的十字交叉状，恰巧处于正南正北、正东正西的方位。内圆外方的建筑构形也意寓着天圆地方。所以，鹿台岗龙山文化Ⅰ号建筑物的形制完全符合上引《考工记》所说测定方位的原理。我们可以试想一下，日出时阳光从东面的窗户或孔洞照射进来，照在十字形交叉点的柱子上，柱影将会与十字形的西端直线以及西墙上的"门"相重合；日落时阳光从西面的"门"照射进来，照在十字形交叉点的柱子上，柱影将会与十字形的东端直线以及东墙上的"窗户"或孔洞相重合，这就是"识日出之景与日入之景"，以正东西之方位。在正午时太阳从南墙之"门"照射进来，照在十字形柱子上，柱影将会与十字形的北端直线相重合；在夜间时从北面的"窗户"或孔洞向夜空观看极星，这就是"昼参诸日中之景，夜考之极星"，既可定南北，亦可验证"朝夕"日影所测之方位。

鹿台岗遗址中内圆外方的十字形建筑物不仅用作测定东西南北四方方位，而且具有观象授时的功能。在这里，笔者以为可以将《尚书·尧典》对"四时"即四季的观测方法与鹿台岗Ⅰ号建筑遗迹结合起来。《尚书·尧典》曰：

> 乃命羲和，钦若昊天，历象日月星辰，敬授民时。
>
> 分命羲仲，宅嵎夷曰旸谷，寅宾出日，平秩东作。日中，星鸟，以殷仲春。厥民析，鸟兽孳尾。
>
> 申命羲叔，宅南交，平秩南为，敬致。日永，星火，以正仲夏。厥民因，鸟兽希革。
>
> 分命和仲，宅西曰昧谷，寅饯纳日，平秩西成。宵中，星虚，以殷仲秋。厥民夷，鸟兽毛毨。
>
> 申命和叔，宅朔方曰幽都，平在朔易。日短、星昴，以正仲冬。厥民隩，鸟兽氄毛。

帝曰：咨，汝羲暨和，朞三百有六旬有六日，以闰月定四时成岁。

这段文字讲的是：帝尧任命羲氏和氏按照天上星历现象去认识日月星辰，把观测天象所得的历法知识传授给人民以定农时。并分别任命羲仲居于东方嵎夷之地的日出之处叫旸谷的地方，主持对每天日出的宾礼之祭，然后督促春天的农作活动按程序进行。在白昼和黑夜一样长的日子，傍晚在南方天空正中看到鸟星（朱雀七宿中间的"星"宿），那就凭以确定是仲春（后称春分）节令了。其东方之神名"析"……又任命羲叔居于南方的南交之地，也主持对日的敬致之礼，督促夏天农作活动按程序进行。在白昼最长的日子，傍晚在南方天空正中看到大火之星（青龙七宿中的心宿二），那就凭以确定是仲夏（后称夏至）节令了。其南方之神名"因"……又分别任命和仲居于西方太阳落下之地叫昧谷的地方，主持对落日的礼祭，然后督促秋天农作物收成活动按程序进行。在黑夜和白昼一样长的日子，傍晚在南方天空正中看到虚星（玄武七宿中间的虚宿），那就凭以确定是仲秋（后称秋分）节令了。其西方之神名"夷"……又任命和叔居于北方叫幽都的地方，以观测太阳从南向北运转的情况。在白昼最短的日子，傍晚在南方天空正中看到昴星（白虎七宿中间的昴宿），那就凭以确定是仲冬（后称冬至）节令了。其北方之神名"隩"（宛）……帝尧曰：告知你羲与和，一年时间有三百六十六日，你们用设置闰月的方法调整好四季以制定每个年岁吧①。

《尧典》这段话的实质是通过对四方和日出、日入和鸟星、大火星、虚星、昴星四中星的观测，来确定春分、夏至、秋分、冬至"四时"（四季）。这段话中，有史实的素地，也有神话成分，应该说是有"实"有"虚"。文中把各个分立的地域社会安排在一个统一的朝廷中；把原本是在一地对"日出"、"日落"、"四时"等进行的观测、礼祭以及据此而制定历法的观象授时活动，安排为分别任命羲仲、羲叔、和仲、和叔居于遥远的东方日出之地的嵎夷、南方的交趾、西方日落之地的昧谷和北方的幽都进行观测、礼祭和由此对历法的制定；把早期观象授时的资料与历法进步后的资料等属于不同时期对天文的认识糅合在一起，这些都属于"虚"的部分。但是，我们通过山西襄汾陶寺遗址中用于

---

① 《尧典》的这段译文，是在顾颉刚、刘起釪《尚书校释译论》第一册（中华书局2005年版）中"今译"的基础上，又参考了该书"校释"中有关甲骨文和《山海经》的四方神名和四方风名的注释。

天文观测的大型夯土建筑物（观象台）的发现，可知尧舜时期观象授时是有较高水平的；而通过对河南杞县鹿台岗遗址Ⅰ号建筑遗迹的研究，我们发现可在同一地点的四个方向观测"日出"、"日落"等来测定所谓"四时"即四季，这些又都属于"实"的部分。

何以通过鹿台岗Ⅰ号建筑遗迹即可以证明《尧典》中"实"的成分呢？问题的关键在于：我们只要把《尧典》中命令羲仲、羲叔、和仲、和叔分别所居的东、南、西、北遥远的四方，集中在一个建筑物的四面观测点上，即把位于东方日出之地的旸谷、位于南方的南交、位于西方日落之地的昧谷、位于北方的幽都这四处遥远之地，收拢为同一建筑物中东南西北四面窗户上的四个观测孔，就像鹿台岗Ⅰ号建筑物中东西南北十字形"通道"所指示的观测点和观测孔那样，《尧典》所述内容就可得到合理的解释；还有，作为观测点中心的屋内十字形交叉点的柱子，也需要标上刻度，起到圭表的作用，这样在正午时分测日影，便可判定节令，制定历法，从而实现了将四方的观测转化为对"四时"即四季的测定。因此，笔者认为鹿台岗Ⅰ号建筑的发现，对《尚书·尧典》有关记述既给予了纠正，也是一个证明，有很高的学术价值。这样来看，早在新石器时代，时空、四时与四方本来就是联系在一起的。鹿台岗龙山文化Ⅰ号建筑不但可以测定东西南北四方，还可以测定四季，它有天文历法上的作用。

如果说鹿台岗Ⅰ号建筑遗迹代表了龙山时代晚期即古史传说中的颛顼、尧、舜、禹时代天文观测的一般方法和一般水平，那么，陶寺观象台则代表了当时最先进方法，是当时天文立方的最高水平。

4. 陶寺的聚落群与都鄙聚落结构

陶寺城址的都邑性质还可与其周边属于陶寺文化的遗址群即聚落群的等级关系得到说明。陶寺遗址群的调查工作在20世纪70年代做过第一次普查，调查范围为晋南地区，发现陶寺文化遗址70余处[①]。依据这一调查，再结合对于陶寺遗址的发掘，有学者把陶寺类型的聚落群划分为三个等级：280万平方米的陶寺城址为主要中心，24万—128万平方米的遗址为次中心，24万平方米以下的其他大量的村落遗址为第三级。并认为陶寺可能统治了面积大约为3300平

[①]　中国社会科学院考古研究所山西工作队：《晋南考古调查报告》，《考古学集刊》第6集，中国社会科学出版社1989年版。

方公里的区域，每个次级区域可能控制大约 1660 平方公里的区域①。也有人依据上述调查资料，把陶寺遗址附近 20 公里的范围内分布的 14 处陶寺文化时期遗址划分为三个等级：400 万平方米的陶寺遗址（陶寺中期城址的面积为 280万平方米，而陶寺遗址的面积为 400 万平方米②）为第一级——特大型聚落，面积为 10 万平方米的北高村遗址为第二级，其余皆为小型聚落③。也有学者依据 21 世纪所做的新的调查而将陶寺聚落群划分为 5 个等级④。

　　21 世纪对陶寺聚落群的新调查，是从 2009 年 11 月到 2010 年 8 月进行的。中国社会科学院考古研究所山西工作队，会同山西省考古研究所、临汾市文物局、襄汾县文物局，组成"陶寺遗址群宏观聚落形态区域调查联合工作队"，对塔儿山东、西两麓黄土原，北起临汾市的山前，南至浍河南岸，西起汾河，东至塔儿山东麓滏河上游，南北 70 公里，东西 25 公里，面积大约 1750 平方公里的范围，进行了"网格法"式的调查。该次调查，发现和确定仰韶文化至汉代遗址或遗存点 128 处，其中陶寺文化遗址 54 处（表 5—2，图 5—19）⑤。

表 5—2　　　　　　　　　　　2009—2010 年陶寺遗址群调查表

遗址	面积（平方米）	时期	等级
夏梁	16517	陶寺文化	小
张纂	35477	陶寺文化中期	小
段村	25209	陶寺文化早期	小
温泉	92376	西王村三期、陶寺文化	小
东邓	400000	陶寺文化、东周	中
寺头	400000	仰韶文化、西王村三期、陶寺文化、东周	中

---

　　①　刘莉：《中国新石器时代——迈向早期国家之路》，陈星灿等译，文物出版社 2007 年版，第158—159 页。

　　②　梁星彭、严志斌：《陶寺城址的发现及其对中国古代文明起源研究的学术意义》，《中国社会科学院古代文明研究中心通讯》2002 年第 3 期。

　　③　高江涛：《中原地区文明化进程的考古学研究》，图 3—61，社会科学文献出版社 2009 年版，第232—233 页。

　　④　何驽：《2010 年陶寺遗址群聚落形态考古实践与理论收获》，《中国社会科学院古代文明研究中心通讯》第 21 期，2011 年 1 月。

　　⑤　同上。

续表

遗址	面积（平方米）	时期	等级
令伯	400000	陶寺文化晚期	中
新民	2727	陶寺文化早期	微
小王庄	12364	陶寺文化	小
上庄	4700	陶寺文化	微
大崮堆山	5136	陶寺文化	微
丁村	200000	陶寺文化	中
伯玉	103540	陶寺文化	小
孝养	300000	陶寺中晚期	中
大阳	14741	西王村三期、陶寺文化、二里头文化、汉代文化	小
东段	100000	陶寺文化中期	中
泉坡	2370	陶寺文化中期	微
北高	99176	北部陶寺文化；东北部西王村三期	小
北麻	491	陶寺文化中晚期	微
南合理庄	44383	陶寺文化	小
高凹角	100000	陶寺文化早期	中
王村	100000	陶寺文化早期	中
苏寨	200000	西王村三期、陶寺文化	中
赵北河	200000	陶寺文化	中
西李家庄	200000	西王村三期、陶寺文化	中
黄寺头	500000	仰韶文化、陶寺文化、战国	中
南乔	900000	陶寺文化、战国	中
县底	1100000	陶寺文化、商周	大
北席	36572	陶寺文化中晚期	小
大王	300000	西王村三期、陶寺文化	中
西沟	32656	西王村三期、陶寺文化	小
西下庄	8304	陶寺文化	微
大韩	2196	陶寺文化	微
神刘	400000	西王村三期、陶寺文化早期、战国	微
西阎	0	陶寺文化、商代文化、东周文化	微
营里	500000	仰韶文化、陶寺文化早中期、二里头文化、东周文化	中

续表

遗址	面积（平方米）	时期	等级
义门	200000	西王村三期、陶寺文化中期、汉代	中
北董	5549	仰韶文化、西王村三期、陶寺文化、汉代文化	微
贺村	5	陶寺文化、战国、汉代	微
东吉必	1740	陶寺文化早期	微
东许	200000	陶寺文化中晚期	中
听城	300000	陶寺文化	中
周庄	1598	陶寺文化	微
东常	1704	陶寺文化早期	微
高阳	5238	西王村三期、陶寺文化、汉代	微
高显	100000	仰韶文化、西王村三期、陶寺文化、东周文化	小
朝阳	800000	仰韶文化、西王村三期、陶寺文化中期、二里头文化、东周文化	中
北辛店	600000	仰韶文化、陶寺文化中期、二里头文化、东周文化	中
安泉	13733	西王村三期、陶寺文化	小
南柴	1100000	陶寺文化中期偏早	大
古暑	900000	陶寺文化	中
方城	2000000	陶寺文化中晚期	大
白塚	500000	陶寺文化中晚期	中
八顷	69373	陶寺文化早期、二里头文化、汉代	小

（采自何驽《2010 年陶寺遗址群聚落形态考古实践与理论收获》）

从图5—9 可以看到，调查者将 54 处陶寺文化遗址划分为三个区域：陶寺周围的 6 处遗址为中区，也称为"京畿"；"京畿区"以北，以县底遗址为首，统领中小遗址 11 处，称为北区；"京畿区"以南，以南柴、方城为首，统领 18 处中小遗址，称为南区。调查者将陶寺和这 54 处陶寺文化遗址划分为"五级聚落、四层等级化的社会组织"：陶寺城址为都城，280 万平方米，此乃第一级；都城下辖南、北两个区中心（邑）——县底和南柴（方城）两个大型遗址，面积 100 万—200 万平方米，此乃第二级；区中心邑下辖二至三片区的中型聚落群（乡镇），面积 10 万—99 万平方米此乃第三级；部分中型聚落下辖一至三个小型遗址（村），面积 1 万—9 万平方米，此乃第四级；面积在 1 万平方米以下

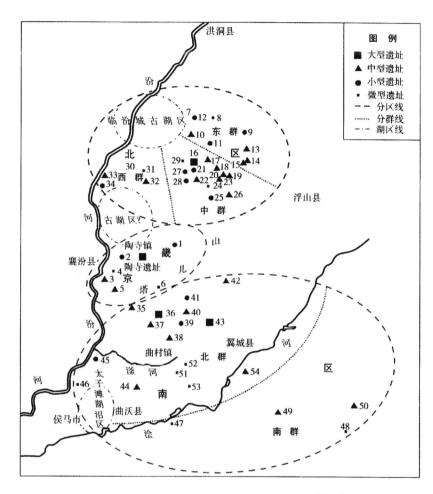

图 5—9　陶寺遗址群分布图（2009—2010 年度调查）

（采自何驽《2010 年陶寺遗址群聚落形态考古实践与理论收获》）

者，为"微型聚落"，此乃第五级，这些微型聚落，可能有些特殊的职能，并不构成一级功能完整的基层社会组织[①]。

　　比较上述三种方法的聚落等级的划分，可以看出它们之间的差异。这些差异，有的是因划分的范围不一样，如若仅以陶寺遗址附近 20 公里的范围内分布的 14 处陶寺文化时期遗址来划分的话，只能划分出二级或三级。陶寺城址周围

[①]　何驽：《2010 年陶寺遗址群聚落形态考古实践与理论收获》，《中国社会科学院古代文明研究中心通讯》第 21 期，2011 年 1 月。

2 公里内没有陶寺文化聚落，2 公里之外也只有六七处较小的聚落，这种情况与安阳殷都周围从洹北商城时期到武丁至帝乙帝辛的小屯宫殿区时期的情况相仿[1]。在洹北商城时期，有 19 处聚落，其中除洹北商城作为王都而规模庞大外，大多数属于规模较小的普通村邑。在殷墟时期，有 25 处聚落，调查者说其面积最大者不过 35000 平方米。也就是说，安阳殷都及其周边 800 平方公里的范围内的聚落等级只有两级，而且这两个等级之间悬殊又非常大。为此，调查者的结论是："除殷墟外，洹河流域似不存在其他较大的中心聚落。这有可能说明当时分布于王畿附近的聚落都是由商王直接控制的，其间或许没有介于商王与族长之间的中层组织或机构。"[2] 陶寺的情况也是这样，陶寺都邑附近的聚落是陶寺的邦君直接控制的，这正相当于《周礼·地官》所说的"惟王建国，辨方正位，体国经野"式的"国野"关系。至于以陶寺为中心的更大范围内的聚落群，它们与陶寺都邑的关系可以视为广义的城乡都鄙关系。以陶寺都邑为中心，在 1750 平方公里的范围，不论这一遗址群究竟应划分为三级、四级还是五级聚落等级；也不论它们是通过其中的次级聚落中心与陶寺都邑发生联系，还是直接与陶寺都城有着隶属关系，都可构成广义的城乡关系，亦即中国古代所说的"都鄙"关系。这也属于一种"体国经野"的国土格局和政治组织关系，只是其所统辖的范围较大而已。也就是说，陶寺的都邑邦国所支配的范围，在以都城为核心的区域之外，也存在一些次级中心聚落和普通聚落，而身处邦国都城内的邦君，则是通过这些次级中心来间接支配那些较远距离的普通聚落的。

综合陶寺及其周围 50 余处遗址的各方面情况，可以看到这样一幅历史画面：陶寺都邑和其周围村邑以及更大范围内聚落群的分布格局，已具有早期邦国的框架，即已出现邦君的都城、贵族的宗邑和普通的村邑这样的组合结构；陶寺邦国以陶寺都邑为核心而拥有一定领土和地域范围；陶寺墓葬的等级制表明社会存在着阶级和阶层的分化；陶寺的经济生产不但有发达的农业和畜牧业，而且制陶、制玉、冶金等手工业也已从农业中分离了出来；生产的专门化使产品空前丰富，但不断增多的社会财富却愈来愈集中在少数人手中；陶寺发现的

---

① 中美洹河流域考古队：《洹河流域区域考古研究初步报告》，《考古》1998 年第 10 期。中国社会科学院考古研究所安阳工作队：《河南安阳洹河流域的考古调查》，《考古学集刊》第 3 集，中国社会科学出版社 1983 年版。

② 中美洹河流域考古队：《洹河流域区域考古研究初步报告》，《考古》1998 年第 10 期。

两个朱书陶文已说明都邑内文字的出现和使用。陶寺文明是当时众多邦国文明中的佼佼者。

从陶寺邦国的国土格局我们还可以得到这样的认识：以陶寺为代表的都邑邦国之"邦国"的概念，不同于古希腊"城邦"；也不同于 20 世纪 50 年代日本学术界所提出的"氏族制度—城市国家—领土国家—大帝国"① 这一模式中的相关概念。古希腊的城邦以一单一城市即为一自我完备的生活体，而且其政体属于奴隶制社会的民主政制，所以被称为民主城邦。古希腊城邦与我国龙山时代的都邑邦国以及夏商周三代的王国均不相同。在日本学术界的"城市国家—领土国家"这样的提法中，其"城市国家"指夏商周三代的国家，而"领土国家"主要指战国时期的国家。笔者赞成伊藤道治先生这样的观点：夏商周三代国家与战国时的国家的主要区别不在于是否有"领土"，而在于对领土内的民众的支配和统治的方式不同②。在领土这一问题上，不但夏商周三代的国家具有一定规模的领土范围，就连三代之前的龙山时代的邦国，例如陶寺邦国，也是以陶寺都邑为中心，在 1750 平方公里的范围内有 54 个规模大小不等的聚落遗址，也就是说，陶寺邦国有自己的领土范围。当然，古代的领土概念与现代不同，古代国家每每是有"边陲"而无"国界"。国与国之间往往有一些属于无主地带或缓冲地带，而且随着国力的消长，国家所能控制的区域或者说国家的边陲往往处于动态变化之中，从而使得领土即国土，或者有所扩张，或者有所收缩。鉴于所谓"城市国家"和"领土国家"都是有领土的，所以用是否有领土作为两种国家形态的划分，显然没有抓住问题的实质。至于在我们的"都邑邦国"提法中，也凸显了都邑，这是因为在中国古代有国就有城，建城乃立国的标志。中国上古时期，作为国家的最简单的形态，每每是以都城为中心而与四域大小不等的各种邑落相结合在一起的，而且是以都城的存在为标志的。其中，都城的规模有多大，由四域各种邑落所构成的领土范围有多大，都将会因邦国的实力和其发展程度而有较大的悬殊，但有城有领土，则是一定的。

---

① 宫崎市定：《中国上代は封建制か都市国家か》《史林》32 卷 2 号，1950 年。贝冢茂树：《孔子》，岩波书店 1951 年版，第 23—31 页；贝冢茂树：《中国の古代国家》，弘文堂 1952 年版，第 38—53 页。

② 伊藤道治：《中国社会の成立》，讲谈社 1977 年版，第 7—12 页。

5. 陶寺都邑与唐尧关系的研究

在古史传说与新石器时代考古相联系的问题上，笔者一贯主张可做远距离的对应和联系，即主要是把古史传说中各部族及其文化特征的时代性与考古学文化的时代性做一些大的对应关系的研究，对古史传说所见的远古社会与考古学文化所反映的远古社会做一些相关联的研究，其中对于较有条件的地方，也可以将一些考古学文化的类型与某些部族族团活动的时空关系做一些对比研究，而一般不把某一遗址与某一具体传说人物进行直接的联系。目前最有条件将古史传说中的这些族邦与考古学聚落遗址相联系而确定其为邦国即早期国家的属性的，当属帝尧陶唐氏与陶寺遗址的关系。为此，笔者认为进行这方面的探索和尝试，应当是允许的，也是有益的。

陶寺遗址自 1978 年发掘以来，学术界有关陶寺遗址的族属问题多有讨论，有主张"唐尧说"[①]、"尧舜说"[②]、"有虞氏说"[③]，也有主张"夏族说"[④]。随着研究的深入，特别是"夏商周断代工程"对夏代年代框架的推定，主张陶寺遗址为夏文化者有的已放弃这一观点，而认为将陶寺文化的早中期的"族属推断

---

①　A. 王文清：《陶寺文化可能是陶唐氏文化遗存》，田昌五主编《华夏文明》第一集，北京大学出版社 1987 年版。

B. 王震中：《略论"中原龙山文化"的统一性与多样性》，田昌五、石兴邦主编《中国原始文化论集》，文物出版社 1989 年版，收入王震中《中国古代文明的探索》，云南人民出版社 2005 年版。

C. 俞伟超：《陶寺遗存的族属》，俞伟超《古史的考古学探索》，文物出版社 2002 年版。解希恭、陶富海：《尧文化五题》，《临汾日报》2004 年 12 月 9 日。

D. 卫斯：《关于"尧都平阳"历史地望的再探讨》，《中国历史地理论丛》2005 年第 1 期。卫斯：《"陶寺遗址"与"尧都平阳"的考古学观察——关于中国古代文明起源问题的探讨》，解希恭主编《襄汾陶寺遗址研究》，科学出版社 2007 年版。

②　A. 李民：《尧舜时代与陶寺遗址》，《史前研究》1985 年第 4 期。

B. 王克林：《陶寺文化与唐尧、虞舜——论华夏文明的起源》，《文物世界》2001 年第 1、2 期。

C. 张国硕、魏继印：《试论陶寺文化的性质与族属》，"中国古代文明与国家起源学术研讨会"论文，河北保定·清西陵行宫宾馆，2009 年 4 月。

③　许宏、安也致：《陶寺类型为有虞氏遗存论》，《考古与文物》1991 年第 6 期。

④　A. 高炜、高天麟、张岱海：《关于陶寺墓地的几个问题》，《考古》1983 年第 6 期。

B. 黄石林：《再论夏文化问题——关于陶寺龙山文化的探讨》，《华夏文明》第一集，北京大学出版社 1987 年版。

为陶唐氏更为合理"，只是"陶寺晚期遗存同夏文化的关系，仍值得进一步思考"①。对于陶寺遗址来说，陶寺晚期的碳十四测年为公元前2100—前2000年或为公元前2000—前1900年，已进入夏初纪年范围。此外，陶寺晚期的社会发生了明显的变异，其城垣被废弃，宫殿和具有观象授时功能的大型建筑被毁坏，陶寺中期小城内的贵族墓葬在陶寺晚期遭到了全面的捣毁和扬尸，在一晚期灰沟（ⅠHG8）出土有30余个人头骨，分布杂乱，上面多有砍斫痕，其暴力色彩十分明显②。陶寺遗址被划分为早中晚三期，前后相跨年代有四百年之久。陶寺遗址到了晚期已由都城沦为普通村邑，所以，作为都邑的陶寺遗址主要指的是其早期和中期，而对于陶寺早期和中期遗址目前多主张是唐尧之都或尧舜之都。

在地望上，陶寺文化分布于帝尧陶唐氏所居之地。《左传·哀公六年》引《夏书》曰："惟彼陶唐，帅彼天常，有此冀方。"冀方即冀州，杜预注："唐虞及夏同都冀州。"《尔雅·释地》说："两河间曰冀州。"郭璞注："自河东至河西。"《史记·货殖列传》说："昔唐人都河东。"《汉书·地理志》也说："河东土地平易，有盐铁之饶，本唐尧所居，《诗风》唐、魏之国。"上述所谓"冀州"、"河东"的范围主要在今山西境内。依据其他文献，唐尧所居之地还可以具体到冀州、河东范围内汾河流域的"平阳"。如《庄子·逍遥游》说："尧治天下之民，平海内之政，往见四子藐姑射之山、汾水之阳。"《汉书·地理志》河东郡平阳条下引应劭曰："尧都也，在平河之阳。"汾河之东的平阳在今山西临汾市西南，与襄汾县相邻，陶寺遗址在其范围之内。

陶唐氏所居之地亦即周初分封唐叔虞的晋国始封地，此地在方位上还被泛称为夏墟或大夏。如《左传·定公四年》子鱼曰："昔武王克商，成王定之，选建明德，以蕃屏周。……分唐叔以大路、密须之鼓、阙巩、沽洗、怀姓九宗，职官五正。命以《唐诰》而封于夏虚，启以夏政，疆以戎索。"这里包含了唐地与晋始封地之关系，其地望相对于周而言属于夏墟的范围。对于晋国的这一

---

① 高炜：《关于陶寺遗存族属的再思考——〈手铲释天书〉编者访谈录节录》，原载张立东、任飞编《手铲释天书——与夏文化探索者的对话》，大象出版社2001年版，第331—338页；后收入解希恭主编《襄汾陶寺遗址研究》，科学出版社2007年版。

② 中国社会科学院考古研究所山西队等：《山西襄汾陶寺城址2002年发掘报告》，《考古学报》2005年第3期。

始封地，亦即唐地，《史记·晋世家》说它在河、汾之东，其曰："封叔虞于唐。唐在河、汾之东，方百里，故曰唐叔虞。"《正义》引《括地志》则进一步指出它在"平阳"，说"封于河、汾二水之东，正合在晋州平阳县。"《史记·秦本纪·正义》曰："唐，今晋州平阳，尧都也。"平阳，在今临汾或临汾一带。有的认为在"翼城"，如《史记·晋世家·正义》引《括地志》云："故唐城在绛州翼城县西二十里，即尧裔子所封。"有的认为在太原"晋阳"，如《毛诗·国风·唐谱》郑玄的说法，《汉书·地理志》太原晋阳县条下班固自注，等等。有的认为在"鄂"，《史记·晋世家》"唐叔虞"，《集解》引《世本》曰"居鄂"。《正义》引《括地志》云："故鄂城在慈州昌宁县东二里。"昌宁在今乡宁县西四十里，地在汾河之西。也有的认为在"永安"，《汉书·地理志》注引臣瓒曰："所谓唐，今河东永安县是也。"永安县即今霍县。

上述诸说，单从文献上是难以做出抉择的。作为研究的推进，历史文献与考古学的结合不失为解决问题的有效途径。为此，自20世纪50年代以来，我国考古学工作者对晋中太原市及其附近地区和晋南地区进行过多次考古学调查或发掘①，其中80年代，北京大学考古系在今山西省翼城、曲沃交界的天马—曲村遗址一带做了大规模的发掘，发现了极其丰富的周初遗存，邹衡先生认为这一带"很有可能就是《晋世家》所谓'方百里'的晋始封之地"②。1992年至北京大学考古系和山西省考古研究所联合对位于曲沃北赵的晋侯墓地进行发掘，发掘出从西周早期至两周之际的晋侯及其夫人墓葬9组19座。发掘者认为，天马—曲村遗址和晋侯墓地的发现证明，今曲沃至翼城一带很可能就是晋国的始封地③。这样，应该说晋国始封地问题有望得到解决。当然，之所以说

---

① 邹衡：《晋国始封地考略》，《尽心集——张政烺先生八十庆寿论文集》，中国社会科学出版社1996年版。

② 北京大学考古专业商周组等：《晋豫鄂三省考古调查报告》（该简报系邹衡先生执笔），《文物》1982年第7期。

③ 北京大学考古系等：《1992年春天天马—曲村遗址墓葬发掘报告》，《文物》1993年第3期。《曲沃曲村发掘晋侯墓地》，《中国文物报》1993年1月10日第一版。北京大学考古系等：《天马—曲村遗址北赵晋侯墓地第二次发掘》，邹衡：《论早期晋都》，均载《文物》1994年第1期。《天马—曲村遗址北赵晋侯墓地第五次发掘》，《文物》1995年第7期；《天马—曲村遗址北赵晋侯墓地第六次发掘》，《文物》2001年第8期。李伯谦：《天马—曲村遗址发掘与晋国始封地的推定》，北京大学考古系编《"迎接二十一世纪的中国考古学"国际学术讨论会论文集》，科学出版社1998年版。李伯谦：《晋侯墓地发掘与研究》，《晋侯墓地出土青铜器国际学术研讨会论文集》，上海书画出版社2002年版。

是有希望解决，是因为位于曲沃与翼城之间的天马—曲村遗址北赵晋侯墓地发现的 9 组 19 座大墓，墓主有些学者判断是从晋国第二代国君晋侯燮父到第十位国君晋文侯前后相继的 9 位晋侯及其夫人，也有些学者判断是从第三代国君晋武侯到晋文侯前后相继的晋侯及其夫人，也就是说在这些晋侯墓中至少缺失第一代国君唐叔虞的墓，或者还缺失第二代国君晋侯燮父之墓。因缺少晋国第一、二代国君之墓，故而还不能说晋国始封地的问题已完全解决。此外，2007 年公布了一件觉（觉）公簋，铭文作："觉公作妻姚簋，遵于王命唐伯侯于晋，唯王廿又八祀。"有学者认为，"王命唐伯侯于晋"可以说明两点：（1）晋国得名并不是燮父因晋水而名之，燮父迁晋之前已有晋地。（2）燮父所居晋国都邑"晋"并不在唐叔初封之"唐"地，而是新迁之都①。综合上述，可以推测，唐叔虞的墓地和晋国的始封地即使不在曲沃、翼城一带，也当在临汾至翼城的范围内，而不会远在太原。陶寺所在的襄汾正位于临汾与曲沃、翼城之间，距离曲沃、翼城很近。总之，晋国始封地问题有望解决，有助于叔虞封唐的地望亦即唐尧都邑所在地的确定，从而使得尧都"平阳说"通过天马—曲村遗址的考古发掘而获得部分支持。总之，陶寺遗址在地望上与尧都平阳大体相吻合，这是我们判定陶寺遗址乃陶唐氏之都邑的证据之一。

在年代上，陶寺遗址被分为早、中、晚三期，作为都邑的时间是在其早期和中期。而陶寺遗址早期至中期碳十四测定的年代大致为公元前 2400—前 2000 年或公元前 2400—前 2100 年，这一数据大体与尧舜时的年代范围是一致的。

在文化特征上，陶寺墓地有好几座大型墓葬都发现随葬的一件彩绘蟠龙纹陶盘（彩图 5—5，彩图 5—6）。在中国古代文献中，虽然说以龙为图腾的部落或部族有好几支，如《左传·昭公十七年》说："大皞氏以龙纪，故为龙师而龙名。"这是说太皞氏以龙为图腾。还有，《左传·昭公二十九年》说："共工氏有子曰句龙，为后土。"《山海经·大荒北经》说："共工之臣名曰相繇，九首蛇身，自环，食于九土。"这说明共工氏也是以龙为图腾的。也有禹与龙的关系问题。但在早期的文献中就多处讲到陶唐氏与龙的关系。《左传·昭公二十九年》记载春秋时晋国蔡墨说："有陶唐氏既衰，其后有刘累，学扰龙于豢龙氏，以事孔甲，能饮食之。夏后嘉之，赐氏曰御龙。"《左传·襄公二十四年》、《国

---

① 朱凤瀚：《觉公簋与唐伯侯于晋》，《考古》2007 年第 3 期。

语·晋语八》都记载陶唐氏的后裔范宣子说："昔匄之祖，自虞以上为陶唐氏，在夏为御龙氏。"由于唐尧与龙有这样的关系，所以在后来的文献中，今本《竹书纪年》说："帝尧陶唐氏，母曰庆都，生于斗维之野，常有黄云覆其上。及长，观于三河，常有龙随之，一旦龙负图而至，其文要曰：亦（赤）受天祐。眉八采，须发长七尺二寸，面锐上丰下，足履翼宿。既而阴风四合，赤龙感之，孕十四月而生尧于丹陵，其状如图。及长，身长十尺，有圣德，封于唐。"《潜夫论·五帝志》说："庆都与龙合婚，生伊尧，代高辛氏，其眉八采，世号唐。"唐尧不但是由龙而生，以龙为族徽，而且据《帝王世纪》："（尧）在唐，梦御龙以登天，而有天下"，也就是说，在古人看来，尧能执掌天下（即担任邦国联盟之盟主），还与他在梦中能御龙登天本领有关。文献上的这些说法与陶寺彩绘龙盘表现出的赤龙图腾崇拜是一致的①。

　　既然陶寺遗址的地望、年代、文化遗物所呈现的龙图腾崇拜等方面，多与帝尧陶唐氏的史迹相吻合，那么我们推测陶寺遗址应该是唐尧文化遗存，不能说没有道理。至于陶寺遗址与虞舜的关系，笔者以为虽说在年代上虞舜与唐尧相衔接而都在陶寺文化早期和中期的年代范围内，但虞舜从东夷（海岱地区）来到中原后②，文献上说其都邑和活动中心是在今晋西南的永济至平陆一带，在时空这两项条件中，虞舜都邑的空间位置与陶寺遗址关系不大，为此，笔者不认为陶寺遗址也是虞舜的都邑遗址。关于陶寺与夏的关系问题也是这样，陶寺文化晚期的年代虽已进入夏朝初期的年代范围，但陶寺遗址作为都邑只在其早期和中期，陶寺晚期已经不是都邑而变成一个普通村落，所以，陶寺晚期也不是夏后氏（夏的王族）的居地或都邑。

　　陶寺遗址既可推定为帝尧陶唐氏的遗存，那么在陶寺所发现的面积达280万平方米的中期城邑和面积为56万平方米的早期城邑，就属于陶唐氏的都城。这样，我们对陶寺遗址都邑性质的分析，也就适用于帝尧陶唐氏，这在考古学上对尧、舜、禹时代的社会发展阶段也是一个很好的说明。

---

　　① 王文清：《陶寺文化可能是陶唐氏文化遗存》，田昌五主编《华夏文明》第一集，北京大学出版社1987年版。

　　② 《孟子·离娄下》说："舜生于诸冯，迁于负夏，卒于鸣条，东夷之人也。"所以，虞舜最初是东夷人。后来，舜从东方迁徙到了晋西南，整个晋南古属冀州，故《史记·五帝本纪》又说："舜，冀州之人也。"关于虞舜的迁徙路线，可参见拙著《三皇五帝传说与中国上古史研究》，《中国社会科学院历史研究所学刊》第七集，商务印书馆2011年版。

三 古城寨都邑与邦国:个案研究二

古城寨遗址的材料没有陶寺遗址那么丰富,所以我们不能详加论述。这里之所以选取古城寨遗址做具体的个案研究,主要是因为古城寨发掘出的大型宫殿建筑基址是很能说明问题的,古城寨至今保存在地面上的版筑夯土城墙也是其他城址所无法比拟的,古城寨 17.65 万平方米的城址面积在河南地区属于规模较大者,为此我们对古城寨城邑所反映的都邑邦国做一些必要的分析。

1. 版筑城墙与大型宫殿建筑及其他文明现象

河南新密市古城寨城址也属中原龙山文化。城址平面呈长方形,方向 349度,即北偏东 11 度,面积 17.65 万平方米。城墙为夯土版筑而成。南北两城墙中部,有相对的城门缺口。城墙外南北东三面,皆发现有护城河(壕),西面利用自然河即溱水作为屏障。护城河宽 34—90 米。所以,古城寨古城是龙山时代用夯土版筑的、由城壕围绕的、非常规整的城邑(图 5—10,彩图 5—17)。

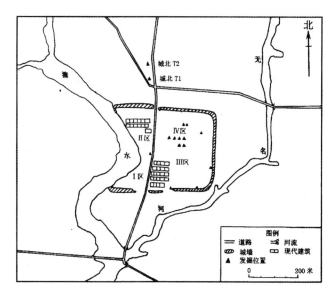

图 5—10 河南新密古城寨城址平面示意图

(采自《华夏考古》2002 年第 2 期)

古城寨城址至今仍保存着南、北、东三面城墙（彩图5—18），西城墙被溱水冲毁。三面城墙的情况是，北墙地下基础长500米，基础宽42.6—53.4米；地上墙底宽12—22米，顶宽1—5米，墙长460米，墙高7—16.5米。南墙地下基础长500米，基础宽42.6—62.6米；地上墙底宽9.4—40米，顶宽1—7米，墙长460米，墙高5—15米。东墙地下基础长353米，基础宽85.4—102米；地上墙底宽36—40米，墙长345米，墙高13.8—15米。西墙复原长度370米。

古城寨一带地势是西北高东南低，由西向东呈坡状，高低相差10米左右。为了将低洼的东墙南段和南墙东段的基础用夯土垫起来，夯打的墙基基础达10米深。而东墙的夯土基础最宽处可达102米，可见用土方量之大。这些基础的处理是先用小料礓石和鹅卵石掺黏土，在底部夯打0.25—0.45米的第一基础层，然后再用黑色黏土层层夯打出极坚密、厚约2米的第二基础层。两层以上则是用各种混合土层层夯打出地面，地面以上用版筑（彩图5—19）。从夯窝的痕迹看，有圆形和不规则形，使用的夯具是陈束的木棍和石块。夯窝密集，结实坚硬（彩图5—20）。

版筑城墙的夯筑方法，是从基础槽中开始，先打薄薄一层底夯，然后直接使用版筑技术施工。现在北墙墙基底部还保留并列的6道版筑，地面上还残留有3道半。每层版筑墙高1米左右，宽1—1.3米，长1.4—2米不等。夯筑时都是在起板前先立夹板的圆形小木桩（棍），多是一侧两根，埋入土中。据《考工记》推测，两侧相对的立柱顶端是用绳索拴系，然后放夹板填土夯打。顺墙体的夹板都用木板，横墙体的挡头少量用木板，也有竹编和小木棍编绑在一起来代替木板的现象（彩图5—11）。为了抽夹板的方便，起板夯打另一板墙时，总是隔一道板墙不打，而去打另一道，这样依次反复，将一层需先打的打完后，再将留下的板墙空间层层夯打起来，结果是先打的板墙土质坚密，而后打的墙体却略虚，这些情况都已被南北城墙的发掘所验证。

古城寨城墙的夯筑技术，与郑州西山仰韶文化城墙采用的版筑法夯筑技术有一脉相承的关系，但又有新发展，方法更进步，技术更成熟。从中我们可以看出，古城寨修筑城墙时的工程量是巨大的，所调用的人力物力也是大量的。

在古城寨城内，最为重要的发现是发掘出龙山时代的大型夯土宫殿建筑（F1）和与其配套的大型廊庑建筑（F4）（图5—11）。F1宫殿建筑位于城址中

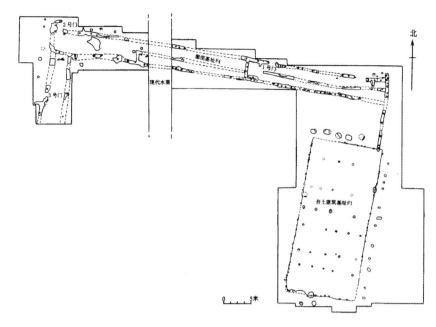

图5—11　古城寨宫殿与廊庑建筑基址

（采自《华夏考古》2002年第2期）

部略偏东北，为南北长方形高台建筑。坐西朝东，三面有回廊，面阔7间，南
北长28.4米，东西宽13.5米，面积383.4平方米，方向281度，也是北偏东
11度，与城垣的方向是一致的。

　　F1宫殿面阔7间，是由房基上的6排柱洞分隔而成的（彩图5—22）。在夯
土台基的周围又有41个小立柱柱洞，这些小柱洞正处于房基上围墙的位置，应
是木骨泥墙中的柱洞。在房基南、北、东三面都有廊柱柱洞，南面残存2个，
北面5个，东面12个。东面廊柱在分布上，是三个一组，这种布局的廊柱提高
了建筑形式的艺术性，这在考古资料中是不多见的。

　　被称为F4的廊庑建筑，位于F1宫殿建筑的北边，与F1连为一体。F4廊
庑建筑由二三道墙基槽、门道、守门房和众多柱洞组成（彩图5—23），廊庑基
址宽4米，方向281度即北偏东11度。北廊庑东半段有三道墙基槽南北并列，
其中中间基槽柱洞较大，柱洞间距较远，推测之间这些柱子应是承托房脊的中
心柱，而且是没有墙的明柱；而南北两侧的柱洞里的柱子则是木骨泥墙内的柱
子，是暗柱。廊庑中南北两侧的木骨泥墙说明F4廊庑是封闭式的。北廊庑有两

个门道，一个位于中部偏东，为 1 号门；一个位于西北拐角处，为 2 号门。北廊庑在 2 号门处向南折拐，成为西廊庑。西廊庑大部被破坏，残留得不太长。西廊庑上也发现一个门道，为 3 号门。在西廊庑外侧、7 号柱基的旁边发现一奠基坑，内有狗骨架一具（彩图 5—24）[①]。从北廊庑和西廊庑的延伸来看，整个廊庑 F4 是围绕着 F1 宫殿而建的，起着拱卫宫殿的作用。

截至目前，对古城寨遗址的发掘面积是非常有限的，这限制了我们对该城邑的认识。以目前的发现来看，城邑内出土 1 座土坑竖穴墓（ⅣM3），墓坑小，墓内无随葬品，墓主属于社会下层阶级。在南城墙墙基下埋有 2 座瓮罐葬，应属于奠基性质的墓葬，也无任何随葬品。这些人与居住在宫殿里的上层贵族属于不同的阶层是显而易见的。我们从古城寨龙山文化遗存中精美陶器的烧制，釉陶的出现，石、玉、骨、蚌器的加工制作，熔炉残块的发现，说明各种手工业是有分工的，金属冶铸业已经存在，大量陶斝、壶等酒器及牛、猪、羊骨骼的发现说明农业已有较快的发展，粮食已有剩余，家畜饲养较为普遍。从卜骨、玉环和奠基坑等可折射出当时祭祀与奠基等宗教活动，也说明已存在神职人员。这些与高大城墙的修筑、先进的小版筑方法、附带有廊庑的大型宫殿基址等现象，共同勾画出了当时社会的生产状况和经济面貌，以及社会分层、上层建筑、意识形态等方面的情况[②]，所以，古城寨的龙山城邑也是早期国家中邦国的都城，与陶寺都邑相比，古城寨都邑邦国的政治、经济、军事实力较弱，它所控制的地域范围也应较小一些。

2. 古城寨的聚落群与国野结构

根据高江涛博士的统计，在古城寨的周边分布 12 处龙山文化时期的遗址，构成古城寨聚落群（图 5—12，表 5—3）[③]。若做进一步的分析，我们可以看出在这 12 处遗址中，新砦遗址和洪山庙遗址距离该聚落群较远，可以不作为古城

---

① 河南省文物考古研究所：《启封中原文明——20 世纪河南考古大发现》，河南人民出版社 2002 年版，第 66 页。

② 河南省文物考古研究所等：《河南新密市古城寨龙山文化城址发掘简报》，《华夏考古》2002 年第 2 期。

③ 高江涛：《中原地区文明化进程的考古学研究》，社会科学文献出版社 2009 年版，第 228—231 页。

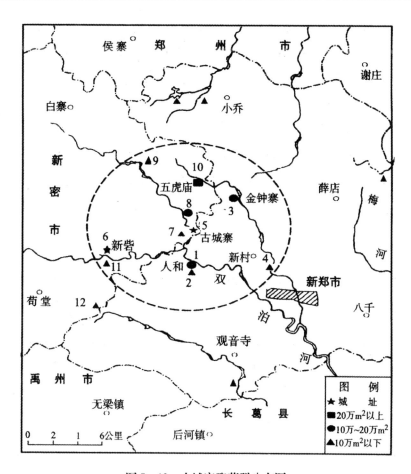

图 5—12　古城寨聚落群分布图

（采自高江涛《中原地区文明化进程的考古学研究》）

表 5—3 　　　　　　　　**古城寨龙山时期聚落遗址群统计表**

面积单位：万平方米

文化层厚度：米

序号	遗址名称	位　置	面积	文化层厚度	时代	资料出处
1	人和	新郑市辛店乡人和寨村	11	15	龙山文化	文物地图集
2	人和西南场	新郑市辛店乡人和寨村西南场	1	0.7	龙山文化*	文物地图集

序号	遗址名称	位　　置	面积	文化层厚度	时代	资料出处
3	金钟寨	新郑市新村乡 金钟寨村东	10	3	龙山文化	文物地图集
4	高千庄	新郑市新村乡 高千庄西	3	1	龙山文化	文物地图集
5	古城寨	新密市曲梁乡 古城寨南	27.6	3	龙山文化*	华夏 2002 年第 2 期
6	新砦	新密市刘寨乡 新砦村	70	2—3	龙山文化*	文物报 2004 年 3 月 5 日
7	程 庄	新密市曲梁乡 程庄村东南	3.2	1—2.5	龙山文化*	文物地图集
8	杨 庄	新密市曲梁乡 杨庄村西	10	1.5	龙山文化*	文物地图集
9	马家村	新密市曲梁乡 马家村	7.5	1.9	龙山文化	河南文博通讯 1980 年第 3 期
10	五虎庙	新密市曲梁乡 五虎庙村东	30	0.5—1.5	龙山文化	河南文博通讯 1980 年第 3 期
11	洪山庙	新密市大槐乡 洪山庙村北	6	2	龙山文化	河南文博通讯 1980 年第 3 期
12	关 口	新密市苟堂乡 关口村南	0.5	1—1.5	龙山文化	河南文博通讯 1980 年第 3 期

　　注：华夏指《华夏考古》，文物报指《中国文物报》，河南文博通讯指《河南文博通讯》，文物地图集指《中国文物地图集·河南分册》。* 指该遗址除龙山文化遗存外还有其他文化遗存，龙山文化指仅有较为单纯的龙山文化。

（采自高江涛《中原地区文明化进程的考古学研究》）

　　寨聚落群的组成部分，而且新砦遗址的龙山文化遗存（新砦一期）似乎比古城寨遗址的年代略晚，二者的城址不一定具有共时性，鉴于这些原因，笔者在这里所说的古城寨聚落群不包括新砦和洪山庙这两个遗址。这样，在古城寨聚落群中的 10 处遗址中，大型聚落有两处，即古城寨和五虎庙。二者面积相近，古城寨为 27.6 万平方米，五虎庙为 30 万平方米，但古城寨有面积为 17.65

万平方米的城邑，所以，从聚落的功能和性质上看，而不是仅仅考虑考古调查所得到的遗址面积，古城寨聚落群中最高等级的聚落是古城寨，五虎庙可做次一级的中心聚落。再次一级的则是 3 处 10 万—20 万平方米的中型聚落，即新郑市辛店乡人和寨村，面积 11 万平方米；新村乡金钟寨村，面积 10 万平方米；曲梁乡杨庄村，面积 10 万平方米。10 万平方米以下者为小型聚落，有新郑辛店乡人和寨村西南场，面积为 1 万平方米；新郑新村乡高千庄，面积 3 万平方米；新密曲梁乡程庄，面积 3.2 万平方米；曲梁乡马家村，面积 7.5 万平方米；大隗乡洪山庙村，6 万平方米；苟堂乡关口村，0.5 万平方米。

古城寨的聚落群中，虽然从聚落的功能和规模上可以划分出都邑与次级中心聚落，但这些次级中心聚落因其并未修筑城邑，表明其邦国也不是拥有多个城邑的国家。因此，古城寨都邑与都邑之外包括次级中心在内的中、小聚落，它们在广义上构成了《周礼·地官》所说的"惟王建国，辨方正位，体国经野"的国野关系；即其邦国形态，也是以古城寨都邑为核心、包含有若干中小聚落，只是其支配的范围远不如陶寺都邑那么大。

四　余杭莫角山都邑邦国与良渚文明特色：个案研究之三

1. 余杭莫角山都邑

在 70 余座史前城址中，新近发现的浙江杭州余杭良渚文化城址也是很有代表性的。该城以余杭良渚遗址群中的莫角山遗址为中心，城墙的范围南北长约 1800—1900 米，东西宽约 1500—1700 米，总面积约 290 万平方米。其布局大致呈正南北方向，从保存较好的东南角看应为圆角长方形（图 5—13）。城墙底部普遍铺垫石块作为基础（彩图 5—25），其上再用较纯净的黄色黏土堆筑而成，底部宽多在 40—60 米。城墙现存较好的地段高约 4 米①。

余杭良渚城内的宫殿宗庙区是莫角山（又称大观山果园），是一处面积约 30 余万平方米的高土台，东西长 670 米，南北宽 450 米，高 10 余米。大体是以自然高岗为基础，再加人工堆筑填平修齐，成为气势雄伟的大型高台基址。在

---

① 浙江省文物考古研究所：《杭州市余杭区良渚古城遗址 2006—2007 年的发掘》，《考古》2008 年第 7 期。

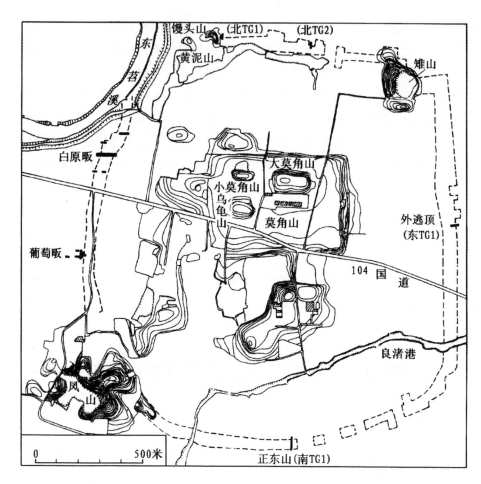

图5—13　杭州余杭莫角山良渚文化古城平面示意图

（采自《考古》2008 年第 7 期）

这 30 多万平方米的高台基址上，分布有 3 座人工堆筑的高 4—5 米的台基，成
鼎立之势，南为面积 300 平方米的乌龟山，东、北分别为大、小莫角山，面积
各为 1000 多平方米。经钻探，莫角山有数片夯土基址，合计面积在 3 万平方米
以上。如大莫角山西南的一片夯土，以堆土、撒沙逐层密夯的方法形成基址，
夯层总厚 0.5 米左右。小莫角山的南侧夯土基址上，发现成排柱洞，洞内立柱
直径一般在 0.5 米左右。出土数米长的大方木，当为大型建筑的梁柱（彩图
5—25）。这些都有力地说明城内的莫角山一带属于宫殿区和贵族居地，是社会
的上层统治者和贵族集团行使行政统治、宗教礼仪活动的中心。

2. 良渚文化中的阶级分化

在余杭的良渚古城内外都有贵族墓地，它们集中反映了统治阶级财富积累的情况。在城邑内，反山贵族墓地是著名的[①]。反山墓地邻近莫角山，是一处原约 3000 平方米的人工堆筑土墩，作为贵族专用墓地。发现的 11 座良渚大墓，前排（南）7 座，后排（北）4 座，土坑墓内有涂朱棺木葬具，少数还有木椁，随葬大量的玉器，以及少量陶器、石器、象牙器、嵌玉漆器等。玉器中有玉琮、玉璧、玉钺、半圆形冠饰、三叉形冠饰等。特别是 12 号墓内出土了迄今仅有的两件精刻完整的"神徽"形象、被称为"琮王"（彩图 5—26）和"钺王"（彩图 4—19）的玉器。

在城外，位于城邑东北方向约 3.5 公里的自然山上有瑶山祭坛和贵族墓地[②]，位于西北方向约 1.5 公里的自然山上有汇观山祭坛和贵族墓地[③]。瑶山墓地的祭坛是在小山丘顶上修建的方形三重土色祭坛，边缘砌以石礓。在祭坛的南半部，有 12 座墓葬分南北两行排列，北行墓列 6 座，南行墓列也为 6 座（图5—14）。南行墓列中的 6 座墓葬均出土 1 件玉钺和数量不等的石钺，墓主人应当属于男性。北行墓列的 6 座墓葬的随葬品组合中没有玉（石）钺，玉器组合中主要为璜和圆牌，包括纺轮，所以，北行墓列的墓主人当为女性。南行与北行的墓葬都是贵族墓。12 座墓随葬的玉器、陶器、石器等共达 754 件（组），以单件计共 2660 件。其中又以玉器为主，共出土 678 件（组），以单件计共2582 件。玉器的种类包括冠形器、带盖柱形器、三叉形器、成组锥形器、琮、小琮、璜、圆牌、镯形器、牌饰、带钩、纺轮等，但未发现玉璧。

汇观山祭坛，平面大体为方形，正南北向，东西长约 45 米，南北宽约 33米，在中间偏西的位置，为祭坛中心的灰土方框。在祭坛的西南部残存 4 座墓葬，都属于随葬玉器的贵族墓，其中 M4 墓坑很大，南北长 4.75 米，东西宽2.6 米，棺椁齐备，随葬琮、璧、钺、三叉形冠饰等 17 件玉器，石钺 48 件，还

①　浙江省文物考古研究所反山考古工作队：《浙江余杭反山良渚墓地发掘简报》，《文物》1988 年第 1 期。浙江省文物考古研究所：《反山》，文物出版社 2005 年版。

②　江省文物考古研究所：《余杭瑶山良渚文化祭坛遗址发掘简报》，《文物》1988 年第 1 期。浙江省文物考古研究所：《瑶山》，文物出版社 2003 年版。

③　浙江省文物考古研究所等：《浙江余杭汇观山良渚文化祭坛与墓地发掘简报》，《文物》1997 年第 7 期。

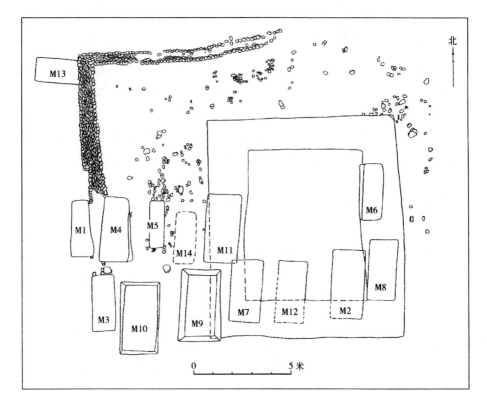

图5—14 瑶山祭坛和墓地平面图

（采自浙江省文物考古研究所《瑶山》）

有陶器等共达72件。

以上所举出的这几处贵族墓地，只是良渚文化中众多贵族墓地的几例而已，但它足以说明良渚社会中等级和社会分层的现象是十分突出的。良渚文化中存在不少的贵族墓，也有相当多的平民墓。学者们依据墓葬规模的大小、葬具的有无、随葬品的多少和优劣，对良渚墓葬作出了种种划分，较多见的是划分为大墓和小墓进行对比论述。也有划分为大型墓、中型墓和小型墓三个大的等级，每一大的等级中又划出两个小的级别①。按照后一种划分，大型墓是指墓葬规模较大，随葬品既精美而又数量巨大的墓。它一般多有木棺，有的还有木椁，甚至出现人殉或人牲。其随葬品可达百件以上乃至数百件之多，且以玉器为大

---

① 林华东：《良渚文化研究》，浙江教育出版社1998年版，第449—463页。

宗，同时还有少量的象牙器、漆器、嵌玉漆器，以及木器、陶器和石器等。大型墓所用玉材几乎全为真玉，集中有数量较多的琮、璧、钺等良渚玉器中的"礼器"。中型墓是指墓葬较小，随葬品只有10—30件，少数为30—40件的墓葬。中型墓多数有独木刳制而成的棺底板，随葬品以陶器和石器为主，也有少量的玉器、骨器或象牙制品及鲨鱼牙等，但玉器质差量少，琮、璧、钺等玉礼器几乎绝迹，代之而起的是陶器和石器明显增加。小型墓葬目前发现最多，不见木质葬具，随葬品大多不足10件，且多为陶器，少数有1—2件石器或玉器饰品（坠、珠等），也有的小型墓葬无任何随葬品，一无所有。此外，在良渚文化中还存在一类被称为"乱葬墓"的墓葬。这是一些既无墓坑又无随葬品，葬式或头向不一，甚至身首异处，或是被捆绑的殉葬者或人牲。

　　良渚文化能划分出不同等级类型的墓葬，反映了各类资源和消费生活资料存在着不平等的占有和分配。在良渚文化中有尚玉的社会风气，玉器是一种高级物品，玉器在社会分配中有着十分明显的差别，足以说明当时存在着社会分层。按照一位美国学者乔纳森·哈斯（Jonahan Haas）的说法，这种获取消费资料有差别应是一种方式，而不只是一个孤立的例证①，也就是说，这种对玉和玉器不平等的获取，是与对其他类型资料的不平等获取相联系的。如果把对于玉器的不平等获取看成是对于宗教崇拜的神权资源的不平等占有的话，那么，良渚文化中的不平等获取还包括对农业的经济资源的不平等占有，良渚文化的社会分层正是以经济和神权这两类资源的不平等占有为基础的。

　　良渚文化墓葬材料所反映出的不平等和社会分层，若用社会学术语或社会组织结构来描述，良渚文化的大型墓实际上就是一种贵族墓葬，大墓在各处的普遍存在，说明存在着一个贵族阶层；良渚文化中小型墓属于平民墓葬，其中中型墓是平民中较富裕者，小型墓是平民中较贫穷者，小型墓的数量最多，说明一般平民阶层是社会中的主要人口；良渚文化中的"乱葬墓"，特别是那些身首异处，或被捆绑的人殉与人牲，极有可能是战争中掠夺而来的奴隶，或因贫困而沦为被奴役者。这样，良渚社会就可以分为三大社会阶层，即贵族、平民和奴隶。

---

① 　乔纳森·哈斯：《史前国家的演进》，罗林平等译，求实出版社1988年版，第80页。

3. 良渚聚落群与都鄙聚落的等级和形态

余杭良渚文化城址是超大型的，余杭良渚遗址群也是密集的。根据最近 20 余年的考古调查和发掘，良渚遗址群在 40 余平方公里的范围内分布着 130 多处遗址，列表如下①：

表5—4   良渚遗址群表

编号	遗址名称	已知时代	已知类型	面积（平方米）	地属	考古工作
001	羊尾巴山	良渚中期	墓地	4000	德清县三合乡新星村	
002	宗家里			2000	安溪镇下溪湾村	
003	观音地			3000	安溪镇下溪湾村	
004	小竹山	良渚中期	墓地	5000	安溪镇下溪湾村	
005	窑墩			8000	安溪镇下溪湾村	
006	瑶山	良渚中期	祭坛、墓地	6000	安溪镇下溪湾村	1987 年发掘，1996—1998 年全面揭露
007	馒头山			3000	安溪镇下溪湾村	1998 年试掘
008	凤凰山脚			10000	安溪镇下溪湾村	1998 年试掘
009	坟山前			6000	安溪镇下溪湾村	
010	钵衣山	良渚中期	墓地、居址	10000	安溪果园	1989 年、2002 年两次发掘
011	官庄		居址	45000	安溪镇安溪村	2000 年试掘，2002 年发掘
012	梅园里	良渚中晚期	居址、墓地	3500	安溪镇下溪湾村	1992—1993 年 3 次考古发掘
013	舍前		居址	10000	安溪镇下溪湾村	
014	百亩山			3000	安溪镇中溪村	
015	葛家村	良渚早期	居址、墓地	10000	安溪镇上溪村	1991 年、1998 年局部发掘
016	王家庄		居址、墓地	2000	安溪镇上溪村	1998 年试掘

---

① 浙江省文物考古研究所：《良渚遗址群》，文物出版社 2005 年版，第 86—92 页。

编号	遗址名称	已知时代	已知类型	面积（平方米）	地属	考古工作
017	料勺柄		墓地	3000	安溪镇上溪村	
018	姚家墩		大型居址	60000	安溪镇上溪村	1991 年、1998 年试掘。2002 年发掘
019	卢村	良渚中期	祭坛、墓地	40000	安溪镇上溪村	1988 年、1990 两次发掘
020	金村			4000	安溪镇上溪村	
021	朱家圲			1200	安溪镇上溪村	
022	王家墩			1000	安溪镇石岭村	
023	东黄头			15000	安溪镇石岭村	
024	黄路头		墓地	20000	安溪镇石岭村	1998 年试掘
025	角窦湾			5000	安溪镇石岭村	
026	子母墩		祭坛	6400	安溪镇石岭村	
027	河中桥		居址	20000	瓶窑镇河中村	
028	塘山	良渚中晚期	土垣	130000	横跨毛园岭、西中、河中、石岭、上溪等 6 个村	1996—2002 年对两处进行多次试掘
029	前头山			2000	瓶窑镇西中村	1991 年、2000 年两次发掘
030	吴家埠	良渚早期	居址、墓地	20000	瓶窑镇外窑村	1981 年发掘
031	汇观山	良渚中期	祭坛、墓地	6000	瓶窑镇外窑村	1991 年、2000 年发掘
032	张家墩		居址	20000	瓶窑镇凤山村	
033	仲家山	良渚中晚期	墓地	300	瓶窑镇凤山村	2001 年发掘
034	文家山	良渚中晚期	墓地	8000	瓶窑镇凤山村	2000 年发掘
035	杜山	良渚中晚期		600	瓶窑镇凤山村	2001 年发掘
036	凤山脚		居地、墓地	5000	瓶窑镇凤山村	
037	南墩			3000	瓶窑镇凤山村	
038	沈家山		居址	60000	瓶窑镇凤山村	
039	桑树头		墓地	15000	瓶窑镇凤山村	
040	洪家山			4500	瓶窑镇凤山村	
041	张家山			10000	瓶窑镇凤山村	
042	矩形山			2000	瓶窑镇凤山村	

续表

编号	遗址名称	已知时代	已知类型	面积（平方米）	地属	考古工作
043	沈塘山			3500	瓶窑镇凤山村	
044	黄坟山			40000	大观山果园	
045	花园里		居址	10000	瓶窑镇长命村	1992 年、1994 年发掘
046	野猫山			5000	瓶窑镇长命村	1999 年试掘
047	西头山			3500	瓶窑镇长命村	1999 年试掘
048	公家山		居址、墓地	10000	瓶窑镇长命村	
049	卞家山	良渚中晚期	居址、墓地	10000	瓶窑镇长命村	2003—2005 年多次发掘
050	马山		墓地、祭坛	20000	瓶窑镇城隍山村	
051	盛家村		墓地	4500	瓶窑镇雉山村	
052	黄泥口			15000	瓶窑镇雉山村	
053	金地	良渚中晚期	居址	15000	瓶窑镇雉山村	1999 年试掘
054	扁担山		居址、墓地	7000	瓶窑镇雉山村	1999 年试掘
055	阿太坟			5000	瓶窑镇雉山村	1999 年试掘
056	黄泥山			3000	瓶窑镇雉山村	
057	馒头山			5000	瓶窑镇雉山村	
058	湖寺地		居址	12000	瓶窑镇雉山村	
059	西边山			3000	瓶窑镇雉山村	
060	费家头			1000	瓶窑镇雉山村	
061	白元畈			2500	瓶窑镇雉山村	
062	大地			2500	瓶窑镇雉山村	
063	张墩山			700	瓶窑镇雉山村	
064	反山	良渚中期	显贵墓地	1000	瓶窑镇雉山村	
065	庙家山			4000	瓶窑镇雉山村	
066	沈家头		居址	20000	瓶窑镇雉山村	
067	毛竹山			5000	瓶窑镇雉山村	
068	莫角山	良渚中期	城址	300000	大观山果园	1987 年、1992—1993 年发掘
069	朱村坟		居址	4000	瓶窑镇雉山村	1998 年试掘
070	高北山			5000	瓶窑镇雉山村	1998 年试掘

续表

编号	遗址名称	已知时代	已知类型	面积（平方米）	地属	考古工作
071	和尚地			7000	瓶窑镇雉山村	
072	后头山			4000	瓶窑镇雉山村	
073	雉山垅			8000	瓶窑镇雉山村	
074	周村		居址	20000	瓶窑镇雉山村	
075	龙里		护墙？	20000	瓶窑镇雉山村	
076	马金口	良渚中晚期	居址	12000	瓶窑镇雉山村	
077	小马山			12000	瓶窑镇雉山村	
078	石安畈		护墙？	8000	瓶窑镇雉山村	
079	钟家村		居址墓地	40000	瓶窑镇长命村	1988 年、1996 年试掘
080	金家弄			14000	瓶窑镇长命村	
081	美人地			10000	瓶窑镇雉山村	
082	前山			20000	安溪镇前山村	
083	里山			10000	瓶窑镇长命村	
084	郑村头			7000	瓶窑镇长命村	
085	师姑山			15000	瓶窑镇长命村	
086	苏家村		居址	15000	安溪镇前山村	1963 年、1998 年两度发掘
087	癫子坟			1000	安溪镇前山村	
088	石前圩	良渚晚期	居址、墓地	40000	安溪镇前山村	1998 年、1999 年两次发掘
089	庄地			3000	安溪镇上湖头村	
090	山垅地			10000	瓶窑镇胡林村	
091	张家地			8000	瓶窑镇长命村	
092	长山			6000	瓶窑镇胡林村	
093	胡林庙			20000	瓶窑镇胡林村	
094	和尚坼		墓地	10000	瓶窑镇胡林村	
095	后杨村		居址、墓地	35000	安溪镇上湖头村	
096	弟地			2000	安溪镇上湖头村	
097	芸香后			1600	安溪镇上湖头村	
098	沈家场			3000	安溪镇后河村	

编号	遗址名称	已知时代	已知类型	面积（平方米）	地属	考古工作
099	西山坟			10000	安溪镇后河村	
100	干家桥		居址	5000	安溪镇后河村	
101	后河村		墓地	10000	安溪镇后河村	
102	茅草地			600	安溪镇后河村	
103	观音塘			600	安溪镇西良村	
104	百兽坟			3000	安溪镇西良村	
105	北山车		墓地、居地	18000	安溪镇西良村	
106	念亩圩			10000	安溪镇塘东村	
107	塘东村			2500	安溪镇塘东村	
108	严家桥	良渚晚期	居址	4000	安溪镇三合村	1996 年、2000 年发掘
109	张娥地			4000	安溪镇三合村	
110	姚坟			10000	良渚镇吴家塘村	1999 年试掘
111	许家圵			7000	良渚镇吴家塘村	
112	巫山	良渚中晚期		12000	良渚镇荀山村	
113	猪槽地		居址	12000	良渚镇荀山村	
114	金鸡山	良渚中晚期		8000	良渚镇荀山村	1991 年试掘
115	山大坟			12000	良渚镇吴家塘村	
116	李家坟			14000	良渚镇吴家塘村	
117	沈家坟			12000	良渚镇吴家塘村	
118	小沈家坟			700	良渚镇吴家塘村	
119	三仓头			600	良渚镇吴家塘村	
120	乌龟坟			900	良渚镇吴家塘村	
121	蘑菇墩			750	良渚镇吴家塘村	
122	警察坟			1000	良渚镇吴家塘村	
123	老鬼坟			1000	良渚镇吴家塘村	
124	长坟		居址	3000	良渚镇荀山村	1955 年试掘
125	棋盘坟	良渚中晚期	居址	2500	良渚镇吴家塘村	1999 年试掘
126	荀山西坡			2500	良渚镇荀山村	
127	坟垅里			2000	良渚镇荀山村	
128	南边坟			3000	良渚镇荀山村	1999 年试掘

续表

编号	遗址名称	已知时代	已知类型	面积（平方米）	地属	考古工作
129	天打网	良渚晚期	居址	4000	良渚镇荀山村	2001 年发掘
130	高墩头			2500	良渚镇吴家塘村	
131	荀山东坡	良渚早期		3000	良渚镇吴家塘村	1985 年试掘
132	金霸坟	良渚早期	居址、墓地	500	良渚镇吴家塘村	2000 年发掘
133	庙前	良渚早中晚期	村落	60000	良渚镇吴家塘村	1988—2000 年 6 次发掘
134	茅庵里	良渚中晚期	居址	8000	良渚镇吴家塘村	1992 年发掘
135	横圩	良渚中晚期	居址、墓地	5000	良渚良种繁殖场	2004 年发掘

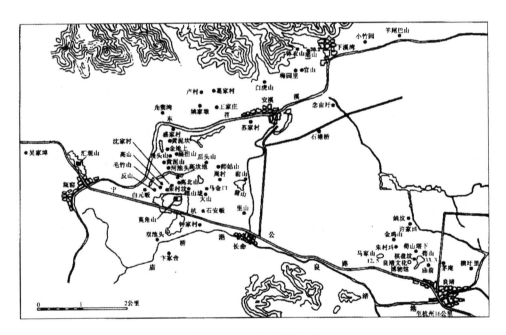

图5—15　余杭良渚遗址群

上列良渚遗址群（图5—15）中诸遗址的面积相差悬殊，少则数百、多则数万平方米。多数遗址的面积在 1 万平方米以下，1 万—3.5 万平方米的遗址计有 45 处，3.5 万—6 万平方米的遗址有 11 处。超过此限的单位遗址仅两处，一是塘山，遗址面积约 13 万平方米；二是莫角山，遗址的面积达 30 万平方米。对此，当地的考古学者认为："严格地说，遗址群内我们所称的遗址并非真正意义上的遗址，它只是一个'点'的概念。真正意义上的遗址会少得多，但因为分布地域的交错和重叠，我们显然无法将其剥离分辨。借用'遗址'的称谓，是因为这些'点'本身是遗址的一部分……事实上，经过数千年的外营力作用和人类活动，有些遗址已经消失，有些遗址已改变形状，有些遗址已分割成多块，有些遗址仅剩下一部分，现已隐藏于农田下，有些遗址原本就在低洼的地表下——这些是我们工作中必须顾及却难以把握的。从这个意义上讲，遗址群内遗址的划定具有模糊性和人为性，有些相对独立的遗址在良渚时期可能只是遗址的一部分，现在看来独立的若干遗址在良渚时期可能属于同一个遗址。"[①]总体来说，上述 130 多处的遗址群可分为三大块：

其一是"遗址群北部的遗址分布于大遮山丘陵南麓坡脚和山前地带，呈并行的两条作带状分布，共有 30 多处遗址"。其二是"遗址群西南部以莫角山为中心分布着 50 多处遗址，遗址多，密度大，类型也最丰富，可以说是遗址群的重心所在"。其三是"遗址群东南部以良渚镇荀山为中心，在 1 公里半径的范围内发现近 30 处遗址，分布密集，几乎连成一片，是一处相对集中的大型聚落"[②]。对于这些遗址，遗址的调查和发掘者将这些遗址划分为三个等级中心：一级中心遗址为莫角山；二级中心遗址由姚家墩与其周围的卢村、葛家村、金村、王家庄、料勺柄等遗址构成；三级中心遗址为庙前[③]。如前所述，30 万平方米的莫角山实际上是余杭良渚城内的宫殿宗庙区，因而依据最新的考古发现，一级中心遗址应该是以莫角山为宫殿区的城邑。这样，良渚遗址群就呈现出：在 40 多平方公里的范围内、以莫角山良渚城邑为中心、包含有众多中小型聚落在内的邦国。

良渚文化中的聚落形态有其较特殊的一面。聚落的选址和分布要受环境和气候的影响。良渚文化初期，气候温暖，水域面积较大，环境与崧泽文化晚期相同，因而遗址的分布也与崧泽晚期的分布地域大体一致，多位于高形台地和山麓上，属于高地形的遗址较多。之后，气候由温暖转入干凉，引起水域面积

---

① 浙江省文物考古研究所：《良渚遗址群》，文物出版社 2005 年版，第 41 页。
② 同上。
③ 同上书，第 320—321 页。

缩小和水位下降，遗址的范围扩大，人们除了在早期遗址上继续生活，还向低洼地区发展，出现低地型遗址。太湖、淀山湖、澄湖等多处湖底遗址的发现，就说明当时太湖地区水位降低，水域面积缩小，陆地面积扩大。在江苏吴县澄湖①、江阴璜塘舆②、浙江嘉善新港③等遗址发现大量的水井遗址，就说明因水位降低，人们的生活和生产用水从附近直接获取已有所不便，故有凿井取水的需要。到了良渚文化末期，在许多良渚文化层的上部都发现有一层淤泥层，如浙江吴兴钱三漾遗址淤泥层厚 0.1—0.3 米，杭州水田畈遗址淤泥层厚约 0.15 米，江苏吴江梅堰遗址淤泥层厚 0.3—0.9 米，上海青浦果园村遗址淤泥层约厚 0.3 米，这说明良渚文化末期太湖地区又经历了一次水域面积急剧扩大，洪水泛滥的时期④。这一时期的洪水泛滥，或许与公元前 2133 年和公元前 1953 年发生的气象上的九星地心会聚而引起自然灾害频繁发生有关⑤。

良渚文化的大部分时期，其气候虽凉爽但平和稳定，因而良渚文化也获得了繁荣发展，良渚文化遗址遍布整个太湖地区。这个时期，除了有条件的贵族在选择墓地时占据了台形和土墩形的地势外，而作为居住遗址，大多数应该处于地势较低平、围有水田耕作的环境之中⑥。所以，聚落和水田间沟洫、水路的整理，以及水路在聚落间的分隔、防御，乃至各中心聚落势力范围的划分等方面的作用，将有着特殊的意义。为此，车广锦在对昆山赵陵山遗址和武进寺墩遗址考察后提出，赵陵山遗址的"土山"与山坡南的学校及学校南的村庄是一个整体，在它们的北、东、南三面都有相连的河道，宽 20 多米，土山的西部原也有河道，与北、东、南三面的河道连成一周；武进寺墩遗址有一周"内

---

①　南京博物院等：《江苏吴县澄县古井群的发掘》，《文物资料丛刊 (9)》，文物出版社 1985 年版。

②　尤维组：《江苏江阴璜塘舆发现四口良渚文化古井》，《文物资料丛刊 (5)》，文物出版社 1981 年版。

③　陆跃华等：《浙江嘉善新港发现良渚文化木构水井》，《文物》1984 年第 2 期。

④　陈杰、吴建民：《太湖地区良渚文化时期的古环境》，《东方文明之光——良渚文化发现 60 周年纪念文集》，海南国际新闻出版中心 1996 年版。

⑤　王青：《距今 4000 年前后的环境变迁与社会发展》，《东方文明之光——良渚文化发现 60 周年纪念文集》，海南国际新闻出版中心 1996 年版。

⑥　在良渚文化中，尽管目前发现的主要是墓地遗址，完整的居住遗址十分贫乏。然诚如刘斌所指出，这种情况主要与"我们对古环境认识的不足和工作指导思想上的偏差"有关，"良渚人的居址应在墓地附近的低洼之处"（刘斌：《良渚文化聚落研究的线索与问题》，《良渚文化研究——纪念良渚文化发现六十周年国际学术讨论会文集》，科学出版社 1999 年版）。

河"和一周"外河"，外河宽20多米，长约3500米，南部有400米未闭合（或已被填塞），"赵陵山、寺墩以河道环绕的形制，是太湖地区古城形态的雏形，对于良渚文化先民来说，这样的形制就是城"①。诚如学者所指出，寺墩遗址是否有两条环绕的内外城河？遗址内的祭坛、墓地和平民居住区布局是否被河道分割的那样井井有条？都还需要通过进一步的发掘来证实，但车广锦所主张的良渚文化是利用自然河道（或再经修改开凿）作为防御设施，是有一定根据的②。也就是说，对于鱼米之乡的良渚文化而言，聚落在其生产、生活、布局、防御等方面，与北方黄河流域可以有不同的特点，这是由其自然环境所决定的。但是，近来，莫角山290万平方米城址的发现表明，在良渚文化中作为邦国的都邑所在地，也是用堆筑较宽较厚的城墙来作为防御设施的。

由于莫角山城址的发现，使得我们对于良渚文化的聚落可以分出三个或四个等级。处于最低等级的聚落即第四级聚落，亦即社会的基层村落，是面积在4万平方米以下的普通村落，在（表5—4）135处遗址中，有许多小型聚落居址都可划入此列。处于第三等级的聚落为4万—10万平方米的较大型村落，可举江苏吴江梅堰镇龙南遗址③和余杭良渚镇庙前遗址④为例。庙前遗址从1988年至2000年由浙江省文物考古研究所进行了6次发掘，发现了良渚文化时期的房址、墓葬、水井、河道等重要遗迹，遗址的现存面积为6万平方米。龙南遗址的情况也是这样，遗址现存面积为4万平方米，发现有房屋、墓葬、水井和灰坑等，有一条古代河道流经村落，屋址散列西岸，河岸有踏步和护墙，河边有木构埠头（俗称河滩头），房屋旁边有水井，房屋内外还出土有籼稻、粳稻、莲树籽、酸枣、橄榄、话梅、芝麻、葫芦籽，以及大量的鱼骨等，呈现出一派江南玉米之乡的景象。

处于第二等级的聚落是中小贵族所在地的聚落，目前发现有浙江余杭安溪

---

①　车广锦：《良渚文化古城古国研究》，《东南文化》1994年第5期。

②　林华东：《良渚文化研究》，浙江教育出版社1998年版，第480页。

③　龙南遗址考古工作队：《江苏吴江梅堰镇龙南遗址1987年发掘纪要》，《东南文化》1988年第5期。苏州博物馆、吴江县文管会：《江苏吴江龙南新石器时代村落遗址第一、二次发掘简报》，《文物》1990年第7期。

④　浙江省文物考古研究所：《余杭良渚庙前遗址发掘的主要收获》，《浙江省文物考古研究所学刊》，科学出版社1993年版。浙江省文物考古研究所：《浙江良渚庙前遗址第五、六次发掘简报》，《文物》2001年第12期。

姚家墩与其周围的卢村、葛家村、金村、王家庄、料勺柄等遗址构成了一个相对独立的聚落单位①。这是一组由 7 处台地组成的遗址。它北依西山，南临东苕溪，东有"东晋港"，西有"西塘港"，东西、南北的跨度各约 750 米，总面积约有 56 万平方米，里面有生活区、祭祀区、墓葬区、作坊区等。位于中心的姚家墩遗址呈南北长方形，面积约 6 万平方米，是一处长期沿用的居住区。在姚家墩的东侧自北向南有葛家庄、王家庄和窑郎三处台地；在西侧自北向南有卢村、金村和斜步滩三处台地。这 6 处台地距离姚家墩均约 100 米，它们各自的面积均为 1 万—2 万平方米，相对高度 2—3 米。在这 6 处台地的外围、东西两面的外侧又各有一条河沟，两条河沟北抵山脉，南接苕溪，从而使七处台地形成了一个相对独立的平面布局。七处台地中，位于中心的姚家墩发现了一处铺设考究的沙石地面的建筑基址和一处红烧土地面的房屋基址，被认为是一处较高等级的居住址；在卢村曾有良渚文化的玉琮等玉礼器出土，并有良渚时期两个阶段堆筑和使用的祭台遗迹，还发现良渚文化贵族墓葬；在葛家村 1991 年发掘出土了 6 座良渚小墓和生活遗存。东部的王家庄、料勺柄有建筑遗存和贵族墓葬。目前对以姚家墩为中心的这组遗址的发掘还不能说是全面，据已有的情况只能作一些初步的推断：中心台地姚家墩是聚落的高等生活区，在周围台地上分布有祭台和墓地，它们北依天目山支脉丛岭，南临苕溪，东西有河沟相围，是一处经规划的中等级别的聚落。因其南面不远就是更高一级的莫角山城址，又与在其东西的瑶山和汇观山相呼应，可以说围绕在莫角山城邑遗址周围的姚家墩、瑶山、汇观山等中等级别的聚落，很可能都是隶属于莫角山都邑的贵族聚落。

我们如果把浙江余杭莫角山城址、江苏常州寺墩、上海青浦福泉山等看成良渚文化中几个不同的中心和政治实体的话，那么，在这些不同中心的区域内都应存在上述三四个等级的聚落形态。其中，以莫角山为中心的良渚遗址群，聚落内三四个等级这一现象是最为突出的。以莫角山遗址为中心的聚落群分布于良渚、安溪、瓶窑三个相毗邻的乡镇地域内，面积达 40 余平方公里，大小遗址或墓地加起来共有 135 处之多，遗址密集连片，等次有差。在这一聚落群中，莫角山遗址（包括反山墓地）既是该聚落群的政治、经济、军事、宗教和文化

---

① 浙江省文物考古研究所：《良渚遗址群》，文物出版社 2005 年版，第 320—321 页。刘斌：《余杭卢村遗址的发掘及其聚落考察》，《浙江文物考古研究所学刊》，长征出版社 1997 年版。

的中心，也处于聚落等级中的最高之顶点，是邦君和贵族中最上层者聚集之地；而瑶山、汇观山、姚家墩与卢村之类的遗址，则是隶属于这一中心的次一级的贵族聚落；至于庙前之类遗址，属于更次一级等级的聚落，虽接近于一般性的村落，但因村落的规模较大，其中也不乏有一些较富裕的家族或宗族；处于最基层的是规模更小的那些聚落。当然，也许这里的第三级和第四级的聚落可以合并为一个等级，都不属于贵族聚落而为普通村落，只是其中有的村落较大、人口较多而已。这样，至少有三个鲜明的聚落等级呈现在我们面前：最高等级的是邦君和上层贵族所在地的莫角山都邑；位于中间等级的聚落是中小贵族的宗邑；处于基层的是那些普通的村邑。

聚落的不同等级，体现了权力结构中的不同等级。作为最高等级的莫角山都邑，它所表现出的权力之集中，远非其他贵族聚落所能比拟。据考察，不但修筑290万平方米城邑的城墙需用大量的人力和物力资源，城内的宫殿区——面积达30万平方米、高5—8米的长方形土台，也是由人工堆积或利用原来的土岗高地加以填补修整、截弯取直堆筑而成，其工程量是相当巨大的，需要大规模地组织调动大量的劳动力，经过较长时间的劳动才能营建而成。而长方形土台之上那些成组的大型房屋建筑，也绝非莫角山遗址本身的人力所能建成，也需要动员整个聚落群的人力物力之资源。莫角山宫殿区中这些规模宏大的公共工程的建成，显然在其背后有完善的社会协调和支配机制来为其保障和运营的，也就说，莫角山城邑和其内的宫殿建筑物并不是为整个聚落群的人口居住所修建，它是为贵族中的最上层及其附属人口的居住所营建，但却有权调动和支配整个聚落群的劳动力，显然这种支配力具有某种程度的强制色彩。这种带有强制性的权力与社会划分为阶层或阶级相结合所构成的社会形态，是不同于史前的"复杂社会"或被称为"酋邦"的社会形态的，而属于具有都城的邦国。

上述我们依据良渚城邑的规模、城内大型建筑遗迹所反映的公共权力机制、良渚聚落群内的等级状况，以及我们后面将要讲到的由良渚文化墓葬材料所表现出的社会分层和严重的不平等，已得出良渚古城也是早期国家文明的都邑。若进一步考察良渚文明的特色，与陶寺相比，在城邑的规模上，在城内大型夯土建筑物方面，在由墓葬反映出的社会分层和严重的不平等方面，以莫角山城邑为中心的良渚聚落群和以陶寺城邑为中心的陶寺聚落群，二者都是相当的。

在陶寺城内发现两个与甲骨文以来的汉字系统一样的陶文；在莫角山城邑内虽未发现陶文，但在良渚文化吴县澄湖遗址的陶罐上发现"巫钺五俞"[①] 四字陶文以及在现收藏于美国哈佛大学沙可乐博物馆的黑陶贯耳壶上发现有多字陶文等，这说明在陶寺与良渚这两个早期文明的地域内都已开始使用文字。与莫角山城邑不同的是，在陶寺发现铜铃、齿轮型铜器，在良渚文化中尚无铜器发现，但良渚文化中出土的玉器，其数量之大却是陶寺等文化所没有的。

4. 良渚文明的特色

在良渚文化中，玉器的发达是其一大特点。就其数量来讲，据统计，仅出土或传世的大件琮、璧玉器，已有上千件；良渚文化各类玉器总计，达近万件之多[②]。而良渚文化的大墓，一座墓出土的玉器也是数以百计，为此有学者提出良渚文化大墓随葬大量玉器的现象是"玉敛葬"（彩图5—27）[③]。再就良渚玉器的品种和分类而言，据林华东先生统计，良渚文化玉器的品种至少有61种之多，按其功用，可分为礼器、装饰品、组装件和杂器四大类[④]。良渚文化玉器的精美，制作技艺的精湛，无不令人叹为观止；良渚文化玉器上雕刻的兽面纹和人兽结合的所谓"神徽"等纹样，其表现出统一而强烈的宗教崇拜的意识形态，更是震撼人心、耐人寻味。

良渚文化的贵族们为什么要进行"玉敛葬"？欲解释"玉敛葬"现象，亦即欲解释琮、璧、钺之类器物动辄几十件上百件的随葬现象，首先应了解它们在墓中的随葬状态。依据反山、瑶山的大墓现场所做的精心清理，牟永抗先生曾描述过主要玉器随葬的实态。他说："死者头戴缀着三叉形饰的冠冕，众多的锥形饰立插在冠上的羽毛之间。头的上端束三副缀有四枚半圆形额饰的额带，嵌有冠状饰的'神像'放置在头的侧边，有的'神像'上还装嵌有玉粒，并有项链状的串饰或佩有玉璜。死者颈项及胸前缀满珠串，有的还佩以圆牌或璜。两臂除环镯之外，还有串珠组成的腕饰，左手时常握有柄端嵌玉的钺，钺身大

---

① 李学勤：《良渚文化的多字陶文》，《苏州大学学报》吴学研究专辑，1992年。
② 殷志强：《试论良渚文化玉器的历史地位》，《东方文明之光——良渚文化发现60周年纪念文集》，海南国际新闻出版中心1996年版。
③ 汪遵国：《良渚文化"玉敛葬"述略》，《文物》1984年第2期。
④ 林华东：《良渚文化研究》，浙江教育出版社1998年版，第302—303页。

约位于死者的肩部，右手则握以其他形式的权杖或神物。琮往往放置在胸腹部，似可理解为手捧之物。玉璧除一二块较精致的放于胸腹部以外，多叠置于下肢附近。另外一些穿缀玉件常散于脚端附近，可能是缀似于长襟衣衫下摆的缀件。其中最主要的是三角形牌饰。"① 由上述描述可以看到，死者从头到脚，从仰卧的身体的上边到身底，全用玉器包裹装配起来了。

用各类玉器来装配死者，特别是某一种或几种玉器达数十件之多，在这里，随葬的玉器就不仅仅是"象征物"。若仅仅作为"象征物"，同类器物中随葬几件精品即可，何以随葬的各种玉器中每一种往往要随葬几十件甚至上百件之多。为此，笔者认为，在良渚先民看来，这些玉器是带有灵性含有神力的神物，给死者装配各类玉器是为了给死者带来或增加各种神性和神力，所以，即使是同一种玉器，每增加一件就为死者增添了一份神力，这就是"玉敛葬"的目的和功能。这种情况说明，良渚先民不但有浓厚的祖先崇拜和英雄崇拜，而且还自以为其祖先和英雄的神性神力是可以通过玉器得到增强增大的②。据此，不但良渚文化墓葬中大量随葬的玉琮、玉璧、玉钺、玉璜、三叉形饰的冠冕等玉器可作这样的解释；墓中大量随葬的石钺，如星桥镇横山2号墓随葬的石钺达132件之多，也可以这样来解释。也就是说，大量随葬石钺是为了增加死者在军事上的神力，是军事被宗教化的一种做法，其根源即在于在良渚人看来，族与族之间的战斗，实为族神与族神之间的战斗。据伊藤道治先生研究，这种把人与人之间的战争认为是神与神之间的战争的观念，在殷商时期还存在着③。所以，良渚文化墓葬大量随葬玉钺和石钺也是与军事有关，只是在这里它把军事转化成了宗教。

与其他远古文化相比，良渚文化中的"玉敛葬"和贵族的"高台墓地"是一些较为特殊的现象，但由玉敛葬和高台墓地所反映出的不平等和社会分层却又是文明起源过程中较为普遍的现象，可见，良渚文化的墓葬材料和玉礼器的情形一样，在文明起源的研究中，都存在着特殊与一般的关系问题，也可以说

---

① 牟永抗：《良渚玉器上神崇拜的探索》，《庆祝苏秉琦考古五十五年论文集》，文物出版社1989年版。

② 王震中：《良渚文明研究》，《浙江学刊》2003年增刊，收入王震中《中国古代文明的探索》，云南人民出版社2005年版。

③ ［日］伊藤道治：《中国古代王朝的形成——以出土资料为主的殷周史研究》，江蓝生译，中华书局2002年版，第45页。

成是文明起源的一般机制寓于特殊现象之中的关系问题。

面对良渚文化玉器的这些现象，从文明起源的角度看，许多学者都在"玉礼器"和"礼制"方面发掘它的社会意义。如苏秉琦指出，"玉器是决不亚于青铜器的礼器"①。宋建认为"良渚文化玉器的主要功能不是装饰，而与青铜器相同，也是政权、等级和宗教观念的物化形式"，因而，良渚文化的玉器，也是文明的要素之一②。邵望平更进一步指出，良渚文化那种刻有细如毫发、复杂规范的神兽纹的玉礼器绝非出自野蛮人之手。它必定是在凌驾于社会之上的第三种力量支配下，由专职工师匠人为少数统治阶级而制作的文明器物。由于同类玉礼器分布于太湖周围甚至更大的一个地区，或可认为该区存在着一个甚至数个同宗、同盟、同礼制、同意识的多层金字塔式社会结构或邦国集团③。

良渚文化的玉器，技艺精美，数量庞大，而玉器的制作，一般要经过采矿、设计、切割、打磨、钻孔、雕刻和抛光等多道工序，所以，制作如此之多而精湛的玉器，没有专门化的手工业生产是不可能的。这样，我们从手工业专门化生产的角度，也可以看到良渚文化玉器有着可以和铜器相匹比的异曲同工的意义。

在良渚文化中，作为礼器的玉器（图5—16），一般指琮、璧、钺。这主要是它们的一些功用在后世的礼书和文献上有记载，尽管礼书所载的那些具体的功用不一定符合良渚文化时期的情形，但属于礼器应该是没有问题的。琮、璧、钺之外，良渚文化玉器中的所谓"冠形器"和"三叉形器"，也应该属于礼器。其理由是在这些冠形器的正面中部，每每刻有或者是头戴羽冠的神人图像，或者是兽面形象，或者是神人兽面复合图像；在三叉形器的正面也雕刻有这样的纹样，而这些图像纹样与玉琮上的图像纹样是一样的，故其功用也是相同的，即都发挥着礼器的作用。只是被称作冠形器、三叉形器的这些玉器的形制没有被后世所继承，故在文献记载中也没留下痕迹。此外，在一些被称为"半圆形饰"和玉璜的正面，也雕刻有兽面纹或神人兽面复合图形。半圆形饰也称作牌饰，其具体如何使用，还不得而知。玉璜，根据出土时有的是和玉管首尾相接而组成串饰的情况来看，可判断它是作为项链佩挂在胸前的。作为串饰组件的

---

① 苏秉琦：《华人·龙的传人·中国人——考古寻根记》，辽宁大学出版社1994年版，第132页。

② 见《中国文明起源研讨会纪要》宋建的发言，《考古》1992年第6期。

③ 见《中国文明起源研讨会纪要》邵望平的发言，《考古》1992年第6期。

玉璜佩戴在胸前，固然有装饰的意义，但在其上刻有兽面纹，仍然有礼神、崇神、敬神的作用。其实，正像我们前面已讲的那样，良渚玉礼器不仅仅具有礼神、崇敬神的作用，其玉礼器本身就是带有灵性、具有神力神性的神物，或者至少是神的载体。

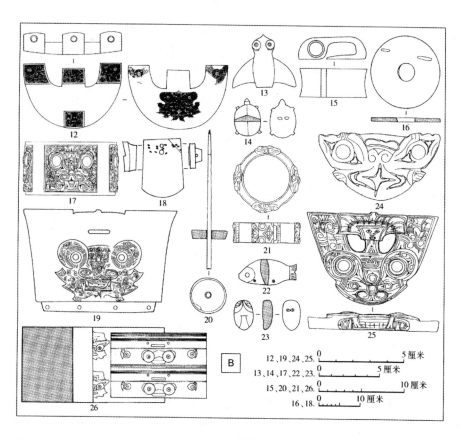

图 5—16 良渚文化玉器

(采自中国社会科学院考古研究所《中国考古学·新石器时代卷》)

中国自古就被称为礼仪之邦，礼制的核心是贵族的等级名分制度。作为礼制的物质表现——礼器，当它在祭祀、朝聘、宴享等政治性、宗教性活动中使用时，它既是器主社会地位和等级特权的象征，又是用以"名贵贱，辨等列"(《左传》隐公五年)，区别贵族内部等级的标志物，这也就是古人所说的"器以藏礼"(《左传》成公二年)。良渚文化中的玉礼器发挥着青铜礼器的功能，其使用更多的可能是在宗教祭祀当中，但它同时也告诉我们当时社会中等级和分层已出现，而在良渚文化墓葬中，凡随葬玉器、玉礼器众多者，恰恰是一些贵族大墓。所以，我们从良渚文化玉器发达这一现象，看到了它的宗教气氛之浓厚，看到了礼制和贵族名分制度的形成。良渚文化玉器的发达远远超出同一时期的其他文化，而各类玉器上每每刻有生动的或抽象化的神的形象（或称为神徽纹样），这不但告诉我们，宗教发达，崇尚宗教的价值观甚为强烈，是良渚文明的显著特色；还告诉我们，在良渚都邑邦国的君权所含有的族权、神权和军权这三项中，神权居于更突出的位置。良渚文明中神权政治太过强烈，过于强大，这大概既是其文明崛起和一度发达的动因，也是其突遭自然环境变故时①，不堪重负而崩溃的原因。

　　总之，在中国众多璀璨的远古文化中，环太湖地区的良渚文化是一颗非常耀眼的明珠。它以发达的稻作农业、大量而精美的玉器、精制的制陶技术、成句子的陶器符号文字资料，以及由墓葬、规模巨大的城墙和城内大型土建工程所反映出的不平等和社会分层等现象，使我们有理由认为它已进入文明社会，已形成一个个文明古国——邦国，而整个环太湖地区则组成了族邦联盟（邦国联盟）或集团。

---

　　①　如前所述，在良渚文化末期，许多遗址的良渚文化层上部都发现有一层淤泥层，为洪水泛滥所致。参见陈杰、吴建民《太湖地区良渚文化时期的古环境》，载于《东方文明之光——良渚文化发现60周年纪念文集》，海南国际新闻出版中心1996年版。有人认为，这一时期的洪水泛滥，或许与公元前2133年和公元前1953年发生的气象上的九星地心会聚而引起自然灾害频繁发生有关。参见王青《距今4000年前后的环境变迁与社会发展》，《东方文明之光——良渚文化发现60周年纪念文集》，海南国际新闻出版中心1996年版。最近，根据2012年中华文明探源工程有关课题组对良渚文化自然环境和气候的研究的报告，良渚文化确曾遭遇较大的环境变化。

第 六 章
从部族国家到民族的国家与华夏民族的形成

在国家起源和发展过程中，伴随而来的是古代民族的形成。对此，一百多年前的摩尔根和恩格斯等经典作家已有所论及。20 世纪 50 年代中期以来，我国学术界围绕着斯大林有关民族的定义，曾展开汉民族形成的探讨，并扩展到对华夏民族形成的研究。但由于斯大林的民族定义所指的是近代民族，从而使得民族特别是古代民族究竟应如何定义，是否可作古代民族与近代民族的区分，联系中国历史的实际，古代民族的形成与古代国家的诞生是一个什么样的关系，作为汉族前身的华夏民族形成是与中国古代什么样的国家形态和结构相关联，华夏民族形成的时间上限究竟是在什么时代，等等，一系列学术问题一直悬而未决。显然，这些都既有理论概念的问题，也有与中国历史实际相结合的问题，需要我们联系中国历史的实际而做出理论上的创新。为此，我们在这里提出一个新思路、新视角：即把民族划分为"古代民族"与"近代民族"两种类型，对它们的属性分别予以界定；而在古代范畴中，对于那些比部落更高一层，但又带有血统或血缘特征的族共同体，我们称为"部族"；然后通过考察古代国家形态和结构由"单一制的邦国"走向"复合制的多元一体的王朝"的发展过程，来阐述由部族走向民族的过程和早期华夏民族的形成。

基于以上的考虑，在本章中我们既要探讨民族、古代民族、部族等概念，部族与民族的区别，也要探讨早期民族内包含有部族的问题，作为华夏民族滥觞期——"五帝时代"的部族国家形成问题，以及由部族国家发展为夏商周三代民族的国家问题。

一　民族和部族的概念与华夏民族的自觉意识

1. 民族与部族的概念、定义和关系

斯大林对民族曾提出这样的定义："民族是人们在历史上形成的一个有共同语言、共同地域、共同经济生活以及表现于共同文化上的共同心理素质的稳定的共同体。"① 斯大林的这一著名论断所指的是近代民族，如斯大林在作出上述论断的同时也指出："民族不是普遍的历史范畴，而是一定时代即资本主义上升时代的历史范畴。"② 斯大林还说："在资本主义以前的时期是没有而且不可能有民族的。"③ 按照斯大林的这些论述，在资本主义社会以前是没有民族的。但是，马克思、恩格斯、摩尔根等其他经典作家却认为民族出现于古代国家前夕——野蛮的高级阶段，以及国家社会的早期阶段；或者说是从氏族社会向国家社会的过渡阶段开始一直到国家社会的早期阶段都是民族的形成时期。例如，恩格斯在《德意志意识形态》中说："城乡之间的对立是随着野蛮向文明的过渡、部落制度向国家的过渡、地方局限性向民族的过渡而开始的。"④ 在《家庭、私有制和国家的起源》中，恩格斯说："住得日益稠密的居民，对内和对外都不得不更紧密地团结起来。亲属部落的联盟，到处都成为必要的了；不久，各亲属部落的融合，从而分开的各个部落领土融合为一个民族〔Volk〕的整个领土，也成为必要的了。民族的军事首长——勒克斯，巴赛勒斯，狄乌丹斯，——成了不可缺少的常设的公职人员……掠夺战争加强了最高军事首长以及下级军事首长的权力……世袭王权和世袭贵族的基础奠定下来了。于是，氏族制度的机关就逐渐挣脱了自己在民族中，在氏族、胞族和部落中的根子，而整个氏族制度就转化为自己的对立物：它从一个自由处理自己事物的部落组织转化为掠夺和压迫邻近部落的组织，而它的各机关也相应地从人民意志的工具转化为独立的、压迫和统治自己人民的机关了。"⑤ 恩格斯还说："一般来说，

① 《马克思主义和民族问题》，《斯大林全集》第 2 卷，人民出版社 1953 年版，第 294 页。
② 同上书，第 300 页。
③ 《民族问题和列宁主义》，《斯大林全集》第 11 卷，人民出版社 1953 年版，第 289 页。
④ 《马克思恩格斯选集》第 1 卷，人民出版社 1995 年版，第 104 页。
⑤ 《马克思恩格斯选集》第 4 卷，人民出版社 1995 年版，第 164—165 页。

在联合为民族〔volk〕的德意志各部落中，也曾发展出像英雄时代的希腊人和所谓王政时代的罗马人那样的制度，即人民大会、氏族酋长议事会和已在图谋获得真正王权的军事首长。这是氏族制度下一般所能达到的最发达的制度；这是野蛮时代高级阶段的典型制度。只要社会一越过这一制度所适用的界限，氏族制度的末日就来到了；它就被炸毁，由国家来代替了。"① 恩格斯之外，马克思和摩尔根也都有类似的看法②。由于经典作家对于民族出现的时代有着如此不同的认识，致使我国学术界在民族形成的上限问题上，大致有四种不同的意见：（1）民族形成于资本主义上升时代，在此之前不存在民族。（2）民族形成于封建时代，即与统一市场和统一国家的形成相一致。这主要是指中国自秦汉以来，才形成汉民族。（3）民族形成于国家社会，或国家前夕，即民族是同阶级和国家同时产生的。（4）民族形成于原始社会，可称其为原始民族③。笔者以为，由于民族在古代和近代形成的历史条件不同，其属性应该既有共性，也略有区别。因此，笔者赞成把民族分为"古代民族"与"近代民族"两个范畴："古代民族"是传统意义上的自然属性的民族，而"近代民族"这一概念与近代以来形成的资本主义的民族市场和民族贸易相关联；也有学者认为"近代民族"与现代欧美学者经常使用的"民族国家"（nation-state）相关联，是一种带有政治属性的民族④。

把民族分为"古代民族"和"近代民族"两类，这样就突破了斯大林对民族出现时间的限制。进而就中国古代民族出现的时间上限而论，有些学者强调民族"是按照地域划分的"⑤，或者说"民族是以地域划分为基础的人们共同体"⑥，而其中有的又认为在中国的夏、商、西周时期，特别是夏、商时期，由于血缘纽带的存在，所以不可能形成民族，华夏民族也只能形成于春秋战国之际⑦。在这里，笔者认为有两点需要辨析：其一，民族有共同地域，特别是在

①　《马克思恩格斯选集》第4卷，人民出版社1995年版，第145—146页。

②　参见易建平《部落联盟与酋邦——民主·专制·国家：起源问题比较研究》，社会科学文献出版社2004年版，第35—51页。

③　奔骥：《关于民族形成问题的讨论近况》，《内蒙古社会科学》1983年第2期。

④　秦海波：《从西班牙历史看"民族国家"的形成与界定》，《世界历史》2008年第3期。

⑤　王雷：《民族定义与汉民族的形成》，《中国社会科学》1982年第5期。

⑥　沈长云：《华夏民族的起源与形成过程》，《中国社会科学》1993年第1期。

⑦　同上。

它形成之后的相当长的时间内，每个民族有自己的共同地域，但是，"有共同地域"与"按地域划分"是两个不同的概念。一个政治实体（如国家）是否按地域来划分它的居民或国民，与它是否有自己"共同的地域"是不同的。其二，在国家形成的标志上，恩格斯在《家庭、私有制和国家的起源》中是曾提出国家形成的两个标志——按地区来划分它的国民和凌驾于社会之上的公共权力的设立，但是联系中国古代历史的实际，笔者认为按地区划分它的国民，对于古希腊、罗马是适用的，而对于中国等其他古老的文明却并不适用，联系古代中国的历史实际，笔者曾将国家形成的标志应修正为：一是阶级的存在；二是凌驾于社会之上的强制性公共权力的设立①。中国的夏商周时期，血缘纽带还在社会的政治生活中发挥着相当大的作用，但正如笔者在本书"导论"中所指出，商周社会中的血缘关系已属转型了的血缘关系，其转型的表现：一是氏族（clan）血缘关系已经弱化，家族和宗族的血缘关系是最基本、最主要的，所以商周时期青铜器上的族徽铭文，主要表现的是宗族或家族的徽号，我们称为"族氏"徽号，而不称之为"氏族"徽号。二是在商代已经出现"大杂居小族居"格局。所谓"大杂居"是说在整个殷墟（即王都）交错杂处居住着许多异姓的族人，呈现出一种杂居的状态；所谓"小族居"是说每一族在较小的范围内是以"家族"或"宗族"为单位族居族葬的②。到了西周，其地域组织的"里"与血缘组织的"族"长期并存③。所以，正像我们不能用古希腊、罗马的国家形成的标准来套中国古代国家一样，也不能以是否完全地缘化为标准来判断中国古代民族的形成。更何况以地缘为标准的学者都是按照经典作家的有关论述作为理论依据的，而经典作家们有许多地方却说民族最早出现于史前社会野蛮时代的高级阶段。如上面引述恩格斯在《家庭、私有制和国家的起源》两段话中说的民族〔volk〕，就是指野蛮时代的高级阶段的"民族"。当然，也许有人认为，恩格斯使用的"volk"一词既可以指民族，也可以指比部落更高一层的较宽泛的任何社会的人们共同体，它不如"nation"（民族）那么严格④。

---

① 王震中：《文明与国家——东夷民族的文明起源》，《中国史研究》1990 年第 3 期；《中国文明起源的比较研究》，陕西人民出版社 1994 年版，第 345 页。

② 王震中：《商代都邑》，中国社会科学出版社 2010 年版，第 353—359 页。

③ 赵世超：《西周为早期国家说》，《陕西师范大学学报》1992 年第 4 期。

④ 沈长云：《华夏民族的起源与形成过程》，《中国社会科学》1993 年第 1 期。

但是，恩格斯之外，马克思、摩尔根在提到野蛮时代的高级阶段的民族时，也使用"nation"。例如马克思在《路易斯·亨·摩尔根〈古代社会〉一书摘要》中说：

> "当诸部落（原文黑体，下同——引者），例如雅典和斯巴达的部落，溶合为一个民族时，也只不过是部落的一个较复杂的副本。新的组织并没有特别的名称（社会的名称）［所说的是这样的地方，在那里，部落在民族中所占的地位，同胞族在部落中、氏族在胞族中所占的地位一样］……在莱喀古士和梭伦的时代以前，社会组织是四个阶段：氏族、胞族、部落和民族 {nation}。所以希腊的氏族社会是由一系列人们的团体组成的，这些团体的管理机关建立在人们对氏族、胞族或部落的人身关系的基础之上。"①

摩尔根也是这样，也用"nation"一词表达野蛮时代的高级阶段的民族。关于摩尔根、马克思、恩格斯是如何把民族形成的时代放在野蛮时代的高级阶段以及由原始社会向国家社会过渡时期的，易建平做了详尽的论述②，不再赘述。总之，引用马恩有关论述作理论依据时，一不能片面；二不能机械，要以符合中国历史实际为原则。

讨论了古代民族形成的时间，接着则需要讨论古代民族的定义或基本特征。斯大林关于民族的定义，尽管他是指近代民族，但也说出了近代民族和古代民族的共同属性，这就是：共同的语言、共同地域、相同经济生活、共同文化。这些共同属性实际上也就是民族的自然属性。据此，笔者不妨套用斯大林的语言，将古代民族定义为：古代民族是人们从古代就开始形成的一个有共同语言、共同地域、相同经济生活以及具有共同文化的、稳定的、比部落更高、更大范围的人们共同体。在上述"共同的语言、共同地域、相同经济生活、共同文化"这四大要素中，笔者在这里使用的是"相同经济生活"，而斯大林的用语

---

① 马克思：《路易斯·亨·摩尔根〈古代社会〉一书摘要》，《马克思古代社会史笔记》，人民出版社 1996 年版，第 302 页。

② 易建平：《部落联盟与酋邦——民主·专制·国家：起源问题比较研究》，社会科学文献出版社 2004 年版，第 24—51 页。

是"共同经济生活"。这个"共同经济生活"，斯大林是指资本主义时期的经济联系。如斯大林说："在资本主义以前的时期是没有而且不可能有民族，因为当时还没有民族市场，还没有民族的经济中心和文化中心，因而还没有那些消灭各该族人民的分散状态和把各该族人民历来彼此隔绝的各个部分结合为一个民族政体的因素。"[①] 我们认为，对于近代民族而言，这种共同的经济生活可以指"民族市场"、"民族的经济中心"、"民族贸易"等民族的经济联系，但对于古代民族来说，社会还没有发展出这种程度的经济联系，为此，笔者把它修改为"相同经济生活"。这样才更符合古代历史的实际。此外，关于民族的"共同地域"问题，笔者以为，有些时候，在一个民族共同体已经形成之后，由于本民族中一部分人的迁徙、移民或殖民，致使说同一种语言、具有相同文化的人们却分散在相距遥远的不同地域，也就是说，在这种情况下，同一民族的人到后来是可以居住在不同地域、不同的国度的。因此，对于"共同地域"等民族的自然属性也要做动态的、辩证的分析。

在我国学术界，对于古代比部落更高的族共同体，学者们不但使用"民族"一词，有的也使用"部族"一词。其中，有人提出用"部族"称呼一切封建和奴隶制的人们共同体。也有人用"部族"来指氏族和部落。还有人认为：恩格斯用来称为民族的"'volk'指的就是部族"，并进一步说：

> 部族是在部落联盟基础上产生的。一方面具有血缘关系为基础的氏族社会的某些特点，另一方面又具有按照地域单位统一起来的最初的国家形式。部族的形成是以部落方言相同、地理位置相连、部落文化相近，部落间发生经济往来为前提的。部族的形成开始打破以往部落和部落联盟间的界限，但并没有使氏族制度的影响完全消除。因此还不能建立起一个真正具有公共职能的国家。我们说任何部族国家都不可能是稳定统一的，其基本原因就是建立国家的原部落联盟和部落中的上层集团利益，因政治、经济、文化的分散状态，而不能够得到高度的集中。"部族"作为一个从血缘关系的氏族社会，向按地域联系起来的阶级社会过渡的共同体，可以存在于奴隶社会、封建社会两种社会形态中。[②]

[①] 《民族问题和列宁主义》，《斯大林全集》第 11 卷，人民出版社 1953 年版，第 289 页。

[②] 王雷：《民族定义与汉民族的形成》，《中国社会科学》1982 年第 5 期。

　　对于上述三种观点，笔者认为前两种是不足取的，第三种观点有合理性亦有可商榷之处。其合理性在于：它说部族是比部落更高一层的带有血统特色的共同体，它可以存在于奴隶社会和封建社会两种社会形态之中。其可商榷的地方在于：它说部族国家不是一个具有政治公共职能的国家，说部族国家是不稳定的，说部族只存在于从氏族社会向阶级社会的过渡阶段。我们认为，如果一个国家不具有政治公共职能就不成其为国家。公共职能的强度是相对的。作为早期的国家、简单的国家，其职官系统可以不太发达，可以一职多管，但作为强制性地凌驾于全社会之上的公共权力，一定具有公共职能，其实这种强制性的公共权力就是由公共职能发展而来的。部族国家较后代多元一体的统一国家，不能称为统一的国家，但不能说它不具有稳定性。部族可以存在于某种国家形态之中，也可以存在于由史前社会向国家社会的过渡阶段，但不能说它只是"一个从血缘关系的氏族社会向按地域联系起来的阶级社会过渡的共同体"。

　　学者们之所以与民族相对而使用部族一词，显然是认为部族与民族属于不同层次或者说是不同类型的共同体。对于这两者的区别，也有学者称为"血缘民族"与"文化民族"的不同。如王和先生说："周初的大变革之后，'华夏'观念与'华夷之辨'思想方始出现，它标志着超越部族意识的'大文化观念'的产生，'文化民族'亦在此基础之上超脱于'血缘民族'的藩篱而趋于现实。"[1] 这是称部族为血缘民族。它强调了部族的血统特征，也意味着部族绝不属于部落范畴，这都是可取的。我国史书中说："部落为部，氏族为族"[2]，故而合称曰"部族"。对此，有人认为"部族"就是氏族部落，也有人认为部族是比部落更高一层的带有血统特色的共同体。在历史上，夏商周各族都以始祖诞生神话和族谱或姓族的形式展开自己的历史记忆，因此族共同体中的血缘色彩是其特征。这样，我们就会面对这种类型的族共同体而有两种叫法：一是称其为"部族"，二是称其为"血缘民族"或"小民族"。这两种称谓各有利弊。从语法上讲，血缘民族也是民族，在这里"血缘"是"民族"的定语而已。提出"血缘民族"的论者的意思大概是说：有血统因素的民族可称为"血缘民

---

　　[1]　王和：《再论历史规律——兼谈唯物史观的发展问题》，《清华大学学报》（哲学社会科学版）2008 年第 1 期。

　　[2]　《辽史·部族》。

族"或"部族"，超越血统因素而以文化为纽带的民族可称为"文化民族"或一般意义上的民族。"血缘民族"的有利之处是它可以把我国古代史中许多带有血统特点的这类族共同体都称为"血缘民族"或"小民族"，它与一般意义上的古代民族的概念只是类型和层次的不同而已，这样也容易被近似的少数民族所接受。不利之处是把民族划分为"血缘民族"、"文化民族"等，容易把民族的概念和定义搞乱。"血缘民族"与"文化民族"的划分，与"古代民族"和"近代民族"的划分是不同的。"古代民族"与"近代民族"的划分，是按照历史的发展划分的，也已取得共识。使用"部族"这一称谓，意味着部族与民族既属族共同体层次上的区别，也是性质上的区别，而并不仅仅是个类型问题。有鉴于此，笔者赞同使用"部族"这样的概念，将部族定义为：部族是历史上比部落更高层次的、比部落范围更大的、有共同语言、共同文化、内部各部地理位置相连（起初各部分地理位置相连，其后某部亦可迁徙迁出）、带有血统特征（如姓族或族的谱系）的族共同体；部族既存在于原始社会的后期，亦存在于古代国家社会时期。原始社会后期的部族是由具有亲缘关系的各部落或酋邦或部落集团所组成；古代国家时期的部族可称为部族国家。"部族国家"也是国家，就像我们说"早期国家"也是国家一样。部族国家是由部族所建立的国家，其国家主体为某一部族，但并非一个部族只能建立一个国家，也存在若干不同的早期国家在族属上属于同一部族的情形。做了上述概念、定义上的澄清之后，笔者认为，古代民族与部族的联系与区别可以这样表述：部族是指比部落更高一层的族共同体，民族是比部族更高一层的族共同体，民族与部族在族共同体的层次与性质两个方面都不相同；在一个民族的国家①中可以包括若干不同的部族，这种国家的结构每每是复合制国家结构，在这种国家的早期，其内诸部族的存在是明显的；部族有血统因素，民族超越了血统而以"大文化观念"为纽带，大文化是民族的血脉。

2. "华夏"、"诸夏"：民族称谓与民族自觉

上述所作理论的阐述，实际上已经考虑了中国古代的历史实际。具体论述华夏民族的形成时，我们也从"华夏"、"诸夏"等民族称谓的出现讲起。

---

① "民族的国家"（national state）与"民族国家"（nation-state）不同。现在欧美学术界经常使用的"民族国家"（nation-state），是指近代民族、近代国家。

作为华夏民族自称也是他称的"华夏"、"诸夏"等用语，确实在春秋战国时期最为流行。如《左传·襄公十四年》记载姜戎子驹支说："我诸戎饮食衣服不与华同，贽币不通，语言不达。"戎人驹支称中原的华夏民族为"华"，称自己为"戎"。这说明"华"、"华夏"等称呼，既是华夏民族的自称，也是他称；同样道理，"戎"、"诸戎"等称谓，既是戎人的自称，也是他称。当时的人称呼华夏民族时的用语有"华"、"夏"、"华夏"、"诸夏"等。例如，《左传·襄公二十六年》有"楚失华夏"，这是把"楚"与"华夏"相对应。《左传·闵公元年》记载管仲对齐桓公说："戎狄豺狼，不可厌也；诸夏亲昵，不可弃也。"《春秋·公羊传》成公十五年说："《春秋》……内诸夏而外夷狄。"这些都是称华夏民族为"诸夏"。《左传·僖公二十一年》："任、宿、须句、颛臾、风姓也，实司太皞与有济之祀以服事诸夏……蛮夷猾（乱）夏，周祸也。"这里称"诸夏"，又称为"夏"。也有称"诸华"，如《左传·襄公四年》魏绛对晋侯说："劳师于戎，而楚伐陈，必弗能救，是弃陈也。诸华必叛。戎，禽兽也。获戎失华，无乃不可乎！"这是称"诸华"或"华"。《左传·定公十年》载孔子云："裔不谋夏，夷不乱华。"这里的"华"亦即"夏"。总之，华夏、诸夏、诸华、华、夏等都是一个意思，都是对华夏民族的称呼。

由于上述华夏民族的称谓通行于春秋战国时期，因而许多学者主张华夏民族形成于此时或形成于春秋战国之际①。然而，笔者认为，春秋战国时期，人们用"华夏"、"诸夏"、"夏"、"诸华"、"华"等称谓来特意强调华夏族与其他族的区别以及华夏族的一体性时，不仅表明华夏民族已经形成，更主要的是表现出当时华夏民族所具有的民族意识上的自觉。在这种鲜明民族意识中，我们看到了当时的华夏民族已属一个自觉民族，看到了华夏民族间的强烈的文化一体性。如我们前面所举出：管仲对齐桓公所说"诸夏亲昵，不可弃也"；鲁僖公母亲成风对僖公所说"蛮夷猾（乱）夏，周祸也"；魏绛对晋侯所谓放弃陈，"诸华必叛"，"获戎失华，无乃不可乎"！这些言论就是当时的华夏诸国对自己归属于华夏民族的自觉意识，它强烈地表现在与其他民族或部族交往中，人们对于本民族生存、发展、荣辱、安危等方面的关切和维护。如果把民族的形成和发展过程用"自在民族"与"自觉民族"两个阶段来表述的话，那么，

---

① 沈长云：《华夏民族的起源与形成过程》，《中国社会科学》1993 年第 1 期。

春秋战国时的华夏民族已属于"自觉民族"，即有强烈的民族自觉意识的民族。我们不能据此而说华夏民族最后形成于春秋战国时期或春秋战国之间，而应该说此时的华夏民族已经是一个"自觉民族"。"自觉民族"之前还有一个"自在民族"的阶段，民族形成的起始应该从"自在民族"阶段算起。

　　指出春秋时期的华夏民族已属于"自觉民族"，还可以从"夏"、"华"、"诸夏"、"诸华"诸称呼的文化寓意得到证明。关于"夏"，《说文》："夏，中国之人也。"《尚书·尧典》"蛮夷猾夏"，郑玄注曰："猾夏，侵乱中国也。"《汉书·地理志》颜师古注："夏，中国。"这些都是说"夏"为中国的意义。"夏"也有"大"意。如《尔雅·释诂》："夏者，大也。"《方言》："夏，大也。自关而西，秦晋之间，凡物之壮大者而爱伟之，谓之夏。"《春秋繁露·楚庄》、《白虎通·号篇》、《说苑·修文》、《论衡·正说》等皆云"夏者大也"。《楚辞·哀郢》"夏"为大殿，《招魂》"夏"为大屋，《淮南子·本经训》"夏屋"，大屋也。"夏台"，大台也。不一而足①。"夏"还有"雅"意。《诗经》中的《大雅》、《小雅》的"雅"就是"夏"，"雅言"即"夏言"，《墨子·天志下》引《大雅·皇矣》，"大雅"即作"大夏"。《荀子·儒效》篇说"居楚而楚，居越而越，居夏而夏"，而同书《荣辱》篇则称"越人安越，楚人安楚，君子安雅"，这些都证明战国时"夏"、"雅"通用。至于"华"字，在古文献中主要是"采画"、"华美"的意思。如《尚书·武成》："华夏蛮貊，罔不率俾，恭天成命。"伪孔传解释说："冕服采章曰华，大国曰夏。"唐代孔颖达疏云："冕服采章对被发左衽，则为有光华也。《释诂》云：'夏，大也。'故大国曰夏。华夏，谓中国也。"《文选·东京赋》"龙舟华艤"，注："华，采画也。""华"所表示的"采章"、"采画"等寓意，与"夏"所具有的"雅"意，是完全一样的，都是"指中原衣冠服饰、礼仪制度、典章制度"②，这也就是说，当时华夏民族之所以称为"华"、"夏"、"华夏"、"诸夏"、"诸华"，除了与夏王朝的核心地——中原地区（最早的中国）有关外，也与他们引以为自豪的中原地区的文化和文明发展的高度有极大的关系。这种在思想意识中对自己民族文化特征的自豪感，当然是民族成熟和民族自觉的一种标志。也正因为"华夏"二字代表着文明发达，华夏民族的国家属于礼仪之邦，才使得"华夏"一经成

---

①　顾颉刚、刘起釪：《尚书校释译论》第一册，中华书局2005年版，第233页。

②　张富祥：《先秦华夏史观的变迁》，《文史哲》2013年第1期。

为我国最古老的主体民族的称呼后，就一直沿用至今。

3. "华夏"合称的缘起

古文献中的"华"、"夏"、"华夏"、"诸夏"、"诸华"，有单称也有合称，它们之间是什么样的关系，"华夏"合称是如何出现的，这些都是研究华夏民族形成所要考虑的，而学者们对此有不同的看法。章太炎曾提出，"诸华之名，因其民族初至之地而为言"，"华本国名，非种族之号"，其地即今之华山，而后来其民东迁者亦称华族，故"世称山东人为侉子者，侉即华之遗言矣"；又说"夏之为名，实因夏水而得"，其水即今之汉水，"其后因族命地，而关东亦以东夏者"①。这是将"华夏"拆散为两族，两族的原居地都在西部。章太炎的说法完全是臆断，而且无视于作为族名（民族称呼）的"华"与"夏"以及"华夏"在出现时就指的是一族而非两族。如《左传·定公十年》所说："裔不谋夏，夷不乱华。"这是互文，裔，与夷同义，夏与华同义，表述的就是夏即华的意思。

也有认为，华夏之名"由华胥而来"，其中，有的说："相传伏羲氏之母为华胥……华夏之名当即由华胥而来"②；有的说："华族得名，很可能与华胥有关。如果说伏羲是华族最早的神话中的祖先英雄，那么华胥就是华族的始祖母。"又说华胥履"大迹"的雷泽即今之太湖，华山不是指一般所称的西岳，而是太湖之滨的惠山，因此，"中华民族的最早源头是在长江下游的太湖流域"③。这种华夏民族起源于华胥氏论者有几个最基本的问题没有搞清楚：（1）民族恰恰是在联合乃至融合无数氏族基础上而形成的，怎能由一位女始祖繁衍而出呢？这种做法与古人认为人类是由女娲抟土造人的神话思维有何区别？而且与百年来人类学、民族学、历史学、考古学的发展所提供的知识不相符合。（2）在古史传说中，华胥氏所代表的氏族是远古众多氏族中并存的一个，在包括《列子》在内的先秦文献中，看不到华胥氏与其他氏族部落，特别是与成为华夏民族的主体部族有何衍生关系，在此情况下，把"华族"与华胥氏直接相

---

① 章太炎：《中华民国解》，《民报》15 号，1907 年 7 月 5 日。
② 李平心：《伊尹迟任老彭新考》，《李平心史论集》，人民出版社 1983 年版，第 26 页。
③ 陈德祺：《民俗学在社会科学中的地位》，《民俗调查与研究》，河北人民出版社 1988 年版，第574 页。

连，岂不成了望文生义？（3）就连汉代的司马迁在连接华夏民族滥觞阶段的族属谱系时也只能从黄帝讲起①，"华夏之名即由华胥而来"论点的依据何在？近百年来几代人对古典文献去粗取精、去伪存真的整理和辨析的成果，还是应该尊重和继承的。

考古学家苏秉琦先生曾根据仰韶文化庙底沟类型的彩陶纹饰以花卉主，庙底沟类型的分布中心是豫西陕东一带，在华山附近，提出："庙底沟类型的主要特征之一的花卉图案彩陶可能就是华族得名的由来，华山则可能是由于华族最初所居之地而得名。"② 苏先生的这一说法也需要做一些辨析。苏秉琦先生当年提出这一问题时，其立论的基础是庙底沟类型与半坡类型是同时并存的地域关系。但后来地层证据和碳十四测定的年代数据都表明二者并非同时并存的地域关系，而在时间上前后相承，半坡类型为仰韶文化早期，庙底沟类型为仰韶文化中期。庙底沟类型的彩陶纹饰中，花卉纹样固然突出，鸟的纹样也突出，在本书第四章中就举出陕西华县泉护村庙底沟类型 12 个鸟纹样。庙底沟类型纹饰中的所谓"圆点勾叶"，是否全是花卉的抽象、变化形态，还是其中有的是由鸟纹变化而来，这是值得研究的。此外，如第四章所述，无论是仰韶文化的半坡期还是庙底沟期，被视为图腾纹样有许多种类，如半坡时期有鱼纹、人面鱼纹、蛙纹（鳖纹），庙底沟时期有鸟纹、蛙纹（鳖纹）、火纹等，这一方面说明当时存在许多图腾族团；另一方面又说明在时间推移的过程中，如从半坡期到庙底沟期，由于不同族团或同一族团内部不同分支地位的消长而出现崇拜对象和时尚的变化，所以，包括花卉纹在内的各种彩陶纹样每每都与某一时间段相联系，而不能仅仅与族属相挂钩。在这些之外，诚如张富祥先生所指出："最关键的问题是，古代是否确曾存在一个有着独立渊源且曾与夏族并立的'华族'？"③

在古文献中并不存在"夏"与"华"相并立的二族，《左传·定公十年》"裔不谋夏，夷不乱华"，华、夏互文，也说明华族即诸夏，也就是说，就民族实体而论，春秋战国时期的"夏"、"华"、"诸夏"、"诸华"、"华夏"，指的是一个民族。此外，从华、夏二字音、义相通来看，也指的是一个民族。对此，

① 黄帝也是部族融合的结果，详后。
② 苏秉琦：《仰韶文化的若干问题》，《考古学报》1965 年第 1 期。
③ 张富祥：《先秦华夏史观的变迁》，《文史哲》2013 年第 1 期。

刘起钎先生做了很好的研究。他考证说：

> 今就字义训诂和音读来看，华、夏二字实能相通。如伪《武成·传》
> "冕服采章曰华。"《文选·东京赋》"龙舟华轙"注："华，采画也。"又
> 《大将军宴会诗》"遗华反质"注："华谓采章。"《周礼·春官·巾车》
> "孤乘夏篆，卿乘夏缦"注："篆，毂有约也。""夏篆，五采画毂约也。夏
> 缦，亦五采画，无篆尔"。可知二字皆可训为采画，义训同。徐锴《说文
> 系传》云："郭璞又言江东呼华为荂，音敷。"徐灏《说文解字注笺》：
> "华，古音敷。……今浙江人语尚近古音。"王玉树《说文拈字》："华，读
> 若敷。汉光武'仕宦当作执金吾，娶妻必得阴丽华'，亦当读若敷也。华
> 又音和，故今人呼华表为和表。"按《汉书·酷吏传》"寺门桓东注："如
> 淳曰：……'名曰桓表，陈宋之俗言桓声如和，今犹谓之和表。'师古曰：
> 即华表也。"又《史记·孝文纪》二年《索隐》引郑玄注华表，崔浩谓
> "又云和表"。是华字古音读为敷，和。《诗·皇皇者华》以华与夫韵，知
> 此音由来自古。"夏"，徐铉音胡雅切。段玉裁以此切在古音第五部。林义
> 光《文源》："夏，模韵，音户。"按《诗·宛丘》以夏与鼓、下、羽韵，
> 夏与下古读同为户。段玉裁《六书音韵表》华、夏二音皆在古韵第五部，
> 江有诰《廿一部谐声表》则皆在古韵鱼部。至于声纽，则因华读和，胡卧
> 切；夏读户，侯古切；二字古音皆属匣母。是华、夏二字古音的声纽、韵
> 部全同，实读同音。迁至西域的"大夏"尚保存古音，故音译时，《隋书》
> 与《北史》皆译作吐火罗（《北史》又承《魏书》有吐呼罗、都薄罗，疑
> 一族分化或传闻异译），《大唐西域记》则译作睹货逻。"罗"为语尾，
> "吐"与"睹"则为"大"的对音（《大诰》篇中以"图"为大，与此
> 同），"火"、"货"等字则为"夏"的对音，益足证字书及小学家所言
> "华"、"夏"二字古读之不误。可知华、夏二字实古语中一音之异写，都
> 指夏族。后来虽然写成两个字了，因原义实一，所以二字就可以互用，又
> 可以组为复词同用。因此把我们民族称为华族可以，称为夏族也可以，称
> 为华夏族更可以。①

---

① 刘起钎：《由夏族原始居地纵论夏文化始于晋南》，田昌五主编《华夏文明》第一集，北京大学
出版社 1987 年版，第 39—40 页。

刘先生的考证是精深的。在现在的陕北方言中，"下"、"吓"等字读作"哈
（hà）"，声母与"华"字的声母完全相同，同属于古音中的匣纽，这也可作为
"夏"、"华"二字古音相同的旁证。

关于"华夏"合称的问题，还有一种意见认为："'华夏'必为'虞夏'
之转写。遗憾的是，在现存古文献中，我们还没有查到以二词互换之例。"[①] 在
先秦文献中，确实有"虞夏"二字连用的情况，但都是作为"虞、夏、商、
周"四朝来使用的，都指前后相连的两个朝代[②]，绝无用来指称一个民族的。
从历史上，有夏人、商人、周人、汉人、唐人，或者夏族、商族、周族、汉族
这类族称的叫法；也有夏朝、商朝、周朝、汉朝、唐朝、宋朝等朝代的叫法；
但作为族称，绝无"夏商人"、"商周人"、"汉唐人"、"唐宋人"，或"夏商
族"、"商周族"、"汉唐族"、"唐宋族"这样的叫法，所以作为民族称呼的
"华夏"联称不应该是由作为朝代联称的"虞夏"之转写。在这点上，还是刘
起釪先生的意见更合理。笔者略作补充的是：作为一种族称，最初大概只称
"夏"和"诸夏"之类，后来用"华"来形容"夏"，结果就出现了形容词的
"华"也可以作为名词单独使用而指称"夏"，这样夏与华同义，并可以互文，
相互替换，这时候的"华夏"复词也就变成互为形容的一个名词。所以，在
华、夏、华夏、诸华、诸夏这类华夏民族的称呼中，夏、诸夏这样的称呼是最
基本、最关键的。

4. 夏王朝与华夏民族的形成

春秋战国时期的华夏民族属于"自觉民族"，那么在"自觉民族"之前，
作为"自在民族"阶段的华夏民族，出现于何时？这是华夏民族形成问题研究
中的一个关键所在。当然对于把民族形成和发展的过程并不作"自在民族"与
"自觉民族"这样区分的学者而言，也就不存在这一问题。但这种不作区分却
说不清楚华夏民族究竟是如何形成的。

华、夏、华夏、诸华、诸夏中核心是"夏"，而在春秋之前的西周时期，

---

① 张富祥：《先秦华夏史观的变迁》，《文史哲》2013 年第 1 期。
② 如《左传·庄公三十二年》："故有得神以兴，亦有以亡，虞、夏、商、周皆有之。"《墨子·明
鬼下》："昔者虞夏商周，三代之圣王，其始建国营都，必择国之正坛，置以宗庙。"等等。

周人已用它来表示自己的民族归属。如《尚书·君奭》周公曰："惟文王尚克修和我有夏。"《尚书·立政》周公曰："帝钦罚之，乃伻我有夏，式商受命，奄甸万姓。"这两处是周公说自己周族为"我有夏"。《尚书·康诰》成王曰："文王……肇造我区夏。"文中的"区夏"，有解释为"大夏"，也有解释为地区。该文的意思是"以文王的德业，开始建造了我华夏地区"①。

周人为何把周族说成是"我有夏"、"我区夏"？刘起釪先生的解释是："历史的真实是，周族的族系渊源确系沿自夏族，而且更可上溯源自姬姓的黄帝族。"② 这是主张周与夏在族源上有关系。对此，沈长云先生认为，"一些人惑于两个'有夏'名称的相同，或认为周人出自夏人的后裔，是不符合《尚书》的本意的"。"周人自称为'夏'……不是只表现自己这个'小邦周'，而是表现以周邦为首的灭商部落联盟"③。我们说，在《尚书》的《君奭》、《立政》、《康诰》诸篇中，周人自称"我有夏"是事实。问题的关键在于这里的"有夏"或"区夏"不是部族的夏而是民族的夏。部族的夏是指在夏王朝尚未建立之前鲧禹时的夏族，以及夏王朝建立之后王朝内部以夏后氏为主的姒姓部族集团。民族的夏是指夏王朝建立之后，既包括姒姓的夏后氏部族，也包括子姓的商部族、姬姓的周部族等王朝内的众多部族的民族共同体，所以民族的夏就是华夏民族的意思。部族的夏有血缘血统上的局限，而民族的夏超越了这种局限，以大文化为纽带。这种以文化为血脉的民族的夏，是夏商周三代正统之始，正统之源，对于刚刚灭商不久的周来说，当然要高举着它，打出"我有夏"、"我区夏"的旗帜，以示"文王受天有大命"、周人"天授王权"的合法性。

"华"、"夏"、"诸夏"、"诸华"、"华夏"这一系列的民族称呼，凸显了华夏民族的形成始自夏代。换言之，华夏民族就是夏民族，它与考古学界以前所谓"夏文化"的夏民族不是一回事④，它是夏王朝内包含了夏部族、商部族、周部族等众多部族在内的民族，它以夏代多元一体复合制王朝国家结构为基础。在某些时候，国家可以视为民族的外壳或民族聚合的一种形式。夏、商、周三代复合制国家就是华夏民族的外壳，是复合制国家机制促使了以华夏文化为纽

---

① 顾颉刚、刘起釪：《尚书校释译论》第三册，中华书局 2005 年版，第 1306 页。
② 同上书，第 1576 页。
③ 沈长云：《华夏民族的起源与形成过程》，《中国社会科学》1993 年第 1 期。
④ 详见本书第七章、第八章。

带、为血脉的华夏民族的形成。

以上我们通过对华夏民族称呼的追溯，得出华夏民族的形成始自夏代这样的结论。也许有人会问为何在夏商时期看不见有这种称呼呢？笔者以为这就属于"自在民族"与"自觉民族"的差别。所谓"自在民族"就是民族意识还处于朦胧、潜在状态的民族；自己作为一个民族已经存在，但自己还不知道，还没有完全意识到。夏、商时期的华夏民族就是这样的状态。到了西周时期，华夏民族的共同文化得到进一步的扩充和发展，民族文化中的礼仪制度、典章制度，也更加完善，民族意识也开始显现，这才使得周人自称"我有夏"，以夏为正统。再到春秋战国时期，以周天子为"天下共主"的复合制国家结构名存实亡，礼仪征伐不出自天子，天下处于混乱状态，在本民族共居之地时不时地出现异族的人们，这才产生"华夷之辨"思想，它强调了华夏民族的一体性。这种华夏民族的自觉意识是随着强烈的"华夷之辨"的需要而凸显出来的，"华夷之辨"中所"辨"的是华夏文化与蛮夷戎狄的不同，它通过"华夏"这样的民族称呼，强调了根在中原的本民族衣冠服饰、礼仪制度、典章制度与四夷的不同。这样的"文化民族"当然是一个"自觉民族"。

华夏民族的形成始于夏王朝的另一证明是，在字义训诂中，"夏"也指"中国"。《说文》："夏，中国之人也。"《尚书·尧典》"蛮夷猾夏"，郑玄对"夏"注解也是指"中国"。《左传》襄公二十六年"楚失华夏"，定公十年"裔不谋夏，夷不乱华"，孔颖达疏曰："中国有礼仪之大，故称夏。"在周初的青铜器《何尊》铭文中，"中国"是指成周洛邑（在今河南洛阳）。铭文云："唯武王既克大邑商，则廷告于天，曰：余其宅兹中或，自之义民。"文中的"或"是"国"字初文，"中或"即"中国"。文意是周武王推翻了商王朝之后，告祭于天，说他要住在"中国"，治理天下的民众。因这里是天下之中，故又称为"国中"，或称"土中"，即四土之中。《逸周书·作雒》就把周成王时营建新都成周洛邑，说成是"作大邑成周于土中"。与西周金文中的东国、南国等相对而言，"中国"也就演变为指中央之地的地域，这就是中原之地。而这样的"天下之中"的产生，就是由于夏王朝的都城有相当长的时间是建在这里。如《竹书纪年》说："太康居斟寻，羿亦居之，桀又居之。"斟寻在今巩义市西南至偃师一带。又如《逸周书·度邑解》："（武）王曰：呜呼，旦，我图夷兹殷，其惟依天室。……自雒汭延于伊汭，居易无固，其有夏之居。我南过于三涂，我北望过于岳鄙，顾瞻过于有河，宛瞻延于伊雒，无远天室。其兹度邑。"这段话是周武王对弟弟周公旦说的，《史记·周本纪》有同样的记载。文中武王说，为了平定殷，需要依据天室，若遵从宪命，就不会违背天意。从雒水到伊水，地形平坦，以前有过夏的都城。这里南面有三涂、北面有岳鄙、东面有河宛，伊水、雒水、天室都距之不远。于是命令在此地计划筑邑。所以，《何尊》铭文所说的在成周洛邑营建的新都是武王的计划。总之，"夏"字义训"中国"，实指中原，与夏王朝的王都位于中原有直接的关系。这当然可作为华夏民族的形成应当以夏王朝的出现来算起的证据。

华夏民族开始形成于夏王朝，崭新的王朝国家是华夏民族的外壳，是维系华夏民族具有共同语言、共同地域、相同经济生活、共同文化的稳定的人们共同体的基本条件。王朝国家的复合制结构使得它可以容纳不同的部族于其中，但也正是这一缘故，使得夏、商、西周时期，尤其是夏、商时期，民族内诸部族的相对独立性和相互界线难以消除，长期存在。这都属于尚处在"自在民族"阶段的华夏民族的时代特点。

既然中国古代最早的民族的形成始于夏王朝，那么夏代之前的五帝时代就是部族时代。在华夏民族的起源和形成过程中，这一时代充其量也只能视为华夏民族的滥觞时期。与部族时代相一致的是作为早期国家的邦国——部族国家的诞生，为此，部族国家的形成和它终究要走向民族的国家，也就成为五帝时代后期的历史特点。

二　五帝时代的部族国家与族邦联盟

1. 五帝传说的时代划分

历史是由时间和空间构成的，追求历史的真实首先需要确定历史事件和历史人物在时空上的正确或准确。研究古史传说也不例外，但又有自身特殊的问题。古史传说中有虚有实，对于其中的虚实如何鉴别、如何剥离，又因研究者的知识结构、研究的方法和手段以及古史观等方面的不同而会出现不同的结果。

关于三皇五帝传说中的虚与实，笔者曾做过一些初步的研究①，其中又可分为若干层面的问题：如三皇传说中的历史素地或历史背景是什么；五帝传说中，五帝组合模式中虚实问题与五帝故事、事件、文化成就等具体方面的虚实问题。对于燧人氏、伏羲氏、神农氏的这些传说的与虚实，用今天我们所掌握的人类学、考古学知识来衡量，其中的"实"，是说古人通过他们对远古社会进行推测和描述时，指出了远古某些历史阶段的文化特征和时代特征，他们实为"指示时代的名称"或"文化符号"，是对中华大地上逐渐出现的人工取火、渔猎和以八卦形式所表现出的原始、朴素的逻辑思维和辩证思维，以及农业的发明这样一系列伟大的历史进步的概括；在这个意义上看，是含有历史素地的；而其中的"虚"，是说我们又不能把这些历史的进步视为某一人的发明所为。五帝传说中的虚实问题更为复杂，其中具体历史故事或事情方面的虚实，需要具体问题具体分析②；而五帝组合模式中的虚实，因涉及五帝传说的时代划分，我们在这里略作概括。

五帝传说的组合模式可达四种之多③，不同组合的五帝说的存在，说明"五帝"与远古诸帝是一个既有联系又有区别的概念，"五帝"可视为远古诸帝的代表或概括，因而应当把对"五帝"的研究置于远古诸帝的整体研究之中。

在五帝的多种组合模式中，那种用部族领袖或部族宗神按照历时纵向而排列的模式我们称为五帝的纵向模式，如《易传》、《国语》、《大戴礼记·五帝德》和《史记·五帝本纪》中的五帝；而按照五方帝、五色帝和五行来横向排列组合的模式我们称为五帝的横向模式，如《吕氏春秋·十二纪》、《礼记·月令》和《淮南子·天文训》中以四时五行相配的五帝。纵向模式与横向模式都是有意义的：纵向模式提供了时代演进的情形；横向模式透露出组成五帝的上古诸帝原本有可能不属于一个地域族系，他们当来自不同的地域族团。

对于我们重建上古史来说，三皇五帝说的历史价值之一就在于它用"三

---

① 王震中：《三皇五帝传说与中国上古史研究》，《中国社会科学院历史研究所学刊》第七集，商务印书馆 2011 年版；《古史传说的"虚"与"实"》，《赵光贤先生百年诞辰纪念文集》，中国社会科学出版社 2010 年版。

② 例如王震中《三皇五帝传说与中国上古史研究》中对《尚书·尧典》有关尧命羲仲、羲叔、和仲、和叔等天文官员制定历法的分析。

③ 王震中：《三皇五帝传说与中国上古史研究》，《中国社会科学院历史研究所学刊》第七集，商务印书馆 2011 年版。

皇—五帝—三王—五霸"即所谓"三五之兴"这样的方式表述了历史文化演进
的几个阶段。其中，那种用部族领袖或部族宗神来进行纵向排列组合的五帝模
式，给我们提供的历史演进的时间坐标，符合历史演进这样的史学要求，因而
《五帝本纪》也就成为司马迁《史记》的篇首。按照《五帝本纪》中的排列顺
序，黄帝为五帝之首，其余四帝都是黄帝的后裔。颛顼是黄帝之子昌意的儿子，
即黄帝之孙。帝喾的父亲叫蟜极，蟜极的父亲叫玄嚣，玄嚣与颛顼的父亲昌意
都是黄帝的儿子，所以，帝喾是颛顼的侄辈，黄帝的曾孙。尧又是帝喾的儿子。
而舜则是颛顼的六世孙。《五帝本纪》中五帝在历史舞台上称雄先后的时间顺
序应该没什么大的问题，但认为黄帝与其他四帝即五帝之间在血统血缘上都是
一脉相承的关系，是有问题的。我们将五帝所表现出的先后时代关系称为符合
历史实际的"实"，而将其一脉相承的血缘谱系称为不符合历史实际的"虚"。

　　我们知道，上古时期中华大地上的新石器文化星罗棋布，新石器文化遗址
数以万计，创造这些新石器文化的氏族、部落、部族林立，即使后来组合成几
个大的部族集团，各大族团之间起初也是互不统属，根本不可能是万古一系。
因而对于司马迁等人把原本属于不同部族或族团的"黄帝、颛顼、帝喾、尧、
舜"等的族属描写成一系的做法，需要予以纠正。撰写《史记·五帝本纪》的
司马迁以及《大戴礼记·五帝德》的作者和《尚书》中《尧典》、《皋陶谟》、
《禹贡》的作者们，将原本属于分散的材料，原本属于不同系统的部族领袖人
物或部族宗神，经过作者的取舍、加工、合并、改造等一番功夫，这才或者是
安排构筑在一个朝廷里，或者是组合成"黄帝—颛顼—帝喾—尧—舜"等万古
一系的大一统的古史体系中。他们之所以这样做，笔者以为这是当时已经形成
的华夏民族在自己的民族意识中，为增强民族的向心力、凝聚力和民族一体感
而采取的一种方式，其方法就是把各部族早已存在的历史记忆中的始祖诞生神
话和族姓谱系加工整合成为整个华夏民族的血缘谱系。因此，今天我们在面对
《五帝本纪》中的"黄帝—颛顼—帝喾—尧—舜"这一谱系时，不必拘泥于被
称为"五帝"的这些传说人物或宗神是否具有血缘上祖孙关系，而可以把他们
看成是代表了当时不同的部族族团称雄或称霸一方时在时代上的先后早晚关系。

　　在"黄帝—颛顼—帝喾—尧—舜"这一谱系中，尧、舜、禹三位传说人物
距离夏王朝的时代较近，作为"神话传说"所表达的"时间深度"不应该很
长，而诸如黄帝之类的神话传说所反映的时间深度应当是很长的，颛顼的情况，

则介于黄帝时代与尧舜禹时代之间，属于二者的分界线。如《左传·昭公十七年》载郯子说：

> 昔黄帝氏以云纪，故为云师而云名；炎帝氏以火纪，故为火师而火名；共工氏以水纪，故为水师而水名；太暤氏以龙纪，故为龙师而龙名。我高祖少暤挚之立也，凤鸟适至，故纪于鸟，为鸟师而鸟名。……自颛顼以来，不能纪远，乃纪于近，为民师而命以民事，则不能故也。

郯子所说的"自颛顼以来，不能纪远，乃纪于近"，这已经表明有关黄帝、炎帝、太暤、少暤等神话传说所代表的"时间深度"远比尧舜禹时期大得多，颛顼可作为二者的分水岭。此外，颛顼之前的著名氏族部落或部族多以图腾作标志，也能说明这一问题。文中所提到的用云记事的黄帝氏，在有些文献中又号称"轩辕氏"和"有熊氏"。如本书第四章所论，"轩辕氏"即"天鼋氏"，亦即青铜器族徽铭文中的"天鼋"族徽；"有熊氏"即青铜器族徽铭文中的"天兽族"族徽铭文[1]。至于用龙记事的太暤氏和用鸟记事的少暤氏等都是以图腾作标志，这在我国学术界已有某种程度的共识。由于图腾起源得很早，因而一般认为图腾制度是跟母系制共存的，由母系制转化为父系制，图腾制度便式微和瓦解，氏族名称也改变了，但仍保留着图腾的痕迹[2]。马克思说：

> 很有可能在世系过渡到按男系计算以后或还早一些，动物的名称就不再用来标志氏族，而为个人的名称所代替。自此以后，赋予氏族名称的祖先，就于时俱变了。[3]

马克思关于是否以动物的名字来标志氏族是划分母系氏族社会与父系氏族社会的界线即划分时代早晚的方法，可与《左传·昭公十七年》郯子的一席话作对比：即以颛顼的出现为其界线，在其前，"为鸟师而鸟名"；在其后，"为民师而命以民事"。这些都有助于证明两个观点：其一是颛顼以前的黄帝时期要远远

---

[1]　邹衡：《夏商周考古学论文集》，科学出版社2001年版，第313页。

[2]　李衡眉：《三皇五帝传说及其在中国史前史中的定位》，《中国社会科学》1997年第2期。

[3]　马克思：《摩尔根〈古代社会〉一书择要》，人民出版社1978年版，第227页。

地早于颛顼之后的尧舜禹时期，这也就是上面所说的有关黄帝、炎帝、太皞、少皞等神话传说所表达的"时间深度"要远远地大于颛顼之后的尧舜禹等神话传说所表达的"时间深度"；其二是颛顼之前的黄帝时期其世系或者是按女系计算和或者是处于由女系过渡到按男系计算的转型时期，颛顼之际，新的按男系计算世系完全获得了确立。所以《淮南子·齐俗训》说："帝颛顼之法，妇人不辟（避）男子于路者，拂（《太平御览》作'祓'，当是）于四达之衢。"为此，徐旭生先生在《中国古史的传说时代》中说："大约帝颛顼以前，母系制度虽然逐渐被父系制度所代替，但尊男卑女的风俗或尚未大成。直到帝颛顼才以宗教的势力明确规定男重于女，父系制度才确实地建立。"①

以上我们主要是从文献的角度，以《左传》昭公十七年的记载为依据，把五帝时代划分为两大段：颛顼之前的"黄帝时代"与颛顼以来的"颛顼帝喾尧舜禹时代"。事实上，这样的划分，与二者在社会形态方面的差别也是一致的。换言之，颛顼至禹的时代是邦国产生和族邦联盟的时代，而黄帝时代则是国家产生之前的"英雄时代"，也即笔者所说的中心聚落形态的时代，相当于人类学上的酋邦时代，这是史前社会向国家社会过渡的时代。

颛顼在中国史前史的地位极为重要。他的出现，具有划时代的意义：第一，"自颛顼以来，不能纪远，乃纪于近"，有了后世天文历法意义上的年代记忆，相传有"颛顼历"也当与此有关；第二，进入颛顼时期，可以看到男尊女卑、父权已成为"颛顼之法"，这种制度的确立，当然不属于刚刚进入父系社会的事情，而是父系制度经过了相当长时间发展的结果，它反映了与之前截然不同的时代特征；第三，颛顼"乃命南正重司天以属神，命火正黎司地以属民……是谓绝地天通"②的做法，说明当时已出现专职的神职人员，这意味着一个祭祀兼管理阶层的形成，宗教祭祀已被统治阶层所垄断，从而使得社会进一步复杂化，这是文明化进程中划时代的现象之一。

我们说，酋邦即中心聚落形态与国家的重要区别是后者出现了凌驾于全社会之上的强制性公共权力。而这种强制性公共权力的一个重要表现就是出现了刑罚。文献记载，最早的刑罚出现在颛顼至禹的时代。例如，《左传·昭公十五年》引《夏书》说："'昏、墨、贼、杀'，皋陶之刑也。"皋陶原本属于东夷

---

① 徐旭生：《中国古史的传说时代》，科学出版社1960年版，第85页。

② 《国语·楚语下》。

部族，后来到了中原。这是说史前东夷社会已制定有皋陶之刑。《尚书·尧典》说：皋陶"作士，五刑有服，五服三就，五流有宅，五宅三居。惟明克允"。说的也是帝舜让皋陶担任刑狱职官，施用五刑。《尚书·吕刑》篇说："苗民弗用灵，制以刑，惟作五虐之刑，曰法。杀戮无辜，爰始淫为劓刵椓黥。越兹丽刑并制，罔差有辞。"这是在颛顼尧舜时代，南方苗蛮集团也已制定了刑法，其中有劓（割鼻）、刵（割耳，一说为刖即断足之刑）、椓（宫刑）、黥（墨刑，脸上刺字）等五种极残酷的刑法。夏朝之前的颛顼尧舜时期即已产生了刑法，强有力地说明颛顼、帝喾、尧、舜、禹时期是一个具有强制性公共权力的早期国家时期。

关于颛顼帝喾尧舜禹时代的后段即尧舜禹时期已诞生早期国家，笔者在本书第五章讲到"陶寺都邑与邦国"时，既论证了陶寺都邑与唐尧的关系，也论述了陶寺都邑内诸种文明现象、金字塔式的等级结构和阶级关系，以及天文建筑与龙山时代的历法水平和陶寺邦国的都鄙邑落结构等，由此，笔者认为，陶寺的都邑邦国文明足以说明颛顼尧舜禹时代的社会形态是早期国家社会。

关于黄帝时代的社会形态，《商君书》说："黄帝之世，不麛不卵，官无供备之民，死不得用椁。事不同，皆王者，时异也。神农之世，男耕而食，妇织而衣，刑政不用而治，甲兵不起而王。神农既没，以强胜弱，以众暴寡，故黄帝作为君臣上下之义（仪），父子兄弟之礼，夫妇妃匹之合；内行刀锯，外用甲兵，故时变也。由此观之，神农非高于黄帝也，然其名尊者，以适于时也。"从中我们可以看到，神农之世是一个男耕女织、刑政不用、甲兵不起、大体平等的农耕聚落社会；黄帝之世，开始出现尊卑礼仪，以强胜弱，以众暴寡，外用甲兵，战争突起，这是一个出现不平等、社会发生分化、但尚未产生国家的所谓"英雄时代"。对于这样的时代，摩尔根称为"军事民主制"时期；恩格斯也使用"军事民主制"，同时也使用"英雄时代"称之。这是野蛮时代的高级阶段，也是向国家转变的阶段。

黄帝时代最突出的现象就是战争。《左传·襄公二十五年》记载："（晋文公）使卜偃卜之，曰：'吉。遇黄帝战于阪泉之兆。'"所谓"黄帝战于阪泉"是与炎帝的战争。《列子》说："黄帝与炎帝战于阪泉之野，帅熊、罴、狼、豹、貙、虎为前驱。"这是黄帝率领六支以图腾为名号的氏族部落与炎帝作战。《史记·五帝本纪》说："轩辕之时，神农氏世衰。诸侯相侵伐，暴虐百姓，而神农氏弗能征。于是轩辕乃习用干戈，以征不享，诸侯咸来宾从。而蚩尤最为暴，莫能伐。炎帝欲侵陵诸侯，诸侯咸归轩辕。轩辕乃修德振兵……教熊、罴、貔、貅、䝙、虎，以与炎帝战于阪泉之野。三战，然后得其志。蚩尤作乱，不用帝命。于是黄帝乃征师诸侯，与蚩尤战于涿鹿之野，遂擒杀蚩尤。而诸侯咸尊轩辕为天子。"这里既记载了黄帝与炎帝的阪泉之战，亦记载了黄帝与蚩尤的涿鹿之战。这是传说时期广为流传的两次战争，因而也见于其他文献记载。如《山海经·大荒北经》、《战国策·秦策》、《庄子·盗跖》、《尸子》等都有涉及。由于战争的因素，使得人们用建筑城墙的方式来增强防御，这就是本书第二章所述的仰韶文化中晚期郑州西山城邑以及大溪文化至屈家岭文化时期的湖南澧县城头山等地城邑出现在中心聚落形态时期的缘故。许顺湛先生曾把郑州西山的城邑称为"黄帝时代的古城"①，这无论从考古学文化的年代上，还是从社会形态上，都应该是正确的。对于中心聚落形态时期即酋邦阶段出现的城邑，恩格斯在《家庭、私有制和国家的起源》中曾有很精辟的论述："一切文化民族都在这个时期经历了自己的英雄时代……用石墙、城楼、雉堞围绕着石造或砖造房屋的城市，已经成为部落或部落联盟的中心；这是建筑艺术上的巨大进步，同时也是危险增加和防卫需要增加的标志。"②"以前打仗只是为了对侵犯进行报复，或者为了扩大已经感到不够的领土；现在打仗，则纯粹是为了掠夺，战争成了经常性的行当。在新的设防城市的周围屹立着高俊的墙壁并非无故：它们的深壕宽堑成了氏族制度的墓穴，而它们的城楼已经高耸入文明时代了。"③

在古史传说中，有关黄帝时代物质文化和精神文化上的发明创造是很多的，如《世本·作篇》说：黄帝时"伶伦造律吕"，使"沮诵、仓颉作书"，等等④。但这些发明创造每每都不足以确定其时代的社会形态。以史前陶器上的刻划符号或图形文字而论，我们说仰韶文化半坡时期的"𤯔"（岳）、"𠂤"（阜）、"×"（五）等刻划符号已具有文字的萌芽；大汶口文化中的"𦥑"、

① 许顺湛：《中原第一城——黄帝时代的郑州西山古城》，《炎黄文化研究》第一辑，大象出版社2004年版；收入许顺湛《史海荡舟》，中州古籍出版社2008年版。

② 《马克思恩格斯选集》第4卷，第163页。

③ 同上书，第164页。

④ 有一些属于其他人、其他时代的发明创造，《世本·作篇》也归于黄帝的名下，如《世本》说"黄帝使羲和占日，常仪占月"，在《尚书·尧典》中这些都属于尧时的事情。

"🐦"（晜）、"戉"（钺）、"斤"等图像文字，与后来的汉字属于一个系统。从符号到文字是一个过程，我们暂时还无法确定"仓颉造字"究竟应该与半坡时期的刻划符号还是应该与大汶口时期的图像文字相联系。当然，即使是大汶口文化的图像文字，它也属于中心聚落形态时期。再以音乐和乐器为例，《世本》说黄帝时"伶伦造律吕"。《吕氏春秋·古乐》说："昔黄帝令伶伦作为律。伶伦自大夏之西，乃之阮隃之阴，取竹于嶰溪之谷，以生空窍厚钧者，断两节间，其长三寸九分而吹之，以为黄钟之宫，吹曰'舍少'。次制十二筒，以之阮隃之下，听凤凰之鸣，以别十二律。其雄鸣为六，雌鸣亦六，以比黄钟之宫。适合黄钟之宫，皆可以生之，故曰黄钟之宫，律吕之本。黄帝又命伶伦与荣将铸十二钟，以和五音，以施英韶，以仲春之月，乙卯之日，日在奎，始奏之，命之曰《咸池》。"在距今 9000 年至 7000 多年前的河南舞阳贾湖遗址，出土 25 支用鹤的腿骨制作的骨笛，骨笛开有五孔、六孔、七孔不等。开有五孔、六孔的，能吹奏出四声音阶和完备的五声音阶；开有七孔的，能吹奏出六声和七声音阶。在中国新石器时代各个时期的其他遗址也出土有一些乐器。因此，用"黄帝命伶伦"发明音律和乐器的物质文化这样的事情，尚无法准确判定黄帝所处的历史时代和社会形态。

以上，我们以颛顼为界线把五帝时代划分为两大段：黄帝时代与颛顼帝喾尧舜禹时代。根据《商君书》所述，《列子》、《庄子》、《尸子》等诸子，以及《山海经》、《战国策》、《史记·五帝本纪》等书所说的黄帝时代的特征和战争情况，黄帝时代属于国家产生之前、社会已出现不平等的中心聚落形态阶段即所谓酋邦阶段；而颛顼至禹的时代则属于早期国家的形成阶段。

2. 颛顼尧舜禹时期的族邦联盟与向华夏民族的迈进

颛顼帝喾尧舜禹时代，大体上相当于考古学上广义的龙山时代（公元前 3000—前 2000 年）。其中颛顼帝喾时期为龙山时代的前期，约为公元前 3000—前 2500 年；尧舜禹时期为龙山时代后期，约为公元前 2500—前 2000 年[①]。如本书第五章所述，在考古发现上，我们看到在这一时代的后期，即公元前 2500—前 2000 年，有一大批早期国家的都邑遗址，例如山西襄汾陶寺、河南登

---

① 王震中：《三皇五帝传说与中国上古史研究》，《中国社会科学院历史研究所学刊》第七集，商务印书馆 2011 年版。

封王城岗、新密古城寨、山东章丘城子崖、邹平丁公、淄博田旺（桐林）、日照两城镇、尧王城、湖北天门石家河、四川新津宝墩、陕西神木石峁、浙江余杭莫角山等；在文献上，这是一个史称万邦（万国）的时代，也是建有尧舜禹族邦联盟的时代。

颛顼尧舜禹时期中原地区有两大政治景观：邦国林立和族邦政治联盟。尧舜禹禅让传说，生动地描述了族邦联盟的盟主职位在联盟内转移和交接的情形。据《尚书·尧典》等记载，尧在年老的时候，让邦国联盟内的"四岳"推举继承人，大家一致推举舜，说舜面对父亲愚顽、继母凶狠、异母弟弟傲慢逞强，却能以自己的孝行感动全家和睦相处。于是尧把二女嫁给舜，以观察舜齐家治国的能力。尧还叫舜谨慎地推行伦常、孝道和礼教。舜把父义、母慈、兄友、弟恭和子孝的五常之教推行得很好。尧又让舜统领百官，舜能使百官行为有序，也能使各方邦君、首领敬重他。尧以为舜足以授天下，于是决定让位于舜。舜正式继位前，曾把权力让给尧的儿子丹朱，自己避居于南河之南。然而天下诸邦和民众却不信任丹朱却拥戴舜，这样，舜才正式继位。

《尚书·尧典》还说，舜执掌了邦国联盟后，命禹为"司空"，主持治理洪水、平定水土；命弃为"后稷"，主持谷物播种和生产；命契为"司徒"，主持教化；命皋陶为"士"，主持刑罚。禹是夏族始祖，弃是周族始祖，契是商族始祖，皋陶是东夷人。当时的邦国联盟还没有发展成王朝，禹、弃、契、皋陶等人的被任命不属于"同朝为官"。这些官职的任命未必实有其事，但却反映了舜与诸邦的广泛联系，也反映了当时邦国联盟的构成情形。舜年老的时候，决定将权位让给禹，禹在正式继位以前，也是谦让，提出把权位让给舜的儿子商均，自己避居于阳城，但是诸邦依然拥戴禹，禹这才正式继位。

关于尧舜禹之间权位的转移，还有另外一种传说。古本《竹书纪年》记载："舜囚尧于平阳，取之帝位。"《韩非子·说疑》说："舜逼尧，禹逼舜，汤放桀，武王伐纣，此四王者，人臣弒其君者也。"《孟子·万章上》也说："（舜）居尧之宫，逼尧之子，是篡也，非天与也。"尧舜禹相互争斗的传说，从一个侧面反映了中原地区各个邦国之间势力消长的关系。这种情形与史书用"万邦"、"万国"来称呼尧舜禹时期的政治实体也是一致的。

在尧舜禹时期的"万邦"中，由于尚未产生像夏商周三代那样的作为中央王国的"国上之国"，所以当时邦国联盟领导权的产生，多以和平推举的方式进行，这就是尧舜禹禅让传说的由来；也许有的时候，盟主的产生需要依靠政治军事实力，这就会出现所谓"舜逼尧，禹逼舜"这种事情。尧舜禹禅让传说反映的所谓民主制，说的是邦国与邦国之间的平等关系，并不是某一邦国内部的关系，因而不能用尧舜禹禅让的古史传说来衡量各邦国内部的社会性质。过去用尧舜禹禅让传说来解释各邦国内部的社会性质，似乎是一个误区。同样，《礼记·礼运》所说的天下为公的大同世界，是因为当时政治实体体制的最高层次为邦国和邦国联盟，尚未出现一元政治的王朝体系；《礼运》说小康的家天下始于夏朝，这是因为从夏代开始才出现了多元一体的以王国为核心为顶点的王朝国家体系。没有"国上之国"的王国和王的出现，就不会有"家天下"的政治格局。"家天下"之"天下"即王朝国家，既包括中原的王国，也包括王国之外的诸邦国，其结构是以存在一个"共主"为条件的。

综合有关尧舜禹的古史传说，可以看到，尧、舜、禹是双重身份，他们首先是本邦本国的邦君，又都曾担任过联盟的"盟主"亦即"霸主"。唐尧禅位给虞舜，所传的是联盟的盟主之位，而不是唐国君主的君位[①]。对于尧舜禹时期的联盟，过去学术界一般称为"部落联盟"。但是，既然在尧舜禹时期的"万邦"的政治实体中，确已出现一些早期国家，我们称为"族邦"或"邦国"，那么，从事物的性质总是由其主要矛盾的主要方面予以规定的来看，尧舜禹时期诸部族之间的关系，与其称为"部落联盟"，不如称为"邦国联盟"或"族邦联盟"。唐尧、虞舜、夏禹之间的关系实为邦国与邦国之间的关系，只是当时随着势力的相互消长，唐尧、虞舜、夏禹都先后担任过"族邦联盟"的盟主而已。这种盟主地位就是夏商周三代时"天下共主"之前身，也就是说，夏商周三代之君"天下共主"的地位，就是由尧舜禹时期族邦联盟的"盟主"或"霸主"转化而来的。

从民族形成的视角来看，颛顼、尧、舜、禹时期的国家属于部族国家。部族是历史上比部落更高层次的、比部落范围更大的、有共同语言、共同文化、内部各部地理位置相连（起初各部分地理位置相连，其后某部亦可迁徙迁出）、带有血统特征（如姓族或族的谱系）的族共同体。部族国家的特点是国家的民众或主体民众属于某一部族，因而在国家的政治生活中血缘关系还发挥着很大

---

① 王树民：《五帝时代的历史探秘》，《河北学刊》2003 年第 1 期。

的作用；有时国君之名与部族之名可以重合；国家的最高保护神也是部族祖先神（部族宗神）。在有些时候，部族可以等同于国家；但由于部族迁徙等原因，也使得同属一个部族的人们却可以建立若干小国家。在从部落到民族的发展过程中，部族和部族国家是其中间的一个重要环节。而在已形成部族的情况下，各个部族之间的族邦联盟，则是由部族走向民族、由部族国家走向民族的国家的重要一环。中原地区的尧舜禹族邦联盟正是由不同部族所组成，它为其后华夏民族的形成奠定了基础。

在尧舜禹族邦联盟中，有来自北部戎狄的祁姓陶唐氏，来自西部姜戎的姜姓四岳和共工氏，来自东夷的姚姓有虞氏、偃姓皋陶和嬴姓伯益等。

帝尧陶唐氏为祁姓，既见于《世本》，也载于《左传》。《左传》襄公二十一年载栾恒子娶于范宣子之女曰"祁栾"，即是明证。又据《史记·赵世家》：赵简子疾，五日不省人事，"与百神游于钧天"，帝命其所射中的熊和罴正是晋国范氏与中行氏的祖先。而范氏又曾自谓陶唐之后，见于《左传》襄公二十四年、昭公二十九年及《国语·晋语》等先秦典籍。

陶唐氏是祁姓，而祁姓乃黄帝族十二姓之一。据《山海经·大荒西经》："有北狄之国。黄帝之孙曰始均，始均生北狄。"黄帝族由轩辕氏和有熊氏两大支、二十五宗、十二姓所组成，是部族融合的结果①，有熊氏大概就属于"黄帝北狄"这一支。这样，我们可以说，祁姓陶唐氏属于黄帝部族集团的"北狄"分支之一。陶唐氏最初活动于今河北唐县一带，其后逐步向南迁移，最后定居于今晋南临汾与翼城一带。《汉书·地理志》中山国唐县条下，班固自注："尧山在南。"颜师古注引："应邵曰：'故尧国也，唐水在西'。"《后汉书·郡国志二》唐县条下注引《帝王世纪》也同此说，《水经注·滱水注》、《读史方舆纪要》卷十二唐城条亦然。这些都是陶唐在今河北唐县一带留下的足迹。其后，陶唐氏迁往晋中地区。《毛诗·唐谱》说："唐者，帝尧之旧都，今曰太原晋阳，是尧始居此地，后乃迁河东平阳。"《汉书·地理志》太原郡晋阳条班固自注及《水经·晋水注》都遵此说。陶唐氏最后定居于今晋南临汾与翼城一带，上引《毛诗·唐谱》及《帝王世纪》"尧都平阳，于《诗》为唐国"，都主张临汾为陶唐氏所都。《左传》昭公元年与定公四年说成王封弟唐叔虞于夏

---

① 王震中：《三皇五帝传说与中国上古史研究》，《中国社会科学院历史研究所学刊》第七集，商务印书馆 2011 年版。

墟，也即故唐国。《史记·晋世家》记载此事时说："封叔虞于唐。唐在河、汾
之东，方百里，故曰唐叔虞。"《正义》引《括地志》云："故唐城在降州翼城
县西二十里，即尧裔子所封。"顾炎武《日知录》卷三十一辩驳晋国都城在太
原晋阳的说法时，主张唐叔始封迄侯缗之灭，并在翼城。顾氏的说法是有道理
的。关于帝尧陶唐氏最后定居于晋南临汾与翼城一带的唐地，襄汾陶寺遗址是
其都邑，我们在第五章有关"陶寺都邑与邦国"的研究中已作论述，不再赘
述。

虞舜有虞氏为东夷族，《孟子·离娄下》说："舜生于诸冯，迁于负夏，卒
于鸣条，东夷之人也。"关于诸冯所在，以往无考。其实在今山东省诸城市即有
诸冯地名。清乾隆《诸城县志》说：该"县人物以舜为冠，古迹以诸冯为首"。
今山东诸城在西汉时为诸县，春秋时为鲁国的一个邑。《春秋》庄公二十九年
记有："城诸及防。"《春秋》文公十二年说："季孙行父帅师城诸及防。"杨伯
峻《春秋左传注》说："诸、防皆鲁邑。"朱玲玲《舜为"东夷人"考》认为：
"诸冯应即诸，从语言角度讲，诸冯的冯字是个轻读语尾音，如北京话的
'儿'，付诸文字是可省去的，不省则作'诸冯'，省去尾音则作'诸'。"[①] 清
初张石民的《放鹤村文集》中的《诸冯辩》也说："诸城得名，以鲁季孙行父
所城诸，所城诸得名，则以诸冯……旧有舜祠。"为此，我们说诸冯在山东诸
城，与孟子所说的舜为"东夷之人"颇为吻合，舜的出生地、虞舜族的发祥地
在今诸城。

虞舜族另一居地是陈地，即今河南虞城。《左传·昭公八年》："舜重之以
明德，寘德于遂，遂世守之。及胡公不淫，故周赐之姓。"《史记·陈杞世家》
也说："陈胡公满，虞帝之后也。"《史记·周本纪》云："武王追思先圣王，乃
褒封……帝舜之后于陈。"《正义》引《括地志》云："陈州宛丘县在陈城中，
即古陈国也。帝舜后遏父为周武王陶正，武王赖其器用，封其子妫满于陈，都
宛丘之侧。"即今河南虞城。此地可以看成是虞舜由诸冯向西迁徙发展的第一
站。

其后，虽说虞舜族在诸冯和陈地虞城都应有族人留存，但虞舜及其族团又
进一步向中原迁移发展，从而在今山西平陆也出现了虞城。《史记·秦本纪》：

---

① 朱玲玲：《舜为"东夷人"考》，《超然台》2009 年第 3 期。

昭襄王五十三年，秦伐魏，"取吴城"。《正义》引《括地志》云："虞城故城在陕州河东县东北五十里虞山之上，亦名吴山，周武王封弟虞仲于周之北故夏虚吴城，即此城也。"其地在今山西平陆县。这样，虞舜的活动地域就从山东首先转到了河南虞城，再转到了山西平陆。这就是《管子·治国》和《吕氏春秋·贵因》等书所说的"舜一徙成邑，再徙成都，三徙成国"。虞舜到了中原之后的都邑，按照皇甫谧《帝王世纪》的说法："舜所都，或言蒲阪，或言平阳，或言潘。"也由于虞舜从东夷之地来到了中原，并成为中原地区族邦联盟的盟主，所以《史记·五帝本纪》说："舜，冀州之人也。"①

　　四岳和共工氏也是尧舜禹族邦联盟的重要组成部分，可他们却来自姜戎。《国语·周语中》说："齐、许、申、吕由太姜。"《国语·周语下》："昔共工氏……欲壅防百川……其后伯禹念前之非度……共工氏之孙四岳佐之……皇天嘉之……祚四岳国……赐姓曰姜，氏曰有吕。……申、吕虽衰，齐、许犹在。"从这两段话可以看到，齐、许、申、吕四国都是姜姓，是四岳的后代，而四岳则是共工的从孙。但就是这个姜姓的四岳却又被称为"姜戎"。《左传·襄公十四年》云："执戎子驹支。范宣子亲数诸朝，曰：'来，姜戎氏！昔秦人迫乃祖离于瓜州，乃祖吾离被苫盖，蒙荆棘，以来归我先君。……'对曰：'惠公蠲其大德，谓我诸戎是四岳之裔胄，毋是剪弃，赐我南鄙之田……'。"在这段话中，戎人驹支说"我诸戎是四岳之裔胄"，四岳与诸戎原本为同一部族。

　　上述情况说明，不同部族的人们来到中原地区后，在建立各自的部族国家的同时，也组建了一个族邦联盟。这样，对于一个个部族国家而言，其国人可以是同一部族血缘的族众；但对于联盟而言，却超脱了部族血缘的藩篱，从而也会逐步产生超越部族意识的某些新文化因素。而这种新文化因素就是促使各部族的人们朝着民族方向发展的动因，并由血缘的部族走向文化的民族。然而，

① 南方也有关于舜的传说。例如，相传尧女舜妻为湘君。《吕氏春秋·召类篇》说："舜却苗民，更易其俗。"《山海经·海内南经》："苍梧之山，帝舜葬于阳，帝丹朱葬于阴。"《海内经》："南方苍梧之丘，苍梧之渊。其中有九嶷山，舜之所葬，在长沙零陵界。"舜为姚姓，《史记·五帝本纪》正义引《会稽旧记》云："舜上虞人，去虞三十里有姚丘，即舜所生也。"只要我们相信孟子所说的舜"东夷之人也"，而东夷乃至商代的"人方"即"夷方"所在地，愈来愈多的证据表明它就在今山东地区（参见李学勤《重论夷方》，《民大史学》(1)，中央民族大学出版社1996年版；李学勤《论新出现的一片征人方卜辞》，《殷都学刊》2005年第1期），所以，有关舜与南方关系的这些说法，或者是由于虞舜的活动范围时常到了南方，或者是舜的势力和文化影响传播到了南方，或者是由于舜死于南方缘故。

由于族邦联盟毕竟是松散的、不稳定的，随着盟主的更换，联盟的中心也是游移的。所以，对于民族的形成来说，仅仅有某些新文化因素是远远不够的，它需要有一种更大范围的、超越邦国限制的、能容纳和包裹诸部族的"大国家机制"。而从其后出现的夏王朝的历史实际来看，这种"大国家机制"就是笔者所说的"复合制国家结构"。只有复合制国家结构才会出现多元一体的政治格局，才能在一个国家内容纳众多的部族，从而使分散的部族国家走向某种形式统一的民族的国家，出现王朝体制下的以大文化为血脉和纽带的华夏民族。

这里所谓"某种形式统一"意味着与秦汉以后统一的多民族国家不同。秦汉以来的"统一的国家"即国家统一，是以郡县制为行政机制的中央与地方层层隶属管辖的单一制的中央集权国家，而夏商周三代是复合制的王朝国家，它的复合制是指在王朝内包含有王国和从属于王国的属国（属邦）两大部分：在夏代，它是由夏后氏与其他从属的族邦所组成；在商代，它是由"内服"之地的王国与"外服"之地的侯伯等属邦所组成。尽管如此，这种复合制以王为天下共主而把不同部族的人们包含在了王朝的体系之中，从而使得我们所说的民族四大要素或四个自然属性——共同语言、共同地域、共同文化和相同经济生活，在夏、商王朝已经具备。

具有共同语言，我们可以从唐虞、夏商周的汉字体系得到证明。我们知道，文字是以语言为基础的。商代晚期的青铜器铭文与周代的铜器铭文、商人殷墟的甲骨文与周人周原的甲骨文，以及商代甲骨文与周代的金文，它们完全为一个文字系统即汉字系统，是毫无疑问的。对夏代我们还没有发现文字，但夏代之前的山西襄汾陶寺都邑遗址却发现有使用文字的情况，目前已经公布的两个字，尽管在具体字义的释读上还未成为定论，但这两个字属于汉字系统是没有疑问的。我们在第五章中已论证陶寺都邑是尧舜禹时期的邦国都城，而且很可能就是帝尧陶唐氏的都城。这样就可以证明：从尧舜禹族邦联盟使用的语言到夏商周三代王朝使用的语言是同一个汉语语言体系，其中尽管各部族之间有方言的不同，但他们属于共同的语言是没问题的。

具有共同地域，是指夏商周三代王朝国家所具有领土，其中夏商周三代王都所在地即中原地区是共同地域的核心区。也正因为此，在字义训诂中，人们才把"华夏"之夏称为"中国"，华夏民族从夏朝开始就具有共同的中原之地。有人把国家称作民族的外壳，在这点上，复合制的王朝国家就成为华夏民族的外在框架。

　　具有共同的文化，是指自夏朝以来以中原为核心的华夏民族在衣冠服饰、礼仪制度、典章制度、宗教崇拜和祭祀以及宇宙观等方面所具有的共同性。在这方面，夏商周三朝虽有变化，但正如孔子所言，殷因于夏礼，周因于殷礼，它们之间只是有所损益而已。

　　具有相同的经济生活，并非指王朝内各个从属于王室的族邦向王室的贡纳，也并非指中原与各地的经济贸易往来，而是指生活在复合制王朝国家中的人们，因地理和生态环境相同，经济类型相同，因而具有相同的生产与生活的方式和生活习惯。

　　总之，随着从尧舜禹时期的族邦联盟向多元一体复合制的夏王朝的转变，原来的诸部族国家就变成了民族的国家，华夏民族开始形成也应当以夏朝为其时间的上限。

下　　编

从邦国到王国和王朝国家

第　七　章
夏族的兴起与夏文化的探索

一　夏族的兴起

《国语·鲁语上》引鲁大夫展禽曰："夏后氏禘黄帝而祖颛顼，郊鲧而宗禹。"禘、祖、郊、宗都是"国之典祀"。在春秋、战国人眼里，黄帝等已成为华夏民族的共祖，因此上引展禽的话中还说到"有虞氏禘黄帝而祖颛顼，郊尧而宗舜"等①。夏后氏和有虞氏这两个不同的部族都"禘黄帝而祖颛顼"，是民族融合的结果。在民族融合之前，从部族的视角，把夏族的兴起追溯到禹的父亲鲧是没有问题的。在先秦文献中，鲧和禹都曾被称为"崇伯"，如《国语·周语下》说："其在有虞，有崇伯鲧。"而《逸周书·世俘》则称禹为"崇禹"。可见，崇地是夏族在先夏时期即建立夏朝以前的重要根据地，这也就是《国语·周语上》所说的"昔夏之兴也，融降于崇山"的含义。

关于崇的地望，至少有六说。其一为丰镐说，其二为秦晋说，其三为嵩高说，其四为晋南襄汾说，其五为徐州说，其六为山东鄄城东南说。

丰镐说是因《诗·文王有声》有"既伐于崇，作邑于丰"。据此，或者认为殷末周初之崇在今陕西鄠县，或者认为在渭南。

秦晋说是依据《左传·宣公元年》："晋欲求成于秦。赵穿曰：我侵崇，秦急崇，必救之。吾以求成焉。冬，赵穿侵崇，秦弗与成。"这是说一直到春秋时期，晋、秦界上犹有以崇为号之国。

嵩高说是依据上引《周语上》韦昭注曰："崇，崇高山也，夏居阳城，崇

---

① 《国语·鲁语上》展禽曰："有虞氏禘黄帝而祖颛顼，郊尧而宗舜；夏后氏禘黄帝而祖颛顼，郊鲧而宗禹；商人禘舜而祖契，郊冥而宗汤；周人禘喾而郊稷，祖文王而宗武王。"

高所近。"《太平御览》引韦注说："崇、嵩字古通。夏都阳城，嵩高在焉。"后人据此多认为崇即汉颍川郡之嵩高县。

晋南襄汾说乃顾祖禹《读史方舆纪要》所考订，提出"崇山在（襄汾）县西南四十里"，说这里的塔儿山大概就是古崇山。

江苏徐州说是吾师杨向奎先生提出的。20 世纪 30 年代，杨先生发表《夏民族起于东方考》等论文①，主张"夏民族之起，当在今山东西南部与江苏、河南之交的"地区。其中关于崇地，杨先生举出《史记·夏本纪》曰："鲧之治水无状，乃殛鲧于羽山以死。"《汉书·地理志·东海郡》祝其县下班固自注："《禹贡》：羽山在南，鲧所殛。"汉祝其县，即今江苏省赣榆县。《孟子·公孙丑下》："于崇，吾得见王。"《路史·国名记》引《寰宇记》："彭城北三十里临泗水，古崇国，城西有崇侯庙。"杨先生认为"此崇国与上述徐州羽山之地相近"，当即禹父崇伯国的所在地。

山东鄄城东南说是近年沈长云在提出濮阳阳城说时一并提出的。其论证的逻辑是：司马相如《大人赋》说到："历唐尧于崇山兮，过虞舜于九疑。"这是说尧的葬地在崇山。《墨子·节葬下》："昔者，尧北教乎八狄，道死，葬蛩山之阴。"蛩、崇音同通用。此崇山又名为狄山。《山海经·海外南经》："狄山，帝尧葬于阳，帝喾葬于阴。"郦道元《水经·瓠子河注》："《山海经》尧葬狄山之阳，一名崇山。"为此，古瓠子河流经的汉济阴郡成阳县西北，当今山东鄄城县东南附近乃古崇山之地②。然而，郦道元《水经·瓠子河注》的原文是这样："瓠河故渎又东迳句阳县之小成阳城北。城北侧渎，《帝王世纪》曰：'尧葬济阴成阳西北四十里，是为谷林。《墨子》以为尧堂高三尺，土阶三等，北教八狄，道死，葬蛩山之阴。《山海经》曰：尧葬狄山之阳，一名崇山。二说各殊，以为成阳近是尧冢也。'余按小成阳在成阳西南半里许，实中，俗嗼以为囚尧城，土安（皇甫谧）盖以是为尧冢也。"郦道元转述了皇甫谧《帝王世纪》说"尧葬济阴成阳西北四十里"。皇甫谧把《墨子》、《山海经》所说的尧葬狄山（一名崇山）说成是在济阴成阳这一带。但郦道元指出，济阴成阳这一带，"俗

---

① 杨向奎：《〈夏本纪〉、〈越王勾践世家〉地理考实》，《禹贡》第三卷第一期，1935 年 3 月；《夏代地理小记》，《禹贡》第三卷十二期，1935 年 8 月；《夏民族起于东方考》，《禹贡》第七卷第六、七合期，1937 年 6 月。

② 沈长云：《上古史探研》，中华书局 2002 年版，第 40 页。

喽以为囚尧城，士安（皇甫谧）盖以是为尧冢也"。可见，是皇甫谧把"囚尧城"说成了"尧冢"。至于皇甫谧说"尧葬济阴成阳西北四十里"，根据何在，是不得而知的。

韦昭说崇山即嵩高山，将崇山与阳城联系在一起来考虑，起到了相互印证的作用。但王玉哲指出，河南嵩山即"崇高山"之名，是汉武帝登礼颍川郡之太室山才易名的，于是河南始有崇高山①，在这之前，它叫做太室山或外方山。对于顾祖禹《读史方舆纪要》说山西襄汾县西南四十里的塔儿山即古崇山，有学者认为这个名称出现得太晚，难以据信。说到崇与山西的关系，顾颉刚、王玉哲等曾考证说《诗经·大雅·崧高》"崧高维嶽"之"嶽"，实指《禹贡》所述在冀州的"岳阳"、"太岳"之"岳"，此"大岳"就是位于山西的霍太山，也被称作"四岳"，"四"乃"大"之讹。然而，傅斯年也据《诗·崧高》"崧高维嶽，骏极于天。维嶽降神，生甫及申"以及《国语·周语》"共之从孙四岳佐之……祚四岳国，命以侯伯，赐姓曰姜，氏曰有吕……申吕虽衰，齐许犹在"等，认为四岳实是岳山脉中的四座大山，四岳之国齐许申吕的领地原本在豫西和豫西南一带，齐是后来迁徙到东方的。《左传·昭公四年》所说的"四岳、三途、阳城、大室、荆山、中南，九州之险也"的阳城在今登封县②。确实，齐许申吕姜姓国是与"大岳"联系在一起的。如《左传》隐公元年："夫许，大岳之胤也。"庄公二十二年："姜，大岳之后也。"《国语·周语二》："齐、许、申、吕由太姜。"《国语·周语三》："祚四岳国，命以侯伯，赐姓曰姜，氏曰有吕……申、吕虽衰，齐许犹在。"至于这里的大岳、四岳究竟最初就是在豫西和豫西南，还是先在晋南"河东"地区的霍太山，而后南迁到豫西和豫西南？两种观点各执一词。对于后者来说，若与《山海经·大荒南经》"帝尧、帝喾、帝舜葬于岳山"，以及王充《论衡·书虚》"尧葬于冀州，或言葬于崇山"和《左传》有关晋南"夏墟"的传说等相联系，主张崇山乃山西南部的霍太山，也是有可能的。只是《国语·周语上》说："昔夏之兴也，融降于崇山。"这里的"融"，一般注释为"祝融"。《左传·昭公十七年》说："郑祝融之虚也。"这是说祝融的原居地在今河南新郑县境内。所以，若"融降于崇山"之"融"指的是祝融的话，由祝融在河南新郑的居地以及祝融八姓的分布来

---

① 王玉哲：《夏文化研究中的几个问题》，《夏史论丛》，齐鲁书社 1985 年版。

② 傅斯年：《姜原》，《国立中央研究院历史语言研究所集刊》第二本第一分，1930 年 5 月。

看，是不支持崇山在山西说的，却支持嵩高说。所以，与鲧禹相联系的崇和崇山，究竟在何地，依旧难以形成共识，现阶段尚不能确定下来。

鲧与崇的问题之外，禹的兴起之地及其都邑问题也是聚讼纷纭。有主张中国西部说，有主张东部说，有主张南方说，有主张晋南说，有主张豫西说，等等。主张中国西部说者主要依据《史记·六国年表》："禹兴于西羌。"《荀子·大略》："禹学于西王国。"杨倞注："大禹生于西羌；西王国，西羌之贤人也。"《新语·述事》："大禹出于西羌。"为此，有人认为"今陕西的南部，自泾至于镐丰，西南到达褒地一带，盖为夏之先世的故城"①。也有人在上述文献的基础上结合"禹生于石纽"的传说，认为禹出于西方羌族，随着羌族的迁徙，"夏禹传说"也逐渐东移：一支由黄河流域而东，散布于中国北部；一支由岷江流域而南至于长江，折而向东，由长江流域而散布于中国东南部②。

关于禹生于石纽的传说，《史记·夏本纪·正义》引扬雄《蜀王本纪》云："禹本汶山郡广柔县人也，生于石纽。"《括地志》云："茂州汶川县石纽山，在县西七十三里。"《吴越春秋》："女嬉于岷山，得薏苡而生禹，地曰石纽，在蜀西川也。"《水经·沫水注》："（广柔）县有石纽乡，禹所生也。今夷人共营之，地方百里，不敢居牧。"《华阳国志·蜀志》："石纽，古汶山郡也。崇伯得有莘氏女，治水行天下，而生禹于石纽刳儿坪。"《元和郡县图志·茂州》汶川县下："禹本汶川广柔人，有石纽邑，禹所生处，今其地名刳儿坪。"依据禹生石纽的传说，章太炎《訄书·序种姓》认为"舜、禹皆兴于蜀汉"，而后才进入中原地区建立夏王朝政权。

主张夏族发祥于我国东部地区说，最早由杨向奎先生提出③。杨先生举出的文献论据主要有：《左传·哀公七年》："禹合诸侯于涂山，执玉帛者万国。"《吕氏春秋·初音》："禹行功，见涂山之女，禹未之遇而巡省南土。涂山氏之女乃令其妾候禹于涂山之阳。"《史记·夏本纪》："禹曰：'予辛壬娶涂山，癸甲生启，予不了。'"《索隐》："杜预云：'涂山在寿春东北。'皇甫谧云：'今九江当涂有禹庙'，则涂山在江南也。"杨先生则认为"实则与禹有关的涂山既

---

① 程憬：《夏民族考》，《大陆杂志》第一卷第五期，1932 年 12 月。
② 陈志良：《禹生石纽考》，《禹贡》第六卷第六期，1936 年 11 月。
③ 杨向奎：《夏民族起于东方考》，《禹贡》第七卷第六、七合期，1937 年 6 月。

不在江南，亦不在寿春，乃在会稽"。此会稽当在今泰山附近，他以《管子·封禅》"禹封泰山，禅会稽"为根据。还引《淮南子·氾论训》："秦之时……发适戍……丁壮丈夫西至临洮狄道，东至会稽浮石。"高诱注："'会稽'，山名；'浮石'，随水高下，言不没，皆在辽西界。一说会稽山在太山下，'封于太山，禅于会稽是也'。"杨先生取其后说，认为"泰山下有会稽，至此乃无疑问"。此外，如前所述，杨先生还认为禹的父亲鲧也活动于这一地区。与杨向奎先生夏起于东方说相一致的是考古学者杜在忠对大汶口文化、山东龙山文化和二里头文化的看法。在考古学者提出二里头文化是夏文化时，杜在忠先生认为二里头文化乃是山东大汶口—龙山文化的某一族西迁到河南颍水流域一带，与当地土著文化融合而形成起来的一种文化遗存，而"二里头文化的时代处于夏代中晚期，还可能更晚一些"。由此，他推论夏王朝在中兴以前的中心活动区域在山东的黄河下游和海岱之间①。近年，沈长云提出夏族早期活动中心当在古河济之间的今河南濮阳地区。其依据：一是《战国策·齐策四》云："夫有宋则卫之阳城危。"他说卫之阳城就是文献中所说的"禹都阳城"，地在濮阳。二是如前所述，他认为汉济阴郡成阳县西北，即今山东鄄城县东南附近，乃古崇山之地。三是在濮阳高城村发现的春秋战国时期卫国都城之下有可能存在龙山时代的城址，说不定这就是禹都阳城②。

关于夏民族兴起于南方说，早在20世纪20年代，顾颉刚先生曾假定"禹是南方民族的神话中的人物"③。到20世纪90年代，陈胜勇出版了一部《中国第一王朝的崛起》专著，也主张夏兴起于我国的东南，夏初王畿在东南地区④。顾颉刚的理由是：（1）出现于南方的"《楚辞·天问》对于鲧禹有很丰富的神话"。（2）南方"越国自认为禹后，奉守禹祀"。（3）"传说中有禹会诸侯于涂山的故事，又有禹娶涂山的故事，涂山在今安徽怀远县东南八里"。（4）"传说中有禹致群神于会稽的故事，又有禹道死葬会稽的故事。会稽山在今浙江绍兴县东南，春秋时为越都"。（5）"会稽山西北五里有大禹陵……陵墓所在之处，

　　① 杜在忠：《山东二斟氏考略》，《华夏文明》第一集，北京大学出版社1987年版。

　　② 沈长云：《禹都阳城即濮阳说》，《中国史研究》1997年第2期；沈长云、张谓莲：《中国古代国家起源与形成研究》，人民出版社2009年版，第162—165页。

　　③ 顾颉刚：《讨论古史答刘、胡二先生》，《古史辨》第一册，1923年版。

　　④ 陈胜勇：《中国第一王朝的崛起——中华文明和国家起源之谜破解》，湖南出版社1994年版。

确很足以证明这一地是这一神话中的中心点"。（6）古代中原地区的人们"看南方蛇多，故以南方的民族为虫种"，"禹名从虫"，故当为南方人的祖先。（7）"楚越间因土地的卑湿，有积水的泛滥，故有宣泄积水的需要；因草木畅茂，有蛟龙害人，故有焚山泽驱蛟龙的需要。有了这种需要，故禹、益的神话足以增大他们的价值，发展他们的传播。禹之出于南方，这是一个很重要的证据"①。陈胜勇的著作除了对顾先生从文献的角度谈到的上述几个方面都有所论述外，他认为夏鼎及三代青铜器上的"饕餮纹"来自良渚文化玉器"神徽"；良渚文化祭坛就是"夏社"的原型。可以说这是结合考古材料进一步申述了夏兴起于南方说。

夏族起于晋南说，也是从 20 世纪 20 年代即开始讨论，一直持续到现在。其论据主要有：（1）《左传·定公四年》讲到周初分封唐叔虞为晋国国君时，"命以《唐诰》而封于夏虚，启以夏政，疆以戎索"。此"夏虚（墟）"在晋南。（2）《左传·昭公元年》："（郑）子产曰：'后帝（笔者注指尧）不臧……迁实沈于大夏，主参，唐人是因，以服事夏商……及成王灭唐而封大叔焉。'"此处"大夏"即定公四年所说的"夏墟"。按照服虔注说，"大夏在汾、浍之间"，当在今山西翼城、曲沃一带。《史记·晋世家》："唐在河汾之东，方百里。"（3）《世本》说："夏禹都阳城，避商均也。又都平阳，或在安邑，或在晋阳。"平阳、安邑都在晋南。晋阳，杜预以为在太原；顾炎武等则考证在晋南翼城。《史记·夏本纪·集解》引皇甫谧曰："（禹）都平阳，或在安邑，或在晋阳。"《水经·涑水注》："安邑，禹都也。"依据这些文献记载和在晋南地区发现的陶寺文化和"东下冯类型"文化，王玉哲②、刘起釪③等学者都主张夏人兴起于晋南，然后从山西渡河进入豫境。

夏族起源于豫西说是当前学术界的主流观点。以前，顾先生主张过夏禹起源于南方，也因晋封"夏墟"和晋用"夏正"而还曾说夏王国的政治中心在山西南部，但后来排比了一些夏的资料后，又主张"夏王国的政治中心在河南"④。徐旭生在20世纪50年代对他搜集到的有关夏的约80条文献资料进行分

①　顾颉刚：《讨论古史答刘、胡二先生》，《古史辨》第一册，1923 年版。

②　王玉哲：《夏文化研究中的几个问题》，载《夏史论丛》。

③　刘起釪：《古史续辨》，中国社会科学出版社 1991 年版，第 132—161 页。

④　王煦华：《顾颉刚关于夏史的论述》，载《夏文化研究论集》。

析，认为"有两个区域应该特别注意：第一是河南中部的洛阳平原及其附近，尤其是颍水谷的上游登封、禹县一带；第二是山西南部汾水下游（大约自霍山以南）一带"。其中，夏族在豫西的活动资料最为丰富，"可以说是很特殊的，别的无论什么区也没有这么多"①。20 世纪 80 年代，邹衡的《夏商周考古学论文集》中专列一篇《夏文化分布区域内有关夏人传说的地望考》，搜集了大量的资料，系统地论述了夏人在各地的活动区域，也主张夏的政治中心在豫西，夏初的中心在豫西②。

关于夏禹和夏初与豫西的关系，其主要依据有：

（1）禹都阳城。《古本竹书纪年》："禹居阳城。"《世本·居篇》："禹都阳城。"《孟子·万章上》："禹避舜子于阳城。"赵岐注："阳城，箕山之阴，皆嵩山下。"《括地志》："阳城在箕山北十三里。"《史记·夏本纪》："禹辟舜之子商均于阳城。"《集解》注："禹居阳城，今颍川阳城是也。"《水经》："颍水出颍川阳城县西北……东南流入颍水。"汉代的颍川阳城，在今河南登封市嵩山附近。颍川阳城说，是传统的主流意见，清人阎若璩《四书释地》、顾祖禹《读史方舆纪要》，今人徐旭生等都力主此说。

20 世纪 70 年代在今登封告成镇发现一座战国时期的城址，从城内出土印有"阳城仓器"字样的陶片，证明这里确实是春秋、战国时期的阳城故址。此外，在登封告成镇西侧的王城岗还发现了龙山时代晚期的城址。1977 年发现的是两座东西相连的小城，西城面积近 1 万平方米，东城城垣大都被五渡河河水冲毁，面积不详③。2002—2005 年发掘出一座河南龙山文化的大型城址，被称为大城，大城将 1977 年发现的小城包括在里面，大城城内面积约为 34.8 万平方米④。大城与小城的关系，有人认为大城存在的时代为王城岗龙山文化第二期至第三期，大小城的建筑年代是同时的，小城是大城的一部分。也有人认为大城略晚于小城，王城岗大城和小城是前后相继的，关系十分密切，最先修筑的是王城岗小城之东城，随后修建的是王城岗小城之西城，最后修筑的是王城

---

① 徐旭生：《1959 年夏调查豫西"夏墟"的初步报告》，《考古》1959 年第 11 期。

② 邹衡：《夏商周考古学论文集》，文物出版社 1980 年版。

③ 河南省文物研究所、中国历史博物馆考古部：《登封王城岗与阳城》，文物出版社 1992 年版。

④ 北京大学考古文博学院、河南省文物考古研究所：《登封王城岗考古发现与研究》，大象出版社 2007 年版。

岗大城，小城修建于王城岗龙山文化前期，大城修建于王城岗龙山文化后期。碳十四测定的年代数据是：王城岗大城夯土城墙的年代上限不早于公元前2100—前2055年或公元前2110—前2045年；王城岗大城夯土城墙的年代下限不晚于公元前2070—前2030年或公元前2090—前2020年①。也就是说王城岗龙山文化大城兴建、使用的时间较短，前后只有几十年。而这个年代范围恰好在"夏商周断代工程"测定的夏代初年的年代，为此，王城岗城址的发掘者认为："王城岗龙山文化晚期小城有可能为'鲧作城'，而王城岗龙山文化晚期大城有可能即是'禹都阳城'。"② 依据这些考古发现，许多学者认为"禹都阳城"的颍川阳城说是得到考古发现支持的，因而被学术界所重视③。

　　在颍川阳城说之外，还有陈留浚仪（今河南开封市境）说④，"泽之阳城"（今山西晋城县境）说⑤，唐城（今山西翼城县境）说⑥，以及今河南濮阳说⑦。其中前三说，证据薄弱，不可取。后一说即濮阳阳城说，主要是依据《战国策·齐策四》："夫有宋则卫之阳城危。""卫之阳城"即当时的卫都。《战国策》成书于战国时期，从史料的年代上看，濮阳的"卫之阳城"与登封告成镇战国城内出土陶片所写的"阳城仓器"，具有同等的价值，因此这一新说不可忽视。濮阳阳城说还认为在濮阳高城村战国城址下有可能叠压着龙山时代的城址，并说它就是禹都阳城。以现在的考古发掘情况而言，应该说这还没有得到证实。即使今后在濮阳高城村发现龙山时代的城址，也还需辨析和确认它究竟是颛顼时期的城邑还是禹时期的城邑，因为颛顼和禹所处的年代都属于龙山时代，

---

　　① 北京大学考古文博学院、河南省文物考古研究所：《登封王城岗考古发现与研究》，大象出版社2007年版，第790—791页。

　　② 同上书，第783页。

　　③ 邹衡：《夏商周考古学论文集》（第二版），科学出版社2001年版，第207—208页。郑杰祥：《新石器文化与夏代文明》，江苏教育出版社2005年版，第522—525页。詹子庆：《夏史与夏代文明》，上海科学技术文献出版社2007年版，第64—65页。

　　④ 此说出自《帝王世纪》。

　　⑤ 《路史·后纪卷十三》及《注》主此说。

　　⑥ 丁山《由三代都邑论其民族文化》（《中研院历史语言研究所集刊》第五本第一分册，1935年）一文提出："以成汤卜辞、金文均作成唐，杨声字或作唐例之，'阳城'故名当为'唐城'"，其地在今山西省翼城县境，也就是文献中所说的"夏墟"。

　　⑦ 沈长云：《禹都阳城即濮阳说》，《中国史研究》1997年第2期；沈长云、张渭莲：《中国古代国家起源与形成研究》，人民出版社2009年版，第162—165页。

只是前者处于广义龙山时代的前期即公元前3000—前2500年的范围内，而后者处于龙山时代末期即公元前2000年前后。如果在濮阳发现公元前2000年前后或公元前2100—前2000年的城邑，禹居濮阳阳城说，将会引起学术界的重视。

（2）禹居阳翟。《汉书·地理志》颍川郡阳翟县班固自注："夏禹国。周末韩景侯自新郑徙此。"《帝王世纪》曰："禹受封为夏伯，在《禹贡》豫州外方南，角亢氏之分，寿星之次，于秦、汉属颍川，本韩地，今河南阳翟县是也。"《水经·颍水》："又东南过阳翟县北。"郦道元注："《春秋左传》曰夏启有均台之飨，是也。杜预曰：'河南阳翟县南有均台。'……颍水竭东径阳翟县故城北，夏禹始封于此，为夏国……徐广曰：'河南阳城、阳翟，则夏地也。'"杨守敬按："《集解》徐广曰：'夏居河南，初在阳城，后居阳翟。'"《元和郡县图志》卷五："阳翟县本夏禹所都，春秋时郑之栎邑，韩自宜阳移都于此。"汉代阳翟在今河南禹县境。

（3）夏启之均台。《左传·昭公四年》："夏启有均台之享。"杜预注："河南阳翟县南有均台陂，盖启享诸侯于此。"今本《竹书纪年》："帝启元年癸亥，帝即位于夏邑，大飨诸侯于均台。"《水经·颍水》："又东南过阳翟县北。"郦道元注："东迳三封山东，东南历大陵西。《归藏易》曰：'启筮享神于大陵之上。'即均台也……其水又东南流，水积为陂。陂方十里，俗谓之均台陂。"均台又称作夏台。《史记·夏本纪》说："（桀）乃召汤而囚之夏台。"《索隐》："夏曰均台。皇甫谧云：'地在阳翟。'是也。"《夏本纪》又说："桀谓人曰：'吾悔不遂杀汤于夏台，使致此。'"均台即夏台，在今河南禹州境。

（4）太康居斟寻。《古本竹书纪年》："太康居斟寻，羿亦居之，桀又居之。"斟寻的地望，主要有山东和河南两说。一般认为，山东之斟寻是从河南迁过去的。河南之斟寻，邹衡先生认为就是《左传·昭公二十三年》所说的"鄩"，地在今河南巩县境内①。

以上我们对于夏族兴起之地的各种说法及其依据的资料作了必要的梳理和概括。从中可以看出，有些应当只是鲧和禹活动曾到达过的地方，不一定属于他们的都邑所在地，如涂山氏之地就属于这一类。有些则是先夏时期夏族的都

---

①　邹衡：《夏商周考古学论文集》（第二版），科学出版社2001年版，第209—210页。

邑所在地，如徐旭生所强调的豫西和晋南地区。有些则可能与夏族的渊源有关，如司马迁等人所说的"禹兴于西羌"，等等。

对于晋南地区，《左传》定公四年所说的"夏墟"和昭公元年所说的"大夏"是值得重视的。晋南之所以成为"夏墟"或"大夏"之地，大概与《世本》说"禹都阳城……又都平阳，或在安邑"中的"平阳"和"安邑"有关。安邑在今山西夏县。考古学者在对这一带的考古调查中①，从"禹王城即古安邑，亦即春秋—战国的魏国都城"内，出土有汉"安亭"的陶文，可证明此城即晋以前的安邑②。至于所谓"禹都平阳"，虽说应该与唐地为一个地区，但不是襄汾陶寺遗址。因为如第五章所述，陶寺遗址晚期的年代（公元前2100—前2000年或公元前2000—前1900年），与禹和夏初接近，但此时该遗址遭到较大的变故和人为的毁坏，已不属于都邑而变为普通聚落遗址，所以从陶寺遗址的情况看，所谓禹"又都平阳"，是无法落实的。陶寺属于平阳的范围，但它仅为帝尧陶唐氏之都邑；而"禹都平阳"若确实的话，应该是在陶寺之外的平阳范围内的其他地方。至于禹"或都晋阳"之晋阳，杜预以为在太原，顾炎武、徐旭生、刘起釪等学者考证在晋南翼城一带，笔者以为杜说有误，后来学者的研究是有道理的。总之，由于大禹曾活动于晋南的夏县、翼城、临汾一带，并在有的地方建有都邑，因此才使得晋南地区遗留有"夏墟"和"大夏"的名称。

对于豫西地区而言，一是登封的阳城，一是禹州的阳翟和均台。禹都阳城，《孟子·万章上》、《世本》、《史记·夏本纪》都说是为了"避舜子商均"，这样看来，禹有可能是从晋南安邑（今夏县）等都邑来到了豫境。至于"禹居阳城"究竟是颍川阳城还是濮阳阳城，以目前考古发掘获得的资料而言，多数学者倾向于颍川阳城即登封王城岗龙山文化晚期的城邑，特别是王城岗的大城，是有说服力的。禹居阳城之后，又居阳翟，夏启在阳翟还建有"均台"。仅就"禹居阳翟"以及"夏启有均台之享"而言，豫西也是先夏和夏初的政治中心。

关于"禹兴于西羌"或"禹生于石纽"的说法，除主张夏民族起源于西部或西南部地区的学者外，一般都很少做出解释。因为这涉及夏族的族源和族属，

---

① 中国科学院考古研究所山西工作队：《山西夏县禹王城调查》，《考古》1963年第9期。

② 邹衡：《夏商周考古学论文集》（第二版），科学出版社2001年版，第219页。

并且与"黄帝—昌意—颛顼—鲧—禹"① 这样的古史体系不合。李学勤曾推测，"禹生石纽"传说产生的历史背景有三种可能：（1）"禹生石纽"是羌人到来前蜀人的传说。（2）"禹生石纽"是羌人带来的传说。（3）"禹生石纽"是夏人自己的传说。这三种可能性，第一种可能性最大，羌人来到川北以前原土著居民蜀人和夏人已有联系，在商灭夏时，夏人流散到川北，把自己的传说带过去，遂有禹生于石纽、长于西羌的传说，此传说可能来自先秦时代②。也有人解释说：夏的盟邦涂山氏（徐人、涂人），在春秋以后迁到四川盆地，由此演绎出有关"禹娶涂山氏于江州"、"禹生石纽"等多种遗迹和传说③。李先生说是商灭夏时夏人流散到川北把禹生于石纽的传说带了过去，也有了禹长于西羌的传说。对此，《汉书·武纪》："朕……至于中岳……见夏后启母石"，似乎可以相互为证。至于有人把禹娶涂山氏和禹生石纽的传说联系在一起进行解释，在逻辑上是说不通的。从逻辑上讲，应当是出生在前，嫁娶在后，出生与嫁娶完全是风马牛不相及的事。

笔者以为，"禹生于石纽"的传说有可能是对"禹兴于西羌"传说的一种补充性解释，或者两者是互为补充性解释。"禹兴于西羌"和"禹生于石纽"传说所指示的时间与夏王朝建立于中原地区的时间，这二者当然是前者在前，后者在后，前者提示了夏族渊源的某种可能性。商灭夏后，夏人流散到各地，夏人可以把各种传说带到各地，但不会数典忘祖，因迁徙来到某地就说自己的祖先也兴起于某地。所以，对于"禹兴于西羌"和"禹生于石纽"的传说，我们把它放在探索夏族族源的视角来考虑，更合理一些。在"禹兴于西羌"与"禹生于石纽"这两个传说中，"禹兴于西羌"是问题的本质。笔者以为，如果把共工与鲧联系起来，就可以对"禹兴于西羌"做出合理的解释。

关于共工与鲧的关系，20 世纪 40 年代，杨宽曾主张鲧即共工，并作了系统论述。他认为在读音上，"鲧"与"共工"的差异是语音上的急读与缓读造成的。在传说的事项方面，他举出许多鲧与共工相同之处：（1）在洪水的问题

---

① 《大戴礼·帝系》："黄帝产昌意，昌意产高阳，是为帝颛顼……颛顼产鲧，鲧产文命，是为禹。"《世本·帝系》："黄帝生昌意，昌意生高阳，是为帝颛顼……颛顼五世而生鲧，鲧生高密，是为禹。"《史记·夏本纪》："禹之父曰鲧，鲧之父曰颛顼，颛顼之父曰昌意，昌意之父曰黄帝。"

② 李学勤：《禹生石纽说的历史背景》，四川省大禹研究会编《大禹及夏文化研究》，巴蜀书社1993 年版，第 200—205 页。

③ 杨铭：《重庆禹文化及其由来》，《蚌埠涂山与华夏文明》，黄山书社 2002 年版，第 224—231 页。

上，关于鲧，《国语·鲁语上》云："鲧障洪水而殛死。"《尚书·洪范》："箕子乃言曰：我闻在昔，鲧陻洪水，汨陈其五行，帝乃震怒，不畀洪范九畴，彝伦攸斁。鲧则殛死，禹乃嗣兴。"《山海经·海内经》："洪水滔天，鲧窃帝之息壤，以埋洪水，不待帝命，帝令祝融杀鲧于羽郊。"等等；关于共工，《国语·周语下》云："昔共工弃此道也，虞于湛乐，淫失其身，欲壅防百川，堕高埋庳，以害天下；皇天弗福，庶民弗助，祸乱并兴，共工用灭。"《淮南子·本经篇》亦云："舜之时，共工振滔洪水，以薄空桑……"鲧"窃帝之息壤，以埋洪水"，而共工亦"壅防百川，堕高埋庳"；鲧为帝所震怒，共工亦"皇天弗福"；鲧"彝伦攸斁"，共工亦"庶民弗助，祸乱并兴"；"共工用灭"，而"鲧则殛死"。为此，杨宽说："古史传说以洪水之灾为共工振滔而成，又以为鲧埋洪水而致大灾，其相同者一也。"（2）据《吕氏春秋·开春篇》、《国语·晋语》、《左传·昭公七年和僖公二十三年》、《孟子·万章上》，殛鲧者或谓尧，或谓舜；而据《韩非子·外储说右上》、《孟子》、《逸周书·史记篇》，诛共工者亦或谓尧，或谓舜。（3）《逸周书》说"共工自贤"，而《吕氏春秋·行论篇》谓鲧自以为得地之道，可为三公。（4）《山海经·海内经》说"帝令祝融杀鲧于羽山"，而《史记·楚世家》云："共工氏作乱，帝喾使重黎诛之而不尽。"（5）《国语·晋语八》云："郑简公使公孙侨来聘。平公有疾……问君疾，对曰：'……今梦黄熊入于寝门，不知人煞乎？抑厉鬼耶？'子产曰：'……侨闻之，昔者鲧违帝令，殛之于羽山，化为黄熊，以入于羽渊，实为夏郊，三代举之。'"《左传·昭公七年》、《论衡·死伪篇》等也有大致相同的记载。而《路史》注引《汲冢琐语》则云："晋平公梦朱熊窥其屏，恶之而疾，问于子产。对曰：'昔者共工之卿浮游败于颛顼，自沉于淮……'"此二事同为晋平公有疾而问子产，一梦黄熊，一梦朱熊；所说鲧与共工卿浮游化熊入渊之事又雷同，属于一传说之分化。（6）《国语·鲁语上》说："共工氏之伯九有也，其子曰后土，能平九土，故祀以为社。"《礼记·祭法》有大致相同的记载，只是把"九土"写作"九州"。还有，《左传·昭公二十九年》云："共工氏有子曰句龙，为后土……后土为社。"而鲧称"伯鲧"，作为鲧子的禹，也能平九州，《尚书·禹贡》说的就是九州；禹也是死而为社，如《淮南子·氾论篇》："禹劳天下，死而为社。"（7）共工有子曰句龙，"禹"字《秦公簋》作"𤝯"，从虫从九，九即虹龙之本字，"虹龙"与"句龙"音义俱同。既然句龙即禹，则共工就是鲧。（8）《荀子·议兵篇》、《战国策·秦册》并云："禹伐共工。"《荀子·成相篇》也说："禹有功，抑下鸿，辟除民害，逐共工。"共工与鲧既为一人，则禹伐共工，是子伐其父。而鲧被殛于羽山，《汉书·地理志》、《后汉书·郡国志》皆云："东海郡祝其县《禹贡》羽山在南，鲧所殛。"刘昭注引《博物记》云："县东北独居山，南有渊水，即羽泉，俗谓此为惩父山。"俗谓羽山为惩父山，当必先有禹惩鲧之传说。禹既有伐共工说，又有惩父之说，也属于鲧与共工传说相同。等等。因此，鲧即共工①。杨宽之外，主张鲧即共工的学者还有童书业②、顾颉刚③、田昌五④等学者。

假若鲧就是共工的考证不误的话，那么我们就可以对夏族的渊源及其演变和发展做出这样的说明：

第一，共工属于炎帝族中的姜姓族，亦即属于古羌族。《国语·周语下》有"共之从孙四岳"的提法，又说"祚四岳国，命以侯伯，赐姓曰姜，氏曰有吕……申、吕虽衰，齐、许犹在"。《国语·晋语》说："昔少典娶于有蟜氏，生黄帝、炎帝。黄帝以姬水成，炎帝以姜水成，成而异德，故黄帝为姬，炎帝为姜。"《左传·襄公十四年》记载被称为"姜戎氏"的戎子驹支也说："我诸戎，是四岳之裔胄也。"可见，共工氏属于古羌人中姜姓中的一支。因为鲧即共工，其渊源在于古羌人，这就是《史记·六国年表》所说"禹兴于西羌"；《新语·述事》所言"大禹出于西羌"；《荀子·大略》所谓"禹学于西王国"；以及"禹生于石纽"这些说法的缘由。

第二，鲧与禹并非仅仅是父子关系这么简单。从鲧到禹，是共工氏（即鲧）融合了颛顼族系中祝融族中己姓的一支而衍生出的新的族团。只有这样，才可以解释《国语·鲁语上》所说的夏后氏以颛顼为其祖的问题⑤，也可以对《周语上》"昔夏之兴也，融降于崇山"做出解释。否则，虽说鲧为崇伯，但夏族的兴起与"融降于崇山"有何瓜葛？祝融是颛顼后裔，是颛顼系统的族团，如《山海经·大荒西经》说："颛顼生老童，老童生祝融。"又说："颛顼生老

---

① 杨宽：《中国上古史导论·鲧与共工》，载《古史辨》第七册（上），上海古籍出版社1982年版，第329—335页。

② 童书业：《五行说起源的讨论》，载《古史辨》第五册，上海古籍出版社1982年版。

③ 顾颉刚、童书业：《鲧禹的传说》，载《古史辨》第七册（下），上海古籍出版社1982年版。

④ 田昌五：《古代社会形态研究》，天津人民出版社1980年版，第141页。

⑤ 《国语·鲁语上》："夏后氏禘黄帝而祖颛顼，郊鲧而宗禹。"

童，老童生重及黎。"在祝融八姓中，有己姓的昆吾、苏、顾、温、董。而夏禹为姒姓，刘师培《姒姓释》说"姒"与"巳"同文，姒姓即巳姓①。"巳"即"蛇"，"巳"与"己"形近易相混。今本《竹书纪年》曰："帝禹夏后氏，母曰修己。""禹"字从虫从九，为蛇形之龙。这样，修己、己姓、姒姓；禹的形象为蛇形之龙；"共工氏有子曰句龙"②，"人面蛇身"③；颛顼为夏禹之祖；祝融与崇山之关系等，就都可以得到统一的说明。因此，从鲧到禹的变化，姒姓的出现，是由于部族的融合而衍生出新的族团的缘故。

第三，古史传说中的禹霸九州是继承了共工氏霸九州。《国语·鲁语》说："共工氏之伯九有也，其子曰后土，能平九土。"《礼记·祭法》的作者认为"九土"就是"九州"，说："共工氏之霸九州也，其子曰后土，能平九州。"这里所说的九州，并非泛指整个天下的大九州，而是小九州，是一特定的区域，也就是《国语·郑语》所说的"谢西之九州"和《左传·昭公二十二年和哀公四年》所说的"九州之戎"之九州。这一九州的核心地区，据《左传·昭公四年》所说："四岳、三涂、阳城、大室、荆山、中南，九州之险也。"

第四，由于鲧即共工，因而与鲧相联系的崇山，也可以与共工相联系。各地的崇和崇山之名乃至"岳"和"岳山"之名的出现，很可能与姜姓族由西向东、由北向南的迁移有关。

第五，夏族在禹时期，禹的活动范围应该很大，如东南可达涂山氏所在地，即今安徽怀远县东南，但作为都邑，一是在晋南安邑或平阳，另一是在豫境的阳城和阳翟。大概从尧、舜开始，晋南即为族邦联盟的盟主所在地，禹一度也建都晋南的安邑。后来由于避舜子商均而来到豫境的阳城，其后又由阳城迁都阳翟，一直到夏启仍居于阳翟。

第六，在夏族兴起的过程中，鲧的时期已建邦国，禹则完成了由邦国向王国的转变。进入夏代之后，原来的夏邦开始以王国的姿态出现，因夏王朝中包含众多属邦，使得夏代的国家形态和结构变为以王邦（即王国）为核心的包含众多属邦在内的复合制国家，从族共同体的组成上讲，在复合制国家中包含有

① 刘师培：《左庵集》五。
② 《左传·昭公二十九年》。
③ 《归藏·启筮篇》说："共工，人面蛇身，朱发。"《山海经·大荒北经》："共工之臣名曰相繇，九首蛇身，自环，食于九土。"

许多不同的部族在内，复合制国家的制约作用使得一个崭新的民族——华夏民族开始形成。鲧所处的时代是尧、舜时期，当时的政治格局：一是万邦林立，二是在万邦林立之中的中原地区形成了邦国联盟，或称族邦联盟；而禹以后的夏代却是一个多元一体的复合制的王朝国家形态。当然，夏商周时期的多元一体的复合制的王朝国家与秦汉以来中央集权的郡县制国家结构完全不是一回事。

二　夏文化的探索

1. 夏文化探索的回顾

在司马迁的《史记》中，《夏本纪》是紧接《五帝本纪》而来的第二篇。但由于我们至今尚未发现像甲骨文、金文那样用本朝文字记录有关本朝史实的情形，《夏本纪》是用周代以后的文献记载的材料来叙述夏王朝的历史和文化，因此若套用国际学术界提出的"史前时期"、"原史时期"（Protohistory）、"历史时期"（有文献记载的历史时期）这样的分类体系，夏代历史属于"原史"范畴。所谓"原史"，西方学者一般将其定义为"紧接史前，但是又早于能以书写文件证明的历史"，其时间段被界定在史前与成文历史两大阶段的过渡阶段。

由于夏代史的"原史"性质，使得通过地下考古发掘来确切证明夏朝的存在，成为中国考古学的一项重要任务。几十年来，我国学术界对于夏文化的探索就是为解决这一学术课题。

关于夏文化的探索最早可上溯到 20 世纪 30 年代。当时，徐中舒、丁山、翦伯赞等学者都曾提出过仰韶文化为夏文化的说法。其中，徐中舒发表的《再论小屯与仰韶》一文①，就是这方面的代表作。20 世纪 50 年代初，范文澜、赵光贤、吴恩裕等学者提出了"黑陶文化"即龙山文化为夏文化的观点。例如，范文澜曾"推想仰韶文化当是黄帝族的文化"，"后冈下层的仰韶文化可能就是炎帝族文化的一个遗址"；"龙山文化在仰韶之上，殷商之下"，可以视为"假设的夏朝遗迹"，"特别是夏朝作为根据地的西部地区"，龙山文化"日后可能

---

① 徐中舒：《再论小屯与仰韶》，《安阳发掘报告》第三期，1931 年版。

有更多的发现"①。安志敏也说，河南豫西地区的龙山文化，"在地理的分布上，以及前后文化的继承关系上，常使我们联想起我国传说上的'夏'文化"②。

　　20 世纪 50 年代末，考古学者在豫西和豫中地区发现了一种介于龙山文化与郑州二里冈商代文化之间的"洛达庙类型"文化。为此，李学勤、石兴邦、安志敏等学者先后提出了"洛达庙类型"文化为夏文化的看法。李学勤先生根据"在郑州商族文化层与龙山文化层重叠时，其间每夹有无文化遗物的土层，表明二者不相接。在洛达庙、南关外、旭旮王等地果然发现了介于二者之间的文化层，我们称之为'南关外期'或'洛达庙期'。它们更接近龙山文化，而有特异点"。因而他提出"这两期都早于二里岗下层，最可能是夏代的"，"目前在郑州我们可能发现了夏代文化遗址"。至于龙山文化，他说"现在证明龙山文化与商初的商族文化间还有中介和演变期，所以主要的龙山文化的时代必须提早"③。石兴邦先生指出："根据文献记载，夏代的存在是可信的"，"我们要探索夏代文化，就要从龙山和殷代文化的遗存中进行研究和分析"，其中，"我们应该特别提出郑州洛达庙、洛阳东干沟等地所发现的介于龙山和殷代之间的文化遗存，是值得注意的。根据这个线索，再结合传说，在豫西、晋南进行深入的探索发掘和研究，就可以解决我国历史上这个重大的问题"④。安志敏先生也指出，对于夏文化，"我们应该向龙山晚期文化及商代早期文化之间去探索。所谓的以'洛达庙层'为代表的遗存，便是值得今后注意的一个对象"⑤。所谓"洛达庙期"、"洛达庙层"，即当时考古学界所称的"洛达庙类型"，也即后来称为的"二里头文化"⑥。

---

① 范文澜：《中国通史》第一册，人民出版社 1978 年版，第 11、34 页。
② 黄河水库考古工作队：《黄河三门峡水库考古调查简报》，《考古通讯》1956 年第 5 期。
③ 李学勤：《近年来考古发现与中国早期奴隶社会》，《新建设》1958 年第 8 期。
④ 石兴邦：《黄河流域原始社会考古研究的若干问题》，《考古》1959 年第 10 期。
⑤ 安志敏：《试论黄河流域新石器时代文化》，《考古》1959 年第 10 期。
⑥ 洛达庙是河南郑州的一个地名，二里头是河南偃师的一个地名，考古学文化的命名一般是以第一次发现的典型遗址的地名作为该考古学文化的名称，因此 1956 年在郑州西郊洛达庙发掘出一种新的文化遗存时即称之为"洛达庙类型"文化。1959 年，徐旭生在豫西进行考古学调查时，在河南偃师二里头发现了一处大型文化遗址，通过 20 世纪 60 年代对二里头遗址的发掘，获取了与洛达庙类型文化同类的大量资料。由于二里头遗址比洛达庙遗址面积广大，堆积层厚，文化内涵远也较后者丰富而典型，因此原来的"洛达庙类型"文化就被易名为"二里头文化"。当然，现在有的学者依旧称郑州的这种文化为"洛达庙类型文化"。

　　上述几位先生提出洛达庙期的考古学文化有可能就是夏文化。只是对于这一问题，当时在考古学界仍有不同的看法。"有的认为洛达庙类型文化本身还可以作出进一步分期，它的上层比较接近商代早期文化，因而可能是商代早期以前的文化。它的下层比较接近'河南龙山文化'，有可能是夏文化。有的则认为这种文化遗存的绝对年代还不易确定，而且具有较多的商文化特点，因而，洛达庙类型文化的下层仍然是商文化，而更早的'河南龙山文化'才是夏文化。"① 洛达庙类型文化即二里头文化的年代为夏还是为商，这在 20 世纪 50 年代末 60 年代初是不易确定的，其中一个重要原因是当时尚未使用碳十四测定年代，而是仅仅依据当时还甚为粗略的考古学文化编年框架而进行的推论。到 20 世纪 70 年代末 80 年代初，不但考古学文化的编年体系已逐渐完善，而且碳十四测年等方法也得到广泛应用，因而其推论也就更为精细，新提出的什么是夏文化的意见不下十余种。

　　把夏文化的探讨引向深入的契机，是 1977 年考古学者在河南登封告成镇王城岗发掘出一座河南龙山文化晚期的城堡遗址，由于这座城堡遗址所处的时代和地望与文献记载的"禹都阳城"相近，因此引起了人们的极大兴趣。为此，夏鼐先生 1977 年在河南登封王城岗召开了一次现场会，这是我国学术界首次在考古发掘现场讨论夏文化的一次盛会。在这次会上以及会后相当长的时间内，学者们以文献为线索，结合考古资料，对什么是夏文化形成了以下十余种意见：

　　（1）河南龙山文化晚期与二里头文化一期为夏文化②。

　　（2）河南龙山文化晚期与二里头文化一、二期为夏文化③。

　　（3）河南龙山文化晚期与二里头文化一、二、三期为夏文化④。

　　（4）河南龙山文化晚期与二里头文化一、二、三、四期为夏文化⑤。

---

　　①　中国科学院考古研究所编著：《新中国的考古收获》，文物出版社 1961 年版，第 44 页。

　　②　郑光：《试论二里头商代早期文化》，《中国考古学会第四次年会论文集》，文物出版社 1985 年版；杨宝成：《二里头文化试析》，《中原文物》1986 年第 3 期。

　　③　安金槐：《豫西夏文化初探》，《中国历史博物馆馆刊》1979 年第 1 期；李仰松：《从河南龙山文化的几个类型谈夏代文化的若干问题》，《中国考古学会第一次年会论文集》，文物出版社 1980 年版。

　　④　赵芝荃：《试论二里头文化的源流》，《考古学报》1986 年第 1 期；方酉生：《论二里头遗址的文化性质——兼论夏代国家的形成》，《华夏考古》1994 年第 1 期。

　　⑤　吴汝祚：《关于夏文化及其来源的初步探索》，《文物》1978 年第 9 期；李伯谦：《二里头文化性质与族属问题》，《文物》1986 年第 6 期。

（5）二里头文化一、二期为夏文化[①]。

（6）二里头文化一、二、三期为夏文化[②]。

（7）二里头文化一、二、三、四期为夏文化[③]。

（8）山东龙山文化为夏文化[④]。

（9）晋南陶寺文化为夏文化[⑤]。

（10）豫东濮阳至鲁西一带的龙山文化晚期遗址为夏初的都邑遗址[⑥]。

（11）中原龙山文化晚期、新砦期和二里头文化一、二、三期为夏代文化[⑦]。

以上十余种意见，其最主要的看法可概括为三种，一种认为二里头文化的一至四期都是夏文化，一种认为二里头文化的一部分与河南龙山文化晚期这两个方面合起来为夏文化，一种认为二里头文化大部分（如一至三期）与中原龙山文化晚期及新砦期这三个方面合起来为夏文化。

为何在判断何种考古学文化是夏文化的问题上有如此大的歧义和争论不休呢？这当然与所依靠的证据的相对性有关，也与研究的方法、手段有关。我们

---

① 殷玮璋：《二里头文化探讨》，《考古》1978 年第 1 期；殷玮璋：《二里头文化再探讨》，《考古》1984 年第 4 期。

② 孙华：《关于二里头文化》，《考古》1980 年第 6 期；田昌五：《夏文化探索》，《文物》1981 年第 5 期。

③ 邹衡：《关于夏文化的几个问题》，《文物》1979 年第 3 期；邹衡：《夏商周考古学论文集·试论夏文化》，文物出版社 1980 年版。

④ 程德祺：《略说典型龙山文化即夏朝文化》，《苏州大学学报》1982 年第 2 期；杜在忠：《关于夏代早期活动的初步探析》，《夏史论丛》，齐鲁书社 1985 年版。

⑤ 高炜、高天麟、张岱海：《关于陶寺墓地的几个问题》，《考古》1983 年第 6 期；刘起釪：《由夏族原居地纵论夏文化始于晋南》，《华夏文明》第一集，北京大学出版社 1987 年版。高炜先生后来的看法有所改变。他在张立东、任飞编著的《手铲释天书——与夏文化探索者的对话》（大象出版社 2001 年）中说："若仅从地域考虑，陶寺遗存族属最大的两种可能，一是陶唐氏，一是夏后氏。若从考古学文化系统来看，既已判断二里头文化主体为夏文化，而陶寺文化同二里头文化的两个类型又都不衔接，则将其族属推断为陶唐氏更为合理。谓其为陶唐氏遗存，与陶寺早期的碳素年代也较为契合。1994 年，我在丁村文化与晋文化考古学术研讨会上发表《晋西南与中国古代文明的形成》一文已持此观点，唯认为：陶寺晚期遗存同夏文化的关系，仍值得进一步思考。"可知高炜先生后来主张陶寺早期为陶唐氏遗存，陶寺晚期遗存的年代与夏有关系。

⑥ 沈长云：《夏后氏居于古河济之间考》，《中国史研究》1994 年第 3 期；沈长云：《禹都阳城即濮阳说》，《中国史研究》1997 年第 2 期。

⑦ 王震中：《商族起源与先商社会变迁》，中国社会科学出版社 2010 年版，第 122—135 页。

知道被判定为夏文化的那些遗址，不像安阳殷墟那样出土有甲骨文，这些遗址都没有出土文字或文书来进行自我说明，因而只能靠从已知出发来推测未知，其采用的办法就是从时间和空间上加以限定，即寻找那些在时间上处于商代之前、在空间上位于夏都所在地的遗址。

就遗址的文化分期和时间而言，20 世纪 50—60 年代的考古学文化分期认为，郑州二里冈期的商文化属于商代中期，因而叠压在它之下的二里头文化，特别是二里头文化的中晚期，就成了商代早期的文化，那么探究商代早期之前的夏代文化当然只能以此为起点，再往前追溯寻找。到 20 世纪 70—80 年代，多数学者开始认为郑州二里冈期的商文化属于商代前期，那么叠压在它之下的二里头文化也就成了夏文化。再到 20 世纪 90 年代末和 21 世纪初，偃师商城第一期第一段的文化遗存被认为是最早的商代文化，而偃师商城第一期第一段在时间上却与二里头文化第四期同时并存，这样，夏文化自然就落在了二里头文化第四期之前。再从碳十四测定的年代来讲，20 世纪 70—80 年代测定的二里头遗址一至四期的年代范围是公元前 1900—前 1500 年左右，有四百余年的历史，文献记载夏代的积年一般认为是 471 年，二者差距不大，这也是邹衡先生主张二里头文化一至四期全为夏文化的重要依据之一。然而，2005 年以来最新的碳十四测年数据把二里头遗址一至四期的年代范围限定在公元前 1750—前 1500 余年，二里头文化只有二百多年的历史，用二百多年的二里头文化的年代是无论如何填不满夏代 471 年这一时间范围的。这样，以当前的碳十四测年的数据而论，在二里头文化一至三期或一至二期的基础上，只有加上二里头文化一期之前的新砦期和新砦期之前的中原龙山文化晚期（或称河南龙山文化晚期）的文化遗存，才能符合约有 471 年时间的夏代历史的范围。可见随着中原龙山文化遗址、二里头文化遗址、商代早期遗址的碳十四测年数据的变化，使得判断究竟何种文化遗存为夏文化的问题，确有摇摆不定的情形。不过，应该说随着时间的推移，包括采用系列数据测年法在内的测年技术和方法的改进，测年的精确度和可信性也是愈来愈好，这对我们认识和推论何种考古学文化为夏文化只会越来越有益。

再就夏代都城的所在地和夏人的活动中心地域而言，夏代晚期还比较明确，夏代早期的都城和夏代早期的活动中心地区，目前至少有豫西说、晋南说和豫东鲁西说几种不同的说法，当然几种说法之间所持证据的强弱还是有差别的，但即使证据相对较强的"豫西"说也还不能成为定论。

由于研究的手段、方法的局限，以及证据的不确定性，使得八十多年来对于夏史和夏文化的研究虽说有很大的进展，问题也在深入，但距离问题的解决还差得很远，这可以说，这是夏史和夏文化研究中学者们必须面对的极重要的挑战，也是长期挥之不去的困惑之一。当然，学术界对夏代文化的探索虽说还不能成为定论，但迄今所取得的进展，对于将考古与文献相结合来研究夏代的历史与文化还是大有裨益的。

2. 夏文化定义的困惑与重新定义

说到夏文化，其实还有一个概念的问题。早年，徐旭生先生曾说："夏文化一词很可能指夏氏族或部落的文化。"[①] 20 世纪 70 年代末，夏鼐提出："夏文化应该是指夏王朝时期夏民族的文化。"[②] 也有学者说：考古学上的"夏文化是指夏王朝时期、夏王朝统辖区域内的夏族（或以夏人为主体的族群）所遗留下来的考古学文化遗存"[③]。现在我国学术界一般都是以夏鼐先生所说的"夏文化应该是指夏王朝时期夏民族的文化"这一定义为基础来谈论夏文化的。然而，当我们进一步追问什么是夏民族时，问题就凸显出来了。例如，作为夏民族其组成，它既要包括夏后氏在内的同姓部族，也要包括异姓部族。作为夏的同姓族，据《史记·夏本纪》："禹为姒姓，其后分封，用国为姓，故有夏后氏、有扈氏、有男氏、斟寻氏、彤城氏、褒氏、费氏、杞氏、缯氏、辛氏、冥氏、斟戈氏。"在这里，夏后氏为王室所在，其他各个族氏则分散于各地。如有扈氏在今陕西户县；有男氏在今南阳和汉水以北地区；斟寻氏原在河南巩县西南，后迁至今山东潍坊市一带；斟戈氏有人认为是斟氏和戈氏，也有人认为是斟灌氏，斟灌氏先在河南，后迁至山东寿光一带；彤城氏在今陕西华县北；褒氏初居今河南息县北褒信集，后迁徙于陕西褒县；费氏也是初居河南滑县，后迁徙山东；杞氏初在陈留雍邱县，后迁往山东诸城一带；鄫氏在今山东峄县；辛氏也是始

---

① 徐旭生：《1959 年夏豫西调查"夏墟"的初步报告》，《考古》1959 年第 11 期。

② 夏鼐：《谈谈探讨夏文化的几个问题——在〈登封告成遗址发掘现场会〉闭幕仪式上的讲话》，《河南文博通讯》1978 年第 1 期。

③ 高炜、杨锡璋、王巍、杜金鹏：《偃师商城与夏商文化分界》，《考古》1998 年第 10 期。

居河南，后迁山东；冥氏在今山西平陆县东北①。

夏的同姓族分散于各地，已远远地超出了现在所谓夏文化的分布范围，如迁至今山东一带的斟寻氏、斟灌氏、费氏、鄫氏、辛氏等国族，就处于岳石文化的分布范围，而岳石文化一般认为是夏代的东夷文化。这样，若夏文化是指夏王朝时期夏民族的文化，那么作为夏民族的组成部分的夏的同姓族，有的却表现为东夷文化。可见目前有关夏文化的定义是有问题的。实际上，任何一种考古学文化都是难以囊括上述夏的那些同姓国族所处的各地域的。

此外，夏代那些属于异姓族的夏的与国（或称之为附属于夏的异姓族），它们属不属于夏民族的范畴？如《国语·郑语》说："昆吾为夏伯。"昆吾为己姓，初居帝丘濮阳，后迁至许昌。夏民族中包不包括昆吾氏？再如位于山东滕县的薛国的奚仲，《左传·定公元年》说他曾担任夏朝的"车正"。夏民族中是否包括任姓的奚仲族邦？还有，在夏代，商的邦君被称为"商侯"。《国语·周语上》说商侯冥担任过夏朝管理或治理水的职官，并因此而殉职。那么子姓的商族是否被包括在夏民族中？其实，作为民族而论，夏王朝国家内这些异姓族也都是要包括在内的。依据我们在第六章的论述，华夏民族是与夏代复合制国家一同出现的，所以，复合制国家即夏王朝是此时华夏民族的外壳，这样所谓夏民族就是夏代的华夏民族。在这样的框架下，是无法区分夏文化与非夏文化的。

夏民族的概念若理解为夏代的华夏民族，那么在夏王朝复合制结构中，它就既包括"夏人"，也包括"商人"等其他部族的人民；夏民族的概念若理解为仅仅是指夏部族，那么就不应该称其为夏民族。可见将夏文化定义为"夏王朝时期夏民族的文化"，显然是很困惑的。摆脱这一困惑的出路，笔者以为有两个思路可供考虑。其一，鉴于现在考古学界在探讨夏文化时，意欲探寻的都是夏的王都所在地的文化，为此笔者建议，我们不妨将夏文化定义为"夏王朝时期夏后氏（夏王族）的文化"。这样虽说夏文化概念的范围有所缩小，但其可操作性和可行性却显现了出来。其二，索性把夏文化与族共同体或族属关系相分离，称夏文化为夏代的考古学文化也是完全可以的。这样大凡时间范围在公元前21世纪至公元前16世纪的考古学文化都属于夏代的文化。至于它们具体属于夏代哪个部族或族邦的文化，则视该遗址的规格和所在地、该文化类型的

---

① 邰丽梅：《夏后氏同姓国族研究》，中国社会科学院研究生院博士学位论文，2009年5月。

分布地域等，与文献所能提供的线索相结合，可作进一步的推论研究。即使一时无法论定该遗址或该文化类型的族属之类的问题，也没关系，只要能判断出它属于夏代的文化即可①。当然，对于这两个选择，笔者更主张采用第一个办法，即把夏文化定义为"夏王朝时期夏后氏（夏王族）的文化"，因为这样才符合我们提出"夏文化"这一概念的初衷，有利于对夏代诸种考古学文化进行族属研究。

3. 夏文化分期

从文献上看，夏代有 471 年的历史。如《太平御览》卷八二引《竹书纪年》："自禹至桀十七世，有王与无王，用岁四百七十一年。"② 那么我们如何结合考古学上所说的夏文化，将这 471 年的夏代历史文化再划分为早中晚三期或早晚两期，从而使我们能够看出具有王都规模的二里头遗址大体上属于何时的王都。

考古学上对于二里头遗址的年代分期，首先基于遗址的地层叠压打破关系，一般是将二里头遗址分为四期，然后再结合碳十四测定的年代来判断前后四期乃至每一期有多少年。20 世纪 80 年代，碳十四测定的二里头文化一到四期年代为公元前 1900—前 1500 年。"夏商周断代工程"期间碳十四测定的年代数据是：二里头第一期的年代为公元前 1880—前 1640 年（样品编号单位为：97VT3H58 和 97VT2(11)），第二期的年代为公元前 1740—前 1590 年，第三期的年代为公元前 1610—前 1555 年，第四期的年代为公元前 1560—前 1521 年③。

---

① 王震中：《夏史和夏文化研究的魅力与困惑》，《中国社会科学报》2009 年 9 月 24 日。王震中：《商族起源与先商社会变迁》第四章第二节"一、夏文化分期与夏商划界之新说"，中国社会科学出版社 2010 年版。

② 文献中还有夏代积年为 431 年的说法。《易纬稽览图》："禹四百三十一年。"禹指整个夏代。《世经》："伯禹……天下号曰夏后氏，继世十七王，四百三十二年。"夏商周断代工程专家组《夏商周断代工程 1996—2000 年阶段成果报告》（简本）指出："431 与 432 之间的一年之差，抑或传抄致误，当取年代较早的殷历为是。关于 471 年说与 431 年说相差 40 年的原因，历来有两种解说：一是 471 年包括羿、浞代夏的'无王'阶段，431 年不包括'无王'阶段；二是 471 年自禹代舜事起算，431 年自禹元年起算，兹采用前一种解说。"我们在这里之所以采用 471 年说，还有另一个原因是《竹书纪年》较《易纬稽览图》和《世经》成书年代早，也更可信。

③ 夏商周断代工程专家组：《夏商周断代工程 1996—2000 年阶段成果报告》（简本），世界图书出版公司 2000 年版，第 76—77 页。

2005—2006 年又测定了一些二里头遗址的样品，也测定了一些新砦遗址的样品。"新砦期"的拟合后年代在公元前 1850—前 1750 年之间，而一般又认为新砦期早于二里头一期，故而将新砦遗址与二里头遗址测得的数据放在一起进行"系列拟合"后，二里头第一期的年代约为公元前 1735—前 1705 年，二里头第四期的年代约为公元前 1565—前 1530 年，因而得出的结论是二里头第一期的年代上限应不早于公元前 1750 年①。

　　根据上述碳十四测年的情况，"夏商周断代工程"期间和断代工程之后有关二里头第四期的年代数据都在公元前 1560—前 1520 年左右，而成汤推翻夏朝之年约为公元前 1553 年或公元前 1572 年②，因而公元前 1560—前 1520 年这个二里头第四期的年代属于商代早期的年代。恰巧偃师商城商文化第一期第一段的碳十四测定的年代也是在这个范围内③，而偃师商城第一期第一段的陶器特征正属于类似于二里头文化第四期陶器与漳河型下七垣文化的结合体，所以二里头第四期已进入早商时期是得到多方面证据的④。

　　但是，上述依据将新砦与二里头两地测得的数据放在一起拟合的年代结果，使得在 471 年的夏代历史中，二里头遗址从第一期起就属于夏代晚期，对此笔者尚有疑虑。事实上，作为二里头一期的 97VT3H58 测年数据，测年专家曾拟合过两次，一次是把它与二里头遗址 2005—2006 年测定的属于二里头一二期之

　　①　张雪莲、仇士华、蔡莲珍等：《新砦—二里头—二里冈文化考古年代序列的建立与完善》，《考古》2007 年第 8 期。

　　②　古本《竹书纪年》记载："自武王灭殷以至幽王，凡二百五十七年。"以此从公元前 770 年平王东迁上推 257 年，则武王克商在公元前 1027 年。古本《竹书纪年》又记载："汤灭夏，以至于受，二十九王，用岁四百九十六年。"29 王之积年，不足《史记·殷本纪》商代 30 王之数，有学者认为"汤灭夏以至于受"可能是指从汤至帝即位，二十九王不包括未立而卒的大丁和帝辛。《夏商周断代工程 1996—2000 年阶段成果报告》（简本）据晚商祀谱的排比，认为帝辛在位 30 年，如是，则商积年为 496 + 30（帝辛在位年数）= 526 年。526 年与《孟子》所说的"由汤至于文王，五百有余岁"是一致的。这样，由公元前 1027 年的武王克商之年，再加上 526 年的商积年，即由公元前 1027 年上推 526 年就是成汤灭夏之年：公元前 1553 年。此外，若取用《夏商周断代工程 1996—2000 年阶段成果报告》（简本）有关武王克商在公元前 1046 年，由此上推 526 年，则成汤灭夏在公元前 1572 年。为此笔者不主张夏商分界的年代为公元前 1600 年，而认为是公元前 1553 年或公元前 1572 年。

　　③　夏商周断代工程专家组：《夏商周断代工程 1996—2000 年阶段成果报告》（简本），世界图书出版社 2000 年版，第 68 页。

　　④　王震中：《商族起源与先商社会变迁》，中国社会科学出版社 2010 年版；王震中：《商代都邑》，中国社会科学出版社 2010 年版。

交及二里头二期的一些数据以及断代工程中测定的一些数据放在一起进行的拟合，即把二里头遗址本身的第一期至第五期的数据放在一起进行的拟合，其拟合的结果是公元前 1885—前 1840 年①。另一次是把新砦遗址的龙山晚期和新砦期的数据与二里头遗址第一至五期的数据放在一起进行的拟合，其结果，97VT3H58 测年数据被拟合为公元前 1735—前 1705 年②。对于这两个所谓"系列数据的拟合"，笔者比较相信前一个拟合的结果，其理由分述如下。

这两次的测年数据拟合都是所谓"系列数据共同进行数据的曲线拟合"，二者的差异是：在"二里头第一至五期的拟合"中，没有二里头第一期之前的数据即没有叠压在二里头第一期地层下的数据，所以二里头第一期测年数据在计算机的自动拟合中被压缩的幅度可能有限；在"新砦、二里头第一至五期的拟合"中，虽然有二里头第一期之前的测年数据，但这些数据不是二里头遗址的数据，它们与二里头遗址的那些数据根本没有地层上的叠压关系，所以其拟合的可信性还是有疑问的。我们知道，被拟合的系列数据之间，最理想的条件是所采集的标本属于同一遗址内具有上下地层叠压关系的测年标本，只有这样的标本，其系列数据之间才具有确实无疑的前后年代关系。用这种具有确实无疑的前后年代关系的系列数据来压缩拟合，其拟合的结果才会较为可靠。然而，在"新砦、二里头第一至五期的拟合"中，新砦期的数据与二里头一期的数据是两个不同的遗址的数据，二者之间只是根据它们之间文化分期的年代关系，而并非依据同一遗址内的直接地层关系，所以其拟合的条件不是最理想的，何况在有的学者看来，新砦期尤其是新砦期晚段与二里头一期在年代上具有重叠交叉的关系，这样用新砦期晚段的数据来向后压缩拟合二里头一期的测年数据，其结果当然会使二里头一期的拟合日历后的年代偏晚。不仅二里头一期的情况是这样，二里头二期和三期被拟合压缩的年代，也应有这种情况。因此有关二里头遗址的系列样品测年数据拟合的两次结果，笔者有理由更相信"二里头第一至五期的拟合数据"。以"二里头第一至五期的拟合数据"为依据，二里头第一期的拟合年代是公元前 1885—前 1840 年，这样一个数据当然不属于夏代晚期而属于夏代中期。

---

① 张雪莲、仇士华等：《新砦—二里头—二里岗文化考古年代序列的建立与完善》，《考古》2007年第8期，第85页，表十"二里头第一至五期拟合结果"。

② 同上书，第82页，表八"新砦、二里头第一至五期拟合结果"。

二里头文化第一期若为夏代中期，那么早期夏文化又是何种考古学文化呢？在年代上，据《竹书纪年》："自禹至桀十七世，有王与无王，用岁四百七十一年。"如前所述，夏商分界之年应为公元前 1553 年或公元前 1572 年，在此基础上，上推 471 年，则夏代开始的年代应为公元前 2024 年或公元前 2043 年，若取其整数，则为公元前 2020 年或公元前 2040 年。

夏初的这一年代数据，大体上落在了中原龙山文化晚期的年代范围内。例如，《夏商周断代工程 1996—2000 年阶段成果报告》（简本）发表的一批河南龙山文化晚期 AMS 测年数据，其中属于河南龙山文化晚期第二段即王城岗三期有两个标本，其编号为 SA98108 骨头和编号为 SA98110 骨头，"拟合后日历年代"均为公元前 2090—前 2030 年。属于河南龙山文化晚期第三段即王城岗四期、五期有五个标本，其中编号为 SA98116 骨头，"拟合后日历年代"是公元前 2050—前 1985 年；编号为 SA98117 骨头，"拟合后日历年代"是公元前 2038—前 1998 年；编号为 SA98120 骨头，"拟合后日历年代"是公元前 2041—前 1994 年；编号为 SA98122 骨头，"拟合后日历年代"是公元前 2030—前 1965 年；编号为 SA98123 骨头，"拟合后日历年代"是公元前 2030—前 1965 年。《登封王城岗考古发现与研究（2002—2005）》[1]，也发表了一批王城岗遗址碳十四测年数据，其中属于王城岗龙山文化后期第二段有四个标本，其编号为 BA05239 的"拟合后日历年代"是公元前 2100—前 2055 年；其编号为 BA05236 的"拟合后日历年代"是公元前 2085—前 2045 年；其编号为 BA05237 的"拟合后日历年代"是公元前 2085—前 2045 年；其编号为 BA05238 的"拟合后日历年代"是公元前 2085—前 2045 年；属于王城岗龙山文化后期第三段有一个标本，编号为 BA05235 的"拟合后日历年代"是公元前 2070—前 2030 年。上述"夏商周断代工程"时期所测定的公元前 2090—前 1965 年的范围，以及"中华文明探源工程"时期所测定的公元前 2100—前 2030 年的年代范围，恰巧与我们依据文献而推定夏代开始年代为公元前 2024 年或公元前 2043 年是一致的。因而笔者以为早期夏文化应该在中原龙山文化晚期的遗存中去寻找。

"中原龙山文化"这一概念，指的是以河南为中心，包括晋南冀南等周边

---

① 北京大学考古文博学院、河南省文物考古研究所：《登封王城岗考古发现与研究（2002—2005）》（下），大象出版社 2007 年版，第 778 页。

的中原地区的龙山时代的诸文化类型，它包括临汾盆地的陶寺类型文化（或称陶寺文化）、晋豫陕交界地带的三里桥类型文化（或称三里桥文化）、郑洛地区的王湾类型文化（其中又可分为伊汝颍流域的汝洛型与豫中的郑州型两个小亚型）、豫北冀南的后岗类型文化（或称后岗龙山文化）、豫东皖西北的王油坊类型文化（又称造律台文化）和南阳地区的下王岗类型文化六大地方类型①。在这里，笔者为何说早期夏文化应在中原龙山文化晚期的遗址里去寻找，而不是在"豫西龙山文化"或其他类型的某种具体的考古学文化中去寻找？这是因为考虑到目前学术界在探讨包括"禹都阳城"在内的早期夏王国的中心地区的问题上，尚有"豫西"说、"晋南"说、"豫东鲁西"说等，而中原龙山文化则可以将上述地域都包括在内，所以虽然划定得宽泛了一些，但在这个层面上却存在着共识，以此可以作为进一步讨论或立论的基础。

对夏文化及其分期有了如上的认识后，再回过头来看二里头遗址究竟是哪一阶段的夏王都，就比较清楚了。我们知道二里头遗址第一期还是普通聚落，它作为王都是从第二期开始的，而二里头遗址第二、第三期属于夏代晚期，因而作为王都的二里头遗址是夏代晚期的王都。

三　作为王都的二里头遗址

二里头遗址位于河南偃师县二里头村（图7—1），它发现于1959年②。其后数十年间，在豫西、晋南等地发现多处相同文化类型的遗址，被统称为二里头文化。二里头遗址规模宏大（图7—2），面积达3平方公里以上，遗址文化层堆积丰厚，被划分为一至四期。二里头遗址的规格甚高，既有方正规矩的宫城、大型的宫殿宗庙建筑群、纵横交错的道路网，又有铸造铜器、制陶、制骨、制造玉器和绿松石器的作坊，发现有随葬青铜器的贵族墓葬，还出土了相当数量的青铜器、玉器、陶器、象牙器等。

---

① 王震中：《略论"中原龙山文化"的统一性与多样性》，原载于《中国原始文化论集》，文物出版社1989年版，后收入王震中《中国古代文明的探索》，云南人民出版社2005年版。

② 徐旭生：《1959年夏豫西调查"夏墟"的初步报告》，《考古》1959年第11期；中国科学院考古研究所洛阳发掘队：《1959年河南偃师二里头试掘报告》，《考古》1961年第2期。

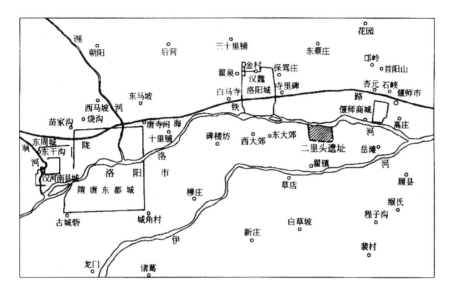

图 7—1　二里头遗址位置示意图

（采自《考古》2004 年第 11 期）

1. 二里头的宫城与宫殿

二里头的宫城（图 7—3）发现于 2003 年，宫城平面略呈纵长方形。东墙方向 174 度，西墙方向 174.5 度。东、西墙的复原长度分别为 378 米、359 米，南、北墙的复原长度分别为 295 米、292 米，面积约 10.8 万平方米①。宫城城墙始建于二里头文化二、三期之交。在宫城内的 1 号、2 号、4 号、7 号、8 号夯土建筑基址兴建于二里头文化三期，6 号夯土建筑基址建于二里头文化第四期。3 号夯土建筑基址建于二里头文化二期，早于宫城城墙的年代。这些夯土建筑基址都属于宫殿或宗庙建筑基址。其中以 1 号宫殿和 2 号宫殿最为著名。

1 号宫殿基址从 20 世纪 60 年代开始发掘，历时 15 年，前后经过 11 次发掘②。它以主殿为核心，由主殿、廊庑、大门和庭院组成（图 7—4，彩图 7—

---

① 中国社会科学院考古研究所二里头工作队：《河南偃师市二里头遗址宫城及宫殿区外围道路的勘察与发掘》，《考古》2004 年第 11 期。

② 中国科学院考古研究所洛阳工作队：《河南偃师二里头遗址发掘简报》，《考古》1965 年第 5 期。中国科学院考古研究所二里头工作队：《河南偃师二里头早商宫殿遗址发掘简报》，《考古》1974 年第 4 期。中国社会科学院考古研究所：《偃师二里头》，中国大百科全书出版社 1999 年版。

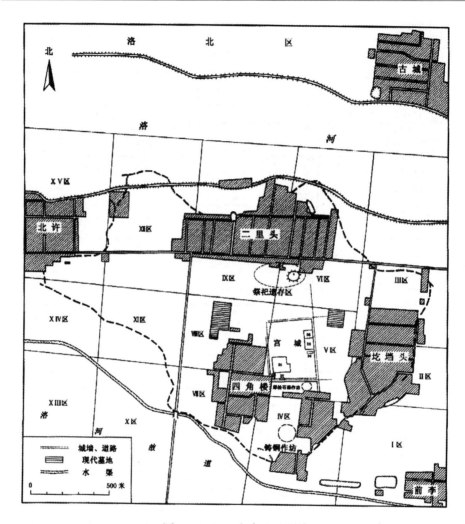

图7—2　二里头遗址平面图

（采自《考古》2004年第11期）

1）。主殿、廊庑、大门和庭院都建在面积近一万平方米的夯土台基之上，形成
整体建筑的台基底座，底座高出当时地表0.8米，使得整个建筑物高大宏伟。
在布局上，1号宫殿的四周建有高耸的围墙，围墙内外设回廊。大门开在南墙
中部，由三个门道和四个门塾组成，这种多门道的设计也显示出它不同于一般
的宫室。在由廊庑环绕的围墙内，北部是坐北朝南的主体殿堂。主殿也有台基，
主殿台基东西长36米，南北宽25米，面积900平方米，现存殿基高于庭院地

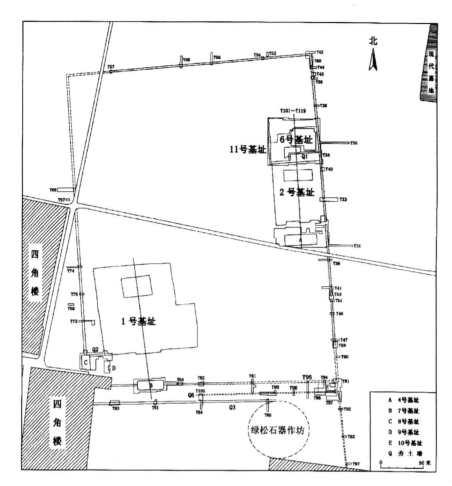

图7—3　二里头遗址宫城城墙及相关遗迹平面图

（采自《考古》2004年第11期）

面10—20厘米。主殿的南面是面积达5600平方米的广阔庭院。殿堂四周也有回廊。整个建筑气势宏伟，巍巍壮观，象征着权力、地位和威严[1]。

1号宫殿建筑的布局与结构有王宫的气魄，其殿前庭院似与文献中夏商周三代的"王庭"相仿。如《尚书·盘庚》曰："王命众，悉至于庭。"[2]意思是商王盘庚命令众人到庭中来，听取商王盘庚的规诫。又曰："其有众咸造，勿亵

----

① 参见袁行霈、严文明等主编《中华文明史》（第一卷），北京大学出版社2006年版。

② （清）《十三经注疏》，阮元校刻，中华书局影印本1980年版。

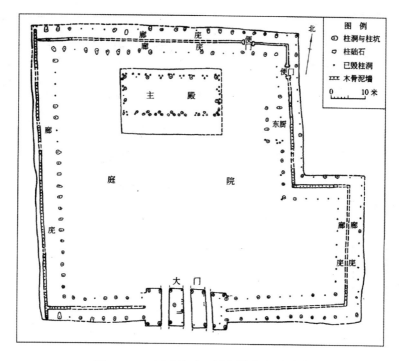

图7—4　二里头遗址1号宫殿遗址平面图

在王庭，盘庚乃登进厥民。"意思是许多臣民都来了，恭敬地来到王庭，盘庚便把这些臣民都叫到自己的面前来。这种庭也称作大庭，如《逸周书·大匡解》曰："王乃召冢卿、三老、三吏、大夫、百执事之人，朝于大庭。"《盘庚篇》中的"庭"、"王庭"和《逸周书》中的"大庭"，指的就是王宫中的庭院，后来所谓"朝廷"，就起源于这种"王庭"。因为王庭很大，可以容纳千人乃至数千人①，所以也称为大庭。在二里头宫城中，1号宫殿的主殿规模宏大，气势雄伟，殿前庭院也是最大的。为此，赵芝荃先生说1号宫殿"可视为王权的象征"，"是夏王发布政令的场所"②。

---

　　①　周代宫城中的王庭，可分为"外朝"与"内朝"。外朝很大，是万民可至之地，所以《周礼·朝士》曰："凡得获货贿人民六畜者，委于朝，告于士，旬而举之。"《国语·晋语》所说的"绛之富商韦藩木楗而过于朝"之朝，也是外朝。

　　②　中国社会科学院考古研究所：《偃师二里头》，中国大百科全书出版社1999年版，第393—394页。

2 号宫殿基址是 20 世纪 70 年代发掘的[1]。2 号宫殿平面布局也是四面廊庑围绕一座主体殿堂，构成一个坐北朝南、带有庭院的建筑单元（图 7—5）。主殿也建在台基之上，主殿台基现存高度约 0.2 米，东西长约 33 米，南北宽约 13 米，面积 429 平方米。台基周缘有一圈廊柱，由廊柱围绕着的是用木骨泥墙建筑起来的三个大房间，称为主殿房间。宫殿的东、西、南、北四面围绕着夯土墙，墙内侧是廊庑。门道设在南墙中部，由一个门道和二个门塾组成。据研究，在东廊中建有东厨，在南墙外有警卫房舍[2]。

二里头遗址的 2 号宫殿，有认为是宗庙，也有认为是陵寝，还有认为是夏社。认为是宗庙或陵寝说法的依据是在 2 号宫殿主殿后面有一个编号为 M1 的所谓"大墓"，说"二号宫殿建筑是为此大墓建造的"，或者说"另一种可能是先有第二号宫殿建筑，在其主人死后就埋在主体宫殿的北面和北围墙之间"[3]。诚如杜金鹏先生所指出：M1 特别深，通深 6.1 米，底部长 1.85 米，宽 1.3 米。从规模上看，在二里头遗址历年发掘资料中，凡出土铜器、玉器的中型墓葬，长度一般在 2 米以上，不少的小型墓葬也达到 1.8 米，中型墓葬的墓室深度一般为 1.5 米。因此，即使把 M1 视为墓葬，它连中型墓葬的规模和规格都达不到，根本不能称为"大墓"，绝非王墓。M1 深度达 6.1 米，它虽然被盗，但从填土中发现盛在漆匣中的狗、坑口出土 1 块卜骨、M1 底部有少量烧过的骨头渣等现象看，M1 "一种可能性是'奠基祭祀'类遗存"，此乃建造该宫殿时，"祭告'土地神'祈求保佑宫殿建筑安全而举行的祭祀活动之遗迹"；"另一种可能性是'落成礼'遗存"。古代宫殿建成之后举行祭祀，是为落成礼。如《左传·昭公七年》载："楚子成章华之台，愿与诸侯落之。"杜预注："宫室始成，祭之为落。"M1 并非墓葬，而应是祭祀坑。这样，显然不能把 M1 作为宗

---

① 中国社会科学院考古研究所二里头队：《河南偃师二里头二号宫殿遗址》，《考古》1983 年第 3 期。

② 杜金鹏：《二里头遗址宫殿建筑基址初步研究》，《考古学集刊》第 16 集，文物出版社 2005 年版。

③ 中国社会科学院考古研究所：《偃师二里头》，中国大百科全书出版社 1999 年版，第 159 页。方酉生在《偃师二里头遗址第三期遗存与桀都斟鄩》（《考古》1995 年第 2 期）一文中也提出过类似的问题。

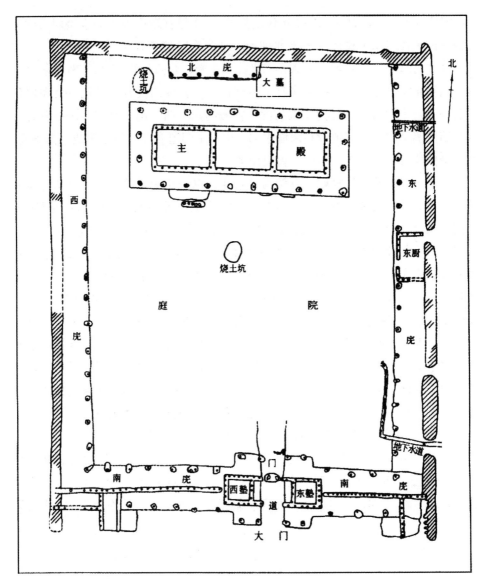

图 7—5 二里头遗址 2 号宫殿基址平面图

庙或陵寝的依据①。至于说 2 号宫室是夏社的推测，更没有任何依据，而且 2 号

① 杜金鹏：《二里头遗址宫殿建筑基址初步研究》，《考古学集刊》第 16 集，文物出版社 2005 年版。

宫殿的建筑结构与"社"的形制一点关系也没有。所以，2 号宫殿究竟是宫室还是宗庙，目前尚无可靠的依据来判定。

在二里头遗址中，与 1 号、2 号宫殿相似的大型建筑还有多座，它们组成一个规模宏大的建筑群，外面有宫城环绕。这些宫殿建筑大多修建于二里头文化第三期，属于夏代晚期王都内的宫室建筑。但也有一座 6 号宫室始建于二里头文化第四期。依据最新的碳十四测定，二里头文化第四期已进入商代早期。这大概就像田昌五先生所说的，"第四期当在夏朝灭亡之后，绝对年代应是商初。就是说四期为夏文化在商初的遗留"①，是夏人在商初修建的宫室。

其实，在历史文献中，商汤推翻夏王朝后，夏邑没有被毁灭是有线索可寻的。如《史记》的《殷本纪》曰："汤既胜夏，欲迁其社，不可，作《夏社》。"《封禅书》曰："汤伐桀，欲迁夏社，不可，作《夏社》。"《书序·商书》也说："汤既胜夏，欲迁其社，不可，作《夏社》、《疑至》、《臣扈》。"又说："汤既黜夏命，复归于亳，作《汤誓》。"这里的"欲迁夏社"之"迁"就是迁移之迁，而"复归于亳"则说明商汤并未以原来的夏都即夏邑为商都。从这些记载中我们可以看到，商汤推翻夏王朝后，本想迁移夏社，但因"不可"而没有这样做，只是在夏邑作了一篇《夏社》。这就是说，商汤战胜夏桀后，既然连夏邑里的夏社都未迁移和毁坏，那么，对于夏邑里的宫殿、手工业作坊等建筑物，当然也不会加以毁灭破坏，而很可能是像周武王推翻商王朝后依旧封商纣王之子武庚于殷，"俾守商祀"② 那样，夏桀的后裔和夏遗民依然生活在原来的夏都之中。这就使得偃师商城始建于二里头文化第四期，而二里头的夏邑在二里头文化第四期不但原有的一些宫室得到延续使用，还建了新的宫室。在二里头文化第四期，新建的偃师商城与二里头的夏邑一度并存，是不难理解的。

2. 二里头遗址的青铜器

在二里头文化诸遗址出土的 172 件铜器中，二里头遗址就有 131 件③，占二

---

① 田昌五：《夏文化探索》，《文物》1981 年第 5 期。

② 《逸周书·作雒篇》。

③ 陈国梁：《二里头文化铜器研究》，载中国社会科学院考古研究所编《中国早期青铜文化——二里头文化专题研究》，科学出版社 2008 年版。

里头文化总数的 76% 。二里头遗址出土的青铜器可分为容器、兵器、乐器、礼仪用器、工具、渔具等。已公布的资料有铜爵 13 件（彩图 7—2：1），斝 2 件（彩图 7—2：2），鼎 1 件（彩图 7—3：1），盉 1 件（彩图 7—3：2），铃 6 件，兽面纹牌饰 4 件（彩图 7—4），圆形牌饰 3 件，钺 1 件，戈 2 件，戚 1 件，刀 38件，镞 16 件，鱼钩 3 件，锥 6 件，凿 8 件，锛 2 件，锯 1 件，纺轮 1 件，泡 1件。这些铜器有 38 件出土于墓葬，其他 93 件出土于墓葬以外的遗址中。此外，二里头遗址还出土冶铸遗物 54 件。

二里头遗址出土的这些青铜器应当主要是在二里头冶炼、铸造的。在二里头遗址发现面积近万平方米的青铜冶铸作坊。其中有几处是浇铸场，有红烧土堆面和铜液泼洒形成的铜渣层，还有熔炉碎片和小铜块等遗物。与青铜冶铸相关的遗物还出土有陶范、石范、铜矿石（孔雀石）、木炭和小件铜器等。

二里头遗址大型专业青铜冶铸作坊的存在说明二里头王都也是当时青铜工业的中心。在冶铸技术上，由多块内、外范拼合而铸造的青铜器的大量出现，是自龙山时代以来冶铸技术上的一个飞跃。如果说铜、锡合金技术在龙山时代尚未普及，二里头文化则在此基础上有了很大的进步，所制造的铜器大部分为青铜器，主要是铜、锡合金，也有铜、铅合金和铜、锡、铅三元合金。这是我国古代冶金史上的一个重大进展。中国古代有"器以藏礼"[①] 的信念。二里头文化青铜礼器的出现，改变了以往以玉器和特殊陶器为主要礼器的局面，开始形成以青铜器为中心的礼器群，这一规则为商、周礼仪制度所继承并加以发展，青铜礼器遂成为中国青铜文明的核心和重要特征[②]。

3. 二里头遗址的玉器

据统计，已发表的二里头文化玉器共 118 件，其中二里头遗址发现玉器约93 件[③]。这些玉器可分为：礼器和仪仗类、工具和武器类、装饰类等。属于礼器和仪仗类的有璧戚、牙璋、圭、琮、璧、戈、钺、璜、刀、柄形器等（彩图

---

① 《左传·成公二年》："仲尼闻之曰：'惜也，不如多与之邑。唯器与名，不可以假人，君之所司也。名以出信，信以守器，器以藏礼，礼以行义，义以生利，利以平民，政之大节也。'"

② 中国社会科学院考古研究所：《中国考古学·夏商卷》，中国社会科学出版社 2003 年版，第 113页。

③ 郝炎峰：《二里头文化玉器的考古学研究》，载中国社会科学院考古研究所编《中国早期青铜文化——二里头文化专题研究》，科学出版社 2008 年版。

7—5）。属于工具和武器类的有铲、锛、凿、族、纺轮等。属于装饰品的有圆箍形饰、环、坠饰、尖状饰、管等。

考古学界对二里头玉器工艺特点总结为三个方面：第一，善于制造大型的玉礼器。如有长65厘米的玉刀，高54厘米的玉璋，长43厘米的玉戈等。第二，使用可旋转的"砣子"加工玉器，雕刻的花纹十分精美。第三，具有高超的镶嵌技术。在二里头遗址不仅出土镶嵌绿松石的玉器，更有镶嵌绿松石的铜器，工艺精美绝伦[1]。

4. 二里头遗址的龙形器

二里头遗址先后发现一些带有龙形纹样的陶器和用绿松石片粘嵌的龙形器。例如，在一座二里头文化二期的灰坑中出土二件透底器的陶器，一件编号为96YLIIIH2：2，器表布满菱形纹和弦纹并攀附有3条蛇形龙（彩图7—6）；一件编号为96YLIIIH2：1，器表经磨光，其上攀附有6条蛇形龙[2]。这两件陶器都属于二里头文化第二期。再如，在H57出土的陶鬲残片表面雕刻有一首双身蛇形龙纹（图7—6），年代为二里头遗址最初分为早中晚三期中的中期[3]。还有一件陶器残片则刻画有"一身而双头"的蛇形龙纹（图7—7：1）[4]。此外，还发现四件陶器残片上刻画有蛇形龙纹（图7—7：2、3、4、5）[5]，在一件编号为03VG14：16的陶盆的口沿内侧浮雕一条蛇形长龙，昂首勾尾，身上有麟纹，龙身上方阴刻鱼纹一周[6]。

---

① 中国社会科学院考古研究所：《中国考古学·夏商卷》，中国社会科学出版社2003年版，第116—117页。

② 中国社会科学院考古研究所：《二里头陶器集粹》之图一七〇、一七一，中国社会科学出版社1995年版。

③ 中国社会科学院考古研究所洛阳发掘队：《河南偃师二里头遗址发掘简报》图版叁：10，《考古》1965年第5期。

④ 中国科学院考古所洛阳发掘队：《河南偃师二里头遗址发掘简报》图版三：12，《考古》1965年第5期；中国社会科学院考古研究所：《偃师二里头》第199页，图125：4，中国大百科全书出版社1999年版。

⑤ 杜金鹏：《中国龙，华夏魂——试论偃师二里头遗址"龙文物"》，杜金鹏、许宏主编《二里头遗址与二里头文化研究》，科学出版社2006年版。

⑥ 《考古》2004年第11期，图版捌：5。

图7—6 二里头遗址出土一首双身蛇形龙纹陶片

（采自《考古》1965 年第 5 期）

图7—7 二里头遗址出土龙纹陶片

（采自杜金鹏、许宏主编《偃师二里头遗址研究》）

二里头遗址龙形器中最著名的是 2002 年在一座贵族墓 (02VM3) 中发现的 1 件大型绿松石龙形器①。随葬绿松石龙的 02VM3 墓葬是一座贵族墓，年代为二里头文化第二期。墓内随葬品丰富，除绿松石龙外，还有铜器、玉器、白陶器、漆器和海贝等。墓主为成年男性，年龄在 30—35 岁之间。绿松石龙是由 2000 余片各种形状的绿松石片粘嵌而成，放置在死者的骨架上，由肩部至髋骨处。"龙头朝西北，尾向东南，很可能是被斜放于墓主右臂之上面呈拥揽状。"② 墓主腰部的绿松石龙上置一铜铃。绿松石龙，长 70 厘米，头部宽 15 厘米，身宽 4 厘米。呈现出巨头，蜷尾，波状的龙身，也是一条蛇形龙（彩图 7—7）。

根据我们的研究，中国早期的龙形，可分为有足（爪）之龙和无足（爪）之龙两大种类。有足之龙的生物原型是鳄鱼，无足之龙的生物原型是蛇蟒；而龙之所以能够乘云升天，是由于我国远古先民将天空中的雷电与地上的鳄鱼和蛇蟒视为一体的结果③。二里头遗址发现的龙的形象都属于蛇蟒之类的无足之龙。二里头遗址的龙形器所表现出对于龙的崇拜，可与夏族中有关龙图腾的传说相联系④。例如，夏禹之"禹"字的构形即为蛇形之龙。在青铜器铭文中，禹字写作：𢀓（《遂公盨》）、𠂤（《禹鼎》）、𢀜（《秦公簋》）诸形，是从虫、从九的象形兼会意字。为此，丁山指出："禹字从虫、九，即《楚辞》所谓'雄虺九首'。"⑤ 这种蛇形之龙的图腾，与《列子·黄帝篇》所说的"夏后氏蛇身人面"，是一个意思。再如，《国语·郑语》说："夏之衰也，褒人之神化为二龙，以同于王庭。而言曰：余褒之二君也。"褒为姒姓，乃夏禹之后，褒氏是夏的同姓族邦中"用国为姓"者之一。姒姓褒国两位先君"化为二龙"的神话，显然出自夏族以龙为图腾的传说⑥。文献中还有一些有关夏与龙的关系的记载，如《山海经·海外西经》："大乐之野，夏后启于此儛九代，乘两龙，云盖三

① 中国社会科学院考古研究所二里头工作队：《1981 年河南偃师市二里头遗址中心区的考古新发现》，《考古》2005 年第 7 期。

② 同上。

③ 王震中：《图腾与龙》，赵光远主编《民族与文化》，广西人民出版社 1990 年版，收入王震中《中国古代文明的探索》，云南人民出版社 2005 年版。

④ 蔡运章：《绿松石龙图案与夏部族的图腾崇拜》，杜金鹏、许宏主编《二里头遗址与二里头文化研究》，科学出版社 2006 年版。

⑤ 丁山：《禹平水土本事考》，《文史》第二十四辑，中华书局 1992 年版。

⑥ 蔡运章：《绿松石龙图案与夏部族的图腾崇拜》，杜金鹏、许宏主编《二里头遗址与二里头文化研究》，科学出版社 2006 年版。

层。"《山海经·海外西经》："有人珥两青蛇，乘两龙，名曰夏后开。"这里的开即启，避汉景帝讳。总之，从文献和禹字的构形等多个方面都可以看出龙是夏族重要的图腾之一，而且是蛇形龙，属于笔者所说的无足之龙，而二里头遗址中出土的龙形象基本上都是无足的蛇形龙，文献与考古发现上的这种一致性，再次证明二里头文化主体上属于夏文化，二里头遗址是夏代中晚期王都。

第　八　章
夏代的国家与王权

一　夏王朝的国家机器与王权

1. 夏禹王权的萌芽与过渡性时代特征

颛顼、帝喾、尧、舜、禹时期，以族邦联盟为时代特色。在族邦联盟内，既有作为早期国家的邦国，也有酋长制族落即酋邦，还有社会复杂化程度低于酋邦的部落等。因事物的性质总是由其主要矛盾的主要方面予以决定的，因此，笔者称颛顼、帝喾、尧、舜、禹时期的联盟为"族邦联盟"或"邦国联盟"，以此有别于以往学者所谓"部落联盟"。当这样的族邦联盟发展到大禹的时候，禹的双重身份——本邦的国君（邦君）身份和所执掌联盟的盟主身份开始发生变化，即王权萌芽，禹成为由邦国走向王国的过渡性人物。

我们说王权与邦国君权的区别就在于：邦国的君权只在本邦的范围内行使着统治权，而王权不但统治着本邦，还能支配从属于自己的其他属邦，并使这些属邦的主权变得不完整或者说不具有独立主权。在族邦联盟内诸邦之间原本是平等的，然而若执掌族邦联盟的盟主的权力开始膨胀，权力具有了专断性，那么原来的族邦联盟就会走向王朝国家，原来的盟主之权也就会变为王权。

在先秦文献中，禹也称为夏禹。在《史记·五帝本纪》中，夏禹没被排列在五帝之中，而是在《史记·夏本纪》中列为开篇之首，但讲夏禹的事迹又从尧时讲起，所以夏禹的过渡性时代特征，司马迁认识得很清楚。在禹的后期发生的几个事件，很能说明夏禹王权的萌芽。其中最著名的是，禹会诸侯于涂山和禹杀防风氏之事。

《左传·哀公七年》："禹合诸侯于涂山，执玉帛者万国。"涂山所在有五说：一在会稽（今浙江绍兴县西北四十五里），一在渝州（今四川重庆市），一在濠州（今安徽怀远县东南八里），一在当涂（今安徽当涂县），一在三涂山（今河南嵩县西南十里）。这里采用杨伯峻《春秋左传注》中"似禹之涂山即三涂山"的说法。《左传·昭公四年》说："四岳、三涂、阳城、大室、荆山、中南，九州之险也。"当时，三涂山一带是禹所执掌的族邦联盟的中心地区，大禹在此地会合各邦国的邦君和酋邦的酋长，《左传》将他们说成是诸侯，也是可以理解的，因为那时还没有我们今天所说的国家、酋邦、联盟这类概念，所以只能用类似"天子"与"诸侯"这样的统合关系来表述事情的原委。在这里，前来参加会合的诸族和诸邦（包括酋长制酋邦和部落）是"执玉帛"来相见，反映了一种礼制。在这种礼制中，尊卑、等级和不平等是显而易见的，是王权的滥觞。

禹主持的会盟不止一次，也不都在一个地方。禹杀防风氏就发生在一次会盟之中。《国语·鲁语下》记载："吴伐越，堕会稽，获骨焉，节专车。吴子使来好聘，且问之仲尼……仲尼曰：'丘闻之：昔禹致群神于会稽之山，防风氏后至，禹杀而戮之，其骨节专车。此为大矣。'客曰：'敢问谁守为神？'仲尼曰：'山川之灵，足以纲纪天下者，其守为神；社稷之守者，为公侯。皆属于王者。'客曰：'防风何守也？'仲尼曰：'汪罔氏之君也，守封、禺之山者也，为漆（涞）① 姓。在虞、夏、商为汪芒氏，于周为长狄，今为大人。'"同样的记载也见于《史记·孔子世家》。《韩非子·饰邪》也说："禹朝诸侯之君会稽之上，防风之君后至而禹斩之。"从这些记载中可以确信：禹在会稽山会见诸邦之君时，防风氏只因迟到就被禹斩杀，此时的禹对于联盟内诸邦诸部已具有生杀专断之权。防风氏之君虽被禹斩杀，防风氏部族却历经虞、夏、商、周诸代，是一个历史颇为悠久的古族。上古时期许多古老部族，诸如陶唐氏、有虞氏、九黎等，都是历经虞、夏、商、周诸代，这与当时的国家形态与结构及其统治方式是有关系的。

禹时征伐三苗也显示出专断的权力特征。《墨子·非攻下》说："昔者有三苗大乱，天命殛之。日妖宵出，雨血三朝，龙生于庙，犬哭乎市，夏冰，地坼

---

① 韦昭注：案：漆，《札记》"当为'涞'之讹"。在《史记·孔子世家》有关这一段的记载中，写作"釐姓"。

及泉，五谷变化，民乃大振（震）。高阳乃命（禹于）玄宫。禹亲把天之瑞令，以征有苗。四电诱祗。有神人面鸟身，若瑾以侍。搤矢有苗之祥（将），苗师大乱，后乃遂几。禹既已克有三苗，焉磨（历）为山川，别物上下，卿制大极（乡制四极），而神民不违，天下乃静，则此禹之所以征有苗也。"文中告诉我们，禹是在自然和气候异常的情况下对三苗发动的征伐战争，禹在玄宫举行了接受天之瑞令等宗教仪式。从文中也可以看出：以鸟为图腾、代表东方之神句芒的"人面鸟身"者，奉珪以侍，显示出禹已突破族邦联盟盟主的权力和地位，是类似君王的作为。与此相关，《墨子·兼爱下》引《禹誓》："禹曰：济济有众，咸听朕言，非惟小子，敢行称乱，蠢兹有苗，用天之罚，若予既率尔群对诸群[1]，以征有苗。"这是说战前禹举行了声势浩大的誓师动员，统率诸邦，对称乱（发生大乱——破坏天下秩序）的三苗进行的是"天之伐"。这与成汤伐夏桀、周武王伐商纣王时的誓师动员是一样的，都在表示"天授王权"、"替天行道"。所以，夏代王为"天下共主"的地位也是由此脱胎而来。

禹与九州的关系，从小区域的九州放大为泛指整个天下的大九州，也是由禹所处的国家形态的过渡性造成的。在成书较早的文献中就涉及禹与九州，如《左传·襄公四年》引《虞人之箴》曰："茫茫禹迹，画为九州，经启九道。"春秋时齐灵公时期的青铜器《齐侯钟》铭文说成汤："有严在帝所……咸有九州，处禹之堵（都）。"可以认为在相当多的春秋战国人心目中，与禹相关联的九州就是泛指整个天下的大九州。但由于在春秋时期还有一种仅指一片地域的小九州，而且这种小九州又与禹之前的共工氏等传说相关联，因此我们有理由相信大九州是由小九州演变而来的。

关于最初的九州只局限于一个特定的区域，当年顾颉刚《州与岳的演变》[2]论文和傅斯年《姜原》[3]论文都做过很好的研究。这个特定的区域，就是《左传·昭公二十二年和哀公四年》所说的"九州之戎"之"九州"和《国语·郑语》所说的"谢西之九州"。所谓"九州之戎"，是春秋时期活动于晋之阴地即今河南嵩县之西、陕西洛南之东的一支戎人，与此相关的这个"九州"也在这一带。这一带也称为"谢西之九州"。如《国语·郑语》记幽王之世，郑桓公

---

① 孙诒让《墨子闲诂》云："群对诸群，当读为群封诸君，言诸邦国诸君也。"
② 顾颉刚：《州与岳的演变》，燕京大学《史学年报》卷一，第五期，1933年。
③ 傅斯年：《姜原》，《国立中央研究院历史语言研究所集刊》第二本第一分册，1930年5月。

问史伯："谢西之九州，如何？"韦注："谢，宣王之舅申伯之国，今在南阳。谢西有九州，二千五百家曰州。"顾颉刚先生据《诗·大雅·嵩高》"亹亹申伯，王缵之事。于邑于谢，南国是式"，认为韦注是可信的①。《汉书·地理志》南阳郡宛县条下班固注曰："故申伯国，有屈申城。"宛即今河南省南阳县，是其所谓"谢西"，即今豫西南，与晋之阴地相连。上述的"九州之戎"及"谢西之九州"都表明，直到春秋时期，尚存在一处特定区域的"九州"。据此，顾颉刚、傅斯年等先生都主张在春秋时期及春秋以前，"九州"只是一个特定的区域，是战国、秦汉大一统思想和大一统疆域出现以后，才逐步形成的泛指全中国的"九州"。

　　这个最早的"九州"的来源，与共工氏所占据的"九土"有关。《国语·鲁语上》说："共工氏之伯九有也，其子曰后土，能平九土，故祀以为社。"《山海经·大荒北经》也说："共工之臣名曰相繇，九首，蛇身，自环，食于九土。"（《海外北经》亦有同样的记载，"九土"作"九山"）《鲁语》所说的共工氏"伯九有"，在《礼记·祭法》中为"霸九州"；"平九土"在《祭法》中为"平九州"。共工氏为九州之伯、九州的霸主，"九州"当然是其活动的中心区域②。这一区域的大致范围，就是《左传·昭公四年》司马侯所说的："四岳、三涂、阳城、大室、荆山、中南，九州之险也。"既云上述诸地为"九州之险"，那么九州之域的核心地区也就大体确定了。三涂，杜预注"在河南陆浑县南"，陆浑即今嵩县东北的陆浑镇。今河南嵩县西南十里伊水北有三涂山，俗名崖口。阳城，在今河南登封县东南，已为近年考古发掘所证实③。大室，即嵩山。中南，即今陕西西安市南的终南山，又名中南、南山、秦山、秦岭。上述诸地，学术界自来无甚异说。唯四岳与荆山情况较为复杂。荆山有位于今湖北南漳县西之荆山的南条荆山，也有《尚书·禹贡》所说的"荆岐既旅"及"导岍及岐，至于荆山"的北条荆山。经顾颉刚先生考证，此北条荆山在今河南灵宝县阌乡镇④。四岳，傅斯年先生说申甫一带的山即是四岳。《国语·郑

　　① 顾颉刚：《州与岳的演进》，燕京大学《史学年报》卷一，第五期，1933 年。

　　② 王震中：《共工氏主要活动地区考辨》，《人文杂志》1985 年第 2 期。收入王震中《中国古代文明的探索》，云南人民出版社 2005 年版。

　　③ 河南文物研究所登封工作站等：《登封战国阳城贮水输水设施的发掘》，《中原文物》1982 年第 2 期。

　　④ 顾颉刚：《瓜州》，《史林杂识》（初编）。

语》史伯曰："当成周者，南有申吕。"可知《汉书·地理志》"南阳郡宛县故申伯国"，《水经注》"宛西吕城，四岳受封于吕"诸说不误，而四岳之地望亦可知①。

禹的九州是继承了共工氏的"九土"（"九州"），而且根据本书第七章中"夏的兴起"一节所讲到的，共工有可能就是鲧，"九州"土地和概念在共工与禹之间承袭是很自然的。但是，九州的范围放大之后，人们为何把放大后的九州概念只与大禹相联系，为何把九州与天下的贡赋相联系，这就与禹在把族邦联盟转向王朝国家的过程中所起的作用分不开。禹时不可能有后世所说的"巡狩四方"、"巡省四方"的巡狩制度，但禹作为族邦联盟盟主的活动足迹、活动范围是很广阔的，如他在会稽会见诸邦之君就属一例。禹时也不可能有后来全国范围的九州的划定，因而也不可能按照划分九州的方式让各地缴纳贡赋，但禹时已萌生了联盟之外的部族向该联盟和它的盟主贡献特产的礼节和要求，这也就是《左传·宣公三年》所说的"昔夏之方有德也，远方图物，贡金九牧，铸鼎象物"。否则的话，也就不会出现禹在涂山会合诸部时，"执玉帛者万国"的情形。这里的"万国"当然是极言其多，而且有的是邦国，有的应该是相当于酋邦或部落的政治共同体。这些现象在禹之前就已逐渐出现，到禹时获得显著的发展，最后必然推动族邦联盟中盟主所在的邦国走向王国，族邦联盟这种政治军事形式转变为王朝国家这样的多元一体的国家形态。

2. 夏王朝的国家机器与华夏民族诸部族的参与

依据前一章我们对夏代开始年代的研究和夏代文化的分期，大约在公元前2040年或公元前2020年左右中国的历史进入了夏代。在夏代，由于其国家形态和结构是多元一体的复合制国家（详后），并因此而形成包含诸多部族在内的华夏民族，所以，作为国家行政职能的官吏，既是夏王邦即夏王国的，亦是以夏王国为"天下共主"而包括各地属邦在内的王朝国家的。《尚书·甘誓》说夏有"六卿"、"三正"。"六卿"之"卿"或许用的是春秋时期的语言词汇，实即为《甘誓》所说的"王曰六事之人"，亦即《墨子·明鬼下》所转录《禹誓》所言的"左右六人"，是王身边的六个或六种管事的高层官吏。"三正"之

---

① 傅斯年：《姜原》，《中央研究院历史语言研究所集刊》第二本第一分册，1930 年 5 月。

"正"，《尔雅·释诂》曰："正，长也。"《左传·定公四年》封唐叔"怀姓九宗，职官五正"，可见"正"指的就是官吏。陈梦家先生还举出毛公鼎中"亦唯先正"以及《诗经·大雅·云汉》"群公先正"等，证明"三正"指官吏。因而，"三正"、"左右六人"都应该是指夏朝最高层官吏的一个集合名词。此外，还有附属于王朝的属邦或部族之君在朝廷担任职官的情况。如位于山东滕县的薛国的奚仲，《左传·定公元年》说他曾担任夏朝的"车正"。商周的祖先都在夏朝任过官职。据《史记·殷本纪》，商的始祖契在夏初曾任管理土地的"司徒"之官职。今本《竹书纪年》提到"商侯相土"，也提到夏王少康"十一年，使商侯冥治河"。《国语·周语上》说："冥勤其官而水死"。韦昭注曰："冥，契后六世孙，根圉之子也，为夏水官。"也就是说，商族另一位先祖冥担任过夏朝管理或治理水的职官。《国语·周语上》说："昔我先王世后稷，以服事虞、夏。及夏之衰也，弃稷不务，我先王不窋用失其官，而自窜于戎狄之间。"可知周族祖先曾在夏朝担任农官稷。

夏王朝的职官远不如商周王朝那么繁多，职官分类也不如商王朝更不如周王朝清晰。商周王朝还都存在着的一职多管、一官多摄的情况，夏王朝因其官职系统简单，这种情况就更为突出。但夏商周三代王朝由王权统领的君主专断的体制是一脉相承的。这是因为王权在"君权神授"或"天命王权"的神圣性的庇护下，权力的垄断性决定了权力的专制性，所以，从邦国的君主制到王朝的王权体制，都与民主制（哪怕是贵族民主制）或共和制是无缘的。当然此时的君主制和王权政体与秦汉以后那种层层隶属、高度中央集权的专制主义政体还不是一回事。

作为强制性权力系统一个组成部分的刑法，在夏代也是明确的。《左传·昭公六年》说："夏有乱政，而作《禹刑》。"这是说夏代初年即已制定了刑法。夏初的这种刑法应该是在继承颛顼尧舜时代刑法的基础上而形成的。如《左传·昭公十五年》引《夏书》说有"皋陶之刑"；《尚书·尧典》中讲到皋陶在族邦联盟担任刑狱职官；《尚书·吕刑》篇说南方的"苗民弗用灵，制以刑"。这些都说夏代之前的颛顼尧舜时代即已产生了刑法，夏代有刑法应当是可信的。

《尚书·甘誓》记载夏与有扈氏大战于甘，夏王对将士们作战前动员时说：你们"用命（执行命令），赏于祖，弗用命，戮于社，予则孥戮汝"。夏王所具有的这种强制性权力是与他掌控着刑法密不可分的。其实，早在夏禹时期即已握有专断之权。如前所述，禹叫各地邦君到会稽之山会盟，防风氏迟到了，禹就把他给杀了。禹的后期，邦国联盟的盟主就已经握有生杀予夺的专断权力。夏朝建立后，王权的专断性得到进一步的强化。

与夏代的刑罚相关联，夏代的阶级构成和所有制方式又是如何的呢？有关这方面的史料不是很多。首先，夏代在被统治、被压迫的阶级中是有奴隶的。前引《尚书·甘誓》记载夏与有扈氏大战于甘时，夏王对将士们作战前动员时说：你们"用命（执行命令），赏于祖，弗用命，戮于社，予则孥戮汝"。"孥戮"有时也写作"奴戮"，自郑玄以来的注释家，有的说"奴戮者，或以为奴，或加刑戮"，就是使犯者本人为奴隶；也有的认为"孥"是指妻和子，如郑玄即解释说"大罪不止其身，又孥戮其子孙"，这是说若在大战中犯了不执行命令这种罪行的话，夏王就要把这些人和他们的妻室儿女杀的杀，做奴隶的做奴隶。将族人降罪为奴隶，是奴隶的来源之一。

奴隶的另一重要来源是来自于战俘。如《国语·周语下》说从"黎（九黎）、苗（三苗）之王，下及夏、商之季"，那些被战败的族邦，每每是"人夷其宗庙，而火焚其彝器，子孙为隶"。这些奴隶应当是既用于家内，为家内奴隶；也用于农业、畜牧业和手工业生产之中，为生产奴隶。

有奴隶和奴隶主，当然也就存在奴隶制这样的生产关系。但在夏代，除奴隶制之外，也存在其他生产关系。《孟子·滕文公上》说："夏后氏五十而贡。"在族人当中，大多数族人与夏王和其他贵族之间的关系，应当是通过贡赋而建立的剥削关系。按照《左传·宣公三年》所说的"昔夏之方有德也，远方图物，贡金九牧，铸鼎象物"，在夏的王邦与其他族邦的关系中，也应当是后者向前者纳贡的关系。所以，夏代应当是多种生产关系并存的阶级社会，其中并没有证据表明是以奴隶制为主。

需要强调的是，夏代的官职设置、刑罚的实施，以及王室所具有的这种专断之权都不仅仅局限于夏的王邦（即王国）和夏部族这样的范围，而是实行于夏人眼中的整个"天下"，即所谓的"家天下"。这里的"天下"即相当于我们所说的夏代"复合制国家结构"和在这个复合制国家中由诸部族组成的整个华夏民族。

二　夏代复合制国家结构与王权

1. 夏王朝中的王国与邦国及其复合制国家结构

关于夏朝的国家结构，学术界曾有"方国联盟"说、"城邦联盟"说、"早期共主制政体"说、"早期共主制政体下的原始联盟制"说、"奴隶制中央集权王朝"说，等等。从夏代的政治实体看，前章所说的尧舜禹时期"万邦"中的一些族邦，到夏商周三代是依然仍然存在的。《战国策·齐策四》就说："大禹之时，诸侯万国……及汤之时，诸侯三千。当今之世，南面称寡者，乃二十四。"但是，夏商周时期的万邦与尧舜时期又有所不同。其最主要的区别就在于从夏代开始才出现了多元一体的王朝体系，在这一体系中形成了邦与邦之间不平等的结构。具体而言，在夏代的"万邦"中，既有作为王邦即王国的夏后氏；也有韦、顾、昆吾、有虞氏、商侯、薛国之类的属于从属国的庶邦；还有时服时叛或完全处于敌对状态的诸夷之国或部族。此外，夏代还存在一些"前国家"的酋长制族落共同体或社会较平等的部落。所以，夏王朝是由多层次政治实体构成的社会。《国语·周语上》内史过引《夏书》说："众非元后，何戴？后非众，无与守邦。"韦昭注："元，善也；后，君也；戴，奉也。"这是说众邦之人若遇到的不是优秀的君王，我们如何拥戴他？君王若没有众邦之人，谁来替你守邦！可见作为王邦的夏后氏与作为属邦即附属国之间的关系是一种不平等的关系，这也是夏代王权的一种表现形式。

夏代王邦和王权与其他诸邦和各部族之间的这种不平等，表现在政治、经济、军事等各个方面。《孟子·滕文公上》说："夏后氏五十而贡。"固然可以视为是针对王邦内族人的经济剥削，但它也透漏出夏代是有贡赋理念的。夏代的附属国要向夏王和王邦纳贡，是有案可查的。前引《左传·宣公三年》："昔夏之方有德也，远方图物，贡金九牧，铸鼎象物。"杜预注："使九州之牧贡金。""九州"是后人称禹时的行政地理区划，如《左传·襄公四年》即说"茫茫禹迹，画为九州"。但是，如前所述，最初的"九州"是指一特定地域，如《国语·郑语》所谓"谢西之九州"，《左传·昭公二十二年》"九州之戎"之九州。后来"九州"被放大为指全中国之九州。夏代时虽说不会按照后来被放大的所谓"九州"的区划进行纳贡，但《左传·宣公三年》说夏代实行纳贡应该是可信的，只是纳贡的方式不是那样整齐划一，也没有那样的行政管理机构而已。《墨子·耕柱》说："昔者夏后开使蜚廉折金于山川，而陶铸之于昆吾。"蜚廉①为秦之先祖，夏后启使秦的蜚廉为他采矿冶金，这也是一种纳贡的方式。《左传·定公元年》说："薛之皇祖奚仲，居薛，以为夏车正。"《世本》、《荀子·解蔽》、篇《吕氏春秋·君守》篇、《淮南子·修务》篇都说"奚仲作车"。在二里头遗址已发现车轮轨迹的遗迹，可见夏代已有车，这说明奚仲发明制造车的传说是可信的。薛国之君作为专门的造车者并为夏的车正，当然也要以提供车辆的方式向夏王邦纳贡。《左传·昭公二十九年》晋太史蔡墨说："古者畜龙，故国有豢龙氏，有御龙氏……有陶唐氏既衰，其后有刘累，学扰龙于豢龙氏，以事孔甲，能饮食之，夏后嘉之，赐氏曰御龙。以更豕韦之后。龙一雌死，潜醢以食夏后。夏后飨之，既而使求之。惧而迁于鲁县，范氏其后也。"《左传·襄公二十四年》宣子曰："昔匄之祖，自虞以上为陶唐氏，在夏为御龙氏，在商为豕韦氏，在周为唐杜氏，晋主夏盟为范氏。"作为附属于夏王的部族——豢龙氏、御龙氏，他们为夏王孔甲畜养龙（即鳄鱼），供孔甲食用，这也是一种不平等的经济贡纳行为。

如前所述，在有关夏代的文献中还讲到一些附属的族邦之邦君到王朝任职为官的情况。诸如薛之奚仲为夏之车正，商之冥为夏之水官，等等。这些情况与商周时期一些地方诸侯之君在商周王朝为官的情形是一样的。《史记·殷本纪》说商纣以西伯昌、九侯（一作鬼侯）、鄂侯为三公，就是明显的例子。这些附属的邦国或部族，在王朝中央任职，既是对王朝国家事务的参与，亦是对中央王国这个天下共主的认可，还有利于民族融合的加深；而作为邦国又分处各地，则发挥着蕃屏王邦、守土守疆的责任。

上述夏后氏与诸附属邦国和部族的关系，显现出古代中国自夏代开始形成了一个"大国家结构"，对此笔者称为"复合型国家结构"。在这一结构中既包含有王邦（王国）也包含有属邦（附属国），王邦与属邦是不平等的。王邦即

---

① 《史记·秦本纪》说蜚廉是商纣王时人。其曰："（仲衍）其玄孙曰中潏，在西戎，保西垂，生蜚廉。蜚廉生恶来。恶来有力，蜚廉善走，父子俱以材力事殷纣。周武王之伐纣，并杀恶来。是时，蜚廉为纣石北方，还，无所报……"蜚廉究竟是夏后启时的人还是商纣王时的人，在没有找到旁证的情况下，笔者以为可以做这样的处理，即如果我们采用《史记》的记载，那么可以把《墨子》中的说法视为墨子把夏代时秦族中其他人为夏后启采矿冶金的情况，说成了蜚廉。

王国，为"国上之国"，处于天下共主的地位；属邦为主权不完整的（不是完全独立的）"国中之国"。这些属邦有许多是在夏代之前的颛顼尧舜时代即已存在的，夏王朝建立后，它们并没有转换为王朝的地方一级层层隶属的行政机构，只是直接臣服或服属于王朝，从而使得该邦国的主权变得不完整，主权不能完全独立，但它们作为邦国的其他性能都是存在的，所以，形成了王朝内的"国中之国"。而作为王邦即位于中央的王国，则既直接统治着本邦（王邦）亦即后世所谓的"王畿"地区（王直接控制的直辖地），也间接支配着臣服或服属于它的若干邦国。因而王邦对于其他众邦及庶邦当然就是"国上之国"。邦国的结构是单一型的，王朝在"天下共主"的结构中，它是由王邦与众多属邦组成的，是复合型的，就像数学中的复合函数一样，函数里面套函数。那么，对于这种复合型国家结构我们给予它一个什么样的名词呢？由于我们已把王邦称之为王国，而这里所谓王国的范围主要指的是后世所谓王畿地区，因此我们主张将既包含位于中央地带的王国也包含一般的附属国亦即所谓诸侯国或侯伯之国的这种复合型国家结构称之为"王朝"或"王朝国家"。只是"王朝"这一词语也用于秦汉以后，而秦汉以来的王朝基本上属于高度发达的以郡县制为行政隶属和区划的中央集权的"单一制国家结构"，而不像夏商周三代那样是复合型国家结构，苦于没有更好的词汇概念，姑且用之，但也可以在王朝或王朝国家前面加一个"复合制"这样的限定词，构成"复合制王朝"或"复合制王朝国家"，以区别于秦汉以后中央集权的单一制王朝。这样我们就可以用"邦国"、"王国"、"复合制王朝国家"来区别表示三种不同层次的国家结构形态，其中，在夏商周时期，邦国指一般的属邦和庶邦，即普通的早期国家；王国则专指王邦，即作为天下共主的"国上之国"；而复合制王朝或复合制王朝国家则是既含有王邦亦含有属邦的多元一体的复合国家。自夏代出现的这种复合型国家形态和结构，历经商代和周代获得了进一步的发展，特别是在周代，由于大范围、大规模分封诸侯，使得这种复合型国家结构达到了顶峰，形成了"溥天之下，莫非王土；率土之滨，莫非王臣"的牢固理念，而这一理念也从王权的视角对复合型国家结构的整体性作了形象的说明。

2. 夏代的王权与多元一体的正统地位

　　中国古代自夏代开始出现王国，而这种王国又必须放在"复合制国家结构"中才能得到很好的说明，它是复合制国家结构中的"国上之国"。有了王国就有王权，王权是一种强权。在中国夏商周三代，这种强权即王权至少包含两个层面：一是来自王邦（即王国）的集中性的权力，属于凌驾于王邦全社会之上的强制性权力系统的集中体现；另一是对于属邦或诸侯的支配之权，这是把所谓"天下"都纳入自己的支配体系之中，并且逐渐形成了"中原正统观"，即以中原王国为核心的多元一统的正统观。从王权的这两个层面看，王权是在复合制国家结构中展现自己的强权的。

夏代王权中的"天下观"和"中原正统观"是继承夏代之前五帝时代族邦联盟中盟主的霸权观而来的，并且是在长期征伐的过程中形成的。尧、舜、禹时期就对那些与中原族邦联盟相对立的其他部族或邦国进行了一代又一代的征伐，如前面所述的禹征三苗就是非常突出的例子。正因为是在战争与征伐中才使夏禹邦国走向了王国，因此"王"字的字形结构起源于斧钺之形也即顺理成章。

在建立了王朝之后，在"天下一统观"的作用下，王有权对于叛逆的邦国或叛逆的其他政治实体和族共同体行使征伐之权。例如，《史记·夏本纪》说："有扈氏不服，启伐之，大战于甘。"《竹书纪年》说夏王"帝相即位，处商丘。元年，征淮夷。二年，征风夷及黄夷"。慑于王权中的这种征伐机制和王朝的实力，就连不属于属邦、不属于复合制国家结构内的所谓蛮夷之邦，也不得不时常觐见夏王，史称"来宾"。如《竹书纪年》说：帝相七年，"于夷来宾"；"少康即位，方夷来宾"；"后芬即位，三年，九夷来御，曰畎夷、于夷、方夷、黄夷、白夷、赤夷、玄夷、风夷、阳夷"。

王权的另一特性是世袭性。这种世袭性是指在王族内完成权力的继承和王位的承袭，由此而形成继位谱系和世代。在夏代，从夏禹到夏桀共有 14 世，17 王。这期间虽说出现过后羿"因夏民以代夏政"[①] 以及寒浞篡位，但经"少康中兴"，王位即王权又回归到在夏后氏内世袭这一常态，并被视为正统。这样来看，王权的世袭性又与正统性和神圣性结合在一起。

王权的世袭性与正统性和神圣性相结合而构成了王权的合法性。王权的合法性是王朝稳定的基础。在这种合法性中，我们看到了所谓"天命之权"。其

---

① 《左传·襄公四年》。

中从王邦内部来看，王权中也含有族权；但从整个"天下"来看，它被视为是"天命之权"。《左传·宣公三年》记载楚子问鼎于中原，王孙满对曰："在德不在鼎。昔夏之方有德也，远方图物，贡金九牧，铸鼎象物……周德虽衰，天命未改。鼎之轻重，未可问也。"这一故事和其中的理念说明了这样一个道理："天命王权"是自夏以来三代的传统观念。也正是因为这种"天命王权"观念的根深蒂固，才使得商纣王在危机四伏面前依然说："我生不有命在天乎!"①我还有什么可畏惧的! 这是从反面说明夏商周三代"天命王权"的一个事例。

　　总之，在自夏以来的三代是王国主导下的复合制王朝国家的时代，真正意义上的王权，是作为"天下共主"的王对复合制国家结构中的"全天下"都具有的支配权。它具有世袭性、神圣性、正统性和合法性。在当时神权政治世界中，被视为"天命王权"。当然，这种作为"天下共主"的"天命王权"，又随着复合制国家结构的发展程度，由夏到商再到周而逐步得到加强。

---

① 《史记·殷本纪》。

第 九 章
先商邦国的起源

一 商族的起源与迁徙

1. 商族的起源

商族的起源也是一个聚讼纷纭的问题，曾经有：1. 西方说，认为商族发祥于陕西商洛①或关中地区②；2. 东方说，认为商族发祥于河南商丘③、或云发祥于山东④；3. 晋南说，认为商族发祥于山西永济⑤、或云发祥于垣曲、永济一带⑥；

---

① 《书·汤誓》郑玄注："契始封商，遂以商为天下之号。商国在太华之阳。"又《史记·殷本纪》正义引《括地志》："商州东八十里商洛县，本商邑，古之商国，商誓之子离所封也。"

② 顾颉刚：《殷人自西徂东说》，《甲骨文与殷商史》第 3 辑，上海古籍出版社 1991 年版。顾颉刚先生晚年则认为商族发祥于我国的东部地区，参见顾颉刚《鸟夷族的图腾崇拜及其氏族集团的兴亡——周公东征史实考证四之七）》，载《古史考》第六卷，海南出版社 2003 年版。

③ 王国维：《说商》，《观堂集林》卷一二，中华书局 1959 年版；张光直：《商名试释》，《中国商文化国际学术讨论会论文集》，中国大百科全书出版社 1998 年版。

④ 王玉哲：《商族的来源地望试探》，《历史研究》1984 年第 1 期；王玉哲：《中华远古史》，上海人民出版社 2000 年版，第 187 页。

⑤ 李民、张国硕：《夏商周三族源流探索》，河南人民出版社 1998 年版，第 97 页；李民：《关于商族地起源》，《郑州大学学报》1984 年第 1 期；李民：《豫北是商族早期活动的历史舞台》，《殷都学刊》1984 年第 2 期。

⑥ 陈昌远：《商族起源地望发微——兼论山西垣曲商城发现的意义》，《历史研究》1987 年第 1 期；陈昌远、陈隆文：《论先商文化渊源及其殷先公迁徙之历史地理考察》（上）（下），《河南大学学报》2002 年第 1、2 期。

4. 河北说，认为商族发祥于河北漳水①、河北易水②、河北永定河与滱水之间③；5. 河北东北④及环渤海湾一带说⑤；6. 北京说⑥；7. 东北说，认为商族发祥于辽宁西部⑦、或云发祥于幽燕⑧。

面对诸说，笔者以为，商人后裔——春秋时期的商人即宋国人对于商族起源的看法是值得重视的。例如，《诗·商颂·玄鸟》说："天命玄鸟，降而生商，宅殷土芒芒。"《诗·商颂·长发》说："有娀方将，帝立子生商。"诚如王国维所言，"商之国号，本于地名"⑨，也代表了商族所居的国土⑩。诗中说的"宅殷土芒芒"中的"殷土"，指的就是商土。之所以称为"殷土"，是因为商代晚期国都于安阳殷墟，这样在后人的称呼中，商土又称为殷土，商与殷可以互换相称。《诗经》的《玄鸟》篇和《长发》篇告诉我们，商族之发祥是和称为"商"的地方联系在一起的。

根据文献记载，商族有过多次迁徙。那么，这最早的商地，究竟是如郑玄《书·汤誓》注和《括地志》编者所说的在陕西商洛？还是如《史记·郑世家》集解引服虔之语以及王国维所说的在河南商丘？抑或如《史记·郑世家》集解所引贾逵说的在漳南殷墟？或者是如葛毅卿、杨树达、丁山等人所说的在冀南

　　① 田昌五：《试论夏文化》，《文物》1981 年第 5 期；邹衡：《论汤都郑亳及前后的迁徙》，《夏商周考古论文集》（第二版），文物出版社 2001 年版，第 201、202 页。

　　② 李亚农：《李亚农史论集·殷代社会生活》，上海人民出版社 1980 年版。

　　③ 丁山：《商周史料考证》，中华书局 1988 年版，第 17 页。

　　④ 傅斯年：《夷夏东西说》，《国立中央研究院历史语言研究所集刊》外编，第一种，《蔡元培先生六十五岁庆祝论文集》下册，1934 年版；傅斯年：《东北史纲》第一卷，中央研究院历史语言研究所 1932 年版，第 24、124 页。

　　⑤ 徐中舒：《殷人服象及象之南迁》，《历史语言研究所集刊》第 2 卷第 1 期。

　　⑥ 曹定云：《商族渊源考》，《中国商文化国际学术讨论会论文集》，中国大百科全书出版社 1998 年版。

　　⑦ 金景芳：《商文化起源于我国东北说》，《中华文史论丛》1978 年第 7 期；金景芳：《中国奴隶社会史》，上海人民出版社 1983 年版，第 51—54 页。

　　⑧ 于志耿等：《商先起源于幽燕说》，《历史研究》1985 年第 5 期；于志耿等：《商先起源于幽燕说的再考察》，《民族研究》1987 年第 7 期。蔺新建：《先商文化探源》，《北方文化》1985 年第 2 期。

　　⑨ 《观堂集林·说商》。

　　⑩ 李学勤：《殷代地理简论》，科学出版社 1959 年版，第 13 页。

漳水流域?① 这些都尚需作进一步辨析。这四说中,第一说可称为"上洛说",第二说可称为"宋国说",第三说可称为"殷墟说",第四说可称为"漳水说"。笔者以为作为上述四说的取舍标准,最早的"商"应该和商族的始祖契的居地是一致的。《史记·殷本纪》即说契"封于商"。《荀子·成相篇》言"契玄王,生昭明,居于砥石迁于商"。契所封的商地,也称为"蕃"或"番"。如《世本》说"契居蕃"。《水经·渭水注》引《世本》作"蕃",而《通鉴地理志通释》引《世本》则作"番"。可见"蕃"或作"番",二字通用。尽管随着商族的迁徙,名号为"商"的地域也在不断地出现,亦即对于商人来说,不同时期有不同的商地,但与契联系的当然是最早的商地,这个商地也叫"番"或"蕃",所以最早"商"和"蕃"是一地二名。

"契居蕃"之"蕃"即"番吾","番吾"乃"番"之缓读②。此"番吾"即《战国策·齐策一》"秦、赵战于河漳之上,再战而再胜秦;战于番吾之下,再战而再胜秦"以及《战国策·赵策二》"秦甲涉河踰漳,据番吾,则兵必战于邯郸之下矣"中的"番吾"。地在漳水与邯郸之间,即今河北省磁县境。

番吾在漳水附近,而漳水即殷墟卜辞中的"滴"③。此外,商与章古字相通④,《水经·河水注》漳水下游确有水名商河,俗称小漳河,郦注曰:"商、漳声相近,故字与读移耳。"诚如邹衡先生所言:"商人所以称商,大概是因为商人远祖住在漳水,而最早的漳水或者就叫做商水。"⑤

综上所述,契所居番为今河北磁县的番吾,紧邻磁县的漳水最早或者就叫商水,那么与"天命玄鸟,降而生商"、"有娀方将,帝立子生商"相关联的商地,即应该在漳水流域至磁县一带,商族的发祥地就在这里⑥。

---

① 葛毅卿:《说滴》,《国立中央研究院历史语言研究所集刊》第7本第4分,1938年;杨树达:《释滴》,《积微居甲文说·卜辞琐记》,科学出版社1954年版,第47页;丁山:《商周史料考证》,中华书局1988年版,第13页。

② 王玉哲:《中华远古史》,上海人民出版社2000年版,第181页。

③ 葛毅卿:《说滴》,《国立中央研究院历史语言研究所集刊》第7本第4分,1938年;杨树达:《释滴》,《积微居甲文说·卜辞琐记》,科学出版社1954年版,第47页;丁山:《商周史料考证》,中华书局1988年版,第13—14页;王玉哲:《商族的来源地望试探》,《历史研究》1984年第1期。

④ 《韩非子·外储说左下》"夷吾不如弦商",《吕氏春秋·勿躬篇》中"弦商"作"弦章"。王念孙《读书杂志·荀子三》也曾说:"商与章古字通"。

⑤ 邹衡:《夏商周考古学论文集》(第二版),科学出版社2001年版,第202页。

⑥ 王震中:《商族起源与先商社会变迁》,中国社会科学出版社2010年版,第8—12页。

2. 先商时期的迁徙

在文献中有"殷人累迁"的记载，东汉张衡《东京赋》把商人先后的迁徙概括为"前八后五"。前八次迁徙，就是《史记·殷本纪》所说的"自契至成汤八迁"，属于先商时期。商人这八次迁徙地望，孔颖达《尚书正义》只考出四地，说："《商颂》云，帝立子生商，是契居商也。《世本》云，昭明居砥石，《左传》称相土居商丘，及汤居亳。事见经传者，由此四迁，未详闻也。"梁玉绳在《史记志疑·殷本纪》中列出有八迁之地：契居蕃，昭明居砥石，昭明由砥石迁于商，相土居商丘，帝芒三十三年商侯迁于殷，孔甲九年殷侯复归商丘，上甲居邺，汤居亳。王国维也对这八迁之地作了一番考证：契居于蕃，是为一迁。地在《汉书·地理志》鲁国之蕃县，今山东省滕县。昭明迁于砥石，是为二迁。砥石地望王氏无说。昭明再迁于商，是为三迁。相土居商邱，是为四迁。相土迁于泰山脚下的东都，是为五迁。王氏认为商、商邱、宋是一地的不同称呼，地在今河南商丘，对于昭明迁于商与昭明子相土居商邱的这一矛盾，王氏的解说是：相土时，泰山脚下为东都，商邱乃其西都，"昭明迁商后，相土又东徙泰山下，后复归商邱，是四迁五迁也"。夏帝芬三十三年商侯（王亥）迁于殷，是为六迁。孔甲九年，殷侯复归于商邱，是为七迁。汤居亳，地在今山东曹县，是为八迁[①]。

王国维的考证虽也凑成了"八迁"之数，但其疑点也是很多的。笔者以为：契居蕃即"帝立子生商"之商地，乃战国时期漳水附近的番吾，地在今河北磁县境，而不是王国维所说的在今山东滕县。《荀子·成相》说"昭明居于砥石迁于商"，为二迁、三迁。砥石如丁山所言，乃"泜水与石济水的混名"，泜水在今河北元氏、平乡一带[②]，亦即 1978 年在元氏县西张村出土的叔𫚉父卣和尊铭文以及臣谏簋铭文中的"軧"地[③]。相土居商丘，商丘即帝丘，在今河南濮阳[④]。此为四迁。今本《竹书纪年》所谓"帝芒三十三年，商侯迁于殷"，

---

① 王国维：《说自契至于成汤八迁》，《观堂集林》卷十二。

② 丁山：《商周史料考证》，中华书局 1988 年版，第 17—18 页。

③ 李学勤、唐云明：《元氏铜器与西周的邢国》，《考古》1979 年第 1 期。

④ 岑仲勉：《黄河变迁史》，人民出版社 1957 年版，第 94 页。郑杰祥：《商代地理概论》，中州古籍出版社 1994 年版，第 20—24 页。

此商侯即王亥，是为五迁。孔甲九年殷侯复归商丘，地仍在今濮阳，是为六迁。"上甲微居邺"，是为七迁。地在今河北临漳县西南邺镇东。汤居亳，是为八迁。此亳邑，即《吕氏春秋·具备》等篇中的"鄣薄（亳）"，亦即甲骨文中的"亳"，地在今河南内黄靠近濮阳的地方①。

　　由上述可以看出，八迁的范围不出冀南与豫北地区："契居蕃"在河北磁县；"昭明，居砥石"在石家庄以南、邢台以北的古泜水、石济水流域，亦即今日的河北元氏县一带，后又迁回磁县漳河流域的商地；相土所居商丘在河南濮阳；商侯冥时，《国语·鲁语上》说："冥勤其官而水死。"今本《竹书纪年》也说："帝少康十一年使商侯冥治河"、"帝杼十三年商侯冥死于河"。冥的业绩在于治理河水，而春秋中叶以前的黄河水道是走河北从天津入海，并不走山东境内，因而此时商族的活动中心也应在豫北冀南的古黄河流段；王亥所迁之殷在安阳；上甲微居于邺；成汤所居之亳，依据笔者的考辨是在河南内黄（内黄靠近濮阳）的鄣地之亳。这一切都说明在商族的早期历史上，尽管有被称为"八迁"之多的迁徙，但迁徙的范围不出冀南和豫北地区（图9—1），而这些恰和被称为先商文化的下七垣文化（也有人称之为"漳河型先商文化"或"漳河型下七垣文化"）分布范围的中心地带一致。诚然，如笔者指出的那样，下七垣文化并不能填满整个先商时期的时间段落，它只是先商中期和后期的文化。而且在下七垣文化的分布范围内，也不仅仅只有商族一族的存在，至少居住于漳水附近的黄河地段的"河伯"族和居住于今河北省北部易水至滹沱河的"有易"族就在下七垣文化的分布范围内。但若把下七垣文化的族属概念规范为以商族为主体所创造的物质文化，依据笔者对商族的起源及其早期的迁徙的考证，二者在分布地域上还是吻合的②。

二　先商早期国家——邦国的出现

　　先商社会形态的变迁，首先是在王亥和上甲微时期，经历了由中心聚落形态（亦即"酋邦"）演变为邦国即早期国家，其后在成汤时期，随着商灭夏，

---

①　王震中：《商族起源与先商社会变迁》，中国社会科学出版社2010年版，第61—99页。

②　同上书，第100—147页。

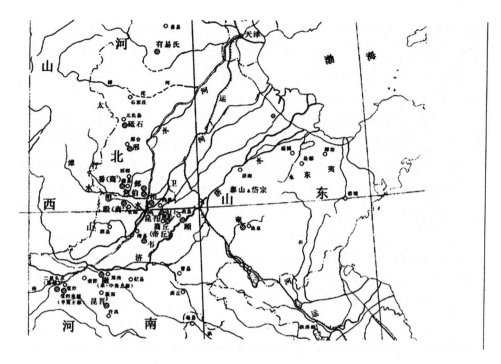

图 9—1　先商迁徙与商代迁都示意图

又由邦国走向了王国①。

1. 先商时期的中心聚落形态阶段

在古史传说中，商的始祖为契，契约略与虞舜、大禹处于同一时期。《史记·殷本纪》说："契长而佐禹治水有功。帝舜乃命契曰：'百姓不亲，五品不逊，汝为司徒而敬敷五教，五教在宽。'"《殷本纪》的这段话来自《尚书·尧典》，《尧典》说帝舜在命"伯禹作司空"的同时又对契曰："契，百姓不亲，五品不逊，汝作司徒，敬敷五教，在宽。"我们若剔除《尧典》和《殷本纪》这段话中大一统观念，则可以作这样的理解：在当时的族邦联盟中，商契虽然没有担当过联盟的盟主，但商族已属于联盟中的一员，商契担任过联盟中的"司徒"。这里的"司徒"一词是周代以来乃至战国秦汉时的语言概念，其职务

① 王震中：《商族起源与先商社会变迁》，中国社会科学出版社 2010 年版，第 148—172 页。

实际上应是古史传说中的"火正"①。

在商族的起源中，作为商族来源之一的高辛氏，据《左传·昭公元年》记载，其子阏伯迁于商丘时，"主辰，商人是因，故辰为商星"。主辰就是主持对辰星即大火星的观测和祭祀。这种负责对大火星进行观测、祭祀乃至观象授时的也被称为"火正"，上古时期的火正也不限于高辛氏一族，颛顼②、祝融③和陶唐氏④等族中也都有火正。据《国语·楚语》火正的职务还"司地以属民"，为此，田昌五先生说"契为司徒，可能就是由此演绎出来的"⑤。田先生的说法是有道理的。在传说时代虽尚无"司徒（司土）"⑥，而却出现"司地以属民"的火正。比较《左传》《国语》中有关"火正"的一些记述，"火正"要比"司徒"更原始一些。火正祀大火，就是每年在大火星出现时举行隆重的祭祀，并以大火星的出现来纪年，即所谓以"火纪时"，一年的农事的开始也由此决定。可见，后世司徒所掌管的一些事情，在传说时代是由火正职掌的。

在古史传说中，契又被称为"玄王"。如《国语·周语》说："玄王勤商，十有四世而兴。"玄王即契，契至汤恰为十四世。《荀子·成相》也说："契玄王，生昭明，居于砥石迁于商，十有四世，乃有天乙是成汤。"称契为"玄王"即契被称为王，当然是春秋战国时期人的说法，而不能视为先商时期商人自己或他族对契的称呼，所以我们不能以此来说明契时商族中已有后世意义上的王、已存在王权，也不能说其社会形态已进入王国阶段。实际上，契被称为"玄王"所表达的应该是其在商族中并非普通的一员，而是先商最初的族长，亦即最高酋长的意思。这样，再联系前面所述"契为司徒"的说法有可能是由"火正"的职掌演绎而来的论述，我们可以对契时商族的情形做出这样的描述：当时在族内的身份地位上，至少存在族长即酋长与普通族众之间的等差，其最高

---

① 田昌五：《中华文化起源志》，上海人民出版社1998年版，第234页。

② 如《国语·楚语》说颛顼"乃命南正重司天以属神，命火正黎司地以属民，……是谓绝地天通。"

③ 《左传》昭公二十九年："火正曰祝融。"《国语·郑语》："黎为高辛氏火正，以淳耀敦大天明地德，光照四海，故命之曰'祝融'。"

④ 《左传》襄公九年："陶唐氏之火正阏伯居商丘，祀大火，而火纪时焉。相土因之，故商主大火。"

⑤ 田昌五：《中华文化起源志》，上海人民出版社1998年版，第234页。

⑥ 司徒，在金文中作为"参有司"之一，写作"司土"。

酋长被后人称之为"玄王"。契作为族长，亦即最高酋长，统领着族内的众多事务，也主管着最高的祭祀，其中依据商族的传统，对于辰星大火的观测、祭祀，以及通过对这种可称之为"大火历"的掌握而对于农事活动的安排等，都属于契的主要工作。

关于商契以来先商的社会形态，以往一般依据契为商族的男性始祖以及契以后商的先公先王均为男性，从而认为先商时期是父系氏族社会。笔者以为，先商时期固然属于父系，但它已不是平等的父系氏族社会，而已从弗里德（Morton H. Fried）社会分层学说中的"阶等社会"（rank society）开始进入"分层社会"（stratifiet society），也相当于西方人类学"酋邦"（chiefdom）模式中的"复杂酋邦"，若用笔者所使用的术语则可称之为已进入"发达的中心聚落形态"① 阶段。

在社会分层理论和酋邦理论所叙述的民族学实例中，当社会复杂化发展到社会分等或酋邦阶段时，社会中已出现一种身份地位上的等差。这种等差每每又与血统世系联系在一起，从而发展出一种等级制的亲族制度，使得社会的每个成员与某个祖先的关系远近，成为阶等的重要的衡量因素。在现实中，酋长之所以具有特殊的身份地位，也是因其与祖先亦即神灵之间具有某种特殊关系的缘故，酋长往往是神灵特别是祖先神与该社会其他成员之间的中介，作为始祖嫡系后裔的酋长，因为祖先的崇高地位，而往往获得特殊待遇，本身被视为神圣，死后灵魂归化为神。

商契时期的商族，笔者以为其情形与弗里德所划分的阶等社会的后期至分层社会前期以及厄尔所说的"复杂酋邦"大体吻合。在当时的社会中，人们不但因身份的不同、与祖先神关系远近的不同而存在着地位上的等差和不平等，而且作为族长亦即最高酋长的契，其最高等级地位是稳定的、牢固的，他统领着族内的众多事务，也掌管着最高的祭祀，也许契活着时即已被视为神圣，其死后灵魂归化为神，在甲骨文中被称为"高祖夒"② 而受到商族的祭祀。

契子为昭明，昭明之子是相土。在商族的早期历史中，相土是赫赫有名的。相土的居地，如前所述，在濮阳的帝丘亦即商丘。相土时期，商族的政治中心在豫北和鲁西地区。

---

① 参见本书第二章。

② 王震中：《商族起源与先商社会变迁》，中国社会科学出版社 2010 年版，第 13 页。

《诗·商颂·长发》曰："相土烈烈，海外有截。"这是说相土时期商族的活动空间得到了很大的发展。这里的海外，过去不少人认为指今东海、渤海之外，其实是一种误解。田昌五先生对此作了很好的辨析，他指出古以内陆湖泊为海，此海实指雷泽和巨野泽。如《战国策·赵策》苏秦说："秦攻赵则韩军宜阳，楚军武关，魏军河外，齐涉渤海，燕出锐师以佐之。"这个渤海，以地望言之，当指巨野泽。《史记·河渠书》："今天子（汉武帝）元光之中，而河决于瓠子，东南注巨野，流入淮泗。"《汉书·武帝纪》则作："元光三年春，河水徙，从顿丘东南流，入渤海。"这个渤海就非巨野泽莫属了。巨野泽亦称东海，见于《史记·项羽本纪》。在楚汉战争中，刘、项在广武对峙，彭越驻军巨野，扰乱项羽后方，被项羽击溃。《本纪》说："项王已定东海，来西，与汉俱临广武而军。"后来的《晋书·地道记》仍用此称："廪丘者，春秋之齐邑，实表东海者也。"廪丘在今河南范县，东海分明是指巨野泽。所以，田先生说"相土烈烈，海外有截"，是说相土打到巨野以东去了[①]。

《左传》襄公九年："陶唐氏之火正阏伯居商丘，祀大火，而火纪时焉。相土因之，故商主大火。"如前所述，火正的职掌是以"火纪时"，即以每年的大火星的出现来作岁首纪年；"祀大火"，就是每年在大火星出现时举行隆重的祭祀。相土将其聚落中心迁到濮阳商丘后[②]，其历法依旧实行的是"大火历"。他既是族长即最高酋长，也掌管着对大火星的祭祀。由于这是与一年的农事的开始有关的祭祀，所以是当时最重要的祭祀之一。这也说明当时的祭祀与管理是联系在一起的。

相土的另一业绩就是《世本·作篇》所说的"相土作乘马"。乘马，即用马驾车。这件事，《荀子·解蔽》作："乘杜作乘马。"王先谦注曰："杜与土同。乘马四马也。四马驾车，起于相土，故曰作乘马。"《吕氏春秋·勿躬》进而讹为："乘雅作驾。"许维遹《吕氏春秋集释》曰："雅一作持，持杜声相近。持乃杜字之误，杜即相土。"联系商代以车为战的情景，相土发明的用马驾车是否即为战车，还有待于今后的考古发现来证实。总之，在商的先公先王中，相土时商族的发展是显著的，只是其社会的复杂化程度还处于笔者所说的"中心

① 田昌五：《中华文化起源志》，上海人民出版社 1998 年版，第 241—242 页。

② 关于商丘在何地的考辨，参见王震中《商族起源与先商社会变迁》第一章第二节，中国社会科学出版社 2010 年版。

聚落形态"阶段或人类学上所划分的"复杂酋邦"阶段。

相土以后又经三世是商先公冥。《国语·鲁语上》说:"冥勤其官而水死。"冥所治理的水,虽不一定就是治理黄河,但也应是与黄河有关的水域。若水不大,也不会因此而殉职。上古时的黄河是走河北从天津入海,并不走山东境内,其中,由河南省的浚县至河北省的巨鹿大陆泽为南北走向,穿于安阳与内黄之间,自西而来的漳河、洹河都东注入黄河之中。冥所治理的应该是漳河与黄河相汇的这段水域。由于这一段黄河流域是当时商族活动的中心地带,它与商族的生活和生产息息相关,在商族人的心中,冥因治水而死是一位有大功于本族的人,因而被列入重要的祀典之中。如《国语·鲁语上》说:"夫圣王之制祀也,法施于民则祀之,以死勤事则祀之,以劳定国则祀之,能御大灾则祀之,能扞大患则祀之。非是族也,不在祀典。……故有虞氏禘黄帝而祖颛顼,郊尧而宗舜;夏后氏禘黄帝而祖颛顼,郊鲧而宗禹;商人禘舜而祖契,郊冥而宗汤;周人帝喾而郊稷,祖文王而宗武王。"《国语·鲁语》说商人"郊冥",《礼记·祭法》也说商人"郊冥",郊祀是一种祭天之礼,这意味着将冥配祀上帝[1],可见在商人的传说中,冥具有重要的地位。

2. 王亥时期向邦国的过渡

冥之子是王亥,王亥之子是上甲微。从冥经王亥到上甲微,是先商历史重要的转变时期。这一时期一个最大的事件是王亥宾于有易而被杀,对此先秦不同的典籍都有记载。如《竹书纪年》曰:

> 殷王子亥,宾于有易而淫焉。有易之君绵臣杀而放之。是故殷主甲微,假师于河伯以伐有易,灭之,遂杀其君绵臣也。(《山海经·大荒东经》注引)

再如《山海经·大荒东经》曰:

> 有困民国,勾姓而食。有人曰王亥,两手操鸟,方食其头。王亥託于

① 田昌五:《中华文化起源志》,上海人民出版社 1998 年版,第 242 页。

有易、河伯仆牛。有易杀王亥，取仆牛。

还有《楚辞·天问》曰：

　　该秉季德，厥父是臧。胡终弊于有扈，牧夫牛羊？干协时舞，何以怀之？平胁曼肤，何以肥之？有扈牧竖，云何而逢？击床先出，其命何从？恒秉季德，焉得夫仆牛？何往营班禄，不但还来？昏微遵迹，有狄不宁。何繁鸟萃棘，负子肆情？眩弟并淫，危害厥兄。何变化以作诈，后嗣而逢长？

　　这三段材料讲的是一件事，可以相互印证。据王国维研究，《天问》中的有扈即有易，扈乃传写之误；该即王亥，甲骨文中即写作"王亥"或"高祖王亥"、"高祖亥"；恒乃王亥之弟，在甲骨文中也称"王恒"；季即冥也，《天问》：曰"该秉季德，厥父是臧"，又曰："恒秉季德"，则该与恒皆季之子，季也见于甲骨文，当为王亥、王恒之父冥也；《天问》中的昏微即上甲微，有狄即有易也①。

　　《天问》中的恒即卜辞中的王恒，为王亥之弟，是没有问题的。但也有人根据《天问》"危害厥兄，何变化以作诈，后嗣而逢长"的语气，推测上甲微"当为王恒之子，不当为王亥之子"②。胡厚宣在论证甲骨文中商族鸟图腾的遗迹时，举出一条王亥为上甲微之父的甲骨文，即曾著录于《殷墟卜辞》738 的祖庚祖甲卜辞："□□卜，王贞：其燎〔于〕上甲父〔王〕夒。"卜辞中王亥之亥，有时也写作夒，即加以鸟旁，胡厚宣先生认为这是商族以鸟为图腾的遗迹③。总之，这条甲骨文的提出，以确凿的证据证实了上甲微是王亥之子。此外，《山海经·大荒东经》和《楚辞·天问》中"仆牛"，《世本》、《吕氏春秋·勿躬篇》作"服牛"，《天问》有"该秉季德……胡终弊于有扈，牧夫牛羊"。仆、服、牧都是一声之转，指王亥牧牛羊。《管子·轻重戊》曰："殷人之王，立帛牢，服牛马"，也指此事。但王亥远到有易之地"仆牛"或

---

① 王国维：《殷卜辞中所见先公先王考》，《观堂集林》卷九，中华书局 1959 年版。
② 吴其昌：《卜辞所见殷先公先王三续考》，《燕京学报》第 14 期，1933 年 12 月。
③ 胡厚宣：《甲骨文商族鸟图腾的遗迹》，《历史论丛》第一辑，1964 年。

"服牛"，并非一般意义上的畜牧牛羊。《竹书纪年》说他是"宾于有易"，《易经》旅上九"旅人……丧羊于易"，再联系《尚书·酒诰》"肇牵车牛，远服贾"的说法，王亥这种远距离旅行、宾于有易的"仆牛"，实际上是驾着牛车，载上货物，到有易去进行贸易。这样，综合上引三段材料，简单说来，这个故事是说：

王亥驾着牛车，载上货物，赶着牛羊，到有易去进行贸易。同行的还有其弟王恒和河伯①。王亥与其弟王恒淫于有易之女，有易之君绵臣杀死王亥，夺取了牛车和货物。其后王恒得到了被夺取的"仆牛"，并继承了其兄王亥之位。上甲微为父报仇，假师于河伯攻伐有易，杀死有易之君绵臣。

但也有学者对王亥的死因提出质疑。田昌五先生指出："从材料上看，他初到有易时并未受到抵制，而是笑逐颜开地到达那里的，'丧牛于易'是后来的事。《易·旅》上九爻辞云：'鸟焚其巢，旅人先笑后号啕，丧牛于易，凶。'即指此事。如果说他到达后因淫于有易之女而被杀，则这种行为对于古人来说实在算不得什么。不宁唯是，古人还往往以此为荣呢！后来燕国还有一种习俗，有好朋友来时，主人便将自己的妻子让给他过夜，以示款诚。何况，王亥作为一方邦君，即使淫于绵臣之女，甚至'眩弟并淫'，那双方结亲通好就行了，为何'有易之君绵臣杀而放之'呢？"为此，田先生作出了两种解释："一种是：王亥与其弟恒带着商队到达有易，在有易境内有抢掠妇女的行为，被绵臣带兵攻击王亥，杀之。"他认为后来商朝众多的女奴就是抢掠而来的。"另一种是：王亥所淫确为绵臣之女，但不是一般的男女关系，也不是邦君之间的这类问题。而是王亥通过绵臣之女，谋取有易而有之。结果被绵臣发现，因而杀掉王亥，夺了他的商队。这种可能性很大，后来成汤灭夏桀前也采用了类似的手段。"②

---

① 由《山海经·大荒东经》"王亥託于有易、河伯仆牛"以及《天问》"眩弟并淫，危害厥兄"可知，王亥宾于有易，其弟王恒和河伯是同行的。诚然，有的注疏把《天问》"眩弟并淫，危害厥兄"中的"眩弟"解释为上甲微诸弟，如林庚《天问论笺》曰："眩弟：指上甲微诸弟作乱，这里不止是一弟，故曰并淫。这并淫的诸弟也可能正是王恒之子，总之是一场王位之争。"但更多的解释则是把"眩弟并淫"中的"眩弟"解释为王亥、王恒兄弟二人，如袁珂《山海经校注》在解释《天问》中王亥被杀故事时说："末四句谴责王恒既与兄并淫，复以诈术危害其兄，其后嗣反而繁荣昌盛，足见天道之难凭也。"（袁珂：《山海经校注》，上海古籍出版社1980年版，第352页）

② 田昌五：《中华文化起源志》，上海人民出版社1998年版，第244页。

　　罗琨教授也提出一种新的解释，她也认为所谓"因淫被杀"的说法是不符合远古道德规范和婚姻关系的，并提出《天问》"干协时舞"、"平胁曼肤"两句，"是对'夸富宴'盛大的礼仪歌舞和铺张的盛宴场面之描述"，而有易为什么要这样款待王亥呢？"应该说乐舞盛宴是进行交易的一部分，有易款待的初衷也是为了交易的成功，只不过双方未能达成彼此满意的协定，利益的冲突将仇神召唤到了战场，引来牧童的行刺，有易牧竖乘黑夜对着床下了手后抽身走脱。从《天问》看，绝非出于一己嫉愤，而是有幕后指使者，即'有易之君'绵臣。"①

　　王亥之死，确实耐人寻味。如果说是"因淫被杀"，那么王亥与其弟恒是"眩弟并淫"，即兄弟俩"并淫"，为何只是"危害厥兄"王亥？而其弟恒则安然无恙？不但如此，恒随即"得夫仆牛"，即被有易之君绵臣夺得的"仆牛"，又由恒得之②；并且还"往营班禄，不但还来"。"营班禄"，有人解释："营，谋也。班，位。禄，食也"③。也有人解释说："班，颁布。禄，爵禄"，并引《尚书·尧典》"班瑞于群后"，说班瑞"实际上也就是'班禄'的意思。这里指王恒继位时往求大国的公认"④。也就是说，恒在其兄王亥被杀后，得到了一系列好处，并继位为君。从甲骨文中恒被称为"王恒"来看，王亥之后的继位者应该是恒。但与甲骨文中王亥受到隆重的祭祀相比，王恒的地位要低得多。从《天问》中屈原的那些质疑来看，王亥被杀，即使不是有易之君绵臣与王恒的合谋，也是得到恒的默许的。王亥带领着商队旅行到有易去做客、贸易，有易之君绵臣为何要杀王亥？这当然不会是因淫于其女，而应是感到了王亥的危险。这种危险，一是当时的商族在王亥的领导下，逐渐强大，这对邻邦有易是不利的；二是诚如田先生所言，王亥通过绵臣之女，谋取有易而有之，结果被绵臣发现，因而杀掉王亥，解除危险。对于恒而言，其兄王亥被杀，自己正好继位为君，出于为自己谋取私利，他只是取回了被绵臣夺得的仆牛而已，并不谋求为其兄报仇，而且还"往营班禄"，即所考虑的仅仅是对其继承兄位而往

　　①　罗琨：《殷卜辞中高祖王亥史迹寻绎》，《胡厚宣先生纪念文集》，科学出版社1998年版。
　　②　《天问》中的"恒秉季德，焉得夫仆牛？"可以理解为：恒如果秉持季之德，怎能只是得到由王亥失去的仆牛而甘心，为何不为其兄报仇？
　　③　游国恩：《天问纂义》，中华书局1982年版。
　　④　林庚：《天问论笺》，人民文学出版社1983年版，第59页。

求大国的公认。

从社会形态推移的角度看，王亥、王恒时期商族的社会大概是由中心聚落形态（相当于酋邦）向初始国家即邦国的过渡阶段。王亥之称"王"，不但见于传说的文献，也见于甲骨文。王恒其人，文献中只见于《天问》，但在甲骨文中也称为"王"。也就是说，王亥、王恒之称为"王"，与战国时人称契为"玄王"是不同的，这是商代商人自己对王亥和王恒的称呼，这种称呼的产生应该是在先商的王亥、王恒时期。从政治身份地位上讲，随着"王"的称呼的出现，以王为核心的雏形性质的"王族"也会形成，这是一个最主要的贵族阶层，从而此时的社会结构当然是"分层社会"。弗里德认为，社会的分层出现于酋邦社会的末期或由酋邦向国家的过渡时期，并一直延伸到国家阶段以后。王亥时的商族就处在向早期国家——邦国的转变阶段。

王亥、王恒时商族的首领虽然称为"王"，但这时的"王"以及由此时一直到成汤之前商族的"王"，与成汤及成汤以后的商王是不同的。其不同点表现为：一，由于从王亥、上甲微到成汤之前的先商之"王"，只是王之雏形，故其王权也是一种萌芽状态的王权。二，这种萌芽状态的王权也只是体现在商族社会内部，并没有支配邻近的其他邦国或部落，也未形成其他邦国或部落对自己的称臣、纳贡。三，对于商族来讲，王亥、上甲微等首领或邦君的所在地，当然是本族的政治、经济、军事、文化、宗教诸方面的中心，但它与成汤以后商朝的王都既是本族的中心也是商势力所及的整个"天下"的中心，显然是不同的，从而也就没有那种中央王国所具有的正统观念。这三点产生的原因，除与商部族自身社会复杂化的发展程度有关外，也与此时的商依然处于夏王朝复合制国家结构的框架之中有关系。为此，王亥、王恒为向邦国的过渡期；王亥以后，自上甲微开始至成汤六世六代，先商的社会形态虽已成为邦国，并在邦国内产生萌芽状态的王权，但它还臣服于夏王朝，在取代夏王朝之前，一时还难以成为王国。成汤是由邦国向王国的过渡期。成汤建立商王朝以后，商代的社会形态也为以商王国为"国上之国"的"复合型制王朝国家"。

此外，王亥时"王"的观念在很大程度上体现的是宗教性，这也属于雏形状态之王的一种表现。例如，在甲骨文中王亥之"亥"字，除了写作亥，有时从亥从鸟，有时从亥从隹，隹也是鸟。从隹的卜辞，可以举出《甲骨文合集》34294号卜辞："辛巳贞：王亥上甲即于河〔宗〕"（图9—2：1）。从鸟的卜辞，可以举出《甲骨文合集》30447号卜辞："其告于高祖王亥三牛"（图9—2：2），这是在王亥之"亥"字上加以手执鸟形。这两种写法现都隶定作裔。这种在王亥之"亥"上，冠以鸟形的卜辞，胡厚宣先生先后曾举出10条，以此来论证早期商族以鸟为图腾①。笔者以为由简狄吞玄鸟卵而生契的商族始祖诞生神话来看，在商族的历史上应该有过鸟图腾崇拜。但商族历史发展到王亥时，理应已越过了图腾崇拜阶段。而且无论是王亥之前的商先公，还是王亥之后的先公先王，都不见在其名号上冠以鸟形，只有王亥独树一帜。对此，除了从图腾的遗迹考虑外，还可以有两种解释。

1

2

图9—2　甲骨文中从"隹"和从"鸟"的王亥

（1.《合集》34294　2.《合集》30447）

---

① 胡厚宣：《甲骨文商族鸟图腾的遗迹》，《历史论丛》第一辑，中华书局1964年版；胡厚宣：《甲骨文所见商族鸟图腾的新证据》，《文物》1997年第2期。

　　第一种解释是：作为商的先公之一的王亥是一位来自东方崇拜鸟的外来人。《山海经·大荒东经》在讲到王亥时说："有困民国，勾姓而食。有人曰王亥，两手操鸟，方食其头。王亥托于有易、河伯仆牛。有易杀王亥，取仆牛。河念有易，有易潜出，为国于兽，方食之，名曰摇民。帝舜生戏，戏生摇民。"袁珂注引吴其昌的说法是："困民国"之"困"，乃"因"字之误，《海内经》说"有嬴民，鸟足，有封豕"，"因民"、"摇民"、"嬴民"，一声之转。又说据《史记·秦本纪》，秦祖先之一的"孟戏"，"鸟身人言"而姓嬴，伯益（柏翳）之裔孟戏与舜之裔戏，为一人，从而可证成"困民"为"因民"之误，而"因民"、"摇民"即"嬴民"。[①]袁珂先生的校注有可取之处，可是它也只解决了这段文字中王亥与鸟的关系方面的某些问题，在这里，无论"困（因）民国"是勾姓还是嬴姓，都与商族子姓是不同的。所以，《山海经·大荒东经》的这段文字，在叙述了王亥与鸟崇拜的关系（如"两手操鸟"等）以及王亥与有易的纠葛的同时，也告诉我们王亥似乎是非子姓族人。当然，也可以解释说文中的"勾姓"之"勾"字有误，或者干脆说文中"有困民国，勾姓而食[②]"与下文"有人曰王亥"云云没有关系。只是这样做，其主观武断太明显了。此外，王亥在《天问》被称为"该"，[③]而《左传·昭公二十九年》曰："少皞氏有四叔：曰重、曰该、曰修、曰熙……世不失职，遂济穷桑。"杨伯峻注："此四叔疑少皞氏之弟辈。"在《左传·昭公十七年》中"少皞氏鸟名官"也是著名的。所以从崇拜鸟这一角度着眼，王亥是否即来自少皞氏四叔之一？然而少皞嬴姓，也非子姓。根据以上所述，我们可否怀疑王亥是来自崇拜鸟的东方部族之人？由于他是来自崇拜鸟的部族，其鸟为神鸟，故当他被推举为王时，其所具有的神力也与鸟密不可分，作为一种标志，在《大荒东经》中被描述成："两手操鸟"，在卜辞中有时在其名上冠以鸟形。

　　第二种解释是：王亥就是商先公冥（即甲骨文和《天问》中的季）之子，甲骨文已明确说他是上甲之父，并称他为商族的"高祖"，而且在甲骨文中，

---

　　① 袁珂：《山海经校注》，上海古籍出版社1980年版，第351页。

　　② 袁珂注说"勾姓而食"是"勾姓，黍食"传写的讹脱所致。

　　③ 王亥一名，甲骨文、《古本竹书纪年》、《山海经·大荒东经》均作王亥；《楚辞·天问》作该，又作眩，云"该秉季德"，"眩弟并淫"；《吕氏春秋·勿躬篇》作王冰，云"王冰作服牛"；《世本·作篇》作胲，云"胲作服牛"；《史记·殷本纪》作振，云"冥卒，子振立"；《汉书·人表》作垓。

从王亥之子上甲开始，商先公先王的祀谱是连续而完备的，所以王亥不应该是外族之人，《大荒东经》中的"有困民国，勾姓而食"之类说法，可以另作它解。在这里，王亥之亥之所以加上鸟形，是因为这时的"王"只不过是"玄王"，即具有玄鸟神性之王。我们说在商王朝的商王，从宗教的角度来看，其活着的时候，扮有人与祖神之中介的角色，其死后才升为神灵，具有颇大的神力，可以为害、作祟于时王、族人等。而王亥则与此不同，《大荒东经》说他"两手操鸟"，卜辞中他的名号上也冠以鸟形，这表明在商人的眼里，他活着的时候就具有玄鸟之神性，其死后则更不用说了。总之，不论采用哪一种解释，我们都可以作出这样的推论：在商人看来，王亥是第一个被称为"王"的首领，但由于此时的"王"所具有的力量中，主要是继承了鸟崇拜中鸟的神性和神力，所以此时"王"的观念主要表现的是宗教性。

3. 从上甲微开始的先商邦国形态——早期国家

经过王亥与王恒的过渡，商族自上甲微开始进入了早期国家的邦国社会。作为中心聚落形态或酋邦与邦国的区别，在笔者看来，一是社会分层即阶级和阶层的存在，二是强制性权力的设立。① 但由于社会分层在中心聚落形态的末期或由中心聚落向初始国家的过渡期即已出现，所以考察这一问题的关键还在于强制性权力这一方面。然而在先商的古史传说中，能直接说明强制性权力乃至权力问题方面的资料，基本没有，所以这里我们只能从自上甲微开始的一些其他方面的变化，来探讨这一问题。

首先，就上甲微的继位来讲，他是通过为父报仇而掌握了军权，这才登上邦君之位。在《楚辞·天问》中，王亥被有易之君绵臣杀死后，其弟王恒只是取回了被绵臣夺取的"仆牛"，并不谋求为兄报仇，他所考虑的是"往营班禄"，即对其继位"往求大国的公认"②。从甲骨文中"恒"也称王来看，王亥死后的继位者确实是其弟王恒。但王亥之子上甲微对此并不甘心。《天问》说"昏微遵迹，有狄（易）不宁"，昏微即上甲微，"遵，循；迹，行迹。这里指

---

① 王震中：《文明与国家》，《中国史研究》1990 年第 3 期；王震中：《中国文明起源的比较研究》，陕西人民出版社 1994 年版，第 3、345 页；李学勤主编《中国古代文明与国家形成研究》，云南人民出版社 1997 年版，第 7 页。

② 林庚：《天问论笺》，人民文学出版社 1983 年版，第 59 页。

上甲微沿着王亥遇害的线索追究死因"①，有易从此感到不安。也就是说王恒要么是不知道王亥真正的死因，要么是知道而不说，而上甲微却非要弄个究竟。据今本《竹书纪年》，帝泄十二年，王亥宾于有易而被害，十六年上甲微以河伯之师伐有易。可见上甲微为其父王亥报仇，是五年之后的事情，亦即王亥被杀五年后，上甲微才弄清王亥的死因。接着，《竹书纪年》说，上甲微借河伯之师伐有易，并杀其君绵臣。上甲微之所以借河伯之师以伐有易，大概一是担心仅仅用商族的兵力还难以打败有易，二是当时上甲微所能调动的商族兵力也可能很有限。上甲微以河伯之师伐有易后，随即也就成为商族之邦君。罗琨教授依据这种权力的变化，认为上甲微是"商人国家的缔造者"②，联系后面我们所要讲的商人祭祀的祀谱正是从上甲微开始才完整而有序这一现象，罗琨教授这一观点显然是颇有见地的。

上甲微之所以能从王恒手中夺回君权，主要依靠的是对外战争和对军权的掌握，尽管发动这次战争打的是为其父王亥报仇的旗号。战争无论是对邦国君权的形成，还是对其后王国王权的形成，都发挥过重要的作用③。战争不但打破了原有族落之间的平等关系，也使战胜者内部产生一个军功贵族阶层，加之战争所带来的战俘奴隶，这些都可以改变战胜者内部的阶层与阶级结构。上甲微正是通过对有易族的战争，使自己在商族中的军事实力得以加强，地位也大大提高，因而，在攻伐有易获胜之后，上甲微随即获得了邦君之位。上甲微的继位给人以军事强权感觉，上甲微之后商族内的权力系统，在宗教神权之中，自然也就含有强制性权力的色彩。

其次，根据甲骨文，在商人的祭祀的祀谱中，无论是武丁时期对于直系先王的祭祀，还是祖甲以后的周祭，作为先王的首位都是从上甲算起的，而且从上甲起至大乙前的六世，既是直系先王的祀谱中所要祭祀的，也是周祭所要祭祀的。如卜辞记录："乙未酚酓品上甲十，报乙三，报丙三，报丁三，示壬三，示癸三，大乙十，大丁十，大甲十，大庚七，燎三□，〔大戊□，中丁〕三，祖乙十〔祖辛□〕"（图9—3，《合集》32384）。这是祖庚祖甲时期对于直系先王祭祀的卜辞，辞中的上甲、报乙、报丙、报丁、示壬、示癸，就是上甲以下

---

①　林庚：《天问论笺》，人民文学出版社1983年版，第60页。

②　罗琨：《殷卜辞中高祖王亥史迹寻绎》，《胡厚宣先生纪念文集》，科学出版社1998年版。

③　参见本书第四章。

图9—3　含有"上甲六示"直系先王祭祀卜辞（《合集》32384）

的所谓"六示"，大乙即成汤。再如"甲戌翌上甲，乙亥翌报乙，丙子翌报丙，〔丁丑〕翌报丁，壬午翌示壬，癸未翌示癸，〔乙酉翌大乙〕，〔丁亥〕翌大丁，甲午翌〔大甲〕，〔丙午翌外丙〕，〔庚子〕翌大庚"（《合集》35406）。这是周祭卜辞中对包括上甲以来六示在内的祀序的一种安排。另外，在周祭卜辞中有一种合祭多个先王的合祭卜辞，其所合祭的多个先王每每都写作"自上甲至于多后"，如"癸未王卜，贞：彡乡日自上甲至于多后，衣，亡壱自欤？在四月，隹王二祀"（图9—4，《合集》37836）。这条卜辞研究者认为很可能是合祭上甲至康丁诸王的[1]，当然包括上甲六示。还有一条卜辞："丁酉卜，贞：王宾麌自

---

[1]　常玉芝：《商代周祭制度》，中国社会科学出版社1987年版，第305页。

上甲至于武乙，衣，亡尤。"（《合集》35439）明确地说"自上甲至于武乙"，上甲至示癸的六示自然也包括在其中。此外，在卜辞中有一种被称为"大御"的大型隆重的祭祀，也主要是用于自上甲的合祭，如：

图9—4　"自上甲至于多后"合祭卜辞（《合集》37836）

　　大御自上甲，其告于大乙，在父丁宗卜。
　　大御自上甲，其告于祖乙，在父丁宗卜。
　　大御自上甲，其告于父丁。
　　其大御王自上甲，盟用白羖九，下示亢牛，在大乙宗卜。
　　〔其大御王〕自上甲，盟用白羖九……在大甲宗卜。
　　其大御王自上甲，盟用白羖九，下示亢牛，在祖乙宗卜。（《屯南》
2707）

也就是说，无论是对直系先王的祭祀、合祭，还是周祭，往往是自上甲祭起，其中周祭与非周祭，一般被看成是两个差异较大的祭祀类别，这正如伊藤道治先生所指出，在祖甲的某一时期获得确立的周祭，使得兄弟相继的所有商王都按其即位的顺序而得到的祭祀，这是与祖甲之父武丁时代只祭祀直系先王的原则有相当大差异的，如果说祭祀直系强调的是殷王室内的血统，那么周祭这样的祭祀则是对即了王位加以重视的祭祀，也可以说是重视王统的政治性的祭祀①。然而，这两种不同类别的祭祀却又都是自上甲微算起的，都将上甲、报乙、报丙、报丁、示壬、示癸六示包括在内的。所以，我们完全有理由认为，在商代的祀谱中，商人自己是把上甲以后的先王作为"有史"以来的历史对待的。这种祀谱实际上就是后来所谓"世系"、"谱系"的原型，鉴于商代时的谱系是从上甲开始才完整而有序，商人的"有文字记载的历史"亦即文明史，也应从上甲微算起。

说到上甲至示癸六世，王国维曾因上甲至示癸的庙号"与十日之次全同，疑商人以日为名乃成汤以后之事，其先世诸公生卒之日至汤有天下后定祀典时已不可知，乃即用十日之次以追名之"②。王国维之后，也有学者承接王国维的说法，认为上甲至示癸六示"是武丁时代重修祀典时所定。……观于甲乙丙丁壬癸的命名次第，并列十干首尾，可知如此命名，实有整齐划一之意，不然，无论此六世先公生日死日，皆不能够如此巧合"③。于省吾先生认为：这种说法"有得有失。六示中上甲和三报的庙号，乃后人所追定。至于六示中示壬示癸的庙号，并非如此"。其理由是：一是示壬示癸这二示之前的庙号由于典无稽可考，故后人有意识的排定为甲乙丙丁，二是示壬示癸的配偶妣庚和妣甲的日干并不相次，而且周祭中的先妣是自二示的配偶开始，"很明显，她们的庙号是根据典册的记载，绝非后人所追拟。因此可知，示壬示癸的庙号也有典可稽"。三是示壬示癸与上甲和三报之间上有戊己庚辛四个日干不相衔接，还不能说是完全的整齐划一。为此他提出"商代先公和先妣的庙号，自二示和二示的配偶才

① ［日］伊藤道治：《王权与祭祀》，载《华夏文明与传世藏书——中国国际汉学研讨会论文集》，中国社会科学出版社1996年版。

② 王国维：《观堂集林》卷九。

③ 董作宾：《甲骨文断代研究例》，载《中央研究院历史语言研究所集刊》外编第1种《庆祝蔡元培先生六十五岁论文集》（上册），1933年1月。

有典可稽"，我国成文历史的开始也始于商人先公的示壬示癸时期①。当年，郭沫若先生在《卜辞通纂》第 362 片考释中就曾指出："殷之先世，大抵自上甲以下入有史时代，自上甲以上则为神话传说时代。"②

笔者以为郭沫若、于省吾等先生的考释是有道理的，上甲以下六示庙号的排定，人为的因素固然有，但它绝非向壁虚构，很可能的是经淘汰和筛选而确定了六代中有代表性的六位先王的结果。王国维虽然发现了卜辞中庙名与祭日之间的联系，但从上引的那段话中可以看出，他和董作宾先生都是主张庙号的天干乃生卒之日名的。若果真商王庙号的天干乃生卒之日名，而前后相连的六世先王的生卒之日是很难恰恰依照天干的顺序依次而成，那么上甲至示癸六示恰恰依了天干的顺序排列的情形，当然会得出王国维所说的这是成汤以后用十日之次序"以追名之"的结论。然而所谓庙号产生于生卒之日名的这种说法，是很难证明的。陈梦家先生曾举出武丁卜辞所见称父的天干庙号有：父甲、父乙、父丙、父丁、父戊、父己、父庚、父辛、父壬、父癸、〔父甲〕、父乙，即武丁诸父自父甲至父癸都有。到了武丁之子祖庚、祖甲卜辞，武丁十二父只剩了甲、丙、戊、庚、辛、乙，称之为祖。到了廪辛没了祖丙、祖戊，只剩下了甲、庚、辛、乙，即曾及王位的阳甲、般庚、小辛、小乙。也就是说，武丁诸父原来至少有名甲至乙十二人，到了廪辛及其以后只剩了甲（阳甲）、乙（小乙）、庚（般庚）、辛（小辛）四名，其中所缺的乃是后来被淘汰去了的。为此，陈梦家先生说："由上可证卜辞中的庙号，既无关于生卒之日，也非追名，乃是致祭的次序；而此次序是依了世次、长幼、即位先后、死亡先后、顺着天干排下来的。凡未及王位的，与即位者无别。"③ 笔者以为陈梦家先生的这一说法有一定道理，但也不全面。先王的天干庙号中，商汤以前的庙号有可能是对各世代诸位祖先按照世次、长幼、即位先后、死亡先后、顺着天干排下来的；而对于大乙成汤以后诸王的天干庙号却并非依次排列，大概是后世淘汰前世，逐渐被淘汰的结果。这正与武丁诸父由十二位逐渐减少为六位是一样的。那么，上甲至示癸六世的庙号又何以要按着天干次序排列？这应该是六世中每一世只

---

① 于省吾：《释自上甲六示的庙号以及我国成文历史的开始》，《甲骨文字释林》，中华书局 1979 年版。

② 《郭沫若全集·考古编工》，科学出版社 1982 年版，第 362 页。

③ 陈梦家：《殷虚卜辞综述》，中华书局 1988 年版，第 405 页。

取了一位祖先作为代表并以天干为次序排列的结果。笔者认为，六世中只留存了六位父死子继的祖先，可以视为是一种淘汰和筛选，参照大乙成汤以后父死子继与兄终弟继并存情形，上甲至示癸这六世之间也应有兄终弟继的君主存在，被淘汰去了的正是兄弟相继的即位者。也就是说，这六世中每一世只取了一位祖先作为代表，每一位代表一世，这样一种淘汰和筛选确实有人为的因素，而这六位祖先的庙号又是依了天干的顺序排列，也属于一种人为的排列。所以笔者认为上甲至示癸六世，从天干庙号的次序上讲，是有人为的因素，但六世的存在却应是事实，并非向壁虚造。

于省吾先生所提出的示壬示癸配偶的问题，是有说服力的。在商代的周祭卜辞中，上甲至示癸六世中的示壬、示癸的法定配偶是妣庚、妣甲，如"庚申卜，贞：王宾示壬奭妣庚壹，亡尤。甲子卜，贞：王宾示癸奭妣甲壹，亡尤"（《合集》36184）。示壬的配偶妣庚、示癸的配偶妣甲也见于武丁时卜辞，只是武丁时代对于先王之配偶尚不称奭，而是或称母或称妻或称妾，如"辛丑卜，王夕坐示壬母妣庚犬，不用"（《合集》19806）；"贞：坐于示壬妻妣庚……"（《合集》938）；"癸丑卜，王宰示癸妾妣甲"（《合集》2386）；"贞：来庚戌坐于示壬妾妣……"（《合集》2385）。示壬配偶妣庚和示癸配偶妣甲存在于卜辞之中，而且妣庚和妣甲的日干并不相次，这两点在说明妣庚、妣甲的庙号绝非追名，而是原本就有的同时，也告诉我们其夫示壬、示癸的庙号也应是原本就有的。示壬示癸之前的上甲、报乙、报丙、报丁四王配偶的庙号所以未见到，可能是武丁以来她们的庙号已无从稽考的缘故，这也反映了商人实事求是的态度，这种态度有助于说明上甲至示癸六王庙号代表了六世的大致情况。

商代的祀谱就是后来所谓的世系之谱。或者反过来说，后来的世系之谱起源于早年的祀谱。如果说上甲微之前商族的首领有可能是由推举而产生的话，那么自上甲微起商族中王族的祀谱完整而有序，似乎说明其君位的继承已在王族的范围内开始世袭，尽管其继位的方式也许是父辈与子辈相继和兄弟相继两种形式相并存①。君位代表一种权力，权力的世袭与权力带有强制性是联系在一起的。特别是周祭这样的祭祀是对即了王位加以重视的祭祀，也就是重视王

---

① 所谓父辈与子辈相继，是说继位的子辈与死去的君主之间的关系不限于肉亲的父子关系，在卜辞中存在着多父、多妣、多母等情形，所以卜辞里的父、兄、母等称呼有时是作为一种类别称呼而存在的。参见［日］伊藤道治著、江蓝生译《中国古代王朝的形成》，中华书局2002年版，第96页注49。

统的政治性的祭祀，在这样的祀谱中，祭祀起自上甲微，难道不也可以说明在商族的历史中出现强制性的权力是从上甲微开始的？[1]

从考古学上来看，在被称为先商文化的下七垣文化中，下七垣一期文化应该属于商先公上甲微和报乙、报丙时期的物质文化的，下七垣二期文化则有可能是报丁和示壬、示癸时期的文化，而下七垣三期文化则应为成汤灭夏之前后的文化[2]。

下七垣文化第一期的遗址发现甚少，出土的遗物也不多。据《磁县下七垣遗址的发掘报告》[3]，下七垣文化一期，在陶器上可以看到二里头文化即夏文化的影响，说明二者是有交往的。这当然属于复合制夏王朝内商部族与夏的交往。

属于下七垣文化第二期的遗址有河北磁县界段营 H8、H11[4]、石家庄市内邱南三坡[5]、邢台葛家庄先商文化第一段遗存[6]、河南杞县鹿台岗 H39 所代表的鹿台岗第一期偏早遗存[7]，等等。由于这些遗址都是一些普通聚落遗址，所以从出土的情况看，当时一般人居住的是半地穴式房屋，使用的主要是陶器、石器、骨器、蚌器，也发现有残铜刀之类的小件铜器和卜骨。目前已有的考古发现提供不了这一时期商族的社会组织结构和权力结构这方面的情况。

属于下七垣文化第三期的遗址有河北磁县下七垣遗址上层[8]、磁县下潘汪[9]、邯郸涧沟、邢台葛家庄先商文化第二段遗存、河南杞县鹿台岗 H35 和 F1 所代表的鹿台岗第二期遗存，以及安阳至濮阳、滑县乃至郑州一带的一些遗存。这些遗址也多为普通聚落遗址，很难显示当时商族社会发展所达到的高度，只

---

[1]　以上所述参见王震中《商族起源与先商社会变迁》，中国社会科学出版社 2010 年版，第 158—170 页。

[2]　王震中：《商族起源与先商社会变迁》，中国社会科学出版社 2010 年版，第 100—147 页。

[3]　河北文物管理处：《磁县下七垣遗址发掘报告》，《考古学报》1979 年第 2 期。

[4]　河北省文物管理处：《磁县界段营发掘简报》，《考古》1974 年第 6 期。

[5]　唐云明：《河北境内几处商代文化遗存记略》，《考古学集刊》第 2 辑，中国社会科学出版社 1982 年版。

[6]　郭瑞海、任亚珊、贾金标：《邢台葛家庄先商文化遗存分析》，《三代文明研究》（一），科学出版社 1999 年版。

[7]　郑州大学文博学院等：《豫东杞县发掘报告》，科学出版社 2000 年版。

[8]　河北省文物管理处：《磁县下七垣遗址发掘报告》，《考古学报》1979 年第 2 期。

[9]　河北省文物管理处：《磁县下潘汪遗址发掘报告》，《考古学报》1975 年第 1 期。

有郑州一带作为成汤灭夏前夕商人的重要军事重镇，提供了一些信息。如 1998 年郑州商城的考古工作者在商城内城的东北内侧发掘的宫殿遗存中，在二里冈下层的基址下仍有多层夯土基址，这说明有的宫殿的兴建和废弃在二里冈下层二期以前至少已经历三次，其最早的可早到成汤灭夏前的先商时期。还有，位于商城东北部、被称为 W22 的夯土基址，现发现长度约 110 米，宽约 8 米，主要为基槽部分，它有可能为一小段早期城墙基础或大型夯土基址的回廊部分。从打破它的灰坑的出土物的年代判断，这段基址的年代要早于二里冈下层一期[①]，从而也有可能属于汤灭夏前的先商时期。这些都说明成汤从内黄或其附近的郼亳出发[②]，在其四处征战中来到郑州一带后，在这里建有宫殿乃至城邑，以此作为灭夏的前沿重镇，而此时郑州南关外下层和化工三厂 H1 之类遗存中所包含的东夷岳石文化因素，又说明跟随成汤来到郑州一带的还有商的东夷盟军。总之，郑州一带先商时期商人所建的宫殿乃至小的城邑可以在某一侧面说明当时商的社会发展所达到的某种高度。

---

① 袁广阔：《关于郑州商城夯土基址的年代问题》，《中原文物考古研究》，大象出版社 2003 年版。

② 关于成汤灭夏前的亳邑的考证，参见王震中《商族起源与先商社会变迁》，中国社会科学出版社 2010 年版，第 40—99 页。

第 十 章
商代的国家与王权

一　商王朝的建立

1. 征伐与王权——成汤时期的征战与商灭夏

商族自上甲微开始进入早期国家即邦国后，历经报乙、报丙、报丁、示壬、示癸。到了成汤时期，商族又经历了一个重要的转变，即在这一时期，成汤通过战争征伐和宗教祭祀这两个重要的机制，使原处于雏形或萌芽状态的王权获得了长足的发展，并随着对夏王朝的推翻和取而代之，商族实现了由邦国走向王朝国家的转变。

《孟子·滕文公下》说成汤灭夏的战争开始于对邻国葛的征伐，所谓"汤始征，自葛始，十一征而无敌于天下"。《帝王世纪》甚至还说："汤凡二十七征，而德施于诸侯。"《史记·殷本纪》记载："汤征诸侯，葛伯不祀，汤始征之。"征伐葛伯等诸侯之后，《殷本纪》又说："当是时，夏桀为虐政荒淫，而诸侯昆吾氏为乱。汤乃兴师率诸侯，伊尹从汤，汤自把钺以伐昆吾，遂伐桀。""桀败于有娀之虚，桀奔于鸣条，夏师败绩。""汤既胜夏"，"于是诸侯毕服，汤乃践天子位，平定海内"。《尚书·汤誓》也说："伊尹相汤伐桀，升自陑，遂与桀战于鸣条之野。"

关于成汤征战，《诗·商颂·长发》："韦顾既伐，昆吾夏桀。"这进一步说出了商汤的战略和作战路线：韦—顾—昆吾—夏桀。

韦，据郑笺，也即豕韦，是彭姓。《左传》襄公二十四年杜预注："豕韦，国名。东郡白马县东南有韦城。"《水经·济水注》："濮渠又东迳韦城南，即白马县之韦乡也。史迁记曰：'夏伯豕韦之故国矣。'"陈奂《毛诗传疏》卷三十：

"今河南卫辉府滑县东南五十里有废韦城。"所以《诗·长发》中的韦即豕韦，地在今河南滑县东南五十里，这在古今学术界已趋共识。据笔者的研究，先商时期成汤所居的亳邑是鄣亳，在今内黄靠近濮阳的地方①。而滑县东南五十里与内黄甚近，成汤欲南下发展并进而西进灭夏，作为夏之盟国豕韦之国，自然首当其冲。

顾，在今河南范县。《左传》哀公二十一年有"公及齐侯、邾子盟于顾"的记载，杨伯峻《春秋左传注》说："据《读史方舆纪要》，顾即《诗·商颂》'韦、顾既伐'之顾国，在今河南范县旧治东南五十里。齐地。"《元和郡县图志》卷十一濮州范县条："故顾城在县东二十八里，夏之顾国也。"《太平寰宇记》、《诗地理考》、《毛诗传疏》等都有相同的说法。甲骨文中征人方的卜辞"雇"就是"顾"，有的是"在雇卜"（《合集》24348）；有的是卜问"王步自雇"有无灾祸（《合集》24347）。征人方卜辞中出现的"雇"则写作："癸亥卜，黄贞：王旬无祸？在九月，征人方在雇"（《合集》36487）等。关于人方的地望，以前主要有两说，一说人方是东夷，在山东；一说人方是淮夷，在安阳的东南方向。根据最新发现的卜辞，人方应该是东夷，在山东②。卜辞中的雇地很可能就是"韦顾既伐"之顾国的顾地，地在齐地的范县。

昆吾所居有两处，一处见于《左传》哀公十七年，"卫侯梦于北宫，见人登昆吾之观"，地在今河南濮阳。另一处见于《左传》昭公十二年，楚灵王说："昔我皇祖伯父昆吾，旧许是宅。"旧许地望，一般说在今河南许昌，邹衡先生考证在今河南新郑③。卫地与郑地（或许地）都留有昆吾居住之迹，应该是昆吾迁徙的结果。诚如金鹗在《桀都安邑辨》中所言："夏桀时昆吾在许，不在卫。"也就是说，昆吾先在卫地濮阳，后来由濮阳迁到了许昌或新郑。夏末居于许昌新或郑的昆吾，是夏王朝在东部门户地带的重要盟国，成汤伐取昆吾后，

---

① 王震中：《商族起源与先商社会变迁》，中国社会科学出版社2010年版，第61—99页。
② 李学勤：《重论夷方》，《民大史学》（1），中央民族大学出版社1996年版，又收入《当代学者自选文库·李学勤卷》，安徽教育出版社1999年版；李学勤：《夏商周与山东》，《烟台大学学报》第15卷第3期，2002年7月；李学勤：《论新出现的一片征人方卜辞》，《殷都学刊》2005年第1期；焦智勤、党项奎、段振美：《殷墟甲骨辑佚》，文物出版社2008年版；《殷墟甲骨辑佚》690＋《合集》36182，参见李学勤：《殷墟甲骨辑佚·序》；焦智勤：《新发现的一片征人方卜辞》，2006年安阳庆祝殷墟申遗成功暨纪念YH127坑发现70周年国际学术研究会的论文。
③ 邹衡：《夏商周考古学论集》（第二版），科学出版社2001年版，第212—215页。

郑地即变成了商攻夏的重镇。

　　成汤以内黄郼亳为根据地，在灭夏的战略经营中，对外既有联合亦有征伐。据研究其联合结盟的对象，有伊尹所代表的有莘氏①，以及"有缗"、"有仍"、薛、卞等其他东夷诸国②，《左传·昭公四年》所说的"商汤有景亳之命"之景亳，即习惯上所说的"北亳"（春秋时宋国之亳邑），就是成汤与东夷诸国会盟之地。可以毫不夸张地说，在成汤灭夏、由邦国走向王朝国家的过程中，虽有利用夏朝内外矛盾，以及网罗诸如伊尹之类杰出人才和与东夷诸国结盟等一系列谋略手段，但作为这一过程的一个极其重要的方面是通过逐渐扩大的对外征伐的战争中完成的。如前所述，战争在由中心聚落形态（含有初步不平等的阶等社会乃至分层社会）向早期国家（邦国）的演进中，就曾发挥过重要的机制作用；战争在由邦国走向王国和王朝国家的过程中也依然发挥着重要的机制作用③。就成汤时期的战争而言，首先，被成汤所征伐的诸国，每每是夏的与国或附属国，成汤对它们的征伐，打破了这些原臣服于夏王朝的小国与夏的结构关系，使得作为征服者的商与被征服者之间有可能建立一种新的纳贡宾服关系。这样，因征战所产生的商与其被征伐国的这种关系，改变了上甲微以来商族中处于萌芽状态的王权只是体现在商族社会内部的状况，原本萌芽状态的王权在成汤身上获得了极大的发展，开始向外扩张，即开始支配邻近的其他邦国或部落，形成某些邦国或部落对自己的称臣、纳贡。其次，战争使战胜者内部产生一个军功贵族阶层，同时也带来了战俘奴隶。

　　商王的王权是在灭夏战争过程中形成的，这正好体现了我们在说到夏代的王权时所讲的：王权这种强权包含两个层面的含义：一是来本邦，是本邦权力集中的体现；另一是对于属邦或诸侯的支配之权。而之所以能取得对于他邦的支配，这与当时的征伐战争是分不开的。对于商来说，由邦国转变为王国和王朝国家，其契机就是通过征伐他邦，通过取代夏王朝而实现的。

---

　　① 晁福林：《夏商西周的社会变迁》，北京师范大学出版社 1996 年版，第 76—77 页。

　　② 田昌五、方辉：《"景亳之会"的考古学观察》，《夏商周文明研究》，中国文联出版社 1999 年版；张国硕：《论夏末早商的商夷联盟》，《郑州大学学报》2002 年第 2 期。

　　③ 参见本书"导论"和第四章"史前权力系统的演进"。

2. 商的"天命王权"与商王统治的正当性

《孟子·滕文公下》说："汤居亳，与葛为邻。葛伯放而不祀，汤使人问之曰：'何为不祀?'曰：'无以供牺牲也。'汤使遗之牛羊，葛伯食之，又不以祀。汤又使人问之曰：'何为不祀?'曰：'无以供粢盛也。'汤使亳众往为之耕，老弱馈食。葛伯率其民，要其有酒食黍稻者夺之，不授者杀之。有童子以黍肉饷，杀而夺之。《书》曰：'葛伯仇饷'，此之谓也。为其杀是童子而征之，四海之内皆曰：非富天下也，为匹夫匹妇复仇也。汤始征，自葛载（始），十一征而无敌于天下。"由这段传说可以看到，成汤对祭祀是何等的重视! 就连邻国葛伯不祀，他又是馈送牛羊，又是使亳众为之耕种，最后还为此而出兵征伐葛国，并由此而一连征伐了十一个邦国，那么成汤在其本国对于宗教祭祀的高度重视显然是不言而喻的。

据《尚书·汤誓》，成汤在伐夏时所作的战争动员说到："有夏多罪，天命殛之……予畏上帝，不敢不正。"这也就是说，在成汤和当时人的观念里，商及其盟军对于夏桀的征伐是奉上帝之命，是替天行道，是为宗教神鬼所驱使，是非常正当的行为。借用上帝和宗教的力量来作战争动员，说明宗教祭祀在当时政治生活中具有何等重要的意义! 可见王权的获得是天命。

在《墨子·兼爱下》、《吕氏春秋·顺民》、《尚书大传》、《淮南子·主术训》、《说苑·君道》等典籍中，都讲到汤灭夏后天下大旱。如《尚书大传》说，为了求雨，"汤乃翦发断爪，自以为牲，而祷于桑林之社"，再如《吕氏春秋·顺民》曰："昔者汤克夏而正天下，天大旱，五年不收。汤乃以身祷于桑林，曰：'余一人有罪，无及万夫。万夫有罪，在余一人。无以一人之不敏，使上帝鬼神伤民之命。'于是剪其发，磨其手，以身为牺牲，用祈福于上帝。民乃甚说，雨乃大至。则汤达乎鬼神之化，人事之传也。"这里的"余一人"的称谓，也出现在殷墟卜辞商王的自称之中，据伊藤道治先生的统计，从第一期至第五期有 11 例[1]。其中《英国所藏甲骨集》第 1923 条卜辞云："癸丑卜，王曰贞：翌甲寅乞酚𠦪自上甲至于后，余一人亡祸? 𢆶一品祀。在九月。菁示癸壹彘。"在此辞中，诚如伊藤先生所指出，其祸被认为集于余一人即王之身，说明

---

[1] 伊藤道治：《王权与祭祀》，《华夏文明与传世藏书——中国国际汉学研讨会论文集》，中国社会科学出版社 1996 年版。

殷王统治的世界是由王一人来体现的①。也就是说，由《吕氏春秋·顺民》和卜辞中的"余一人"可知，从成汤时期的商初到武丁乃至帝辛时期，商王既是世俗权力的集中体现者，是政治领袖，也是群巫和祭司之长，是神与人的中介。

这种"天命王权"观造成殷王笃信天命。商纣王帝辛时，纣王荒淫并重用奸邪之臣，造成了王室内部、统治阶级高层中离心离德，众叛亲离；纣王"重刑辟"，设置"炮烙之法"，引起了老百姓和诸侯的怨恨，有的开始叛商；周文王从被囚禁的羑里释放回归到西方后，"乃阴修德行善，诸侯多叛纣而往归西伯。西伯滋大"②，周已成西部霸主；而东部地区的人方即东夷③，也发生反叛，致使商王举兵征伐人方。在这样的内政和外部诸侯国都已出现严重问题的形势下，商纣王不听王子比干、微子、箕子等人的劝谏，坚信："我生不有命在天乎"④，导致商王朝的覆灭。

王权中含有浓厚的神权，或者说神权实为王权的体现，也有力地说明对于最高神灵和王族祖先神灵的宗教祭祀的独占，是王权获得发展和加强的又一机制。为此，笔者认为从王亥、上甲微开始出现的萌芽状态的王权，到了成汤时期又因对外征战和宗教祭祀的缘故而获得了进一步的发展，从而再次证明笔者曾提出的这样一个观点，即王权有三个来源与组成：王权有源于宗教祭祀权的一面，也有源于军事指挥权的一面，还有源于族权的一面，这三个方面的发展构成了王权发展的三个重要机制⑤，而成汤时期商的王权的发展，特别是商对于夏的取代，使得自上甲微至成汤的作为早期国家——邦国的商，转变成了具有天下共主结构的王国的商和以商王国为核心的商王朝。

"天命王权"、"王权神授"，意在说明商王统治的正当性，而这种正当性又将转换为王权的正统地位。成汤在商朝建立伊始，为了使得自己取代夏的统治

① 伊藤道治：《关于天理参考馆所藏第二期祭祀卜辞之若干片——兼论第二期周祭之社会的宗教意义》，《殷墟博物苑苑刊》创刊号，第156页；伊藤道治：《王权与祭祀》，《华夏文明与传世藏书——中国国际汉学研讨会论文集》，中国社会科学出版社1996年版。

② 《史记·殷本纪》。

③ 李学勤：《重论夷方》，《民大史学》（1），中央民族大学出版社1996年版，又收入《当代学者自选文库·李学勤卷》，安徽教育出版社1999年版。李学勤：《论新出现的一片征人方卜辞》，《殷都学刊》2005年第1期。

④ 《史记·殷本纪》。

⑤ 王震中：《祭祀·战争与国家》，《中国史研究》1993年第3期；王震中：《中国文明起源的比较研究》，陕西人民出版社1994年版，第350—374页。

在空间方位的象征意义上也获得正统合法性，于是就在夏朝旧都不远的地方，新修筑了商的王都——偃师商城。对此，《春秋繁露·三代改制质文》说："汤受命而王，应天变夏作殷号……作宫邑于下洛之阳。"春秋时的《叔夷钟》铭文曰："虩虩成唐，有严在帝所，尃受天命，翦伐夏祀。败厥灵师，伊小臣惟辅，咸有九州，处禹之堵。"《诗·商颂·殷武》："昔有成汤，自彼狄羌，莫敢不来享，莫敢不来王，曰商是常。天命多辟，设都于禹之绩。"《叔夷钟》铭文和《诗·殷武》中的禹，是夏的代称，文中的"处禹之堵"和"设都于禹之绩"是说：成汤灭夏后设都城于原来属于夏的统治中心地。成汤推翻夏王朝后，为何要在夏的中心地设都筑城？这就是铭文所谓"尃受天命"的落实，也是董仲舒所说"汤受命而王"的需要。因此，笔者认为在夏的中心地设都修城，固然有镇抚夏遗民的作用，但又不仅仅是所谓为了监督、控制夏遗民，防止他们的造反。根本原因在于为了取得"正统"的地位，并以此为中心来治理整个"天下"。在当时人看来，商汤"翦伐夏祀"，取代夏桀，是受有天命，而把商的王都设在原为夏的腹心之地，这就使得商取代夏的这种正统合法在空间方位上也有了象征的意义。从这一点讲，偃师商城不能仅仅理解为所谓监督夏遗民的军事重镇，也不能仅仅说成是陪都或辅都，而是商王朝的王都[①]。这就像周武王灭商后，原本也是要把周的政治中心即统治中心亦即周的都邑移到成周雒邑一样，武王的原意并非要在成周建一个陪都、辅都或军事重镇，而是要居于被认为是天下之中的雒邑，在此处治民，支配天下[②]。

二　商王朝"复合制"国家结构

1. 商代"内服"、"外服"制与"复合制国家结构"

商推翻夏王朝之后，就商族和商邦本身而言，已由原来夏的属邦变为王邦；但又因商取代夏而成为新的"天下共主"，此时商王所支配的就不仅仅是王邦，还包括从属于王朝的其他诸邦或诸侯。因此，商代王权的特点是与它的王朝国

---

① 王震中：《商代都邑》，中国社会科学出版社 2010 年版，第 52 页。
② 伊藤道治：《西周王朝与雒邑》，王震中译，《商承祚教授百年诞辰纪念文集》，文物出版社 2003 年版。

家结构密切关联在一起的。

关于商王朝的国家结构，以往学术界主要有两种看法，一种认为"商王国是一个统一的君主专制的大国"，"商王对诸侯如同对王室的臣僚一样……诸侯政权对商王室的臣属关系，在实质上，就是后世中央政权与地方政权的一种初期形态"①；或者说商朝是"比较集中的中央权力的国家"②。第二种意见认为商朝时期并不存在真正的中央权力，而把商代看作是一个由许多"平等的"方国组成的联盟③，或者称为"共主制政体下的原始联盟制"国家结构④。在这两种意见之外，笔者近年曾提出，包括商朝在内的夏商周三代都属于复合制国家结构，只是其发展的程度，商代强于夏代，周代又强于商代。在夏代，其复合制国家的特征主要是由夏王乃"天下共主"来体现的；而到了商代，除了商王取代夏而成为新的"天下共主"外，其复合制国家结构更主要的是由"内服"和"外服"制来构成的；到了周代，周王又取代商而为"天下共主"，其复合制国家结构则通过大规模的分封和分封制而达到了鼎盛⑤。

"内服"与"外服"是商代最有特征的国家结构关系。在周初的诸诰中，关于商的内服、外服之制，《尚书·酒诰》一篇说的最为详备：

> 我闻惟曰：在昔殷先哲王……自成汤咸至于帝乙，成王畏相，惟御事，厥棐有恭，不敢自暇自逸，矧曰其敢崇饮？越在外服：侯、甸、男、卫、邦伯；越在内服：百僚、庶尹、惟亚、惟服、宗工，越百姓里居（君），罔敢湎于酒。不惟不敢，亦不暇。

这是一篇完整的材料，它记载了商王之属下分内、外两服，其内服为：百僚、庶尹、亚服、宗工，还有百姓里君；其外服为：侯、甸、男、卫、邦伯。《酒

---

① 杨升南：《卜辞中所见诸侯对商王室的臣属关系》，原载胡厚宣主编：《甲骨文与殷商史》，上海古籍出版社 1983 年版，又收入杨升南：《甲骨文商史丛考》，线装书局 2007 年版。

② 谢维扬：《中国早期国家》，浙江人民出版社 1995 年版，第 383 页。

③ 林沄：《甲骨文中的商代方国联盟》，《古文字研究》第六辑，中华书局 1981 年版。

④ 周书灿：《中国早期国家结构研究》，人民出版社 2002 年版，第 7 页。

⑤ 王震中：《夏代"复合型"国家形态简论》，《文史哲》2010 年第 1 期；王震中：《商代的王畿与四土》，《殷都学刊》2007 年第 4 期；王震中：《商代都邑》，中国社会科学出版社 2010 年版，第 465、485—486 页。

诰》的记载恰可以与《大盂鼎》"惟殷边侯田粵殷正百辟"铭文对应起来，可知《酒诰》的说法是有根据的，也是可信的。周代文献和金文中的内外服制还可与甲骨文中"商"与"四土四方"并贞的卜辞相对应，例如：

> 己巳王卜，贞，[今] 岁商受 [年]？王占曰：吉。
> 东土受年？
> 南土受年？吉。
> 西土受年？吉。
> 北土受年？吉。　　　　　　　　　　　　（《合集》36975）
> 南方，西方，北方，东方，商。　　（《屯南》1126）

这里的"商"显然不仅仅是指商都，而应指包括商都在内的商的王邦（商国）即后世所谓王畿地区①，亦即《酒诰》所说的内服之地；与"商"相对应的"四土"则是附属于商的侯伯等诸侯②，亦即《酒诰》所说的外服之地。

　　甲骨文中与"四土"对贞的"商"，指的是商国，也可称为王邦或王国，有文献上的依据。在先秦文献中，《尚书·召诰》用"大邦殷"称呼商国，《大诰》中的"周邦"、"我小邦周"等均指周国。所以，殷邦即商国，周邦即周国。相对于当时大量存在的其他普通的诸侯邦国而言，商代的殷邦、商国与周代的周邦、周国在它们各自的王朝中都可称为王邦和王国。实际上，在先秦时期已出现"王国"一词，如《诗经·大雅·文王》："思皇多士，生此王国。王国克生，维周之桢。"《诗经·大雅·江汉》："四方既平，王国庶定。……王命召虎，式辟四方，彻我疆土。匪疚匪棘，王国来极。于疆于理，至于南海。"金文也有"保辟王国"③。对于上引文献和金文中的"王国"，作为最一般的理解，应该指的是"王之国"即王都，亦即国都。但作为其引申义，于省吾先生认为

---

　　①　参见王震中《甲骨文亳邑新探》，《历史研究》2004年第5期。关于商的"王畿"这一概念，最早见于《诗·商颂·玄鸟》："邦畿千里，维民所止。"这里的邦畿就是汉代以后所说的王畿。

　　②　依据甲骨文，这些侯伯诸侯包括：侯、伯、子、男、任、田等名称，皆是商朝拥有封地的诸侯，其中男、任、田在古文献中认为是同一种爵称，男、任在甲骨文中有时也通用。本书用"侯伯等诸侯"一语来统称"侯、伯、子、男、田（甸）"等诸侯名称。

　　③　《晋公盆》，中国社会科学院考古研究所编：《殷周金文集成释文》第六卷，10342，香港中文大学出版社2001年版，第194页。

这个"王国"与《尚书》中的"四国"、"周邦"、"有周"一样，不是单指国都，也不包括四方在内，而为京畿范围即王畿之地①。确实，根据《江汉》中"王国"与"四方"对举，可以认为这个"王国"就是指"周邦"即周国，亦即周王直接治理的地区，后世所谓的"王畿"。那么，商的内服之地，即商的王畿地区，亦即甲骨文中与"四土"对贞的"商"，就相当于《尚书》所言"大邦殷"之殷邦或战国时吴起所说"殷纣之国"的商国，为此可称之为商王邦或商王国。

商的内服之地，即后世所谓王畿地区，亦即商的王邦、王国，其核心地域和范围在商代的前期和后期是有变化的。在商代前期，商的王畿地区（王邦即王国的范围），可由偃师商城和郑州商城这两座一度同时并存的王都加以确定，偃师商城与郑州商城两座王都的连线即为商代前期王畿地区②。商代后期王畿地区（王邦即王国的范围），就是《史记·殷本纪》正义引《竹书纪年》所说："自盘庚徙殷至纣之灭，二百五（七）十三年，更不徙都，纣时稍大其邑，南距朝歌，北据邯郸及沙丘，皆为离宫别馆。"也就是《战国策·魏策》吴起所讲的"殷纣之国，左孟门，而右漳滏，前带河，后被山。有此险也，然为政不善，而武王伐之"。漳水在安阳殷墟北，滏水为古漳水支流，源于磁县西之滏山。漳、滏二水在殷之北，距殷墟不远。因以北边的漳滏二水为右，所以"左孟门"，就在其南，即今河南辉县西，它位于殷墟的西南。"前带河"之河，是指安阳殷都东侧由南向北流的古黄河；当时的古黄河是走河北从天津入海，并不走山东境内，其中，由浚县至巨鹿大陆泽为南北走向，穿于安阳与内黄之间。"后被山"之山是指安阳西边的太行山，因以殷都东侧的黄河为前，殷都西侧的太行山当然就为其后了。吴起的这段话是以安阳殷都为中心，北有（右有）漳滏，南有（左有）孟门；东（前）临大河，西（后）靠太行。吴起说这是"殷纣之国"中的有险可守之处，所以我们可以把它视为晚商王畿中的核心区域，晚商王畿的范围实际上还应该比这大一些，如《竹书纪年》就说殷都北边的邯郸和今邢台附近的沙丘有商纣王的"离宫别馆"，属于"稍大其邑"的"大邑商"的范围。

---

① 于省吾：《双剑誃尚书新证》，北平直隶书局 1934 年版。

② 王震中：《商代的王畿与四土》，《殷都学刊》2007 年第 4 期；又见王震中《商代都邑》，中国社会科学出版社 2010 年版，第 460—461 页。

商的外服之地，即甲骨文中商的"四土"，此乃畿外侯伯等诸侯邦国所分布的地区。关于商王朝政治地理的分布格局，陈梦家和宋镇豪两位先生都做过很好的研究。陈梦家曾根据卜辞、西周金文、《尚书》以及《诗经·商颂》所叙述的殷代疆土都邑，用三个方框套方框、五个层次的图形方式表示出商的王畿与四土的这种行政区划：最核心的中心区域为商、大邑商；其外为奠；奠外为四土、四方；四土四方之外为四戈；四戈之外为四方、多方、邦方①。宋镇豪也用同样的方式对商国疆域和行政区划作了图示勾勒：商王朝的王畿区是以王邑为中心，王邑之外的近郊称东、南、西、北四"鄙"，往外一层的区域称东、南、西、北四"奠"，"奠"即后来称作"甸服"之"甸"，它本是由王田区而起名，连同宗族邑聚及农田区一起构成了"王畿区"；自"奠"以远泛称"四土"、四方，为王朝宏观经营控制的全国行政区域；"四土"之内、四"奠"之外还有"牧"即"牧正"之类，是与商王朝曾有过结盟交好关系的边地族落之长；"四土"周围的边地又称为"四戈"，属于"边侯"之地；王畿区为"内服"之地；"四土"为"外服"之地；"四土"之外为"四至"，属于"邦方"之域②。宋镇豪所说的王畿区为内服之地，四土为外服之地，与本文的划分完全一致。只是在外服之地的四土中，不但有诸多侯伯之类的诸侯邦国，也混杂一些敌对族邦方国，因而造成了商的四土地理分布虽然以王畿为中心而呈环状分布，但这个环状分布带还不是整齐划一的连为一体，在有些区域，商的侯伯等诸侯国与敌对族邦方国呈现出"犬牙交错"的状态，再加上附属于商的诸侯族邦还有时服时叛的情形，使得商的四土的范围实际上处于一种开放的、不稳定的状态③。

总括上述，我们说商王朝的国家结构，若用《尚书·酒诰》等周初的文献来表述，为"内服"与"外服"相结合的结构；用甲骨文的语言来表述，为"商"与"四土"相结合的结构；用古代文献中更普遍的词汇来表述，则为"王国"与"侯伯"等邦国相结合的结构。其中，所谓"内服"即"王国"，亦即周初《何尊》铭文中的"大邑商"，《战国策·魏策》吴起所说的"殷纣之

① 陈梦家：《殷虚卜辞综述》，中华书局 1988 年版，第 325 页。

② 宋镇豪：《论商代的政治地理架构》，《中国社会科学院历史研究所学刊》第一集，社会科学文献出版社 2001 年版，第 27 页；宋镇豪：《商代的王畿、四土与四至》，《南方文物》1994 年第 1 期。

③ 王震中：《商代都邑》，中国社会科学出版社 2010 年版，第 482—484 页。

国"，也就是后世所谓的"王畿"。这样，我们在商王朝也同样看到了三个层次的结构空间：邦国、王国、王朝国家。所谓王朝国家亦即王朝，是指包含有王国和属邦（从属于王的邦国）在内的复合制结构的国家形态。至于邦国又分为两种，一种是与商王朝处于敌对关系的邦国，从而也就具有独立主权，尚未纳入王朝国家体系之中；另一种是从属于王朝的邦国，不具有独立主权或者说是主权不完整，其中有的在甲骨文中被称为侯、伯等。这些侯伯等属邦与后世郡县制下的行政机构或行政级别不同，不是一类；有一些属邦是夏朝时即已存在的邦国，在商时它们并没有转换为王朝的地方一级权力机构，它们臣服或服属于王朝，只是使得该邦国的主权变得不完整，主权不能完全独立，但它们作为邦国的其他性能都是存在的，所以，形成了王朝内的"国中之国"。也就是说，从属于王朝的属邦，以商王为"共主"，与商王处于不平等的结构关系之中，受商王的调遣和支配，但其内部并没有与商王建立层层隶属关系，具有某种程度的相对独立性。商的王国即王邦，属于王朝内的"国上之国"，它是由商王朝建立之前的商邦转变而来。在灭夏之前，它是夏王朝的属邦，之所以能由普通的属邦走向王国，就在于它取代了夏而成为新的共主。所以，王国的"国上之国"的地位，不仅仅因为它位于中央地域，可称之为中央王国，更主要的是因为它乃王的本邦，是商王用来支配其他属邦的基本力量，商王的"天下共主"的地位决定了商王国的"国上之国"的地位。若形象地说，所谓王朝国家的复合制结构就是"国家"中套有"国家"，它既包括王国（王邦）又包括属邦（侯伯等国），这是一种由王国和属邦（诸侯）共同组成的复合制国家形态。商代的王权也是指这种复合制王朝国家的王权，这样的王权既统治着王国，也支配着从属于商王的侯伯等属邦。

商王朝的复合制决定了它属于民族的国家，其民族就是华夏民族，只是它与夏代时的华夏民族一样，还属于"自在民族"，而且在民族内部，亦即在复合制王朝国家内，部族间的界线并没有消除。民族内保留有部族，这是因构成王朝国家的许多属邦是分属于不同部族的缘故。维系商代华夏民族的纽带，一是这种复合制国家结构，二是自夏而来的、由商所继承的以礼制、典章为核心的大中原文化。这就是孔子所言，殷因于夏礼，周因于殷礼，它们之间只是有所损益而已。商代的复合制王朝国家是此时华夏民族的外壳，也是它的基础，是维系民族一体性的基本保障。

2. 在朝为官的"外服"之邦君和贵族

商王朝的国家结构体现在其政治区域的划分上固然由内服与外服即由王邦
与四土侯伯等属国所构成，但这种划分并非使二者截然分离，连接二者的一个
很好的纽带就是四土属邦的一些人作为朝臣，住在王都，参与王室的一些事务。
所以，内服与外服，亦即王国与侯伯，并非两张皮，而有连接二者的机制。

在"内服"之地，正如《酒诰》所言，主要是王族和执掌各种职官的贵族
大臣。但这里要强调的是，这些执掌各种官职的贵族大臣有相当多的是来自于
"外服"的侯伯方国之人。例如，卜辞中有"小臣醜"（《合集》36419），这位
在朝廷为官者，就属于来自山东青州苏埠屯一带侯伯之国的人。山东青州苏埠
屯一号大墓是一座有四条墓道、墓室面积达56平方米、殉犬6条、殉人多达48
人的规模极大的墓葬（图10—1、图10—2）[①]。苏埠屯遗址虽然尚未发现城址，

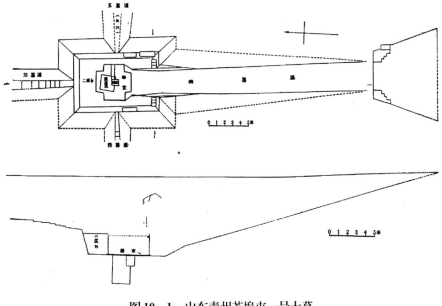

图10—1　山东青州苏埠屯一号大墓

---

　　① 山东省博物馆：《山东益都苏埠屯第一号奴隶殉葬墓》，《文物》1972 年第 8 期；山东省文物考
古研究所、青州市博物馆：《青州市苏埠屯商代墓地发掘报告》，《海岱考古》第一辑，山东大学出版社
1989 年版。

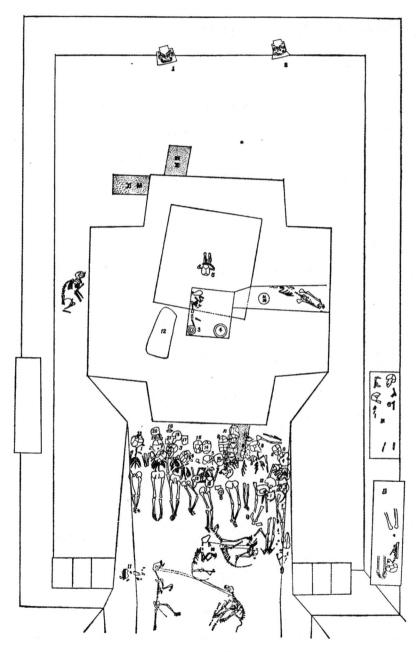

图10—2 山东青州苏埠屯一号大墓殉葬情形

但是这种带有四条墓道的大墓的规格与殷墟王陵是一样的，而且由该遗址出土铸有"亚醜"族徽铭文的大铜钺以及五六十件传世铜器中都有"亚醜"（图10—3）铭记来看①，亚醜最初可能是商王派到东土、住在苏埠屯的武官（亚醜之亚，即为武官的徽记，详后），随着时间的推移，他后来发展成了外在的诸侯，但同时还在王朝兼任小臣之职，称为"小臣醜"。既然在王朝任职，当然他和他的家族就需要居住在殷都。

1. 亚醜父辛鼎铭 《三代》二·二八
2. 亚醜父丙爵盖铭 《三代》十八·二十
3. 亚醜杞妇卣盖铭 《三代》十二·六十
4. 亚醜方鼎铭 《三代》二·九
5. 亚醜父辛簋铭 《三代》六·十七
6. 亚醜父丁方盉铭 《三代》十四·四
7. 亚醜父丙方鼎铭 《拾遗》图二
8. 亚醜季尊铭 《三代》十一·二十
9. 亚醜者女方觚 《三代》十七·二六

图10—3 亚醜族徽铭文

---

① 殷之彝：《山东益都苏埠屯墓地和"亚醜"铜器》，《考古学报》1977 年第 2 期。

最近发现的殷墟花园庄54号墓是一座在朝为官的显赫贵族墓。墓内出土青铜器、玉器、陶器、石器、骨器、蚌器、竹器、象牙器、金箔、贝等各类器物共达570余件（图10—4），其中有铜钺7件和大型卷头刀以及大量青铜戈、矛

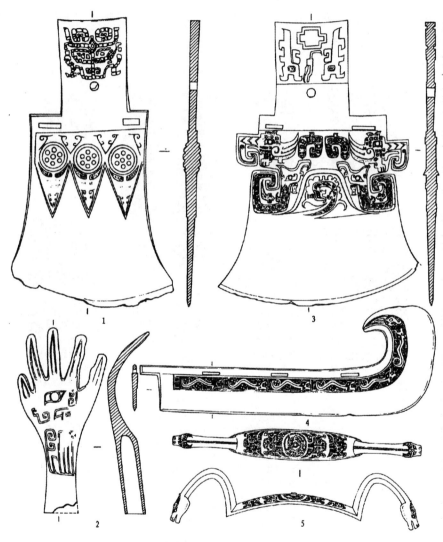

图10—4　殷墟花园庄54号墓出土兵器（一）

1. Ⅲ式钺（M54：92）　2. 手形器（M54：392）　3. Ⅰ式钺（M54：86）

4. 卷头刀（M54：87）　5. 弓形器（M54：286）（1、2. 约2/5，余约1/5）

等兵器（图10—5），并在所出的青铜礼器上，大多有铭文"亚长"（图10—6）二字。此"亚"即《尚书·酒诰》"越在内服：百僚庶尹、惟亚惟服"之亚，它原本是内服之职官中的武官。"亚"形徽记之所以与"长"形徽记组合成复合型徽记，是因为古代有以官职为徽号的情况，这就是《左传》隐公八年众仲所说的"赐姓"、"命氏"，"因以为族。官有世功，则有官族，邑亦如之"。所

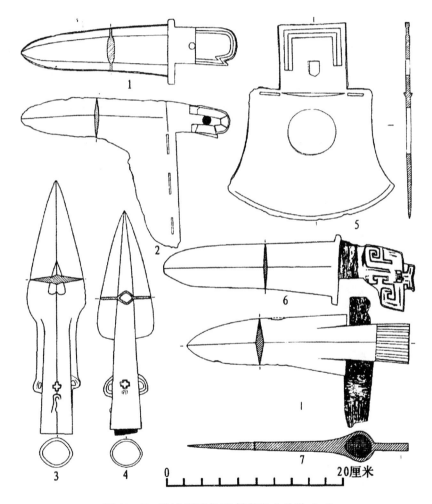

图10—5　殷墟花园庄54号墓出土兵器（二）

1. A型Ⅰ式戈（M54：223）　2. A型Ⅱ式戈（M54：197）　3. B型矛（M54：37）

4. A型矛（M54：113）　5. Ⅱ式钺（M54：89）　6. B型戈（M54：47）　7. C型戈（M54：249）

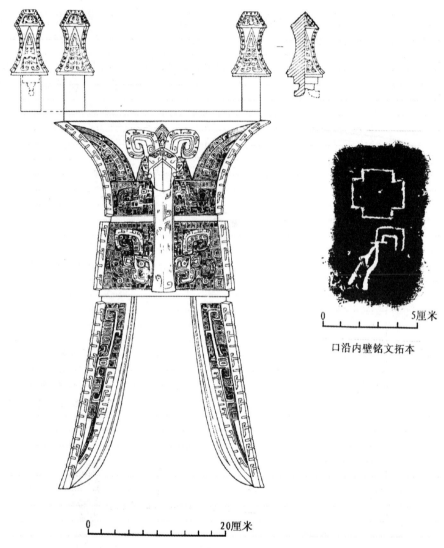

0　　　　　　　　　5厘米

口沿内壁铭文拓本

0　　　　　　　　　20厘米

图 10—6　殷墟花园庄 54 号墓出土"亚长"族徽铭文

以，"亚"与"长"相结合的这种带有"亚"符号的族氏徽记，就属于因官有
世功而形成官族后将其族氏徽号铸在铜器上，以显示自己身世尊荣的一个例证。
"亚"原本为武职官名，这与墓内随葬大量青铜兵器也是相符的；"长"为甲骨
文中"长"族之长。为此，发掘者认为 54 号墓的墓主当为"长"族的首领，

是一位兵权在握的显赫贵族①。

在甲骨文中，长族邦君在一期时即被称为"长伯"（《合集》6987 正），到廪辛康丁时期，出现有"长子"的称呼（《合集》27641）。卜辞中长族将领"长友角"、"长友唐"也是有名的（《合集》6057 正、6063 反等）。长伯的封地即称为长，商王关心长地的年成，卜问"长不其受年"（《合集》9791）。商王还经常与长族进行联络，常常卜问派遣官员"往于长"（《合集》7982、《怀特》956），也有商王亲自行至长地的记录（《合集》767 反、36346、36776）。关于长在何地，根据长与舌方、羌（《合集》495）均有涉，以及今山西长子县西郊有春秋时期的"长子"古地名等情况，已故的林欢博士认为"长"族原居于今山西长子县，河南鹿邑县太清宫的长子口墓墓主人是商亡国之后南迁的"长子"族首领②。那么，花园庄 54 号墓墓主当为商王祖庚祖甲时期长族派遣到殷都并居于殷都、在朝为武官的大贵族。

在今安阳梅园庄村一带，东北距小屯宫殿区约 2 公里，是一处集居地与墓地于一体的居址，出土有被称为"光"等家族的徽铭，而在卜辞中，我们可以看到"光"也被称为"侯光"，属于侯伯之类的诸侯。如"丙寅卜，王贞，侯光若……往✿嘉……侯光……"（《合集》20057）。"侯光"他作为诸侯的领地当不在殷墟梅园庄，因为梅园庄一带出土的徽铭不止"光"一个族，还有"单"、"册韦"、"天黾"等族。梅园庄出土的"光"徽铭，只是光侯中的一个家族而已，也就是光侯国族中在朝廷为官者。在卜辞中，商王要求"光"致送"羌刍"："甲辰卜，亘贞，今三月光呼来？王占曰：其呼来。迄至惟乙，旬又二日乙卯，允有来自光，氏（致）羌刍五十。"（《合集》94 正）也有卜问"光"能否获羌："贞，光获羌？"（《合集》182）"光不其获羌？"（《合集》184、185）"……光来羌"（《合集》245 正）。

殷墟西区第三墓区 M697 出土了一件带有"丙"这样的族氏徽铭的铜器。然而考察"丙"这一族氏徽铭，我们说出土这一族氏徽记铭文最多的是在山西

---

① 中国社会科学院考古研究所安阳工作队：《河南安阳花园庄 54 号商代墓葬》，《考古》2004 年第 1 期。

② 林欢：《试论太清宫长子口墓与商周"长"族》，《华夏考古》2003 年第 2 期。关于长子口墓，也有一种观点认为它是周初封于宋地的微子启的墓葬，参见王恩田《鹿邑太清宫西周大墓与微子封宋》，《中原文物》2000 年第 4 期；松丸道雄《河南鹿邑县长子口墓をめぐる诸问题——古文献と考古学との邂逅》，《中国考古学》第四号，2004 年 11 月。

灵石旌介的商墓。山西灵石旌介商墓的出土物中，在铸有族氏徽记铭文的 42 件铜器中，"丙"形徽铭竟有 34 件①，所以"丙"这一国族的本家即宗族在山西灵石旌介，而居住在殷墟，死后葬于殷墟西区墓地者则是丙国在商王朝为官者及其家族。

丙的本家即宗族不在殷墟，还可以从甲骨文中得到证明。甲骨刻辞中有"丙邑"（《合集》4475），即为丙国之都邑。在卜辞中，我们不但可以看到"王令丙"（《合集》2478），而且也有"妇丙来"（《合集》18911 反）的记录。妇丙之称已表明丙族与商王朝有婚姻关系，而"妇丙来"则进一步说明，从殷都的角度讲，妇丙之丙族是外来者。至于丙国丙族在王朝为官的情形，我们在下一节再作进一步的论述。

丙国派遣人在王朝为官，从一些传世的丙国铜器铭文也可以得到印证。如《续殷文存》下 18.2 著录有一爵，"丙"下有一"亚"框，可以称为"亚丙"，年代为殷墟文化第二、第三期。此"亚"形徽记与"丙"形徽记组合成复合型徽记，也属于因官有世功而形成官族后将其族氏徽号铸在铜器上，以显示自己身世尊荣的又一例证。此外，丙族在商王朝还曾担任"作册"一职，如《丙木辛卣铭文》即写作："丙木父辛册。"② 罗振玉《三代吉金文存》收录有在鼎和卣上铸有"丙"形徽铭的两篇长篇铭文③，鼎铭记载作器者在某地受到商王赏赐贝而为父丁作器，卣铭记载作器者在廙地受到商王赏赐而为毓祖丁作器。这些都说明丙国丙族首领接受商王职官封号，为王服务，受王赏赐，其宗族的本家远在山西灵石旌介，而其中的一个家族则因在朝为官而族居族葬于安阳殷都。

位于殷墟刘家庄南的 M63 出土有 2 件"息"铭铜器，这也是一个外来族氏在朝为官者。根据 20 世纪 80 年代的考古发掘，息族铜器集中发现的地方是河南罗山县蟒张乡天湖村的晚商墓地。在前后三次发掘的 20 座晚商墓葬中，出土有铜器铭文的铜器共 40 件，其中有"息"字铭文的共 26 件，占全部有铭文铜

　　① 李伯谦：《从灵石旌介商墓的发现看晋陕高原青铜文化的归属》，《北京大学学报》（哲学社会科学版）1988 年第 2 期；殷玮璋、曹淑琴：《灵石商墓与丙国铜器》，《考古》1990 年第 7 期。

　　② 中国社会科学院考古研究所编：《殷周金文集成释文》第四卷，第 84 页，5166，香港中文大学中国文化研究所 2001 年版。

　　③ 分别见于罗振玉：《三代吉金文存》4·10·2 和 13·38·6，中华书局 1983 年版。

器的 65%。出"息"铭文铜器墓有 9 座，占全部商代墓的 41‰，特别是 10 座中型墓中有 8 座出土"息"铭铜器，占 80%①。学者多认为罗山县天湖墓地为息族墓地②，应该没有什么疑问。在甲骨刻辞中有"妇息"（《合集》2354 臼），也有"息伯"（《合集》20086）。息族有伯称，属于当时"外服"侯伯之国；息妇的存在，表明息与商王朝存在婚姻关系，而刘家庄南 M63 出土的"息"铜器表明，作为"外服"的息族人有在商王都为官者。

在文献中我们也可以看到，商王通过让"外服"的侯伯之君担任朝中要职而使之成为朝臣，如《史记·殷本纪》载商纣以西伯昌、九侯（一作鬼侯）、鄂侯为三公，就是明例③。

上述位于"外服"即"四土"之地的诸侯国（属邦）之人何以能在"内服"之地即王国中任职，并使殷都的族氏结构中更多的是家族而不只是宗族④，这当然在于商王朝是由内、外服构成的复合制国家结构的缘故。侯伯等属邦或部族本来就是复合制王朝国家中的组成部分，他们在王朝任职，既是对王朝国家事务的参与，亦是天下共主的王权通过朝廷的行政管理的职官系统向侯伯等属邦的延伸，并且还有利于民族融合的加深；而作为属邦的侯伯等诸侯又分处各地，则发挥着蕃屏王邦，守土守疆的责任。

三　商代的王权及其统治方式

1. 商王是"内、外服"土地的最高所有者

王宇信、徐义华两先生在《商代国家与社会》一书中曾使用了"商王是全国土地的最高所有者"⑤ 这样一个命题。这里的"全国土地"就是我们所说的"内服"和"外服"合起来的土地。研究甲骨文和殷商史的学者们，根据甲骨

---

① 河南省信阳地区文管会、河南省罗山县文化馆：《罗山天湖商周墓地》，《考古学报》1986 年第 2 期。

② 李伯谦、郑杰祥：《后李商代墓葬族属试析》，《中原文物》1981 年第 4 期。

③ 李学勤：《释多君、多子》，《甲骨文与殷商史》，上海古籍出版社 1983 年版。

④ 王震中：《商代都邑》，中国社会科学出版社 2010 年版，第 353—358 页。

⑤ 王宇信、徐义华：《商代国家与社会》，中国社会科学出版社 2010 年版，第 108 页。

卜辞资料指出："商王可到全国各地圈占土地，建立田庄，经营农业。"① 其中，对于王室直接支配的王邦之地，商王向贵族、官吏发布命令，要他们到某地去"袭田"垦荒，或去种植农作物，是无需赘述的。对于诸侯、属邦方国的领地，商王也要派人去占地耕作。例如，卜辞云：

> 贞，令受袭田于先侯。十二月。（《合集》9486）
> 贞，王于黍侯受黍年。十三月。（《合集》9934）
> 贞，令犬延族袭田于虎。（《合集》9479）
> 贞，令众人取（趋）入绛方袭田。（《合集》6）

"袭田"是垦荒造田②。先侯、黍侯、犬延族、绛方都属于商王朝的诸侯国或方国③。商王可以直接参与或派人到这些诸侯方国内垦土造田，足见商王对于诸侯国的土地也拥有最高所有权。

商王对诸侯土地的权力还表现在可以强取诸侯方国的田邑，如卜辞云：

> 贞呼从奠（郑）取怀曼鄙三邑。（《合集》7074）
> 贞［呼］取三十邑［于］彭、龙。（《合集》7073）

在上引第一辞中，郑既是贵族也是诸侯，卜辞中有"子郑"（《合集》3195），又有"侯郑"（《合集》3351），即可说明这点。上引《合集》7074 这条卜辞是说，"商王从郑侯国内取走三个邑，实指三个邑所领有的土地。这三个邑所领有的土地原本是郑侯的，商王则派人将其取走，以归王室"④。第二辞的彭为地名，当与龙邻近。"龙"为方国名，甲骨文中有"龙方"。龙方起初曾与商朝发生过战争，后又臣服于商。臣服于商的龙方时而向商王进贡物品，时而参与商

---

① 杨升南：《商代经济史》，贵州人民出版社 1992 年版，第 58 页。
② 张政烺：《卜辞袭田及其相关诸问题》，《考古学报》1973 年第 1 期。
③ 杨升南：《卜辞中所见诸侯对商王室的臣属关系》，胡厚宣主编《甲骨文与殷商史》第 1 辑，上海古籍出版社 1983 年版。
④ 杨升南：《商代经济史》，贵州人民出版社 1992 年版，第 61 页。

王的田猎活动①。这条卜辞是占卜商王下令从彭龙取回三十个邑所领有的土地。

　　商王对土地的最高所有权还表现在对于贵族或诸侯给予土地封赐。如甲骨文云："呼从臣沚有册三十邑。"（《合集》707 正）卜辞中的沚是商王武丁时的一个诸侯，卜辞中有时称为"沚彧"，有时称为"伯彧"（《合集》5945 正）。"臣沚"之臣，为职官之称，即沚也是诸侯中在朝为官者。杨升南先生指出："此辞中的'册'是个动词，有'册封'之意。辞的大意是商王让沚将三十个邑书之于典册，以封赏给某个贵族。册上登录有土地邑名（甚至可能有四至的范围），以此册授予被封者，被封者则以此为凭信，拥有册上所登录的土地。"②

　　既然在国土结构上，诸侯领地的最高所有权在商王手中，诸侯不具有独立的主权，那么在诸侯领地发生外敌入侵或掠夺的事件时，诸侯就有向商王报告的责任。有一条卜辞说：

　　　　癸巳卜，殻贞，旬亡祸？王占曰："有祟，其有来艰。"迄至五日丁酉，允有来艰自西，沚彧告曰："土方征于我东鄙，戋二邑，舌方亦侵我西鄙田。"（《合集》6057 正）

在这版卜辞中，"我"是沚彧的自称。"土方征于我东鄙，戋二邑，舌方亦侵我西鄙田"，是沚彧向商王报告的内容：沚彧的东边边境受到土方的征掠，祸害了鄙上的两个邑；沚彧的西面边鄙的田地受到舌方的侵扰。

　　在甲骨文中，也有"长伯"向商王报告外敌侵犯自己领地的记载：

　　　　癸未卜，殻贞：旬亡［祸］……祟，其有来艰，迄至七日……允有来艰自西，长戋□告曰："舌方征于我奠……"（《合集》584 正甲）

　　　　王占曰：有祟，其有来艰，迄至七日己巳，允有来艰自西，长有角告曰："舌方出，侵我示爨田，七十五人。"（《合集》6057 正）

　　　　癸未卜，永贞：旬亡祸。七日己丑。长友化呼告曰："舌方征于我奠

　　———————————

　　①　杨升南：《商代经济史》，贵州人民出版社 1992 年版，第 61 页；王宇信、徐义华：《商代国家与社会》，中国社会科学出版社 2010 年版，第 111 页。

　　②　杨升南：《商代经济史》，贵州人民出版社 1992 年版，第 63 页。

丰，七月。"（《合集》6068 正）

　　……自长友唐，舌方征……亦有来自西，告牛家……（《合集》6063
反）

　　这四条卜辞中的"长戈"、"长有角"、"长友化"、"长友唐"都是长伯诸
侯邦国的邦君名，四条卜辞都是向商王报告说：舌方侵犯长伯诸侯邦国西部的
"奠"地的田邑，造成了损害。

　　不仅对于诸侯国的安危、诸侯国的边境田邑是否受到外敌的侵扰，商王十
分关心，商王也关心诸侯国的农业收成。前引《甲骨文合集》36975 卜辞中商
王占卜东、西、南、北"四土"是否"受年"，就是最典型的例子。此外，诸
如"辛酉贞，犬受年。十一月。"（《合集》9793）就是关心犬侯的年成；"贞长
不其受年。贞长受年。"（《合集》9791 正、反）是占卜"长伯"领地的年成；
"癸亥卜，王，戈受年。"（《合集》8984）"贞戈受［年］。"（《合集》9806）
是关心戈方的年成；"戊午卜，雍受年。"（《合集》9798）是卜问雍地的年成，
等等，类似的卜辞不胜枚举。

　　商王也经常到诸侯领地进行田猎。例如，"己卯卜，行贞，王其田亡灾，在
杞。"（《合集》24473）这是商王到杞侯境内田猎。"辛卯卜，贞王其田至于
犬。"（《合集》29388）这是商王田猎来到了犬侯之地。"壬午卜，王弗其获在
万鹿。壬午卜，王其逐在万鹿获，允获五，二告。"（《合集》10951）卜辞中的
"万"也称为"万人"（《合集》8715、21651），此辞说商王在"万"地境内打
猎，捕获五头鹿。

　　上述商王在诸侯国即属邦境内"衷田"、"取邑"、田猎等行为，反映了商
王对于属邦领地拥有支配权。而各诸侯国或从属于商王的诸邦（我们称为"属
邦"）时常向商王报告自己如何受到外敌的侵掠，也是这些诸侯国或属邦把自
己的领地看成是商王朝的一个组成部分的缘故。因此，虽然各诸侯国或属邦也
有某种程度的相对的独立性，但其主权是不完整的，不是独立的。这种主权的
不完整是因为它们被纳入了复合制王朝国家结构之中的缘故，商的王权是覆盖
整个"外服"诸侯或属邦的。

2."外服"侯伯等属邦有向商王贡纳的义务

　　作为复合制国家结构，其王权在经济方面的体现也由两部分组成。对于

"内服"而言，主要是如《孟子·滕文公上》所说"夏后氏五十而贡，殷人七十而助，周人百亩而彻"中的"助"法，这是一种劳役地租，是对商的王邦之地的一种直接剥削；对于"外服"而言，则表现为诸侯要向商王室贡纳各种物品。

有学者指出：卜辞中的"氏"（致）、"收"（供）、"入"、"来"等字就是诸侯向商王贡纳关系的用词①。卜辞中的"氏"，于省吾先生释作"致"，谓："凡物由彼而使之至此谓之致，故《说文》云：致，送也。"②卜辞中的"供"字作"羇"形，像双手奉献之状。卜辞中"入"的物品均为龟甲。这是一种记事性文字，往往刻在龟腹甲的"桥"上，记诸侯或王臣向王室贡入多少只供占卜之用的龟。在甲骨文中，阜、古、唐、戈、郑、禽、亘、雀、竹、子画、子央、妇井、妇喜、伯或、妇息、先侯、犬侯等40位以上诸侯有纳贡的记录③。例如，有关先侯向商王贡纳的卜辞：

> 先氏（致）五十。（《合集》1779 反）
> 辛亥卜，贞，先［侯］来七羌……十三月。（《合集》227）

这是先侯向商王进贡龟甲、羌人的记载。也有光侯向商王贡纳羌人的记载：

> 甲辰卜，亘贞，今三月光呼来？王占曰：其呼来。迄至惟乙，旬又二日乙卯，允有来自光，氏（致）羌刍五十。（《合集》94 正）
> 光来羌。（《合集》245 正）

西方的周侯也时常向商王室纳贡，如卜辞云：

> 周入。（《合集》6649 反甲）
> 贞：周氏（致）巫。（《合集》5654）

---

① 杨升南：《卜辞中所见诸侯对商王室的臣属关系》，《甲骨文与殷商史》，上海古籍出版社 1983 年版。

② 于省吾：《殷契骈枝·释氏》，石印，1945 年版。

③ 李雪山：《商代分封制度研究》，中国社会科学出版社 2004 年版，第 104 页。

> 甲午卜，宾贞，令周乞牛多……（《合集》4884）
> 丁巳卜，古贞，周氏（致）嫀。
> 贞：周弗致嫀。（《合集》1086）

这 4 条卜辞中，"巫"指巫觋之人。"嫀"乃秦姓女子。这几条卜辞是说周人向商王进贡的物品包括龟甲、巫、牛、女子。

竹侯向商王纳贡的卜辞有：

> 竹入十。（《合集》902）
> 取竹努于丘。（《合集》108）

辞中"竹努"即竹侯国内的努奴。竹侯向商王贡纳的有十个龟甲，还有努奴。

奚向商王送来的物品有白马、牛等：

> 甲辰卜，殸贞，奚来白马。王占曰：吉，其来。（《合集》9177）
> 贞：今春奚来牛，五月。（《合集》9178）

阜向商王贡纳的物品有龟甲、象牙和牛等：

> 阜入□。（《合集》9226）
> 阜来其氏（致）齿。（《合集》17303 反）
> 贞：阜来舟。（《合集》11462）
> 丁未贞，阜氏（致）牛其用自上甲汎大示。
> 己酉贞，阜氏（致）牛其用自上甲三牢汎。
> 己酉贞，阜氏（致）牛其……自上甲五牢汎大示五牢。
> 己酉贞，阜氏（致）牛其用自上甲汎大示惟牛。（《屯南》9）

上辞中前两条说阜向商王纳贡龟甲和象牙。第三条卜辞是说阜向商王进贡舟。而《小屯南地》9 这组卜辞是说阜送来牛用于祭祀上甲等祖先。

戈向商王贡纳的物品也有龟甲、象牙、贝等：

戈入。(《合集》926 反)

己亥卜，殷贞，曰：戈氏（致）齿王。

曰：戈氏（致）齿王。

贞，勿曰：戈氏（致）齿王。(《合集》17308)

……戈允来……豕二、贝……（《合集》11432)

上述诸侯向商王纳贡的资料说明，在复合制王朝国家结构中，商王与诸侯、商王邦与属邦在经济上也是极其不平等的，这是王权支配着诸侯国在经济上的体现。

3. 商王对"内、外服"军事力量的支配

商王朝的国土结构由"商"与"四土"组成，国家结构由"内服"（王国）与"外服"（诸侯等属邦）构成。在这样的结构内，其军队和军事武装也由"内服"武装和"外服"武装两部分构成，"内服"之地的武装也就是商王室的军队，"外服"之地的武装就是诸侯的军队，商王掌握着由这两部分构成的最高军政大权，统领和支配复合制国家结构内所有军事力量。

（1）商王室的军队

商的内服武装，即王邦内的武装，其最核心的成分是被称为"王师"、"王族"、"子族"、"多子族"、"三族"、"五族"、"左族"、"右族"等商王室的军队。卜辞有："王作三师：右、中、左。"（《粹》597）。卜辞又云：

甲□贞，方来入邑，今夕弗震王师。（《合集》36443)

卜辞中的"王师"就是王室军队。"王师"也称"我师"（《合集》27882)①、"朕师"。在"师"的编制之下是"旅"。卜辞有"王旅"（《合集》5823)，也称"我旅"（《合集》5824、1027)。"旅"的编制之下还有"族"等

_____

① 卜辞中，"王师"可称为"我师"；诸侯对于自己的军队，也可以称为"我师"。就像《合集》6057 正卜辞沚馘向商王报告的"土方征于我东鄙，戋二邑，吾方亦侵我西鄙田"中的"我"是沚馘的自称一样。

编制①。

对于卜辞中"族"的含义，历来有两种解释，多数人是从血缘层面上理解，认为它是宗族家族之族②；也有认为它是商人军旅，是军事组织名称③。在甲骨文中，族字从㫃，从矢，矢为箭镞，㫃为旌旗，因而丁山先生指出：甲骨文"族字，从㫃，从矢，矢所以杀敌，㫃所以标众，其本谊应是军旅的组织"④。笔者认为，甲骨文中的"族"主要是军事军队编制中的一种，它反映的最基本的不是血缘组织而是军队组织，如果说它与后来的"族"字含义有什么联系的话，甲骨文中"族"所表示的有可能是一种亲属部队，商代以后才将这种表示亲属部队的"族"逐渐地主要表示为血缘组织，并在"族军"这一层面上将二者统一了起来。也就是说，在甲骨文中，"王族"指的是王的亲属部队，"子族"指的是子（子或为爵称，或指宗族之长即宗子，它既包含有王子，也包含有非王子）的亲属部队，"多子族"指的是"多子"即多个子的亲属部队，"一族"、"三族"、"五族"分别指的是一个、三个、五个亲属部队，"左族"、"右族"指的是位于左边和位于右边的亲属部队⑤。例如，卜辞云：

> 甲子卜……以王族宪方，在𡊄，无灾。
>
> 方来降，吉。
>
> 不降，吉。
>
> 方不往自𡊄，大吉。
>
> 其往。（《屯南》2301）
>
> 贞，令多子族暨犬侯璞周，由王事。（《合集》6813）
>
> 己亥，历贞：三族王其令追召方，及于□。（《合集》32815）
>
> 王惟羑令五族戍羌方。（《合集》28053）

---

① 李雪山：《商代分封制度研究》，中国社会科学出版社 2004 年版，第 245—251 页。

② 林沄：《从子卜辞试论商代家族形态》，《古文字研究》1979 年第 1 期。朱凤瀚：《商周家族形态研究》，天津古籍出版社 1990 年版。

③ 丁山：《甲骨文所见氏族及其制度》，中华书局 1988 年版，第 33 页。李学勤先生认为甲骨文中的"王族"是由王的亲族组成的直属部队，见李学勤《释多君、多子》，载胡厚宣主编《甲骨文与殷商史》，上海古籍出版社 1983 年版。

④ 丁山：《甲骨文所见氏族及其制度》，中华书局 1988 年版。

⑤ 王震中：《商代都邑》，中国社会科学出版社 2010 年版，第 510 页注释①。

上引《屯南》2301 这条卜辞是说用"王族"这样的部队去征伐宄方。《合集》6813 这条卜辞中，"璞"为动词，一般认为是征伐之意，此条卜辞是令多子族这样的部队和犬侯征伐周方国。《合集》32815 这条卜辞是商王命令"三族"（三个亲属部队）追击召方。《合集》28053 这条卜辞是说商王命令五个亲属部队戍守羌方。卜辞中"王族"、"子族"、"多子族"、"三族"、"五族"的职责都是从事征伐和军事活动，因此它们是军事组织名称，是军事编制。

（2）商王可调动和支配诸侯、贵族领地的军队

诸侯或属邦拥有自己的军队，这些军队也称为"师"，如卜辞中的弜师、兴师、𦥑师、雀师、犬师、允师、鼓师、缶师等[1]。商王时常率领这些诸侯封国的军队出征。如卜辞云：

> 丁酉卜，翌日王惟犬师从，弗悔，无灾……不遘雨。（《屯南》2618）

这条卜辞是说商王要率犬侯之师出征。在甲骨文中，经常可以看到这样一种格式的卜辞："王从某某伐某方"，如"丁丑卜，㱿贞：今𡥜王从沚𢦔伐土方，受有佑"（《英国所藏甲骨集》581）。词中的"从"，也有人释为"比"。笔者认为无论释为从还是比，"王从沚𢦔伐土方"这样的结构说的是：沚𢦔为先头部队，即沚𢦔在前、王在其后去征土方的意思，所以沚𢦔是商王这次征土方作战的先头部队。也就是说，在甲骨文中，凡是"王从某某"去征伐作战，或"某某从某某"去征伐作战，从字后面的某某，都可以理解为是协同作战中的先头部队。

征伐土方之外，沚𢦔作为商王对外战争的先头部队，还征伐过召方、舌方和巴方。如"丁卯卜贞：王从沚……伐召方，受……在祖乙宗"（《屯南》81）。这是在祖乙宗庙占卜的卜辞，商王率领沚𢦔征伐了召方。还有，"贞：𢦔启，王其执舌方"（《合集》6332）；"辛卯卜，宾贞：沚𢦔启巴，王惟之从，五月。辛卯卜，宾贞：沚𢦔启巴，王勿惟之从。"（《合集》6461 正）这里的"启"有在前之义，也是占卜是否以沚𢦔为先头部队，去征伐舌方和巴方。

---

[1]　李雪山：《商代分封制度研究》，中国社会科学出版社 2004 年版，第 108 页。

汜瞂也称"伯瞂"，汜是商的侯伯之国。但起初曾是商的敌对方国。如卜辞说："贞其有艰来自汜。贞亡来艰自汜"（《合集》5532）；"乙酉卜，圃允执汜"（《合集》5857）。前一卜辞是卜问是否有祸来自汜方，后一卜辞是说拘执了汜的邦君。后来，汜方臣服、从属于商王而被称为"伯瞂"（《合集》5945）或"臣汜"，还册封给汜三十邑："呼从臣汜有賈三十邑。"（《合集》707 正）。汜成为商的侯伯之国后，商王有时也到汜国去，如"丁卯卜，王在汜卜"（《合集》24351）；"今日王步于汜"（《金》544）；"壬申王卜，在汜贞：今日步于枛"（《合集》36957）。商王率领汜瞂出征也就习以为常。有时商王命令汜祸害敌方："惟㞢（圃）令汜蚩（害）羌方。"（《合集》6623）。

有关商王率诸侯出征的卜辞还可以举出一些：

> 贞，王惟侯告从征夷。
> 贞，王勿惟侯告从。（《合集》6460）
> 乙卯卜，敨贞，王从望乘伐下危，受有佑。（《合集》32 正）
> 丁卯王卜……余其从多田于多伯征盂方伯炎，惟衣，翌日步……（《合集》36511）
> 甲戌，王卜，贞……禺盂方率伐西国。賈西田，賈盂方，妥余一人。余其［从］多田留征盂方，亡尤……（《合集补编》11242）
> 癸丑卜，亘贞，王从奚伐巴方。
> 王勿从奚伐。（《合集》811 正、反）
> 甲午王卜，贞……余步从侯喜征人方……（《合集》36482）
> 癸卯卜，黄贞，王旬无祸。在正月，王来征人方，在攸侯喜鄙永。（《合集》36484）

上述卜辞，有的是商王以告侯为先头部队征伐夷方，有的是商王以望乘为先头部队征伐下危，有的是商王以多田和多伯为先头部队征伐盂方，有的是商王以奚为先头部队征伐巴方，有的是商王以攸侯喜为先头部队征伐人方，总之都属于王率诸侯出征。

在甲骨文中，还有王命贵族或诸侯出征。例如："贞，勿惟师般［呼］伐"（《合集》7593），这是命令大将师盘出征。"丁巳卜，贞王令皋伐于东封"（《合集》33068），这是命令皋东征。"……呼妇好伐土方……"（《合集》6412），这是叫妇好出征土方。"甲午卜，宾贞，王惟妇好令征夷"（《合集》6459），这是命令妇好出征夷方。"贞，王令妇好从侯告伐夷……"（《合集》6480），这是命令妇好以告侯为先头部队征伐夷方。"甲戌卜，殻贞，雀戋子商征基方，克"（《合集》6573），这是卜问子商和雀联合征伐基方。"贞，雀戋祭方"（《合集》6965），这是卜问雀可否战胜祭方。"壬辰卜，殻贞，戉戋彿方"（《合集》6566），这是占卜戉征伐彿方。等等。

由于王权中很大的力量是军权，商王对复合制国家结构内军事力量的掌握和控制，使得从成汤建立商王朝起，就取得了对天下的统治权，"自彼氐羌，莫敢不来享，莫敢不来王，曰商是常"①。有商一代，商的王权是强大的。

商的王权与商代复合制国家结构分不开，与商王为天下共主分不开。商代复合制国家结构的特征是"内、外服"制，即王国与诸侯属邦相结合的国家形态。从商王在侯伯等属邦内的权力来讲，在甲骨文中我们可以看到，商王可以派人到侯伯等属邦境内"垦田"，可以在侯伯等属邦进行生产活动；商王也可以在侯伯等属邦境内打猎和巡游；商王还可以将侯伯等属邦作为对外进行军事行动的起点。从侯伯等属邦对商王需承担的军事和经济诸多的义务来讲，在商王的对外战争中，侯伯属邦或者要率领其军队随王征讨，或接受王的命令去征讨某一方国；在经济方面，侯伯属邦要向商王贡纳牛羊马匹、龟甲、玉戈等各种物品乃至奴仆、人牲等。因此，无论是从商王与侯伯属邦的臣属关系还是从"内服"与"外服"的结构关系来看，商王所直接统治的商国（王畿）与商国周边的侯伯属邦之间，绝非平等的联盟，而是以商王为天下共主的、以商的王国为"国上之国"、以侯伯属邦为"国中之国"的复合型国家结构关系，这种复合制结构关系是商代国家形态中最具特色的一个方面，商的王权就行使在这种结构范围内。

4. 商代国家结构所决定的商王统治方式

商代复合制王朝国家的政区既然可以划分为内服的王国与外服的侯伯等邦国，商王对其的管理和支配也就有内、外服的区别。概括地说，商王的统治方

---

① 《诗·商颂·殷武》。

式有三大特点：即直接统治与间接统治相结合，军事征服与精神笼络相结合，地方邦君与朝臣身份相结合。

商王的直接统治主要是对内服即王国的统治。根据笔者的研究，商王国即所谓王畿内的居邑形态有三级：王都、贵族和朝臣的居邑、普通的村邑（包括边鄙小邑）[1]。王都内居住着《尚书·酒诰》所说的"百僚庶尹、惟亚惟服、宗工、百姓里君"等各种职官的贵族，也即甲骨文中的百官[2]以及"多君"、"多子"之类的朝臣[3]；也有一些贵族不住在王都，住在王都之外自己的宗邑中，有的还是筑有城墙的城邑。商王通过支配这些贵族而行使着对王国的直接统治。也正是在这个意义上，学者们把王畿称为王的直辖地，即王直接控制的地区。

商王对王国即所谓王畿之地的直接统治应该说是一种笼统的说法。实际上，商王对王国内各类居邑的支配，可具体分为两种情形。其一是在王都范围，例如殷墟范围内，大概多数情况下商王可以支配到其家族或宗族长这一层面；其二是在王都范围以外的地方，诸如滑县的"子韦"，以及位于王畿边缘外不远的地方，如新郑的"子郑"，商王大概只能通过子韦、子郑这类王畿附近的望族来支配，这大概也是一种间接支配。

在考古发现方面，晚商时期河南辉县孟庄商城可以视为王畿内贵族一级的城邑，商王对它的支配应该是间接性的支配。在殷墟出土的族徽铭文中，"子韦"、"册韦"、"弓韦"、"典韦"的韦族[4]，有可能就是《诗经·商颂·长发》"韦顾既伐，昆吾夏桀"之韦，位于河南滑县。据甲骨文"戊寅卜，在韦敕师，人无戋异，其糟"（《合集》28064），可知韦族有自己的军队，有农田。作为韦族族长的子韦，其领地应该是由子韦自己支配和管理的，如果说商王对韦族领地内的邑落在理念上具有支配权的话，然其实际的支配却只能是通过子韦而进行的间接性支配。

再如卜辞中的"郑"即"子郑"，白川静先生称其为殷代的雄族[5]，郑有自己的领地，商王有时占卜是否"步于郑"（《合集》7876）；有时占卜"在郑"

① 王震中：《商代都鄙邑落结构与商王的统治方式》，《中国社会科学》2007 年第 4 期。

② 陈梦家：《殷虚卜辞综述》，中华书局 1988 年版，第 503—522 页。

③ 李学勤：《释多君、多子》，胡厚宣主编《甲骨文与殷商史》，上海古籍出版社 1983 年版。

④ 王震中：《商代都邑》，中国社会科学出版社 2010 年版，第 358 页。

⑤ 白川静：《殷代雄族考·郑》，载于白川静《甲骨金文学论集》，朋友书店 1973 年版。

的年成怎么样（《合集》9769 反、9770）。子郑的领地应即春秋时期郑国所在地，亦即今天河南省的新郑。卜辞有郑向商王纳贡的记录，如"郑来三十"（《合集》9613 反）、"郑入二十"（《合集》5096 反）、"郑示十屯"（《合集》18654 曰）等。由卜辞"庚寅卜，争贞：子郑唯令"（《合集》3195 甲）可知，子郑是接受商王调遣的。作为族长的子郑可以受到王的调遣和命令，但商王不能直接深入到郑的内部去管理和支配郑地之民，所以"子郑唯令"正说明商王对畿内诸侯领地的支配也是通过其侯伯或族长进行的间接性支配。

商王的间接统治主要是指对侯、伯等邦国的支配方式。在四土范围内，侯伯邦国内的居邑形态即都鄙邑落结构也分为三级：侯伯等邦君的都邑、中小贵族及其族氏的族长所居住的宗邑、边鄙村落小邑①。三者之间有等级隶属关系，其最高行政管理权或治理权在侯伯等邦君的手中，所以侯伯领地原则上是由侯伯自己进行统治和管理，商王主要通过贡纳关系来控制这些附属邦国，对于商王来说这当然属于间接性的统治。此外，对于四土的侯伯，商王还可以通过让他们担任朝中要职而使之成为朝臣，在卜辞中称这类朝臣为"多君"。商王对于他们的调遣与支配，也就是对他们的邦国的间接统治。

商王在间接统治的侯伯邦国地区，也有直接统治的行为。如甲骨文中就有商王在属邦即外服之地垦田的记录："戊辰卜，宾贞：令泳衰田于盖"（《合集》9476）；"令众人入羌方衰田"（《合集》6）；"令犬延族衰田于虎□"（《合集》9479），"令受衰〔田〕于先侯"（《合集》9486）等等。羌方、虎方、先侯这些都是外服方国之地，这些地方"农田开垦之后必定要留下人员管理，实际等于在他族内部形成了一个新的商的属地"②。对于这种"新的商属地"的支配与管理，则可以视为商王直接性的统治行为。如果与商王对侯伯等邦国领地主要采取间接性统治方式联系起来，那么我们说商王对四土范围的统治，在某些情况下也是直接与间接混合使用，是二者的结合。

甲骨文中还可以看到一种"奠"③ 的行为方式，对此，有的学者认为这是

① 王震中：《商代都鄙邑落结构与商王的统治方式》，《中国社会科学》2007 年第 4 期。

② 林欢：《晚商"疆域"中的点、面与块》，《中国社会科学院历史研究所学刊》第三集，商务印书馆 2004 年版。

③ 甲骨文中的"奠"字，目前甲骨学界认为主要有四种用法，一种是作为地名的"奠"，这种"奠"也有释为"郑"字，用作郑地、郑族讲；第二种是当作"置祭"讲；第三种是用作安置附属者的一种方法；第四种据说假为郊外之"甸"，或者说畿甸之"甸"，其本字可能就是"奠"。

商王将被商人战败的族邦或其他臣服族邦的一部或全部，安置在他所控制的地区内，这种"奠"是控制、役使异族人的方式①。也有认为"奠"与"设置"同义，"奠"这种行为方式与封建诸侯、拱卫王室的意义和作用是一样的②。在这里，不论所"奠"者是因战败臣服的附属族邦还是设置诸侯，仅从商王对他们的支配而言，商王直接安置他们，似乎是商王直接统治的一种行为。但是，可以设想，商王的"奠"，只能支配到这些族邦的邦君或侯伯本人这一层面，而对其族邦内部的具体族邑，是难以直接支配或控制的。

如前所述，商王在对侯伯方国进行间接统治时，对有些侯伯方国采取了地方邦君与朝臣身份相结合的办法。甲骨文中的朝臣"小臣醜"与山东青州苏埠屯四个墓道大墓主人"亚醜"就是一例。殷墟花园庄 54 号大墓的"亚长"是在朝为官的显赫贵族，有可能就是"长"这个邦国中的一位邦君"长伯"。沚是商的侯伯之国，其邦君名叫"沚馘"也称"伯馘"，他非常活跃，经常在商王的率领下出征，而且是先头部队，但也被称为"臣沚"，有可能就像"小臣醜"一样，也是朝臣。《史记·殷本纪》记载商纣王以西伯昌、九侯（一作鬼侯）、鄂侯为三公，也属于以地方邦君作为朝臣。地方邦君在朝廷为官，其根源就在于复合制王朝国家的结构，所以，商王的统治方式是与王朝的复合制结构紧密结合在一起的。

在商王的统治方式中，既有武力、暴力的一面，也有精神笼络的另一面，是软硬两手兼备。在武力和暴力方面，商王的征伐和酷刑，特别是商纣王的酷刑，令人深恶痛绝，这里不再赘述。在精神笼络方面，伊藤道治曾做过很好的研究。例如，在甲骨卜辞中出现的"河"、"夒"、"盖"等神灵，伊藤先生指出他们都有各自的祭祀地，原本是各地的族神，是殷以外的其他族民祭祀的神，随着殷王朝逐步把这些部族置于自己的支配之下，殷也祭祀其神，有些本来是异族之神的自然神，殷却作为先公而被列入殷人的祀谱，殷人这样做是想让异族跟殷的结合在精神上也得到稳定，是殷人维持对异族支配的一个手段和纽带。此外，也有一些贞人，例如"何"、"大"等贞人，也是来自别的族邦，加入到了朝廷重要职务的占卜官贞人的行列，这样做与殷人祭祀其他族的神灵一样，

　　①　裘锡圭：《说殷墟卜辞的"奠"——试论商人处置附属者的一种方法》，《中央研究院历史语言研究所集刊》第 64 本，第 3 分，1993 年 12 月。

　　②　连劭名：《殷墟卜辞中的戍和奠》，《殷都学刊》1997 年第 2 期。

都是为了在精神上支配和笼络这些部族或被征服的国家①。

在精神笼络方面还有一个例子是商代青铜器上所谓"虎食人"题材含义的问题。现藏于日本京都泉屋博物馆的"虎食人卣"（图10—7：1）② 和现藏于法国巴黎塞努斯基博物馆的"虎食人卣"（图10—7：2）③ 的青铜器，相传出土于湖南安化，大概是甲骨文中南方"虎方"的青铜礼器。类似题材的青铜器还有几件，一件是安徽阜南朱砦润河出土的龙虎尊上的纹样（图10—7：3、5）④，一件是四川广汉三星堆一号祭祀坑出土的龙虎尊上的纹样（图10—7：4、6）⑤，一件是殷墟妇好墓出土的铜钺上的纹样（图10—7：7）⑥，还有一件是司母戊鼎上的纹样（图10—7：8）⑦。

对于这些青铜器纹样题材含义，以往一般的解释是老虎吃人。可是，观察卣上的人形，虽说人头置于张开的虎口之下，但人的面部呈现的并不是恐惧或绝望，却显得祥和而平静，就整体而言，整个人形与虎处于相抱的态势，虎抱着人，人的双手搭在虎身上，依偎着虎，并不是猛虎撕裂、叼食人的样子。阜南和三星堆青铜尊上虎口下的人形，样子呈现为屈臂蹲踞的"蛙状"造型，也显得祥和安宁。司母戊铜鼎耳上和妇好墓青铜钺上两只相向虎口中的人头，也难以用虎食人来解释。笔者认为，这类题材中人与虎的关系，类似于中美洲奥尔梅克人中同类题材所表现的虎图腾的意思（图10—8），人虎共存、人在虎口中，表达的是该部族来源于虎，是一种与图腾崇拜相关联的部族祖先诞生神话。三星堆和殷墟妇好墓出土的这类题材的青铜器，是虎方与商时蜀国以及商王室交往的结果，其中司母戊鼎和妇好铜钺是在殷都所铸造，为殷王室成员所使用，之所以这样做，是为了表示商王室对虎方部族诞生神话的承认和认同。这是一种友好的认同，是各地统治者高层在宗教、意识形态上的一种联系与沟通，特

---

① 伊藤道治：《中国古代王朝的形成——以出土资料为主的殷周史研究》，江蓝生译，中华书局2002年版，第39—56页。

② 李学勤主编：《中国美术全集·青铜器》（上），文物出版社1985年版，图版109。

③ 李学勤、艾兰：《欧洲所藏中国青铜器遗珍》，文物出版社1995年版，单色图版40。

④ 葛介屏：《安徽阜南发现殷商时代的青铜器》，《文物》1959年第1期，封面。

⑤ 四川省文物考古研究所：《三星堆祭祀坑》，文物出版社1999年版，第35—36页插图，彩图9。

⑥ 中国社会科学院考古研究所安阳队：《安阳殷墟五号墓的发掘》，《考古学报》1977年第2期，图版XII I：2。

⑦ 陈梦家：《殷代铜器》，《考古学报》1954年第7期，图64乙、64丙，图版肆拾壹、肆拾贰。

别是对于商王来说，这是在精神上维系对虎方支配的一种手段①。

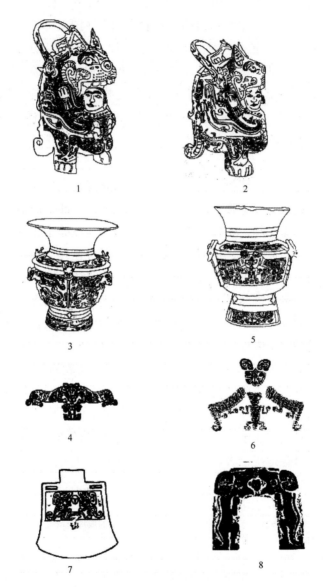

图10—7　商代青铜器上人虎组合纹饰

---

① 　王震中：《试论商代"虎食人卣"类铜器题材的含义》，《商承祚教授百年诞辰纪念文集》，文物出版社 2003 年版，收入王震中《中国古代文明的探索》，云南人民出版社 2005 年版。

图10—8 中美洲古代文明中人兽组合的纹样和造型

　　以上商王所采用的三大统治方式，可视为商代王权行驶中的一些时代特点。这些特点并非由商王的个性所决定，而是由商代的国家体制、国家结构和国家形态的发展程度所决定的。当然，王权是古代国家权力最集中的体现，王权本身就是与国家形态和结构结合在一起的，离开了国家形态和结构谈王权，是说不清楚的。我们这里对王权的研究是初步的，但方向应该是正确的。

结　语

　　国家与文明起源的研究，既是一个考古学实践问题，亦是一个理论问题，而且还需二者紧密地结合。这是因为在国家起源的过程及国家形成的早期阶段是没有文字记载的，因而它必须依靠考古学的发掘。考古学是通过古代人类的实物遗存来进行研究的，所以它是有确凿根据的，也不受历史记载的约束，而且，考古学的文化编年是以地层的先后叠压或打破关系为基础的，所以，考古学所反映的社会文化方面的变化，可以寻找出逻辑与历史的统一。然而，考古学又是阐释性的，遗迹遗物本身是不会说话的，它需要人们利用技术的、经济的、环境的、人口学的等知识对人类活动的方式做出符合上古实际的解释和分析。在对考古资料的分析和解释中，往往形成一些理论，也会借鉴一些原有的理论。这就是我们所说的理论与考古学实践相结合的问题。

　　若从理论创新着眼，国家与文明起源的研究，最具魅力的是对起源的过程、路径和机制的研究。百余年来国内外学术界在这一领域所产生的一个个理论模式和学术观点，总是以"后来者居上"的姿态为这一课题的解决而进行着不懈的努力。近几十年来，文明起源的所谓"三要素"或"四要素"的文明史观以及"酋邦"等人类学理论，代替了摩尔根的"部落联盟"说和"军事民主制"说，而显得甚为活跃。它们有理论和学术上的建树，但也有其局限性和不足。那么，如何在整合和吸收诸种理论模式中合理的因素，并克服其不足的基础上，做出符合实际的理论创新，就成为推进文明与国家起源研究的关键所在。近二十年来，我们采用聚落考古学与社会形态学相结合的方法，提出文明与国家起源路径的"聚落三形态演进"说，其后又提出国家形态演进的"邦国—王国—帝国"说，就是在这一研究领域进行的一种尝试和努力。

　　国家与文明起源路径的"聚落三形态演进"说，在处理文明起源的所谓

"三要素"或"四要素"的方式时，是把所谓"三要素"或"四要素"看作是国家社会即文明社会到来的一些现象和物化形式，因而是在阐述国家和文明起源过程中来对待这些文明现象的。而"聚落三形态演进"说对于酋邦等理论的扬弃，主要是通过考古学所发现的"中心聚落形态"来解决从史前向早期国家过渡阶段的社会不平等、阶级和阶层起源的途径、社会组织结构和权力特征等问题。

"邦国—王国—帝国"说，解决的是进入国家社会之后国家形态的演进问题。它与日本学术界提出的"城市国家—领土国家—帝国"说、我国学者提出的"族邦时代—封建帝制时代"说、"古国—方国—帝国"说，以及"早期国家—成熟的国家"说等理论模式的区别，不仅仅是名称概念的不同，而且是涉及国家形态的问题。以"王国"问题为例，在"邦国—王国—帝国"说中，它包含了夏商周三代复合制国家结构和形态的问题，也包含了夏商周三代王朝国家中的王国（王邦）与邦国（属邦）的关系问题，还包含了由部族国家走向民族的国家以及华夏民族形成过程中由"自在民族"发展为"自觉民族"的问题。所以，我们说，"聚落三形态演进"说和"邦国—王国—帝国"说，前后衔接、递进，构成了一个内涵较为丰富、较为周全系统的学术体系。

在"聚落三形态演进"说和"邦国—王国—帝国"说中，不但划分出了社会历史发展的几个阶段和相关的社会类型及其前后的演进，而且还涉及一系列专题性课题，诸如：阶级形成的途径问题；在史前权力的演进中，其公共权力是如何突破聚落乃至酋邦的空间限制而形成国家权力的，权力的空间性与宗教的社会性在史前权力演进中是如何互动的；史前战争对于权力集中的作用；"最高酋长—邦君—王权"三者的联系与区别问题；古代国家概念、定义与标志问题；古代民族与部族的概念、定义以及二者的区别与关系问题；国家与王权的关系问题；等等。显然，要回答这些问题，就必须做出理论上的创新和研究上的推进。

中国古代国家起源的过程也就是史前社会不断复杂化的过程。这一过程以农业的起源和农耕聚落的出现为起点，经历了由平等的农耕聚落形态，发展为中心聚落形态，再发展为都邑邦国形态。

"平等的农耕聚落形态"这一历史阶段，包含了农业的起源和农业出现之后农耕聚落的发展时期。在旧石器时代晚期，人们开始尝试谷物的栽培和牲畜的驯养，这种从采集植物过渡到培育植物，就是所谓农业的起源。农业的起源，是人类历史上的巨大进步。以农耕畜牧为基础的定居聚落的出现，是人类通向文明社会的共同的起点。农耕聚落的定居生活促进了人口的增长，土地的集体所有制即聚落所有制得到了发展，从而以聚落为单位的经济、军事、宗教礼仪和对外关系等一系列的活动开始形成，社会一反过去的分散状态，而沿着区域与集中化的方向向前发展。农业的起源及其初步的发展属于新石器时代早期。中国新石器时代早期的时间约为距今12000—9000年前。

距今9000—7000年间，是中国新石器时代中期。这是农业在起源之后第一个发展时期，也是农耕聚落扩展的第一个阶段。这一时期的农业生产较之前的新石器时代早前遗址有明显的发展。在聚落中有相当量的谷物储藏；聚落的人口，有的为100多人，有的为300多人。这时的社会是平等的聚落社会。从内蒙古敖汉旗兴隆洼遗址出土的玉玦，河南舞阳贾湖遗址出土的七孔骨笛和占卜用的内装石子的龟甲，浙江萧山跨湖桥遗址出土的大型独木舟和余姚河姆渡遗址出土的船桨等，可以看出此时聚落社会的物质生活和精神生活都是丰富多彩的。此时的江南已呈现出鱼米之乡的景象。贾湖遗址中有23座墓随葬龟甲，似乎与《国语·楚语》所说的"绝地天通"之前"家家为巫史"的情景很相似。

到了距今7000—6000年间，是新石器时代中晚期或晚期的前段，也是考古学文化中的仰韶文化早期。此时的社会依然处于大体平等的农耕聚落形态。陕西临潼姜寨、西安半坡、宝鸡北首岭、甘肃秦安大地湾第二期遗存的聚落，最具有典型性：在用壕沟围起来的村落中，有几十座至上百座的房屋被分成若干组群，各群房屋的门均朝向中央广场，形成一个圆形向心布局，从而使得聚落内部呈现出高度团结和内聚。综合聚落的各方面情况来看，此时的一个聚落似乎就是一个氏族，在聚落内即氏族内，又可划分出大家族和核心家庭。他们既从事农业，也兼营狩猎、采集和陶器的制作。聚落在经济上是自给自足的，内部大小血缘集体之间以及个人之间，关系平等和睦。

姜寨、半坡等遗址大面积的发掘和遗址保存的较为完整，使我们可以从政治经济学的角度对聚落内生产的组织与管理、分配和消费做一些分析。概括地讲，这一时期生产的组织管理及分配关系至少存在两个层次，即以大家族为单位的生产与分配和以家庭为单位的生产与分配。前者在农业、家畜饲养、制陶手工业各方面都有体现，后者主要指农业生产的部分环节和农产物的分配。这一时期的消费是以小家庭为单位进行的。一个个小型房屋内既有火塘，又有生活用具和生产工具，还有少量口粮储放在陶罐内，就是极生动的写照。但这种消费又是同更大一级的组织——大家族结合在一起进行的。由于农业是当时经济的基础，所以在农业中首先出现生产、分配和储藏方面家族与家庭并举的格局，将会带动整个社会脱离氏族的束缚和限制，走向家庭—家族经济和家庭—家族—宗族经济结构。

仰韶文化的早期社会虽然仍为大体平等的农耕聚落，而仰韶文化半坡类型的鱼纹、人面鱼纹、蛙纹等彩陶纹样东西横跨陕、甘、豫诸省的现象，使我们看到原始宗教中的图腾崇拜及其转型对于突破权力的聚落空间上的限制，发挥了它的作用；河南濮阳西水坡蚌壳堆塑的龙虎人组合造型，说明此时有的部落酋长也兼任巫师；河南临汝阎村出土的作为瓮棺葬具使用的、画有鹳鱼石斧图的彩陶缸，反映出部落或部落集团的军事首领的出现，这也使得某些酋长权力的空间范围不再局限于一个聚落。所以，从仰韶文化早期开始，原始宗教和军事战争就成为酋长权力突破各自的聚落空间限制的两大机制。

关于史前权力系统的演进，我们提出用"权力的空间性与宗教的社会性"这样一个命题来研究国家起源的过程中，原始宗教是如何使权力突破其空间限制的。在大体平等的农耕聚落形态阶段，聚落首领要想将自己的权力（准确地说是权威）拓展到其他聚落的范围内，无非有两种情况：一是在因军事的需要而组成的部落联盟中设立最高军事首领；二是因宗教崇拜的扩展、升华而突破了聚落界限。仰韶文化早期的鱼纹、人面鱼纹、鳖纹（蛙纹）都具有图腾崇拜的含义，而这些图腾纹样分布之广泛，则说明此时的图腾崇拜已完全突破了聚落与聚落之间的限制，原始宗教崇拜的社会性在这里得到了充分的展现。特别需要指出的是这些含有图腾的纹样已属于图腾转型阶段的产物，而图腾的转型是与神权的拓展密不可分的。所谓图腾转型，是说随着氏族制度的发展，某一动植物，对于早期以此为图腾的某一氏族团体来说，尚具有图腾祖先的含义，依旧同氏族徽号、标志、氏族团体相联系，但作为其保护神的另一重要作用，也获得了独立的发展，并随着这一氏族部落在本部族集团中地位的上升，渊源于这一氏族部落的图腾保护神，将会升华为本部族集团的保护神，其他氏族部落将会自觉地引之为崇拜物，从而呈现出一种所谓的"时代风尚"。不过，这种崇拜对于别的氏族部落来说，不是作为"图腾祖先"对待的，而是取其保护神的意义。久而久之，这一崇拜物就具有维系本部族集团团结的功能，成为这一部族集团区别于其他部族或部落集团的标志物。

聚落形态演进的第二阶段——"中心聚落形态"阶段，是从仰韶文化中期即仰韶文化庙底沟期开始的。对于中心聚落形态阶段的时间范围，以前我们把它划在距今 6000—5000 年前的范围内。经新的研究，在有些地方，这一时期可能要延长至距今 4500 年前后。作为中心聚落形态阶段的考古学文化，主要包括仰韶文化中期和后期（也许还包括庙底沟二期文化）、红山文化后期、大汶口文化中期和后期、屈家岭文化、崧泽文化和良渚文化早期等。这些考古学文化都属于中国新石器时代晚期。中心聚落形态这一阶段，相当于酋邦模式中"简单酋邦"和"复杂酋邦"两个时期，也相当于弗里德（Morton H. Fried）社会分层理论中"阶等社会"和"分层社会"两个时期。

中心聚落形态的社会是不平等的，其不平等表现为两个方面：一是在聚落内部出现贫富分化和贵族阶层；另一是在聚落与聚落之间，出现了中心聚落与普通聚落相结合的格局。所谓中心聚落，往往规模较大，有的还有规格很高的特殊建筑物，它集中了高级手工业生产和贵族阶层，与周围其他普通聚落，构成了聚落之间初步的不平等关系。

值得注意的是，同为中心聚落形态，在社会复杂化的程度上是有区别的。河南灵宝西坡村仰韶文化庙底沟时期的遗址，虽然发现两座 200 多平方米的特大房屋，但墓葬材料告诉我们，此时聚落内部出现的仅仅是初步的分化。在随葬品较丰富的几座墓中，有一位年仅 4 岁的小孩，随葬有 12 件器物，包括 3 件玉钺、1 件象牙镯等。而玉钺无论是作为武器或者是作为斧类工具的象征物，都不是一个 4 岁小孩所真正能从事的工作，这似乎告诉我们这位 4 岁的小孩原本是要成为巫师的，但却不幸夭折身亡，故而其死后随葬的器物不但在数量上与那些被发掘者划分为大型墓者相比有过之而无不及，而且在种类上竟有 3 件玉钺。因此，如果说西坡遗址各类墓葬的墓坑规模大小以及随葬品的多寡，反映出的是所谓社会地位等级与初步的不平等的话，那么这种等级与不平等并非完全是由其生前的个人能力之类的因素决定的，而是由其血缘"身份"之类的因素决定的，当然也是世袭的，因而一个 4 岁的小孩就可随葬含有 3 件玉钺在内的与其他所谓大型墓一样多的随葬品。这一情形与酋邦模式中的尖锥体氏族按照人们和酋长血缘关系的远近来确定其身份地位的原则，以及人类学者弗里德所说的"等级社会"（rank society）中的"等级"（或译作"阶等"）的产生，有相似之处。这样，仰韶文化中期亦即庙底沟时期的西坡遗址，我们可以把它视为初级阶段的中心聚落形态，或者是中心聚落形态的雏形，其社会复杂化程度要低于大体同一时期的江苏张家港市金港镇东山村遗址。东山村遗址是崧泽文化早期的聚落遗址，距今五千七八百年。该遗址墓地大型墓随葬品之丰富以及大、中、小型三级墓葬随葬品的数量与精美之悬殊，都足以说明这里是一处较为发达的中心聚落。

作为典型的中心聚落，山东泰安大汶口遗址、莒县陵阳河、大朱家村遗址、安徽含山凌家滩遗址、甘肃秦安大地湾第四期遗址，都是著名的。从这五个遗址中的前四个遗址中，可以看到聚落内贵族与普通族众之间明显的身份地位不平等和财富悬殊，也可以看到原始宗教神权和军事对于财富的集中所起的作用，还可以看到聚落中家族与宗族的结构及其它们在原始宗邑中所发挥的作用。大地湾第四期聚落遗址中的 901 号特大房子，由其规模和特殊的结构以及在整个聚落中具有核心的地位，都可以说明它是权力中心的殿堂式建筑物；而该房屋内出土的一套量粮食的量器，则透露出该权力中心是包含着对公有经济的分配权在内的。

中心聚落形态这一阶段的另一个重要现象是，有的地方已由环壕聚落转向城邑，修建了城墙。湖南澧县城头山遗址和河南郑州西山遗址就是中心聚落形态阶段的城邑遗址。城邑在此时的出现，这既是建筑艺术上的巨大进步，同时也是危险增加和防卫需要增加的标志，这大概是人们对自己的聚落群内政治、军事、文化和宗教祭祀中心非常重视，大力保护的缘故。

在山东莒县陵阳河、大朱家村和安徽蒙城尉迟寺遗址中都发现几例"☯"和"☰"图像文字。我们将之解读为是负责天文历法的"火正"对辰星大火观象授时的表现。这三处遗址同属大汶口文化晚期，但陵阳河和大朱家村聚落出现贵族，聚落内的贫富分化悬殊，社会不平等显著，社会复杂化程度较高；而尉迟寺聚落没有贵族，社会有分化但并不严重。尉迟寺聚落中"☯"和"☰"图像文字的出现，不是以明显的社会复杂化发展为背景。这说明不是先有社会不平等，后有社会职能的分工，而是与此相反。此外，在尉迟寺刻画有"☯"和"☰"图像文字的大口尊主要见于埋葬婴儿和儿童的瓮棺葬和祭祀坑中，而没有一件出自成人的墓葬中，这说明担任对大火星进行观察和祭祀的所谓"火正"职务是与生俱来的,是在一个特殊家族或宗族中传承和世袭的。此外,有3 例刻画有"☙"和"☖"图像文字的大口尊摆放在两个祭祀坑中,这也有助于说明"☙"和"☖"这样图像文字的神圣性。也就是说,瓮棺葬 M96、M177、M215、M289、M321 五位死者原本在其成长过程中通过该家族和宗族中长辈的传授,来掌握对大火星的观察和观象授时的本领,然后继承"火正"一职;然而他们尚未长大成人,就不幸夭折死亡,聚落的人们(也许是他的家族)为了纪念他,就在他的瓮棺葬具上刻画了"☙"和"☖"这样的图画文字。

中心聚落形态时期的权力特征是民事与神职相结合以神权为主导的权力系统。红山文化中神权对聚落空间的突破是最为突出的,这也是我们提出"权力的空间性与宗教的社会性"这一命题在中心聚落形态阶段的具体情景。红山文化的先民们,在远离村落的地方专门营建独立的庙宇和祭坛,形成规模宏大的祭祀中心场,这绝非一个氏族部落所能拥有,而是一个部落群或部族崇拜共同祖先的圣地。在原始社会末期,各地方酋长正是通过对祖先崇拜和对天地社稷祭祀的主持,才使得自己已掌握的权力进一步上升和扩大,使其等级地位更加巩固和发展。

山东泰安大汶口、安徽含山凌家滩等许多遗址都表现出神权政治的性格。特别是凌家滩,著名的 87M4 号墓,在大量的随葬品中有特别突出的玉龟和琢刻着表示"天圆地方"、"四极八方"宇宙观等观念的玉版以及 8 件玉钺、18 件石钺;著名的 07M23 号墓,在大量的随葬品中也有玉龟、玉龟状扁圆形器以及 2 件玉钺和 44 件石钺,由此可见,这两座大墓墓主是集宗教占卜之权与军事权力于一身,即他们既执掌着宗教占卜和祭祀,也领有军事指挥之权。这显然是《左传》成公十三年所说的中国古代"国之大事,在祀与戎"的现象在中心聚落形态阶段的表现。大约从中心聚落形态后期开始,随着阶级和阶层的产生,权力的阶级和阶层性也凸显出来,然而权力的阶层性又是与社会职能分不开的。这种社会职能在史前社会主要体现在祭祀、管理、公共工程等公众事务之中,由此而产生了上层巫师等神职人员、各种酋长首领之类的社会分工和社会阶层。这点与我们论述阶级产生的途径之一就在于"社会职能"的担当者从对公共事务的管理而上升为对社会统治的问题是一致的。

在中心聚落形态阶段,战争在国家形成过程中的作用,也在进一步加强。

战争对于社会形态演变和国家产生影响，可分为三个方面：在外部，战争加剧了地区与地区、部族与部族、聚落与聚落之间的不平等，使邦国部落之间出现了臣服纳贡式的关系；在内部，战争为战胜者中的统治阶层提供了新的财富和奴隶的来源；在权力系统方面，战争促进了权力的集中，由原始社会的酋长之权走向邦国的邦君之权，以及由早期国家的邦君之权走向王朝国家的王权，战争都发挥了重要作用。

社会复杂化的过程也包括阶级和阶层的产生，这也是由史前走向国家过程中的重要现象。关于阶级的起源，恩格斯提出的两条道路是有普遍意义的，即社会职能转变为对社会的统治和由战俘转化而来的奴隶。在此基础上，我们又增加了一条道路，提出阶级产生还有一种途径，即父权家族和父家长权的出现是阶级产生的广泛基础与主要途径。这一理论观点的提出，应该说使这一问题的研究又深入一步。将父权家族和父家长权视为阶级产生的广泛基础与主要途径的这一理论观点，也是欲解决弗里德社会分层理论中没有解决的一个问题。关于分层社会产生的原因，弗里德提出以下几点：人口增长的压力和婚后居住模式的变化，基本资源的缩减或急剧的自然变化，技术变化或者市场制度冲击所引起的生计经济模式的变化，以及作为社会与礼仪制度成熟表征的管理功能的发展。我们以为弗里德所说的这几点，并非问题的实质，它不属于从"阶等"到"分层"的演变机制。其实，社会分层问题也就是阶级和阶层起源的问题，结合我国古代历史实际，我们认为父权家族即父家长权的出现是阶级和阶层起源的契机，这也是从亲族制的血缘性身份地位性质的"阶等"转变为含有经济权利性质的社会分层的关键所在。

聚落形态演进的第三阶段——都邑邦国阶段，主要指距今5000—4000年的龙山时代的后期（距今4500—4000年）所诞生的早期国家阶段，当然，其形成过程包括龙山时代的前期（距今5000—4500年）。这一时期考古学上一个重要现象是发现了大批城邑，有的明显的属于国家的都城。当然，我们并不主张一见城邑或城堡即断定国家已存在，其实早在中心聚落阶段即已出现城邑，如大溪文化和屈家岭文化时期澧县城头山城址和仰韶文化晚期的郑州西山城址就属于中心聚落。而作为早期国家时的都城，是需要附加条件的。其条件，我们以为一是阶级和社会分层；二是城邑的规模、城内建筑物的结构和性质，例如出现宫殿宗庙等特殊建制。这是因为，只有与阶层和阶级的产生结合在一起的城邑，才属于阶级社会里的城邑；而只有进入阶级社会，在等级分明、支配与被支配基本确立的情况下，城邑的规模和城内以宫殿宗庙为首的建制，才能显示出其权力系统是带有强制性质的。而权力的强制性则是国家形成的重要标志之一。

对于中国的早期国家或最初的国家，之所以称为"都邑邦国"，是因为中国古代有国就有城，建城乃立国的标志，并形成"都鄙"结构。"都"是指国都、都城；"鄙"是指鄙邑，有的属于都城周围的村邑，有的属于边陲地域的村邑。那些较大的都邑邦国，在都城之外还可以有二级、三级聚落中心，在二三级聚落中心的周边也有鄙邑存在。所以，都邑邦国是有城又有领土的，它不同于日本学者所说的"城市国家—领土国家"中城市的概念。

都邑邦国在其早期阶段还有另一大特征，这就是邦国文明的多中心与邦国林立。在70余座史前城址中，虽然有的尚属中心聚落形态或酋邦，但也有相当数量的城邑已属于早期国家的邦国之都城。例如山西襄汾陶寺、河南登封王城岗、新密古城寨、山东章丘城子崖、邹平丁公、淄博田旺（桐林）、日照两城镇、尧王城、湖北天门石家河、四川新津宝墩、陕西神木石峁、浙江余杭莫角山等，就属于邦国的都城。当时的黄河流域和长江流域所形成的邦国林立的这种格局，与史称尧舜禹时期为"万邦"、"万国"是一致的。

从个案研究的角度来看，陶寺都邑邦国和良渚文化的余杭莫角山都邑邦国都是很典型的。对于陶寺都邑邦国，我们可以描述为这样一幅历史画面：修筑有城墙的规模庞大的陶寺都邑，与其周围村邑以及更大范围内聚落群所具有的都鄙邑落结构，是早期国家邦君的都城、贵族的宗邑和普通的村邑这样一种组合结构。对于陶寺都邑与附近的村邑而言，陶寺与它们可构成"国野"结构；而对于陶寺都邑与其聚落群内的二级中心聚落、三级中心聚落而言，陶寺邦国是以陶寺都邑为核心而拥有一定领土和地域范围的、具有不同层次的都鄙邑落结构。陶寺墓葬的等级制表明社会存在着阶级和阶层的分化。陶寺的经济生产不但有发达的农业和畜牧业，而且制陶、制玉、冶金等手工业也已从农业中分离了出来。生产的专门化使产品空前丰富，但不断增多的社会财富却愈来愈集中在少数人手中。陶寺发现的两个朱书陶文已说明都邑内文字的出现和使用。陶寺在特定区域内发现的观象授时的天文台建筑，以及在可能是邦君墓的M22号墓中发现的残长171.8厘米的"漆木圭尺"，反映了陶寺邦国天文历法的发达。陶寺的邦君通过颁布历法，"钦若（敬顺）昊天，历象日月星辰，敬授民时"（《尚书·尧典》），不但在本国，而且在族邦联盟中也树立了绝对权威。陶寺文明是当时众多邦国文明的佼佼者。

良渚文明我们也进行过个案研究。其近年城墙的发现使我们也可以称它为都邑邦国文明。在良渚文明中至今没有冶炼铜器遗迹发现，但良渚文明以其发达的玉器闻名于世。我们过去已论述说良渚文明的玉礼器发挥了铜礼器的作用，更何况我们不能过高地估计铜器在文明初期的实际功用。在莫角山城邑内虽没有发现文字，但在良渚文化吴县澄湖遗址的陶罐上发现了被李学勤先生释读为"巫钺五俞"四字陶文；在现收藏于美国哈佛大学沙可乐博物馆的黑陶贯耳壶上也发现有多字陶文，这说明在良渚文明的地域内也已开始使用文字。良渚文化墓葬材料所表现出的社会分层和严重的不平等，也是十分突出的。总之，在中国众多璀璨的远古文化中，环太湖地区的良渚文化是一颗非常耀眼的明珠。它以发达的稻作农业、大量而精美的玉器、精制的制陶技术、成句子的陶器符号文字资料，以及由墓葬、规模巨大的城墙和城内大型土建工程所反映出的不平等和社会分层等现象，使我们有理由认为它已进入文明社会，已形成一个个文明古国——邦国，而整个环太湖地区则组成了族邦联盟（邦国联盟）或集团。

良渚文明的独特性在于：它的玉器的精美，制作技艺的精湛，无不令人叹为观止；它玉器上雕刻的兽面纹和人兽结合的所谓"神徽"等纹样，其表现出统一而强烈的宗教崇拜的意识形态，更是震撼人心、耐人寻味。我们从良渚文化玉器发达这一现象，看到了它的宗教气氛之浓厚，看到了礼制和贵族名分制度的形成。良渚文化玉器的发达远远超出同一时期的其他文化，而各类玉器上每每刻有生动的或抽象化的神的形象（或称为神徽纹样），这不但告诉我们，宗教发达，崇尚宗教的价值观甚为强烈，是良渚文明的显著特色；还告诉我们，在良渚都邑邦国的君权所含有的族权、神权和军权这三项中，神权居于更突出的位置。良渚文明中神权政治太过强烈，过于强大，这大概是其文明崛起和一度发达的动因，但当它遭遇自然环境变故时，也将会不堪重负而崩溃。在良渚文化的后继者马桥文化中，良渚文化原来的玉文化特色和玉礼文化所达到的高度，一去不复返。我们推测，大概是良渚文明的上层集团因自然灾害等原因而离开了家乡，或者说是走散了，他们到了别的地方也再未能聚集起创造辉煌玉文化的能量，而那些没有走的普通民众，融合到马桥文化人们中之后，因"马桥人"并不崇尚玉礼文化，这些良渚文明的"遗民"没有条件，也没有必要发展原来的玉礼文化，从而使得良渚文化的特质并未被马桥文化所继承，二者的文化面貌截然不同。

我们在研究龙山时代的早期国家和族邦联盟时，必然要面对夏代之前的古史传说。而研究古史传说，首先要处理的是它的时空关系。按照《左传·昭公十七年》："昔黄帝氏以云纪，故为云师而云名；炎帝氏以火纪，故为火师而火名；共工氏以水纪，故为水师而水名；太暤氏以龙纪，故为龙师而龙名。我高祖少暤挚之立也，凤鸟适至，故纪于鸟，为鸟师而鸟名。……自颛顼以来，不能纪远，乃纪于近，为民师而命以民事，则不能故也。"我们可以把五帝传说作一个时代分期，即以颛顼为界，划分为两大时代：黄帝时代与颛顼帝喾尧舜禹时代。

黄帝时代是国家诞生前夕的"英雄时代"。《商君书》说："黄帝之世，不麛不卵，官无供备之民，死不得用椁。事不同，皆王者，时异也。神农之世，男耕而食，妇织而衣，刑政不用而治，甲兵不起而王。神农既没，以强胜弱，以众暴寡，故黄帝作为君臣上下之义（仪），父子兄弟之礼，夫妇妃匹之合；内行刀锯，外用甲兵，故时变也。由此观之，神农非高于黄帝也，然其名尊者，以适于时也。"从中我们可以看到，神农之世是一个男耕女织、刑政不用、甲兵不起的、大体平等的农耕聚落社会；黄帝之世，开始出现尊卑礼仪，以强胜弱，以众暴寡，外用甲兵，战争突起，这是一个出现不平等、社会发生分化、但尚未产生国家的所谓"英雄时代"。对于这样的时代，摩尔根称之为"军事民主制"时期，恩格斯也使用"军事民主制"，同时也使用"英雄时代"。这是野蛮时代的高级阶段，也是向国家转变的阶段。

颛顼帝喾尧舜禹时代属于早期国家时期。《淮南子·齐俗训》说："帝颛顼之法，妇人不辟（避）男子于路者，拂（《太平御览》作'被'，当是）于四达之衢。"这是说颛顼时期，男尊女卑和父权已成为制度——"颛顼之法"。这当然不属于刚刚进入父系社会的事情，而是父系制度经过了相当长时间发展的结果。《国语·楚语》说颛顼"乃命南正重司天以属神，命火正黎司地以属民……是谓绝地天通"（《尚书·吕刑》也有同样的记载）。说明当时已出现专职的神职人员，这意味着一个祭祀兼管理阶层的形成，宗教祭祀已被统治阶层所垄断，从而使得社会进一步复杂化，这是文明化进程中划时代的现象之一。还有，我们知道，酋邦即中心聚落形态与国家的重要区别是后者出现了凌驾于全社会之上的强制性公共权力。而这种强制性公共权力的一个重要表现就是出现了刑罚。《左传·昭公十五年》引《夏书》讲述的"皋陶之刑"；《尚书·吕刑》篇说苗民"制以刑，惟作五虐之刑，曰法"，都强有力地说明颛顼至禹时期（当然主要是尧舜禹时期），是一个具有强制性公共权力的早期国家时期。

颛顼尧舜禹时期中原地区有两大政治景观：邦国林立和族邦政治联盟。尧舜禹禅让传说，生动地描述了族邦联盟的盟主职位在联盟内转移和交接的情形。在尧舜禹时期的"万邦"中，由于尚未产生像夏商周三代那样的作为中央王国的"国上之国"，所以当时邦国联盟领导权的产生，多以和平推举的方式进行，这就是尧舜禹禅让传说的由来；也许有的时候，盟主的产生需要依靠政治军事实力，这就会出现所谓"舜逼尧，禹逼舜"（《韩非子·说疑》）这种事情。尧舜禹禅让传说反映的所谓民主制，说的是邦国与邦国之间的平等关系，并不是某一邦国内部的关系，因而不能用尧舜禹禅让的古史传说来衡量各邦国内部的社会性质。过去用尧舜禹禅让传说来解释各邦国内部的社会性质，似乎是一个误区。同样，《礼记·礼运》所说的天下为公的大同世界，是因为当时政治实体体制的最高层次为邦国和邦国联盟，尚未出现一元政治的王朝体系；《礼运》说小康的家天下始于夏朝，这是因为从夏代开始才出现了多元一体的王朝体系。没有"国上之国"的王国出现，就不会有"家天下"的政治格局。"家天下"之"天下"，既包括中原的王国，也包括王国之外的诸邦国，其结构是以存在一个"共主"为条件的。

从尧舜禹的古史传说中，我们可以看到，尧、舜、禹是双重身份：他们首先是本邦本国的邦君，又都曾担任过联盟的"盟主"亦即"霸主"。唐尧禅位给虞舜，所传的是联盟的盟主之位，而不是唐国君主的君位。对于尧舜禹时期的联盟，过去学术界一般称之为"部落联盟"。但是，既然在尧舜禹时期的"万邦"的政治实体中，确已出现一些早期国家，我们称之为"族邦"或"邦国"，那么，从事物的性质总是由其主要矛盾的主要方面予以规定的来看，尧舜禹时期诸部族之间的关系，与其称为"部落联盟"，不如称之为"邦国联盟"或"族邦联盟"。唐尧、虞舜、夏禹之间的关系实为邦国与邦国之间的关系，只是当时随着势力的相互消长，唐尧、虞舜、夏禹都先后担任过"族邦联盟"

的盟主而已。这种盟主地位就是夏商周三代时"天下共主"之前身，也就是说，夏商周三代之君"天下共主"的地位，就是由尧舜禹时期族邦联盟的"盟主"或"霸主"转化而来的。

从民族形成的视角来看，颛顼、尧、舜、禹时期的国家属于部族国家。部族是历史上比部落更高层次的、比部落范围更大的、有共同语言、共同文化、内部各部地理位置相连（起初各部分地理位置相连，其后某部亦可迁徙或迁出）、带有血统特征（如姓族或族的谱系）的族共同体。部族国家的特点是国家的民众或主体民众属于某一部族，因而在国家的政治生活中血缘关系还发挥着很大的作用；有时国君之名与部族之名可以重合；国家的最高保护神也是部族祖先神（部族宗神）。在有些时候，部族可以等同于国家；但由于部族迁徙等原因，也使得同属一个部族的人们可以建立若干小国家。在从部落到民族的发展过程中，部族和部族国家是其中间的一个重要环节。而在已形成部族的情况下，各个部族之间的族邦联盟，则是由部族走向民族、由部族国家走向民族的国家的重要一环。中原地区的尧舜禹族邦联盟正是由不同部族所组成，它为其后华夏民族的形成奠定了基础。

说到民族，我们把民族分为"古代民族"和"近代民族"两类，这样就突破了斯大林对民族出现时间的限制。进而就中国古代民族出现的时间上限而论，即使根据马恩经典理论，也不能以是否消除血缘关系作为民族形成的标准。每个民族有自己的共同地域，但是，"有共同地域"与"按地域划分"是两个不同的概念。对于古代民族，我们根据民族的自然属性而主张定义为：古代民族是人们从古代就开始形成的一个有共同语言、共同地域、相同经济生活以及具有共同文化的、稳定的、比部落更高、更大范围的人们共同体。在上述"共同的语言、共同地域、相同经济生活、共同文化"这四大要素中，我们在这里使用的是"相同经济生活"，而斯大林的用语是"共同经济生活"。这个"共同经济生活"，斯大林是指资本主义时期的经济联系。我们认为，对于近代民族而言，这种共同的经济生活可以指"民族市场"、"民族的经济中心"、"民族贸易"等民族的经济联系，但对于古代民族来说，社会还没有发展出这种程度的经济联系，为此，我们把它修改为"相同经济生活"。这样才更符合古代历史的实际。此外，关于民族的"共同地域"问题，我们以为，有些时候，在一个民族共同体已经形成之后，由于本民族中一部分人的迁徙、移民或殖民，致使说同一种语言、具有相同文化的人们却分散在相距遥远的不同地域，也就是说，在这种情况下，同一民族的人到后来是可以居住在不同地域、不同的国度的。因此，对于"共同地域"等民族的自然属性也要作动态的、辩证的分析。

由于尧舜禹族邦联盟的时间较为长久，这就会逐步产生超越部族意识的某些新文化因素。而这种新文化因素就是促使各部族的人们朝着民族方向发展的动因，并由血缘的部族走向文化的民族。然而，由于族邦联盟毕竟是松散的、不稳定的，随着盟主的更换，联盟的中心也是游移的。所以，对于民族的形成来说，仅仅有某些新文化因素是远远不够的，它需要有一种更大范围的、超越邦国限制的、能容纳和包裹诸部族的"大国家机制"。而从其后出现的夏王朝的历史实际来看，这种"大国家机制"就是我们所说的"复合制国家结构"。只有复合制国家结构才会出现多元一体的政治格局，才能在一个国家内容纳众多的部族，从而使分散的部族国家走向某种形式的统一的民族的国家，出现王朝体制下的以大文化为血脉和纽带的华夏民族。

夏朝是中国历史上第一个王朝国家。夏王朝的出现使得中国的早期国家由邦国形态转变为王国和王朝国家形态。夏商周时期的王朝国家是一种复合制国家，它的复合制是指在王朝内包含有王国和从属于王国的属国（属邦）两大部分：在夏代，它是由夏后氏与其他从属的族邦所组成；在商代，它是由"内服"之地的王国与"外服"之地的侯伯等属邦所组成。其中，王国为"国上之国"，属邦为"国中之国"，它们以王为"共主"而处于不平等的结构关系之中。也就是说，王国的"国上之国"的地位，不仅仅因为它位于中央地域，可称之为中央王国，更主要的是因为它乃王的本邦，是王用来支配其他属邦的基本力量，王的"天下共主"的地位决定了王国的"国上之国"的地位。而从属于王朝的邦国，不则具有独立主权或者说是主权不完整。其中，有的在甲骨文中被称为侯、伯等。这些侯伯等属邦与后世郡县制下的行政机构或行政级别不同，不是一类；有一些商王朝的属邦是夏朝时即已存在的邦国，在商时它们并没有转换为商王朝的地方一级权力机构，它们臣服或服属于商王朝，只是使得该邦国的主权变得不完整，主权不能完全独立，但它们作为邦国的其他性能都是存在的，所以，形成了王朝内的"国中之国"。也就是说，从属于王朝的属邦，以王为"共主"，受王的调遣和支配，但其内部并没有与王建立层层隶属关系，具有某种程度的相对独立性。为此，我们说，王朝国家的复合制结构就是"国家"中套有"国家"，它既包括王国（王邦）又包括属邦（侯伯等国），这是一种由王国和属邦（诸侯）共同组成的复合制国家形态。夏商周三代的王权也是指这种复合制王朝国家的王权，这样的王权既统治着王国，也支配着从属于王的侯伯等属邦。

夏、商王朝的复合制决定了它属于民族的国家，其民族就是华夏民族，只是夏、商时期的华夏民族还属于"自在民族"。所谓"自在民族"就是民族意识还处于朦胧、潜在状态的民族；自己作为一个民族已经存在，但自己还不知道，还没有完全意识到。夏、商时期的华夏民族就是这样的状态。到了西周时期，华夏民族的共同文化得到进一步的扩充和发展，民族文化中的礼仪制度、典章制度，也更加完善，民族意识也开始显现，这才使得周人自称"我有夏"，以夏为正统。再到春秋战国时期，以周天子为"天下共主"的复合制国家结构名存实亡，礼仪征伐不出自天子，天下处于混乱状态，在本民族共居之地时常出现异族的人们，这才产生"华夷之辨"思想，它强调了华夏民族的一体性。这种华夏民族的自觉意识是随着强烈的"华夷之辨"的需要而凸显出来的。"华夷之辨"中所"辨"的是华夏文化与蛮夷戎狄的不同，它通过"华夏"这样的民族称呼，强调了根在中原的本民族衣冠服饰、礼仪制度、典章制度与夷狄的不同。这样就使华夏民族由"自在民族"转变为"自觉民族"。自觉民族是一种"文化民族"，是有强烈的民族自觉意识的民族。

由于夏商时期的华夏民族还是一个自在民族，在民族内部，亦即在复合制王朝国家内，部族间的界线并没有消除。民族内保留有部族，这是因构成王朝国家的许多属邦是分属于不同部族的缘故。维系夏、商、西周时期华夏民族的纽带，一是这种复合制国家结构，二是自夏而来的，由商、周所继承的以礼制、典章为核心的大中原文化。这就是孔子所言，殷因于夏礼，周因于殷礼，它们之间只是有所损益而已。夏商周复合制王朝国家是此时华夏民族的外在框架，也是它的基础，是维系民族一体性的基本保障。

中国古代的王权是随着夏、商王朝的诞生而出现的。王权与早期国家的邦国君权的区别在于：王权不但支配着本邦（王邦即王国），还支配着从属于王邦的其他邦国，它是复合制王朝国家中的最高权力。以商朝的王权为例，我们可以看到：商王既是"内服"王邦的土地所有者，亦是"外服"的侯伯等属邦土地的最高所有者；"外服"侯伯等属邦有向商王贡纳的义务；商王既统帅着

"内服"王国的"王师"，亦统帅着"外服"侯伯等国的军事力量。军权、神权和族权是王权的三个组成部分，也是王权的三大支柱。其中，神权中的"天命王权"的观念，显示出商王统治的正当性；而王权的强大与其军力的强大密不可分；王邦的族权是王权最基本的依靠。由于王朝的复合制结构，使得王权对于王邦（即"内服"之地）与侯伯等属邦（即"外服"之地）的统治方式有直接统治与间接支配的差别，但有时也表现出这两种方式的混用，即直接统治与间接统治相结合，地方邦君与朝臣身份相结合。此外，对于异族邦国，也采用军事征服与精神笼络相结合的方法。商代王权所呈现出的这些统治方式，并非由商王的个性所决定，而是由商代的国家体制、国家结构和国家形态的发展程度所决定的。

王国和复合制王朝之后是帝制帝国，中国古代帝国阶段始于战国之后的秦王朝。帝国时期的专制主义的中央集权，是自上而下、层层行政隶属的、单一制的中央集权国家结构，其机制就是郡县制。在帝制国家结构中实行的郡县制，与先秦时期的采邑和分封制是完全不同的。采邑与分封都是世袭的，而郡县制中的各级官吏都是皇帝和中央直接任免的。王朝与封国；王朝内王与贵族的封地和采邑；诸侯国内邦君与贵族的封地和采邑，它们之间虽有上下隶属关系，但不是行政管理关系，因而无论是封国、封地还是采邑，都与战国秦汉以来的地方行政机构不同，不能据此而划分出地方行政管理级别。这就是复合制的王朝与郡县制中央集权的帝国王朝在国家结构和统治方式上的差别。

主要参考书目

1. 顾颉刚、刘起釪：《尚书校释译论》，中华书局 2005 年版。

2. 杨伯峻：《论语译注》，中华书局 1980 年版。

3. 杨伯峻：《春秋左传注》，中华书局 1981 年版。

4. 上海师范学院古籍整理组校点：《国语》，上海古籍出版社 1978 年版。

5. 黄怀信、张懋镕、田旭东：《逸周书汇校集注》，上海古籍出版社 1995 年版。

6. （汉）刘向集录：《战国策》，上海古籍出版社 1985 年版。

7. 许维遹：《吕氏春秋集释》，中国书店 1985 年版。

8. （宋）洪兴祖撰，白化文、许德楠、李如鸾、方进点校：《楚辞补注》，中华书局 1983 年版。

9. （清）孙诒让撰，王文锦、陈玉霞点校：《周礼正义》，中华书局 1987 年版。

10. （清）焦循撰，沈文倬点校：《孟子正义》，中华书局 1987 年版。

11. （清）孙诒让撰，孙以楷点校：《墨子间诂》，中华书局 1986 年版。

12. 梁启雄：《韩非子浅解》，中华书局 1960 年版。

13. （汉）宋衷注，（清）秦嘉谟等辑：《世本八种》，商务印书馆 1957 年版。

14. 方诗铭、王修龄：《古本竹书纪年辑证》，上海古籍出版社 2005 年版。

15. 袁珂：《山海经校注》，上海古籍出版社 1980 年版。

16. 刘文典撰，冯逸、乔华点校：《淮南鸿烈集解》，中华书局 1989 年版。

17. 《史记》，中华书局 1959 年版。

18. 《汉书》，中华书局 1962 年版。

19. 中国社会科学院考古研究所编：《殷周金文集成释文》，香港中文大学中国文化研究所 2001 年版。

20. 罗振玉：《三代吉金文存》，中华书局 1983 年版。

21. 林庚：《天问论笺》，人民文学出版社 1983 年版。

22. 游国恩：《天问纂义》，中华书局 1982 年版。

23. 恩格斯：《家庭、私有制和国家的起源》，《马克思恩格斯选集》第四卷，人民出版社 1995 年版。

24. 恩格斯：《反杜林论》，《马克思恩格斯选集》第三卷，人民出版社 1995 年版。

25. 马克思：《摩尔根〈古代社会〉一书择要》，人民出版社 1978 年版。

26. ［美］摩尔根：《古代社会》（上册），杨东莼、马雍、马巨译，商务印书馆 1977 年版。

27. ［英］梅英：《古代法》，沈景一译，商务印书馆 1984 年版。

28. ［德］罗曼·赫尔佐克：《古代的国家——起源和统治形式》，赵蓉恒译，北京大学出版社 1998 年版。

29. ［美］乔纳森·哈斯：《史前国家的演进》，罗林平等译，求实出版社 1988 年版。

30. ［英］科林·伦弗鲁（Colin Renfrew）：《文明的诞生——放射性碳素革命与史前欧洲》*BEFORE—The Radiocarbon Revolution and Prehistoric Europe*，First Published by Jonathan Cape 1973。

31. ［法］列维·布留尔：《原始思维》，丁由译，商务印书馆 1986 年版。

32. ［英］詹·乔·弗雷泽：《金枝》，徐育新、王培基、张泽石译，中国民间文艺出版社 1987 年版。

33. ［美］乔治·彼得·穆达克：《我们当代的原始民族》，童恩正译，四川省民族研究所 1981 年版。

34. ［英］安东尼·吉登斯：《民族—国家与暴力》，胡宗泽、赵力涛译，生活·读书·新知三联书店 1998 年版。

35. ［日］伊東俊太郎：《文明の誕生》，［日本］講談社学術文庫 1988 年版。

36. ［日］狩野千秋：《マヤとアステカ》（《玛雅与阿兹特克》），［日本］

近藤出版社 1983 年版。

37. ［日］貝塚茂樹：《中国の古代国家》，弘文堂 1952 年版。

38. ［日］貝塚茂樹、伊藤道治：《古代中国——原始·殷周·春秋战国》（增訂本），講談社学術文庫 2000 年版。

39. ［日］伊藤道治：《中国社会の成立》，講談社 1977 年版。

40. ［日］伊藤道治：《中国古代王朝的形成——以出土资料为主的殷周史研究》，江蓝生译，中华书局 2002 年版。

41. ［日］伊藤道治：《中国古代国家の支配構造——西周封建制度と金文》，中央公論社 1987 年版。

42. ［日］白川静：《甲骨金文学论集》，朋友书店 1973 年版。

43. ［日］平势隆郎：《都市国家から中華へ 殷周 春秋戰国》，講談社 2005 年版。

44. ［日］宇都宮清吉：《漢代社会经济史研究》，弘文堂 1955 年版。

45. ［日］增渊龍夫：《中国古代の社会と国家》，弘文堂 1960 年版。

46. ［日］西嶋定生：《中国古代帝国の形成と構造》，东京大学出版会 1961 年版。

47. ［日］木村正雄：《中国古代帝国の形成》，不昧堂书店 1965 年版。

48. ［日］松丸道雄：《殷周国家の構造》，《岩波講座世界歷史 4》，岩波书店 1970 年版。

49. 王国维：《观堂集林》，中华书局 1959 年版。

50. 郭沫若：《中国古代社会研究》，人民出版社 1954 年版。

51. 郭沫若：《殷周青铜铭文研究》，人民出版社 1954 年版。

52. 郭沫若：《两周金文辞大系图录考释》，上海书店出版社 1999 年版。

53. 陈梦家：《殷虚卜辞综述》，科学出版社 1956 年版。

54. 于省吾：《甲骨文字释林》，中华书局 1979 年版。

55. 杨树达：《积微居甲文说》，科学出版社 1954 年版。

56. 丁山：《商周史料考证》，中华书局 1988 年版。

57. 顾颉刚：《史林杂识》（初编），中华书局 1963 年版。

58. 顾颉刚等：《古史辨》，上海古籍出版社 1982 年版。

59. 徐旭生：《中国古史的传说时代》，科学出版社 1960 年版。

60. 尹达：《新石器时代》，生活·读书·新知三联书店 1979 年版。

61. 尹达：《尹达集》（中国社会科学院学者文选），中国社会科学出版社 2006 年版。

62. 尹达：《中国原始社会》，作者出版社 1943 年版。

63. 李学勤：《李学勤文集》（中国社会科学院学术委员文库），世纪出版集团、上海辞书出版社 2005 年版。

64. 李学勤：《东周与秦代文明》，文物出版社 1984 年版。

65. 李学勤主编：《中国古代文明与国家形成研究》，云南人民出版社 1997 年版。

66. 李学勤主编：《中国美术全集·青铜器》，文物出版社 1985 年版。

67. 夏鼐：《中国文明的起源》，文物出版社 1985 年版。

68. 苏秉琦：《中国文明起源新探》，生活·读书·新知三联书店 1999 年版。

69. 苏秉琦：《苏秉琦考古学论述选集》，文物出版社 1984 年版。

70. 苏秉琦主编：《中国通史·远古时代》，上海人民出版社 1994 年版。

71. 严文明：《仰韶文化研究》增订本，文物出版社 2009 年版。

72. 严文明：《史前考古论集》，科学出版社 1998 年版。

73. 严文明：《中华文明的始原》，文物出版社 2011 年版。

74. 邹衡：《夏商周考古学论文集》（第二版），科学出版社 2001 年版。

75. 张光直：《中国青铜时代》，生活·读书·新知三联书店 1983 年版。

76. 张光直：《中国青铜时代》（二集），生活·读书·新知三联书店 1990 年版。

77. 张光直：《美术·神话与祭祀》，辽宁教育出版社 1998 年版。

78. 张光直：《考古学专题六讲》，文物出版社 1986 年版。

79. 田昌五：《古代社会形态研究》，天津人民出版社 1980 年版。

80. 田昌五：《古代社会断代新论》，人民出版社 1982 年版。

81. 田昌五：《中华文化起源志》，上海人民出版社 1998 年版。

82. 田昌五：《中国历史体系新论》，山东大学出版社 1995 年版。

83. 田昌五：《中国历史体系新论续编》，山东大学出版社 2002 年版。

84. 田昌五、臧知非：《周秦社会结构研究》，西北大学出版社 1996 年版。

85. 田昌五主编：《华夏文明》第一集，北京大学出版社 1987 年版。

86. 田昌五、石兴邦主编：《中国原始文化论集——纪念尹达八十诞辰》，文物出版社 1989 年版。

87. 宋镇豪：《夏商周社会生活史》（上、下），中国社会科学出版社 2005 年版。

88. 宋镇豪：《商代社会生活与礼俗》（宋镇豪主编《商代史》卷七），中国社会科学出版社 2010 年版。

89. 王宇信、徐义华：《商代国家与社会》（宋镇豪主编《商代史》卷四），中国社会科学出版社 2010 年版。

90. 杨升南、马季凡：《商代经济与科技》（宋镇豪主编《商代史》卷六），中国社会科学出版社 2010 年版。

91. 杨升南：《商代经济史》，贵州人民出版社 1992 年版。

92. 孙亚冰、林欢：《商代地理与方国》（宋镇豪主编《商代史》卷十），中国社会科学出版社 2010 年版。

93. 常玉芝：《商代周祭制度》，中国社会科学出版社 1987 年版。

94. 李民：《中国古代文明的起源与进程》，线装书局 2008 年版。

95. 晁福林：《夏商西周的社会变迁》，北京师范大学出版社 1996 年版。

96. 朱凤瀚：《商周家族形态研究》，天津古籍出版社 1990 年版。

97. 赵伯雄：《周代国家形态研究》，湖南教育出版社 1990 年版。

98. 谢维扬：《中国早期国家》，浙江人民出版社 1995 年版，第 383 页。

99. 陈淳：《文明与早期国家探索——中外理论、方法与研究之比较》，上海世纪出版集团上海书店出版社 2007 年版。

100. 易建平：《部落联盟与酋邦——民主·专制·国家：起源问题比较研究》，社会科学文献出版社 2004 年版。

101. 刘莉：《中国新石器时代——迈向早期国家之路》，陈星灿等译，文物出版社 2007 年版。

102. 沈长云、张渭莲：《中国古代国家起源与形成研究》，人民出版社 2009 年版。

103. 马新、齐涛：《中国远古社会史》，科学出版社 2003 年版。

104. 杨宽：《中国上古史导论》，《古史辨》第七册（上），上海古籍出版社 1982 年版。

105. 刘起釪：《古史续辨》，中国社会科学出版社 1991 年版。

106. 王晖：《古史传说时代新探》，科学出版社 2009 年版。

107. 江林昌：《中国上古文明考论》，上海世纪出版集团、上海教育出版社 2006 年版。

108. 詹子庆：《夏史与夏代文明》，上海科学技术文献出版社 2007 年版。

109. 李雪山：《商代分封制度研究》，中国社会科学出版社 2004 年版。

110. 周书灿：《中国早期国家结构研究》，人民出版社 2002 年版。

111. 朱天顺：《原始宗教》，上海人民出版社 1978 年版。

112. 岑家梧：《图腾艺术史》，学林出版社 1986 年版。

113. 郑文光：《中国天文学源流》，科学出版社 1979 年版。

114. 冯时：《中国天文考古学》，社会科学文献出版社 2001 年版。

115. 冯时：《中国古代的天文与人文》，中国社会科学出版社 2006 年版。

116. 魏建震：《先秦社祀研究》，人民出版社 2008 年版。

117. 陈星灿：《中国史前考古学史研究（1895—1949）》，生活·读书·新知三联书店 1997 年版。

118. 朱乃诚：《中国文明起源研究》，福建人民出版社 2006 年版。

119. 高江涛：《中原地区文明化进程的考古学研究》，中国社会科学文献出版社 2009 年版。

120. 石兴邦：《半坡氏族公社》，陕西人民出版社 1979 年版。

121. 许顺湛：《中原远古文化》，河南人民出版社 1983 年版。

122. 许顺湛：《黄河文明的曙光》，中州古籍出版社 1993 年版。

123. 任式楠：《任式楠文集》（中国社会科学院学术委员文库），世纪出版集团、上海辞书出版社 2005 年版。

124. 郑杰祥：《新石器文化与夏代文明》，江苏教育出版社 2005 年版。

125. 栾丰实：《海岱地区考古研究》，山东大学出版社 1997 年版。

126. 方辉：《海岱地区青铜时代考古》，山东大学出版社 2007 年版。

127. 方辉主编：《聚落与环境考古学理论与实践》，山东大学出版社 2007 年版。

128. 林华东：《河姆渡文化初探》，浙江人民出版社 1992 年版。

129. 林华东：《良渚文化研究》，浙江教育出版社 1998 年版。

130. 张驰：《长江下游地区史前聚落研究》，文物出版社 2003 年版。

131. 钱耀鹏：《中国史前城址与文明起源研究》，西北大学出版社 2001 年版。

132. 郭伟民：《新石器时代澧阳平原与汉东地区的文化和社会》，文物出版社 2010 年版。

133. 何介钧：《长江中游新石器时代文化》，湖北教育出版社 2004 年版。

134. 湖南省文物考古研究所：《澧县城头山——新石器时代遗址发掘报告》，文物出版社 2007 年版。

135. 河南省文物考古研究所：《舞阳贾湖》，科学出版社 1999 年版。

136. 浙江省文物考古研究所、萧山博物馆：《跨湖桥》，文物出版社 2004 年版。

137. 浙江省文物考古研究所：《河姆渡——新石器时代遗址考古发掘报告》，文物出版社 2003 年版。

138. 中国科学院考古研究所、陕西省西安半坡博物馆：《西安半坡》，文物出版社 1963 年版。

139. 半坡博物馆、陕西省考古研究所、临潼县博物馆：《姜寨——新石器时代遗址发掘报告》，文物出版社 1988 年版。

140. 中国社会科学院考古研究所：《宝鸡北首岭》，文物出版社 1983 年版。

141. 北京大学历史系考古教研室：《元君庙仰韶墓地》，文物出版社 1983 年版。

142. 中国科学院考古研究所：《庙底沟与三里桥》，科学出版社 1959 年版。

143. 甘肃省文物考古研究所：《秦安大地湾——新石器时代遗址发掘报告》，文物出版社 2006 年版。

144. 郑州市文物考古研究所：《郑州大河村》，科学出版社 2001 年版。

145. 河南省文物考古研究所等：《濮阳西水坡》，中州古籍出版社、文物出版社 2012 年版。

146. 中国科学院考古研究所：《京山屈家岭》，文物出版社 1965 年版。

147. 河南省文物考古研究所等：《淅川下王岗》，文物出版社 1989 年版。

148. 山东省文物管理处、济南市博物馆：《大汶口——新石器时代墓葬发掘报告》，文物出版社 1974 年版。

149. 南京博物院：《花厅——新石器时代墓地发掘报告》，文物出版社 2003 年版。

150. 中国社会科学院考古研究所：《蒙城尉迟寺——皖北新石器时代聚落遗存的发掘与研究》，科学出版社 2001 年版。

151. 中国社会科学院考古研究所、安徽省蒙城县文化局：《蒙城尉迟寺》（第二部），科学出版社 2007 年版。

152. 安徽省文物考古研究所：《凌家滩——田野考古发掘报告之一》，文物出版社 2006 年版。

153. 上海市文物保管委员会：《崧泽》，文物出版社 1987 年版。

154. 河南省文物考古研究所：《辉县孟庄》，中州古籍出版社 2003 年版。

155. 河南省文物研究所、中国历史博物馆考古部：《登封王城岗与阳城》，文物出版社 1992 年版。

156. 北京大学考古文博学院、河南省文物考古研究所：《登封王城岗考古发现与研究（2002—2005）》，大象出版社 2007 年版。

157. 郑州大学文博学院、开封市文物工作队：《豫东杞县发掘报告》，科学出版社 2000 年版。

158. 山东大学历史系考古教研室：《泗水尹家城》，文物出版社 1990 年版。

159. 浙江省文物考古研究所：《瑶山》，文物出版社 2003 年版。

160. 浙江省文物考古研究所：《反山》，文物出版社 2005 年版。

161. 浙江省文物考古研究所：《良渚遗址群》，文物出版社 2005 年版。

162. 青海省文物管理处考古队、中国社会科学院考古研究所：《青海乐都柳湾——乐都柳湾原始社会墓地》，文物出版社 1984 年版。

163. 四川省文物考古研究所：《三星堆祭祀坑》，文物出版社 1999 年版。

164. 中国社会科学院考古研究所：《偃师二里头》，中国大百科全书出版社 1999 年版。

165. 中国社会科学院考古研究所：《二里头陶器集粹》，中国社会科学出版社 1995 年版。

166.《傈僳族社会历史调查》，云南人民出版社 1981 年版。

167.《庆祝苏秉琦考古五十五年论文集》，文物出版社 1989 年版。

168. 解希恭主编：《襄汾陶寺遗址研究》，科学出版社 2007 年版。

169. 张敬国主编：《凌家滩文化研究》，文物出版社 2006 年版。

170. 山东省《齐鲁考古丛刊》编辑部：《山东史前文化论文集》，齐鲁书社 1986 年版。

171. 夏商周断代工程专家组：《夏商周断代工程 1996—2000 年阶段成果报告》（简本），世界图书出版社 2000 年版。

172. 中国社会科学院考古研究所：《中国考古学·新石器时代卷》，中国社会科学出版社 2010 年版。

173. 中国社会科学院考古研究所：《中国考古学·夏商卷》，中国社会科学出版社 2003 年版。

后　记

　　《中国古代国家的起源与王权的形成》是中国社会科学院重点项目，也是国家社会科学基金项目。2011 年底结项，获得中国社会科学院和国家社会科学基金两个优秀等级，并被评审而列入"国家哲学社会科学成果文库"。

　　学者对学问的追求，每每表现为著书立说。而所立之说能否站得住，除了理论思维上的智慧，还需在"小心求证"上多下工夫。本书也正是怀着这样的愿望和精神，特别注重理论思维与实证相结合，针对研究中一系列问题的症结所在，展开了自己的思想。可以说，现在呈现在读者面前的，只是自己近几年来探索"国家与王权"的一个汇报，有许多问题都还在讨论之中，也敬请方家批评指正。

　　在本课题的研究过程中，得到许多朋友，特别是考古学界的朋友们的帮助和支持。我和考古学界的朋友们有着多年的友谊，时常和他们探讨一些问题；他们一有新著或发掘报告出版，总是惠赠与我；有新的考古报告会，也总是通知我，使我无论是在资料上，还是在新的认识上，均受益匪浅。因这样的朋友甚多，无法一一列举，在此谨表谢意！

　　在本书出版之时，我要特别感谢中国社会科学出版社责任编辑黄燕生同志。由于我晚交书稿一个月，而全国哲学社会科学规划办要求 2013 年 3 月 20 日之前必须出书，使得她把春节休息的时间全部用在了这本书上：安排版面，悉心审阅书稿，纠谬订讹，调整插图和彩图图版，付出了大量辛劳。在此谨致谢忱！

王震中

2013 年 2 月 23 日

图书在版编目（CIP）数据

中国古代国家的起源与王权的形成/王震中著.—北京：中国社会科学
出版社. 2013.3（2025.3重印）

（国家哲学社会科学成果文库）

ISBN 978 - 7 - 5161 - 2158 - 0

Ⅰ.①中…　Ⅱ.①王…　Ⅲ.①国家起源—研究—中国—古代
②政治制度史—研究—中国—古代　Ⅳ.①D691.2

中国版本图书馆 CIP 数据核字（2013）第 039714 号

出　版　人	赵剑英
责任编辑	黄燕生
责任校对	韩天炜
封面设计	肖　辉　郭蕾蕾
责任印制	戴　宽

出　　版	中国社会科学出版社
社　　址	北京鼓楼西大街甲 158 号
邮　　编	100720
网　　址	http://www.csspw.cn
发 行 部	010 - 84083685
门 市 部	010 - 84029450
经　　销	新华书店及其他书店

印刷装订	北京君升印刷有限公司
版　　次	2013 年 3 月第 1 版
印　　次	2025 年 3 月第 5 次印刷

开　　本	710 × 1000　1/16
印　　张	35
字　　数	598 千字
定　　价	90.00 元

凡购买中国社会科学出版社图书，如有质量问题请与本社营销中心联系调换
电话:010 - 84083683